南通

如东年鉴

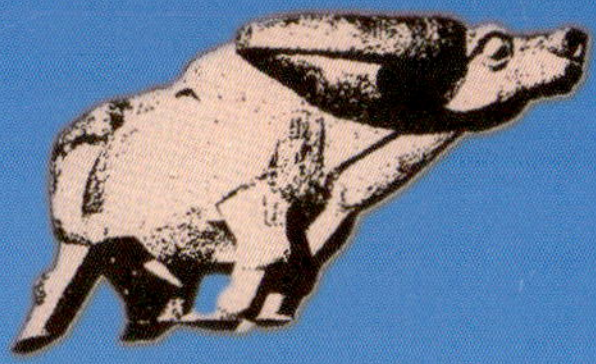

2022

RUDONG YEARBOOK

如东县地方志编纂委员会办公室 编

方志出版社
Publishing House of Local Records

图书在版编目（CIP）数据

如东年鉴. 2022 / 如东县地方志编纂委员会办公室编.—北京 : 方志出版社, 2022.12

ISBN 978-7-5144-5512-0

Ⅰ. ①如… Ⅱ. ①如… Ⅲ. ①如东县－2022－年鉴 Ⅳ. ①Z525.34

中国版本图书馆CIP数据核字(2022)第255371号

责任编辑：李晓晓
责任校对：刘玉霞
责任印制：梅中英
出 版 者：方志出版社
地　　址：北京市朝阳区潘家园东里9号（国家方志馆4层）
邮　　编：100021
网　　址：http://www.zgfzcb.cn
发　　行：方志出版社图书营销中心（010-67110500）
印　　刷：南通超力彩色印刷有限公司
开　　本：889毫米×1194毫米　1/16
印　　张：24.25
字　　数：985千字
版　　次：2022年12月第1版
印　　次：2022年12月第1次印刷
定　　价：260.00元

《如东年鉴》编纂委员会

主　　任：陈　雷

副 主 任：许金标　蔡　东　陈晓莉

委　　员：施正泉　卜其银　张　炯　张　恺　杨海军
潘友兵　金　稜　高单峰　孙海鹏　季海春
曹晓丽

《如东年鉴（2022）》编纂人员

主　　编：金　稜

副 主 编：刘书华　陈晓琴

执行主编：金　稜

编　　辑：刘书华　周云霞　袁学平　蒋玉龙

编 纂 说 明

一、《如东年鉴》是由中共如东县委、如东县人民政府主办，如东县地方志编纂委员会办公室组织编纂的地方综合性、资料性文献。2000年第一次出版，本卷为第23卷，以年度为卷号。

二、《如东年鉴（2022）》坚持以马克思列宁主义、毛泽东思想、邓小平理论、“三个代表”重要思想、科学发展观、习近平新时代中国特色社会主义思想为指导，坚持辩证唯物主义和历史唯物主义的立场、观点和方法，系统记述2021年度如东自然、政治、经济、文化和社会等方面基本面貌和发展情况，旨在充分发挥其存史、资政、教化功能，为领导决策提供依据，为社会各界了解和研究如东提供信息，为宣传如东提供资料。

三、《如东年鉴（2022）》设31个类目，按类目、分目、条目3个层次编排，部分分目设副分目，条目为主要载体。在上年基础上，年鉴整体框架保持大稳定小调整，突出如东地方特色和年度特色。

四、本卷记述范围为2021年如东县所辖区域，凡在区域范围内的机关、团体、学校、企事业单位有价值的信息和资料，不论归属，均予收录。收录起讫时限原则上为2021年1月1日至2021年12月31日，个别事物适当追溯或下延，便于读者了解始末。

五、本卷刊用文稿，均由全县各部门、各镇（区、街道）、各企事业单位提供，并经各单位领导审阅。撰稿人姓名加括号列条目后，多个条目系同一作者，只在最后一个条目后署名。图片资料由如东融媒体中心及年鉴承编单位供稿。各种数据以《统计年鉴》为准，《统计年鉴》中未作统计的，以部门和镇（区、街道）提供为准。县委全委会报告和县政府工作报告中的数据，年鉴中未作变更。

六、本卷数字用法、标点符号用法分别采用国家标准《出版物上数字用法》（GB/T 15835—2011）、《标点符号用法》（GB/T 15834—2011），计量单位采用国家技术监督局1993年12月发布的《量和单位》系列国家标准。面积单位除涉及农业生产方面使用“亩”外，其余均用公顷、平方公里等公制单位。部分表格中数据因四舍五入等因素，总计和分项之间存在合理范围内的误差。

七、本卷各类目下设“二维码”，读者可扫码进入拓展阅读。

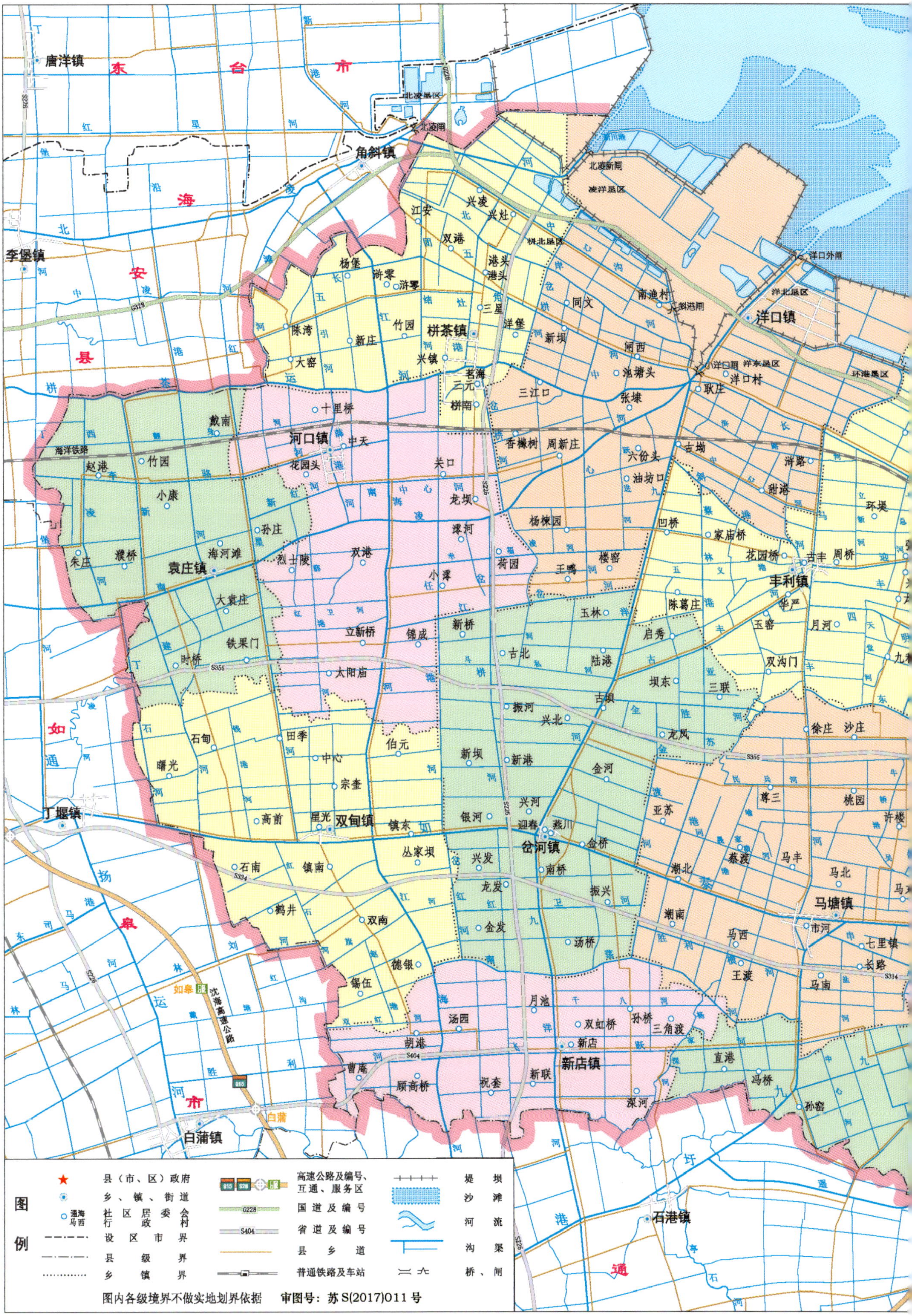

图内各级境界不做实地划界依据　审图号：苏S(2017)011号

如东县地图
黄
海
阳光岛
洋口港
黄海大桥
洋口港临港工业区
环渔
环东垦区
环东
环农
棉花原种场
掘苴新闸
掘苴闸
东海
近海
南通外向型农业综合开发区
王家潭垦区
包场
家园
南宁
刘埠
蔡桥
晓桥
王潭
双灰山
九阳
凤阳
肖桥
江庄
虹元
卫海
陆河
长堤
三民
黄海
滨海
港城
西桥
长沙镇
新北坎垦区
富盐
老北坎垦区
北坎
会凤
北场
振新
如东经济开发区
苴镇街道
新光
如东县
锦绣
通海
碧霞
掘西
范堤
五总
民主
三元
宾东
古池
城中街道
掘港街道
友好
芳泉
青园
灯塔
港南
虹桥
陈高
十里墩
环北
环镇
晓河
余荡
三桥
银杏
野营角
丁场
潮墩
九总
如华
八总
六总
大豫
南坎
香合
止马洼
农场
九龙
南通外向型农业综合开发区
周墩
豫东
强民
一门闸
东安闸
东凌
团结闸
东港
东安闸
东湖
东安新闸
大豫镇
兵房
马家店
沙南
晒盐场
天星
华丰
三河
新丰
徐征
伯安
丁家店
童店
周店
洋岸
丁字岸
大同
巩王
闸东
运盐港闸
跨岸
甜水
堤南
饮泉
曹埠镇
上漫
下漫
十总镇
州
区
S355
G228
S334
通扬高速公路

庆祝中国共产党成立100周年

2021年3月20日，县委中心组在马塘革命烈士纪念馆举行党史学习教育现场学习活动

2021年6月10—11日，县委、县政府在如东高级中学海韵馆举办“永远跟党走”——庆祝中国共产党成立100周年合唱比赛

2021年6月27日晚7点，“永远跟党走”如东县庆祝中国共产党成立100周年文艺晚会在如东中专体育馆举行

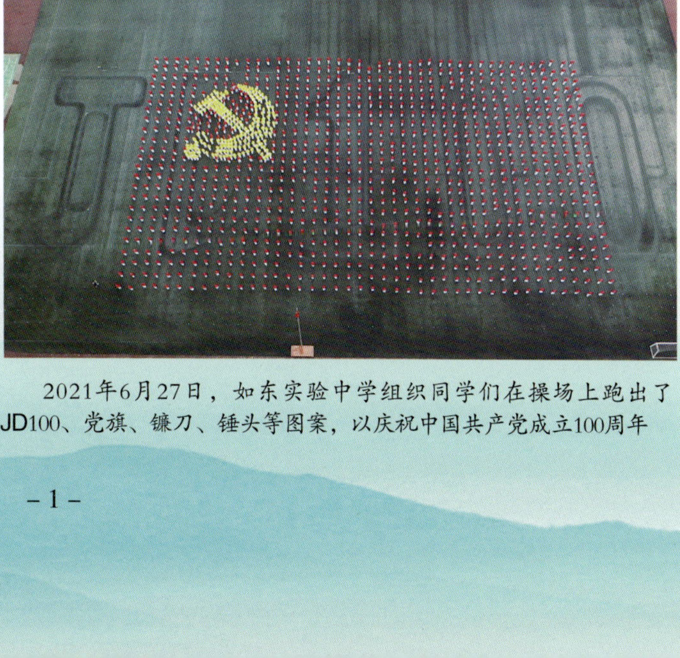

2021年6月27日，如东实验中学组织同学们在操场上跑出了JD100、党旗、镰刀、锤头等图案，以庆祝中国共产党成立100周年

2021年6月27日，如东县庆祝中国共产党成立100周年座谈会暨“两优一先”表彰会议召开

2021年6月27日，中共如东县委书记沈峻峰为10位“光荣在党50年”党员代表佩挂纪念章，全县共有8000多名老党员获颁纪念章

2021年6月30日，县委书记陈慧宇（左4）走访慰问中华人民共和国成立前老党员，并送去“光荣在党50年”纪念章

2021年7月，中共如东第一支部纪念馆建成开放

2021年7月1日上午，全县各界收听收看庆祝中国共产党成立100周年大会

党史学习教育掠影

2021年3月9日，县委召开全县党史学习教育动员会议

人民日报
RENMIN RIBAO
2021年3月
22
星期一

奋斗百年路 启航新征程·学党史 悟思想 办实事 开新局

各地区各部门迅速行动、精心组织安排——

扎扎实实推进党史学习教育

以高度的政治自觉投身到党史学习教育中

要闻 4

奋斗百年路 启航新征程

铭记百年光辉历程 汲取智慧奋发有为

沿着有中国特色的社会主义道路前进

山乡巨变、山河锦绣的时代画卷

2021年3月22日，《人民日报》头版头条报道如东党史学习教育开展情况

2021年5月12日晚，如东县委理论学习中心组召开党史学习教育专题学习会

2021年5月26日，如东召开党史学习教育现场推进会，观摩党史学习教育先进做法

2021年6月5日，如东举办“百年辉煌百人讲”村（社区）党组织书记专场宣讲比赛

中共如东县第十五次代表大会

中国共产党如东县第十五次代表大会开幕式现场

2021年7月29—30日，中国共产党如东县第十五次代表大会在县会议中心召开。会议听取并审议县委书记陈慧宇代表中共如东县第十四届委员会作的工作报告，选举产生35名中共如东县第十五届委员会委员、7名候补委员和15名中共如东县第十五届纪律检查委员会委员。

陈慧宇代表中共如东县第十四届委员会作了题为《跑赢新赛程 勇当排头兵 奋力谱写沿海高质量发展如东篇章》的工作报告

陈雷主持中国共产党如东县第十五次代表大会第一次全体会议

大会开幕式现场

会议选举产生中国共产党如东县第十五届委员会常务委员会委员

生命至上
——2021年抗击新冠肺炎疫情实录

2021年，如东县始终坚持把疫情防控作为头等大事和第一要务，充分发挥“大数据+网格化+铁脚板”作用，强化中高风险地区、重点领域、重点场所、重点环节排查和风险监测，规范开展全人群新冠疫苗接种工作，全力以赴做细做好各项防控工作，坚决打赢疫情防控阻击战，为人民群众生命安全和经济社会发展保驾护航。

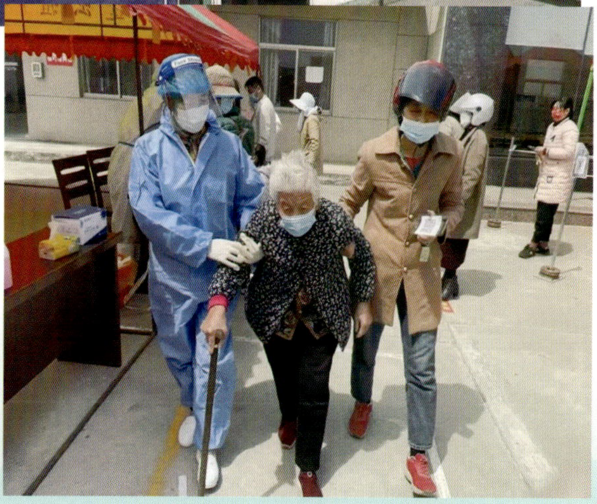

如东县全民健身中心
新冠疫苗集中接种点
接种流程
询问登记▶疫苗接种▶留观区观察30分钟▶结束

县委常委会
暨县委应对新冠肺炎疫情
工作领导小组会议
2021年8月1日

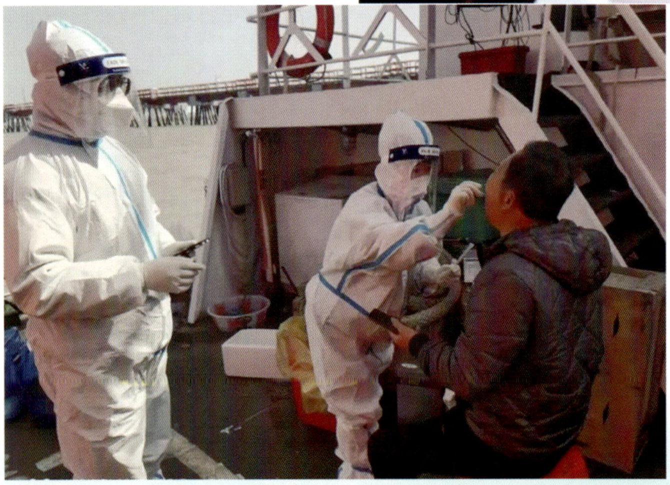

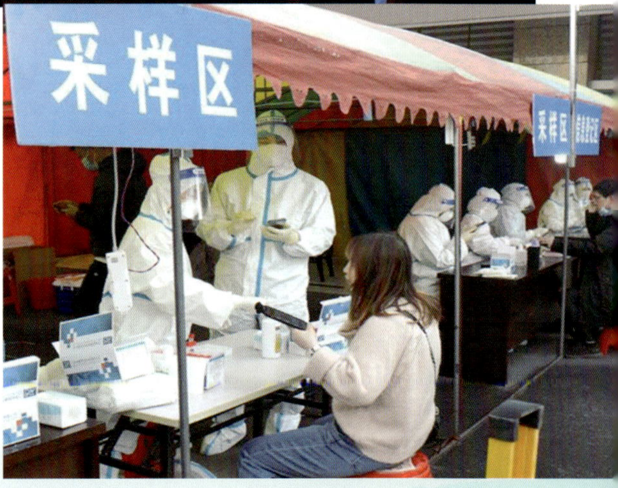
采样区

跑赢新赛途 勇当排头兵

2021年4月15日，如东县召开全县制造业创新发展暨优化营商环境大会，研究部署制造业创新发展及优化营商环境重点工作

2021年11月24日，江苏海力风电设备科技股份有限公司在深交所创业板成功上市，刷新南通A股上市公司IPO募资最高纪录。至此，如东上市公司总数达到6家

2021年12月10日，江苏海装风电设备有限公司自主研制的“扶摇号”浮式风电机组浮体平台成功下线。这也是中国第一台深远海浮式风电机组平台

2021年2月23日，如东举行一季度重大产业项目集中开工暨昕晨泰飞尔一类新药及超声治疗机器人研发生产项目开工仪式，全县32个项目集中开工，计划总投资329亿元

2021年3月11日，江苏恒辉安防股份有限公司成功登陆深圳证券交易所创业板，这是如东第一家创业板注册制上市公司

2021年3月31日，如东举行一季度项目集中签约仪式，投资200亿元的碳纤维复合材料等30个项目集中签约，计划总投资475亿元

2021年6月26日，金光集团App如东生活用纸基地开机举行仪式

金光如东产业基地生产车间

跑赢新赛途 勇当排头兵

2021年12月20日，如东县委、县政府在县文化馆小剧场举办第四届如东企业“金牛奖”颁奖典礼，全县共有22家优秀企业分别捧获一座“金牛”。颁奖仪式上同时举办了《金牛奋蹄南黄海》专著首发仪式

县委书记陈慧宇致辞

县委常委、常务副县长许金标（右一），副县长刘莉（左一）为“创新奖”获奖企业颁奖

中天科技集团有限公司董事长薛济萍代表荣获“持续突出贡献奖”的14家企业，发表获奖感言

县领导向“金牛奖”获奖单位和青年企业家代表赠书

颁奖典礼上举行了项目集中签约仪式。此次签约共优选了10个项目，涉及装备制造、生物医药、新材料等产业，总投资达134亿元

2021年12月20日，县领导为“持续突出贡献奖”获奖企业颁奖

2021年12月20日，南通市副市长、南通国际家纺产业园党工委书记潘建华（左六）向“持续突出贡献奖”获奖企业颁授张謇铜像

2021年12月20日，县委副书记、洋口港经济开发区党工委书记张兴国（左一），县委常委、政法委书记张蓉蓉（右一）为“突出贡献新锐奖”获奖企业颁奖

打造全国绿色能源示范城

在国家提出“双碳”目标的大背景下，绿色能源产业迎来前所未有的“风口期”。如东既是全国海上风电第一县，又有可建3000万吨级LNG接收基地的能源岛，能源资源及产业具有明显的比较优势。放眼“十四五”，如东在“双碳”实践中有了“先手”棋，后手还在加快布局氢能赛道，多元化的产业发展格局让如东的绿色底色更加鲜明，一个动能强劲的“全国绿色能源示范城”正从蓝图迈向现实。

7月18日晚上10点18分，世界最大、亚洲首座海上换流站成功安装，并于11月8日正式向江苏电网送电，标志着中国首个柔性直流海上风电项目首批机组成功并网，这也是亚洲地区首次将柔性直流输电技术运用于海上风电项目的一次成功实践

12月5日，洋口港正式开通LNG船舶夜航。当晚6点35分，一辆运输船缓缓驶离中石油江苏LNG接收站码头，并于20点31分顺利离开洋口港区。至此，江苏LNG接收站成功完成业内首船LNG夜间离泊，标志着洋口港清洁能源通道实现了新的历史性突破

11月29日，国家电投江苏如东H4、协鑫如东H13、三峡如东H6三大海上风电场全部230台风机实现全容量并网投产

9月26日，中石油江苏LNG接收站三期扩建工程T-1205、T-1206两座20万立方米LNG储罐开始向外输管道供应天然气

11月11日，县政府与中国投资协会能源投资专业委员会、中国天楹股份有限公司签订零碳中心战略合作协议

9月6日，县政府与国家能源集团国华能源投资有限公司及北京低碳清洁能源研究院、江苏中天科技公司签订氢能产业项目战略合作协议，为如东打造全国绿色能源示范城再添强劲助力

9月23日，如东洋口港LNG接收站项目签约活动在南通举行。该项目总投资约100亿元，规划建设6座LNG储罐及配套设施，预计2025年投产运营

12月25日，中国首个远海风电经直流送出项目江苏如东海上风电柔性直流输电工程在小洋口风电产业园举行投产仪式，标志着中国成功打破国外对远海风电经柔性直流送出的技术垄断，破解了制约远海风电规模化开发难题

小洋口风电母港是国内首个海上风电母港，已建成的一期核心功能区可满足5000吨船舶全天候出海

江苏沿海首个风电并网“专用通道”——通海500千伏输变电工程正式投运

德善之风 润泽扶海大地！

“好人”是一座城市的精神财富，彰显着城市文明的底色，如东将“凡人善举”作为“崇德向善”的价值引导，涌现出了一批道德模范、身边好人，他们用自己的善举温暖着城市诠释着向上的力量！

11月5日，第八届全国道德模范表彰活动在北京人民大会堂举行。沈亚秋（右四）作为南通唯一的全国道德模范提名奖获得者受到了党和国家领导人的亲切接见。图为县领导接迎载誉归来的沈亚秋

6月18日，江苏“时代楷模”江苏电力（如东、南京、金湖）共产党员服务队先进群体发布会在省广电总台举行

全国“时代楷模”、最美奋斗者王仕花（左一）为荣获江苏“时代楷模”的如东供电共产党员服务队颁奖

12月3日晚，由省委宣传部、省文明办、省美德基金会主办，南通市委宣传部、市文明办、如东县委、县政府承办的江苏省道德模范与身边好人现场交流活动如东专场在如东高级中学海韵馆举行

目 录

特 载

专 记

大事记

如东概览

中国共产党如东县委员会

如东县人民代表大会

如东县人民政府

中国人民政治协商会议如东县委员会

纪检监察

法 治

军事

群众团体

农 业

工业

建筑业

服务业

金融业

信息服务业

商贸合作

洋口港建设

经济管理

城乡建设与交通运输

新能源产业

旅游休闲

生态环境

社会事业

民生保障

园区经济

街道·镇

人物·荣誉

附 录

特载

跑赢新赛程 勇当排头兵
奋力谱写沿海高质量发展如东篇章

——在中国共产党如东县第十五次代表大会上的报告

陈慧宇

(2021年7月29日)

过去五年工作回顾

县第十四次党代会以来的五年,是极不寻常、极不平凡的五年。面对错综复杂的宏观环境和前所未有的风险挑战,县委坚持以习近平新时代中国特色社会主义思想为指导,统筹推进改革发展稳定和党的建设各项工作,高水平全面建成小康社会,"强富美高"新如东建设取得重大阶段性成果,创造了如东发展史上又一个精彩五年。

五年来,我们持续激发实体经济活力,经济综合实力显著提升。地区生产总值每年跨越一个百亿台阶,达到1155亿元,增速连续两年全市第一。一般公共预算收入增幅持续省市领先,达到60亿元。全国县域经济基本竞争力百强县排名跃升至37位。实体经济成为如东最核心的竞争优势,工业应税销售、工业用电量等重点指标持续位居全市前列,纳税超亿元工业企业、上市企业分别达到9家和5家,中天科技荣获全国质量奖,成功创建生命安防用品、海上风电、高分子材料3个国家火炬特色产业基地。成立如商总会,设立如东企业"金牛奖"、人才工作"金梧桐奖"。项目建设持续保持全市第一方阵,百亿级重特大项目全市最多,金光如东产业基地开机投产,桐昆项目加快建设,江苏如东LNG接收站扩建项目纳入国家规划。圆满完成县级党政机构改革。"放管服"改革实现"2330"目标,"互联网+政务服务"全覆盖,公共资源交易体系基本建成。国企改革三年行动顺利推进,组建东和、锦恒、水务三大县属国有集团。高新技术产业产值占比提升至47.7%,研发经费支出占GDP比重提升至2.6%,获评国家知识产权强县工程试点示范县。服务业应税销售突破千亿大关,洋口港现代物流园被认定为省级生产性服务业集聚示范区。现代农业迈上新台阶,累计建成高标准农田130余万亩,洋口外闸枢纽加固改造工程通过验收,刘埠渔港试运行,主要农作物农业机械化水平达到92%,成功创建国家级农村产业融合发展示范园,建成全市首家村级供销社。交通格局全面优化,启扬高速、国道228绕城段、省道334如东东段建成通车,洋吕铁路、洋通高速二期开工建设,通苏嘉甬铁路如东延伸段、如通苏湖铁路取得实质性进展。

五年来,我们扎实办好各项民生实事,人民幸福指数显著提升。财政用于民生领域支出是"十二五"时期的2倍。居民人均可支配收入年均增长快于经济增速、达到37735元,居民人均存款余额突破10万元,分别是"十二五"期末的1.54倍和1.83倍。建档立卡低收入人口全部脱贫,村集体经营性收入全部达标。就业体系不断健全完善,累计新增城镇就业3.29万人。退役军人服务保障水平省市领先。全国义务教育优质均衡发展县、全国智慧教育示范区创建成效明显,累计新建、改扩建中小学、幼儿园50所,义务教育质量监测指标和中高考成绩保持省市领先。坚决打赢了疫情防控的人民战争、总体战、阻击战,常态化疫情防控有力有效,新冠疫苗接种率全市领先。新中医院、人民医院外科大楼投入使用,两家医院先后纳入三级医院管理。城乡社会保障覆盖范围不断扩大,长期照护保险、居家养老服务城乡全覆盖,实现全国异地就医医保直接结算。文体中心一期、新汽车客运站投入使用,"三河六岸"整治工程即将竣工,三号街区保护性开发进展迅速,鹤鸣公园全面开工,城镇化水平提升4.9个百分点,获评国家卫生县城、省优秀管理城市、省园林城市、省自然资源节约集约利用模范县、省农产品质量安全县、省食品安全示范县。

五年来,我们大力整治突出环境问题,生态环境质量显著提升。深入推进河长制,组织实施"清水绿岸"提质三年行动,城乡环保基础设施短板加速补齐,乡镇污水处理厂实现全覆盖,城市建成区黑臭水体整治全面完成,畜禽养殖污染整治、南美白对虾规范养殖专项整治取得全局性胜利,国考断面和主要入海河流全部消除劣Ⅴ类,市考以上断面优Ⅲ比例持续提升。区域治水工程先行启动区治理成效初显,获评国家县域节水型社会建设达标县,浒苔绿潮联防联控工作得到自然资源部高度肯定。大气环境质量稳居全省前列。持续深入开展化工产业整治提升和化工园区转型升级,2017年以来累计关闭化工企业38家,洋口化学工业园规划环评通过审查,跻身全国化工园区30强。振新颜料固废处置问题整改取得实质性进展。圆满完成农村人居环境整治三年行动,建成省市特色田园乡村4个、市级以上美丽宜居乡村29个。县城新增公共绿地面积近100万平方米,建成区绿地率达到37.3%,全县林木覆盖率达到24.1%。

五年来,我们不断加强治理能力建设,社会文明程度显著提升。建成县、镇、村三级综治中心，县域治理现代化指挥中心在全省率先建成运行，“大数据+网格化+铁脚板”治理机制逐步形成，“两防”机制全国推广，扫黑除恶专项斗争圆满收官。深入开展企业安全生产标准化创建，规模以上企业创建达标率100%，化工企业二级标准化实现全覆盖，圆满完成安全生产专项整治“一年小灶”任务，安全生产事故起数和死亡人数持续“双下降”，本质安全水平和应急管理能力不断提升，群众安全感保持省市前列。深化拓展新时代文明实践中心建设，成为全国试点县。“中国好人”群体人数和批次位居省市前列，沈亚秋入选全国道德模范候选人，如东税务“爱心妈妈”团队获评江苏“时代楷模”，填补南通20年空白，如东供电公司退役军人共产党员服务队获评全国首届“最美退役军人”、江苏“时代楷模”。成功创建全国文明城市，供电公司获评全国文明单位，高前村、洋口村获评全国文明村。县图书馆蝉联3届国家一级馆，丁杰艺术馆、康平艺术馆、刘季平少年儿童图书馆正式开放。创建市级文化产业示范基地5家、示范园区1家。杂技剧入选全国文化出口重点项目，填补全市空白。杂技、小品、舞蹈先后获“金菊奖”等国家大奖，蝉联中国民间文化艺术之乡。栟茶古镇即将试开放，国清寺遗址被列为省级重点文物保护单位。

五年来，我们纵深推进全面从严治党，引领保障作用显著提升。坚持把学习贯彻习近平新时代中国特色社会主义思想作为首要政治任务，扎实开展“两学一做”学习教育、“不忘初心、牢记使命”主题教育，蝉联全省基层党员冬训工作示范县，获评全省学习型党组织建设工作先进单位、全市党建工作先进单位。党史学习教育特色鲜明，中共如东第一支部纪念馆建成开放，庆祝新中国成立70周年、建党100周年系列活动丰富多彩。圆满完成村(社区)“两委”和镇党委换届工作，干部选拔任用“一报告两评议”满意度持续位居全市前列，“三项机制”和考核导向作用充分发挥。“四位一体”工作法、“产才融合”工作法入选全国基层人才工作创新案例。深入实施基层党建“五突出五推进”三年行动计划，“一镇一域一品”、非公领域融合党建等品牌效应不断彰显，教育引领群众“四四”机制、“红色引擎”项目先后荣获全国基层党建创新优秀案例，薛济萍获评全省优秀共产党员，3家单位被评为全省先进基层党组织。统筹推进各级巡视巡察反馈问题整改，围绕“三大攻坚战”、安全生产、疫情防控、违法违规“小化工”整治、危化品整治等重点工作开展专项督查，取得明显成效。坚持把纪律和规矩挺在前面，累计立案查处党员干部违纪违法案件2104件，查处乡科级以上领导干部91人。与此同时，人大、政协始终坚持党的领导，依法履职、积极作为，统战、人武、法检、老干部、群团、双拥等工作都取得新进展，汇聚了众志成城、共促发展的强大合力。

回首过去五年，既有跋涉的艰辛，更有成功的喜悦。我们不仅经受住宏观经济下行、中美战略博弈、新冠疫情冲击等重重考验，更是实现了“经济总量超千亿、发展速度夺第一、项目建设扛红旗、文明创建获殊荣、综合排名快前移”等一系列历史性突破，发展质态、政治生态、党员干部精神状态持续向好，“能当第一就决不做第二”“不说不好办只想怎么办”“把不可能变为可能”的争先进位氛围不断浓厚。这是上级党委正确领导的结果，是历届县委接续奋斗的结果，是全县各级党组织、广大党员和干部群众团结拼搏的结果，是广大如商和社会各界人士携手并进的结果。在此，我代表中共如东县委，向所有参与、支持、关心、帮助如东发展的同志们、朋友们，致以崇高的敬意和衷心的感谢！

成就书写历史，经验启迪未来。五年奋斗实践，让我们深切感受到：新思想是指引前进的根本遵循。只要我们学深悟透习近平新时代中国特色社会主义思想和总书记对江苏工作重要讲话指示要求，以新思想定向领航，以新思想解放思想、统一思想，从新思想中寻策问道，我们的工作就越有底气，也必然会更富成效。高质量发展是保持经济持续健康发展的必然要求。只有坚定不移践行新发展理念，全面落实省委“六个高质量”工作布局，更大力度转方式、调结构、抓创新、促转型，才能实现县域经济社会的持续健康发展，确保继续在省市综合考核中位居前列。以人民为中心是一切工作的出发点和落脚点。江山就是人民，人民就是江山。只要我们始终坚持发展为了人民、发展依靠人民、发展成果由人民共享，持续加大民生投入，扎实办好民生实事，我们的工作就能赢得人民群众的信任和支持。党的领导是事业发展的坚强保证。只有旗帜鲜明讲政治，深入贯彻落实新时代党的建设总要求，充分发挥党的领导核心作用，不断提升党领导经济社会发展的能力水平，才能保证我们的事业朝着正确的方向不断前进。提振精气神是干事创业的动力源泉。与发展实绩相辅相成的是信心增强、作风优化和氛围浓厚，只要我们始终保持拼搏奋进的精神状态，持续巩固政通人和的发展环境，我们就一定能够把握战略机遇，战胜困难险阻，再造一个发展黄金期。以上这些经验启示是我们的制胜法宝，必须在今后的发展实践中进一步深化认识，更好地予以坚持和发扬。

奋力谱写沿海高质量发展如东篇章

带着“十三五”丰收的喜悦，我们满怀信心地站在了新的历史起点上。年初召开的县委十四届十次全会对全县“十四五”发展进行了研究谋划，提出了“勇当长三角沿海高质量发展排头兵，努力把如东打造成为全市跨越发展增长极、全省向海战略先导区、全国绿色能源示范城”的目标定位，我们必须一以贯之抓好落实。今后五年全县工作的指导思想是：坚持以习近平新时代中国特色社会主义思想为指导，全面贯彻党的十九大和十九届二中、三中、四中、五中全会精神，深入学习贯彻习近平总书记在庆祝中国共产党成立100周年大会上的重要讲话精神，认真落实总书记对江苏工作重要讲话指示要求，紧扣“强富美高”总目标，围绕“争当表率、争做示范、走在前列”总要求，立足新发展阶段，贯彻新发展理念，构建新发展格局，以交通区位提升为契机，以项目量质提升为抓手，以园区贡献提升为支撑，以作风效能提升为保障，加快推动发展模式由“资源型”向“创新集约型”、“两高型”向“绿色低碳型”转变，跑赢新赛程、勇当排头兵，奋力谱写沿海高质量发展如东篇章。

谱写沿海高质量发展如东篇章，这既是我们“十四五”的奋斗目标，更是在全面建设社会主义现代化新征程中需要长期坚持的重大战略抓手。从发展历史来看，如东沿海的昨天“因海而生、向海而兴”。如东古称“扶海洲”，由海中沙洲演变而成，勤劳智慧的先民们捕捞、制盐、垦荒，享渔盐之利而百业兴旺，明清时期的掘港素有“小扬州”的美誉。新中国成立后，全县先后进行了25次大规模围垦，“沧海夺田”近60万亩。改革开放以来，我们深入实施沿海开发战略，举全县之力圆梦深水海港，实现了国家一类口岸开放，引领全县经济社会发展取得显著成绩，海港、海鲜、温泉、风电成为如东最鲜明的城市符号。纵观如东的沧桑巨变，我们一直得益于大海的馈赠和贡献，也从未停止过对发展海洋经济孜孜以求的探索与实践。从发展机遇来看，如东沿海的今天“其势已成、势在必行”。前不久省市相继召开专题会议，对推动沿海地区高质量发展作出战略部署。省委强调要把沿海发展作为“十四五”发展的紧迫任务，奋力推动沿海实现发展新腾飞。市委明确把沿海发展作为南通的一项全局性、战略性、长远性工作，推动沿海又好又快发展。省市将加强统筹，从规划、政策、资金、要素等方面给予全方位保障支持。作为省市沿海发展的重要板块，如东必然会在交通基础设施建设、重大项目招引、人才人口集聚等方面分享更多红利。可以说，我们迎来了拥抱大海、深耕海洋前所未有的难得机遇，向海发展无疑是我们角逐新一轮区域竞争的必然选择、必由之路。从发展优势来看，如东沿海的明天“大有可为、大有作为”。如东的发展优势和潜力始终在沿海。得天独厚的滩涂、岸线等资源禀赋，为产业发展提供了广阔空间。港口基础设施配套相对完善，具有一定的先发优势、比较优势。近几年来，长期制约我们的交通体系得到根本性改善，沿海经济蓬勃发展、方兴未艾，沿海生态风貌展现出越来越多“面朝大海、春暖花开”的靓丽景象，特别是新能源、新材料、高端装备制造等沿海产业特色越来越鲜明，金光、桐昆、LNG能源岛等一批重特大项目的集聚为跨越赶超提供了强劲动能，我们完全有信心成为新一轮沿海发展的最大受益者、最强增长极。

谱写沿海高质量发展如东篇章，既要坚定信心，也要保持清醒。对照省委提出的向海发展战略要求，我们还存在不小差距和短板。在建设高质量发展经济带方面，虽然我们的特色产业初具规模，但基础化工、纺织服装等传统行业占比依然较高，产业结构偏重、产业能级偏低，新招引的重大项目仍以“资源型”为主，“科创+产业”尚处于起步阶段。在建设滨海风貌城镇带方面，虽然我们初步形成了以县城为生活中心，以开发园区为工业经济主体，以沿海镇区为文旅休闲载体的城镇发展格局，但空间规划布局仍不尽合理，人口集聚和人才吸附能力还不够强，风貌特色还不够鲜明。在建设沿海生态风光带方面，虽然我们始终坚持沿海开发与保护“同时抓、同等抓”，但沿海开发整体还未完成由“粗放型”向“集约型”过渡，生态治理力度还不够大，成效还不够明显，“生产、生活、生态”三位一体融合发展仍需持续探索。在推进向海发展的保障方面，虽然我们近年来持续加强作风效能建设，取得明显成效，但仍有少数党员干部干事创业的内生动力不足，缺乏拼搏精神、奋斗劲头和担当勇气，存在被动应付、执行不力、效能低下等问题，与新时代、新使命、新要求仍有不小差距。

综合以上分析，谱写沿海高质量发展如东篇章，机遇与挑战同在、优势与短板并存。特别是当前的如东正处于爬坡过坎、滚石上山的关键阶段，容不得有丝毫的懈怠。只有坚定不移把推动沿海高质量发展作为主战场、主抓手、主旋律，全面发力、加速起势，才能跑赢新赛程、勇当排头兵。跑赢新赛程、勇当排头兵，必须满怀豪情、燃烧激情。切实把庆祝建党百年激发出的爱党爱国之情，转化为干事创业的豪情、攻坚克难的激情，以“勇往直前、舍我其谁”的豪迈，用奋斗书写，用实干作答，创造无愧于时代、无愧于人民的崭新业绩！跑赢新赛程、勇当排头兵，必须高点定位、争先进位。主动融入长三角一体化发展大格局，进一步提高站位、拓宽视野，以更高目标追求激励和引领更高质量发展，努力在千帆竞发、百舸争流的激烈竞争中，干出新气势、拼出新位次！跑赢新赛程、勇当排头兵，必须担当作为、奋发有为。持续激扬“狼性”精神，大力弘扬“牛劲”品格，以“功成不必在我、建功必定有我”的使命担当、“逢山开道、遇水架桥”的魄力勇气、“踏石留印、抓铁有痕”的坚韧劲头，创造精彩未来，赢得辉煌明天！跑赢新赛程、勇当排头兵，必须凝心聚力、齐心协力。牢固树立大局意识，始终做到着眼大局、胸怀大局、服务大局，切实把思想和行动统一到县委各项决策部署上来，心往一处想、劲往一处使、拧成一股绳，团结一致、奋力拼搏，共同奏响“十四五”接续奋斗的恢宏乐章！

今后五年工作重点

蓝图已经绘就，奋进正当其时。今后五年的主要发展目标是：全面完成“十四五”规划各项目标任务，力争地区生产总值年均增长6.5%左右，总量突破1600亿元；一般公共预算收入年均增长11%左右，总量突破100亿元；固定资产投资年均增长8.5%左右；研发经费支出占GDP比重达到2.9%；城乡居民人均可支配收入分别超过7万元和3.5万元。围绕上述目标任务，必须坚持统筹推进、重点突破的基本思路，着力抓好以下七个方面工作：

一、坚持创新驱动，加快转型发展，推动综合实力迈上新台阶。深入贯彻新发展理念，全面实施科技创新赋能，强化重大项目支撑，推动经济体系优化升级，不断夯实经济高质量发展“硬实力”。

持续营造一流创新生态。在创新主体、创新基础、创新资源、创新环境等方面持续发力，加快构建“如鱼得水、如鸟归林”的一流创新生态。坚持人才优先，提档升级“扶海英才”计划，汇聚一批沿海产业发展高端人才。加强科创企业导入和培育，力争五年内吸引高新技术产业项目200个以上，净增高新技术企业100家以上，培育专精特新小巨人、单项冠军企业100家以上。高水平建设众创空间、孵化器、加速器等“双创”平台和生命安防用品、海上风电、高分子材料等国家火炬特色产业基地，深耕生命健康和泛半导体产业，确保“十四五”期末，高新技术产业产值占规模以上工业产值比重突破50%，科技创新水平走在全市前列。

持续提升招商引资质效。坚定不移把招商引资作为“一把手工程”，切实推动精力向招商集中、资源向招商倾斜、力量向招商整合。健全完善招商体制机制，大力推行专业招商、驻点招商、中介招商、以商引商，支持园区创新方式方法，制定差异化招商政策。强化产业链招商，把握产业发展规律，找准招商路径，着力引进一批投资强度大、技术层次高、产出效益好、环境影响小的产业链龙头项目和补链、强链关键项目，培植壮大特色产业集群。加强招商引资的组织运筹，高频次走出去，高水平举办“海洽会”等招商推介活动，持续掀起招商引资新热潮，确保每年均有百亿级项目签约。紧盯欧洲、日韩、港台等项目富集区，加大优质外资项目招引力度，确保“十四五”时期实际利用外资18亿美元以上。

持续加大项目建设力度。健全完善重大项目领导挂钩联系机制，深入研究项目推进中的“卡脖子”环节，切实提高前期工作水平，合力破解资金、能耗、环境容量、产业人才等各类要素制约。强化服务保障，成立重特大项目服务专班，对项目建设中的难点堵点现场会办、限时办结、形成闭环，打造全生命周期服务链条，真正做到“有求必应、无事不扰”。紧盯序时进度，全力以赴抓签约、促开工、快推进，确保金光、桐昆、LNG能源岛等重特大项目以最短周期转化为现实生产力。

持续放大实体经济优势。聚焦风电装备制造、新型植保、智能通信及电网装备等九大特色产业，健全完善“链长制”工作机制，统筹协调产业链重大事项和发展难题，促进产业链创新链深度融合，不断增强产业体系市场竞争力、创新力、控制力。推动数字产业化、产业数字化，鼓励企业建设一批智能车间、智能制造示范工厂、工业互联网标杆工厂，确保企业技改投资占工业投资比重保持在50%以上。大力实施“壮企强企”工程，培育壮大一批“链主”企业，确保“十四五”期末，纳税超亿元企业、应税销售超百亿元企业分别达到30家和3家，培育500亿元产业集群3个以上。鼓励支持企业加速登陆资本市场，力争新增境内外上市企业5家。拉长补齐现代服务业短板，推进生产性服务业向专业化和价值链高端延伸，生活性服务业向高品质和多样化升级，确保“十四五”期末，培育形成现代物流集聚区5个以上、科技商务集聚区3个以上、休闲旅游度假区4个以上。弘扬新时代企业家精神和如商精神，培育“张謇式”企业家群体，全面营造崇商亲商重商的社会环境。

二、坚持解放思想，加快融入融合，推动改革开放形成新优势。紧紧抓住构建新发展格局目标任务，突出重点领域和关键环节，坚持改革与开放互动并进、同向发力，充分激发经济社会发展活力。

更深层次全面深化改革。准确把握系统集成的内涵要求，加强各领域改革的协调与联动，积极开展集成改革试点试验，使改革更好对接发展所需、基层所盼、民心所向。加快转变政府职能，不断深化“放管服”改革，全面推行企业开办“一件事”“拿地即开工”等改革举措，努力打造市场化法治化国际化的一流营商环境。扎实推进国有企业改革，完善现代企业制度，健全市场化经营机制，做强做优做大国有资本和国有企业。深入推进开发园区体制机制改革，加快实现转型发展、创新发展、集约发展、高效发展。巩固深化综合行政执法改革成果，全面推行“大数据+指挥中心+综合执法队伍”新模式，进一步提升行政执法效能。持续聚焦文化、教育、卫生等民生领域综合改革，解决好人民群众最关心的利益问题。充分发挥改革领导机构作用，增强改革定力，集聚改革资源，加快形成彰显如东特色的改革品牌。

更高水平扩大对外开放。主动融入国家和省市对外开放战略布局，丰富开放内涵、完善开放体制、优化开放载体，提升对外开放质量和水平。坚持把园区作为开发开放主阵地、主力军、主窗口，围绕软硬功能提升，不断做强做优载体平台，坚定不移走高新化、特色化、集聚化发展道路。放大洋口港一类开放口岸优势，大力提升物流基础设施和装备水平，加强国际、国内航线开辟，积极发展跨境物流，全面增强口岸国际竞争力。加快建设安全劳护用品国家外贸转型升级基地，大力发展新业态新模式，打造跨境电商和外贸综合服务体，促进外贸稳定发展和质量提升。支持智能通信与电网装备、纺织服装、建筑等产业更高水平“走出去”，鼓励企业在“一带一路”沿线国家布局和投资，深度融入全球产业链、价值链、物流链，确保“十四五”期间境外投资年均增速保持10%以上。

更大格局优化交通体系。策应南通新机场、北沿江高铁、通州湾新出海口等战略工程，积极推进基础设施对接。加快建设洋吕铁路，全力推进通苏嘉甬铁路如东延伸段、如通苏湖城际铁路项目，确保“十四五”中期开工建设，尽早迈入高铁时代。加快建设洋通高速二期，大力推进洋骑线、省道222如东段等工程，跟踪对接临海高速规划建设，积极争取如常高速东延、南通至小洋口高速等项目，持续推动快速路网提档升级。不断优化洋口港集疏运体系，加快推进黄海二桥、挖入式港池、码头航道等港口重大工程建设，全面提升港口服务能级。加快智慧交通、绿色交通建设，持续推进“四好农村路”高质量发展和城乡公交一体化，让老百姓出行更加绿色、智能、安全、便捷。

三、坚持示范带动，加快乡村振兴，推动“三农”工作开创新局面。把更多的资源和力量优先投向农业农村，坚持农业现代化和农村现代化一体规划、一并推进，加快实现农业高质高效、乡村宜居宜业、农民富裕富足。

发展现代高效农业。牢牢守住耕地红线，严防耕地“非农化”“非粮化”，稳定粮食、生猪等重要农产品生产，推动品种培优、品质提升、品牌打造和标准化生产，争创国家级农产品质量安全县。夯实农业基础设施支撑，加快农田水利设施建设，推进高标准农田建设提标扩面，提升现代农业科技和装备水平，确保“十四五”期末，农田水利现代化水平达95%以上，高标准农田面积占耕地面积比重达90%以上，主要农作物农业机械化水平达95%以上。构建现代农业产业体系,培育壮大优质粮油、绿色果蔬、特色水产、规模畜禽等优势特色产业,实现全产业链发展,因地制宜发展观光休闲、电子商务、手工文创等新产业新业态,打造一批10亿元级领军型农业龙头企业和知名农业品牌,争创国家级现代农业产业园。

实施乡村建设行动。以培育乡村振兴示范村和先进村为抓手,促进乡村全面振兴,确保"十四五"期末,建成20个市级示范村、50个市级先进村。高标准编制"多规合一"实用性村庄规划,优化乡村布局,引导村庄分类发展和整治提升。加强农村宅基地和住房建设管理,依法有序推进乡村公共空间治理,打造一批具有南黄海风情的新型农村社区、特色田园乡村。深入实施农村人居环境整治提升五年行动,重点推进农村厕所革命、垃圾处理和污水综合治理,全面消除黑臭水体。

加快富民强村步伐。大力实施富民强村帮促行动,加快构建农村低收入人口增收和村级集体经济发展长效机制,实现巩固拓展脱贫攻坚成果同乡村振兴有效衔接。加强职业农民培育,每年分层分类培训高素质农民1500人以上。大力培育新型农业经营主体和服务主体,增加农民"家门口"的岗位供给,支持返乡农民工、合作组织带头人等群体自主创业,引导更多农民群众创业致富,确保"十四五"期间,新增省级以上农民合作社示范社25家、各级示范家庭农场160家。不折不扣落实各项强农惠农富农政策,深化农村土地制度改革、农村集体产权制度改革、供销合作社综合改革,减少农民支出,提高收入的含金量。

四、坚持生态优先,加快城镇建设,推动美丽如东展现新面貌。牢固树立绿水青山就是金山银山理念,以改善生态环境为重点,全力推进以人为核心的新型城镇化,建设有形态、有韵味、有温度、有质感的美丽如东。

着力展现生态之美。聚焦水环境质量改善,系统推进新一轮"清水绿岸"提质行动,全面实施区域治水工程,推动环保基础设施加快建设和有效运行,深入实施河长制、断面长制,健全常态化、长效化管护机制,努力实现水系畅通、水质达标、水岸整洁、水景优美。高起点系统性规划海洋生态保护与海洋资源开发利用工作,打造可观可感、独具特色的沿海生态景观带。扎实推进大气治理重点工程,强化$PM_{2.5}$和臭氧浓度"双控双减",全面消除重污染天气,确保空气质量保持省市前列。实施土壤分类管控和污染源头治理,加快开展农田土壤修复和综合治理试点,建立健全危险废弃物全生命周期监管体系,让群众吃得放心、住得安心。持续强化环境执法监管,健全生态环境治理体系,着力提升环境治理能力和水平,争创国家生态文明建设示范县。

着力提升城市品质。按照集约紧凑发展的总体要求,坚持规划引领,统筹推进县城老城区更新改造和新城区开发建设,稳步拓展城市发展空间。加强城市设计,精心塑造城市风貌,彰显"水""绿"特色,谋划实施一批城建重点工程项目,确保创成国家园林县城和省生态园林城市。高起点、高标准推进河东片区建设,加快公共配套,加大项目招引,打造新型"城市会客厅"。推动城市治理和服务的重心向社区下沉,提升精细化、科学化水平,让城市更加安定和谐、井然有序,全力打造城市治理如东样板。大力发展城市经济,加快产业功能与城市功能的有机结合,全力推动外来人口本地化、农业转移人口市民化,加速中心城区人口导入,不断提升城市活力和首位度。

着力打造特色城镇。根据各镇区自身特点、资源禀赋,按照"分层推进、梯次打造"的总体思路,进一步明晰功能定位,统筹优化"生产、生活、生态"空间布局,加快特色产业培育建设,完善基础配套,优化公共服务,改善镇容镇貌,加快构建功能完善、集聚有序、特色鲜明的城镇体系。沿海镇区要充分放大滨海特色资源优势,积极推进交通互联、产城融合、资源共享,持续提升产业、人口承载力,加快成为县域经济重要增长极。重点中心镇要坚持特色引领,科学有序拓展发展空间,强化核心片区规划设计,全力打造在长三角具有一定影响力和知名度的经济强镇、特色小镇。其他镇要把环境整治、秩序管理作为重点,不断提升群众生活品质。

五、坚持以人为本,加快共同富裕,推动民生改善取得新成果。把握社会主要矛盾变化,围绕促进共同富裕和人的全面发展,进一步提升民生改善的针对性和实效性,更好满足人民群众对美好生活的向往。

促进居民持续增收。着眼于"更稳定的工作",精准实施就业优先政策,优化高校毕业生、农村转移劳动力、城镇就业困难人员、退役军人等重点群体就业支持体系。积极挖掘新业态、新模式带来的就业新潜力,完善专业化、智能化就业服务,健全职业技能培训制度,改善就业结构,提升就业质量。着眼于"更满意的收入",健全职工工资正常增长机制,全面增加城乡居民工资性、经营性、财产性和转移性收入。实施全民创业行动计划,营造良好创业环境,鼓励更多社会主体投身创业,推动创业向大众化、发展型、全领域转变,不断扩大中等收入群体。

提升公共服务水平。积极构建现代化教育体系,进一步优化资源配置,全面落实立德树人根本任务,着力打造高素质教师队伍,加快河东片区高品质高中建设,努力在民办学校、高校分校、国际学校建设方面实现突破,形成教育发展的新高度、新亮点。深化"健康如东"建设,加快研究出台深化医改、加强卫生人才队伍建设等政策,完善公共卫生服务体系,加快推进"一镇一公立医院"全覆盖,稳妥实施医共体建设,努力形成方便高效的就医格局。深入开展新时代爱国卫生运动,引导市民养成文明健康生活方式。创新体制机制,加强政府引导,促进多元投入,加快构建居家社区机构相协调、医养康养相结合的养老服务体系,推动养老事业、养老产业协同发展,在全省、全国做示范、树样板。

完善社会保障体系。做好城乡居民养老保险和被征地农民保障各项工作。强化基本医疗保险、大病保险与医疗救助三重保障功能,健全多层次医疗保障体系。统筹完善社会救助、社会福利、慈善事业、残疾人帮扶、关爱妇幼等制度。全面实施三孩生育政策及配套支持措施,释放生育潜力,促进人口长期均衡发展。依法完善退役军人保障制度和工作体系。分类实施住房保障,更好满足城乡居民基本住房需求。加强社会保障信息化工程建设，不断提升人民群众在参保业务办理中的获得感和满意度。

六、坚持底线思维，加快共建共治，推动社会治理实现新提升。统筹发展和安全，加强和创新社会治理，营造公平正义、充满活力、和谐稳定的社会环境，不断提高县域社会治理体系和治理能力现代化水平。

防范化解重大风险。健全落实风险防控四项机制，常态化开展风险隐患排查化解，切实提高预警防范各类风险的能力。完善金融风险处置工作机制，严格规范政府债务管理，坚决守住不发生系统性风险的底线，争创金融生态优秀县。全面压实安全生产责任，持续深入开展安全生产专项整治三年行动，加大危化品、海上风电、海洋渔业、建筑施工、道路交通、食品药品、特种设备、消防等重点行业领域风险排查力度，坚决遏制重特大事故，不断提高本质安全水平。加强常态化疫情防控，加快建设县公共卫生应急救治中心。增强全民安全意识，分类健全重大风险预案，全面提升应急救援水平。

深化法治如东建设。加强人大法律监督和“法律巡视”，进一步推动各项法律有效实施。深化法治政府建设，严格落实重大行政决策程序制度，加强重大决策的风险评估和合法性论证，不断提高依法行政水平。充分发挥“有事好商量”协商议事作用，进一步加强和改进城乡社区民主法治建设，持续打造“援法议事”等基层法治建设品牌。严格落实司法责任制，加快构建完善执法司法制约监督体系，不断提高执法司法质量、效率和公信力。全面落实“谁执法谁普法”责任制，持续提升公共法律服务能力，增强全社会法治意识和法治信仰，争创全国“八五”普法先进城市。

维护社会和谐稳定。积极拓展公众参与社会治理的制度化渠道，完善“大数据+网格化+铁脚板”治理机制，大力推进综治中心、网格中心、县域治理现代化指挥中心建设，加强基层社会治理队伍建设，不断提升社会治理效能。坚持和完善新时代“枫桥经验”，全面推进信访标准化、规范化建设，完善社会矛盾纠纷多元预防调处化解综合机制，争创国家级信访工作“三无”县。加快构建立体化社会治安防控体系，深入推进新一代雪亮技防工程建设，常态化开展扫黑除恶斗争，依法严厉打击各类违法犯罪行为，确保群众安全感保持省市前列。

七、坚持价值引领，加快内涵提升，推动文明程度再上新水平。以社会主义核心价值观为引领，落实举旗帜、聚民心、育新人、兴文化、展形象的使命任务，为现代化建设提供强大的价值引领力、精神推动力、文化凝聚力。

深化精神文明建设。把社会主义核心价值观融入经济社会发展各领域，推动形成适应新时代要求的思想观念、精神面貌、文明风尚、行为规范。全面深化新时代公民道德建设，争创更多国家级和省级时代楷模、道德典型，持续放大“中国好人”如东现象。抓好新时代文明实践中心（所、站）建设，高水平做好国家试点县工作。充分发挥“志交会”等平台载体作用，常态化开展志愿服务活动，打造一批志愿服务品牌。深入推进全社会诚信体系建设，大力弘扬诚信文化。强化市民公约、村规民约的约束作用，移陋习、易旧俗，扬正气、树新风。

巩固文明创建成果。以“永远在路上”的信心决心，努力建设更高水平全国文明城市。对照新一轮创建规划，加大科学投入，做到硬件建设与软件建设并进，集中攻坚与长效管理并重，持续提升城市形象。坚持从严管理，探索使用大数据、人工智能等现代科技，着力提升城市管理效能。突出问题导向，深入实施专项提升行动，开展拉网式、穿透式排查，健全组织领导、协同推进、监督问责等长效机制，构建发现问题、解决问题的工作闭环。坚持过程群众参与、成效群众检验、成果群众共享，不断浓厚人人尽责、人人共享的创建氛围。

打造地方文化品牌。推动新闻出版、广播影视、文学艺术、哲学社会科学事业全面繁荣，推出一批具有地方特色和时代特征的精品力作。持续完善城乡公共文化服务体系，加快县文化中心二期工程建设，创建国家一级文化馆，争创省书香城市示范县。推动文化和旅游融合发展，加快小洋口旅游度假区重大项目建设，建成栟茶古镇国家AAAA级旅游景区、三号街区省级文旅消费集聚区，打造一批“外地人想去必去、本地人愿去常去”的“网红打卡地”。传承弘扬优秀传统文化，挖掘保护海上丝绸之路文化遗产，建成国清寺遗址博物馆。提炼推广杂技、农民画、红木雕刻等地方文化符号，加强非遗项目活化保护，争创中国杂技之乡、中国红木之乡，打造国家级珠心算非遗文化实验区。

纵深推进全面从严治党

新的历史使命对各级党组织和广大党员干部提出了新的更高要求，要认真贯彻落实新时代党的建设总要求，坚持和加强党的全面领导，以高质量党建保障全县经济社会高质量发展。

一、加强党的政治建设，提升执政兴业的能力水平。旗帜鲜明讲政治是我们党一以贯之的政治优势。要坚定政治立场。增强“四个意识”，坚定“四个自信”，做到“两个维护”，牢记“国之大者”，不断提升政治判断力、政治领悟力、政治执行力。善于从讲政治的角度思考和分析问题、把握和研究形势，在坚持和发展什么、抵制和反对什么等重大问题上，做到眼睛特别明亮、头脑特别清醒、立场特别坚定。要把稳思想之舵。充分利用理论学习中心组、“学习强国”、党员冬训等载体加强理论武装。坚持不懈对标对表习近平新时代中国特色社会主义思想，深刻领悟蕴含其中的立场观点方法、道理学理哲理。坚持不折不扣抓落实与创造性开展工作相结合，确保既方向正确、又高效有力。严格落实意识形态责任制，牢牢掌握意识形态领导权、管理权、话语权。坚持正确舆论导向，推动媒体深度融合发展，营造清朗网络空间。要牢记初心使命。深刻领会和把握习近平总书记“七一”重要讲话的重大意义、丰富内涵、核心要义、实践要求，不断深化党史学习教育，全面系统学习党史、新中国史、改革开放史、社会主义发展史，充分利用如东丰富的红色资源，引导广大党员学史明理、学史增信、学史崇德、学史力行，把党史学习教育成果转化为建功新时代的实际行动。

二、加强干部队伍建设，锻造善做善

成的中坚力量。有没有一支想干事、能干事、干得成事的党员干部队伍是事业成败的关键。要倡树鲜明导向。落实好干部标准,严把政治关、品行关、廉洁关,坚持重实干、重实绩、重担当。注重人岗匹配性分析,最大限度发挥干部能力特长。大胆提拔使用在重大斗争实践中敢担当、善作为、肯奉献的干部,真正让优秀者优先、吃苦者吃香、有为者有位。要加强培养锻炼。强化思想淬炼、政治历练、实践锻炼,打造兼具“狼性”特质和“牛劲”品格的干部队伍。实施专业化能力提升计划,不断提高领导干部特别是年轻干部抓改革、促发展、保稳定的能力和水平。注重加强换届后领导班子建设,着力把各级领导班子打造成扛起使命、担当作为的坚强集体。要强化激励约束。完善整体目标责任制考核体系和奖惩办法,合理拉开评议档次,差异化兑现奖惩。持续释放职级晋升的激励和导向作用,完善干部待遇保障措施。严格落实谈心谈话、提醒函询诫勉等制度,及时发现和解决苗头性、倾向性问题。用活用好“三项机制”,通过有“强度”的激励和有“底线”的包容,为干事创业的干部减压提气、撑腰鼓劲。

三、加强基层组织建设,构筑坚强有力的战斗堡垒。基层党组织是贯彻落实上级决策部署的“最后一公里”。要完善组织体系。统筹加强农村、城市、机关、事业单位、“两新”组织、国有企业等各领域基层党组织建设,牢固树立“一切工作到支部、一切工作靠支部”的大抓基层鲜明导向,着力提升政治功能和组织力,努力把每个基层党组织建设成为推动发展、服务群众、凝聚人心的坚强堡垒。要建强头雁队伍。全面推行村(社区)党组织书记专职化管理,细化递进激励、履职评估等配套措施,依托“加速度”成长论坛、“青蓝结对”工程等平台和载体,对换届后的村(社区)党组织书记分层分类开展培训,不断提升履职能力。大力实施新一轮村(社区)后备干部归雁计划,深入推进“两新”组织党务工作者队伍专业化建设,激活基层组织建设“源头活水”。要加强党员管理。坚持把政治标准放在首位,严把发展党员入口,推行发展党员全程记实制度。加大产业工人、青年农民、高知识群体以及非公有制经济组织和社会组织从业人员发展力度,不断优化党员队伍结构。严格党内政治生活,落实好基层党组织“三会一课”、主题党日、民主生活会、组织生活会等制度。探索在职党员、流动党员、离退休职工党员的分类管理,不断提升党员教育管理科学化水平。

四、加强党风廉政建设,巩固风清气正的政治生态。营造良好从政环境,必须深刻把握党风廉政建设规律,把严的主基调长期坚持下去。要一体推进“三不”机制。坚持无禁区、零容忍、全覆盖,始终保持惩治腐败的高压态势,深入查纠群众身边的腐败问题。有针对性地完善制度机制、规范权力运行、堵住各种漏洞。加强廉洁文化建设,常态化抓好警示教育,筑牢拒腐防变的思想防线。精准运用监督执纪“四种形态”,充分释放惩治震慑、惩戒挽救、教育警示的叠加效应,真正让党员干部因敬畏而不敢腐、因制度而不能腐、因觉悟而不想腐。要坚守政治巡察定位。紧盯职责任务、突出关键少数,推动巡察监督更加聚焦、更加具体、更加有力,不断提升从政治角度精准发现问题的能力水平。加快完善系统集成、协同高效的巡察协作配合机制。扎实做好各级巡视巡察整改“后半篇文章”,把有效做法及时上升为制度规范,推动巡察监督、整改、治理有机贯通。要持续提升作风效能。锲而不舍落实中央八项规定精神,深入整治形式主义、官僚主义顽瘴痼疾,持续为基层减负。对敷衍了事、推诿扯皮、机械执法等不作为、慢作为、乱作为问题,加大惩治力度,用好纪律手段,促使广大党员干部的精神状态、工作作风更好地适应跑赢新赛程、勇当排头兵的内在要求。

县委常委会将切实加强自身建设。充分发挥总揽全局、协调各方的领导核心作用,积极支持人大及其常委会行权履职、依法监督,支持政府依法行政,支持政协发挥政治协商、民主监督、参政议政作用,支持法院、检察院依法独立行使审判权和检察权,支持工青妇等人民团体按章开展工作。巩固壮大爱国统一战线,充分发挥各民主党派、无党派人士和工商联作用。持续加强民族宗教、人民武装、老干部、关心下一代、双拥等工作,全力营造政通人和、干事创业的浓厚发展氛围。

政府工作报告

——2022年1月11日在如东县第十八届人民代表大会第一次会议上

陈 雷

一、本届政府工作回顾

2017年以来的五年,是如东发展历程中极不寻常、极不平凡的五年,也是经受重大考验、取得重大成就的五年。我们坚持以习近平新时代中国特色社会主义思想为指导,在上级党委政府和县委正确领导下,在县人大、县政协监督支持下,紧密团结和依靠全县人民,积极应对复杂多变的外部环境,统筹疫情防控和经济社会发展,统筹发展和安全,实现了“经济总量超千亿、发展速度夺第一、项目建设扛红旗、文明创建获殊荣、综合排名快前移”等历史性突破,圆满完成本届政府任期工作目标,高水平全面建成小康社会,“强富美高”新如东建设取得显著成绩,开启了全面建设社会主义现代化国家新征程。

过去的五年,是如东经济发展奋勇争先的五年。我们紧扣“发展速度争第一、百强排名升十位”三年奋斗目标,以敢为人先、勇争一流的决心和毅力,脚踏实地、埋头苦干，倾力书写攀高比强、争先进位的发展篇章。经济总量大幅攀升。预计，2021年实现地区生产总值1280亿元，五年间连跨五个百亿台阶，年均增幅全市领先。人均GDP超过14万元，比2016年增加6.5万元。一般公共预算收入达到68.5亿元，五年增长26%。居民人均可支配收入由2.67万元升至4.14万元，连年高于经济增速，城乡居民人均收入比值降至2.06。固定资产投资年均增长9%，实现社会消费品零售总额480亿元，是2016年的1.5倍。外贸进出口总额达到420亿元，年均增长20.4%。县域经济基本竞争力百强县(市)排名从第51位跃升至第33位，上升幅度全市最大。实体经济更加厚实。工业应税销售收入达到1750亿元，是2016年的1.7倍。累计实现工业入库税金256亿元，培育工业应税销售收入10亿级企业22家、50亿级企业4家。规模以上工业企业达到830家，总产值达到1640亿元。爱朋医疗、恒辉安防、海力风电先后上市，A股上市公司达到6家，总市值近千亿元。新增应税销售收入5000万元以上服务业企业30家，服务业应税销售收入较2016年翻了一番。创新发展有力推进。大力实施科技创新六大工程，出台制造业创新发展30条等一系列扶持政策，高新技术企业达到185家，五年净增94家，战略性新兴产业和高新技术产业产值占规上工业比重分别提高12.7、12.3个百分点，研发经费支出占GDP比重达到2.66%。国家火炬特色产业基地达到3个，省级以上科创平台增至29个，新增省级以上专精特新小巨人企业15家，中天科技荣获中国工业大奖和全国质量奖。实施产学研合作项目633个，引育省级以上重点人才74人，产才融合工作法入选全国基层人才工作创新案例。项目建设扩量提质。成功举办海洽会、如商发展大会、金牛奖颁奖典礼等活动，每年签约亿元以上项目均在100个以上、10亿元以上项目均在20个以上，累计实际利用外资超过16亿美元，制造业外资占比达到65%，重大项目招引创历史最好水平。健全领导挂钩、现场观摩、考核评比等机制，滚动实施62个省市重大产业项目，投资总额超过2000亿元，金光、桐昆等一批百亿级项目相继落户并顺利试生产，项目建设综合考核持续进入全市第一方阵。着力破解土地、能耗、环境容量等要素制约，累计盘活存量土地2.4万亩，获评省自然资源节约集约利用模范县。

过去的五年，是如东整体形象奋力改善的五年。我们致力打造越来越好的如东，迎难而上、真抓实干，全面提升对外影响力和百姓认可度，如东整体形象更加鲜明、更富特色、更具影响。向海名片逐步擦亮。深入实施向海发展战略，大力建设全国绿色能源示范城、全省向海发展先导区，以风力发电、风电装备制造、LNG接收储运为主的产业格局初具规模，绿色能源板块应税销售收入达到850亿元。能源岛建设列入国家长三角一体化发展规划纲要，中石油LNG接收站年接卸量达到718万吨，创历史新高，省LNG储运调峰工程开工建设，协鑫汇东、华润能源LNG接收站项目加紧推进。总投资686亿元的13个海上风电项目实现全容量并网发电，建成亚洲最大海上风电群，央视等媒体持续关注，今年新能源年上网电量将达到160亿千瓦时，超过全社会用电量的2倍。城市形象显著提升。大力实施城市更新行动，房屋征收总面积超过400万平方米，新建商品房650万平方米，改造老旧小区39个，县城建成区新增7平方公里，河东片区建设日趋加快。实施人民路、江海路改造等市政重点项目59个，文体中心、青年公园投入使用，“三河六岸”主体工程对外开放，鹤鸣公园、三号街区、雨润新文化广场、中骏世界城等项目有序推进。全县人民众志成城、攻坚克难，一举创成全国文明城市，提振了全县上下的信心士气。镇村基础不断夯实。圆满完成农村人居环境整治三年行动，建成省市特色田园乡村9个、美丽宜居乡村19个，栟茶镇获评全国特色小镇。建成高标准农田140万亩，创成首批国家级农村产业融合发展示范园和省级现代农业产业示范园，大豫镇入选全市唯一国家级农业产业强镇。地理标志拥有量全市最多。洋口外闸枢纽加固改造工程交付使用，刘埠渔港试运行。建成11座乡镇污水处理厂，实现一镇一厂全覆盖。畜禽养殖污染、内河非法码头等专项整治全面完成，“清水绿岸”提质三年行动取得阶段性成果，国考断面和主要入海河流水质全部消除劣Ⅴ类，市考以上断面水质优Ⅲ比例达到82.4%。新增绿化造林4.4万亩，林木覆盖率达到24.3%，空气质量稳居全省前列。如东湿地被列为全国五大滨海湿地保护区之一，勺嘴鹬保护小区高潮位栖息地建成运行。交通条件明显改善。通苏嘉甬铁路如东延伸段、如通苏湖城际铁路进入长三角多层次交通规划，并纳入省铁路发展“十四五”开工建设项目库，洋吕铁路、洋通高速二期开工建设，海启高速、228国道如东绕城段、334省道如东东段建成通车，累计建成高等级公路97公里，新改建农村公路942公里、农桥172座，获评“四好农村路”省级示范县。新汽车客运站建成启用，镇村公交实现全覆盖。洋口港区15万吨级航道工程投入使用，5万吨级重件码头、G2G3液化品码头、通用码头扩建等工程交工验收，黄海二桥、金牛码头作业区加快建设，港口集疏运体系逐步完善。

过去的五年，是如东民生事业奋进前行的五年。我们始终牢记政府前面“人民”二字，时刻心系群众的急难愁盼，从群众最关心的地方做起，把群众最需要的事情做实，让生活在如东、奋斗在如东的人们拥有更多的获得感、幸福感、安全感。民生福祉持续增进。坚持财力向民生倾斜，每年约80%的公共财政用于民生支出，高质量办好各类民生实事。新建、扩建教育项目110个，成功创建省基础教育装备示范县，高考主要指标连续28年全省领先。全力做好常态化疫情防控工作，疫情应急处置能力有效提升，防疫成果巩固稳定。县人民医院外科大楼投入使用，省级卫生镇实现全覆盖，全县人均预期寿命超过82岁。小洋口旅游度假区被命名为中国温泉之乡，栟茶古镇中市街开街，掘港国清寺遗址列入省级文物保护单位。县文化馆获评国家一级馆，杂技、舞蹈等文艺精品多次荣获国际级、国字号荣誉，蝉联中国民间文化艺术之乡称号。保障体系更加健全。脱贫攻坚战取得全面胜利，低收入人口全部脱贫，经济薄弱村全部摘帽，强村加油站投入运营，对口协作取得新进展，获评全省脱贫攻坚暨对口帮扶支援合作先进单位。精准帮扶重点群体就业，新增城镇就业超过4.5万人，退役军人就业创业特色经验获全国推介，实现全省双拥模范县"五连冠"。社会保障水平稳步提高，城乡居民基础养老金增长52%，低保标准提高65.2%，被征地农民实现应保尽保，建成保障性安居住房4150套，改造农村危房1900余户，完成农村不动产确权登记发证。深化医保支付方式和医疗服务价格改革，全面实现医保市级统筹，城乡居民住院报销比例超过80%，长期照护保险经验做法成为全省典范。社会大局和谐稳定。平安法治如东建设不断深化，"两防"机制全国推广，"七五"普法全面完成，获评全省法治县(市、区)创建工作先进单位，人民来访接待中心获评省级人民满意窗口。深入推进"一年小灶""三年大灶"专项整治，生产安全事故起数、死亡人数大幅下降。全面加强食品药品安全监管，获评省食品安全示范县。建成全省首家县域治理现代化指挥平台，洋口村、虹桥村获评全国乡村治理示范村。织密社会治安防控体系，创新开展"警格+网格"融合联动，为期三年的扫黑除恶专项斗争圆满收官，公众安全感保持省市领先。

过去的五年，是如东政府建设奋发有为的五年。我们坚持以人民满意为目标，知责于心、担责于身、履责于行，以一日无为、三日不安的紧迫感，一项一项抓改革，一件一件抓落实，一步一个脚印把如东的事业推向前进。营商环境不断优化。"放管服"改革走深走实，累计取消行政权力事项23项、下放537项。住所和经营场所分离登记改革全省试点，不动产登记"一证通办"全省先行，公共资源交易实现全流程电子化，完成政务服务"2330"目标。秉持"有求必应、无事不扰"，全面落实惠企政策，累计减税降费58.3亿元，发出全省首张自主办理个体工商户营业执照，市场主体超过12万户，年均增长15.8%。设立"县长质量奖""金梧桐奖"，营商环境综合评价全省领先。重点改革有序推进。完成基层审批服务执法力量整合，省级开发园区"区镇分设"体制改革取得阶段性成效，洋口镇通过省经济发达镇管理体制改革验收。深化国有企业改革，组建三大县级和五家园区国有企业集团，在全省率先设立国资监管机构。实施金融改革，加大金融服务实体经济特别是中小微企业力度，常态化开展政银企对接，获评省金融生态优秀县和全市唯一国家级现金服务示范区。作风效能常抓不懈。始终把全面从严治党要求贯穿到政府工作各领域全过程，"两学一做"学习教育、"不忘初心、牢记使命"主题教育、党史学习教育取得积极成效。主动依法接受各方监督，人大代表议案建议、政协委员提案全部办结，满意率分别达到96.7%和94.9%。严格落实党风廉政建设责任制，强化"一岗双责"，驰而不息纠"四风"，认真抓好各级巡视巡察反馈问题整改，扎实开展"双聚双高"作风效能提升专项行动，行政效能得到进一步提高。一以贯之落实过紧日子要求，"三公经费"支出逐年下降。积极支持工会、共青团、妇联、科协、文联、侨联、社科联、工商联、残联、红十字会、慈善总会、关工委等群众团体和社会组织开展工作，国防动员、人民防空、外事侨台、民族宗教、防震减灾、气象、供销、档案、老干部、地方志等工作不断取得新成绩。

各位代表，幸福都是奋斗出来的！回首这五年，"奋勇争先、奋力改善、奋进前行、奋发有为"已经成为如东工作的鲜明底色，也是属于全体如东人民的宝贵财富。五年来，每一个拼搏的场景都令人感动，每一项精彩的突破都应当铭记，每一份闪亮的荣誉都值得珍藏！这一个个、一项项、一份份，是历届县委、县政府继往开来、接续奋斗打下的扎实基础，也是全县上下践行新时代"狼性精神""牛劲品格"的最好诠释，让我们共同生活的这座城市焕发出更新的生机与活力、展现出更好的美感与温度，让每一位关注如东、热爱如东、建设如东的新老如东人都充满喜悦、无比自豪！在此，我代表县政府，向全县人民，向各位人大代表、政协委员，向离退休老同志，向驻如部队指战员和各人民团体，向在如投资发展的海内外客商和创业者，向所有关心支持如东发展的各界朋友，表示衷心的感谢，并致以崇高的敬意！

在看到成绩的同时，我们也清醒认识到，如东各项事业还处于爬坡过坎、奋力赶超当中，丝毫容不得我们躺在成绩单上沾沾自喜。在前进道路上，我们最大的不足在于产业层次还不够高，产业结构偏重，服务业支撑作用相对偏弱、园区对经济增长贡献度有待提升；最大的短板在于科技创新能力还不够强，科创平台、创新主体规模数量与先进地区仍有差距，实现新旧动能转换还有很长的路要走:最大的制约在于人口结构不尽合理。人口人才集聚能力需要增强。城乡建设、生态保护、民生供给、安全生产等领域仍有不少短板弱项。政府运用创新思维、法治手段、市场机制解决深层次矛盾问题的能力还需提高。对此，我们一定高度重视，采取有力措施，切实加以解决。

二、今后五年工作展望

新一届政府即将履职的五年，是如东在日益加剧的竞争态势中抢抓机遇、加速发展，推动现代化建设开好局、起好步的关键时期。不久前召开的县委十五届二次全会作出了如东进入跨越赶超新阶段的战略判断。提出了努力实现经济总量、发展质量综合考核、百强排名等全面赶超的总体要求。完成跨越赶超的使命任务，必须准确把握外部形势、内在条件和阶段性要求的变化。我们既要看到百年变局加速演进，新冠疫情影响深远，经济发展面临"需求收缩、供给冲击、预期转弱"三重压力带来的新挑战，也要看到国内经济稳中向好、长期向好，发展韧性强劲，"四化同步"并进，对转型发展、促进循环带来的新机遇。我们既要看到如东面临着刚性约束增多、高质量发展难度加大的新压力，也要看到在困难之中，蕴藏着倒逼落后产能、发展沿海绿色低碳产业的新动力，更要看到我们多年深耕沿海开发，打基础抓项目、强园区、增实力形成的新优势，特别是"一带一路"倡议，长江经济带、长三角一体化、国家批复新一轮江苏沿海地区发展规划等重大战略交汇叠加，为未来发展打开了新空间。中央要求今年的经济工作要"稳字当头、稳中求进"。总体来看，今后几年，如东稳的态势在持续、进的力度在加大、新的动能在成长、好的因素在香加。正处在大有可为而且必须大有作为的重要机遇期。我们将立足于“沿海是最大优势、赶超是最大任务”的基本县情和最新要求，聚智聚力谋发展，心无旁骛抓落实，以持续深入的改革创新和锲而不舍的坚韧求索。下好先手棋、打好主动仗，推动发展方式和路径的深刻变革；以强担当、强自信、强合力的胆识和气魄，切实扛起新使命、跑赢新赛程、谱写新篇章，奋力实现高质量跨越赶超。

新一届政府工作的指导思想是：坚持以习近平新时代中国特色社会主义思想为指导，全面贯彻党的十九大、十九届历次全会精神。深入贯彻习近平总书记对江苏工作重要指示精神，认真落实上级各项重要会议精神，弘扬伟大建党精神，围绕“争当表率、争做示范、走在前列”总要求，坚持稳中求进工作总基调，坚持改革创新，完整、准确、全面贯彻新发展理念，加快服务构建新发展格局，着力推动高质量发展。坚持以供给侧结构性改革为主线，统筹疫情防控和经济社会发展，统筹发展和安全，扎实做好“六稳”“六保”工作按照县委“四个提升、两个转变”和“三强三新”部署要求，坚定不移走好向海发展之路，奋力谱写沿海高质量发展如东篇章。

新一届政府工作的总体定位是：实现三个确保、把握六个突出。三个确保：确保完成“十四五”规划各项目标任务：确保主要经济指标增速全市领先、经济总量实现赶超：确保县域经济基本竞争力百强县（市）排名进入前25位。六个突出：突出向海发展。沿海是如东的优势所在、潜力所在，能源岛、风电产业的逐步崛起，金光、桐昆等重大项目的相继落户，让我们尝到向海的“甜头”国家和省市将推动沿海地区高质量发展作为“十四五”重大战略抓手、县委将“向海发展标志年”摆在“六个年”首位，更让我们坚定向海的“奔头”。我们将举全县之力推动目光向海、力量向海、要素向海、强化重特大项目支撑，着力壮大向海产业、建设令人向往的沿海生态风光带、滨海风貌城镇带、高质量发展经济带，全力打造全国绿色能源示范城、全省向海发展先导区、勇当长三角沿海高质量发展排头兵。突出创新引领。创新是发展的第一动力，如东要跨越赶超必须狠抓创新。我们将把创新放在核心位置。围绕产业链部署创新链、围绕创新链布局产业链、强化企业创新主体地位，引导资源要素向创新领域倾斜。努力将创新的“关键变量”转化为高质量发展的“最大增量”。突出共同富裕。如东城乡居民人均收入比虽然在逐年缩小，但与周边地区相比仍有差距，实现共同富裕任务重、压力大。我们将切实抓好“扩中提低”各项工作，多渠道解决好农民增收问题。用心用情保障和改善民生。确保民生投入只增不减、民生支出只升不降，让人民群众生活年年都有新改善。突出交通先导。交通是一个地方发展的重要引擎，这几年如东的加速发展很大程度得益于交通区位的提升。我们将抢抓南通建设大门户的宝贵窗口期，不断优化集成综合交通网、全力实现与南通新机场、北沿江高铁等重大交通枢纽的无缝对接，同时力争高铁建设实现突破，让如东在南通新一轮机场时代、高铁时代中抢得先机。突出人力思维。人口是经济社会发展的基础。针对如东人口发展现状，迫切需要我们每个地方、每个部门、每个人共同做好“人”的文章。我们将把拉动人口增长融入政府工作全过程，实施更加系统的人口导入政策、更加有效的人才引留机制，持之以恒、久久为功，切实提升如东人口吸附力和人才吸引力。突出科学统筹。可以预见。未来几年我们将遇到许多新的情况和难题、工作难度日益加大，靠老经验老办法已经解决不了新问题。我们将认真把握好新要求，准确识变、科学应变、主动求变。加强统筹谋划，找准着力点、既注重谋大局、抓大事，又强化盯细节、抓落地，在放大格局、精准施策中解好难题，以绣花功夫、钉钉子精神保障各项工作衔接有序、相互促进。

三、2022年工作安排

2022年是党的二十大召开之年，是新一届政府履职的起始之年，也是“十四五”规划实施的关键一年，做好各项工作责任重大、意义深远。今年全县经济社会发展主要预期目标是：地区生产总值增长7.5%以上：一般公共预算收入增长8%左右：固定资产投资增长10%以上；社会消费品零售总额增长10%左右；进出口总额增长4.8%左右：城乡居民收入增长快于经济增长：城镇登记失业率控制在2%以内：研发经费支出占GDP比重达到2.7%以上；节能减排和环境质量完成省市下达目标任务；生产安全事故起数和死亡人数明显下降。

围绕以上目标，今年将紧扣“六个年”活动，重点抓好六方面工作：

（一）聚焦创新赋能推进转型升级进一步优化经济发展质态

立足资源禀赋和产业基础。扎实推进“转型升级攻坚年”活动。集成优化政策供给体系，营造良好的创新生态环境，为巩固壮大实体经济注入更强动能。

加强制造业集群建设。坚持把锻造实体经济作为“看家本领”，围绕集群培育和产业链建设，针对现有优势产业、卓越产业和特色产业，持续深化“链长制”工作，一链一策精准推动，在固链、补链、强链上下功夫，引导产业链集群式发展，着力打造新能源、新材料、智能通信及电网装备三个千亿级制造业集群。以产业倍增三年行动为抓手，继续实施工业大企业倍增培育计划、企业能级“双十”计划等，促进各类资源要素向优质企业倾斜，支持面广量大的中小企业做精做强，进一步提高核心竞争力和市场占有率、力争新增规上工业企业150家、规上工业产值增长26%。

强化科创人才驱动。加快融入长三角科技创新共同体，全面启动全国创新型县份创建、优化提升制造业创新发展30条等政策措施、抓好科技企业“四库”培育、全年新认定高新技术企业80家以上。大力发展数字经济，引导企业实施机器换人、物联网改造、企业上云等数字化项目，确保创建省市企业技术中心和智能车间各5家以上、新增省级以上专精特新小巨人企业不少于4家。深化政产学研协同创新。发挥科技镇长团“外脑效应”新增产学研项目不少于120个。持续升级“扶海英才”计划，办好科技人才节。积极引入高等院校、科研院所来如设立分支机构。加快紧缺型、实用型人才引进培养。支持既有人才和科技工作者发挥优势特长，让各类人才在如东各尽其用、各展其才。

加大企业上市培育。健全完善联席

会议、工作专班和“白名单”等机制,实施梯度培育、分类指导,更大力度推动产业、科技、金融等各项政策向“白名单”企业倾斜。探索成立企业上市挂牌扶持基金、加大企业股改期间阶段性、流动性资金支持力度。抢抓股票发行注册制改革机遇,加快多层次资本市场对接,推动“新三板”挂牌企业晋层或转板上市,支持各类创新型、创业型、成长型企业在“新四板”挂牌融资。不断扩大上市后备企业库,确保新增上市企业、过会企业各1家、上市入围企业15家,北交所后备企业3家,加速打造资本市场如东板块。

推动服务业提质增效。加快发展生产性服务业,突出抓好科技服务、电子商务、现代物流、金融服务等重点产业及总部经济企业引进,推动洋口港现代物流园、外农农产品物流中心等集聚区建设。提质发展生活性服务业,顺应消费升级趋势,打造商业综合体、特色商业街、专业市场等消费集聚区,多渠道培育医疗健康、养老托育、家政服务等消费热点,提升餐饮、购物、旅游、文化等消费层次,促进线上线下消费融合发展,确保新增规上服务业企业不少于55家,服务业应税销售收入增长10%以上。

(二)聚焦扩大投入强化项目支撑进一步厚植区域竞争优势

将招商引资作为经济工作“一号工程”,坚持招引体量大、分量重的优质项目和精而专、爆发力强的科创项目,着力提升营商环境,为经济增长提供坚实支撑。

精准抓好招商引资。深入开展“招商引资突破年”活动,创新招商理念,更多采用小分队招商、专题招商、外脑招商、资本招商等方式,深化“投资如东就是投资上海”的理念。主攻上海、苏南等资本活跃地区,瞄准区域性总部、产业链龙头、高新技术企业等,积极承接增加值高的制造业项目、科创人才类项目、优质外资项目。以现有企业增资扩产为抓手,抓好内部挖潜、存量提升,推动重点招商项目在县内流转共享。以市场化方式组建“园区+国企”招商团队,打造一支有韧性、懂经济、会谈判、善沟通的招商队伍。梳理排定一批有针对性、实效性的招商活动,精心组织第十五届海洽会以及北京、上海、浙江、苏南等地投资促进周活动,努力把活动办出实效、办出影响,确保招引亿元以上项目不少于100个,其中10亿元以上项目不少于30个、50亿元以上项目不少于2个、100亿元以上项目不少于1个,实际利用外资超过3.6亿美元,引进各类科创项目60个以上,央企总部招引实现突破。

扎实推进项目建设。咬定“项目建设扛红旗”目标,完善领导干部挂钩联系、现场观摩等机制。创新能耗、土地、资金、用工等要素保障方法。实行清单管理、专班推进、精细服务。推行“拿地即开工”模式。切实提升项目开工转化率。尽快形成实物工作量,确保新开工10亿元以上项目不少于20个,金光一期项目、桐昆八条聚酯生产线全部竣工投产。支持企业技改扩能。实施技改项目不少于70个,确保技改投资占工业投资比重超过40%。进一步推进工业用地提质增效,加速“腾笼换鸟”和落后产能出清,为高端制造业和科创类项目发展腾出空间,全年清理盘活闲置低效用地不少于4000亩。

着力提升园区能级。深化开发园区体制机制改革,加快出台推动园区高质量发展、提升贡献度政策措施。立足园区产业特色,加强与苏南园区在投资开发、科技创新等方面的合作共建,新增园区共建、产业协作项目不少于4个。加快洋口港涉海工程建设,确保G4G5液化品码头竣工验收,黄海二桥全线贯通,做大临港产业规模。用好洋口化学工业园“金字招牌”,提升配套和治理水平。推动优质化工项目招引和现有化工企业转型升级。充分发挥如东经济开发区、如东高新区现有特色优势,进一步提升载体能级,切实提高对高端制造业项目特别是科创人才类项目的吸聚力。发展跨境电商、海外仓等外贸新业态,鼓励有条件的企业“走出去”,提升国际市场竞争力和参与度。加快建设安全防护用品国家外贸转型升级基地。积极申建B型保税物流中心。提高对外贸易便利化水平。

推动营商环境优化。以实施“营商环境提升年”为契机,强化用户思维,深化“放管服”改革、扩展“一件事”“跨省通办”等事项范围,加快政务服务信息化建设,最大限度减环节、减时限、减费用,推动更多高频事项网上办、就近办、一次办。全面精准落实增值税留抵退税等减税降费政策、研究制定更多“合身、解渴、有感”的政策措施,多措并举帮助企业降本减负。完成国企改革三年行动计划任务,持续优化国有资本布局,不断增强国有企业盈利和抗风险能力。加大“苏科贷”“园区保”对科创企业、中小微企业的支持,让更多市场主体冒出来、活起来。畅通政企沟通渠道一视同仁支持国有、民营、外资企业蓬勃发展、培育更多“张謇式”企业家,努力把如东打造成政务服务最优、办事效率最高、创新创业活力最强的区域之一。

(三)聚焦城市发展提升功能品质进一步建设美丽宜居家园

坚持尽力而为、量力而行推动城市建设,把精深化开发和精细化管理更好结合起来,让城市增添更多暖意、惬意、诗意。

提升城市形象品质。从国土空间总体规划编制入手,分区分类实施城市更新。全面提升“三河六岸”景观品质,构建“城依水、水兴城”的水韵城市意象。完成城市规划展览馆改造升级工程,加快文峰荟综合体、瑞晶台商城建设进度,力争鹤鸣公园对外开放。中骏世界城主体竣工、三号街区商业街全面建成、雨涯新文化广场试运营。开展拆迁扫尾清零行动,腾出城市建设新空间。促进房地产市场健康发展。加快河东片区开发进程、续建东环路北延、富民路等市政道路、新建北场河、健康河等水系景观。新增和提升公共绿地不少于50万平方米,积极创建国家园林县城和省生态园林城市。有序推进老集镇整治提升,加快建设各具魅力的中心镇和小城镇、打造以洋口港新城、洋口镇、外农区、拼茶镇为主体的滨海风貌城镇带。

加强城市精细管理。以全国文明典范城市为标准,紧盯薄弱环节。加大常态长效管理力度。推动城市基础设施智能化改造,规范化管理共享单车。多元化提供机动车泊位。破解停车难、停车乱问题。强化城市微治理和微改造。注重市政设施维护管理。实施老旧小区改造、废品回收经营整治、农贸市场升级等项目。加快建设二手车、花木等专业市场。统筹推进环卫物业一体化管理运行，完善无物业小区保洁、保绿、保安服务。既要加强农贸市场、背街小巷、沿街店铺、流动摊位等管理，又要在市容管理与群众谋生有收入、生活更便利之间彰显人性化、体现人情味。树牢“创建为民、创建靠民、创建惠民”理念，发动广大市民多形式参与城市管理，常态化开展志愿服务，推动文明城市建设迈向更高水平。

畅通内外交通网络。积极开展通苏嘉甬铁路如东延伸段、如通苏湖城际铁路工可研工作。加快洋通高速二期进程，确保完成路基工程总量80%以上、推动南通至小洋口高速公路、启扬高速河口互通、228国道如东段、222省道如东段等项目前期工作取得积极进展加强船舶碰撞桥梁隐患长效治理保障通航水域安全。提升城乡公交一体化服务水平，加快优化农村公路通行条件和路域环境、新建和改造25座农村桥梁、新改扩建农村公路不少于260公里，推动交通通达从“走得了”迈向“走得好”，全力争创省级美丽农村路品牌。

(四)聚焦乡村振兴突出统筹融合进一步加快三农发展步伐

优先发展农业农村、加大政策扶持力度，推动更多人才、技术、资本出城入乡、逐步改变农村要素单向流出格局，打牢农业农村现代化基础。

促进农业高质高效。把提高农业综合生产能力放在更加突出位置、抓好设施农业、高效农业建设，实施农业生产全程全面机械化推进行动、农业机械化水平达到95%以上。完善农村金融服务体系，培育壮大优势特色产业、确保新增县级以上农业龙头企业2家、新开工农业重大项目不少于30个。严守耕地红线，坚决遏制耕地非农化、防止非粮化、新增高标准农田10万亩以上。加大耐盐水稻种植推广，粮食种植面积稳定在210万亩以上。推进生猪养殖规模化、规范化，确保生猪存栏量40万头以上。促进农产品精深加工、新创国家农产品地理标志、农产品区域公共品牌各1个以上，让农业成为有奔头的产业。

促进农民富裕富足。坚持巩固拓展脱贫致富奔小康成果同乡村振兴有效衔接，建立健全农民稳定增收长效机制，培育壮大新型农业经营主体和服务主体、鼓励农民自主创业、就地就近就业、新增新型合作农场30家以上。深入挖掘激活乡贤资源，吸引更多乡贤反哺家乡，带领村民共同致富。加强村企联建，推动资源共享、优势互补，多业态、多渠道壮大村级集体经济。深化供销合作社改革，做优“如意东方”品牌、推动电子商务进农村综合示范项目建设，促进“互联网+农产品”出村进城，不断拓宽农民致富渠道让农民成为有吸引力的职业。

促进乡村宜居宜业。因地制宜编制“多规合一”村庄规划。引导村庄分类发展。深入开展人居环境整治提升五年行动，着力补齐基础设施和公共服务短板、强化农村宅基地和住房建设管理、统筹抓好农污治理、垃圾处理、厕所革命、河道整治等工作。加大先进典型培育力度，建成乡村振兴市级示范村3个、先进村8个以上。全面加强乡村文明建设。不断丰富群众精神文化生活。促进农业与旅游、康养等产业深度融合，打造一批记得住乡愁的美丽宜居乡村、特色田园乡村和有历史传承的传统村落，让农村成为安居乐业的美好家园。

(五)聚焦绿色低碳改善环境质量进一步推动生态文明建设

坚持生态优先、绿色发展，更加突出精准治污、科学治污、依法治污，深入打好污染防治攻坚战。

积极转变发展方式。抢抓政策新机遇，扩大海上风电、光伏、氢能等新能源开发利用，推进源网荷储微电网一体化示范项目和集中共享储能电站建设。不断优化能源结构。实施更严格的环境准入、污染物排放、能耗强度限额等标准、大力培育节能环保、资源循环利用等绿色低碳产业。稳妥有序做好“双碳”工作。精准实施能耗控制，用好工业企业资源集约利用平台，常态化监测亩均产出、单位能耗产出等指标，倒逼存量“两高”项目提高能效、低效企业改造升级，确保能耗强度达到市定要求，推动发展模式由“资源型”向“创新集约型”、“两高型”向“绿色低碳型”转变。

持续整治生态环境。拿出决战决胜的勇气，全力做好“水质达标决战年”各项工作，深化河长制、断面长制、湾(滩)长制，实施全县区域治水工程、突出抓好重点断面、重点镇村排口分类整治、以“零容忍”态度加强南美白对虾养殖污染规范整治和长效管理，持续开展生态管控区和零排放企业水平衡核查整治工作。确保国省考断面水质优Ⅲ比例达到100%。从资金节约集约、老百姓普惠受用出发，因地制宜推进农污治理工程，新覆盖农户不少于2.5万户。全面启动骨于河道沿线镇区污水管网改造修复工作，新增镇区支管网60公里，提高污水处理厂收集能力和运行效率。加强扬尘污染、移动源污染、工业污染源治理，确保空气质量保持省市领先。探索各类有效利用途径，确保秸秆综合利用率超过97.5%。扎实做好土壤污染防治，强化已关闭、搬迁企业遗留固废危废监管处置。

健全生态治理制度。严格执行“三线一单”制度，把牢产业导向、项目准入、节能减排关口，规范各类开发活动，为未来发展留下合理的弹性空间。完善排污许可“一证式”管理制度，推动排污许可与环境监测、总量控制、环境执法等有机衔接。强化预警监测机制建设，推动乡镇空气自动监测站常态化运行，实现污水处理厂、重点污染源在线监测联网全覆盖。全面落实领导包案和办结销号制度。开展突出环境问题“大排查、大整治”集中攻克老百姓身边突出的生态环境问题。加强行政执法与刑事司法有效衔接，严惩重罚各类环境违法犯罪行为。

(六)聚焦民生福祉实现共建共享进一步创造幸福美好生活

积极回应人民群众期盼。提高保障和改善民生水平，突出精准性、普惠性、先导性。高标准办好各项民生实事。让民生答卷更有温度、群众幸福更有质感。

优化公共服务供给。大力扶持高校毕业生、农民工、退役军人等重点群体多渠道就业和自主创业、新增城镇就业8000人以上。深入实施全民参保计划、新增企业职工养老保险不少于1.2万人。完善“一老一小”服务体系，深化养老事业整体谋划推进。引导支持社会力量发展普惠养老和托育服务，持续开展农村敬老院“双改造双提升”。深化教育综合改革。加强高水平教师队伍建设。推动职业教育高质量发展加快如东高级中学异地新建。创新举措抓好“双减”工作。全力打造江苏教育高质量发展如东模式。积极落实卫生健康大会部署要求、扎实推进健康如东建设,提升紧密型医共体建设运行质效,推动县人民医院创建三级乙等医院。全面实现“一镇一公立医院”目标。健全多层次医保体系,“民善康”参保率达到50%。统筹掘港国清寺遗址保护利用。打响如东杂技、红木雕刻等文化品牌。全力创建省级书香城市建设示范县。多措并举促进文旅融合发展,确保鼎瓯项目一期竣工、拼茶古镇整体开放。

提升社会治理水平。以创建全国社会治安防控体系建设示范城市为抓手,打造新一代雪亮技防工程。常态化开展扫黑除恶斗争,严厉打击走私活动,确保公众安全感保持省市前列。深入推进两级指挥中心平台建设、强化数据归集融合,完善网格化服务管理体系。提升预警研判质量。更好发挥实战功能。开展信访突出问题攻坚化解,完善矛盾纠纷多元化解机制,将心比心解决好群众合理诉求,全力创建全国信访工作示范县。着力增强“八五”普法针对性和实效性,不断完善公共法律服务体系,全力创建省级法治政府建设示范县。

坚决守住安全底线。落细落实“外防输入、内防反弹”各项措施,科学精准做好常态化疫情防控,持续推进疫苗接种,加强源头管控。坚决守牢口岸、冷链物流等重要关口。提高疫情应急外署能力。确保县公共卫生临床应急中心投入使用。深入推进安全生产三年专项整治行动。实施居民小区管道燃气新建和改造工程,加大危险化学品、建筑施工等重点行业领域风险排查力度。坚决杜绝较大以上事故发生,全面提升本质安全水平、力争创成省级安全发展示范城市。完善金融风险处置工作机制,保持打击非法金融高压态势。落实债务瘦身三年攻坚任务。加强国有企业及平台公司债务管理,推动政府债务降规模、降成本、降风险。扎实做好粮食和物资储备工作。牢牢把住粮食安全主动权。加强食品药品监管,确保“舌尖上的安全”。健全应急指挥体系,构建海上交通风险管控机制,加快海上应急救援基地建设,全面提高防灾减灾救灾能力。

四、全面建设人民满意政府

扛起新使命、跑赢新赛程、谱写新篇章,对政府工作提出了新的更高要求。我们将全面加强治理体系和治理能力现代化建设。持续推进“双聚双高”作风效能提升专项行动。以“功成不必在我、功成必定有我”的境界担当。奋力开创政府工作新局面。

我们将把忠诚为政始终摆在首位。加强政府系统党的建设,严格落实意识形态工作责任制,切实把党对一切工作的领导贯彻到政府工作各领域各方面。始终胸怀“两个大局”心系“国之大者”,坚定捍卫“两个确立”,坚决做到“两个维护”,不断提高政治判断力、政治领悟力、政治执行力。不折不扣贯彻落实上级党委政府和县委决策部署,做到一个目标奋斗、一种声音落地、一个态度落实。

我们将把为民施政时刻记在心中。政府是人民的政府。我们将牢记为人民服务的宗旨和理念。主动问政于民、问需于民、问计于民。充分发挥12345热线、政风行风热线、县长信箱等平台作用,对群众、企业等反映强烈的共性问题、老大难问题,努力在第一时间协调解决。深入基层一线,常态化开展实地调研和走访。找问题、抓细节、促落实,打通为民服务“最后一米”,以我们的真作为回应好群众的新期盼。

我们将把依法行政牢牢抓在手上。深入贯彻习近平法治思想,把政府活动全面纳入法治轨道,常态化开展政府常务会议和部门学法。认真履行重大行政决策法定程序落实规范性文件备案审查机制。扎实开展行政执法机关“厚植为民情怀、提高执法水平”主题教育。自觉接受人大监督、政协监督以及社会各界监督、强化审计监督、进一步提高人大代表议案建议和政协委员提案办理质量,让行政权力运行在阳光下。

我们将把务实勤政有力落在实处。紧扣“作风效能优化年”把“真落实、快落实、强落实”作为政府工作的主旋律,弘扬事不避难、知责担当、唯实唯勤的工作作风。进一步解放思想,切实破除惯性思维、路径依赖,不为困难找借口、只为落实想办法。完善政府工作推进督查体系,加强全过程闭环管理。大力整治庸政懒政怠政行为,让“马上就办、真抓实干”成为常态,确保政府各项工作都落到最深处、最低处。

我们将把廉洁从政坚决挺在前面。以严的主基调推动政府系统全面从严治党向纵深发展,认真履行“一岗双责”,深化重点领域和关键环节风险防控。涵养清廉之风、绷紧纪律之弦。加大财政收支管理、专项资金管理和国有资产管理,减少“三公经费”支出,坚决过紧日子,集中财力办要事、办实事、办老百姓心中事。坚持刀刃向内不松劲。严厉惩治发生在群众身边的腐败和作风问题,树立清正廉洁的良好形象。

专记

如东县党史学习教育

2021年2月20日，党史学习教育动员大会在北京召开，习近平总书记出席会议并发表重要讲话，他强调，在全党开展党史学习教育，是党中央立足党的百年历史新起点、统筹中华民族伟大复兴战略全局和世界百年未有之大变局、为动员全党全国满怀信心投身全面建设社会主义现代化国家而作出的重大决策。全党同志要做到学史明理、学史增信、学史崇德、学史力行，学党史、悟思想、办实事、开新局，以昂扬姿态奋力开启全面建设社会主义现代化国家新征程，以优异成绩迎接中国共产党成立100周年。

3月7日，县委召开常委会会议，专题研究党史学习教育工作，研究制定了《中共如东县委关于开展党史学习教育的实施方案》，确定党史学习教育重点围绕专题学习、专题培训、专题民主生活会、党史宣传教育、“两新”组织专题、青少年专题等“六专题”和“我为群众办实事”与“开启新征程 勇当排头兵”实践活动。并成立了如东县党史学习教育领导小组，由县委书记任组长，领导组下设办公室，抽调相关工作人员，负责组织开展全县党史学习教育工作。9日，县委召开全县党史学习教育动员会议，深入学习贯彻习近平总书记在中央党史学习教育动员大会上的重要讲话精神，认真落实中央和省、市委要求，动员全县上下迅速兴起党史学习教育热潮。县委书记沈峻峰出席会议并讲话。全县91家参学单位、2309个基层党组织和6万余名党员坚持高标准严要求，全员参加学习教育，实现了全覆盖。学习教育期间，省、市巡学指导组先后7次来如东开展督导工作，均给予了高度评价。《人民日报》、《新华日报》、人民网、新华网、学习强国、交汇点等主流媒体报道如东党史学习动态和经验做法达398篇，县内各媒体平台播发党史学习教育新闻和专题报道1850多篇。

县委理论学习中心组带头抓好党史学习，共计开展专题学习34次、专题研讨交流7次。全县各级党组织按照县委部署，突出政治自觉，系统谋划，创新推出领导带头示范“领学”、线下赛学馆“推学”、多元课堂“助学”、“四学”机制“督学”、巧用融媒平台“晒学”的“五学”模式，组织开展党史学习教育专题组织生活会和民主生活会，党组织书记带头上好专题党课谈感悟，有力有序有效推动党史学习教育走深走实。十九届六中全会召开后，紧扣《中共中央关于党的百年奋斗重大成就和历史经验的决议》展开理论宣讲，真正把十九届六中全会精神学习宣传贯彻到位。全县上下坚定捍卫“两个确立”，坚决做到“两个维护”成为如东广大党员干部鲜明的政治品格。

全面推进党史宣讲，在组织开展好党史学习教育“千场宣讲进基层”基础上，创新推出百年辉煌百人讲——“四史”宣讲“红色DNA”队伍建设项目，在全省率先启动实施以“三级书记、理论名师、行业先锋和百姓名嘴”为主体的宣讲团队，打造党史学习教育宣讲矩阵，让群众“点单”，听众“下单”，宣讲人“接单”，推动党史宣讲进机关、进农村、进社区、进学校、进企业、进军营、进网络，打通了党史学习教育“最后一公里”。制作党史学习教育音视频资源500多个，点击量达120多万次，党史宣讲全覆盖，发出如东红色最强音。通过党史学习教育，全县党员干部学出了理论自信、思想自觉和情感认同，以党的创新理论指导实践、推动工作的能力显著增强。

针对青少年群体以及“两新”组织党组织特点，推动党史学习教育横向到边、纵向到底。深化“童心向党”系列教育实践活动，突出“请党放心 强国有我”主题活动。录制“开学第一课”视频80多个，推出红色经典、红色故事、红色阵地、红色童谣、红色歌曲5个类别100个展播作品。推动“两新”组织党组织党员应学尽学，赴上海、南京、苏州等外地商会、工地流动授课80多场，各基层党组织创新推动“四学四比四看”、“红色关爱”海上行、“链上送教”等活动，送优秀党课进车间、进工地、进船头220多次，将学习教育融入生产经营、日常管理各环节。

系统开展“两在两同”建新功以及“双聚双高”作风效能提升专项行动，以学促知，以知促行，组织“双聚双高”专题学习100多场、“新时代如东精神”专题大讨论80多场，持续优化干部作风，提升工作效能。深入推进“开启新征程 勇当排头兵”主题实践活动，以“党旗在项目一线高高飘扬”为抓手，推动党建工作与项目建设深度融合，实行“五保”责任制、红色“链长制”等项目服务推进机制，组建80个临时党支部，设立一线服务专班66个，送服务上门，及时研究解决项目推进中的重大难题52个。

广泛开展“我为群众办实事”实践活动，积极回应民生关切，着力解决群众反应强烈的民生难题，全年共计摸排梳理形成5大类“我为群众办实事”项目清单1741个。党员领导干部带头领办项目，明确项目责任单位和人员，动态把握进度，跟踪督促落实，实事项目办结率100%，形成相关制度80多项。积极组织开展志愿服务“我报到”活动，全县各村居（社区）先后共发布20多个大类、600多个特色志愿服务项目，参加党员达10641人次，报到率100%。党史学习教育成果真正转化为惠民利民的实际行动，不断增强了人民群众获得感、幸福感、安全感。

2022年1月20日，县委召开全县党史学习教育总结会议，对全县党史学习教育成效经验进行了回顾总结，对巩固拓展党史学习教育成果进行部署安排。县委书记陈慧宇出席会议并讲话，要求进一步巩固拓展党史学习教育成果，不断从百年党史中汲取智慧和力量，弘扬伟大建党精神，把学习百年党史激发出的爱党爱国之情，转化为干事创业的豪情、攻坚克难的激情，一着不让促发展，一丝不苟守底线，一抓到底强作风，努力创造无愧于时代、无愧于人民的崭新业绩，奋力谱写“强富美高”新如东现代化建设新篇章。

庆祝中国共产党成立100周年

2021年是中国共产党成立100周年。一年来，如东县围绕中国共产党成立100周年开展了一系列丰富多彩、喜庆热烈的庆祝活动。

6月10日至11日，县委、县政府在如东高级中学海韵馆举办“永远跟党走”——庆祝中国共产党成立100周年合唱比赛。大赛分企业组、镇区组、机关组三个赛区进行比赛，其中，企业组有18支队伍，镇区组有16支队伍，机关组有21支队伍参赛。55支合唱队伍以歌声为载体，深情讴歌党的光辉历程，为党的百年华诞送上最真挚的祝福。

“七一”前夕，县四套班子领导和各机关、镇区负责同志分别深入基层走访慰问老党员，为他们颁发“光荣在党50年”纪念章，向他们送去党组织的关怀和温暖，感谢他们为党和国家作出的贡献。全县8000多名老党员获颁“光荣在党50年”纪念章。

6月27日，县委召开全县庆祝中国共产党成立100周年座谈会暨“两优一先”表彰会议，回顾党的光辉历程、讴歌党的丰功伟绩、弘扬党的优良传统，动员和号召全县各级党组织和广大党员充分发挥战斗堡垒和先锋模范作用，在全面建设社会主义现代化新征程中再建新功。县委书记沈峻峰出席会议并上专题党课，他强调，历史昭示未来，使命催人奋进，全县各级党组织和广大党员要更加紧密地团结在以习近平同志为核心的党中央周围，坚持以习近平新时代中国特色社会主义思想为指引，始终保持强烈的政治担当、历史担当、责任担当，团结拼搏、砥砺奋进，为全面建设社会主义现代化，勇当长三角沿海高质量发展排头兵而努力奋斗。晚7时，由县委、县政府主办的“永远跟党走”庆祝中国共产党成立100周年专场文艺晚会在如东中专体育馆隆重举办，千人齐聚一堂，共庆党的生日。

7月1日上午，庆祝中国共产党成立100周年大会在北京天安门广场隆重举行，中共中央总书记、国家主席、中央军委主席习近平发表重要讲话。如东县各界干部群众通过各种形式积极收听收看，共同见证激动人心的历史时刻，祝福伟大的中国共产党永葆青春、伟大的中华人民共和国更加繁荣昌盛。习近平总书记的重要讲话，在全县引发热烈反响与强烈共鸣。大家纷纷表示，要牢记中国共产党人的初心和使命，以史为鉴，开创更加美好的未来。

（东鉴）

媒体聚焦

如东：碧空如洗绘“蓝图”

初冬的如东浅水湾公园，平静的水面透着清亮，路边行走的游客身影、空中翱翔振翅的白鹭英姿，一一倒映在水面。这些白鹭或单飞，或结队，时而静立水边、追逐嬉戏，时而蜻蜓点水、展翅飞舞，时而高空盘旋，在蔚蓝的天空中画出一道道优美的弧线，为冬日的如东增添了无穷的野趣和生机。

“现在的天越来越蓝了，空气越来越清新了，鸟儿也越来越多了，每天早晨在小鸟的啼叫声中起床，到公园里散散步、打打拳，心情非常好，感觉生活在如东真的是非常幸福！”每天来公园晨练的王大妈开心地说。日前，省生态环境厅发布一组数据：截至11月14日，如东县$PM_{2.5}$浓度值为21.4微克/立方米，同比下降12.7%，较2016年降幅超过38%；空气质量优良天数比率90.6%，同比上升2.5个百分点，较2016年上升近16个百分点。“十三五”以来，如东县$PM_{2.5}$浓度值和空气质量优良天数一直位于全省第一方阵。

近年来，如东紧紧围绕国家、省、市生态环境保护重大决策部署，深入实施生态立县战略，坚持新发展理念，源头治理、标本兼治，聚焦大气污染防治突出问题，系统谋划、精准施策，先后制定出台了一系列方案计划，配套实施了一系列专项行动，推进大气污染防治工作步稳蹄疾，大气环境质量显著改善。

聚焦污染源头 改善空气质量

近年来，如东聚焦结构调整优化，聚焦扬尘污染、移动源污染、工业污染源治理，聚焦清洁能源替代、成品油市场整治、挥发性有机物治理和聚焦重污染天气应对，用“六控”为全县大气污染防治织就“天罗地网”。

为强化结构调整优化，如东生态环境局加强与发改委、交通等部门的沟通，推进完成248个源头替代、挥发性有机物综合治理、储罐治理等大气污染治理项目和1215个锅炉整治、餐饮油烟治理等大气污染防治工作任务，完成上级下达煤炭消费压减目标任务，实现产业、能源和交通运输结构的进一步调整优化。

坚持问题导向，如东在全县范围内开展扬尘污染防治专项整治，压紧压实住建、城管、征收部门职责，形成齐抓共管合力。对施工工地扬尘、道路扬尘、裸露土地扬尘、物料堆场扬尘等各类扬尘污染源，实施全方位统筹管理、系统治理，建立健全县乡村三级秸秆禁烧网格化责任体系，全面建成人防技防相结合的全天候、无缝隙的监管防控体系。

针对空气质量异常情况开展及时应对，如东细化管控企业名单和管控措施，主动与企业对接，严格落实重点挥发性有机物管控企业错峰生产及加油站、汽修、餐饮行业等应急减排措施，降低夏季高温季节挥发性有机物的排放量。今年1—10月份，共响应空气质量异常预警36次；启动夏季臭氧污染预警21次；全面落实“点位长”制度，在全县15个镇区建设空气自动站点，通过网格化监测助力精准预警，实施定期通报排名制度，通过督查帮扶、约谈问责，压实大气治理属地管理责任。

如东还多措并举加强机动车及非道路移动机械管控，有效降低移动源污染排放。按照生态环境部门检测取证、公安交警部门实施处罚、交通运输部门监督维修的联合监管机制，切实加强联合执法行动，截至10月底，共路检路查柴油货车217辆，发现超标车辆12辆。强化非道路移动机械管控，开展非道路移动机械的摸底调查和编码登记工作，目前已备案登记1060辆，发放牌照977张。

大气综合整治 激发环境活力

环境就是民生,青山就是美丽,蓝天也是幸福。

守护"如东蓝",如东生态环境部门一直在行动。如东生态环境局局长邵向锋介绍,近年来,如东从大力开展"散乱污"企业综合整治,到实施重点企业污染防治设施升级改造,再到加大重点行业废气无组织排放治理,不断升级大气污染治理措施,推动源头治理。今后,如东将积极抢抓国家战略机遇,大力发展LNG清洁能源产业,积极探索海上风电+制氢、屋顶分布式光伏等模式,倡导使用清洁能源,为践行"双碳"目标贡献更多"如东力量"。

花"十分"努力,换"一片"蓝天。今年,如东生态环境局严执法、强监管,进一步量化优化执法考核,压紧压实监管责任,生态环境部门敢执法、严执法已成常态。截至目前,共立案处罚235件,处罚金额1301万余元,对12家企业实施限产停产,对9家企业实施查封扣押,移送行政拘留案件、污染环境罪案件8件,对20家拒不履行处罚决定当事人申请了法院强制执行。

以各类专项整治为抓手,如东重点对曹埠镇16家浸胶手套产业集群企业、洋口镇55家化工企业、21个园区124家涉气企业开展产业整治,针对存在问题,逐个整改、逐个销号,企业废气治理水平得到明显提升。

曹埠镇是如东浸胶手套生产大镇,全镇有手套企业16家。针对企业废气无组织排放问题,开展产业集群整治,制定"一企一策"整改方案,针对61个涉气问题明确整治措施,限定整改期限,共新建大气污染防治设施14台(套),15家企业对生产线、调胶区进行了重新封闭,在改善环境质量的同时,也全面提升了曹埠镇浸胶手套企业环境管理水平。

今年,为深入贯彻省、市生态环境部门关于重点企业产业集群规范提升的要求,如东生态环境局对全县57家浸胶手套企业开展了新一轮的全面整治,进一步凝聚共识、形成合力,高标准高效率纵深推进浸胶手套企业整治提升工作。目前,如东生态环境局正联合各镇区,对照排查问题清单,对57家企业逐一实地踏勘、指导,全面摸排扫尾,力争12月底前完成整治,实现技术再升级、工艺再完善、管理再提效。

"10月22日,如东生态环境局执法人员检查发现我公司浸胶手套项目烘干工序配套的活性炭吸附设施不正常运行,该行为违反了《中华人民共和国大气污染防治法》相关规定,我公司就本次行为向社会诚挚道歉,并作出如下承诺……"日前,位于该县的某公司在媒体上刊发《企业环保公开道歉承诺书》。

如东生态环境局副局长穆雨兵介绍说:"今年以来,我局对全县所有涉废气活性炭吸附设施企业进行了全面摸排,针对企业活性炭吸附设施设置不合理、活性炭更换不及时等问题及时进行了查处,督促企业立行立改。"

此外,如东生态环境局更加突出挥发性有机物源头治理,对全县38家工业涂装、家具制造等重点企业开展VOCs清洁原料替代。

"改用清洁能源,不仅能削减污染物排放,而且能够降低生产成本,实现环境保护和成本节省的双赢。"南通某染色有限公司负责人徐正忠介绍,早在5年前,公司就主动投入40多万元将燃煤锅炉改为生物质锅炉,去年再次升级改造,一次性投入80多万元,启动了"生物质改气"工程。

像南通这家染色有限公司一样,全县工业企业"生物质改气"已渐成趋势。南通某纤维有限公司远离镇区,天然气管道未接通,公司负责人积极向有关部门申请,自费安装天然气储罐,近期将投入使用。"改用燃气,我们企业虽然要增加成本近百万元,但减少了废气的排放。企业发展固然重要,但也需要有社会责任感。"

"'煤改气'不仅让我们厂区变得整洁,而且降低了生产成本,还减少了碳排放,实在是一举多得。"某耐热导线公司领导戴一峰说。此前该公司每年用煤有1万多吨,积极响应节能减排号召实施"煤改气"后,生产成本降低近1000万元。今年1—10月,公司生产导线10万吨,使用天然气近800万立方米,减少碳排放2.6万吨。

更多的企业主动提高减排标准。某热电公司2018年投资3000万元完成超低排放改造,2019年,该公司再次投资1200万元,完成储煤场无组织排放治理,改造后厂界无组织颗粒物排放小于1毫克/标准立方米。今年,该公司进一步加大废气治理投入,污染物排放量进一步削减。

企业污染源在线监控平台建设,为环境执法科技"赋能",让执法更加精准高效。今年6月6日13时30分,环保用电监管平台显示某健身器材厂喷漆浸塑车间活性炭引风机用电数据存在异常,引风机未正常运行。监控表明,企业有工人关闭处理设施电源后一直未打开,但浸塑工序正常生产。执法人员当即赶赴现场查处,责令企业立即改正违法行为,确保废气设施正常运行,并对该企业实施了行政处罚。

行之有效的治污攻坚举措、逐年递增的空气优良天数……生态立县,正成为如东绿色发展的亮丽名片。

主动靠前服务　助力绿色发展

"我们就是来听取大家对环保工作的意见和建议,企业有什么问题需要解决的,我们义不容辞。"今年9月1日,如东生态环境局在河口镇组织的企业座谈会上,局长邵向锋开场便直奔主题。这是近年来如东生态环境局主动服务企业的一个镜头。

监管依法依规,如东生态环境局按照"双随机、一公开"工作机制,强化事中事后监管。服务有力有效,通过"主题党日+"活动模式,如东生态环境局采取送法上门、环保服务、企业共建等形式,深入企业、镇区开展环保法律法规宣贯和技术指导帮扶,了解企业在环境管理中面临的实际困难,帮助企业吃透、弄懂、用足、用活、用好当前相关政策,积极引导企业自觉守法、主动治污。

"非常感谢生态环境局的悉心指导帮扶,我们将对照《江苏省重污染天气应急管控豁免企业培育方案》,进一步对标找差,力争成功申请豁免A级企业、早日享受政策红利,实现经济与环保'双赢’。”某植保公司负责人孔勇对如东生态环境局大气科的工作人员说。

今年以来，如东生态环境局积极培育重污染天气应急管控豁免企业，组织专题培训，解读豁免条件和申报程序。结合重点行业超低排放改造、挥发性有机物深度治理等工作，鼓励企业申报重污染天气应急管控豁免，组织专家帮扶团队，协助企业制定全流程全过程绿色清洁改造路线图和时间表，帮扶企业达到豁免条件。全县共培育19家豁免企业，打造了一批环保意识强、环境整治好、现场管理优的典型企业。

如东生态环境局还以党史学习教育为契机，将环保项目服务深度融入“我为群众办实事”实践活动，夯实“一个项目、一名领导、一套班子、一盯到底”的服务机制，推行“一项一策”精准服务，对14个省市重大项目，明确挂钩领导，定期了解项目进展需求，有序推进项目开工建设；会同审批局常态化开展联合预审30余次，审核企业120余家，全力保障重大项目落地见效；积极推动企业环保接待日和“绿色服务到一线”活动，帮助解决中小企业难题50余个，以环保“有为”促进企业发展“提效”。

“我们将以更高的站位扛起‘铁军担当’，坚定不移推动绿色低碳发展；以更实的举措展现‘铁军作为’，坚定不移开展治污攻坚行动；以更强的担当彰显‘铁军精神’，坚定不移构建现代环境治理体系，坚持做到减污降碳，治理修复，监管服务，环保安全‘四个协同’，推动县域生态环境持续改善，为如东勇当沿海高质量发展排头兵提供坚强绿色支撑。”邵向锋表示。

（《新华日报》2021年12月02日，徐超　陈明）

如东向海图强激活“蓝色引擎”

电从海上来！11月29日，国家电投江苏如东H4、协鑫如东H13、三峡如东H6三大海上风电场230台风机同日全容量并网投产，至此，南通市如东县风电并网装机规模大幅提升至185万千瓦。

驭风蓄能，“零碳”已成为如东追赶超越新赛道。“作为江苏海洋资源大县，向海图强是如东角逐新一轮区域竞争的必由之路”如东县委书记陈慧宇说，将“开发绿色能源、助力‘双碳’目标”与“推动产业转型、实现‘能耗双控’”有机结合，化资源优势为发展优势，勇当长三角沿海高质量发展排头兵，打造南通跨越发展增长极、全省向海战略先导区、全国绿色能源示范城。

拥抱大海，打造“增长极”中的“增长极”

目的地洋口港阳光岛，汽车沿着长达13公里的黄海大桥驶向海域深处。车窗外，一边是输送清洁能源的海上“飞线”，一边是正在紧锣密鼓建设的黄海二桥。

两座跨海大桥，就是如东拥抱大海的两条手臂。

如东傍海而生，拥有海岸线近86公里，约占全省1/11；海域面积4555平方公里，约占全省1/8。然而，作为海洋资源大县的如东，在南通“万亿”经济体量中的占比却最低。

“如东受益于大海，也受制于大海。”江苏长江经济带研究院院长成长春分析，长期偏居一隅的如东，随着南通新机场、洋吕铁路、如通苏湖铁路等一系列重大枢纽工程的启动建设，将迎来交通格局的重大变革。刚刚闭幕的省第十四次党代会也明确，全力推进沿海地区高质量发展，这给积蓄“蓝色潜能”的如东，带来破浪扬帆的广阔天地。

变背靠大海为拥抱大海，如东乘势而上，构建“北揽、南融、西强、东联、中提升”向海发展新格局。北揽，推动北部沿海地区提升，改变临海不亲海现状；南融，主动融入南通，对接南通新机场等重大项目，打造全市向海发展的重要通道；西强，推动西部特色片区集聚；东联，推动洋口港更好接入“大通州湾集疏运体系”，打造上海大都市圈国际航运中心重要一极；中提升，推动城区联动扩容提质，实现能级提升。

“省委要求南通成为全省高质量发展的重要增长极，如东将以向海发展为关键突破，打造‘增长极’中的‘增长极’。”陈慧宇介绍，将港口码头、新兴产业、科技创新、滨海城镇和海洋生态文明5个领域确定为打造“全省向海战略先导区”先导方向，如东已分别明确战略目标和实施路径，全力建设向海战略实施保障先导区、向海战略经济升级先导区、向海战略创新驱动先导区、向海战略宜居乐活先导区和向海战略蓝色文明先导区。

借势发力，耕波犁浪激活“蓝色引擎”

11月28日中午，运载16.4万立方米液化天然气的LNG运输船“艾伦”号抵达洋口港阳光岛。

“艾伦”号是中石油江苏LNG接收站投产以来靠泊的第500艘LNG船。截至目前，该站已累计外输天然气近600亿立方米，保障了江苏1/3以上的用气量。“岛上还在推进3个LNG接收站项目。”如东县委常委、宣传部部长蔡东指着不远处的巨大储罐介绍，到“十四五”期末，阳光岛接卸能力将达到2500万～3000万吨/年，成为国家级LNG接卸基地、储备基地、供应基地和销售中心。 在被视为“建港禁区”的辐射沙洲上建设深水大港洋口港，如东人创造了海上奇迹。蔡东告诉记者，20世纪80年代初，专家在如东沿海意外发现3万年前古长江入海通道，水道附近有一座半潜式沙洲，经过深入考证，认定在这里可建深水海港。“在离岸10多公里的外海辐射沙洲上建人工岛，全国都没有先例。”蔡东说，如东人勇敢闯、大胆试，以至于项目验收时，找不到可参照的技术指标，“没有标准，阳光岛就成了标准。”

海洋，孕育着希望，也意味着未知。挺进深蓝，如东既激扬闯劲、韧劲，十年建一港,又善用巧劲,从国家战略中借势用力。如东县代县长陈雷说,长三角一体化发展是"势",如东抢抓长三角产业布局调整机遇,引进总投资450亿元的桐昆聚酯一体化项目等多个"巨无霸",百亿级重特大项目南通最多;实现"双碳"目标、推进能耗"双控"也是势,以风力发电、风电装备制造、LNG接收储运为主体的新能源产业,已成为如东最大的产业板块。

站在阳光岛高处瞭望,一幅动人的图景映入记者眼帘:远处,一排排巨大的风车构成蔚为壮观的"海上森林";岛上,液态天然气汽化后,通过管道源源不断输入西气东输"主动脉";岸上,重大项目纷纷抢滩,新能源、新材料等产业巨人阵列沿海。

"蓝色引擎"强劲发力,助力如东跑出"加速度"。去年,实现地区生产总值1155亿元,增速连续两年位居南通第一,在中国社科院发布的百强县榜单中一举跃升5个位次。今年前三季度,实现地区生产总值951.61亿元,增长10.3%,两年平均增长7.7%,比南通、全省分别快1.1、1.4个百分点。

呵护海洋,开启"两山"理念海上新实践

9月底,一张野生斑鹭在如东沿海觅食的照片广泛传播,这极有可能是首次发现野生斑鹭踪迹。

拥有超百万亩天然湿地的如东,是"东亚—澳大利西亚候鸟"迁徙路线上重要的停歇地,每年有数以百万计的候鸟在这里停歇觅食,其中包括勺嘴鹬等濒危物种。今年,该县投入1000余万元,建成占地660多亩的勺嘴鹬保护小区高潮位栖息地。

为天上的"来客"建设栖息地,也为水里的万千精灵打造避风港。在严格执行伏季休渔制度的同时,如东引导社会力量参与水生生物增殖放流,60多家涉海企业积极响应。2009年以来,累计放流各类苗种1亿多尾,一度减少的大黄鱼、黑鲷、半滑舌鳎等种群数量逐步恢复、稳定提高。去年,全县渔业总产值达175亿元,是15年前的9倍多。

向海图强,不是掠夺大海。在精心做好产业文章的同时,如东以打造"江苏沿海最美岸线"为目标,聚力推动岸线修复整治与生态建设,促进海岸线自然化、绿植化、生态化,确保到"十四五"期末,大陆自然岸线保有比例不低于35%,近岸海域水质优良率100%,海岸及近海生态建设与环境治理基本完成。

陈雷说,推动生产、生活、生态有机融合,如东将全力开启"两山"理念海上新实践,力争到2025年,基本建成"全省向海战略先导区"。到2035年,全面建成面向全省、引领全国的海洋科技创新策源地,形成具有重大国际影响力的临港产业集群,对外开放合作水平、海洋资源利用水平、海洋生态环境质量国内领先。

(《新华日报》2021年12月20日,徐超 陈明)

2021年如东十大新闻

如东县隆重举行庆祝中国共产党成立100周年系列活动,扎实开展党史学习教育,"我为群众办实事"成效显著

一年来,如东县庆祝建党百年活动丰富多彩、喜庆热烈。6月27日,县委召开全县庆祝中国共产党成立100周年座谈会暨"两优一先"表彰会议,举行庆祝中国共产党成立100周年文艺晚会。全县8547名老党员获颁"光荣在党50年"纪念章。7月1日,社会各界群众积极收听收看庆祝中国共产党成立100周年大会,习近平总书记重要讲话引起热烈反响与强烈共鸣。3月22日,人民日报头版头条《各地区各部门扎扎实实推进党史学习教育》报道如东"致敬百年·诚信如东在行动"启动仪式。一年来,如东县扎实开展党史学习教育,弘扬伟大建党精神,充分激发爱党爱国热情。用活用好本土红色资源,建成中共如东第一支部纪念馆,在全省首创党史学习教育赛学馆,开展宣讲活动1300多场次,实施"我为群众办实事"项目1600多个,全县党员干部理想信念更加坚定、宗旨意识明显增强,汲取了奋进新征程的磅礴力量。

中共如东县第十五次党代会胜利召开,科学谋划全县"十四五"发展实践路径

2021年7月29日,中国共产党如东县第十五次代表大会胜利召开,这次会议是在建党100周年、开局"十四五"、启航现代化建设新征程的关键时刻召开的一次重要会议。大会认真总结了中国共产党如东县第十四次代表大会以来全县经济社会发展所取得的丰硕成果和宝贵经验,深入分析了面临的宏观形势和机遇挑战,明确提出了今后五年工作的指导思想、奋斗目标、主要任务和战略举措。大会号召全县各级党组织、广大党员和人民群众,凝心聚力、接续奋斗,跑赢新赛程、勇当排头兵,奋力谱写沿海高质量发展如东篇章。

如东县部署开展"双聚双高"作风效能提升专项行动,以优良作风有力保障经济社会高质量发展

2021年8月21日,县委专题召开全县"双聚双高"作风效能提升专项行动动员大会,要求全县党员干部"聚焦全新赛程、高扬牛劲品格,聚力争先进位、高昂狼性精神",紧紧围绕"见思想、见氛围、见行动、见实效"总体目标,部署开展"双聚双高"作风效能提升专项行动,做到把开展专项行动与深入推进党史学习教育紧密结合,与"两在两同"建新功行动紧密结合,与贯彻落实县第十五次党代会确定的奋斗目标紧密结合,与推进当前各项重点工作紧密结合。先后组织实施专题大讨论、"见贤有我、担当有我、攻坚有我、建功有我"等系列活动,有力推动了全县上下优作风、树形象、创佳绩。

如东在全国各类百强县市榜单排名均前移3位以上

2021年,如东县全县实现地区生产总值1272.24亿元,按可比价格计算,比上年增长8.9%。完成一般公共预算收入68.5亿元,同比增长14.13%,增幅位

居全市第二。洋口港经济开发区、如东经济开发区在全省经济开发区高质量发展综合考评中排名分别前移11位、3位。“放管服”改革持续深化，在全省率先实现不动产登记“跨省通办”，企业开办“一件事”“拿地即开工”“园区保”等改革举措取得突破性进展，新增市场主体1.2万个，全国营商环境百强县市排名第26位。江苏恒辉安防股份有限公司、江苏海力风电设备科技股份有限公司先后在深交所创业板成功上市，全县上市公司达6家。进入长三角县域经济总量40强，在全国各类百强县市榜单排名均前移3位以上。

11个海上风电项目全部并网发电，如东建成亚洲最大海上风电群

2021年12月16日20时28分，随着三峡H10最后一台55号风电机组叶轮缓缓转动，如东海上风电场760台风力发电机组全部实现并网投产。一年来，如东海域11个海上风电项目抢抓施工期，全部如期并网发电，年度新增海风装机占全省50%、全国25%，创下同年并网单体项目数量最多、容量最大两项纪录，建成亚洲最大海上风电群。全县风电及装备配套企业发展到77家，形成以风机整机和配套设备制造为主，包括风电技术研发、风电场施工建设和运营维护、勘察设计、大型设备物流等在内的风电全产业体系。央视二套《经济半小时》播出《海上风电现抢装潮》，央视《新闻联播》先后播出《我国规模最大的海上风电场今天全部建成》《三峡集团发电装机容量首次破亿千瓦》等，聚焦如东风电产业链发展。

重特大项目纷至沓来，赋能如东建设全省向海发展先导区

2021年6月26日，省重特大产业项目——金光如东产业基地项目1号线顺利投产。9月23日，总投资约100亿元的如东洋口港LNG接收站项目正式签约落户阳光岛。中石油LNG扩建项目被列入长三角一体化发展规划纲要，三期扩建工程正式投产，LNG接卸量创历史新高，整体储气能力提高60%。11月11日，如东县与中国投资协会能源投资专业委员会、中国天楹股份有限公司三方全面达成战略合作伙伴关系，全力抢占全球零碳产业竞争制高点、推动如东能源结构转型。12月22日，桐昆(洋口港)聚酯一体化项目首套聚酯装置顺利产出第一批切片，正式投入试生产。2021年，全县新开工10亿元以上工业项目18个，计划总投资330.9亿元，累计完成投资113亿元，新开工5亿元以上服务业项目6个。续建重特大项目23个，完成投资290亿元。工业续建项目投资完成率、工业项目竣工率均列全市第一。全年项目建设考核在南通9个县市区中位居第三，保持在全市第一方阵。

多项重大交通工程项目开工建设或进入重要上位规划，如东交通区位更趋优化

2021年4月1日，南通市洋通高速公路洋口港至如东城区段工程建设指挥部揭牌，工程建设指挥部正式进驻办公。该项目全长约16公里，既是洋口港重要的公路集疏运通道，也是南通沿海地区与南通主城区、苏南、上海之间的联系通道。9月1日，中铁上海工程局承建的洋吕铁路2标项目正式启动首个软基试桩工程施工，标志着该项目由前期准备阶段转入实质性主体施工阶段。一年来，如东抢抓长三角一体化发展战略带来的历史机遇，全力加大交通项目建设与上位规划力度，取得丰硕成果。南通至小洋口高速公路开展了前期规划研究工作。通苏嘉甬如东延伸线、如通苏湖城际铁路成功纳入长三角多层次轨道交通规划，并进入省铁路发展“十四五”开工建设项目库，洋口港集疏运体系进一步完善，随着上海第三机场的建设推进，如东海、陆、空全方位的交通区位体系更加完善。

沈亚秋荣获第八届“全国道德模范”提名奖，国家电网江苏电力如东共产党员服务队先进群体获评江苏“时代楷模”，如东县成为全省唯一拥有两个“时代楷模”荣誉的县(市、区)

2021年11月5日，第八届全国道德模范表彰活动在北京人民大会堂举行。沈亚秋作为南通唯一的全国道德模范提名奖获得者与来自全国各地的68名全国道德模范和254名提名奖获得者受到了党和国家领导人的亲切接见。6月18日，省委党史学习教育领导小组办公室、

沈亚秋

省委宣传部在南京举行发布会，授予国家电网江苏电力如东共产党员服务队先进群体江苏“时代楷模”荣誉称号。如东县成为全省唯一拥有两个“时代楷模”荣誉的县(市、区)。10月29日，中天科技集团向如东县教育系统捐赠1000万元，设立助教助学奖，支持教育事业发展。这是目前如东企业界资金最大的一笔捐款，也是如东教育史上接受的最大一笔爱心捐赠。近年来，如东县尤其注重以培育和践行社会主义核心价值观作为精神文明建设的主线，深入推进思想道德风尚高地建设，道德模范、身边好人层出不穷，树起一座座精神的丰碑，撒下一颗颗文明的种子。2008年至今，如东先后有5人获评江苏省道德模范及提名奖，24人(组)荣登中国好人榜。

强投入惠民生，民生实事工程建设成效显著，有效提升人民群众幸福指数

2021年，如东县以民生实事提升人民幸福指数，民生领域财政投入持续增加。城乡居民人均可支配收入同比分别增长9.4%、10.6%，城镇新增就业9200人，城镇登记失业率控制在1.8%以内。召开卫生健康大会，制定出台卫生健康系列政策，疫苗接种率全市领先，县人民医院外科大楼投入使用，公共卫生临床应急中心工程主体封顶，省级卫生镇实现全覆盖，丰利镇成功创建国家级卫生

镇。教育现代化建设与重点工程进展顺利,宾山初中、友谊路小学等10所学校建成投入使用,城乡教育均衡化发展加速,义务教育质量监测全省第一。公共文化服务水平不断提升,五度蝉联"中国民间文化艺术之乡",县图书馆三度蝉联"国家一级馆"。启动新一轮雪亮技防工程建设,电信网络诈骗万人发案率全市最低。顺利通过省食品安全示范城市跟踪评价。安全生产三年专项整治工作持续推进,本质安全水平不断提升。

如东县加快建成长三角沿海地区有一定影响力的美丽宜居现代化城市成效显著

2021年2月26日,如东县正式启动了国家园林县城创建工作。2021年,计划总投资约12亿元的"三河六岸"河道整治及景观绿化工程PPP项目基本建成,鹤鸣公园南区形象初显。完成房屋征收面积92.3万平方米,县城建成区绿地面积新增110万平方米,城市功能配套和人居环境持续改善。深入开展文明城市常态长效管理专项提升行动,顺利通过省测、国测。栟茶古镇中市街正式开街,国清寺遗址保护工程获批施工。大力实施乡村振兴战略取得多项成果,美丽乡村建设、清水绿岸工程持续深化。县农业农村局获评全国粮食生产先进集体,成功创建"如意东方"农产品区域公用品牌,大豫镇入选国家农业产业强镇,掘港街道虹桥村获评全国乡村治理示范村,长沙镇滨海村获评省特色田园乡村。在加快建成长三角沿海地区有一定影响力的美丽宜居现代化城市上取得显著成效,广受群众赞誉。

(如东县融媒体中心)

大事记

1月

8日　农业农村部正式公布了全国180家2020年部级畜禽养殖标准化示范场名单，南通正大畜禽有限公司曹埠鸡场入选，是江苏省创建成功的4家养殖场之一。

10日　如东举行首个中国人民警察节系列庆祝活动。

11—14日　政协如东县第十五届委员会第五次会议在县会议中心召开。县委书记沈峻峰出席会议并发表讲话。县政协主席陈建华向大会作工作报告。县政协副主席丛俊向大会作县政协十五届委员会四次会议以来的提案工作报告。会议选举蒋树建为政协如东县十五届委员会主席，江新泉为政协如东县十五届委员会副主席。大会通过了《政协如东县第十五届委员会第五次会议决议》。

12—15日　如东县第十七届人民代表大会第五次会议在县会议中心召开。县委书记沈峻峰出席会议并作闭幕讲话。县长陈慧宇代表如东县人民政府向大会作工作报告。县人大常委会主任陈昌龙主持会议。大会选举赵尊兵为如东县第十七届人大常委会副主任。大会表决通过了如东县第十七届人民代表大会财政经济委员会、社会建设委员会、监察和司法委员会、法制委员会人员调整名单；通过了《关于如东县第十七届人民代表大会第五次会议代表议案和建议的审查报告》；通过了关于如东县人民政府工作报告的决议，关于如东县国民经济和社会发展第十四个五年规划和二〇三五年远景目标纲要的决议，关于如东县2020年国民经济、社会发展计划执行情况和2021年国民经济、社会发展计划报告的决议，关于如东县2020年财政预算执行情况和2021年财政预算报告的决议，关于如东县人大常委会工作报告的决议，关于如东县人民法院工作报告的决议，关于如东县人民检察院工作报告的决议。

18日　如东召开2020—2021年度全县党员冬训动员大会，全面部署冬训工作。

21日　如东举行浙江省桐乡市与如东县政务服务“跨省通办”合作签约仪式，贯彻落实国务院“跨省通办”部署要求，持续深化“放管服”改革，致力解决异地办事堵点难点问题。

24日　中华全国工商联公布2019—2020年度全国“四好”商会名单。如东县电子商务行业商会(协会)入选。

25日　如东召开海上风电安全生产工作推进会，全面部署2021年海上风电安全工作，为如东海上风电产业夯实安全“地基”。

27日　如东县委常委班子召开2020年度民主生活会，联系班子和个人实际进行对照检查、党性分析，认真开展批评与自我批评，强调要进一步加强常委会自身建设，切实增强政治自觉、思想自觉、行动自觉，以新担当、新作为带领全县人民开启全面建设社会主义现代化新征程，勇当长三角沿海高质量发展排头兵。

31日　如东县农业农村局举办2021年如东名特优农产品年货节党员冬训“惠民大集”活动，通过主播直播带货的方式推介如东农产品特色商品，提高名特优农产品的知名度。产品涵盖农产品、海产品、美食、特色小吃等。

2月

4日　如东召开省委市委巡视巡察反馈意见整改座谈会，会议通报了目前整改工作推进情况，研究讨论了整改工作中存在的问题，并对下一步工作计划进行部署安排。

5日　如东召开做好人民群众就地过年服务保障工作部署推进会，县委副书记、县长陈慧宇带队实地察看了此项工作的进展情况，会议就切实落实做好人民群众就地过年服务保障工作的重点内容和各项措施进行部署，确保让人民群众过个“放心年”“安心年”“暖心年”。

6日　由如东县委宣传部、县新时代文明实践中心办公室、县文明办主办的“德润扶海 文明同行”如东县道德讲堂总堂示范活动在县文化馆举行，活动同步视频直播，近10万人在线观看。

8日　如东县教体局、县新华书店共同举办如东县“扫黄打非·护苗2021”暨“悦读悦享 童心追梦”家校共读活动。

20日　县委、县政府召开全县作风建设大会，部署年度重点工作和作风效能建设，动员全县上下紧紧围绕勇当长三角沿海高质量发展排头兵的奋斗目标，持续激扬“狼性”精神，不断锤炼“牛劲”品格，进一步营造担当作为、奋勇争先的浓厚氛围，在高质量发展新征程中不断开创“强富美高”新如东建设新境界。

21日　县委、县政府召开全县经济形势分析会，研究部署经济发展首季开门红工作。县委书记沈峻峰主持会议并讲话，强调要切实强化“开门红就是争第一”的争先意识，抬高目标定位，发力攻坚突破，以“起步就是冲刺、开局就是决战”的拼劲，全力打赢关乎全年和“十四五”发展的开局之战。

23日　如东县一季度重大产业项目集中开工暨昕晨泰飞尔一类新药及超声治疗机器人研发生产项目开工仪式隆重举行，昕晨泰飞尔一类新药及超声治疗机器人研发生产等32个项目集中开工，计划总投资329亿元。

25日　中国共产党如东县第十四届纪律检查委员会第六次全体会议召开。会议深入学习贯彻习近平总书记在中央纪委五次全会上的重要讲话和中央纪委五次全会、省纪委六次全会精神，总结工作、分析形势，部署2021年全县党风廉政建设和反腐败工作。县委书记沈峻峰出席会议并讲话。

26日　县委、县政府召开2021年全县城建交通工作会议暨国家园林县城创建动员大会。正式启动国家园林县城、省生态园林城市创建工作。

27日　县委、县政府召开全县农村工作会议暨污染防治攻坚、“清水绿岸”提质行动推进大会，全面部署今后一段时期“三农”工作，对全力抓好污染防治攻坚和“清水绿岸”提质行动再聚焦、再部署、再推进。

28日　如东县召开政法工作会议，认真贯彻落实习近平总书记对政法工作作出的重要指示批示精神，总结工作，分析形势，明确目标，研究部署2021年全县政法工作。

3月

4日　县委举行以“激扬‘狼性’启新程、铆足‘牛劲’谱新篇”为主题的新一届村(社区)党组织书记集体出征仪式暨首期“‘加速度’成长论坛”。县委书记沈峻峰出席集体出征仪式。

△　南通市政府在如东县召开全市浒苔联防联控工作调度会，就下一阶段的防控工作进行部署。

5日　九三学社江苏省委、南通市委联合调研组人员到如东考察调研，着重了解如东沿海开发的主要做法及“十四五”时期在聚焦政策和资源优势、构建沿海经济新发展格局方面的思考及举措。

8日　如东县中医院科研中心揭牌成立。

9日　县委召开全县党史学习教育动员会议，深入学习贯彻习近平总书记在中央党史学习教育动员大会上的重要讲话精神，认真落实中央和省委、市委要求，动员全县上下迅速兴起党史学习教育热潮。

10日　如东县召开财政系统工作会议，总结分析2020年财政各项工作，部署2021年财政系统重点工作。

11日　江苏恒辉安防股份有限公司成功登陆深圳证券交易所创业板。首日公开发行股票3623.2万股，发行价格11.72元/股，募集资金42463.9万元。这是如东第5家上市公司，也是第一家创业板注册制上市公司。

17日　如东县召开县委统一战线工作领导小组全体会议，学习《中国共产党统一战线工作条例》，学习传达全国、省、市统战部长会议精神，讨论通过《县委统一战线领导小组2021年工作要点》。

19日　如东县组织工作会议召开，总结2020年全县组织工作，部署2021年重点任务。

20日　县委中心组(扩大)在马塘革命烈士纪念馆举行党史学习教育现场学习活动，缅怀革命先烈的丰功伟绩，激扬干事创业的奋斗情怀。

23日　如东县举行政法队伍教育整顿“一把手讲党课”专题辅导。县委书记、县政法队伍教育整顿领导小组组长沈峻峰为全县政法干警上专题党课。

25日　省政法队伍教育整顿南通驻点指导组下沉如东县走访调研。

30日　金光如东中国电信“5G+工业互联网”暨全业务战略合作以及如东县政府与深圳蜂巢互联“如东工业互联网数字化转型服务平台框架协议”签约仪式在金光如东产业基地项目部举行。

31日　如东县举行一季度项目集中签约仪式，投资200亿元的碳纤维复合材料、投资60亿元的江苏沿方新材料、投资50亿元的高效异质结电池生产等30个项目集中签约，计划总投资475.6亿元，其中10亿元以上重大产业项目11个，总投资427.8亿元。

4月

1日　如东县首个新冠疫苗集中接种点——全民健身中心新冠疫苗集中接种点正式运行，馆内采取单行线路，设有问诊工作台10张，登记工作台12张，接种区工作台30张，有工作人员近100人，每天可满足5000人次接种量需求。

10日　如东县中医院“康然名医工作室”成立。康然是江苏省特聘医学专家，南京中医药大学骨伤科学博士，丹麦奥胡斯大学脊柱外科学博士，硕士生导师。曾先后在多个国家知名脊柱治疗中心进修。

12日　中国500强企业广东越秀集团高层到如东考察，双方就合作发展事宜进行了友好深入的交流。该集团计划在如东县投资21亿元，建设食品加工全产业链项目，采用全产业链运营模式，建设内容包括原料贸易、饲料加工、食品加工等产业。

13日　县委召开2021年度党建工作领导小组会议，深入贯彻习近平新时代中国特色社会主义思想，全面落实省委、市委党建工作领导小组会议精神，研究部署2021年县委党的建设工作重点任务。

15日　县委、县政府召开全县制造业创新发展暨优化营商环境大会，研究部署如东当前制造业创新发展及优化营商环境重点工作任务。

17日　由县委、县政府筹划建立的丁杰艺术馆在县文化中心正式开馆。展馆面积1200平方米，馆额由诺贝尔文学奖获得者莫言题写，分“丁杰艺术道路”“丁杰代表作品”两大展区，展陈了与其几十年艺术历程相关的图文和实物、100幅充满家乡情怀、山水情怀、人文情怀的书画精品。

18日　“如东县癌症中心”在县人民医院揭牌成立，这是全国首家县级癌症中心。

21日　江苏省国信集团有限公司董事长谢正义率集团高管团队考察如东县洋口港。县委书记沈峻峰陪同考察。

△　如东县举行“读党史诵经典 筑新梦创未来”如东县首届职工读书节启动仪式。

25日　总投资3亿元的林克斯温泉乐园正式开园。林克斯温泉乐园位于小洋口旅游度假区，由香港保华集团和小洋口旅游度假区共同打造，集中了小洋口优质天然黄金温泉和多项德国进口水上娱乐设施，倾力打造集“海洋温泉、海鲜美食、健康疗养、休闲旅游、文化体验”于一体的一站式轻度假旅游目的地。与传统水乐园项目相比，乐园内娱乐项目的水源四季恒温，游客可全年365天体验，年可接待游客量200万人次。

27日　中国残联维权部主任周建一行调研如东残疾人维权工作。

29日　县第十七届人大常委会召开第三十六次会议，通过相关人事任免。会议决定，任命许金标为如东县人民政府副县长，免去张建中如东县人民政府副县长职务。

△　射阳县党政代表团到如东考察。

30日　江苏东和投资集团有限公司与江苏中天科技股份有限公司签约战略合作协议，成立合资公司，共同开发如东“十四五”规划的光伏资源，推动如东区域能源绿色低碳、转型升级发展，加快打造如东“绿色能源示范城”的闪亮名片。

△ 受东北冷涡影响，江苏沿江及以北地区遭受突发大风、冰雹等强对流天气袭击，如东县遭受近12级大风。灾情发生后，县应急管理、消防救援、住房建设、卫生健康及供电、通信、保险等部门快速出动，连夜组织开展应急处置工作，争分夺秒抢救受伤受困人员，迅速对受损的电力、通信等设施组织抢修，最短时间内恢复供电和运营。

5月

5日 “党的光辉照耀我成长”庆祝中国共产党成立100周年系列活动，暨江苏省小篮球联赛(如东青锋赛区)比赛在青锋篮球公园开赛。此届联赛由省篮球运动协会主办，县体育总会以及县篮球运动协会承办，比赛分为U8、U10、U12三个组别。来自宾山小学、实验小学、掘港小学等学校的20支队伍、160多名少儿篮球队员参赛。

6日 法国W.E.P集团总裁Brice到如东考察如东安防产业，进一步推动世界知名个体防护装备企业与如东防护企业合资合作。

8日 县委、县政府召开全县金融工作会议，动员部署2021年金融系统各项工作。

△ 中国纺织品商业协会执行会长李建华一行到如东调研安防产业。

△ 由江苏省体育局、江苏省教育厅主办，如东县人民政府承办的2021年江苏省青少年击剑冠军赛(第二站)在县体育中心体育馆拉开帷幕，来自全省10个大市、3家俱乐部的13支代表队470多名“剑客”参加比赛。

9日 钱成胸外科名医工作室在县中医院正式揭牌，它是如东跨区域合作，分享上海优质医疗资源的有效探索。

12日 中央文明办二局局长薛松岩率调研组到如东县调研指导全国文明城市创建工作。

△ 江苏省海事局副局长王士明一行到如东调研海上风电施工与运维安全工作。

13日 县政府与中国农业银行南通分行签订政银战略合作框架协议。根据协议，双方将围绕重大项目、产业升级、乡村振兴、普惠金融等领域开展深度合作，农行南通分行在未来5年内向如东重点项目和企业提供不低于300亿元的融资支持。

14日 江苏省安全生产第十一巡查组巡查如东汇报会召开。巡查组副组长曹永荣代表巡查组对巡查工作安排作了说明。

△ 如东县召开县互联网行业党委成立大会暨“扶海e帆 党建引航”主题党日活动。中共如东县互联网行业党委正式成立。

16日 刘季平少年儿童图书馆开馆。文化部原副部长、国家图书馆原馆长周和平，南京图书馆馆长陈军等出席开馆仪式。

△ 邳州市党政代表团到如东考察。

18日 省商务厅副厅长姜昕一行到如东调研口岸开放工作。

△ 县地方金融监管局召开新闻发布会，发布首期“园区保”企业白名单，全县五大园区的23家优质企业上榜。这些企业将可享受园区政府、银行机构、信保集团三方风险共担的一揽子综合金融服务。

21日 由县委宣传部、县文联、县文广旅局主办的南通市第十六届“五月风”文艺展示月活动——“永远跟党走”如东县红色经典歌咏大赛决赛在县文化馆小剧场举行。

22日 由县委、县政府筹划建立的康平艺术馆在县文化中心开馆。康平艺术馆为县博物馆固定陈列展，展馆面积约500平方米，分为六个篇章，展示了康平在各个时期艺术创作，复原了康平晚年画室。

27—28日 十一届全国政协副主席、中国人口福利基金会会长李金华专程视察家乡发展工作。

6月

1日 江苏省暨南通市“四仪”教育示范观摩活动十岁成长仪式专场在县实验小学举行，学校930个孩子在父母、老师们的见证及祝福下，迎来了热闹而又神圣的成长礼。

2日 如东县首批跨境电商出口海外仓货物顺利通关放行，标志着跨境电商出口海外仓业务将在如东县正式开展。

9日 如东县乡村振兴局正式挂牌成立。

10日 省委党史学习教育第四巡回指导组组长方标军带队到如东开展第三轮巡回指导，指导组通过实地调研、听取汇报、考学访谈等形式，检查指导如东党史学习教育工作。

10—11日 如东县举办“永远跟党走”——庆祝中国共产党成立100周年合唱比赛。这次大赛分企业组、镇区组、机关组三个赛区进行比赛，其中，企业组有18支队伍，镇区组有16支队伍，机关组有21支队伍参赛。

11日 2021年乡村旅游盛会——南通乡村旅游节暨如东小洋口水上游乐嘉年华活动在小洋口旅游度假区拉开帷幕。

15日 县委、县政府召开全县安全生产暨燃气安全专项整治工作会议，深入贯彻习近平总书记、李克强总理有关指示批示精神，全面落实省市安委会会议工作部署要求，对全县安全生产工作进行再部署、再推进。

18日 省委党史学习教育领导小组办公室、省委宣传部在省广电总台举行发布会，授予江苏电力(如东、南京、金湖)共产党员服务队先进群体江苏“时代楷模”称号。

26日 金光如东产业基地一号线正式开机投产。金光如东产业基地总投资450亿元，规划用地8500亩，年产高档生活用纸396万吨，分三期建设。

27日 县委召开全县庆祝中国共产党成立100周年座谈会暨“两优一先”表彰会议，回顾党的光辉历程、讴歌党的丰功伟绩、弘扬党的优良传统，动员和号召全县各级党组织和广大党员充分发挥战斗堡垒和先锋模范作用，在全面建设社会主义现代化新征程中再建新功。

△ “永远跟党走”庆祝中国共产党成立100周年文艺晚会在如东中专体育

馆举行。晚会分扶海烽火、扶海潮涌、扶海越江三个篇章，采用情景表演、歌舞、歌曲表演唱等艺术形式，全面回顾了中国共产党一路走来的光辉历程，再现了如东人民在党的领导下抢抓机遇、奋力赶超，创造美好生活的图景。

29日晚 CCTV－2《经济半小时》栏目，《海上风电现抢装潮》以整档节目容量聚焦如东海上风电建设。

30日 农业农村部办公厅下发《关于全国农民合作社质量提升整县推进试点单位的批复》，如东县入选。

7月

1日 中共如东第一支部纪念馆建成开放。

2日 商务部下发《关于公示2021年度国家外贸转型升级基地考核认定名单的通知》，共新认定105个国家外贸转型升级基地，如东县国家外贸转型升级基地（安全劳护用品）入选。

5日 县委中心组赴中共如东第一支部纪念馆开展党史学习教育现场集体学习。

6日 如东县在江苏省农副产品展示展销中心举行现代农业招商推介暨区域公用品牌发布会，推介如东农业投资环境和现代农业招商项目，并发布了区域公用品牌——“如意东方”。会上，百万头生猪全产业链项目、“种粮一体化”项目、精品蔬菜冷冻精深加工项目等8个总投资约40.38亿元的农业投资项目进行集中签约，江苏东和供销有限公司与苏果超市有限公司、南通北渔人和水产有限公司与江苏天合云商有限公司分别签订了区域公用品牌战略合作协议。

△ 凝“新”聚力跟党走 携手共进新征程——如东县新的社会阶层人士庆祝中国共产党成立100周年主题活动在县文化馆小剧场举行。

9日 县第十七届人大常委会召开第三十八次会议。会议决定，任命刘莉为县人民政府副县长，杨德华为县人民法院副院长、审判委员会委员、审判员，方海军为县人民检察院副检察长、检察委员会委员、检察员。

18日 晚上10点18分，在离岸约70公里的如东海域，世界最大、亚洲首座海上换流站安装成功。如东海上换流站由三峡集团与中广核集团共同投资建设，是国内首个正负400千伏柔性直流输电海上风电工程的关键核心装备，也是迄今为止世界上容量最大、电压等级最高、体积最大的海上换流站。它包含上部组块与下部导管架基础两部分，总重量2.27万吨。其中，上部组块长89米、宽84米，平面面积近乎一个标准足球场，高44米，约等于15层楼的高度。

20日 洋口港经济开发区与上海中南金石企业管理有限公司成功签约“中南高科·洋口港智谷”产业园工业综合体项目。该项目总投资约10亿元，以工业生产为主体，建设包括先进生产制造、智能制造、汽车配套等相关产业，电子信息、精密机械、电气设备、节能环保设备、新材料等高质量、无污染、无安全隐患的优质产业项目和生产性服务业项目，具备研发设计、中试成果转化、生产企业总部、产品展示、生产性服务功能和生活性配套等功能。

23日 如东县城“三河六岸”项目首座跨河景观桥——水绘桥的上部结构顺利吊装完成。

24日 县委召开全县领导干部会议，传达省委、市委关于如东县党政主要负责职务调整的决定：陈慧宇任中共如东县委书记，沈峻峰不再担任中共如东县委书记职务，陈雷提名为如东县人民政府县长候选人。

26日 中国共产党如东县第十四届委员会第十二次全体会议召开，研究召开中国共产党如东县第十五次代表大会有关事宜。

27日 如东县第十七届人大常委会召开第三十九次会议，会议任命陈雷为如东县人民政府副县长，任命朱正俊为如东县监察委员会副主任。会议决定陈雷代理县人民政府县长职务，朱正俊代理县监察委员会主任职务。

28日 南通强生石墨烯科技有限公司在上海国际贸易中心举办石墨烯功能新纤维为主题的新品发布会。

29—30日 中国共产党如东县第十五次代表大会在县会议中心召开。会议听取并审议县委书记陈慧宇代表中共如东县第十四届委员会作的题为《跑赢新赛程 勇当排头兵 奋力谱写沿海高质量发展如东篇章》的工作报告。中共如东县纪律检查委员会以书面形式向大会作了题为《提高政治站位 忠诚履职担当 为奋力谱写沿海高质量发展如东篇章提供坚强纪律保障》的工作报告。大会一致通过了《中国共产党如东县第十五次代表大会关于中共如东县第十四届委员会报告的决议》和《中国共产党如东县第十五次代表大会关于中共如东县第十四届纪律检查委员会工作报告的决议》。会议选举产生35名中共如东县第十五届委员会委员、7名候补委员和15名中共如东县第十五届纪律检查委员会委员。

30日 中国共产党如东县第十五届委员会召开第一次全体会议，选举产生新一届县委常委、书记、副书记。陈慧宇、陈雷、张兴国、张蓉蓉、许金标、黄涛、徐东俊、杨忠、邵锋、蔡东、朱正俊当选为中国共产党如东县第十五届委员会常务委员会委员。陈慧宇当选为县委书记，陈雷、张兴国当选为县委副书记。会议通过了中国共产党如东县纪律检查委员会第一次全体会议选举结果。

8月

1日 如东县正式实施《如东县水环境区域生态补偿试行办法》。该办法规定，坚持“谁超标、谁补偿，谁达标、谁受益”，在全县实行水环境区域“双向补偿”。设定总磷、氨氮、高锰酸盐指数三个考核指标，每月监测3次，根据三个指标确定水质类别，当断面水质类别下降时，由上游镇（区、街道）对下游镇（区、街道）予以补偿；当断面水质类别达到Ⅲ类及以上时，由县财政对上游地区予以补偿。

△ 如东县从8月1日起调整最低工资标准。调整后，如东县执行二类地区月最低工资标准2070元，比原来1830元增加240元。非全日制用工小时最低工资标准20元，比调整前增加3.5元。

△ “尤利西斯”LNG运输船靠泊江苏如东接收站码头,该船货是中海油首次在江苏地区自主进口的1亿立方米液化天然气,通过中石油江苏如东LNG接收站卸载汽化后供应至江苏省电厂用户。

3日 县委召开常委会(扩大)会议,贯彻落实省市疫情防控部署要求,听取全县当前疫情防控工作情况汇报,就下一步疫情防控工作进行部署。

4日 由赛迪顾问县域经济研究中心编制的《2021中国县域经济百强研究》正式发布。在2021年赛迪百强县榜单中,如东名列第32位,较上年上升3位。

△ 如东县召开县城疫情防控社区封闭管理工作动员会,对县城91个无物业小区、重点路口由县级机关工作人员、街道社区干部、社区志愿者、网格员等实行24小时值守。

5日 中石油江苏LNG接收站举行新冠疫情防控应急演练。

6日 黄海二桥首榀箱梁架设任务圆满完成,工程建设正式转入上部结构施工阶段。黄海二桥工程是全省综合交通运输体系重点项目,总投资10亿元,桥梁总长10.035公里,宽13.1米,设计为两轨车道。

7日 从8月7日起,如东在全县范围开展全员核酸检测,检测范围为所有在如东人员(含外来、暂住人员)。截至8月11日9时,样本检测全部完成,全县共采集核酸样本838526份,结果均为阴性。

10日 如东县第十七届人大常委会召开第四十次会议,会议决定,任命徐东俊为如东县人民政府副县长。

21—22日 南通市政协委员、香港中华工商总会执行主席陈峰一行,到如东考察营商环境、产业配套及融合发展情况。

31日 如东县召开农村土地承包仲裁委员会成立大会,它标志着全县农村土地承包经营纠纷调解仲裁工作进入制度化、法制化的新阶段。

9月

1日 洋吕铁路2标项目正式启动首个软基试桩工程,同时也是全线首个软基试桩工程施工,标志着该项目由前期准备阶段转入实质性主体施工阶段。

4日 县委、县政府召开全县项目招引与建设推进会,对招商引资和项目建设工作进行再部署、再推进。

5日 民政部召开第十一届“中华慈善奖”表彰大会,国网如东县供电公司退役军人共产党员服务队荣获“慈善楷模”称号,是国网系统内唯一一个受表彰对象。

7日 县人武部党委第一书记宣布任职大会召开。县委书记陈慧宇任中共如东县人民武装部党委委员、第一书记。

8日 如东县举办以“党的建设”为主题的全县村(社区)党组织书记第二期“加速度”成长论坛。

17日 如东县人民医院挂牌成为“江苏省人民医院医联体成员单位”。

23日 如东洋口港LNG接收站项目签约活动在南通举行。如东洋口港LNG接收站项目规划总投资约100亿元,由华润燃气润星(江苏)能源有限公司与江苏洋口港建设发展集团共同投资建设,规划建设6座液化天然气储罐、1座接卸泊位及配套设施,预计2025年投产运营。

26日 中石油江苏LNG接收站三期扩建工程T－1205、T－1206两座20万立方米LNG储罐开始向外输管道供应天然气。该工程的顺利投产,将江苏LNG接收站的整体储气能力提高了60%。

29日 如东县第十七届人大常委会第四十一次会议通过如东县第十八届人民代表大会代表名额分配具体方案。根据《江苏省人民代表大会常务委员会关于重新确定全省县(市、区)人民代表大会代表名额的决定》,如东县第十八届人民代表大会代表名额总数为355名。

△ 如东县第十三届运动会暨2021年全民健身运动会开幕式在县体育中心体育馆举行。

△ 如东栟茶古镇中市街举行开街仪式,并亮相2021中国南通江海国际文化旅游节。

△ 通海500千伏输变电工程在如东正式投入运行,这是江苏沿海开通的第一条海上风电并网输电专用通道。

△ 如东县首次举办“银耀扶海赓续前行”县管干部荣誉退休仪式,欢送27名县管干部光荣退休。

30日 如东县向革命先烈敬献花篮仪式在马塘革命烈士纪念馆举行。

10月

2日 如东县马塘中学以“超越”为主题,举办建校70周年高质量发展报告会。省市县有关领导、社会各界代表以及来自全国各地的历届校友齐聚马中,回望学校探索与创新的奋进历程,共同展望马中美好的未来。

10日 如东县照护协会在县医保局成立。2019年底,如东作为全国长护险首批试点城市之一的县区,全面启动了长期照护保险项目。截至2021年9月底,全县共受理评定待遇申请4817人,享受失能待遇补贴3918人,长护险服务机构已有24家,已经实现城乡全覆盖,缓解了众多失能家庭的照护负担。

11日 县委专题召开进一步发挥到龄退出领导职务干部作用动员部署会议,深入贯彻落实省委“两在两同”建新功行动、县委“双聚双高”作风效能提升专项行动,充分发挥到龄退出领导职务干部优势作用,凝心聚力推动如东高质量跨越发展。

12日 如东县选举委员会召开第一次会议,研究决定:如东县县镇两级人大代表的选举日为2021年12月10日。选民登记工作从2021年10月31日起,2021年11月19日截止。

15日 如东县重点产业链发展规划编制工作启动会议召开,会议围绕全县重点产业发展现状,剖析产业链优势和短板,排出重点项目和企业,形成产业发展规划,为未来如东经济持续高质量发展提供理论支持。

16日 如东县举行纪念县政协成立65周年座谈会,总结回顾县政协65年发展历程,研究部署做好新时代政协工作的新任务、新举措。县委书记陈慧宇出席会议并讲话。

18日　城中街道商会正式成立。该商会现有会员单位96家，涉及建筑房产、交通运输、住宿餐饮、批发零售、金融投资、软件科技、公共服务和文化教育等主要行业。

19—20日　县委书记陈慧宇带队到陕西省南郑区考察交流。

21日　南通市委宣传部组织的“奋进现代化 跑赢新赛程”媒体见面会走进如东县。新华网、人民网、《新华日报》、江苏省广播电视总台、《扬子晚报》、《现代快报》等十多家知名媒体参加活动，共同关注如东高质量发展情况。

22日　如东县首届中医药文化节暨周仲瑛国医大师传承工作室揭牌仪式在县中医院举行。

△　第46届世界技能大赛家具制作项目中国集训队首轮集训启动仪式在亚振家居股份有限公司举办，家具制作项目专家组以及来自全国各地的10名参训选手参加活动。

24日　由如东县人民政府主办，县教育体育局、县体育总会承办，如东县风筝协会、如东小洋口旅游度假区管委会协办的第十三届运动会暨2021年全民健身运动会(社体部)风筝赛在小洋口风筝放飞场举办。全县15支代表队72名运动员100多只风筝参赛。

26日　如东县召开《如东县区域治水活水畅流方案》专家评审会，共同为推进如东区域水环境治理工作出谋划策。

29日　中天科技集团向如东教育系统捐赠1000万元，设立中天助教助学奖。

△　如东畅行公共交通有限公司发布公告，经洋口港经济开发区申请、县交通运输局批准，从11月1日起，开行洋口港园区公交602路。

30日　十五届如东县委巡察工作会议暨第一轮巡察动员部署会召开。会议全面回顾总结十四届县委巡察工作，研究部署十五届县委第一轮巡察工作。

△　洋口港经济开发区举办“对接苏南”招商引资工作交流会，70多名苏州市如东商会理事以上企业家和创业者来到家乡如东洋口港参加活动。

31日　中央广播电视总台英语环球节目中心(CGTN)策划推出的《海上看中国》大型主题报道走进如东海上风电场，以直播的方式，带领网友感受如东风电产业的蓬勃发展态势，领略清洁能源的魅力。

11月

1日　泰国江苏青年总商会主席、泰国凯盛国际置业有限公司董事长陈杜带领商会访问团到如东考察。

△　2021年如东县泛半导体产业创业大赛总决赛在如东雷迪森大酒店成功举办，共有22个项目进入总决赛，10个项目分获一、二、三等奖。

3日　县政府在国网如东县供电公司举行大面积停电事件应急演练活动，推动完善应急联动机制，提高应急处置水平。

5日　第八届全国道德模范表彰活动在北京人民大会堂举行。如东县城中街道农业农村和社会事业局副局长沈亚秋作为南通唯一的全国道德模范提名奖获得者与来自全国各地的68名全国道德模范和254名提名奖获得者受到了党和国家领导人的接见。

7—8日　陕西省汉中市南郑区考察团到如东县考察交流。

8日　20时08分，在如东县东部黄沙洋海域，三峡如东海上风电项目首台机组正式向江苏电网送电，标志着中国首个柔性直流海上风电项目首批机组成功并网，这也是亚洲地区首次将柔性直流输电技术运用于海上风电项目的一次成功实践。

9日　县人民法院服务保障乡村振兴新闻发布会暨南通市中级人民法院“支云e站”揭牌仪式在袁庄镇举行。这是市、县法院系统充分发挥审判职能作用，以实际行动服务和保障如东全面推进乡村振兴、加快农业农村现代化建设的又一重要举措。

11日　如东县政府举行零碳中心战略合作协议、区域绿色能源项目签约仪式，标志着如东与中国投资协会能源投资专业委员会、中国天楹股份有限公司三方全面达成战略合作伙伴关系。

12日　如东县“三河六岸”河道整治及景观绿化工程PPP项目获得江苏省财政厅授予的“2021年省级PPP示范项目”称号，成为南通市唯一入选的示范项目。2021年，该项目还被江苏省人民政府列为“江苏美丽宜居城市建设第二批专项类试点项目”。

△　中天科技集团向河口镇捐赠750万元，支持河口镇加快城镇基础设施配套工程建设，扶持污水处理厂进一步提升处理能力，致力改善镇区环境。

13日　县委专题召开“双聚双高”作风效能提升专项行动推进会，总结分析前阶段工作，研究部署下一阶段任务。县委书记陈慧宇主持会议并讲话。

14日　文化和旅游部公布了2021—2023年度“中国民间文化艺术之乡”名单，如东凭借“农民画”优势再次入选，五度蝉联“中国民间文化艺术之乡”的荣誉，南通市仅此一家。

15日　南通海警局如东工作站与如东生态环境局签订海洋环境保护联合执法协议。重点围绕海洋(海岸)工程建设项目、海岛、典型海洋生态系统、海砂开采运输、海洋废弃物倾倒、海洋野生动物保护、陆源入海污染物排放等领域强化监督检查，严厉打击违法违规行为。

16日　2021年省级“思源工程——生育关怀活动”连心家园项目在岔河镇振河村揭牌。该项目是关爱计生特殊家庭的重要惠民项目，通过为计生特殊家庭提供相对独立的活动和交流场所，逐步改善计生特殊家庭生活质量。

19日　南通市海上风电通航安全管理座谈会在如东县召开，会议要求相关职能部门与风电企业始终将安全放在首位，全方位推进海上风电安全治理体系和治理能力现代化建设。

△　如东县召开拟上市企业座谈会暨上市政策培训会。会上，申万宏源和华泰证券相关专家对与会人员作资本市场最新形势、政策及北交所有关情况的业务培训。

△　扬州大学医学院如东临床学院签约揭牌仪式在县中医院举行。县中医院与扬州大学医学院现场签订建立临床学院关系及深度合作协议。

20日 如东县在如东经济开发区举办“2021年度如东县突发环境事件应急演练暨如东经济开发区突发水污染事件三级防控体系建设验证性应急演练”。

22日 上午8时起，如东县正式启用国家医疗保障信息平台，实现全国医疗保障信息互联互通和数据有序共享。

24日 江苏海力风电设备科技股份有限公司（证券简称：海力风电，证券代码：301155）在深交所创业板成功上市，也是继江苏恒辉安防股份有限公司登陆深交所创业板之后，如东2021年第2家上市企业，至此，如东上市公司总数达到6家。

25日 如东县解放路小学正式启用。

12月

1日 由南通市农业农村局、如东县人民政府、江苏省渔业互助合作发展中心联合主办的2021年南通市渔业安全生产突发事件应急演练在如东县洋口国家中心渔港举行。

2日 如东县在江苏昌九农科化工有限公司开展危化品应急救援演练活动。

3日 学习贯彻党的十九届六中全会精神省委宣讲团宣讲报告会在县行政中心举行。省委宣讲团成员、南京大学马克思主义学院党委书记、教授王建华作宣讲报告。

△ 江苏省道德模范与身边好人现场交流活动如东专场，在如东县高级中学海韵馆举行。活动分为序、“永恒追求”“大爱无边”“信义无价”、尾声等五个篇章，通过人物访谈、情境再现、短片展播、故事讲述等形式，逐一展现县内外如东籍先进典型的感人事迹。

5日 洋口港正式开通LNG船舶夜航。

8日 如东县举行江苏省“高铁便民车”发车仪式，开启了如东公铁客运“无缝衔接”的新发展格局。

△ 水务集团与中天科技合作签约，在环境工程、环境监测监控及生态修复等环保领域进行深度合作。

9日 县委召开全县领导干部警示教育会议，以案说法、以案明纪、以案促改，教育引导广大党员干部明底线、知敬畏、守规矩。

△ 省重点项目、国内装机规模最大海上风电场——国家电投800兆瓦海上风电项目实现全容量并网发电。该项目全场投运后，年上网电量为24亿千瓦时，能够满足100万户居民一年的用电需求。

△ 江苏省农业融资担保有限责任公司如东分公司揭牌成立。

10日 全县设县级人大代表选区144个，镇级人大代表选区424个，共登记选民938992人，设置主投票站304个，分投票站1400多个，采取无记名投票、差额选举的方式，选出355名县级人大代表，1083名镇人大代表。

△ 中国海装自主研制的“扶摇号”浮式风电机组浮体平台成功下线。这也是中国第一台深远海浮式风电机组平台。

15—17日 县委书记陈慧宇，县委副书记、代县长陈雷率县党政代表团赴昆山市、常熟市、太仓市、海门区、启东市考察学习，为“跑赢新赛程、勇当排头兵，谱写沿海高质量发展如东篇章”拓展新思路、增添新动力。

16日 随着三峡H10海上风电项目最后一台风机迎风转动，江苏省重大项目、亚洲最大海上风电场——如东海上风电场实现全容量并网投产。至此，如东年度新增海上风电装机容量300万千瓦，约占全省新增规模的一半、全国的四分之一，创下同年并网单体项目数量最多、容量最大两项纪录。

18日 中国县域工业经济发展论坛揭晓了2021年“中国工业百强县”“中国创新百强县”榜单，如东成功上榜，分别位列第27位和第44位。

20日 第四届如东企业“金牛奖”颁奖典礼在县文化馆小剧场举行。本届“金牛奖”共设持续突出贡献奖、突出贡献新锐奖和创新奖三大奖项。经过严格评审，中天科技集团有限公司、中石油江苏液化天然气有限公司等14家实力强劲的“老牌企业”获持续突出贡献“金牛奖”；江苏宏微特斯医药科技有限公司、南通雅本化学有限公司等6家企业凭借出色的业绩获突出贡献新锐“金牛奖”；工信部第二批专精特新“小巨人”企业江苏爱朋医疗科技股份有限公司与江苏湘园化工有限公司因产品创新能力突出获创新“金牛奖”。

21日 “暖在通城”南通冬季游暨小洋口海洋温泉节启动仪式在林克斯温泉酒店举办。此次活动从即日起至2022年2月上旬结束，南通市文化广电和旅游局联动各县市区适合冬季出游的景区、饭店、度假温泉等主体，围绕“享温泉、品羊肉、赏梅花、寻年味”四大主题，端出一桌暖身、暖胃更暖心的丰盛“文旅大餐”。

22日 如东洋口港、时桥、沿南3个强村加油站正式投入运营。

△ 中国宋庆龄基金会第八届理事大会在北京召开，如东籍著名书画家丁杰再次当选为理事。

△ 如东县友谊路小学正式启用。

23日 江苏省高级人民法院服务乡村振兴（如东）实践基地揭牌。

25日 全国首个远海风电经直流送出项目——江苏如东海上风电柔性直流输电工程在小洋口风电产业园举行投产仪式。

26日 南通广播电视台驻如东记者站揭牌成立，全面开启市县联动、融合发展的新征程。

27日 泰兴市党政代表团到如东考察。

△ 如东县开展低温雨雪冰冻灾害应急演练。

31日 中国共产党如东县第十五届委员会第二次全体会议在县行政中心举行。全会由县委常委会主持。县委书记陈慧宇代表县委常委会讲话，县委副书记、代县长陈雷点评部署项目建设工作。全会审议通过了《中国共产党如东县第十五届委员会第二次全体会议决议》。县委委员、候补委员出席会议。县纪委委员和有关方面负责人员列席会议。

（如鉴）

如东概览

地理位置

【区位】如东县位于北纬32°12′～32°36′,东经120°42′～121°22′。南与通州区为邻,西与如皋市接壤,西北与海安市毗连,东面和北面濒临黄海。

【面积】如东县总面积1872平方公里(不包括海域),其中,陆地面积1702平方公里,水面面积170平方公里。海岸线全长102.59公里,约占全省1/9。

环境资源

【环境】如东属北亚热带海洋性季风气候区。四季分明,光照充足,雨量充沛,霜期不长,季风明显,温和湿润。境内地势平衍,林木繁茂,土地肥沃,田园葱茏。

【资源】如东县耕地面积10.85万公顷,农用地14.33万公顷,建设用地3.13万公顷,水域面积1.70万公顷。境内水资源丰富,降雨产生的地表径流量5亿立方米,年引长江水5.90亿立方米。境内地下水分布面广,水量丰富,水质上乘。农作物主要以水稻、小麦、棉花为主,兼有油料、蔬菜、瓜果,还有湖桑,盛产优质蚕茧。如东大米名闻遐迩,棉花曾三度突破皮棉总产百万担大关,在全省独领风骚,享誉全国,受到国务院表彰。如东是驰名中外的狼山鸡故乡,狼山鸡被列为世界八大名鸡之首,曾参与育成不少国际知名鸡种如奥品顿、澳洲黑等。1872年,被引入英国,为国际标准鸡种,世界家禽业的宝贵基因,入选世界优良鸡种标准图谱。野生动物有黄鼠狼、狗獾、水獭。20世纪60年代,黄鼠狼皮出口名列全国第二。可入药的枸杞子、龟板、蟾酥、地龙等野生生物有200多种。如东还是全国粮食生产先进县、全国商品瘦肉猪基地先进县、全国山羊板皮出口先进县。如东近海资源丰富,是全国最大的文蛤和条斑紫菜生产和出口基地。近海内有各种浅水贝类50余种,常见鱼类有100种以上,虾蟹类出名的有红虾、白虾、对虾、金钩虾以及梭子蟹、大青蟹等。被誉为"软黄金"的鳗鱼苗以及以海产为原料深加工的紫菜、烤鳗、虾米、文蛤干(粉)、"醉八鲜"等更是风靡海内外。2007年,如东县被评为全国海鲜之乡。20世纪80年代,开辟"海上迪斯科"(滩涂踩文蛤)和"空中交响乐"(滩涂放风筝)两个特色旅游项目。建设中的10万～30万吨级的洋口港,是江苏境内优良的深水港资源。2008年10月28日,洋口港实现初步通航。2014年8月10日,《国务院关于同意江苏如东洋口港口岸对外开放的批复》(国函2014〔107〕号文),同意如东洋口港对外实现一类口岸开放,对外开放共6910米岸线,15个泊位。2019年12月1日,中共中央、国务院印发《长江三角洲区域一体化发展规划纲要》,明确指出要加快江苏如东LNG接收站扩建,标志着洋口港LNG能源岛建设上升为国家战略。如东拥有丰富的太阳能、风能、潮汐能、生物质能等绿色能源,建有亚洲最大的风力发电场,开发前景广阔。2009年9月,如东创建成为"全国绿色能源之都"。2010年,如东县被国家能源局等部门授予"国家绿色能源示范县"称号。2011年,建成全国最大海上风电场。利用"海港、海鲜、海韵"南黄海风情开发建设的南通小洋口风景区成为全县首家国家AAA级旅游景区。2021年,如东县建成了亚洲单体规模最大的海上风电场群。

(如鉴)

气候特征

【概况】2021年,如东年平均气温偏高,降水量正常,日照正常。2021年重大气象事件接近常年,主要灾害性天气有寒潮、大风、暴雨、强对流、高温、台风、雾和霾等。

【气温】2021年平均气温16.5℃,较常年(1981—2010年,以下同)偏高1.1℃,除8月平均气温与常年相等外,其余月份均比常年偏高,其中2月平均气温比常年偏高达3.7℃。年极端最高气温36.5℃,出现在7月14日和15日;年极端最低气温－9.4℃,出现在1月8日。全年高温日数4天,比常年偏少;日平均气温≤0℃日数2天。

【降水】2021年如东年降水总量1157.5毫米,比常年偏多82.9毫米。全年各月降水量分布不均。除1月、2月、3月、6月、8月和12月降水量比常年偏少外,其他月份均比常年偏多。全年雨雪日113天,比常年偏少4.6天;全年出现≥50毫米暴雨日数4天,与常年相仿。6月13日入梅,比常年偏早;7月11日出梅,与常年相近;梅期28天,略偏长。梅雨量168.9毫米,较常年偏少近3成。

【日照】2021年,年日照时数1889.1小时,比常年偏少31.2小时。除1月、2月、11月和12月日照时数比常年偏多外,其余月份均比常年偏少。

2021年如东县各月平均气温和降水量一览表

表1

要　素	1月	2月	3月	4月	5月	6月	7月	8月	9月	10月	11月	12月
气温(℃)	3.5	8.2	10.2	14.3	20.3	24.7	27.9	27.1	25.1	19.2	12.0	5.9
降水量(毫米)	24.4	37.6	62.7	66.6	94.3	69.1	360.5	142.8	116.8	102.0	76.4	4.3

【重要天气事件】2021年如东县共出现6次寒潮天气。其中，过程气温最低为-9.4℃；48小时最低气温降幅最大寒潮气温降幅为14.5℃。1月5—7日寒潮天气加上7—10日持续低温严重冰冻造成全县大面积越冬作物冻死冻伤。

4月30日20时至21时受高空东北冷涡和地面低压共同影响，如东县自北向南普遍出现雷暴大风天气，部分镇区出现小冰雹。全县共有8个镇极大风达到10级以上，海上最大风力（阳光岛）为36.1米每秒（12级）。全县受灾人口4万余人，家庭财产直接损失达1235万元；农业、养殖业均受影响，农牧渔业直接经济损失达1060万元；18座变电所失去监控。

7月25—28日，受台风“烟花”影响，如东县出现强风雨天气过程。大部分地区出现7到9级偏东大风，全县各镇区累积雨量均超过150毫米，受灾人口6907人，农业、养殖业均受影响，丰利镇海上救生平台被大风刮走4个，全县直接经济损失共计约553.26万元。

受2021年第14号台风“灿都”影响，9月12日至15日如东县出现强风阵雨天气过程，累积降水最大出现在曹埠镇38.1毫米。

【气候与农业】1月上旬有严重冰冻且无降雨，干冻叠加，在田作物遭受冻害。2月温高光足，前期受冻麦苗恢复生长较好。3月上中旬光照不足，对麦油及蔬菜健壮生长不利，且适温潮湿田间小气候适于油菜菌核病等病害发生发展。4月下旬多阴雨天气，气象条件适宜小麦赤霉病菌侵染危害，赤霉病流行风险加大；光照不足，影响麦油等光合积累。5月中旬日照严重不足，影响小麦灌浆乳熟及油菜籽粒充实，对水稻育秧亦产生一定影响。6月出现两次较强降水过程，对夏收夏种影响较大，夏玉米、大豆等播种受阻。7月上旬出现强对流天气，部分农田积涝、受损。持续阴雨寡照，给水稻分蘖、玉米籽粒充实、棉花开花结铃和夏季瓜果蔬菜生产带来不利影响。下旬受台风影响，部分农田明涝暗渍，水稻、大豆、蔬菜瓜果等被淹受灾，玉米、棉花、果树苗木倾斜倒伏，养殖池、设施大棚损坏，造成经济损失。8月中旬至9月上旬，光照不足，不利于水稻、棉花、玉米、大豆等生长发育。10月中旬明显降水及大风天气导致水稻发生不同程度倒伏；田间湿度过大，气温显著下降，对秋播作物、蔬菜等播种出苗较为不利。11月上旬出现明显降水，对秋收秋种影响较大，未收割水稻雨淋倒伏，水稻品质受到一定影响。12月下旬受强冷空气影响，最低气温持续数日在冰点以下，且由于降雨持续偏少，土壤表层缺墒，旱冻叠加导致部分弱苗及还田差跑墒田块发生局部冻害。

（冯芝祥）

【海涂潮汐】 因地球自转和东北合成风的作用，长江主泓偏向西南，致使北岸泥浆淤积，沙洲与砂咀连接成片，西周时期如东开始成陆。20世纪50年代初，如东海涂起自东南遥望港至西北老坝港，长达95公里，滩涂淤积情况各段不一，但除北坎尖至苴镇闸下游20公里一段滩涂面陡，在距堤500～600米一线有大量冲蚀坑，滩涂淤进缓慢，局部还有退缩外，余皆以不同速度增长。据1959—1980年实测，遥望港向北至北坎尖，长25公里，海岸为南北向，为淤进型海岸，滩面平缓外伸，3米等高线外伸600米，淤进速度每年20～30米；掘苴闸下游至小洋口闸港长23公里，滩面比降自东向西减小，3米等高线外伸700米，平均每年淤进30米以上。小洋口向西至老坝港，滩面比降小，-1.5米以下有一道深泓，但沿堤低潮位线有断续的砂堤发育，堆积作用十分明显，故滩面淤高较之外伸为快。全县海涂标高零以上达600平方公里。

如东沿海潮汐24小时涨落两次，一般早潮称潮，晚潮称汐。每日两个潮次时间，主要受月球引力而出现周期性涨落现象，故通常以农历编排汐表。但是同一潮次，洋口闸比东安闸早30分钟左右到达。北风和东北风起，来潮时间常有提前；秋潮常跟暴风起，有风即有潮。一年之中秋汛为势大，故有“八月十六赛马跑”之说。如东沿海每12小时发生1次潮汐。涨落周期（以农历编排）如下表。

如东县沿海潮汐涨落周期表

表2

日期	潮汐名称	来潮时间	退潮时间	汐别	日期	潮汐名称	来潮时间	退潮时间	汐别
初一	六潮水	11:00	1:00	大汐	初十	起水	6:15	8:15	大汐
初二	七潮水	11:45	1:45		十一	一潮水	7:05	9:05	
初三	八潮水	12:30	2:30		十二	二潮水	7:55	9:55	
初四	九潮水	1:15	3:15		十三	三潮水	8:45	10:45	
初五	下岸潮	2:05	4:05	小汐	十四	四潮水	9:30	11:30	
初六	下岸一	2:55	4:55		十五	五潮水	10:15	12:15	
初七	下岸二	3:45	5:45		十六	六潮水	11:00	1:00	
初八	下岸三	4:35	6:35		十七	七潮水	11:45	1:45	
初九	下岸四	5:25	7:25		十八	八潮水	12:30	2:30	

续表2

日 期	潮汐名称	来潮时间	退潮时间	汐 别	日 期	潮汐名称	来潮时间	退潮时间	汐 别
十九	九潮水	1:15	3:15	大汐	廿五	起 水	6:15	8:15	大汐
二十	下岸潮	2:05	4:05	小汐	廿六	一潮水	7:05	9:05	
廿一	下岸一	2:55	4:55		廿七	二潮水	7:55	9:55	
廿二	下岸二	3:45	5:45		廿八	三潮水	8:45	10:45	
廿三	下岸三	4:35	6:35		廿九	四潮水	9:30	11:30	
廿四	下岸四	5:25	7:25		三十	五潮水	10:15	12:15	

（如鉴）

历史沿革

【概况】 据现存明、清时期的《如皋县志》载：春秋时(公元前7世纪至公元前4世纪)，如皋叫郧，又名发阳、发繇口、发繇亭(故址即今立发桥)，属吴国。战国时(公元前4世纪至公元前2世纪)，改属楚。秦时属九江郡。楚汉相争时，为东楚所有，隶属于东阳郡。汉初，为吴王刘濞封地，属于海陵县(故治今泰州)。三国时，曹操令江淮地区居民迁徙，海陵县废，为隙地。后吴主孙亮以吕岱(吕是海陵人)为大司马，吕复置海陵县。晋太康元年(280年)，如皋地属广陵郡海阳县。

东晋义熙七年(411年)，分广陵郡而析置建陵、宁海、如皋、临江、蒲涛5县。(据《太平寰宇记》载："县西百五十步有如皋港，港侧有如皋村，县因此以得名。")北周废蒲涛县，并临江县入宁海县。如皋县隶属于海陵郡。隋开皇九年(589年)，如皋县并入宁海县，隶属于扬州总管府[大业元年(605)年改为江都郡]。唐太和五年(831年)，设置如皋场，隶属于海陵县。南唐保大十年(952年)，升如皋场为如皋县，隶属于泰州。北宋初，如皋县隶属淮南道泰州军。元代，如皋县隶属于扬州路泰州府。明代，如皋县隶属于扬州府泰州。清康熙六年(1667年)，置江苏省，如皋属江苏省泰州。清雍正二年(1724年)，如皋县隶属于通州。民国初年，如皋县先后隶属于苏常道和淮扬道。1927年，废道存县。1933年3月，如皋县隶属于江苏省第四行政督察区。1938年3月19日，日军侵占如皋城，如皋县政府先后迁移至李堡、丰利、马塘。

1940年10月黄桥决战后，新四军苏北指挥部第三纵队东进掘港。11月下旬，于马塘镇和平接管国民政府如皋县政府，并以白蒲经丁堰至柴湾河以东为界，将原如皋县一分为二，河东为如皋县(如皋东乡)，河西称如皋西南行政公署，后升格为如西县政府。1941年3月后，如皋县隶属于苏中第四行政区。1945年9月22日，如皋县易名如东县，如西县复名为如皋县，如东县隶属于苏皖边区第一行政区专员公署；翌年秋，隶属于苏皖边区第九行政区。1949年后，如东县隶属于苏北行政区南通专区。1953年后，为江苏省南通专区。1968年后，改称江苏省南通地区。1983年，江苏省南通地区与南通市合并，如东县隶属于江苏省南通市。

行政区划

【概况】 2021年，如东县辖3个街道、12个镇，40个居委会、205个村委会，另有大豫镇3个村(居)南通滨海园区托管。面积205527公顷。户籍人口992593人。

2021年如东县行政区划一览表

表3

街道乡镇(驻地)	面积(公顷)	人口(人)	村(居)委会（个）	
城中街道 (碧霞北路9号)	7272.65	89666	7	村:五总、北场、丁杨、潮墩、六总、八总、如华
			10	居:范堤、友好、三元、民主、碧霞、通海、新光、锦绣、浅水湾、朝阳
掘港街道 (日晖东路3号)	14359.99	110856	20	村:陈高、掘西、虹桥、十里墩、晓河、芳泉、银杏、野营角、周店、三河、沙南、晒盐场、天星、新丰、洋岸、丁字岸、宾东、余荡、港南、三桥
			6	居:青园、古池、灯塔、盐垣、港南、日晖

续表3

街道乡镇（驻地）	面积（公顷）	人口（人）	村（居）委会（个）	
苴镇街道（黄海中路1号）	11828.55	49083	9	村：王潭、金凤、凤阳、刘埠、蔡桥、九阳、肖桥、江庄、虹元
			2	居：晓桥、振新
马塘镇（建设路8号）	14063.60	73937	17	村：长路、七里镇、马南、王渡、马西、潮北、潮南、马东、马北、马丰、蔡渡、亚苏、许楼、桃园、沙庄、徐庄、尊三
			1	居：市河
新店镇（飞跃路88号）	8073.98	35111	10	村：顾高桥、曹庵、胡港、月池、新联、深河、孙桥、三角渡、双虹桥、祝套
			2	居：新店、汤园
长沙镇（人民路2号）	15896.29	39754	12	村：陆河、富盐、三民、黄海、滨海、长堤、北坎、四桥、卫海、何丫、环东、近海
			2	居：港城、东海
曹埠镇（上漫社区15组8号）	9255.74	43444	6	村：甜水、饮泉、跨岸、冯桥、直港、下漫
			3	居：上漫、堤南、孙窑
岔河镇（新建路11号）	14479.98	76998	22	村：振兴、汤桥、南桥、金河、金桥、兴发、金发、龙发、兴河、银河、新坝、新桥、振河、兴北、新港、古北、玉林、陆港、三联、坝东、龙凤、启秀
			3	居：迎春、燕川、古坝
双甸镇（江海路234号）	12011.86	68878	13	村：曙光、田季、高前、中心、宗奎、伯元、镇东、丛家坝、德银、锡伍、镇南、鹤井、石南
			3	居：星光、石甸、双南
栟茶镇（卫海北路899号）	10009.35	54182	14	村：陈湾、新庄、大窑、杨堡、竹园、兴凌、兴镇、江安、兴灶、双港、栟南、三星、港头、浒澪
			1	居：茗海
袁庄镇（袁庄北路10号）	9713.13	55295	11	村：大袁庄、时桥、铁果门、孙庄、海河滩、朱庄、濮桥、竹园、赵港、小康、戴南
大豫镇（新兴路8号）	27678.16	92130	14	村：止马洼、香台、周墩、九龙、豫东、大同、伯安、徐征、巩王、丁家店、东安闸、马家店、强民、一门闸、东港（托管）、闸东（托管）
			4	居：大豫、南坎、兵房、农场、东凌（托管）
河口镇（府前路9号）	11704.21	60571	11	村：荷园、小瀁、瀁河、龙坝、十里桥、关口、烈士陵、双港、太阳庙、锦成、中天
			2	居：花园头、立新桥
洋口镇（渔港路8号）	21350.78	68322	19	村：浒路、甜港、古坳、耿庄、池塘头、新坝、同文、闸西、楼窑、王鸭、杨楝园、油坊口、六份头、香橼树、三江口、张埭、周新庄、南渔、洋口
丰利镇（新建西路10号）	17829.07	74366	20	村：周桥、花园桥、华严、玉窑、双沟门、陈葛庄、家庙桥、凹桥、龙口、月河、九和、双灰山、包场、南宁、兴南、张家园、环堤、光荣、环农、环渔
			1	居：古丰

（盛海娟）

人口民族

【人口】2021年末，全县常住人口87.95万人，比上年末下降0.08%，其中，城镇人口51.86万人，增长1.23%，城镇化率58.96%，比上年末提高0.76个百分点。全县常住人口出生率4.07‰，死亡率12.64‰，人口自然增长率－8.57‰。年末户籍人口99.26万人，比上年末减少9783人。按性别分，男性48.64万人，女性50.62万人。按年龄分，0～17岁9.33万人，18～34岁15.47万人，35～59岁38.75万人，60岁及以上35.71万人。

【民族】2021年底，如东县共有少数民族38个，户籍人口5454人。其中，侗族2091人，苗族1725人，土家族286人，壮族220人，布依族163人，满族131人，彝族123人，水族101人，瑶族99人，白族95人，回族84人，蒙古族68人，朝鲜族54人，黎族27人，傈僳族27人，畲族26人，藏族26人，傣族21人，仡佬族12人，景颇族11人,仫佬族6人,羌族7人,哈尼族5人,毛南族4人,拉祜族4人,维吾尔族4人,鄂伦春族3人,佤族3人,达斡尔族2人,普米族2人,土族2人,俄罗斯族1人,哈萨克族1人,京族1人,柯尔克孜族1人,纳西族1人,阿昌族1人,穿青人16人。

2021年末如东县人口数及构成情况表

表4

指　标	年末数(万人)	比重(%)
年末常住人口	87.95	—
城镇人口	51.86	58.96
农村人口	36.09	41.04
年末户籍人口	99.26	—
#0~17岁	9.33	9.39
18~34岁	15.47	15.59
35~59岁	38.75	39.04
60岁及以上	35.71	35.98
#男性人口	48.64	49.01
女性人口	50.62	50.99

民俗方言

【民俗】如东民俗在漫长岁月里,随着移民及流民不断增多而在吸收中变化,在变化中融合,渐次形成特色鲜明又颇具广泛包容性的民俗风情。诸如乡井生活、衣食住行、时岁节庆、婚育丧葬、祈福求瑞、礼仪宗教等,都蕴藉并彰显着如东人勤劳、善良、淳厚与质朴的优良品德。外来居民带来简单劳动求生本领,在荒滩上"辟我草莱"或"煮海为盐"。同时,也带来各自故乡民风民俗,成为皋东民俗起源和发端。唐代,境内已逐渐成为风俗习惯杂陈之地。宋末明初,逐渐融入镇江、扬州市俗成分。民国初年,张謇倡导沿海开垦,一批称为"外沙"的启海人迁入,其分布以掘港和"皇岸"为界。掘港西以"本场人"风俗为根基,谦和好客;掘港东则以"启海"民俗为本原,直率开放。海堤外渔、盐民风俗久盛不衰;海堤内则显民风民俗相互掺杂、糅合、改良,加上文明新风影响,古今传承、新旧交融。几千年形成许多节日习俗,其中包括除夕、春节、元宵、清明、立夏、端午、中秋、重阳、冬至等。中华人民共和国成立后,增加元旦(俗称新年)、国庆等节日,一些国外节日也被民众仿效。

在如东,人们通过各自行业赖以生存发展,形成独特的生产、生活习俗。掘东人重视棉花种植;掘西人重视水稻生产,都各有一整套规矩。渔民生产禁忌与生活禁忌相联系,使渔民禁忌尤为特殊。两千多年的制盐史,使盐民形成独特的风俗民情。如东个性显明的民风民俗还上升为文艺形式。如马塘人打锣鼓与众不同,成为歇后语"马塘锣鼓——各打各"。掘港十番音乐和谐缠绵,成为歇后语"掘港十番——不紧不慢"。如东风俗中,都天菩萨出巡中"烧马伕香"、跳判官,被改编成民舞《跳马伕》和《钟馗嬉蝠》。1984年,演进中南海,并走出国门。

如东风俗雅俗共赏。掘东灶头画、掘西床头画和孙窑农民画,虽粗犷简单、大红大绿,却凸现风格,装点千家万户。如东人爱说唠、放鹞子,《曹瘦脸儿打官司》系列故事登上大学论坛。如东放哨口风筝被外国人称为"空中交响乐",成为全国4大风筝产地之一。中共十一届三中全会后,倡导社会主义新风尚,人们的思想和生活被注入新的内容和形式。进入21世纪,随着经济发展,改革开放不断深入,人民的物质和精神文化生活普遍提高。优秀传统风俗得到重视和继承,一些过时民俗逐渐淡化,一些新民俗相继产生,如东民俗在与时俱进中得以延伸、改革和发展。

【方言】如东县域内方言有3种:第一种属于北方方言江淮方言区泰如片,其中内部又存在一定差异。一是本场话,即以县城掘港为中心的掘港话(亦称"掘西话",跟"掘东话"对举而言),包括掘港(绝大部分)、长沙、曹埠(大部)、马塘、岔河、双甸、新店(北部)、直镇、丰利、洋口(洋蛮河以东)等镇;二是西路话(亦称栟茶话、洋西话),从古坝北边向西,至与如皋交界一线以北地区,东至洋蛮河(通洋运河北段),包括栟茶、袁庄、河口(老秀贞乡南河以北)等镇。第二种属于吴方言,即沙里话(亦称掘东话),包括大豫、掘港(小部)等镇。第三种是呈现出江淮方言与吴方言过渡性质的方言,如通东话(俗称"南场话"),包括掘港(西南)、曹埠(南部)等镇;南通话,包括新店镇(南部)、曹埠镇(西部)等镇。

(如鉴)

文化遗存

【概况】2021年,全县文物保护单位27处,一般不可移动文物4处(省级文物保护单位1处、市级文物保护单位3处)。国清寺遗址保护与展示工程项目列入《江苏省大运河国家文化公园建设保护实施方(2020—2021)》、《2020年全省大运河文化带和国家文化公园建设工作要点》和《江苏省大运河文化遗产保护与传承专项规划》。

【掘港国清寺遗址保护】掘港国清寺遗址位于如东县掘港镇人民北路东侧江海东路北侧,遗址核心区域约4000平方公里。遗址保护项目有序推进,2020年12月经省文物局批复通过《掘港国清寺遗址保护规划》,2021年9月经省文物局批复同意遗址保护方案，2021年11月开工。遗址保护工程采取覆土回填、复制遗迹的方式保护遗址本体。遗址展示方案正在编制当中。

【不可移动文物】全县27处文保单位均落实定位和文物安全公示信息统计并实现挂牌。组织推进如东县烈士陵园、东岳庙、耙齿凌烈士陵园、三号街区等文保单位修缮工作。开展考古前置，明确文保单位看护责任。督促指导全县已出让土地、属于大型基本建设工程范围的项目工地依法履行考古调查勘探行政许可。

【非物质文化遗产保护传承】深入挖掘非物质文化遗产项目资源，开展第四批如东县非遗项目、非遗代表性传承人申报工作。完成传统技艺《马塘枣儿红酒酿制技艺》《草香制作技艺》，传统美术《绢本佛像绘制技艺》等10个项目和陈云、丛东云、沈世德、张高淮等17名代表性传承人的评审、认定工作。利用传统节日和文化遗产日，举办各类非遗展示展演活动，开展非遗进校园、进企业。组织传承人创作向庆祝中国共产党成立100周年献礼作品，罗彬面塑作品系列、刘承林红木雕刻作品《红船》、刘建锋风筝作品荣登学习强国（江苏学习平台）。罗彬面塑建党系列作品参加江苏省委组织部举办的“百年风华”全省党员教育全媒体作品创作大赛。建有非遗展示馆和11个市级非物质文化遗产传承基地。2021年，非遗展示馆先后接待中国人民解放军原总参谋陈炳德上将、国家文化和旅游部原副部长项兆伦等人，以及中央文明办、上海闵行区文旅局、灌南县政府、射阳县委宣传部、安徽泾县文广旅局等20多个党政团体。

2021年如东县各级文物保护单位一览表

表5

序号	名称	形成年代	级别	存世地址	历史价值
1	掘港国清寺遗址	唐元和年间	省级	掘港镇人民北路东侧江海东路北侧	见证中日交往，是海上丝绸之路及大运河文化的珍贵遗产
2	丰利镇古建筑群	清	市级	丰利镇朝阳路街将军巷	古代私家园林，文人荟萃之地
3	耙齿凌战役烈士陵园	1946年初建，1994年、2004年重修、再修	市级	河口镇内原景安乡西北部	新四军东进部队浴血奋战
4	掘苴河闸	1958年	市级	苴镇镇刘家庄村掘苴河和海防路交界处	如东中部重要水利设施
5	如东县烈士陵园	1959年建	县级	掘港镇陵园路42号	如东干群为翻身解放、建设祖国的壮烈奉献
6	掘港古建筑群	清代	县级	掘港镇三号街区	古镇文化传承的载体
7	掘港东永升店古井	清代	县级	掘港镇北街圈门横巷	掘港老字号永升店生产生活用井
8	掘港石板街	清代	县级	掘港镇人民北路街东侧	见证古镇经济发展及生活变迁
9	掘港城隍庙娘娘殿（部分）	始建于明代，清代重修	县级	掘港镇群庙巷	古镇及宗教兴盛
10	抗倭遗址	明嘉靖年间	县级	掘港镇东街烟墩桥市场南侧	明代百姓抗击外来侵犯
11	管家牌坊	清雍正五年（1727年）	县级	掘港南街西首	旧时建筑工艺及守贞民风
12	陈嵩故居	清代	县级	丰利镇松泉街23号	清代著名画家故居，文化氛围浓厚，具人文情趣
13	范公堤	宋乾道七年（1171年）	县级	县北疆海滨	见证皋东防潮泄涝
14	新四军一师三旅抗战指挥部（勇洛楼）	中华民国	县级	丰利镇虹桥南路37号	新四军东进部队深入基层，军爱民，民拥军，苏中海防纵队成立典礼旧址

续表5

序号	名称	形成年代	级别	存世地址	历史价值
15	栟茶关帝庙	清乾隆三年(1738年)	县级	栟茶镇东大街27号	皋东乡村宗教和建筑文化
16	寿圣寺古井	南宋咸淳元年(1265年)	县级	栟茶镇兴镇村街	皋东乡村宗教文化
17	孙二富故居	中华民国	县级	栟茶镇医院巷	见证革命事业发展
18	栟茶石板街	清代	县级	掘港镇	见证古镇经济发展及生活变迁
19	栟茶大东旅社	清代	县级	栟茶镇中市街	新民主主义革命时期,中共地下组织秘密活动地点
20	栟茶中市街清代建筑	清代	县级	栟茶镇中市街	古镇历史兴衰及古建筑文化
21	枣儿红井	清同治年间	县级	马塘镇仁和北路枣儿红巷内	皋东名特优产品枣儿红酒用料考究
22	马塘毗盧殿	清代	县级	马塘镇马南村二十四组	乡村民众宗教信仰及风俗
23	文昌宫古井	清康熙	县级	岔河镇新建路	皋东乡村宗教文化
24	双甸星光居委会姚宅古井	待定	县级	双甸镇星光居委会南桥西街10号	见证家族历史兴衰
25	双甸镇东岳庙主殿	唐元和年间建(民国初年大修)	县级	双甸镇东岳庙村	皋东乡村宗教和建筑文化
26	河口烈士陵村财神庙	待定	县级	河口镇烈士陵村六组	乡村民众宗教信仰及风俗
27	袁庄铁果门村古井	明代	县级	袁庄镇铁果门村六组	见证古镇历史变迁

地方特产

【概况】如东以海产特产居多,主要有文蛤、梭子蟹、鲳鱼、黄鱼、竹蛏、泥螺、紫菜、虾米等。“如东狼山鸡”“如东条斑紫菜”“如东文蛤”“如东大米”“如东泥螺”“栟茶竹蛏”等10件产品获国家地理标志保护产品或国家地理标志证明商标。2021年“如东襄荷”入选第一批农产品地理标志等级产品名单,成为如东县第一个拥有“国字号”名片的种植业产品。

【文蛤】如东出产的海产珍品文蛤,素有“天下第一鲜”之称。唐代,文蛤就被列为贡品。文蛤肉营养丰富,味道鲜美,药用价值大。文蛤是如东大宗出口产品,以往处于自然繁殖、自然生长、自由采捕状态,为保护这一贝类资源,1958年建立“如东县海涂养殖场”,首次进行人工围养、放养文蛤幼苗、捕大留小,实行封滩养殖。1969年以冻蛤肉出口,从1979年开始改由鲜活文蛤出口,远销日本、韩国等国家。如东是全国最大文蛤养殖出口基地。

【竹蛏】竹蛏又名蛏子王,为海产双壳软体动物,体呈延长形,长10厘米左右。两壳合抱后呈竹筒状,故得竹蛏之名。鲜蛏肉嫩而味鲜,含有蛋白质、脂肪、糖类等多种营养成分,是上等海味珍品。蛏干是将鲜活生蛏去壳后,蛏肉经热煮后晒干而成。竹蛏除天然生长外还可进行人工增殖和养殖。养殖品种以大竹蛏和长竹蛏为主,养殖2年竹蛏体长可达8厘米左右,个体大者22厘米以上。

【梭子蟹】梭子蟹学名叫疣梭子蟹,最明显特征是蟹壳表面有3个疣的突起。如东属亚热带海洋性季风气候,冬无严寒夏无高热,春秋两季在一年中所占时间较长,对于最适宜水温15.5℃~26.6℃的梭子蟹来说,是生存繁衍理想之地,加之如东近海及滩涂基础饵料丰富、潮流通畅,平缓的沙泥质底质,非常符合梭子蟹生活习性。如东梭子蟹肉色洁白,肉多细嫩,膏似凝脂,味道鲜美。尤其是两钳状螯足之肉,呈丝状而带甜味,蟹黄色艳味香,食之别有风味,因而久负盛名。如清代李渔所言,“蟹鲜而肥,甘而腻,白似玉而贵似金,已造色香味三者之极,更无一物可以上之”。姑娘蟹,俗称黄(huang,音“荒”)蟹,是梭子蟹在特定时期的一种叫法。黄蟹一年中以农历二月和中秋节前后才有,因而身价较高。其中二月的黄蟹不仅数量多,而且个儿大

（一般半斤左右，隔年生的也有一斤多）膏多，肉肥，味道特别鲜美。

【虾米】虾米是由各种海虾煮熟，经过晒干，而后去壳而成。虾米营养成分很高，含蛋白质、脂肪、糖分，是人们喜爱的食用佳品。油煎、爆炒、做汤均可，其味鲜美，食而不厌，是美味佳肴之一。虾米便于贮藏携带，四季均可食用。如东所产虾米名称有：条米、金钩、开洋、春红、秋红、鸽子脚等。如东盛产各种虾米，除向全国各地销售外，还远销美国、日本及东南亚各国。

【泥螺】泥螺，古称吐铁。外壳呈卵圆形，壳薄脆，其壳不能包被全部身体，腹足两侧的边缘露在壳的外面，并且反折过来遮盖壳的一部分。体长方形，拖鞋状头盘大，无触角，壳无螺塔。如东盛产黄沙泥螺和清沙泥螺。泥螺虽然个体小，名声却很大，是人们喜爱的海味珍品，且加工、食法讲究。经腌渍加工的糟醉泥螺味道鲜美，清香脆嫩，丰腴可口。泥螺已跻身宾馆宴席，成为“八珍冷盘”中必不可少的一道佳肴，走俏海内外市场。

【条斑紫菜】如东条斑紫菜，与“天下第一鲜”文蛤齐名。条斑紫菜产于温带，自然生长数量有限，主产地在如东。因为如东具有条斑紫菜生长条件，适宜气候、适宜水温、适宜盐度。如东条斑紫菜藻体薄嫩，是生态海洋食品，具保健功效。

（如鉴）

经济社会发展

【概况】2021年，全县上下坚决贯彻落实中央和省、市、县委各项决策部署，坚持稳中求进工作总基调，扎实做好“六稳”“六保”工作，有效应对复杂多变的外部环境和各项风险挑战，综合实力再攀新台阶，实现了“十四五”良好开局。全县实现地区生产总值1272.24亿元，按可比价格计算，比上年增长8.9%。按常住人口计算，人均地区生产总值144597元，增长10.5%。全县县域经济基本竞争力连续十九年跻身全国百强县（市）行列，在2021年中郡研究所发布的全国县域经济百强榜中，如东排名第33位，比上年度前进4位；在赛迪顾问县域经济研究中心百强评比中，如东排名第32位，比上年度前进3位；在稷夏智库发布的县域经济竞争力百强县榜单中，如东排名第41位，比上年度中国社会科学院财经战略研究院发布的排名前进4位；在国信中小城市指数研究院发布的全国综合实力百强县市榜单中，如东排名第40位，比上一届榜单前进4位。全县实现第一产业增加值96.04亿元，增长4.5%；第二产业增加值632.78亿元，增长9.6%；第三产业增加值543.42亿元，增长8.8%。全年三次产业结构为7.5∶49.7∶42.7。

【大众创业和就业形势】2021年新设市场主体1.71万户，比上年增长6.9%。年末全县拥有市场主体11.80万户，其中企业法人1.96万户。民营工业企业数占规模以上工业企业总数比重为86.2%，全年实现工业总产值占比74.6%。新增创业1606人，其中新增大学生创业300人，扶持农民自主创业850人；创业担保贷款累计发放220万元。

全年新增城镇就业9340人，城镇失业人员再就业6129人，新增农村劳动力转移1150人。就业困难人员再就业6486人，开发青年就业见习岗位658个，开发公益性岗位124个。城镇登记失业率控制在1.76%。

【知识产权和质量强县】2021年，通过企业知识产权管理体系认证13家，通过省级贯标绩效评价6家。中天宽带获第二十二届中国专利奖优秀奖，中天科技成功立项省级高价值专利培育升级项目。完成知识产权质押融资30笔2.51亿元。新培育省质量信用A级企业142家、AA级企业1家。中天科技等9家单位入选南通市质量提升强基工程重点培育先锋队。年末全县拥有企业首席质量官721人，比上年末增加227人。全县新建全国性专业标准化技术机构1家，新增国家标准、行业标准38件，同比增长24%。

2021年如东县居民人均收入和支出统计表

表6

指标名称	全体居民		城镇居民		农村居民	
	指标值	增速	指标值	增速	指标值	增速
	（元）	（%）	（元）	（%）	（元）	（%）
人均可支配收入	41551	10.1	54090	9.1	26435	11.2
工资性收入	25379	8.6	34046	7.2	14930	10.7
经营净收入	7794	9.7	7288	9.0	8405	10.6
财产净收入	3404	15.7	5467	15.4	917	11.8
转移净收入	4974	15.4	7289	14.2	2183	17.2
人均生活消费支出	25533	20.4	30046	17.6	20094	25.0

续表6

指标名称	全体居民		城镇居民		农村居民	
	指标值	增速	指标值	增速	指标值	增速
	(元)	(%)	(元)	(%)	(元)	(%)
食品	7326	17.1	8469	12.9	5948	24.3
衣着	2064	19.9	2680	13.4	1321	37.3
居住	3240	31.2	3452	35.6	2985	25.3
生活用品及服务	1729	17.5	1998	18.8	1405	15.1
交通通信	4482	22.9	5806	16.8	2887	38.6
教育文化娱乐	3999	15.2	4787	15.2	3050	14.4
医疗保健	1679	28.9	1745	24.7	1600	34.6
其他用品和服务	1014	17.2	1109	19.1	898	14.0

【人民生活和社会保障】2021年，城乡居民收入稳步增加。全体居民人均可支配收入41551元，比上年增长10.1%。按常住地分，城镇居民人均可支配收入54090元，增长9.1%；农村居民人均可支配收入26435元，增长11.2%。全体居民人均消费支出25533元，比上年增长20.4%。按常住地分，城镇居民人均消费支出30046元，比上年增长17.6%；农村居民人均消费支出20094元，比上年增长25.0%。城乡居民文教娱乐支出占消费支出比重分别为15.9%和15.2%。城乡恩格尔系数分别为28.2%和29.6%。

年末城镇居民每百户拥有家用汽车82辆、助力车143辆、洗衣机105台、电冰箱122台、彩电227台、计算机64台、空调269台、热水器113台、移动电话263部；农村每百户家庭拥有家用汽车57辆、助力车186辆、洗衣机110台、电冰箱144台、彩电216台、计算机39台、空调247台、热水器111台、移动电话277部。

年末全县参加城镇职工基本养老保险人数17.79万人，比上年末减少0.92万人；城镇职工基本养老保险离退休人数9.63万人，比上年末增加0.58万人。城乡居民养老保险参保人数43.83万人，比上年末减少1.34万人；参加失业保险人数11.4万人，比上年末增加1.47万人；参加工伤保险人数为13.6万人，比上年末增加0.16万人。年末参加基本医疗保险人数89.50万人，比上年末增加0.46万人。其中，参加职工基本医疗保险人数24.17万人，参加城乡居民基本医疗保险人数65.33万人。

年末全县拥有各类养老床位总数(含社区养老)1.10万张，享受尊老金6.39万人，全年发放尊老金4956.10万元。年末全县困境儿童基本生活保障对象578人，发放孤儿、困境儿童养育资金826.60万元。年末城市特困人员(城镇“三无”人员)62人、农村特困人员(农村五保户)4832人，城乡低保4548户6073人，其中，城镇低保216户267人，农村低保4332户5806人。全年结婚登记3809对。

【农林牧渔业】全年实现农林牧渔业总产值190.63亿元，按可比价计算，增长5.8%。其中，农业产值65.42亿元，增长11.1%；林业产值0.78亿元，增长1.3%；牧业产值31.42亿元，增长6.2%；渔业产值79.80亿元，增长1.1%；农林牧渔服务业产值13.20亿元，增长5.3%。全县农作物总播种面积167.26千公顷。全年粮食播种面积141.16千公顷，比上年增加0.49千公顷，增长0.3%，其中，夏粮播种面积67.69千公顷，减少0.15千公顷，下降0.2%；秋粮播种面积73.47千公顷，增加0.64千公顷，增长0.9%。全县粮食产量97.75万吨，比上年减产0.3%；粮食亩产461.63公斤，减产0.6%；棉花产量74吨，减产87.2%；油料产量2.54万吨，减产0.2%。全年生猪出栏64.04万头，增长33.3%；羊出栏22.79万只，下降9.6%；家禽出栏2955.83万羽，增长3.5%。水产品产量31.72万吨，比上年增产2.6%。全县新增大中型拖拉机297台，联合收割机212台，水稻插秧机342台，无人植保机270台，旋耕播种机222台，农机总动力98.18万千瓦，主要农作物耕种收机械化水平92.84%。全县家禽规模养殖占比99.35%，畜牧生态健康养殖占比100%。全年建设农业农村重大项目30个(农产品加工流通类6个，农业基础建设8个，现代服务业3个，现代种养类13个)，项目总投资61.255亿元，全年计划总投资25.76亿元，完成投入25.76亿元。全县累计登记在册并正常运行的省级示范场43家、市级示范场40家、县级示范场302家。新增市级龙头企业3家、县级龙头企业7家，年末拥有各级农业龙头企业76家。年末全县拥有绿色食品获证企业19家，有效期内绿色食品获证总数47个。全年建成并通过验收2个绿色优质玉米基地和9个水稻基地，面积32.89万亩，年末全县通过验收的绿优基地达89.34万亩。全县新增农业物联网技术点10个，其中，种植业6家，应用面积新增801.2亩；养殖业3家，应用面积新增25亩；水产业1家，新增面积95亩。线上年销售100万元以上农业电商14个。

2021年规模以上工业企业主要工业产品产量统计表

表7

名称	计量单位	产量	增速(%)
光纤	亿米	258.33	2.3
光缆	万芯千米	292.50	5.9
商品混凝土	万立方米	206.54	109.4
铅酸蓄电池	万千伏安时	175.77	32.5
水泥	万吨	159.98	14.4
家具	万件	60.69	5.4
饲料	万吨	50.02	2.2
大米	万吨	30.81	36.8
精制食用植物油	万吨	25.39	-13.4
化学农药原药(折有效成分100%)	万吨	10.07	23.6
布	亿米	9.22	-9.5
服装	亿件	0.53	-6.9

【工业和建筑业】年末拥有规模以上工业企业782家,其中年营业收入1亿元以上的工业企业293家。全县规模以上工业总产值比上年增长18.9%,其中,轻重工业分别增长6.5%和26.5%。分经济类型看,国有企业增长21.4%,股份制企业增长19.4%,外商及港澳台投资企业增长17.8%。全县规模以上高新技术产业产值同比增长21.8%,占规模以上工业总产值比重为51.9%。全县规模以上工业企业营业收入增长19.3%,营业成本增长18.7%,利润总额增长26.3%。

年末全县拥有资质建筑企业310家,其中,特级总承包企业2家,一级总承包企业13家,一级专业承包企业9家,二级总承包企业36家,二级专业承包企业34家,三级及劳务企业216家。全年实现建筑业总产值674.89亿元,比上年增长9.4%;竣工产值495.21亿元,增长6.1%,竣工率25.1%;建筑业企业房屋建筑施工面积6758.89万平方米,增长7.0%;竣工面积1699.11万平方米,增长15.0%,其中住宅竣工面积1225.14万平方米,增长15.4%。

【固定资产投资和开放型经济】全年固定资产投资比上年增长6.4%,其中,工业投资增长13.8%,服务业投资下降5.8%,高新技术产业投资增长28.5%,民间投资增长3.5%,项目投资增长5.0%。年末全县拥有房地产开发企业61家。全年房地产开发投资51.47亿元,增长20.4%。商品房施工面积297.46万平方米,下降1.1%,其中,住宅施工面积237.26万平方米,下降6.8%。全县商品房竣工面积20.59万平方米,下降53.8%,其中,住宅竣工面积15.75万平方米,下降52.4%。商品房销售面积126.03万平方米,增长12.7%,其中住宅销售面积105.05万平方米,增长26.1%。

全年实现进出口总值506.84亿元,增长28.3%,其中,出口总值174.87亿元,增长10.8%;进口总值331.96亿元,增长39.9%。全年新批外商投资项目24个,新批及净增资3000万美元以上项目13个;新批协议注册外资4.35亿美元,下降75.8%;实际到账注册外资3.79亿美元,增长11.6%。全年新增境外投资项目7个,中方协议投资额3212万美元,增长36.7%。全年对外承包劳务营业额4986万美元,下降62.2%;新派劳务人员145人,下降7.5%,年末在外劳务人员814人,下降24.3%。

【国内贸易和旅游业】全年社会消费品零售总额477.80亿元,增长17.4%。其中,城镇消费品零售额405.46亿元,增长18.1%;农村消费品零售额72.34亿元,增长14.0%。分行业看,批发和零售业消费品零售额444.30亿元,增长16.0%;住宿和餐饮业消费品零售额33.49亿元,增长39.5%。限额以上批发零售业零售额中,粮油、食品类增长24.6%,饮料类增长12.4%,烟酒类增长31.4%,服装、鞋帽、针纺织品类增长16.8%,化妆品类增长139.6%,金银珠宝类增长22.5%,日用品类增长47.7%,家用电器和音像器材类增长25.3%,文化办公用品类下降17.9%,石油及制品类增长12.8%,汽车类增长5.9%。

年末拥有规上文化产业企业144家,全年实现主营业务收入82.41亿元。28个文化产业项目进入市、县文化产业重点项目库,10个市级重点项目年度累计完成实际投资额18.5亿元。全县入库旅游项目23个,旅游项目投入完成19.28亿元。年末全县拥有旅游星级饭店6家(其中四星、三星、二星各2家),旅行社7家,国家AAA级旅游景区1处、国家AA级景区1处,省级旅游度假区1个,全国乡村旅游重点村1个、省级乡村旅游重点村1个、星级乡村旅游点5个。新建、改扩建生态停车场9个、A级旅游厕所69个。

【交通、邮政电信业和电力业】全年实现交通运输、仓储及邮政业增加值22.09亿元,比上年增长0.2%。年末全县公路总里程达3151.447公里,公路密度为181.85公里/百平方公里,其中,高速公路77.8公里,一级公路297.038公里,二级公路346.162公里,三级公路218.725公里,四级公路2211.722公里。航道总里程778.96公里,其中,等级航道7条,里程200.76公里,等外级航道578.2公里。拥有内河码头97个,泊位141个,岸线长度11248米。拥有出海航道2条,其中15万吨级烂沙洋北水道航道长40.9

公里,7万吨级烂沙洋南水道航道长24.8公里。洋口港港区自然岸线长度29.5公里,港区港口岸线长度12.61公里;拥有3个沿海码头泊位,全年船舶流量249艘次;港口货物吞吐量796.4万吨。年末拥有城市公交、客运班车、旅游客车357辆14595座,拥有营运货车5172辆66722吨,运输船舶100艘56576总吨。全年完成公路运输客运量190万人次,客运周转量1.56亿人公里;公路货运量1036万吨,货运周转量20.92亿吨公里;水路货运量331万吨,货运周转量27.72亿吨公里。海洋铁路如东站全年发送旅客3.94万人次,栟茶站发送旅客2.02万人次,合计到达人数5.31万人次。年末全县机动车保有量28.66万辆,比上年末增加1.17万辆。其中,载客汽车22.07万辆,增加1.04万辆;载货汽车1.57万辆,增加0.44万辆;摩托车4.85万辆,减少0.48万辆。年末全县个人汽车保有量达22.11万辆,比上年末增加0.95万辆。

年末拥有邮政公司1处,邮政支局(所)47处,猫宁物流园1个,其他快递末端网点117个。全年实现邮政业务总收入3.81亿元,增长4.2%。全县光纤宽带用户占固定宽带比重达到100%;电信、移动、联通等三大运营商完成主营业务收入7.43亿元,增长3.3%;手机用户新增1.65万户、宽带用户新增2.52万户。全县新建5G基站935个,实现主城区、重点园区及主要节点5G信号全覆盖,农村地区从自然乡镇及周边区域向一般农村区域延伸覆盖。

全年用电量75.10亿千瓦时,增长12.3%。分产业看,第一产业用电量4.70亿千瓦时,增长23.2%;第二产业用电量55.80亿千瓦时,增长11.4%,其中,工业用电量54.98亿千瓦时,增长10.7%;第三产业用电量5.73亿千瓦时,增长19.0%。城乡居民生活用电量8.87亿千瓦时,增长8.5%。全县拥有发电装机容量611.55万千瓦,其中,风电装机容量560万千瓦,占全县总装机容量的91.6%,光伏发电、火力发电、生物质发电、垃圾发电装机容量分别为35万千瓦、11万千瓦、2.5万千瓦、3.05万千瓦,占全县总装机容量的比重分别为5.7%、1.8%、0.4%、0.5%。

【财政、金融】 全县实现一般公共预算收入68.50亿元,增长14.1%,地方公共财政预算收入占地区生产总值的比重5.4%。其中税收收入56.40亿元,增长11.6%,税收占比达82.3%。各项税收占二、三产业增加值比重4.8%。主要税种中,增值税实现22.50亿元,增长10.0%;企业所得税实现11.26亿元,增长7.3%。全年一般公共预算支出146.37亿元,增长8.6%。公共财政支出继续向民生倾斜,民生投入占公共财政支出比重达到80.6%,其中,卫生健康支出16.28亿元,增长18.0%;社会保障和就业支出28.43亿元,增长30.6%;教育支出26.19亿元,增长12.2%。

全年金融机构新增本外币存款185.05亿元,年末存款余额1778.54亿元,增长11.6%,其中,住户存款余额996.86亿元,比年初增长103.00亿元;非金融企业存款余额736.64亿元,比年初增长73.61亿元。全年金融机构新增贷款257.49亿元,年末各项贷款余额1261.79亿元,增长25.6%。年末全县拥有财产保险机构15个,全年财产险保费收入7.19亿元,增长1.3%;赔付金额5.15亿元,赔付率71.6%。年末拥有人寿保险机构22个,全年人寿险保费收入19.59亿元,增长7.6%;理赔给付及其他各类给付4.43亿元。全年发放住房公积金贷款6.41亿元,比上年下降17.5%;提取公积金10.52亿元,增长10.7%。全年实缴职工人数8.50万人,净增9299人。

【科学技术和教育】 全年专利授权量2715件,增长16.4%,其中,发明专利授权量303件,增长30.6%,年末发明专利拥有量2427件,万人发明专利拥有量27.60件,增长11.2%。商标注册量2728件,比上年增长33.1%。年末全县拥有高新技术企业185家,新增市级科创项目19项,新增省级加速器1家、省级众创空间2家、省级工程技术研究中心3家、市级工程技术研究中心10家、省农业科技型企业2家。完成当年实付5万元以上的有效产学研合作项目数191项。

年末全县拥有建制幼儿园56所(含两个分园),在园幼儿13896人,其中省优质园49所、市优质园3所;小学48所,在校生30183人;初中23所(含九年一贯制学校),在校生16557人;特殊教育学校1所,在校生210人;普通高中5所,在校生8952人,其中四星级高中3所、三星级高中1所;中等职业学校1所,在校生3234人。中职学生参加技能大赛省赛获2金2银9铜,市赛获13金17银24铜;参加省创新创业大赛获一等奖1个,二等奖3个;参加省青少年科技创新大赛获一等奖3个。

【文化、卫生和体育】 年末全县人均拥有公共文化设施面积0.48平方米。县文化中心基础设施优化升级,新建成丁杰艺术馆、康平艺术馆、刘季平少年儿童图书馆并向社会开放。50余件文艺作品在省以上展演、参赛、发表,获得国际级奖1个、国家级奖3个、省级奖4个。县文化馆举办各类演出和展览展示150余场次;开设免费培训班15个,培训5000余人次。县图书馆接待读者47.88万人次,举办各类阅读推广活动108场次,蝉联三届国家一级馆并获评江苏省社科普及示范基地。县博物馆全年接待观众14.8万人次,举办临时展览8次,社会教育活动7场。县杂技团惠民演出892场,杂技剧《寓言》入选"2021—2022年国家文化出口重点项目"名单。实施国清寺遗址保护工程和遗址公园展示工程;公布第四批县级非遗代表性项目(10个)和第四批县级非遗项目代表性传承人名单(17人)。"如东承林红木雕刻工作室"入选"2021年江苏省乡土人才大师示范工作室"。如东县第五次被文旅部命名为"中国民间文化艺术之乡"。

年末全县拥有卫生机构478个,其中,医院、卫生院59个,卫生监督所1个,疾病预防控制中心1个,妇幼保健计划生育机构1个。全县卫生机构床位数4133张,执业(助理)医师2379人,注册护士2008人。累计建成农村社区卫生服务站、村卫生室240个,行政村覆盖率100%。

全年成功承办省级赛事2项次、市级赛事3项次,举办县级赛事1项次。全年体育彩票销售额6691万元。

【城镇建设和环境保护】 2021年县城区

实施“三河六岸”、鹤鸣公园等PPP项目2个；完成5个污水提质增效达标示范区建设；市政项目建设16项，实施10个城区绿化点位改造，新增造林面积1335亩、城市公园绿地22.4万平方米。城市建成区绿地率38.89%。

全县环境空气主要污染物年平均值为：二氧化硫8微克/立方米，二氧化氮19微克/立方米，可吸入颗粒物54微克/立方米，细颗粒物（$PM_{2.5}$）24.2微克/立方米，其中二氧化硫、二氧化氮及可吸入颗粒物及细颗粒物年均值符合国家环境空气质量一级标准。全年空气质量达标天数占全年天数比例为91%。城镇区域环境昼间噪声平均值为54.9分贝，交通干线昼间噪声平均值为67.0分贝，均符合国家环境噪声质量标准。

（陈　婕）

注：1.公报中发布的2021年数据为初步统计数。部分数据因四舍五入的原因，存在与分项合计不等的情况。

2.地区生产总值及其分类项目增长速度按可比价计算，为实际增长速度；其他指标除特别说明外，按现价计算，为名义增长速度。

3.两年平均增速是指以2019年同期数为基数，采用几何平均的方法计算的增速。

4.高新技术产业产值根据江苏省科技厅和江苏省统计局联合下发的《关于发布〈江苏省高新技术产业统计分类目录〉（2018修订版）的通知》（苏科高【2018】86号）进行统计。

5.规模以上工业统计范围为年主营业务收入2000万元及以上的工业企业。

6.固定资产投资统计范围为计划总投资500万元及以上建设项目，房地产投资统计范围为房地产开发经营企业。

7.社会消费品零售总额统计中限额以上单位是指年主营业务收入2000万元及以上的批发业企业（单位）、500万元及以上的零售业企业（单位）、200万元及以上的住宿和餐饮业企业（单位）。

8.本公报中，就业、创业、农业、建筑、旅游、开放型经济、交通、邮电、财政、金融、教育、科技、文化、卫生、体育、户籍人口、社会保障、城镇建设、生态环境等相关数据均来源于部门提供。

中国共产党如东县委员会

中共如东县委员会

【概况】2021年,中共如东县委员会科学谋划如东“十四五”发展路径,确立“两个转变”“四个提升”发展要求(“两个转变”:加快推动发展模式由“资源型”向“创新集约型”、“两高型”向“绿色低碳型”转变。“四个提升”:以交通区位提升为契机、以项目量质提升为抓手、以园区贡献提升为支撑、以作风效能提升为保障),统筹疫情防控和经济社会发展,实现“十四五”良好开局。实现地区生产总值1272.2亿元,同比增长8.9%;完成一般公共预算收入68.5亿元,同比增长14.1%,增幅位居全市第2;金光纸业、桐昆聚酯一体化2个百亿元级项目投产,11个海上风电项目全部并网发电,通海500千伏输变电工程投运,江苏沿海首条风电并网“专用通道”贯通,建成亚洲最大海上风电群。LNG接卸量创历史新高,项目建设综合考核保持全市第一方阵;通苏嘉甬铁路如东延伸段、如通苏湖城际铁路纳入长三角多层次轨道交通规划,进入省铁路发展“十四五”开工建设项目库;10大类民生实事全面完成,10所学校建成投入使用,县人民医院外科大楼投入使用,县城建成区绿地面积新增110万平方米;农村黑臭水体基本消除,空气质量保持省市前列;大豫镇入选国家农业产业强镇,掘港街道虹桥村获评全国乡村治理示范村,长沙镇滨海村获评省特色田园乡村;纵深推进全面从严治党,部署开展“双聚双高”作风效能提升专项行动;百强排名在全国各类榜单中均前移3位以上,全县综合实力大幅提升。

重要会议

【党史学习教育动员会议】3月9日,县委召开全县党史学习教育动员会议,学习贯彻习近平总书记在中央党史学习教育动员大会上重要讲话精神,动员全县上下迅速兴起党史学习教育热潮。县委书记沈峻峰出席会议并讲话,强调要学史明理、学史增信、学史崇德、学史力行,全力以赴勇当长三角沿海高质量发展排头兵,以优异成绩迎接中国共产党成立100周年。会议由县委副书记、县长陈慧宇主持,县委常委,县人大常委会、县政府、县政协党员负责人员,县法检“两长”出席会议。

4月15日,县委、县政府召开全县制造业创新发展暨优化营商环境大会

【制造业创新发展暨优化营商环境大会】4月15日,县委、县政府召开全县制造业创新发展暨优化营商环境大会,研究部署制造业创新发展及优化营商环境重点工作任务,颁发高新技术企业奖、企业引才用才“金梧桐”奖、首届如东县“县长质量奖”、“县长质量奖提名奖”。县委书记沈峻峰出席会议并讲话,强调要解放思想、凝心聚力,开拓创新、奋发作为,以科技创新赋能高质量发展、以最佳环境助力制造业强县,为如东勇当长三角沿海高质量发展排头兵注入强劲动力。县委副书记、县长陈慧宇部署科技创新和优化营商环境工作。会议由县委常委、常务副县长张兴国主持。会议以视频会议形式召开,县四套班子领导、县法检“两长”出席会议。

【中国共产党如东县第十五次代表大会】7月29日,中国共产党如东县第十五次代表大会在县行政中心召开。大会总结县第十四次党代会以来工作情况,研究部署第十五次党代会目标任务。大会听取和讨论中共如东县第十四届委员会工作报告和纪律检查委员会报告,选举产生中共如东县新一届委员会和纪律检查委员会,以及出席南通市第十三次党代会代表人选。陈慧宇当选为县委书记,陈雷、张兴国当选为县委副书记,张蓉蓉、许金标、刘峰、黄涛、徐东俊、杨忠、邵锋、蔡东、朱正俊当选为县委常委。

【经济发展暨争先进位推进大会】8月14日,县委、县政府召开全县经济发展暨争先进位推进会,总结分析全县上半年经济社会发展情况,研判经济发展形势和问题,安排部署下一阶段重点工作任务。县委书记陈慧宇强调要抢抓机遇、坚定信心、提振精神、务实重干,全力以赴完成全年各项目标任务,项目建设、经济运行、科技创新、乡村振兴等各项工作以及高质量考核牢牢守住第一方阵。县委副书记、代县长陈雷要求各地各部门坚持保目标与强支撑并举、拓增量与挖存量并举、勇创新和促转型并举、优环境和守底线并举,在做好疫情常态化防控同时抓好发展,确保各项目标任务如期完成。县委常委、政法委书记张蓉蓉通报上半年工业经济及服务业经济情况。县委常委、如东经济开发区党工委书记邵锋通报上半年项目建设情况。县委常委、宣传部部长蔡东通报外向型经济及招商引资百日竞赛结果。会议由县委副书记、洋口港经济开发区党工委书记张兴国主持,县四套班子领导、县法检“两长”出席会议。

【“双聚双高”作风效能提升专项行动动员大会】8月21日,县委召开全县“双聚双高”作风效能提升专项行动动员大会,部署开展以“聚焦全新赛程、高扬牛劲品格，聚力争先进位、高昂狼性精神”为主题“双聚双高”作风效能提升专项行动。县委书记陈慧宇强调全县上下务必要提高思想认识、把握核心要求、优化工作机制，以更强自觉、更强担当、更实举措推动作风效能再提升，为跑赢新赛程、勇当排头兵，谱写沿海高质量发展如东篇章。县委副书记、代县长陈雷主持会议，县四套班子领导、法检“两长”出席会议。

【乡村振兴工作推进会】9月24日，县委、县政府召开全县乡村振兴工作推进会，研究部署下一阶段乡村振兴重点任务。省乡村振兴局党组成员、副局长卓炜围绕乡村振兴战略作专题讲座。县委书记陈慧宇强调要紧扣“勇当长三角沿海高质量发展排头兵”战略定位，以产业兴旺为重点，以生态宜居为关键，以乡风文明为保障，以治理有效为基础，以生活富裕为根本，打造全省农业农村现代化建设的县域特色如东样本。会议由县委副书记、代县长陈雷主持。县四套班子全体领导，县法检“两长”出席会议。

【卫生健康大会】12月11日，县委、县政府召开全县卫生健康大会，研究部署当前和今后一个时期卫生健康工作。县委书记陈慧宇强调要以“共建共享、全面健康”为主题，以“保基本、强基层、促健康、促改革”为主线，以提高人民健康水平为核心，把健康如东作为民生基础工程，通过普及健康生活、优化健康服务、完善健康保障、建设健康环境、发展健康产业，加快转变健康领域发展方式，全方位、全周期保障群众健康。县委副书记、代县长陈雷主持会议，由副县长陈晓莉作全县卫生健康工作报告。县委常委、宣传部部长蔡东宣读《关于全县首届优秀医师、优秀护士评选结果的通报》。县人大常委会主任陈昌龙，县政协主席蒋树建等县四套班子相关领导出席会议。

【县委十五届二次全会】12月31日，中国共产党如东县第十五届二次全会在县行政中心召开。会议回顾总结2021年工作，部署推进2022年任务，动员全县上下以更强担当、更强自信、更强合力，扛起新使命、跑赢新赛程、谱写新篇章，在伟大建党精神引领下开创高质量发展新局面。县委书记陈慧宇代表县委常委会作工作报告。会议审议通过《中国共产党如东县第十五届委员会第二次全体会议决议》。县委委员、候补委员出席会议。

（戴　晖）

重大活动与决策

【县领导挂钩联系优势产业链“链长制”】2月，县委、县政府研究决定，围绕生命健康、风电装备制造、新型植保、化纤新材料等9条产业链，建立县领导挂钩联系优势产业链“链长制”，建立“九个一”工作机制，切实推动优势主导产业高质量发展。

【党史学习教育】3—12月，全县91家参学单位、2309个基层党组织和6万余名党员开展党史学习教育，接受全面深刻的政治教育、思想淬炼、精神洗礼。全县上下用活用好苏中四分区反“清乡”斗争资料陈列馆、马塘革命烈士纪念馆等本土红色资源，建成中共如东第一支部纪念馆，在全省首创党史学习教育赛学馆，开展宣讲活动1300多场次，实施“我为群众办实事”项目1600多个。

【政法队伍教育整顿活动】3—9月，全县政法系统按照中央和省市委部署，围绕“五个过硬”要求（信念过硬、政治过硬、责任过硬、能力过硬、作风过硬），突出筑牢政治忠诚、清除害群之马、整治顽瘴痼疾、弘扬英模精神“四项任务”，扎实推进学习教育、查纠整改、总结提升“三个环节”，完成教育整顿工作任务，政法工作和政法队伍建设取得明显成效。

【制造业创新发展新政30条】4月，县委、县政府研究出台《关于推进制造业创新发展的若干政策（试行）》，从支持“双创”载体平台加速发展、聚焦创新企业集群做大做强、助力企业关键技术攻关和成果转化等7个方面入手，推动一切资源优先向创新配置，一切力量优先向创新聚合，一切政策优先向创新倾斜，聚力打造“制造业强县”。

【栟茶古镇中市街开街仪式】9月，栟茶古镇中市街举行开街仪式，并亮相2021中国南通江海国际文化旅游节。县委副书记、代县长陈雷在开街仪式上致辞，他代表全体如东人民诚邀各界朋友相聚栟茶，相会栟树下、共饮天水茶，领略历史韵味，感悟古镇魅力。县委书记陈慧宇宣布栟茶古镇中市街开街。县四套班子主要领导、相关分管领导参加仪式。

【发挥到龄退出领导职务干部作用】9月，县委研究出台《关于进一步加强到龄退出领导职务干部管理使用的意见》，针对因年龄原因，不再担任县委管理的领导职务的干部，设立“三大岗”和“八大员”岗位（本单位岗位：分管岗位、协管岗位、辅助岗位，县中心工作岗位：招商引资联络员、项目建设帮办员、征收拆迁协调员、文明城市督查员、生态环境整治员、民生改善服务员、乡村振兴指导员、重点工作推进员），旨在充分发挥到龄退出领导职务干部政治立场坚定、工作经验丰富、群众基础深厚、社会影响广泛的优势，凝心聚力推动全县高质量跨越式发展。

【第四届企业“金牛奖”颁奖典礼】12月，如东县举办第四届企业“金牛奖”颁奖典礼，中石油江苏液化天然气有限公司、中天科技集团有限公司、江苏海力风电设备科技股份有限公司、江苏爱朋医疗科技股份有限公司等22家优秀企业分别荣获持续突出贡献奖、突出贡献新锐奖和创新奖。县委书记陈慧宇致辞，县四套班子全体领导及法检“两长”、县各相关部门主要负责人、各镇（区、街道）党政主要负责人、第四届如东企业“金牛奖”获奖企业及全县百强企业负责人、签约客商代表、新闻媒体等230人参加典礼。

【全县行政执法机关主题教育】12月，县委、县政府部署开展行政执法机关“厚植为民情怀、提高执法水平”主题教育，聚焦严格规范公正文明执法，动员行政执法机关和广大行政执法工作人员积极投身主题教育，努力在体制机制、能力素质、工作作风、执法质量、社会满意度等方面实现新提升，扎实推进法治如东建设。会议由县委副书记、洋口港经济开发区党工委书记张兴国主持。县人大常委会主任陈昌龙、县政协主席蒋树建等县四套班子相关领导出席会议。

（戴 晖）

全面深化改革

【概况】5月，县委研究出台深化改革委员会（简称深改委）2021年工作要点，明确经济体制改革、民主法制领域改革、文化体制改革、民生领域改革、社会治理创新与政法领域改革、生态文明体制改革、党的建设制度和纪检监察体制改革7个方面23项重点任务，共梳理出10大领域43项具体改革事项，其中县领导牵头联系18项重点改革任务。全年召开县委深改委会议2次，传达学习上级精神和决策部署，听取重点改革事项进展情况汇报，专题研究南通外向型农业综合开发区与苴镇街道一体化管理相关问题。“两新”组织（非公有制企业和社会组织）党务工作者队伍专业化建设、宗教活动场所法人登记工作、政经分离、养殖用海现状调查等上级改革试点取得突破性进展。利用“如东改革”微信公众号常态化宣传最新改革动向及全县改革典型经验做法，在新华网、“学习强国”学习平台等多家新闻媒体刊发改革典型经验60余篇。《“四坚持四强化”推动改革事项落地落实》被评为“全省服务推进改革特色做法优秀案例”，《精准把脉、扭住重点，推动改革落地落实》被评为“全市服务推进改革特色做法特别案例”。

【供给侧结构性改革】2021年，如东县加快LNG能源岛建设，11个海上风电项目全部并网发电，通海500千伏输变电工程投运，江苏沿海首条风电并网“专用通道”贯通，建成亚洲最大海上风电群。LNG接卸量创历史新高，打造“绿色能源新城”。构建现代产业体系，推动人工智能和实体经济、先进制造业和现代服务业深度融合，发展生命健康、半导体、风电装备制造、新型植保、安全防护、化纤新材料、智能通信及电网装备、LNG、食品等9条优势产业链。建立健全现代企业制度，全面完成国有粮食企业改革。破解资金、土地、能耗、环境容量等要素制约，全年累计兑现各项减免税39.02亿元，新增减税降费规模5.73亿元，累计盘活存量土地2.4万亩，获评省自然资源节约集约利用模范县。

【“放管服”改革】2021年，如东县在全省率先实现不动产登记“跨省通办”，落实企业开办“一件事”“拿地即开工”“园区保”等改革举措，全年新增市场主体1.2万个，全国营商环境百强县市排名第26位。在全市率先研究制定《如东县推进住所和经营场所分离登记改革实施方案》，汇聚市场主体发展动能。推进“证照分离”改革，全年梳理县级层面涉企经营许可事项82项。持续推进开发区全链审批赋权改革。深化县、镇、村3级政务服务体系建设，推动智能审批向乡镇延伸。

【科技创新体制机制改革】2021年，如东县委、县政府加强科技创新组织体系建设，成立科技创新委员会（简称“科创委”）。深度融入长三角创新一体化，加强与沪浙皖及苏南地区科技创新协同联动，强化与长三角地区高校院所、科研机构的创新资源共享，全年新签约产学研合作项目196项，认定高新技术企业58家，高新技术产业产值占规上工业产值比重52%，省级以上创新平台达到29家。出台创新新政30条，全年引进高层次创新创业人才40余人，招引本科以上高校毕业生2000余人，中天宽带引进外国高端人才获评2021年江苏省“友谊奖”，全市唯一。

【农村集体产权制度改革】2021年，如东县长沙镇作为市“政经分离”试点镇，实行机构职能、人员选举、议事决策、财务核算、资产管理“五分开”，构建以基层党组织为核心、基层自治组织为主体、集体经济组织为基础、民主法治为保障的基层社会治理新格局。10个村实现村级可持续性收入1770万元，同比增长25.9%。全年9个镇25个村实现股份分红473.04万元，27308个集体经济组织成员享受改革发展成果。

【养殖用海现状调查试点】2021年，如东县推进养殖用海现状调查国家级试点，调查图斑325个，调查面积6.15万公顷。优化、整合海域资源，完成对全县新淤涨海域确权发证17宗1589公顷。组织专题研究和技术攻关，解决无人机低空摄影测量中弱纹理区图像拼接问题，《滩涂养殖用海调查、监测和动态监管技术研究》入围全省自然资源科技创新评选项目。

【宗教活动场所法人登记工作试点】2021年，如东县推进宗教活动场所法人登记工作，指导大豫镇天主教堂制订宗教活动场所法人章程，建立宗教活动场所法人监督管理制度，按省民宗委《江苏省宗教活动场所法人登记规范指引》报批审核，8月18日县民政局向大豫镇天主教堂颁发《宗教活动场所法人登记证书》。

【推行“两新”组织党务工作者队伍专业化建设试点】5月，县委组织部按照“四级五专”专业化建设体系要求（以“初级、中级、高级、特级”为标准、以“专门渠道进入、专业能力培训、专职资格认证、专项实绩考核、专属待遇保障”为内容），开展党务工作者专业资格认证244人，其中省特级资格1人，市高级资格4人，认证质量和数量全市领先。开办“红领讲堂”，定期组织“党务红领”经验分享，搭建党务工作者互促共进交流平台。举办“两新”组织党务工作者示范培训班，选派优秀党组织书记、民营企业年轻一代党员出资人参加省级培训，提升队伍素能。在全市率先市场化选聘“两新”组织党务工作者17人，领办全省“两新”党务工作者专业化建设创新项目，探索“三审三评三用”政治体检模式：“政治体检”聚焦“两新”党务工作者任前、任中、任期3个阶段，设置任前联审、任中年审、任期县审3个环节，了解党务工作者思想状态、业务能力、遵规守纪等方面情况，通过个人自评、民主评议、组织评定等流程评定“政治体检”等次。其中认定为“健康”的,通过资格年检,按规定享受相关待遇;认定为“亚健康”的,暂缓资格年检,暂停享受相关待遇,提出限时整改要求;认定为“不健康”的,取消任职资格。《党员经典导读》整版推介。

(臧有为)

组织工作

【概况】2021年,如东县有基层党组织2306个。其中,党委96个,党总支318个,党支部1892个。县直党委20个,县直党工委10个。党员6.06万人,其中,女性1.44万人,占23.8%。农牧渔民2.29万人,占37.8%;离退休人员1.6万人,占26.4%。研究生909人,占1.5%;大学本科1.2万人,占19.8%;大学专科8244人,占13.6%;中专4447人,占7.3%;高中、中技1.4万人,占23.1%;初中及以下2.1万人,占34.7%。党员年龄35岁以下8649人,36~45岁6917人,46~55岁8618人,56~60岁5979人,61岁以上3.04万人。

【学习教育】学习宣传贯彻党的十九届六中全会和习近平总书记“七一”重要讲话精神,中组部干部教育局领导肯定如东县工作,现场教学点在全市“十佳讲解员”评比中获得第一。组织中国共产党成立百年大庆,颁发“光荣在党50年”纪念章,《人民日报》专题报道。创设到龄退职干部“三大员八大岗”。健全公务员管理、考核体系,落实职级晋升、待遇保障、荣誉退休等措施。压实管党责任,完成三级“书记项目”559个,《铸造红色引擎、深化融合党建》项目获评“全国基层党建创新优秀案例”。完善村级党组织“四位一体”组织架构,创新基层治理“五点融合”模式,中央政法委《长安》杂志刊发。3人获评省“百名示范”村书记。打造机关党建“三强三提升”工作品牌,中央和省级媒体多次报道,县级机关党工委获“全省机关党建工作先进集体”称号。开展农村违规违纪发展党员问题排查整顿,“三全”工作机制被《组织人事报》报道。

(冯秋鸣、莫 非)

【镇领导班子换届工作】3月16日,出台乡镇党委换届“1+4”系列制度文件,抓实部署调研、业务培训、综合研判、疫情防控等工作。5月,认真组织换届选举工作,组织提名人选全部高票当选,成功实现换届工作“零差错、零违纪、零落选”,12个镇党委顺利完成换届选举工作。换届后,各镇领导班子平均年龄比上届下降2.3岁,35岁以下年轻干部占比达35%,专业、经历、性别等结构进一步优化,整体功能进一步增强。

(谢正源、吉龙玉)

【整顿教育】加强换届风气监督,根据中央《关于严肃换届纪律加强换届风气监督工作的通知》,围绕“十个严禁”(严禁结党营私、严禁拉票贿选、严禁买官卖官、严禁跑官要官、严禁个人说了算、严禁说情打招呼、严禁违规用人、严禁跑风漏气、严禁弄虚作假、严禁干扰换届)纪律要求,从全面部署、宣传教育、风险防控、严肃查处等方面制定具体推进措施,通过“三微”宣传课堂(微课堂、微宣讲、微测试)、“四合一”纪律教育套餐(严肃换届纪律口袋书、动漫宣传片光盘、提醒卡、承诺书)、“组纪联谈”活动、谈心谈话“镇镇到”等方式,广泛宣传换届政策和纪律,切实营造纪律严明、风清气正的换届环境,换届平稳有序圆满。如东县换届风气监督工作先后接受省、市督导组多次检验并获得高度肯定。

(陈海飞)

【政治素质考察“一查二评三测四诊”四步法】县委把政治素质作为选人用人的首要条件,探索实施政治素质“查评测诊”四步考察法,通过个人政治自查、领导同事评议、政治体检测评、部门联合诊断等形式,对各级领导班子及领导干部政治表现进行全覆盖式“体检”,进一步把严把实选人用人“首要关口”,中组部《党建研究》专题报道《实施政治素质考察“查评测诊”四步法》。

(谢正源)

【到龄退职干部岗位设置】9月,县委印发《关于进一步加强到龄退出领导职务干部管理使用的意见》,结合岗位需要、人员意愿等因素创新设置“三大岗八大员”(三大岗:本单位分管、协管、辅助岗位;八大员:招商引资联络员、项目建设帮办员、文明城市督查员、征收拆迁协调员、生态环境整治员、民生改善服务员、乡村振兴指导员、重点工作推进员),县委组织部将246名到龄退职干部合理安排至相应岗位,并对53名表现突出、实绩明显的到龄退职干部优先晋升职级、评先评优、树立典型,让到龄退职干部焕发新活力、迸发新力量。

(谢正源)

【干部监督管理】2021年,如东县把深化落实“三项机制”(鼓励激励、容错纠错、能上能下),激励干部干事创业作为干部监督的重要内容,将“三项机制”运用情况纳入全县党建考核及党委(党组)书记抓基层党建述职重要内容,引导各单位积极拓展思路,聚焦重点工作领域、重要时间节点、重大专项行动,深入挖掘典型,用身边人教育身边人。全年共收集212个典型案例,编印《“三项机制”案例选编》4期,13个案例入选市级选编。加强干部的日常监督管理,针对干部在履职过程中出现的一些苗头性倾向性负面情形,从心理、言行、风气等3个方面进行“三预三早”(开展“心理减负”预防行动,早介入;开展“言行减负”预警行动,早提醒;开展“风气减负”预测行动,早引导)源头干预,抓早抓小,及时“纠错”和“修偏”,不断激发干部的“狼性”精神和“牛劲”品格,促进干部干事创业、履职担当,更好地服务高质量发展。

(陈海飞)

【干部队伍建设】3月,县委组织部举办如东县年轻干部成长主题沙龙活动,邀请36名来自园区、镇(街道)以及县级机关部门的年轻干部代表欢聚一堂,结合各自工作实际与组织部长开展面对面交流,共同谈成长、谋发展、话未来,通过主题沙龙活动推动年轻干部启迪思维、碰撞火花、相互学习,进一步拉长年轻干部考察链条,为最大限度地发现使用优秀年轻干部打下坚实基础。

(谢正源)

面向国内外高校及研究院所公开选调如东县经济产业发展紧缺专业的应往届硕士研究生、“双一流”大学本科生，1400多名考生报名，录用28人，其中，毕业于985、211高校14人，全部安排到经济发展一线、亟需专业人才的岗位，为全县高素质专业化干部队伍建设注入了“新鲜血液”。深入推进“青蓝工程”，精心挑选成长双导师，分别就职能工作和挂村服务进行帮带。设置导、学两张清单，实行跟踪管理、全程关注。相关做法《江苏如东实施年轻干部导师帮带制 前浪带后浪成长有方向》被《中国组织人事报》登载推介。

9月29日，县委组织部、县委老干部局首次举行全县县管干部荣誉退休仪式，县委书记陈慧宇通过视频的方式，向曾经战斗在如东经济社会发展一线的老同志表示衷心的感谢，并寄语他们继续情系如东、情系发展、建言献策、贡献余热，为谱写沿海高质量发展如东篇章再添力量。南通市委组织部副部长、老干部局局长、离退休干部工委书记袁鸿飞参加活动并讲话，与县委常委、组织部部长、统战部部长杨忠一起为退休干部颁发荣誉退休纪念盘。新退休县管干部代表与年轻干部代表结为师徒，县委组织部常务副部长丁越为年轻干部成长导师颁发聘书，建立事业传承机制，激发年轻干部勇挑重担、接续奋斗。县委组织部副部长、老干部局局长、离退休干部工委书记张海城宣读《老干部志愿服务倡议书》。南通市委老干部局办公室主任蔡玉新，县委组织部、县委老干部局相关职能科室负责人，各镇(区、街道)、县级机关部门分管负责人、组织人事干部，部分老干部和年轻干部代表参加本次活动。

10月份，县委组织部根据全县青年人才选调五年规划，为下属事业单位县高级人才管理中心核定专项事业编制150名，机构规格升格为正科级建制，并建立编制动态调整机制。统一设置结构科学、层次合理的管理、专技岗位，确保青年人才培养有路径、上升有通道。从2021年起，将新选调的优秀青年人才编制关系转至县高级人才管理服务中心。

(陈　铖)

【公务员培养管理】以疫情防控为契机，分批组织160名新录用公务员参与社区、交通卡口、隔离点疫情防控工作，在急难险重任务中练“新兵”、提素能。《入职“第一课”逆行出征，如东160名新录用公务员奔赴防疫一线》在《南通日报》《江海先锋》上刊载；实施一轮两批次公务员职级晋升工作，共240人次晋升职级，其中三级、四级调研员44名，一级、二级主任科员64名，三级、四级主任科员132名，持续释放职务职级并行制度的激励效应，激发公务员队伍活力。

(陈　铖)

【干部教育培训】2021年，如东县干部教育培训工作实施习近平新时代中国特色社会主义思想教育培训工程，构建专家学者进直播会场导学，领导干部进单位教室领学，专业师资进培训课堂讲学，理论骨干进基层镇村送学，网络课程进线上学堂选学“五学五进”模式，推进换届后各级领导班子能力素质提升“领航工程”，组织适岗能力培训，发挥“一线课堂”优质载体功能，开展送教到基层等活动，提升干部履职能力，相关做法被《中国组织人事报》、“江苏先锋”等媒体宣传推介。开展干部教育培训教学点创建活动，整合县镇村三级资源，打造“第二课堂”，优秀兼职师资、优质课程“联培联创”成效显著，入选市级现场教学点、兼职师资和优质课程立项数量全市最多，在全市现场会作经验交流，获全市现场教学点“十佳讲解员”评比第一名，“学习强国”学习平台、“新华网”等主流媒体相继报道如东县做法。

(窦志鹏)

【加快人才集聚】2021年8月，第十四批科技镇长团(如东团)选派至如东挂职，共11名挂职成员，其中，9名成员联系服务县9条优势产业链，浙江理工大学桂江生教授被聘为服务中天“十四五”发展助创特派员。团员借助身后高校创新资源，牵线上海交大、电子科大等高校博士与如东产业链链主企业深度合作，邀请上海大学、苏州大学、南京农业大学等高校师生到如东交流对接，建立实习实践基地。启动产才链接“九个一”计划，围绕县9条优势产业链，加快部署“人才链”“创新链”。即发布一部引才目录、建立一个高端人才信息库、锁定一批合作院校、新增一批合作机构、优化一揽人才政策、举办一批专场活动、培育一批孵化飞地、引进一批人才项目、匹配一批助创专员。“产才链接”相关做法被“学习强国”“中国人才”等媒体宣传推介。11月1日，以“黄金半导，创享未来”为主题，举办首届如东泛半导体产业创业大赛，22名高层次领军人才到如东角逐竞技，进一步提升优势产业的区域影响力与人才吸附力。2021年如东县入选江苏省“双创人才”5人、“双创团队”1个；入选江苏省第六期“333工程”10人；评审并资助县“扶海英才”13人、“扶海英才团队”1个，县级人才计划团队类实现零的突破。探索“以赛代评”认定方式，江苏臻亿医疗闻靖获省创新创业大赛三等奖，获200万元“扶海英才”计划一档资助。

(朱爱梅、沈舒新)

【优化发展生态】3月，如东县开展首届企业“金梧桐”奖评选工作，科学评价企业在“人才引进、人才培养、项目申报、人才载体、人才效益”等方面的成效，评审产生中天科技、国科智能等9家获奖企业，给予单项最高50万元的一次性奖励，以及人才项目资助上浮20%的衍生政策，激发企业引才用才主体活力，相关做法被《组织人事报》报道。4月12日，县政府出台《关于加快人才集聚促进高质量发展的若干政策》，紧扣制造业转型升级与企业创新发展，新增、提档人才政策16条，构建涵盖“引育用留”全链条的人才政策保障体系。10月12日，县政府出台《人才安居系列政策意见》，该意见分为人才公寓建设、人才安居工作联席会议制度、扶海英才购房补贴政策、高层次人才优惠购房4个部分，实施“租售补”并行人才安居管理办法，为人才提供最低7折的人才房源、最高100万元的人才购房补贴，形成“县区相呼应、租售相结合、政企相补充”人才公寓保障体系。持续颁发镇区招才引智特别贡献奖，表彰优秀政企“助创”专员，奖励重点人才计划申报中有进展、有贡献、有成果的人才工作者，营造尊才、爱才、尚才氛围。县人才办与南通市一院合作签约，为如东60余名高层次人才开通就医服务、健康体检、健康教育等方面的“绿色通道”服务。

（朱爱梅、沈舒新）

【深化基层党组织带头人队伍建设】1月18日，如东县全面完成245个村（社区）“两委”换届选举工作，村居党组织书记、村居主任“一肩挑”占比95.1%，“两委”班子队伍结构全面实现“三升一降”（学历水平提升、专业素质提升、整体功能提升，年龄明显下降）要求。制定出台《村（社区）党组织书记队伍建设五年规划》，开设书记“加速度”成长论坛，汇编《启航》一书，探索分众化培训，队伍活力不断激发，薛建明、傅国华、徐相华等3人获评省“百名示范”村书记，朱建飞、王建明、许信荣等27人获评省“千名领先”村书记。2020年8月7日，县委出台《关于推行村党组织书记专职化管理的实施意见（试行）》，推行“五级十八档”岗位报酬待遇体系，全面实施村党组织书记专职化管理，择优选聘9名优秀村党组织书记进入事业编制。全面推行社区工作者职业化管理，完成128名在职在编社区工作者定级定档。9月24日，县委组织部从到龄退出领导职务的党员领导干部、机关青年干部中选派29名第一书记到“经济薄弱村、软弱后进村、乡村振兴任务重的村”等三类重点村任职，第一书记主要工作、主要精力、主要成效在村，主要做好指导建强组织、推进强村富民、优化乡村治理、服务农民群众等工作。在全县村（社区）干部中开展以“比党性看忠诚、比发展看能力、比攻坚看担当、比口碑看服务、比成效看作为”为主题的“五比五看”活动，教育引导广大村（社区）干部坚守为民情怀、严守纪律规矩、密切联系群众，统筹推进农村基层各项重点工作，以实际成果检验作风效能提升实效。

（吉龙玉、管宏图）

【“两新”组织党建】2021年，县委组织部在全市率先探索“链上党建”。按照“产业归口、地域相邻、便于管理”原则，搭建“行业主管部门牵头、龙头企业领衔、链上企业加盟”的“三级共建”组织架构，先后建立9大优势产业链联合党委，覆盖链上企业212家。5月，县委组织部遴选103名党员骨干组建“护链尖兵小组”，精准对接25个亿元以上项目，协调解决项目审批、环境容量、市场拓展等问题。6月，在链上企业党组织中开展“四学四比四看”活动（结合实际学、专题辅导学、交流研讨学、实地感悟学；比学习、比担当、比业绩、比服务；看忠诚度、看有效度、看满意度、看贡献度），“链上党建”将组织优势转化为发展优势，有力推动了产业链优化升级，为全县高质量发展积蓄了“红色动能”。12月，“链上党建”品牌被评为全市组织工作重点创新项目“一等奖”，《新华日报》《中国组织人事报》专版头条推介。

3月4日，县委举行新一届村（社区）党组织书记集体出征仪式暨首期“‘加速度’成长论坛”

在全县“两新”组织（非公有制企业和社会组织）党务工作者中开展“政治体检”工作，是省市委组织部交办的“两新”党建重点课题。6月，县委组织部研究出台《关于开展“两新”组织党务工作者“政治体检”工作的实施意见（试行）》，明确“三审三评三用”政治体检模式。“政治体检”聚焦“两新”党务工作者任前、任中、任期三个关键阶段，设置任前联审、任中年审、任期县审三个环节，全面了解党务工作者思想状态、业务能力、遵规守纪等方面情况，并通过个人自评、民主评议、组织评定等流程评定“政治体检”等次。

5月，县委组织部根据《江苏省非公有制企业和社会组织党务工作者专业资格认证管理办法（试行）》文件要求，构建“三荐三考三审”（个人自荐、单位推荐、组织举荐，考业务、考实绩、考口碑，部门联审、镇级审定、县级审定）模式，通过个人申报、资格审查、培训测试、综合评审、社会公示等认证程序，推进“两新”党务工作者专业资格认证。专业资格认证分为初级、中级、高级、特级4个等级，其中初级、中级由县委组织部负责认证和管理，高级由市委组织部负责认证和管理，特级由省委组织部负责认证和管理。截至12月底，全县共认证244人，其中初级资格190人、中级资格49人，吴迪富、沈燕、孙维正、莫德才等4人获评市高级资格，薛济萍获评省特级资格，认证数量和质量全市领先。

12月，县委组织部在全市率先启动市场化选聘党务工作者工作。通过在如东人才网、“见贤思齐”公众号等线上平台对外发布选聘公告，采取适岗评价、笔试、面试相结合的方式，公开选聘17名党性观念强、党建业务精、理论素养高、基层经验足的党员担任“两新”组织党务工作者，选派到各镇（区、街道）从事“两新”党务工作。

（管宏图）

【“双聚双高”作风效能提升专项行动】8月，结合党史学习教育和“两在两同”建新功行动，以科级领导干部特别是班子主要负责人为重点，在全县分层分类实施“双聚双高”作风效能提升专项行动。组织不同群体干部深入查摆整改8个方面突出问题，开展“四个一”（开展一次调查研究、列出一张问题清单、组织一轮谈心谈话、举行一场交流研讨)、“四个有我”(“见贤有我”整改销号、“担当有我”承诺亮诺、“攻坚有我”一线请战、“建功有我”比学赶超)活动,进行“双聚双高”、“三问”(“弘扬如东三大精神,我要学什么?”“争做‘狼性’精神、‘牛劲’品格干部,我还缺什么?”“跑赢新赛程、勇当排头兵,我要做什么?”)大讨论,设立作风效能“红黑榜”,开展“战狼奖”、“海子牛奖”和“陀螺奖”评选,培树正面典型30余个,组织专题督查40余次,推进解决问题80余个,激发全县干部“奔跑状态”和“拼抢激情”。各镇(区、街道)、县级机关各部门主动认领攻坚任务2300余项,建立一线服务专班66个,865名一线专班干部解决项目难题500余个,护航22个10亿元以上重大项目顺利推进,相关做法被国家省市主流媒体报道30余篇。

(杨 浩、缪小明)

【党员队伍建设】县委组织部将发展党员执纪执法单位联合审查列入2021年度全县改革事项,出台《关于建立发展党员联合审查工作机制的实施办法(试行)》和发展党员政治审查负面清单20条,规范工作程序,拓宽发展源头,相关做法《组织人事报》报道。举行全县新党员代表入党宣誓活动,推动基层党组织全面落实入党宣誓仪式,引导新党员牢记誓词、坚定信念,相关做法被《人民日报》报道。创新非公企业发展党员“五抓五强”工作机制(抓组织强核心,夯实工作基础;抓服务强保障,营造良好环境;抓思想强引领,加大拓源力度;抓培养强教育,助力成长成熟;抓制度强规范,严格发展程序),推动基层党委进一步拓宽非公企业发展源头,提高发展质量。开展“两在两同”建新功行动(同人民想在一起、干在一起,风雨同舟、同甘共苦,在现代化新征程上建新功),引导领导干部争当“四个表率”(“深扎根”的表率,“大排查”的表率,“解难题”的表率,“抓落实”的表率),党员干部争做“六个先锋”(机关事业单位党员要争当融入大局、服务发展的先锋;农村党员要争当乡村振兴、带民致富的先锋;社区党员要争当社区善治、共促和谐的先锋;国有企业党员要争当兴企有为、勇于创新的先锋;“两新”组织党员要争当同心同行、红领引航的先锋;离退休党员要争当红色传承、银发生辉的先锋),推动全县党员干部在攻坚一线唱响“先锋有我”最强音。推行党员记实管理、积分考核,对党员进行“分类积分、分层考核、分色预警”,推动党员在助力乡村振兴中发挥先锋作用。开展全县党员管理信息系统数据治理,严格不合格党员处理,不断畅通党员“出口”。

6月17日,举办“不忘初心·我的入党故事”巡演暨全县党史学习教育主题展演,排演《红色DNA》党员教育音乐剧,开展“身边的共产党员”“先锋90后”展播,大力营造崇尚先进、争做先锋的良好氛围。推进“党课名师”工程,举办全县“微党课”大赛,“党课名师”全年授课8953场。持续深化“党课开讲啦”“我们的主题党日”等活动,下发组织生活月度清单,创新“庭院课堂”“田头课堂”“船头党课”等农村党员喜闻乐见的党课形式,提升基层党组织组织生活质效,相关做法被“江苏先锋”微信公众号报道。举办“传百年薪火、展时代风华”全县党员教育融媒体作品大赛,持续加大融媒体作品创作力度,电教片《起航》获南通市“忆红色征程展百年风华”融媒体作品大赛评比二等奖。

(杨 浩、缪小明)

【党内关爱】大幅提高中华人民共和国成立前老党员生活补贴标准,全县534名中华人民共和国成立前老党员,其中抗日战争时期入党的老党员,按照每人每月1200元的标准发放生活补贴,解放战争时期入党的老党员,按照每人每月750元的标准发放生活补贴,比上一年分别提高100元、50元每月。开展春节、庆祝中国共产党成立100周年“七一”走访慰问活动,全年发放生活困难党员、老党员慰问金56.05万元,发放党中央给予中华人民共和国成立前老党员的一次性生活补助金274.5万元。做好“光荣在党50年”纪念章颁发,6月27日,隆重举行纪念章现场颁发仪式,中共如东县委书记沈峻峰为10位“光荣在党50年”党员代表佩挂纪念章,全县首批共有8547名党员获颁纪念章,县四套班子领导带队到69名老党员家颁发纪念章,切实增强党员归属感和荣誉感。开展全县生活困难党员排查摸底活动,进一步摸清摸实党员基本情况、致困原因、思想动态等信息,精准化实施关爱帮扶。

(杨 浩、缪小明)

机关党建

【概况】2021年,县级机关直属党组织60个,其中机关党委18个、党总支18个、党支部24个,在职党员3439人,离退休党员2016人,新发展党员78人,培训入党积极分子、发展对象131人。扎实开展党史学习教育,深化机关“青年学堂”建设,制定2021年县级机关“青年学堂”主题活动计划,按照“一月一主题”要求常态化举办“青年学堂”主题活动。开展县级机关践行“双聚双高”我先行活动暨机关党建“三强三提升”行动,以“固本强根基,基础提升”“壮骨强本领,素能提升”“对标强品牌,品质提升”等活动,引导推动机关党组织抓规范、强基础、促提升。对照5项25条机关党支部建设标准,扎实推进机关党支部“标准+规范”建设,共评出16个四星级党支部、19个三星级党支部。依托县级机关党员活动中心打造县级机关“一中心N阵地”的党建阵地示范集群,通过定月度主题、定活动时间、定规范流程,不断推动机关部门组织生活常态化规范化。深化县级机关“第一书记”工作制度,组织269名机关“第一书记”带头参与承办“书记项目”、办理民生实事等活动,构建专职副书记“选、育、用、管”全链条,提升机关“头雁”队伍凝聚力战斗力。坚持问题导向,结合省市县委巡视巡察反馈意见,统筹部署机关党建基础工作集中督查,并及时将督查情况通报至县级机关各党组织,通过自查自纠、全面检查、整改提升等环节督促机关各党组织查漏补缺,不断夯实机关党建工作基础。分层分类制定机关党建工作年度考核细则,大力倡树“奖优罚劣”考核导向,开展“转作风、优服务、走基层”行动、机关党员“1+X”能力提升大赛、“创党建品牌、促融合发展”“服务高质量发展我先行”等活动，引导机关党员干部争先进位、争作贡献、争当一流，不断提升服务中心、服务发展工作成效。七一期间，发放“光荣在党50年”纪念章，对30个先进基层党组织、60名优秀共产党员、40名优秀党务工作者予以表彰。

（汤园园）

【县机关党员干部积极参与新冠肺炎疫情防控】3月25日，县级机关党工委印发《关于做好县级机关新冠病毒疫苗集中接种工作的通知》，要求县级机关人员做到“应接尽接，能接尽接，人人参与”。3—12月，发动机关党员干部带头参加新冠病毒疫苗接种，组织县级机关多轮核酸检测实战演练，连续5个月组织机关党员志愿者服务疫苗接种工作，统筹安排3900名机关党员干部24小时值守主城区91个无物业小区卡口。

（汤园园）

【县级机关党组织喜迎中国共产党成立100周年】县级机关党工委围绕喜迎中国共产党成立100周年，部署开展“学史传承 担当”主题情境党课，先后举办20余场主题情境党课。6月10日起以“同心向党 奋斗有我”为主题，开展“喜迎华诞为党庆生”活动、“庆百年华诞 展机关风采”活动、“迎七一 感党恩 暖人心 ”活动，6月25日举办“百年光荣多壮志 薪火相传谱新篇”专题活动，“七一”期间发放“光荣在党50年”纪念章。结合“我为群众办实事”等活动，组织机关党组织深入80个项目一线送服务，动员机关党员干部广泛参与“志愿服务我报到”等活动。

（汤园园）

【县级机关参与党委人大换届】7月17日，县级机关党工委委员、纪工委委员及群团组织负责人、县级机关直属党组织负责人、党员代表差额选举产生县级机关出席县第十五次党代表大会的代表。7月1日，县级机关党工委组织县级机关党组织推荐40名市第十三次党代会代表推荐对象。12月10日，县级机关党工委组织县级机关8个选区选民差额选举产生19名县级机关选区县人大代表。

（汤园园）

【县2021年度优秀机关党建工作案例交流评比活动】9月6日，县级机关党工委印发《关于举办2021年优秀机关党建工作案例交流评比活动的预备通知》。先后共有48家机关部门踊跃报名、积极参与，17家单位机关党建工作案例脱颖而出，经现场激烈角逐，最终11家单位（其中2家单位并列第10）机关党建工作案例获评2021年度如东县“十佳”机关党建工作案例。

（汤园园）

宣传工作

【概况】2021年，如东县党委（党组）中心组理论学习经验做法被《人民日报》、“学习强国”学习平台、人民网、新华网等媒体宣传推介。连续八年蝉联全省党员冬训工作示范县，“学习强国”学习平台用稿在全市名列前茅。社科工作在全省会议上作经验交流。创新案例和微调研报告在省委党史学习教育简报上刊登，多项经验做法被《人民日报》等国家省市主流媒体报道。举办庆祝中国共产党成立100周年“七一”文艺晚会、合唱比赛、楹联书法作品展、“扶海书香·红阅读”、红色故事宣讲大赛等文化文艺活动200余场。参加南通市红色故事宣讲大赛获第一名。成功申报中共如东第一支部纪念馆为市爱国主义教育基地。组织拍摄“党啊、亲爱的妈妈”主题快闪、网上红色展馆等。县城主城区制作景观小品36处，大型户外公益广告、文化墙等120余处。建成如东县网络风险综合研判中心。央视《新闻联播》《经济半小时》、上海《东方卫视》等栏目多次报道洋口港能源岛、海上风电场建设成果，省级以上主流媒体外宣报道1300余篇，为历史之最。“五彩如东”外宣品牌在《群众》、新华网、《南通日报》等媒体上推介。在全市首创举办如东县首届志交会。“霜桥晚晴”小老人关爱老老人志愿服务项目获评全国学雷锋志愿服务“四个100”最佳志愿服务项目。月度新进规上企业29家，全市第一。举办第八届如东扶海读书节，开展“红阅读”接力活动100多场。歌曲《誓言》获中宣部第九届“我们的中国梦”主题创作歌曲奖；广播剧《蛟龙出黄海》、魔幻剧《月光白鸽》、电视纪录片《通洋运河》3件作品入选市精神文明建设“五个一工程”重点作品扶持项目。广播剧《山沟里飞出欢乐的歌》入选江苏优秀文艺成果。刘承林工作室获评南通市第三批文艺家工作室。组织开展全县“双聚双高”集体专题学习100多场、专题研讨73次，《如东日报》开设《“双聚双高”作风效能提升》媒体专栏，国家省市主流媒体录用稿件30多篇。

（肖如银）

【中共十九届六中全会精神宣讲】11月16日开始，如东县委宣传部组织开设以红色、绿色、蓝色、金色、银色命名“五彩课堂”宣讲中共十九届六中全会精神。如东各级党组织到革命烈士陵园、反“清乡”斗争陈列馆、马塘革命烈士纪念馆、耙齿凌战斗纪念馆、如东第一支部纪念馆、党校主题教育馆等地开办“红色课堂”；11月22日，县发改委到企业一线开设“绿色课堂”；11月19日，南通外向型农业综合开发区（苴镇街道）到刘埠渔港党建联盟开设“蓝色课堂”；同日，县委老干部局在如东县老年大学开设“银色课堂”；11月21日，如东文化广电和旅游局到小洋口旅游度假区林克斯温泉乐园开设“金色课堂”。12月11日，如东县召开学习贯彻中共十九届六中全会精神集中宣讲动员暨宣讲业务培训会。南通市委宣传部副部长张军到如东作集中宣讲备课辅导，县委常委、宣传部部长蔡东作宣讲动员讲话，为县“百姓名嘴”理论宣讲“青蓝”工程师徒结对中3位理论宣讲导师余晶、吴金明、单国锋颁发聘书，3位导师为学员代表颁发结对证书。县委宣传部组建县委宣讲团，县委常委、宣传部部长蔡东任团长，以县级机关部门相关负责人、镇（区、街道）相关负责人为主体，党校教师、专家学者、理论骨干、理论宣讲名嘴89人为成员，进农村、社区、机关、校园、企业、军营宣讲。省、市、县委宣讲团集中宣讲总场次324场，其中，省委宣讲团1场、市委宣讲团3场、县委宣讲团320场。11月29日，学习贯彻中共十九届六中全会精神中央宣讲团宣讲报告会在南京举行。中央宣讲团成员、全国人大财政经济委员会副主任委员娄勤俭作宣讲报告。县委书记陈慧宇,县委副书记、代县长陈雷,县人大常委会主任陈昌龙,县委副书记、洋口港经济开发区党工委书记张兴国等县四套班子领导,县法检“两长”,副处级以上党员老同志,各镇(区、街道)党政主要负责人,县级机关各部门主要负责人员等在如东分会场收听收看。12月3日,省委宣讲团宣讲报告会在如东县行政中心报告厅举行。省委宣讲团成员、南京大学马克思主义学院党委书记、教授王建华解读全会的新思想、新观点、新要求。如东县委副书记、洋口港经济开发区党工委书记张兴国主持报告会。12月13—24日,市委宣讲团宣讲报告会分别在洋口港、洋口镇、南通外向型农业综合开发区举行,市委统战部常务副部长马建清、市级机关工委常务副书记赵男男,如东县委常委、宣传部部长蔡东对全会精神作解读。

(于振勇)

【党史学习教育】3月9日,县委召开党史学习教育动员会议,学习贯彻习近平总书记在中央党史学习教育动员大会上讲话精神。县委书记沈峻峰强调要学史明理、学史增信、学史崇德、学史力行,在学习中深化初心、开拓新局、践行使命。县委副书记、县长陈慧宇主持会议。县委宣传部制定《中共如东县委关于开展党史学习教育的实施方案》,3月15日,县委印发实施方案,从总体要求、学习内容、重点任务、方式方法、组织保障5个方面部署安排党史学习教育。成立县委党史学习教育领导小组和办公室,县委书记沈峻峰担任组长,县委副书记、县长陈慧宇,县委副书记陈雷,县委常委、县委宣传部部长张蓉蓉,县委常委、县委组织部部长杨忠任副组长,相关单位负责人为成员。张蓉蓉任办公室主任,县委宣传部常务副部长沈宝泉,县委办副主任高单峰,县委宣传部副部长、县新闻出版局(版权局)局长于海霞,县委组织部部委黄永祥、县委党史办主任金裬任副主任。

如东组织庆祝中国共产党成立100年系列活动,举办“永远跟党走”合唱比赛、夏夜千场主题文化晚会、红色故事宣讲大赛,诵读红色经典,观看红色电影,唱响红色歌曲。各级党组织召开党史学习教育专题组织生活会,书记带头上专题党课。如东县推出领导带头示范“领学”、线下赛学馆“推学”、多元课堂“助学”、“四学”机制“督学”、巧用融媒平台“晒学”的“五学”模式,组织党员干部读原著、学原文、悟原理。编写如东地方党史教材,制定专题学习、专题宣传、青少年专题党史宣传教育、实践活动等工作方案,定期面向县处级、科级党员领导干部出台《关于做好党史学习教育近期工作的提示》。推进千场宣讲进基层,开展“百年辉煌百人讲”云宣讲,制作党史学习教育音视频资源500多个,党史宣讲进机关、进农村、进社区、进学校、进企业、进军营、进网络。各基层党组织开展“红色关爱”海上行、“链上送教”等活动,推动党史学习、优秀党课进车间、进工地、进船头;针对青少年群体,组织开展“童心向党”系列教育实践活动、“请党放心、强国有我”主题活动;针对“两新”组织党员,赴上海、南京、苏州等外地商会、工地流动授课80多场;针对非公企业党员,创新推出“四学四比四看”活动,将学习教育融入生产经营、日常管理各环节,中天科技薛济萍、薛驰父子在“党史映初心·家书话传承”活动中的互动家书被“江苏先锋”推广。新建中共如东第一支部纪念馆,提档升级县烈士陵园和马塘革命烈士纪念馆,重建粑齿凌爱国主义教育基地,情景杂技剧《火烧竹篱笆》在全市庆祝中国共产党成立100周年大型主题文艺晚会上演出。广播剧《蛟龙出黄海》在中央人民广播电台《中国之声》栏目播出并入选“江苏省庆祝中国共产党成立100周年优秀广播剧展播”推荐剧目。结合学习教育,开展“我为群众办实事”实践活动。县城管局开展无物业小区“三保”工作,县市监局推出“互联网+明厨亮灶”阳光餐饮平台。开展“志愿服务志愿活动我报到”活动,共发布20多个大类、600多个志愿服务项目,参加党员1.06万人次,报到率100%。三元社区党员志愿服务队“爱心食堂”,为辖区高龄、孤寡、独居、空巢、失能老人提供集中就餐和送餐上门服务;供电公司“电亮心灯”共产党员服务队受理各类求助电话1200多个,现场服务900多次,受益人群6000多人次;邮政“文明信使”志愿服务队依托城乡邮路常态化帮扶孤寡贫困老人,融入诚信普法、生态环保等公益活动;县税务局“爱心妈妈”党员服务队对困境儿童家庭走访1300多人次。

全县91家参学单位、2309个基层党组织、6万余名党员通过理论中心组学习、专题报告会等形式,学习中共十九届六中全会精神、习近平总书记“七一”重要讲话精神和对江苏工作重要指示精神,学习党的百年奋斗史、创业史、发展史。县委理论学习中心组开展专题学习34次,其中,专题研讨交流7次,县四套班子领导带头讲授专题党课40余场,领办重点民生实事项目42个、办结42个,摸排梳理形成5大类“我为群众办实事”项目清单1741个,实事项目办结率100%,形成相关制度80多项。《人民日报》、《新华日报》、“学习强国”学习平台、交汇点等主流媒体报道如东党史学习动态和经验做法398篇,县内各媒体平台播发党史学习教育新闻和专题报道1850多篇,省、市简报录用数全市第一,《百人辉煌百人讲:“四史”宣讲进一线》被省委党史学教办推荐参评全国创新案例。省委书记娄勤俭,省长吴政隆,省委常委、宣传部部长张爱军,常务副省长樊金龙等领导对如东在党史学习教育中推出共产党员服务队典型,发挥典型示范作用作出批示。6月10日,省委党史学习教育第四巡回指导组组长方标军带队到如东开展第三轮巡回指导。市委党史学习教育第二巡回指导组到如东开展督导6次,对如东党史学习教育成效给予肯定。如东党史学习教育创造多个全市第一:在全市第一家召开动员会、第一家组织县四套班子领导深入红色基地开展学习、第一家启动党史学习教育“云宣讲”、第一家创办党史学习教育赛学馆、第一家出版发行地方党史简史、第一家建立党史馆、第一家被《人民日报》报道。

(于振勇)

【百年辉煌百人讲】3月,如东县推出“百年辉煌百人讲”——“四史”宣讲“红色DNA”队伍建设项目,在全省率先启动以“三级书记、理论名师、行业先锋和

2021年6月6日，举办"百年辉煌百人讲"村(社区)党组织书记专场宣讲比赛

百姓名嘴"为主体的宣讲团队，开展党史宣讲1300多场次，受众50多万人次，制作党史学习教育音视频资源500多个，点击量120多万次，《人民日报》、人民网、"学习强国"学习平台、新华网、交汇点、《南通日报》等媒体宣传报道。6月5日，如东县举行"百年辉煌百人讲"村(社区)党组织书记专场宣讲比赛，27人参赛。10月30日，县委宣传部、县委县级机关工作委员会、县委党史学习教育领导小组办公室共同举办"永远跟党走"红色故事宣讲大赛，45人参赛。

如东县在南通市率先启动实施"三级书记"讲党史活动，组织县领导、各镇(区、街道)党组织书记、县级机关相关部门党组织负责人、村(社区)党组织书记带头讲党史。县委书记带领四套班子领导到马塘革命烈士纪念馆、如东第一支部纪念馆等现场学习，为全体人员上党史课。开设云讲堂，"三级书记"走进直播间讲党史、上党课，录制"三级书记"党史宣讲62课，在如东电视台、如东新媒体等平台联播。县委宣传部组织20多名理论名师，孵化带动400多名理论宣讲骨干到全县各地宣讲，中天科技集团薛济萍、如通石油机械曹彩红、宇迪光学吴迪富等20多名行业先锋走进演播室宣讲。大豫镇发挥"板凳课堂"品牌优势，百姓名嘴走进田间地头、农户家中；袁庄镇孙庄村106岁老党员徐明以庭院为讲堂，开设基层宣讲"每月一课"，为村党员冬训、村"四史"学习教育动员会和中小学生讲革命传统课。马塘、双甸等镇志愿者将红色故事编成说唱、快板，进村组巡回宣讲。

（于振勇）

【党员冬训】1月18日，如东县召开2020—2021年度全县党员冬训动员大会，围绕学习贯彻习近平新时代中国特色社会主义思想和党的十九届五中全会精神等6大专题集中教育培训。县委副书记、洋口港经济开发区党工委书记陈雷，县委常委、宣传部部长张蓉蓉，县委常委、组织部部长杨忠出席会议，县委副书记、洋口港经济开发区党工委书记陈雷作动员讲话。1月下旬全面展开冬训，深化党员冬训"四五六七"模式，县、镇、村3级联动、城乡党员联训、县内外联学，全县有2262个基层党组织6万多名党员参加。中宣部"学习强国"首页"推荐"栏目、"学习强国"江苏学习平台刊发如东冬训稿件40多篇。新华网、人民网、江苏卫视、交汇点、《南通日报》、南通电视台等国家和省市媒体刊物宣传推介如东党员冬训创新做法。1月25日，南通市委宣传部副部长张军、副调研员智平、理论处处长吴佐海到如东督查指导党员冬训工作，参加党员冬训示范学习观摩和"学习强国"学习平台线下体验。掘港街道港南社区"党员加油站·庭院微课堂"，外农开发区渔港(苴镇街道)"文明实践暖新春"——党员冬训送理论到船头活动、洋口港经济开发区(长沙镇)"党建领航、助企扬帆"党员冬训助力重大项目建设服务活动以及如东农商行的党员冬训进金融系统"金融暖冬"和县委宣传部联合县文广旅局、新华书店举行"我们都是强国人"——党员冬训"学习强国"线下体验活动等一系列冬训活动得到市委宣传部领导肯定。如东县四套班子领导带头为基层党员干部群众讲课。各镇区党(工)委书记围绕"大项目突破年"主题，强化"项目优先"导向，带头到村居社区、项目工地、企业一线讲理论。村居党组织书记走进村民家中、田间地头开设庭院党课、板凳课堂、楼宇课堂、大篷车，推动党的创新理论走进百姓家。组建200人县委冬训宣讲团，通过情境课堂、板凳课堂、庭院课堂、车间课堂、船头课堂、喇叭课堂、楼宇课堂、网络课堂、田间课堂、工地课堂"十小微课堂"开展冬训宣讲。探索党员冬训+产业发展、冬训+文化下乡、党员冬训+民生工程等具有如东特色的"党员冬训+"路径。全县16个镇(区、街道)以及200多个村(社区)组织实施特色冬训项目：掘港街道"党员加油站·庭院微课堂"，外农开发区"党员冬训送理论到船头"，袁庄镇"理论中心户宣讲站"，长沙镇线上线下多维度传播党的创新理论，栟茶镇推进"联合党建"增添古镇开发"红色动能"，大豫镇开设"流动课堂"送教下乡，马塘镇"红色课堂"学"四史"，岔河镇念好冬训"五字诀"，曹埠镇"五大六微"课堂。全县12大行业系统、73家机关部门单位实施特色示范项目：县教体系统联合团县委与各中小学推出"党团共训"新模式，县卫健系统"党员医学专家坐基层"，县城管系统变"两张皮"为"一盘棋"，练好冬训"绣花功"，公安系统深化"红色细胞工程"，农业农村系统抓实冬训"惠民大集"，市监系统"市监惠民村居行""三下乡"，金融系统"金融暖冬"冬训惠民服务。洋口港开发区(长沙镇)"党建领航、助企杨帆"党员冬训助力重大项目建设。如东经济开发区"党旗在企业飘扬，党员在一线闪光"非公企业党员冬训党课展示。洋口镇(沿海开发区)探索"村企共训"模式。国有企业锦恒集团畅行公交党支部"车厢课堂"，各企业推出"车间课堂"，推动理论学习和宣讲常态化。

（于振勇）

【“冬训微课”云宣讲】2021年，如东县委宣传部在全县组织开展“三级书记抓冬训，理论‘年货’送基层”活动，推出冬训创新项目——“新时代 新思想 我来讲”理论“年货”送基层“冬训微课”云宣讲活动，县委班子成员带头讲理论、上党课。2月8日，县委书记沈峻峰围绕学习贯彻党的十九届五中全会及省市委全会精神，给全县党员干部上冬训专题党课。2月24日，县委副书记、洋口港经济开发区党工委书记陈雷作《学习重温中共党史 始终坚定历史自信和未来自信》专题宣讲。2月25日，县委常委、宣传部部长张蓉蓉作《开局“十四五”，开启新征程，为勇当长三角沿海高质量发展排头兵提供强大精神动力》专题宣讲。2月26日，县委常委、常务副县长张兴国作《乘风破浪、砥砺前行，在新起点上奋力开创高质量发展新局面》专题宣讲。3月1日，县委常委刘峰作《发扬战斗精神 奋力共克时艰——学习长津湖战役精神》专题宣讲。3月2日，县委常委、县人武部部长黄涛作《谈谈国防教育的时代意义》专题宣讲。3月3日，县委常委徐东俊作《凝心聚力真抓实干 奋力谱写新时代如东乡村振兴新篇章》专题宣讲。3月4日，县委常委、组织部部长杨忠作《学习贯彻新〈条例〉建强基层党组织——〈中国共产党基层组织选举工作条例〉解读》专题宣讲。3月9日，县委常委吴海军作“学习贯彻十九届五中全会精神——开拓勇当长三角沿海高质量发展排头兵实践新境界”专题宣讲。3月10日，县委常委、统战部部长杨晶晶作“学习贯彻《中国共产党统一战线工作条例》凝心聚力画好最大同心圆”专题宣讲。4月9日，县委副书记、县长陈慧宇作《以新发展理念为引领 奋力打造全省向海战略先导区》专题宣讲。全县各镇(区、街道)党(工)委书记都走进直播间录制宣讲视频。全县各村(社区)书记通过宣讲比赛录制宣讲视频27个，通过微信公众号视频宣讲。

(于振勇)

【扶海大学堂】2021年，如东县举办6场“扶海大学堂”专题讲座，宣讲政治理论、解读热点话题、传播科学知识。各镇(区、街道)各部门举办“扶海大学堂”分堂和特色讲坛，举办各类讲座、报告会300多场次，受众6万多人次。4月10日，县委中心组邀请省委统战部部务委员、二级巡视员封志成作解读《中国共产党统一战线工作条例》讲座。11月13日，县委中心组邀请南京工业大学安全科技与工程学院老师王华作“新《安全生产法》”专题讲座。

(于振勇)

【理论宣讲平台建设】2021年，如东县委宣传部分别与南京财经大学、南通大学、县委党校结对共建如东县新时代文明实践中心、“王明华理论名师工作室”、“余晶理论宣讲名师工作室”、“吴金明理论宣讲名师工作室”。县委宣传部开展“文明实践 理论当先”主题宣讲进基层活动，出台《如东县“理论名师工作室”2021年度工作计划》，实施文明实践“理”上网来“百姓名嘴”云宣讲，运用“云端”讲堂、“理论名师”联合团队，开展宣讲平台结对共建，统筹推进理论宣讲活动，推进百名“百姓名嘴”骨干带教基层理论宣讲员，开展“点赞中国之治”主题演讲和“乡音传党音、理论零距离”巡回宣讲活动，全年发布理论宣讲项目1000多项，扶海大讲堂志愿服务队组织“百姓名嘴”开展各类宣讲活动6000多场次，覆盖基层党员干部群众12万多人。9月10日，如东县举办学习贯彻“七一”重要讲话精神暨“百姓名嘴”理论沙龙，各镇(区、街道)和县级机关部门的理论工作者、基层理论宣讲骨干代表以及市县理论名师名嘴交流宣讲技艺，提高理论和政策宣讲水平。如东县委党校常务副校长、如东县首批社科名家、南通市首批理论宣讲名师、县理论宣讲名师工作室负责人吴金明作“七一”重要讲话精神专题讲座。县委宣传部三级调研员、县理论宣讲名师工作室负责人余晶作“强底气 增热气 接地气——谈谈如何提升理论宣讲的‘能效’”专题讲座。成立单国锋理论宣讲名师工作室，县委宣传部副部长、县新闻出版局(版权局)局长于海霞授牌。南通市理论名师，南通大学马克思主义学院党委副书记、院长，江苏省中国特色社会主义理论体系研究中心南通大学基地副主任王明华作深化理论宣讲主题讲座。

(于振勇)

【“学习强国”学习平台推广使用】2021年，如东县加强“学习强国”学习平台推广使用，截至12月31日，如东县供稿“学习强国”学习平台1017篇，录用614篇，其中，全国平台录用44篇，省学习平台录用570篇。县委宣传部联合如东新华书店在如东书城打造“学习强国”线下体验馆，1月25日，“学习强国”如东线下体验馆落成并对外开放，开设学习答题区、互动体验区、资料展示区、打卡小课堂、分享交流区等5大板块，为如东“学习强国”学习平台学员提供线下学习交流平台，面向社会开展新时代文明实践、理论宣讲、微党课、廉政教育等主题教育和全民阅读活动。全年共有310多批次、3万多名党员参加线下体验馆学习体验活动。

(于振勇)

【媒体宣传】2021年，全县对外宣传报道1500多条，国家级和省级主流媒体用稿数量均创历史新高。央视《新闻联播》《经济半小时》和上海《东方卫视》等栏目多次报道洋口港能源岛、海上风电场建设成果等。“五彩如东”外宣品牌在《群众》杂志、人民网、新华网等媒体上推介。2021“Show Jiangsu”外媒摄影采风活动走进如东(如东是全市唯一的县市区活动站)，欧新社、法新社、葡萄牙卢萨社、日本《读卖新闻》、奥地利《新闻报》、德国电视二台、拉美社等国际媒体记者和摄影师参观风电主机生产车间、沿海风力发电机运行等，感受江苏沿海高质量发展脉动。

(曹海兵)

【意识形态工作】2021年，县委出台《党委(党组)意识形态责任制2021年度任务清单》，明确各项任务和责任，强化目标责任制考核。开展月度意识形态风险排查。3月，召开意识形态(网络意识形态）领域情况分析研判会。牵头国安办、公安局、民宗局等单位围绕意识形态领域问题开展专项治理，维护意识形态领域安全。开展各类意识形态阵地情况的督查指导，管好讲坛论坛、文化活动、学校社团等阵地。开展党委（党组）落实意识形态情况检查督查，研判意识形态领域情况，维护意识形态领域安全。结合十五届县委第一轮巡察开展意识形态专项督查检查。

（曹海兵）

【如东网信工作获多项表彰】 2021年，如东网信系统坚持守正创新，聚势谋远，全面提升网信工作能级。如东县委网信办获评"2021年度南通市网信工作综合优胜单位"，并获评"清朗2021"专项行动先进集体、网络宣传工作先进集体、网络评论工作先进集体、网评实战比武优秀组织奖、网信信息工作先进集体、网络公益活动先进集体，7人次获个人荣誉。

【互联网行业党委成立】 5月14日，中共如东县互联网行业党委正式成立，6家互联网企业和3家网络社会组织为首批成员单位，建立党支部3个，有党员40名。推进互联网企业和网络社会组织党组织"两个覆盖"，制定"一企一策"方案，对无党员的互联网企业推荐招引党员员工，协调属地3家互联网企业成立联合党支部，实现互联网企业党组织覆盖率66.7%，网络社会组织党组织覆盖率100%。行业党委围绕推进组织覆盖、队伍提升、载体建设、服务行业、制度保障等方面，打造"扶海e帆"党建领航工程，开展"为互联网企业党员送学"活动，组织"扶海e帆·党建引航"主题党日活动，推动互联网行业党建述职工作，指导如东县互联网企业联合党支部联合属地自媒体平台开设"E心助农"专区，为全县农业合作组织和农民提供免费信息发布服务。

【网络安全保障】 2021年，如东县委网信办完善全县网络安全通报体系，健全网络安全风险隐患排查、预警、通报、处置和反馈的快速反应机制，网络安全问题交办处置率100%。组织"网安如东2021"系列保障行动，开展互联网资产普查工作，开展弱口令、人脸识别应用（场所）、保护公民个人信息等专项治理行动，突出关键信息基础设施安全防护和个人信息保护，以"飞行检查+例行检查""技术检查+责任清查"模式不间断开展网络安全日常检查管理，落实网络等保制度，推动日常防护升级和发现处置提速。强化网络安全人才技术支撑，推进如东开放大学网络培训基地建设；建立网络安全观察员制度，首批6名网络观察员受聘上岗；组织网络安全专题培训和网络安全事件应急演练，统筹开展县级网络安全业务实训和行业网络安全轮训。网络安全宣传周系列活动营造"网络安全为人民、网络安全靠人民"氛围，增强全社会网络安全防护意识，推进形成全社会参与网络安全治理格局。如东县委网信办获评"南通市建党100周年网络安全保障工作先进单位"。

（徐 睿）

【文化产业建设】 2021年，如东县在市对县文化产业综合考核中获第一名，逐步提升文化产业增加值占GDP比重。全年新进（含年度申报）规上文化企业55家。有28个文化产业项目进入市、县文化产业重点项目库，其中10个市级重点项目完成实际投资额18.5亿元。南通和丰会展工程有限公司、南通雅晟红木家具有限公司被评为南通市文化产业示范基地。10月23日，"美好生活 五彩如东"专场在栟茶古镇直播带货，县委常委、宣传部部长蔡东与南通市电视台主播姜楠带领17家如东特色企业代表在线推介如东特色商品。直播浏览量27.2万，线上销售商品700余件，成交额4万余元。现场组织产品展销和"南沙之梦"图书夜市等活动。

（胡 娜）

【志愿服务交流活动】 7月2日，南通市"'志'敬百年 追梦江海"志愿服务接力暨如东县"学党史·我为群众办实事"首届志愿服务交流观摩活动在如东县体育中心举行，市文明办副主任倪健、各县（市、区）文明办负责人以及优秀志愿者、优秀志愿服务组织、优秀志愿服务社区代表出席活动。志交会创新引入市场化交易模式，组织文明单位、机关部门、爱心企业、慈善基金、专业社工机构、爱心人士等与重点志愿服务项目实施主体洽谈对接，签约志愿服务交易项目87个，其中，镇（区、街道）重点交易项目43个、社会组织重点交易项目44个，涵盖理论宣讲、教育服务、科技科普、健康促进、文化服务、生活服务等6个类别，总交易额105.14万元。

（沈燕燕）

【全民阅读】 如东推进城乡"15分钟阅读圈"，将"书香城市"建设纳入全县"十四五"发展规划；在全市率先出品"书香如东"地图，串联300多个阅读空间，为市民提供阅读导航；"扶海书香"云诵读、"扶海书香·红阅读"接力活动分别被认定为省级二类、三类公益阅读推广活动。2021年，居民阅读指数高质量考核全省第四、全市第一。县委、县政府出台《如东县推进"15分钟阅读圈"实施意见》，推进建设阅读设施。调整县全民阅读活动领导小组，有成员单位40个。全民阅读工作纳入高质量发展、社会事业、精神文明建设三重考核。修订《文化产业发展专项引导资金实施办法》，将城市书房、城市书吧等阅读设施建设纳入奖励扶持范畴，在县级文化产业发展引导资金、新闻出版专项资金里支出62万元用于奖励阅读设施建设、公益阅读组织及示范阅读活动等。2021年，全县共建成城乡书房五星级1家、四星级2家，城乡书吧五星级8家、三星级书吧21家，市四星级示范农家书屋8家。在对外服务窗口、城市综合体、车站（火车站）、公共广场（绿地）等人流密集场所，建成8个智能图书角，投放10台数字借阅机。推广网络阅读、手机阅读、电子书阅读、听书阅读等阅读方式。开展云诵读线上阅读活动，拍摄制作诵读视频60部，"学习强国"学习平台录用36部，在微信公众号、微信工作群传播，点击播放量100多万人次，经验做法被"学习强国"学习平台、人民网、交汇点等国家、省、市媒体宣传报道。组织第八届“扶海读书节”启动仪式,发布年度主题阅读活动,连续三届形成主分会场联动、多媒体融合的立体推动模式。坚持“一月一示范”,每月由1个镇区举办1场示范阅读活动,展示阅读新空间,开展特色阅读活动。围绕“一镇一品”,形成“书香霜桥”“草木乡村”“书沐滨城”等阅读活动品牌。在全县开展“书香如东邀您代言”全城打卡、“蠙城之夏”图书夜市、农民读书节、“我的书屋我的梦”青少年主题阅读活动等。在新闻媒体开设全民阅读专栏、专题,在主要商业大街电子屏、公交站台、建筑围挡展示全民阅读公益广告和宣传标语。将全民阅读应知应会内容印制宣传单、宣传折页,制作扇子、购物包等宣传品,编成小品、快板等文艺节目,制作手机彩铃、短视频等,拓展全民阅读知识普及覆盖面。针对村民、企业职工开展“阅读手拉手”“我读你听”“读书打卡”等活动,提高群众对书香如东的知晓率、参与率和满意率。

(胡　娜)

【**扶海书香“红阅读”活动**】2021年,县委宣传部、如东县新闻出版局推出“扶海书香·红阅读”接力活动。全县机关、学校、企业、镇(区、街道)及村(居)开展示范打卡活动40余场、其他方式“红阅读”活动60余场。4月24日,县委宣传部、县新闻出版局举办第八届如东扶海读书节启动仪式,启动“扶海书香·红阅读”接力活动。县委常委、宣传部部长、政法委书记、县全民阅读活动领导小组组长张蓉蓉,县人大常委会副主任刘旭峰、县政协副主席桑圣权为获得优秀全民阅读组织单位、最美书香机关、最美书香镇区(街道)、最美书香校园、最美书香企业等获奖代表颁奖,张蓉蓉致辞。现场表演快板《书香如东最美丽》、诵读视频《严冬过后还是春》、音诗画《南湖红船挂云帆》等节目,连线双甸镇希望书吧、新店镇柒壹田园书吧、掘港街道沁垣书吧3个“红阅读”活动站点。

(胡　娜)

【**15分钟阅读圈**】2021年,县政府出台《关于推进如东“15分钟阅读圈”建设的实施意见》,打造城乡“15分钟阅读圈”,推进“扶海书苑”系列书房书吧建设。全县有三星级以上城市书房3家,三星级以上城乡书吧37家。28家高品质城市书房、城乡书吧等公共阅读空间获南通市星级命名授牌。9月1日,召开创建省书香城市建设示范县暨“15分钟阅读圈”建设推进会。县政府副县长陈晓莉宣读如东县第一批“扶海书苑”系列城乡书房、城乡书吧认定结果,为获得星级认定的1家城乡书房和16家城乡书吧负责人颁发奖牌。相关部门、各镇(区、街道)向陈晓莉递交责任书。县委宣传部副部长、县新闻出版局(版权局)局长于海霞解读省市高质量考核要求、居民综合阅读指数及书香城市创建任务。掘港街道、双甸镇、洋口镇、县住建局、东和集团、锦恒集团、县图书馆、县新华书店代表作交流发言。

(胡　娜)

【**“扫黄打非”工作**】2021年,如东县落实意识形态工作责任制,统筹网上治理与网下打击、专项治理与日常监管,净化网上网下社会文化环境。建立“扫黄打非”工作领导小组,县委常委、宣传部部长任组长,有县公安局、县文广旅局、县市监局等20多个成员单位,明确五大专项行动的牵头部门,建立健全联席会议制度、案件查办制度等。定期召开推进会,将“扫黄打非”工作纳入精神文明建设和意识形态工作双重考核,各成员单位及镇(区、街道)履职情况作为每季度意识形态工作督查必查项目。加强属地印刷复制发行企业监管,在寒暑假等时间节点开展全面检查巡查。各基层站点将“扫黄打非”工作融入平安建设、精神文明建设、新时代文明实践中心建设、公共文化服务中心建设。城中街道探索“扫黄打非”+文明实践、“扫黄打非”+基层网格、“扫黄打非”+文化活动等五大融合机制,经验做法被“学习强国”学习平台、《中国新闻出版广电报》等媒体宣传报道,获评省“扫黄打非”进基层示范点。进村(居)70多次,巡查农村集居点、民间社团、商品流通集散点等;进学校40多次,抽查复查学生教材教辅、电脑网络和校园周边书店、报亭;进企业30余次,面向企业、职工宣传相关法律法规,增强职工对“黄”“非”危害认知度,提高保护知识产权意识,参与职工1500多人次。开展“护苗2021”“净网2021”“秋风2021”等5大专项行动,县“扫黄打非”办组织公安、文化、网信、交通、市监等部门实施专项整治,对校园内外、出版物市场、印刷企业、互联网企业、快递点等场所开展集中专项行动17次,出动执法人员4200余人次,检查单位1200多家次,查处“扫黄打非”案件13件,收缴非法书刊69本、非法音像制品80张,取缔、关闭非法经营单位3家,罚没款2万余元,约谈网站3家。城中街道获评省“扫黄打非”进基层示范点、省“扫黄打非”工作先进集体。

(胡　娜)

【**道德楷模群体**】6月18日,江苏省委党史学习教育领导小组办公室、江苏省委宣传部在南京举行发布会,授予国家电网江苏电力(如东)共产党员服务队群体江苏“时代楷模”称号。7月,马塘中学退休教师杨光源登上“中国好人榜”。9月5日,召开第十一届“中华慈善奖”表彰大会,国网如东县供电公司退役军人共产党员服务队获“慈善楷模”称号,是国网系统唯一受表彰对象。11月28日,中央宣传部、中央文明办、全国妇联召开加强家庭家教家风建设工作推进会,冒昀罡家庭获评“全国最美家庭”。11月29日,“圆梦中国　德耀中华——第八届全国道德模范颁奖仪式”在北京举行,城中街道工会主席沈亚秋获第八届全国道德模范提名奖,受到党和国家领导人接见。1月6日,举办“德润扶海、文明同行”如东县道德讲堂总堂示范活动;6月1日,承办全省未成年人“八礼四仪”现场会;12月3日,承办“德润扶海 好人之城”江苏省道德模范与身边好人(南通·如东)现场交流活动,“11·26”海上救人群体(钱军、张学群、丁晓东、杨九才)、杨光源、张冬云、徐兰秀当选11月份“江苏好人”,如东县实验中学学生获评“新时代江苏好少年”。

(沈燕燕)

【省文明单位、文明镇村、文明社区评比】如东县有31家单位被授予2019—2021年度“江苏省文明单位”称号:国网江苏省电力有限公司如东县供电分公司、国家税务总局如东县税务局、南通市烟草公司如东分公司、中国邮政集团有限公司江苏省如东县分公司、中国银行股份有限公司如东支行、如东县市场监督管理局、如东县公安局、如东县人民法院、如东县人民检察院、如东县行政审批局、如东县发展和改革委员会、中国电信股份有限公司如东分公司、如东县人民医院、如东县气象局、中国移动通信集团江苏有限公司如东分公司、江苏凤凰新华书店集团有限公司如东分公司、如东县中医院、如东县城市管理局、江苏如东洋口港经济开发区管理委员会、如东县人民政府城中街道办事处、如东县人民政府掘港街道办事处、南通市中小学生素质教育实践基地、国家税务总局如东县税务局第一税务分局、如东海关、如东县审计局、如东县消防救援大队、江苏海上龙源风力发电有限公司、江苏快达农化股份有限公司、江苏宇迪光学股份有限公司、中天电力光缆有限公司、如东天恒环境服务有限公司;6个镇被授予2019—2021年度“江苏省文明镇”称号:如东县栟茶镇、如东县洋口镇、如东县马塘镇、如东县丰利镇、如东县河口镇、如东县大豫镇;16个村被授予2019—2021年度“江苏省文明村”称号:如东县双甸镇高前村、如东县洋口镇洋口村、如东县掘港街道虹桥村、如东县河口镇双港村、如东县新店镇祝套村、如东县袁庄镇孙庄村、如东县丰利镇凹桥村、如东县曹埠镇跨岸村、如东县栟茶镇三星村、南通外向型农业综合开发区近海村、如东县长沙镇滨海村、如东县马塘镇马西村、如东县大豫镇大豫社区(村)、如东县洋口镇南渔村、如东县马塘镇许楼村、如东县掘港街道掘西村;3个社区被授予2019—2021年度“江苏省文明社区”称号:如东县城中街道三元社区、如东县掘港街道青园社区、如东县城中街道新光社区。

(沈燕燕)

【市文明镇村、文明社区、文明单位、文明校园评选】12月31日,南通市委、市政府印发《关于公布2019—2020年度南通市文明行业文明乡镇文明村文明社区文明单位文明校园认定结果的通知》,如东县5个镇获“南通市文明乡镇”称号,20个村获“南通市文明村”称号,12个社区获“南通市文明社区”称号,60家单位(含两新组织)获“南通市文明单位”称号,23所学校获“南通市文明校园”称号。

(沈燕燕)

【县文明单位(标兵)、文明镇村、文明社区、文明校园评选】1月11日,如东县文明委印发《关于命名表彰2019—2020年度如东县文明单位(标兵)文明镇文明村文明社区文明校园(标兵)的决定》,评选产生2019—2020年度如东县文明单位标兵119个、如东县文明单位231个、如东县文明镇12个、如东县文明村190个、如东县文明社区39个、如东县文明校园标兵23个、如东县文明校园34个。

(沈燕燕)

统一战线工作

【概况】2021年,县委统战部聚集各方力量、聚焦中心任务、聚力提质增效,推进统战各领域工作取得新成效。夯实统战工作领导机制。召开县委统战工作领导小组会议1次、统战专题会议3次,部署宗教领域“两个专项”等工作,贯彻《中国共产党统一战线工作条例》。邀请省台办副主任封志成为全县领导干部和统战对象解读《条例》。县、镇举办各类学习培训活动33期,覆盖5000多人次。参加“全省统战系统庆祝建党100周年青年党员演讲比赛”,获市一等奖、省三等奖。统战宣传、信息工作实现“双突破”,宣传稿件多次被《中国统一战线》《新华日报》《华人时刊》《挚友》《中华工商时报》等期刊录用,有7篇信息被省级内参录用,位列全市第二。

(陈小庆)

【民族工作】如东县民族宗教事务局突出民族团结和睦,探索“民族+”工作法,举办“粽叶飘香迎端午,民族团结一家亲”“春从外农来,心随梨花开”“汉藏孩子一家亲,牵手同台感党恩”等主题活动8次,打造民族团结进步“如东样板”。5月,开展民族健身操教练员培训,推广普及民族健身操,26人参加。6月,如东县民族宗教事务局与南通市民族宗教事务局、南通市民族团结进步促进会、民进南通市委会联合举办“医心为民办实事,同心共筑中国梦”送医下乡活动。同月,如东县少数民族联谊会召开第二次会员大会,更换名称为如东县民族团结进步促进会,沈煜婷当选为新一届民促会会长。指导马塘镇制作快闪《唱支歌儿给党听、共叙民族团结情》,献礼中国共产党成立100周年。大豫镇大同镇、河口镇荷园村、江苏海宝电池有限公司成功创建省级“红石榴家园”,全县共有省级“红石榴家园”4家。

【宗教工作】如东县有宗教活动场所13处,其中,佛教7处、道教2处、天主教1处、基督教3处。5月,县委民族宗教工作领导小组办公室出台《中共如东县委民族宗教工作领导小组及成员单位工作职责》,明确各部门职责和任务,定期召开会议分析研判民族宗教工作重点,落实镇(村)宗教重点工作月度“零”报告制度。研究制定《如东县宗教活动场所负责人管理规定》《如东县宗教活动场所负责人考核实施细则》,加强宗教场所负责人管理。在全县宗教活动场所推进“三爱五认同”(爱党、爱国、爱社会主义;对伟大祖国的认同、对中华民族的认同、对中华文化的认同、对中国共产党的认同、对中国特色社会主义的认同)、“四史”(党史、新中国史、改革开放史、社会主义发展史)主题学习教育,组织宗教活动场所开展“四进”(国旗、宪法和法律法规、社会主义核心价值观、中华优秀传统文件进宗教活动场所)活动。开展安全生产专项整治,定期进行安全检查、抓好问题整改,开展对13个宗教活动场所既有房屋全覆盖安全鉴定,督促指导宗教活动场所抓好常态化疫情防控工作;在全省率先实施"智慧宗教"项目,提升全县宗教领域现代化管理水平。大豫镇天主教堂作为全省首批宗教活动场所法人登记试点单位,8月,完成登记工作,县民政局颁发宗教活动场所法人登记证书。5月29日,国清寺举办"重建30周年暨宝塔落成开光庆典"。推进"三型"(平安型、和谐型、文化型)宗教活动场所品牌创建活动。3月6日,指导扶海宫成立"扶海诗社",上海、如东两地20多人参加诗社,汪益民、陈曼英担任社长,联合上海、南通等地诗社举办庆祝中国共产党成立100周年诗歌比赛及朗诵活动。

(仇晶晶)

【党外干部和知识分子统战】2021年,如东县配备党外副科级及以上领导干部39名,同比增长22%。其中,政协换届推荐207名党外人士担任政协委员,新提拔党外正科职领导干部1人,副处职2人。优化统战团体的会员结构,如东县新的社会阶层人士联谊会(简称县新联会)会员64名,下设私营和外资企业、中介和社会组织、自由职业、新媒体4个工作委员会。如东县党外知识分子联谊会(简称县知联会)2020年8月完成换届后,有会员114人,下设经济、教育体育、卫生健康、科技文化、综合5个工作委员会。如东县欧美同学会(如东县留学人员联谊会)现有会员30人。2021年,共吸收4名年轻骨干进入县欧美同学会,并推荐1名会员进入南通市欧美同学会(南通市留学人员联谊会)任职。农工党市委、九三学社市委、民建市委等民主党派先后到如东调研。县新联会选送节目《丰碑》参加全市统战系统庆祝中国共产党成立100周年文艺演出,获好评。举办"凝'新'聚力跟党走、携手共进新征程"庆祝中国共产党成立100周年主题活动,开展特色观摩活动5场次。召开全县网络代表人士座谈会,网聚正能量,共同画好"网上网下"同心圆。组织党外代表人士调研县内城市基础设施建设、重点企业、民生项目,提出意见建议100余条,为服务全县经济发展凝聚人心、汇集力量。

(缪辰毳)

【非公经济人士统战】12月,县委统战部联合县委组织部、县工商联等15家单位,对285名拟推荐为各级人大代表候选人、政协委员人选的非公有制经济代表人士以及拟在工商联(总商会)任职的非公有制经济人士,就思想政治表现、企业经营状况、企业守法诚信、个人守法4个方面进行综合评价。

(袁 建)

【对台工作】2021年,如东县有台胞85人,有台资企业11家,新批南通鑫生派智能科技公司、江苏诺阳家居公司2家台资企业,新增台资企业投资总额3541.92万美元。新云汉光电和瑞晶商业中心2个台资项目增加投资总额317.81万美元。打造对台服务特色品牌"台青创智空间",开展"凝聚共识 融合发展在如台青交流会""在如台青企业行""台青创业就业故事分享"等活动,促进台青之间交流,了解如东创业就业扶持政策,帮助2名台湾大学生成功申请省级实习奖学金。在如东台商台青代表20余人到如东逸夫特殊教育学校开展"关爱特殊儿童 两岸情暖校园"公益志愿活动。在如东深耕30余载的台商林水柳投资3.78亿元,在文广传媒中心北侧区域打造如东首家台商商业综合体——瑞晶商业中心项目,项目包含五星级酒店、综合性商业超市、高端写字楼、台湾商品街及休闲商务会馆等多个功能载体。截至2021年底,安排台胞有序接种新冠疫苗,接种率100%,帮助台胞台属解决子女入学、拆迁安置、就医等问题30余件。

(冒 蓓)

【港澳及侨务工作】2021年,如东县有海外华侨华人、港澳同胞2000多人,归侨侨眷9000多人。有侨资侨属企业近50家。实施"金侨工程",为侨企在行政审批、要素保障等方面提供服务。举办侨界企业家座谈会、"服务侨企重大项目建设座谈会"。实施"蓝侨工程",吸引侨资落户如东。如东籍港胞程忠被南通市人民政府授予第三届"南通慈善奖"最具爱心捐赠个人称号。县侨办组织侨界人士参加"扶海同心喜迎二十大"系列主题活动。组织新任统战委员和统战助理到县统战部机关跟班学习侨务工作要求,参加侨务专题培训。召开全县侨务工作推进会、侨界企业家座谈会。在"如东统战"微信公众号上开辟专栏宣传侨务工作和侨法知识。参与大运河文化线上活动,推介如东特色文化。在《中国统一战线》《华人时刊》《挚友》等刊物上发表文章5篇。组织开展《中华人民共和国归侨侨眷权益保护法》等侨法宣传系列活动。在栟茶镇茗海社区、经济开发区振新社区等地的"侨台之家"内设立侨法宣传展示板。策划"海外侨商如东行"等活动,建立"侨联搭台、侨界唱戏、社团助力、部门协助、镇区联动"如东侨联"双招双引"新模式。加强与"一带一路"沿线国家侨社团的联谊交往。开展"进侨家访侨情""送温暖暖侨心""关爱侨界空巢老人"等主题活动。到各镇(区、街道)调研,了解侨情民意,完善信息资料库,走访慰问侨胞侨眷,帮助侨界群众解决看病、拆迁等问题。实施"银侨工程",提升年老侨眷健康水平。设立"侨之家",组织志愿者与"空巢"老年侨眷结对给予其精神抚慰。创建"美国如东同乡群""欧洲如东同乡群""加拿大如东同乡群"等海外联络微信群,加强与海外侨胞交流与联系。在栟茶中学设立"侨心港服务驿站",整理定居海外的校友资料,为他们提供服务。开展"送法到侨企"活动,为金红叶纸业、三一帕尔菲格等侨资企业提供服务,协调解决企业困难。

(周 莉)

机构编制管理

【重点领域改革】2021年,如东县贯彻向海发展战略要求,推动开发区赋权扩能增效,赋予洋口港经济开发区41项县级经济社会管理权限。中共如东县委机构编制委员会办公室(简称县委编办)开展"大数据+指挥中心+综合执法队伍"建设试点工作，制定综合行政执法指挥联席会议制度，出台镇、街一体化平台优化提升方案，会同县司法局制定全县六大领域综合行政执法职责清单，县委编办获评“全省综合行政执法改革暨指挥中心建设先进单位”。持续推进基层整合审批服务执法力量工作，采取“赋权+委托”方式下放42项处罚权、4项强制措施权以及委托59项处罚权，对15个镇(街道)开展全面评估。落实事业单位改革前期工作，全面摸底事业单位机构编制和职能运转情况，形成公益类事业单位基础资料库。

【机构编制管理】2021年，如东县设立洋口化学工业园管理办公室。落实人才队伍建设规划要求，对县高级人才管理中心重新核编并制定三定方案。巩固拓展脱贫攻坚成果，在县农业农村局增挂县乡村振兴局牌子。审批教育系统编制使用计划353名、卫生系统编制使用计划265名。出台3家公立医院和10家基层医疗卫生机构“三定”方案。落实义务教育“双减”政策要求，在县教育体育局设立校外教育培训监管科并核增编制。设立如东县第一高级中学，8所幼儿园，同步调整学校编制配置。设立掘港、城中2家街道司法所和城中水利站。制定《关于印发〈如东县委机构编制委员会议事规则〉的通知》，对县委机构编制委员会有关机构设置、职责任务、会议制度、其他事项4个方面进行明确。出台《关于进一步规范机构编制事项申请工作的通知》，规范机构编制报送事项、报送主体、报送程序和报送要求。开展疾病预防控制中心机构编制执行情况和使用效益情况专项评估，完成第二次全国机构编制核查任务。

【事业单位登记管理】2021年，县事业单位登记管理局完成事业单位设立登记18家、变更登记106家、注销登记3家，办结率100%，完成427家事业单位法人年报公示工作，组织14家县级部门对3家公立医院开展信用等级评价。贯彻《全县事业单位法人监管工作细则》，按照3%比例随机抽取12家事业单位开展事业法人“双随机、一公开”(在监管过程中随机抽取检查对象、随机选派执法检查人员、抽查情况及查处结果及时向社会公开)监管抽查，建立法人异常名录库。配合落实江苏赋码登记系统启用准备工作，向省事业单位登记管理部门反馈改进建议，被采纳42条。

(徐宇博)

老干部工作

【概况】2021年，如东县有离休干部215人，其中，行政离休干部72人，事业离休干部73人，企业离休干部70人，比上年减少43人。退休干部有1.17万人，其中，正县处级8人，副县处级41人，正乡科级672人，副乡科级1128人，科员1340人，事业单位8403人。全县离退休干部党总支17个，离退休干部党支部131个。全县老干部工作推动实施“五项工程”“五大行动”，激活党建引擎，汇聚银发力量，提升服务水平，推动离退休干部工作高质量、融合化发展。开展党史学习教育，围绕“小切口、大变化”，组织全体党员干部开展“我为群众办实事”活动，提升作风效能。老干部工作调研文章《关于在传承红色基因方面引导和发挥老干部独特优势的探索与思考》获评全省优秀调研成果三等奖，县老干部局获评全国涉老工作部门庆祝建党100周年暨党史学习教育宣传工作优秀奖。

【老干部党组织建设】3月，县委老干部局出台《如东县离退休干部党建工作考评细则》，将“扶海银发先锋计划”、庆祝中国共产党成立100周年活动、主题党日活动以及培树党建品牌等作为考核内容。8月30日，专题召开党建工作协调议事会议，县委县级机关工委、县委教育工委、县民政局、县财政局、县人社局、县卫健委、县医保局、县退役军人事务局、县国资办等成员单位参加会议，研究讨论《如东县离退休干部党建工作协调议事会议制度》，会商离退休干部服务保障、离休干部看病就医绿色通道事宜。组织老干部收看网上专题报告会、参加全省党史知识竞赛、“百年追梦”主题征文、“我看建党百年新成就”专题调研等活动，开展党史学习教育，筑牢思想根基。4月，在全县老干部工作会议上，表彰全县“六有一提升”示范党支部8个，巩固创建成果。在全县110个离退休干部党支部中开展“回望百年路，助力新征程”主题党日活动，提升党组织生活质量。对全县79个离退休干部党建品牌进行评审定级，洋口镇“海韵晚霞映初心”获评全市“十佳离退休干部党建品牌”，栟茶镇“晚辉映南沙”和县生态环境局“以清求和·环保银辉”获评全市“优秀离退休干部党建品牌”。10月，举办离退休干部党建重点工作培训班，县级机关部门、镇(区、街道)离退休干部党组织书记133人参加培训。开展“忆党情 颂党恩”离退休干部党组织书记讲党课活动，《天地能知忠烈心——吴亚鲁烈士的事迹》《星火燎原——记如东第一党支部的诞生》微视频分别获评全市“忆党情颂党恩”百名离退休干部党组织书记讲党课二等奖、三等奖。探索“党建+”“工作室”“服务驿站”新路径，建成洋甜供销社党建联盟、丰利镇离退休干部党总支“红领五义”党建联盟2家党建联盟示范点，建立11个老党员工作室，5个老干部工作驿站，成立5个功能型社团党支部。探索实施流动党员“结对联系、线上学习、暖心关怀”3项管理服务机制，该工作方法在全市离退休干部党建工作推进会上作交流发言。组织参加全省离退休干部党支部和党员“双百佳”推选展示活动，县人民医院离退休干部第二党支部被评为全省“百佳离退休干部党支部”，双甸镇钱山柏被评为全省“百佳离退休党员干部”。

【老干部志愿活动】县委老干部局每季度召开一次涉老组织、涉老部门联席会议，升级打造银色智囊团、“银发仁心”医疗志愿服务队、“银发圆梦”乡村振兴志愿服务队、“银发护绿”环境保护志愿服务队、“银发追梦”文艺宣传志愿服务队、“银发先锋”法律志愿服务队、“银发之声”理论宣讲志愿服务队。打造县—镇—社区(社团)3级银色服务矩阵，通过“总队发动、县镇联动、镇区互动、党员带动”四动模式，形成上下联动、横向协同工作体系。实施“一月一主题,一镇一项目”计划,推进志愿服务项目品牌化、精准化。双甸镇“银发筑梦 润苗有声”项目获评全市离退休干部志愿服务优秀项目,县“银色智囊”的“科创助农”项目获评全市离退休干部志愿服务良好项目。紧扣“开启新征程,银发再出发”主题,组织老干部投身“两在两同”建新功行动,推行“网上派单、按需点单”志愿服务运行机制,开展志愿服务:组织40多名农技专家送农技到田头,服务农民800多人次;21名社科专家“银发宣讲团”成员开展党史宣讲460多场次,受众超过2.1万人次;50多位“银发仁心”老专家开展义巡诊和健康知识讲座22场次;组织老同志开展“党史进校园活动”,宣讲360场次,受众9.5万人次;3名离退休干部党总支书记被选派担任驻企“第一书记”。《银发团队服务零距离》文章在《中国老年报》上刊载。双甸镇“小老人帮扶老老人”志愿服务项目获评全国学雷锋志愿服务“四个100”先进典型最佳志愿服务项目。马塘镇杨光源获评全省关心下一代工作优秀个人。

【老干部服务管理】9月底,联合县委组织部首次举办“银耀扶海、赓续前行”县管干部荣誉退休仪式,县委书记陈慧宇通过视频发表寄语,南通市委组织部副部长、老干部局局长、离退休干部工委书记袁鸿飞,县委常委、组织部部长、统战部部长杨忠,县委组织部常务副部长丁越,县委组织部副部长、老干部局局长、离退休干部工委书记张海城参加会议。2021年,县老干部活动中心建成集党建服务、学习教育、文化休闲、健康关爱和正能量汇聚于一体的“乐龄共同体”。9月,联合如东社区学院开设“智能课堂”视频号,制作推出217期“老年人玩转智能手机”视频,普及智能手机应用知识。以庆祝中国共产党成立100周年为契机,6月17日,举办“百年征程 墨润华章”老年书画展,入展作品75幅,中国书法家协会会员潘宗和、谢骏等作品入展;6月29日,举办“百岁贺百年 万岁共产党”百名建党同龄人风采摄影展等系列活动。推进离休干部看病就医“三有一落实”(有就医绿色通道、有签约家庭医生、有医疗特困帮扶机制,落实好离休干部提高享受医疗待遇政策)工作。10月,召开全县离休干部医疗待遇协调会,参照市直离休干部医疗待遇标准,提高部分离休干部医疗待遇及二次报销补助标准,全县离休干部医疗待遇实现与南通市区接轨。对全县78名企业离休干部和122名无固定收入遗偶待遇落实情况开展专项检查。6月,对242名离休干部开展“建党百年庆华诞”大走访、大调研活动,给老同志们送上慰问信及健康礼包。走访慰问121名特困离退休干部,发放帮扶资金15万元,帮扶人数同比提高53%。

(顾新剑)

史志编研

【概 况】2021年,中共如东县委党史工作办公室(县委党史办)立足党史编研主要职能,业务工作再创新业绩。在职工作人员8人,在党史学习教育中,有4人抽调在党史学习教育领导小组办公室工作,3人为巡回指导组成员,5人为县委宣讲团成员。6月,印制《红色海洲 百年潮涌——中国共产党在如东》纪实图册,反映中国共产党领导如东人民革命、建设、改革的全过程。12月,出版《我的如东我的家》,分发给全县6000名初二年级学生。“史志如东”微信公众号,分“史画如东”“人文风情”“史志之窗”“地名掌故”“自然地理”“方言民俗”“如东人物”栏目,全年推送360期。3—5月,与档案馆、红十字会、侨联共同值守玫瑰园小区卡口,做好疫情防控。6月,根据机关党工委安排,和党校每天轮流安排1名工作人员到疫苗接种点担任志愿者,引导接种人员有序接种。挂钩洋口镇杨楝园村2户低收入家庭,每季度1次入户走访帮扶,巩固脱贫攻坚成果。挂钩城中街道水韵名居近200户居民做好小区文明创建志愿服务和创建知识上门辅导工作。加强机关制度化管理,出台《县委党史办机关工作人员平时考核实施办法》,执行上下班打卡考勤制度、书面请假制度、每日工作纪实制度,按照中层以下工作人员《目标任务书》每季度1次述职考评,提升部门效能建设。

【党史编研】2020年4月,县委党史办启动《中国共产党如东简历(1926—2020)》编纂工作。2021年6月,由中共党史出版社出版,南京台城印务有限责任公司印刷,正式出版发行。全书24万字,11章,记录如东人民在中国共产党的领导下,同封建主义、帝国主义、国民党反动统治进行艰苦卓绝、不屈不挠斗争的过程。以此书作为中国共产党成立100周年献礼。

2021年6月,县委党史办编撰的《中国共产党如东简历(1926—2020)》正式发行,为中国共产党成立100周年献礼

【《如东年鉴(2020)》编纂出版】2021年3月,如东县地方志编纂委员会办公室启动年鉴编纂工作。12月,《如东年鉴(2020)》由江苏人民出版社出版发行,扬州市机关彩印中心印刷。全书54万字,设24个类目,按类目、分目、条目3个层次编排,三栏排版,全彩印刷。规范年鉴类目,创新体例,突出如东地方特色和年度特色,记述2020年全县自然、政治、经济、文化、社会、生态等方面基本面貌和发展情况。增加智慧阅读功能,利用二维码技术,加入如东洋口港、风电、旅游等对外发布的相关视频,延伸读者阅读视角,形成文字、图片、视频全媒体志书。

【红色教育基地建设】2021年,县委党史办主动介入,把好红色资源利用史料关。如东是革命老区,全县有革命遗址遗迹51处。苏中四分区“反清乡”史料陈列馆、马塘烈士纪念馆、耙齿凌烈士陵园、曹埠第一支部纪念馆、栟茶大东旅社、大豫镇南坎战役纪念馆等为全县红色教育基地。3月，全县全面开展党史学习教育，各镇区均加紧规划、管理、开发红色资源建设，除苏中四分区“反清乡”史料陈列馆、栟茶大东旅社外，其余场所均在新建或重建。县委党史办对各类历史图文资料把关，协助制定、审核布展大纲。

【镇志、名镇名村志编纂指导】2021年，县地方志办服务指导部门志和镇志的编纂工作。8月，《洋口镇志》正式出版发行。江苏名镇志《双甸镇志》《栟茶镇志》通过江苏省地方志办公室终审。《长沙镇志》《河口镇志》《袁庄镇志》形成初稿。

档案工作

【概况】2021年，如东县档案馆有馆藏档案256个全宗，纸质档案45.55万卷、37.90万件，照片档案1.04万张，实物档案1386件，馆藏资料1.61万册。接待查档1560人次，调阅档案2300件。电话、网络查档5人次，5件。其中，查阅婚姻档案816人、528件；查阅招工、插队、调资等档案626人次、1254件；会计档案58人次，调阅凭证252本。接收全县46家719条主动公开信息。审查馆藏1988年至1995年共229个全宗、3.98万卷到期档案，开放档案170个全宗、2.26万卷。县档案馆推进档案资源体系、档案利用体系、档案治理体系等建设，获江苏省档案期刊宣传工作二等奖、如东县“三八红旗集体”、先进基层党组织等荣誉。红色档案《华中人民解放军海防政治部公函》《解放战争时期如东籍革命军人家属证明书》入选2021年“江苏百件红色珍档名录”。

【档案征集编研】2021年，县档案馆征集到《康氏宗谱》《如皋车马湖吴氏世谱》《如皋潮桥朱氏家史及家谱》《管氏南坎支谱（锄金堂）》《如东县人民医院志》等志谱类资料13卷，征集到赵过之《自珍集》《心经笺注》《千家诗》赵宗抃册页等资料复制件5件，征集到郭可慈、郭谦父子文献资料153件，烈士尤云彩、尤云林兄弟资料16件，抗日老战士李昌荣资料22件，姬鹏飞书法1件，征集到中天科技集团内部刊物、1959年版《农民识字课本》等零散档案55件（册）。2月4日，县档案馆召开书画精品专家鉴定组会议，鉴定2019年1月至2021年1月捐赠所获47幅书画作品收藏价值，确认第二批书画作品46幅，形成《如东县档案馆书画精品库第二批捐赠暨收藏作品清单》并对外公布。与县文联合作编制《天佑中华——如东县档案馆抗疫书画作品集》《“听党话、感党恩、抒党情”书画摄影展作品集》；与县委党史办合作编制《百年潮涌——纪念中国共产党成立一百周年图志》。整理馆藏上架地方特色文献资料104册、图书175册、杂志63册、报纸27本，整理光盘250张。打印电子家谱入库248卷，整理入库书画作品111幅。

【档案业务指导】2021年，县档案馆对县农业农村局、县文化广播电视和旅游局、县发展和改革委员会等涉及机构改革单位进行档案指导服务。会审机关事业单位档案，分组业务指导93家机关事业单位文书档案收集整理，规范2020年度文件材料归档工作。为中石油江苏液化天然气有限公司、赛立特安全用品公司、江东电子材料有限公司、诺德新材料有限公司、南通强生光电科技有限公司等31家企业进行上门指导档案管理工作，现场查看档案资料和档案库房，向企业单位负责人讲解建设工程项目档案管理知识，帮助企业制定分类方案，指导整理档案方法。与县扶贫办对接，摸底调查县、镇（区、街道）、村三级脱贫攻坚档案工作情况，部署、指导全县精准扶贫档案工作。县级精准扶贫档案进馆2121件，镇级精准扶贫档案进馆15520件。7月，制定出台《关于开展2021年档案工作“双随机一公开”执法检查的通知》《2021年县档案局双随机一公开监管工作方案》等文件，全年对县委党校、丰利镇、大豫镇、县司法局等11家单位开展“双随机、一公开”档案行政执法检查工作。

【档案信息化建设】9月底，查阅大厅及功能室监控改造项目竣工验收并投入使用。做好数字档案馆系统和数字档案室系统等级保护测评工作，完善信息安全保障体系，保障数字档案馆室信息系统服务安全和档案信息数据的安全。全年接收进馆档案电子数据单位13家，进馆纸质档案数据案卷级目录1614条、文件级目录10.52万条、全文8.49万件、34.86万页、104.59GB；实物档案目录242条。校核馆藏电子档案数据，完善馆藏图书、报纸、期刊目录，查漏补缺确保馆藏档案利用便捷。与县纪委、双甸镇、农业农村局等单位分别签订档案数据共享协议，共享所属6个全宗档案数据目录7.62万条、全文7.30万件、100.05GB。加大长三角地区民生档案“异地查档、便民服务”平台服务力度。

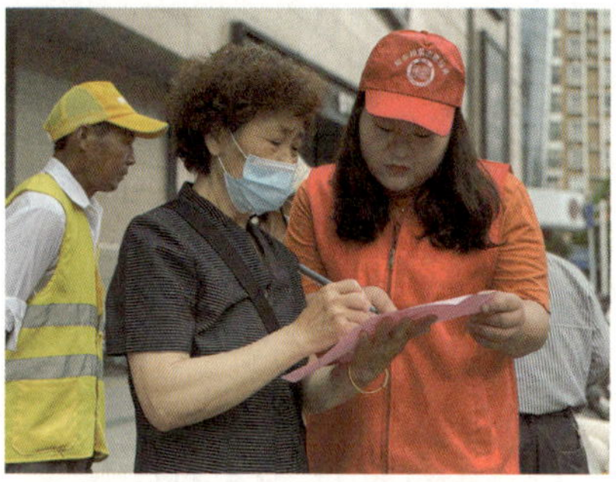

6月8日，县档案馆联合东和集团、县法院、县医保局等单位在文峰广场开展“6·9”国际档案日宣传活动

【档案宣传】3月3日，县掘港小学20多名师生到县档案馆开展“重温红色岁月·立志奋发图强·寄存少年梦想”青少年爱国主义主题教育。5月25日，县实验小学四年级学生走进县档案馆，开展“让红色基因薪火相传”党史学习教育宣传活动。开展“6·9”国际档案日宣传系列活动，联合江苏东和投资集团有限公司举办“用好红色档案资源，学好红色百年历史”主题活动。参观者在县历史文化展示中心，查看地方历史文献和红色档案，了解如东历史文化、英雄人物和红色记忆，发挥档案馆红色档案基因库作用。每月推送4期“如东档案”微信公众号信息，挖掘馆藏资源，内容包括政务馆讯、历史文化、档案法规等。联合县委宣传部、县委党史学习教育领导小组办公室等单位，举办百年潮涌——庆祝中国共产党成立100周年“听党话、感党恩、抒党情”书画摄影展，接待参观者3000多人次。展出百年图志。联合县委党史办，

甄选红色档案200余件,在文峰大世界广场、行政中心、规划展览馆和双港村展出《百年潮涌——庆祝中国共产党成立100周年图志》,参观群众800余人次。

(周 娟)

党校教研

【概况】2021年,县委党校在职教职员工23人,其中,研究生学历9人、本科学历13人;高级讲师10人、副研究馆员1人、中级职称4人、初级职称7人,职工1人。培训大楼1.2万平方米,有500人报告厅1个,260人报告厅1个,各类功能教室12个,三星级标准学员宾馆132张床位,食堂能容纳500人就餐。建有"不忘初心、牢记使命"主题教育馆1座。2021年,被评为"南通市党校系统教学工作先进单位";县委党校党支部被评为县级机关"先进基层党组织"、党史学习教育工作"先进集体",2人被评为党史学习教育"先进个人"。主题馆获南通市委宣传部、社科联"社会科学普及示范基地"称号。县委党校与南京林业大学、扬州大学联合举办硕士如东班,2021年,共有在校生53人,其中,2017级农业硕士如东班,学员34人已毕业20人;2018级20人已毕业5人;2019级24人,学制3年,未毕业。

【干部培训】2021年,县委党校县内办班40期,培训各级干部5775人次。举办全县秋季干部培训主体班开班仪式、全县公务员"八项本领"提升班、全县村(社区)党组织书记培训班、新录用公务员和青年人才培训班、全县新党员党性修养提升班等。班次和受训人次均比上年增加。在15个镇区举办"一线课堂",授课40余场次,参训4027人次;实地调研、优化设置28个现场教学点,开展现场教学11场次,培训1105人次;开展干部在线学习,参学单位76家,参学人员2547人。

【主题教育馆】2021年,县委党校"不忘初心、牢记使命"主题馆开展"沉浸式"党性教育,接待团体、单位72个、3511人次,讲解85场次,解说词获评市干部教育培训现场教学点"十佳解说词"。接待单位有:南通市委组织部、南通市委政法委、南通市检察院、南通市农业农村局、南通市妇联、如皋市委组织部、江苏沿江地区农业科学研究所、南通国城投资发展有限公司、中国水电建设集团能源开发有限公司华东分公司等。

【理论宣讲】2021年,12名老师入选党史教育县委宣讲团、学习贯彻六中全会精神县委宣讲团,宣讲30余场,受众3500多人次。全体教师参加党史学习教育主题宣讲、"千场宣讲进基层"、"社科专家基层行 百年党史巡回讲"等。常务副校长吴金明参加"'红色关爱'海上行"活动,为三峡能源中天8号海上风电施工船的一线党员上党课。党校领导、教师在各镇(区、街道)、机关事业单位、村居(社区)、学校、企业、部队宣讲共122场次。

【科研资政】2021年,全校教师在县内各部门和基层调研50人多次,撰写调研文章17篇。其中,获市委党校结项课题3个,市社科联课题1个,县社科联课题9个。获如东县经济与社会发展应用课题研究成果奖6个,获如东县法学课题研究成果奖1个。顾霁虹《突发公共卫生事件下的社区基层治理研究》获全市党校系统第十一届优秀决策咨询奖二等奖。全年在市级以上期刊发表论文15篇。6月,学校公众号"中共如东县委党校"上线,全年推送16期,内容涉及党校动态、学术交流、干部学习、权威发布等,有200多人关注、阅读数4100多人次。12月16日,县委党校校刊《党校视界》创刊,创刊号受县委书记陈慧宇肯定,顾霁虹的《深化法治如东建设研究》获县委常委、政法委书记张蓉蓉批示,黄红梅的《关于挖掘利用如东红色文化资源的建议》获县委常委、宣传部部长蔡东批示。

(顾霁虹)

接待服务

【概况】2021年,如东县接待上级领导、客商、来宾273批,3279人,5108人次。其中,三级等级任务3次,省部级以上领导11人次,重大会议20余批次。

【重要客商】2021年,到如东考察、参观、洽谈的客商有日本丰田集团、金光集团有限公司、桐昆集团股份有限公司、香港保华集团有限公司、中国长江三峡集团有限公司、软银金融控股集团有限公司、广州越秀集团股份有限公司、中国葛洲坝集团有限公司等知名企业负责人。

【重要活动】2021年,如东县重要活动有:第一季度集中项目签约、氢能产业项目签约,江苏省邳州市、江苏省射阳县、陕西省南郑区、江苏省泰兴市等党政代表团到如东考察以及省、市和兄弟单位人大、政协到如东开展调研活动。完成"党史学习教育巡回指导""高标准农田专项巡察回头看""党委换届专项巡察""涉粮问题专项巡察""省安全生产巡察"等省、市各类巡视、巡察活动保障工作。

(周 徐)

2021年4月26日,南通市党史学习教育巡回指导第二指导组考察党校主题教育馆

如东县人民代表大会

重要会议

1月12日，如东县第十七届人民代表大会第五次会议开幕

【概况】2021年，如东县人大常委会聚力“四个人大”（即责任人大、规范人大、实效人大、活力人大）建设新内涵、工作推进新机制、规范履职新标准。全年共召开常委会会议11次，听取和审议县政府专项工作报告15项，作出决议决定、提出审议意见10项；召开主任会议19次，开展专题视察5次，听取县“一府一委两院”专项工作报告18项；依法任免人大常委会机关和县“一府一委两院”工作人员83人次，完成县十七届人大五次会议提出的目标任务。县委召开县委人大工作会议暨纪念县人大设立常委会40周年大会，研究解决人大工作重大事项。

【县十七届人大五次会议】1月12—16日，如东县第十七届人民代表大会第五次会议在县会议中心召开。会议听取和审议县长陈慧宇作《如东县人民政府工作报告》、县发展和改革委员会主任于海杰作《如东县国民经济和社会发展第十四个五年规划和二〇三五年远景目标纲要（草案）》《关于如东县2020年国民经济和社会发展计划执行情况与2021年国民经济和社会发展计划（草案）的报告》、县财政局局长江新泉作《如东县2020年财政预算执行情况和2021年财政预算（草案）报告》、县人大常委会主任陈昌龙作《如东县人大常委会工作报告》、县人民法院院长黄卫作《如东县人民法院工作报告》、县人民检察院检察长王骅作《如东县人民检察院工作报告》。大会选举邵锋为县监察委员会主任，选举赵尊兵为县第十七届人大常委会副主任，选举陆金标为县第十七届人大常委会委员。票决确定政府为民办实事项目10项。大会表彰优秀人大代表39人、优秀议案、建议28件、优秀承办单位12个、镇区（街道）人大工作先进集体7家、先进人大工作者24人、先进人大代表之家16个；表彰人大工作创新奖12项。

2021年如东县十七届人大常委会议一览表

表8

序号	会议名称	时间	地点	出席领导	会议内容
1	县十七届人大常委会三十三次会议	1月7日	县行政中心20812会议厅	陈昌龙 徐鸿斌 刘旭峰 罗晓东	补选杨忠为南通市第十五届人民代表大会代表，并报市人大常委会确认
2	县十七届人大常委会三十四次会议	1月25日	会议中心会议厅	陈昌龙 徐鸿斌 刘旭峰 罗晓东 赵尊兵	表决通过县人大常委会主任陈昌龙所作人大系统人事任免议案，表决通过县政府常务副县长张兴国所作县政府人事任免议案。审议通过县人大常委会2021年工作要点
3	县十七届人大常委会三十五次会议	3月30日	会议中心会议厅	陈昌龙 徐鸿斌 刘旭峰 罗晓东 赵尊兵	听取并审议副县长蔡东代表县政府所作关于《中华人民共和国中小企业促进法》贯彻落实情况报告，县人大常委会副主任、执法检查组常务副组长刘旭峰代表执法检查组所作执法检查报告
4	县十七届人大常委会第三十六次会议	4月29日	会议中心会议厅	陈昌龙 徐鸿斌 刘旭峰 罗晓东 赵尊兵	表决通过县委副书记、县长陈慧宇所作《县政府关于提请许金标等同志职务任免的议案》，表决通过县人民法院院长黄卫所作县人民法院人事任免议案。任命许金标为县人民政府副县长，免去张建中县人民政府副县长职务
5	县十七届人大常委会三十七次会议	5月28日	会议中心会议厅	陈昌龙 徐鸿斌 刘旭峰	表决通过县人大常委会主任、党组书记陈昌龙所作县人大常委会人事任免议案，表决通过县委副书记、县长陈慧宇所作县政府人事任免议案。任命姜红波为县人民政府副县长

续表8

序号	会议名称	时间	地点	出席领导	会议内容
6	县十七届人大常委会三十八次会议	7月9日	会议中心会议厅	陈昌龙 徐鸿斌 刘旭峰 罗晓东 赵尊兵	表决通过县长陈慧宇所作人事任职议案，县人大常委会主任陈昌龙作议案说明，任命刘莉为县人民政府副县长，杨德华为县人民法院副院长、审判委员会委员、审判员，方海军为县人民检察院副检察长、检察委员会委员、检察员。接受黄卫辞去县人民法院院长、审判委员会委员、审判员职务请求，接受王骅辞去县人民检察院检察长、检察委员会委员、检察员职务请求。决定杨德华代理县人民法院院长职务并报县第十八届人民代表大会第一次会议备案，方海军代理县人民检察院检察长职务并报县第十八届人民代表大会第一次会议、市人民代表大会常务委员会和市人民检察院备案
7	县十七届人大常委会三十九次会议	7月27日	会议中心多功能厅	陈昌龙 徐鸿斌 刘旭峰 罗晓东	接受陈慧宇辞去县人民政府县长职务请求，接受邵锋辞去县监察委员会主任职务请求。表决通过县政府、县监察委员会人事任职议案，任命陈雷为县人民政府副县长，任命朱正俊为县监察委员会副主任。决定陈雷代理县人民政府县长职务，朱正俊代理县监察委员会主任职务。听取县政府关于2021年上半年国民经济和社会发展计划执行情况报告、县政府关于2020年县本级财政决算(草案)和2021年上半年财政预算执行情况报告、县政府关于同级审计工作情况报告以及县人大常委会相应调查报告，审查批准2020年县本级决算；听取服务项目建设和中小企业发展重点职能部门专项工作报告
8	县十七届人大常委会四十次会议	8月10日	会议中心会议厅	陈昌龙 刘旭峰 罗晓东 赵尊兵	表决通过县委副书记、代县长陈雷，县委常委、纪委书记、监委代主任朱正俊，县人民法院代院长杨德华分别所作县政府、县监察委员会、县人民法院关于人事任免议案，县人民检察院代检察长方海军所作县人民检察院人事任职议案。任命徐东俊为县人民政府副县长，免去张兴国、蔡东县人民政府副县长职务
9	县十七届人大常委会四十一次会议	9月29日	会议中心多功能厅	陈昌龙 徐鸿斌 刘旭峰 罗晓东 赵尊兵	听取并审议服务项目建设和中小企业发展专项工作评议重点职能部门整改工作情况报告，县人大常委会组成人员就整改工作中的问题对相关部门进行专题询问，并作满意度测评。听取并审议副县长陈晓莉代表县政府所作关于开展第八个五年法治宣传教育议案情况说明，关于规范性文件备案审查的专项工作报告。表决通过县人大常委会关于开展第八个五年法治宣传教育的决议。听取并审议县人民法院、县人民检察院部分工作人员履职情况报告，并作满意度测评。表决通过县人大常委会关于县镇人民代表大会换届选举有关问题的决定、县镇选举委员会组成人员名单，县第十八届人民代表大会代表名额分配方案。表决通过相关人事任免，举行宪法宣誓仪式
10	县十七届人大常委会四十二次会议	11月29日	会议中心多功能厅	陈昌龙 徐鸿斌 刘旭峰 罗晓东 赵尊兵	表决通过县人大常委会、县人民政府和县人民法院相关人事任免议案，任命一批县人大常委会相关委室负责人、县人民政府组成部门负责人和县人民法院审判员，并进行宪法宣誓。听取并审议许金标代表县政府所作关于代表议案建议办理和常委会决议决定执行及审议意见落实情况工作报告。采用电子测评方式对代表议案建议办理工作完成情况作满意度测评，现场公布测评结果。听取并审议县政府财政收支预算调整议案，表决通过县人大常委会同意县政府调整财政收支预算的决定。听取部分市人大代表履职情况报告。表决通过县人大常委会召开县第十八届人民代表大会第一次会议的决定，决定一次会议于2022年1月中旬在县城召开。表决通过县人大常委会关于许可县公安局对有关代表采取刑事强制措施的批复
11	县十七届人大常委会四十三次会议	12月28日	会议中心会议厅	陈昌龙 徐鸿斌 刘旭峰 罗晓东	听取并初审县政府关于2022年如东县国民经济社会发展计划(草案)和财政预算及部门综合预算(草案)报告；听取并审议县政府县本级财政预算执行和其他财政收支审计查出问题整改情况报告，并作满意度测评。会议听取县选举委员会关于县镇人大代表选举工作情况报告和县十八届人大代表资格审查情况报告。表彰"三优三先"和人大工作创新奖决定。听取县十八届人大一次会议筹备工作情况报告，修改通过县人大常委会工作报告

2021年如东县十七届人大常委会主任会议一览

表9

序号	会议名称	会议时间	会议地点	出席领导	主要内容
1	县人大常委会第71次主任会议	1月7日	县行政中心20812会议厅	陈昌龙 徐鸿斌 刘旭峰 罗晓东	听取县委组织部关于增补南通市第十五届代表大会代表情况说明,决定提交常委会审议
2	县人大常委会第72次主任会议	1月22日	县行政中心20812会议厅	陈昌龙 徐鸿斌 刘旭峰 罗晓东 赵尊兵	听取县委组织部人事任免提名情况;听取并讨论县人大常委会2021年工作要点,决定提交常委会审议
3	县人大常委会第73次主任会议	2月24日	县行政中心20812会议厅	陈昌龙 徐鸿斌 刘旭峰 罗晓东 赵尊兵	讨论确定县十七届五次会议代表重点建议,讨论通过全县人大代表督查助推“清水绿岸”主题实践活动工作方案、评议服务项目建设和中小企业发展重点职能部门专项工作实施方案、议案和五次会议重点建议督办工作方案、镇区街道人大工作考评办法、《中小企业促进法》《水污染防治法》执法检查实施方案、政府民生实事项目督办推进工作方案、县人大常委会学法计划、加强县镇区街道人大自身建设意见
4	县人大常委会第74次主任会议	3月29日	县行政中心20812会议厅	陈昌龙 刘旭峰 罗晓东 赵尊兵	听取并审议县政府关于县十七届人大五次会议代表建议办理工作计划报告
5	县人大常委会第75次主任会议	3月29日	县行政中心20812会议厅	陈昌龙 刘旭峰 罗晓东 赵尊兵	听取并讨论县人大常委会执法检查组关于《中华人民共和国中小企业促进法》执法检查情况报告。决定提交第十七届人大常委会第三十五次会议审议
6	县人大常委会第76次主任会议	4月29日	县行政中心20812会议厅	陈昌龙 徐鸿斌 刘旭峰 罗晓东	听取县委组织部、县人民法院人事提名,听取并审议县政府关于全县学前教育发展情况工作报告
7	县人大常委会第77次主任会议	5月26日	县行政中心20812会议厅	陈昌龙 徐鸿斌 刘旭峰 罗晓东	听取县委组织部人事任免提名情况;听取并讨论县人大常委会《水污染防治法》执法检查报告,决定提交常委会审议
8	县人大常委会第78次主任会议	6月28日	县行政中心20812会议厅	陈昌龙 徐鸿斌 刘旭峰 罗晓东 赵尊兵	听取县政府关于全县“河长制”落实情况报告,开展栟茶运河水环境治理人大代表集中“问河长”“问局长”“问县长”
9	县人大常委会第79次主任会议	7月9日	县行政中心20812会议厅	陈昌龙 徐鸿斌 刘旭峰 罗晓东 赵尊兵	听取县委组织部人事任免提名情况,决定提交常委会审议

续表9

序号	会议名称	会议时间	会议地点	出席领导	主要内容
10	县人大常委会第80次主任会议	7月22日	县行政中心20812会议厅	陈昌龙 徐鸿斌 刘旭峰 罗晓东 赵尊兵	听取和审议县"两院"上半年工作情况报告。听取上半年全县国民经济和社会发展计划执行情况报告、2020年县本级财政决算(草案)和上半年财政预算执行情况报告;听取并讨论县人大常委会上半年全县计划预算执行和2020年县本级财政决算以及同级审计情况报告、服务项目建设和中小企业发展重点职能部门专项工作评议准备情况报告。县审计局书面提交2020年度县本级预算执行和其他财政收支审计工作报告。决定提交常委会审议
11	县人大常委会第81次主任会议	7月28日	县行政中心20812会议厅	陈昌龙 徐鸿斌 刘旭峰 罗晓东 赵尊兵 翟建华	听取县委组织部人事任免提名情况,决定提交常委会审议
12	县人大常委会第82次主任会议	8月9日	县行政中心20812会议厅	陈昌龙 刘旭峰 罗晓东 赵尊兵 翟建华	听取县委组织部、县人民法院、县人民检察院人事任免提名情况,决定提交常委会审议
13	县人大常委会第83次主任会议	8月27日	县行政中心20812会议厅	陈昌龙 徐鸿斌 刘旭峰 罗晓东 赵尊兵 翟建华	听取并审议县政府关于公办养老机构发挥区域性养老服务作用情况报告
14	县人大常委会第84次主任会议	9月15日	县行政中心20812会议厅	陈昌龙 徐鸿斌 刘旭峰 罗晓东 赵尊兵 翟建华	听取并审议县政府关于国有资产管理情况报告
15	县人大常委会第85次主任会议	9月22日	县行政中心20812会议厅	陈昌龙 徐鸿斌 刘旭峰 罗晓东 翟建华	听取并审议县政府关于加强综合治理,加快提升危险化学品全链条管理水平工作报告
16	县人大常委会第86次主任会议	10月22日	县行政中心20812会议厅	陈昌龙 徐鸿斌 刘旭峰	听取并审议县政府关于基层公共卫生服务和应急能力建设情况工作报告
17	县人大常委会第87次主任会议	11月22日	县行政中心20812会议厅	陈昌龙 徐鸿斌 刘旭峰 翟建华	听取和审议县监察委员会关于加强重点领域监察监督情况报告

续表9

序号	会议名称	会议时间	会议地点	出席领导	主要内容
18	县人大常委会第88次主任会议	11月25日	县行政中心20812会议厅	陈昌龙 徐鸿斌 刘旭峰 罗晓东 翟建华	听取并审议县政府关于打造全省向海战略先导区规划编制情况工作报告
19	县人大常委会第89次主任会议	12月27日	县行政中心20812会议厅	陈昌龙 徐鸿斌 刘旭峰 罗晓东 翟建华	听取县发改委关于2021年国民经济和社会发展计划执行情况与2022年国民经济和社会发展计划(草案)报告;听取县财政局所作财政预算执行情况和2022年财政预算及部门综合预算(草案)报告;听取县审计局所作2020年度县本级财政预算执行和其他财政收支审计查出问题整改情况报告;听取县选举委员会关于县镇人大代表选举工作情况报告和县十八届人大代表资格审查情况报告;听取并讨论县人大常委会关于"三优三先"和"人大工作创新奖"决定(草案);听取县十八届人大一次会议筹备工作情况报告,讨论并修改了县人大常委会工作报告。会议决定将相关事项提请县人大常委会第四十三次会议审议

2021年如东县第十七届人大常委会任命人员一览表

表10

编号	姓名	任命职务	常委会次数	时间
17280	杨海军	县财政局局长	三十四	2021.1.25
17281	秦　刚	县农业农村局局长	三十四	2021.1.25
17282	胡　俊	县应急管理局局长	三十四	2021.1.25
17283	郁宏伟	县行政审批局局长	三十四	2021.1.25
17284	肖卫华	县信访局局长	三十四	2021.1.25
17285	薛　峰	县人大监察和司法工委主任	三十四	2021.1.25
17286	顾昕华	县人大监察和司法工委副主任	三十四	2021.1.25
17287	邱玲玲	县苴镇街道人大工委主任兼任南通外向型农业综合开发区人大工委主任	三十四	2021.1.25
17288	许金标	县人民政府副县长	三十六	2021.4.29
17289	戴　健	县人民法院审判委员会委员	三十六	2021.4.29
17290	郁宏军	县人民法院审判委员会委员	三十六	2021.4.29
17291	周　峰	县人民法院审判委员会委员	三十六	2021.4.29
17292	曾凡平	县人民法院审判员	三十六	2021.4.29
17293	姜红波	县人民政府副县长	三十七	2021.5.28
17294	康　徐	县交通运输局局长	三十七	2021.5.28
17295	黄　建	县人大财经工委副主任	三十七	2021.5.28
17296	刘　莉	县人民政府副县长	三十八	2021.7.9

续表10

编号	姓 名	任 命 职 务	常委会次数	时 间
17297	杨德华	县人民法院副院长、代理院长、审判委员会委员、审判员	三十八	2021.7.9
17298	方海军	县人民检察院副检察长、代理检察长、检察委员会委员、检察员	三十八	2021.7.9
17299	陈 雷	县人民政府副县长、代理县长	三十九	2021.7.27
17300	朱正俊	县监察委员会副主任、代理主任	三十九	2021.7.27
17301	徐东俊	县人民政府副县长	四十	2021.8.10
17302	顾 锐	县审计局局长	四十	2021.8.10
17303	耿卫东	县监察委员会副主任	四十	2021.8.10
17304	戴新国	县监察委员会副主任	四十	2021.8.10
17305	张玲霞	县监察委员会委员	四十	2021.8.10
17306	王建兵	县监察委员会委员	四十	2021.8.10
17307	管飒爽	县人民法院审判员	四十	2021.8.10
17308	彭 鹏	县人民检察院检察员	四十	2021.8.10
17309	马小英	县人民法院刑事审判庭副庭长	四十一	2021.9.29
17310	蒋小云	县人民法院立案庭(诉讼服务中心)副庭长	四十一	2021.9.29
17311	王亚军	县人大办公室主任	四十二	2021.11.29
17312	潘 亮	县人大研究室主任	四十二	2021.11.29
17313	韩亚莉	县人大教科文卫工委主任	四十二	2021.11.29
17314	曹爱明	县人大财经工委主任	四十二	2021.11.29
17315	朱德军	县人大农业和农村工委主任	四十二	2021.11.29
17316	邵 彬	县人大财经工委副主任	四十二	2021.11.29
17317	顾 炜	城中街道人大工委主任	四十二	2021.11.29
17318	朱海忠	县人力资源和社会保障局局长	四十二	2021.11.29
17319	殷海燕	县司法局局长	四十二	2021.11.29
17320	王 锋	县民政局局长	四十二	2021.11.29
17321	陈红芳	县退役军人事务局局长	四十二	2021.11.29
17322	刘 宇	县人民法院审判员	四十二	2021.11.29
17323	卫艳茹	县人民法院审判员	四十二	2021.11.29

人大监督

【经济发展监督】2021年,县人大常委会策应长三角一体化等发展战略和县委向海发展战略新要求,听取县政府关于打造全省向海发展战略先导区规划编制情况的工作报告,推进沿海开发开放。开展服务项目建设和中小企业发展重点职能部门专项工作评议,以专题询问、满意度测评等方式增强监督的精准性和有效性,推动服务效能持续提升。听取县政府关于加强综合治理、加快提升危险化学品全链条管理水平工作报告,建议强化源头管控、全链条安全管理、基础支撑保障,提升政府监管效能,推动危险化学品领域安全生产形势持续稳定好转,为全县经济社会发展营造安全稳定的环境。专题视察全县重大项目建设、农业龙头企业发展文旅项目建设等工作,对深化"放管服"改革,优化营商环境,培育乡村振兴示范村、先进村,科技金融工作等情况进行专题调研,为政府决策提供参考。加强计划预算监督,全力保障以小康目标和"十三五"任务完成为关键的经济持续增长。常委会始终把加强计划预算监督作为促进经济持续健康发展的有效手段,定期听取和审议县政府关于计划预算执行情况的报告,专题调研预算绩效管理情况,建立完善预算联网审查监督机制,积极推进预算审查监督内容全口径。定期听取和审议同级审计情况,制定《关于审计查出问题整改情况的监督办法》,听取县政府整改情况的报告,并对重点整改部门进行满意度测评。听取县政府关于国有资产管理情况的综合报告和企业国有资产管理情况的工作报告,建议进一步理顺体制、优化布局、加强管控,充分发挥国有资产效能。注重全面协调发展,提升以城市和交通基础设施建设为重点的区域竞争力。专题视察全县市政工程和交通基础设施建设情况,城市品质和交通体系全面提升。县人大常委会对小区物业管理、临海生态保护和湿地保护利用、全县房屋征收推进、城乡社区治理和服务工作等情况进行专题调研。

【民生事业监督】县人大常委会围绕群众关注的热点难点问题精准监督,推动民生改善。关注生态环境,督查助推"清水绿岸"提质行动。推动完善水环境突出问题联席会办、挂牌督办等制度,实行清单交办、清零整改"两清"闭环督查助推机制,形成水污染防治攻坚合力。创新人大代表"问河长"工作,将询问对象拓展至"问河长"+"问局长""问县长",《人民代表报》、"学习强国"学习平台、"江苏人大发布"等媒体作专题报道。9月,全市"助力清水行动,建设水美乡村"工作现场推进会在如东召开,如东经验在全市推广。融入全县"五位一体"长效管理,专题听取县政府"河长制"落实情况工作报告,对16个涉水部门开展专项工作评议。常委会领导班子重点督查全县污水处理厂和小型农村污水处理设施建设情况,跟踪督办问题清单和整改清单。县人大常委会常态化听取和审议全县环境状况和环境保护目标完成情况。督办助推政府民生实事项目,让全体代表票决确定的民生实事落地有声。在县十七届人大五次会议上,331名县人大代表通过"一人一票"方式,票决产生10个政府民生实事项目。县人大建立常委会领导领衔联系督办推进制度,跟踪督办民生实事项目。县镇(区、街道)两级人大组织代表联动开展视察调研和现场督办,每季度向政府及相关部门反馈代表意见和建议,重点跟踪落后时序、难度较大项目。出台《如东县人大常委会专项评议和民生实事办理工作考核计分细则》,专题视察政府民生实事项目实施情况。重视社会事业发展,推进各项民生保障。县人大常委会听取全县学前教育发展情况的工作报告,建议县政府要着重从资源配置、规划实施、教师待遇、队伍建设、行业管理等方面强化举措,推动学前教育高质量发展。听取县政府关于全县公共卫生服务体系和应急能力建设情况工作报告,建议县政府把公共卫生服务体系建设作为落实"十四五"规划重要内容,实现从"以治病为中心"向"以健康为中心"转变,提升基层服务水平,完善公共卫生服务和应急管理长效机制。听取县政府关于全县公办养老机构发挥区域性养老服务作用情况工作报告,建议县政府高起点规划引领,高标准建设配套,高效率经营管理,提升老百姓的获得感、幸福感。专项调研长期照护保险、中医药事业发展、少数民族工作、劳动就业、房屋征收推进等情况。

【执法司法监督】县人大常委会加强法律监督和司法监督,组织开展执法检查,促进各项法律法规贯彻实施。围绕实体经济发展、生态环境保护等工作,县人大常委会组织开展《中华人民共和国水污染防治法》《中华人民共和国中小企业促进法》等执法检查,提出整改意见,跟踪监督。连续3年紧盯《中华人民共和国水污染防治法》贯彻实施,通过全面检查和重点抽查相结合、现场交办与专题询问相结合、清零整改与清单销号相结合等方式,对少数国考省考断面水质不达标、全县水环境质量改善稳定性不强等问题举一反三,一抓到底,增强监督刚性和实效,全县水环境质量得到改善。

加强普法宣传教育,提升全社会法治素养。县人大常委会听取和审议县政府关于开展第八个法治宣传规划情况工作报告,作出《关于开展第八个五年法治宣传教育的决议》,推动开展全县法治宣传教育。

县人大常委会常态化听取法检两院工作报告,专题调研"两法衔接"、扫黑除恶、多元解纷机制建设等情况。探索司法监督新途径,深化"千名人大代表听百案"工作,2021年,共组织各级人大代表旁听法院庭审150余人次。建立法官、检察官任后履职监督机制,通过座谈交流、听取履职报告、民主测评等方式,强化"两官"队伍建设。县人大常委会听取县监察委关于贯彻实施《中华人民共和国监察法》情况专项工作报告,推进人大监督监察工作。修订完善规范性文件备案审查办法,听取县政府专项工作报告。配合省市人大立法调研工作,对《中华人民共和国地方各级人民代表大会和各级人民组织法》《南通市质量促进条例(草案)》等项目情况开展调研,提供依据。加强对外交流,作出关于如东与德国泰尔托市建立友好城市关系的决议。

高度重视人大信访督办工作，全年共接待人民群众来访8人次，受理、交办和督办人民群众来信27件。

县人大常委会坚持党管干部与依法任免有机统一，不断完善人事任免工作流程，2021年，共依法任免人大常委会机关和“一府一委两院”工作人员83人次。认真落实宪法宣誓制度，加强任后监督，听取南通市人大代表报告履职情况11人，促进国家机关工作人员增强宪法意识，切实履行承诺、担当使命。

【代表工作】县人大常委会尊重代表主体地位，完善制度机制，拓宽平台载体，强化服务保障，激发代表履职热情。开展人大代表助力小康“五项行动”，为代表依法履职拓展渠道。2021年，常委会持续深化人大代表助力小康“五项行动”（即强企行动、助村行动、通达行动、清水行动和法治行动）主题实践活动，引导各级人大代表投身项目建设、乡村振兴、社会民生、生态环境、民主法治等高水平全面建成小康社会新实践，全年共参与“强企”行动588人次，办理实事452件；“助村”行动1133人次，办理实事739件；“通达”行动679人次，办理实事435件；“清水”行动1572人次，办理实事1083件；“法治”行动801人次，办理实事713件。组织全县人大代表参与乡村振兴战略实施情况调研，贯彻落实南通市人大“美丽南通、最美代表”主题实践行动活动，激发全县全体人大代表履职热情，推动如东经济社会高质量发展。

健全完善人大跟踪督办机制，提升议案建议办理质量。县人大常委会在议案建议提出、交办、办理、督办、答复等环节形成工作闭环，为代表依法履职提供保障。县十七届人大五次会议上，代表共提出议案建议375件，其中，重点建议10件。贯彻落实“内容高质量，办理高质量”新要求，制定出台《县人大议案建议办理工作考核计分细则》，增强了工作的规范性、准确性和实效性。坚持常委会领导领衔督办、委室对口督办、重点建议重点督办和代表现场视察督办等监督方式，推动代表建议答复和落实“双满意”。县政府高度重视办理工作，落实好各项工作措施，一批民生实事难事得到解决。

创新基层基础工作，全面加强智慧人大和代表履职平台建设。常委会着力打造“智慧人大”，制定出台《如东县人大常委会镇区街道人大代表履职服务中心和“智慧人大”平台使用管理考核办法》，形成“1+16+N”（即县+镇区街道+多个功能模块）人大工作集群，使“智慧人大”成为建设“四个机关”（即自觉坚持中国共产党领导的政治机关、保证人民当家作主的国家权力机关、全面担负宪法法律赋予的各项职责的工作机关、始终同人民群众保持密切联系的代表机关）的新抓手，落实“两个联系”（即全国人大常委会和地方人大常委会共同联系全国人大代表，全国人大代表同选举单位和人民群众保持联系）的新平台，强化“两个服务”的新窗口和服务“四级代表”［即省市县镇（乡）人大代表］的新家园。开展领导干部“接待人大代表日”、县人大常委会组成人员点对点联系代表活动，组织接待代表日活动49次，接待基层代表179多名，收集代表建议和选民意见258条。出台《如东县人大常委会关于在街道建立选民代表议政制度的实施意见》，填补街道人大监督工作“空白”，街道选民代表议政制度全市推广。扩大代表对常委会工作的有序参与，推进代表列席常委会会议、参与常委会执法检查和专题调研等活动制度化、常态化。加强对镇（区、街道）人大工作的指导，出台《如东县人大常委会关于加强县镇区街道人大自身建设的意见》《镇（区、街道）人大年度工作考评办法》等文件，提升镇（区、街道）人大工作整体水平。

9—12月，常委会组织县、镇两级人大换届选举工作，依法选举产生县人大代表355名、镇人大代表1081名、街道选民代表181名，圆满完成选举任务。

重要决定、决议

【概况】2021年，县人大常委会共作出重要决议、决定7项，分别是：县第十七届人大常委会第三十九次会议作出《如东县人大常委会关于批准如东县2020年县本级财政决算的决定》；县第十七届人大常委会第四十一次会议作出《如东县人民代表大会常务委员会关于开展第八个五年法治宣传教育的决议》和《如东县人大常委会关于县镇人民代表大会换届选举有关问题的决定》；县第十七届人大常委会第四十二次会议作出《如东县人大常委会关于同意县政府调整2021年度财政收支预算的决定》和《如东县人大常委会关于召开如东县第十八届人民代表大会第一次会议的决定》；县第十七届人大常委会第四十三次会议作出《如东县人大常委会关于表彰2021年度“三优三先”的决定》和《如东县人大常委会关于表彰2021年度人大工作创新奖的决定》。

2021年度如东县人大代表重点建议一览表

表11

序号	代表建议	建议人
1	关于加强如东乡村振兴示范村建设的建议	傅国华
2	关于深入推进“清水绿岸”提质行动　构建全域系统治水格局的建议	杨海军等
3	关于聚焦能源全产业链条　赋能绿色高质量发展的建议	侯　晋
4	关于选址建设综合性专业市场的建议	杨　勇
5	关于将红色旅游纳入我县“十四五”旅游产业发展整体规划的建议	杨　忠
6	关于加快全县医疗一体化建设的建议	沈冶军
7	关于建管并举，不断提升文明城市创建质态的建议	陈苏华等
8	关于完善学生校外租房住宿联动管理机制的建议	姜宁兵
9	关于进一步做实、做强、做优、做特如东县志愿服务工作的建议	余晶等
10	关于加快如东县社会化养老的建议	管　建

2021年度如东县人大代表优秀建议一览表

表12

序号	优秀议案、建议	建议人
1	关于加强如东乡村振兴示范村建设的建议	傅国华
2	关于深入推进“清水绿岸”提质行动,构建全域系统治水格局的建议	杨海军等
3	关于加快全县医疗一体化建设的建议	沈冶军
4	关于将红色旅游纳入如东“十四五”旅游产业发展整体规划的建议	杨　忠
5	关于选址建设综合性专业市场的建议	杨　勇
6	关于聚焦能源全产业链条赋能绿色高质量发展的建议	侯　晋
7	关于建管并举,不断提升文明城市创建质态的建议	陈苏华等
8	关于完善学生校外租房住宿联动管理机制的建议	姜宁兵
9	关于加快如东县社会化养老的建议	管　建
10	关于进一步做实、做强、做优、做特我县志愿服务工作的建议	佘　晶等
11	关于“清水绿岸”提质行动第三年攻坚重点的建议	康　勤
12	关于实现农村人居环境整治常态化管理的建议	徐　荣
13	关于新形势下秸秆三禁工作的建议	曹　薇
14	关于把握“银发经济”红利,加快发展老龄产业的建议	叶天舒
15	关于加强产业工人队伍建设的建议	陈五霞
16	关于“十四五”期间进一步打造我县海上风电产业基地的几点建议	许世俊
17	关于进一步做好外来务工人员服务工作的建议	辛本泰
18	关于加大如东红色教育线路建设的建议	丁　越
19	关于进一步加强教师队伍培养提升教育质量、减轻学生及学生家长课业负担的建议	宋森洋
20	关于从基层入手,提高文明意识,巩固创文成果的建议	曹彩红
21	关于加强乡村医生队伍建设、提高乡村医生福利待遇的建议	孙　慧
22	关于巩固创文成果、建立长效管理机制的建议	杨雪松
23	关于写好三河六岸环境整治“后半篇”的建议	蒋小玉
24	关于增加(优化)共享单车停放点、投放量的建议	缪凌云
25	关于推进栟茶古镇全面开发、加快开发进度的建议	李晓兵
26	关于完善县域治理现代化基础设施的建议	邵建华
27	关于加大力度,努力提高社区居家养老服务站服务水平的建议	张　浩
28	关于拓宽劳动力引进渠道的建议	陈晓莉
29	关于完善医疗保障制度,加强大病救助体系建设的建议	董　建
30	关于烈士纪念设施保护的建议	施亚云

如东县人民政府

综述

【概况】 2021年,如东实现地区生产总值1272.2亿元,同比增长8.9%;一般公共预算收入68.5亿元,同比增长14.1%,其中税收收入56.4亿元,增长11.6%,税收占比达到82.3%。全社会固定资产投资同比增长6.4%;工业应税销售收入1721.5亿元,同比增长7.2%;社会消费品零售总额477.8亿元,同比增长17.4%,增幅全市第一;外资到账3.6亿美元,外贸进出口总额突破420亿元。民生类财政支出占比达到80.6%,城乡居民人均可支配收入同比分别增长9.1%和11.2%,城镇登记失业率控制在1.8%以内。洋口化学工业园区域规划环评获批,创成国家级外贸转型升级基地。九九久科技超高分子量聚乙烯纤维获认国家制造业单项冠军产品,中天海洋入选国家专精特新"小巨人"企业,恒辉安防、海力风电成功上市。新建高标准农田12.45万亩,"如东襄荷"获评国家农产品地理标志,"如意东方"区域公用品牌成功发布。栟茶古镇中市街正式开街,获评"中国民间文化艺术之乡"。县域经济基本竞争力居全国百强县(市)第33位,比上年度再进4位,上升幅度全市第一。

【项目建设】2021年,如东县新签约项目200个,其中100亿元以上项目4个;新开工重大产业项目24个,累计完成投资113亿元;23个续建重特大产业项目完成投资290亿元,金光如东产业基地高档生活用纸项目、桐昆洋口港聚酯一体化项目两个百亿级项目顺利试生产。11个海上风电项目全部并网发电,通海500千伏输变电工程投运,江苏沿海首条风电并网"专用通道"贯通,建成亚洲最大海上风电群。沿海管道如东段南线全部完工;省液化天然气储运调峰项目开工建设;中石油LNG接收站三期扩建全面投运,接卸量创历史新高;协鑫汇东LNG接收站项目获省核准;华润燃气全国首座LNG接收站项目成功签约。在全市率先出台"退二优二"(指引导低效工业企业加快转型或主动退出,引进优势企业实施先进制造业项目)政策,盘活项目用地4652亩。

【向海发展】如东建设全国绿色能源示范城、全省向海发展先导区,以风力发电、风电装备制造和LNG接收储运为主的产业格局初具规模。通苏嘉甬如东延伸线、如通苏湖城际铁路纳入长三角多层次轨道交通规划,列入省铁路发展"十四五"开工建设项目库。南通至小洋口高速、如常高速东延、启扬高速河口互通等多项工程纳入上位规划。洋吕铁路、洋通高速二期工程开工建设。洋口港区15万吨级航道工程投入使用,5万吨级重件码头、G2G3液化品码头、通用码头扩建等工程交工验收,洋口外闸枢纽加固改造工程通过验收。

【改革创新】如东深化"放管服"改革,推进"跨省通办"政务服务、一体化平台建设、"一件事"改革,推行"一站式""拿地即开工""证照分离"等举措,在全市率先开展不动产登记转移抵押合并办理实现常态化。落实"房价地价双控"制度,建立新建普通商品住房销售价格备案制度,试点"住所与经营场所分离登记",启动如东县碳达峰行动方案编制工作,出台国企改革3年行动实施方案,推进国企新能源板块上市工作。推行"大数据+指挥中心+综合执法平台"新模式。出台制造业创新发展30条,新认定高新技术企业58家,全社会研发投入占比2.66%,高新技术产业占比52%。全县省级以上创新平台29家,产学研合作项目126项,技术成交金额30亿元,江苏九九久科技有限公司、江苏如石机械股份有限公司、江苏爱朋医疗科技股份有限公司3家企业获首届"县长质量奖"。

【城乡建设】2021年,如东完成房屋征收面积92万平方米、房地产开发146万平方米。"三河六岸"主体工程对外开放,鹤鸣公园南区新增绿化面积110万平方米。推进文明城市常态长效管理工作,县城无物业小区实现"保洁、保绿、保安"全覆盖。启动国家级现代农业园区创建,在全省率先出台村居土地监管考核办法。大豫镇成为全市唯一国家级农业产业强镇,长沙镇滨海村被评为省特色田园乡村,培育16个市级乡村振兴示范村、先进村。创建省级示范家庭农场8家,建成3个强村加油站。建成投运11座乡镇污水处理厂,实现一镇一厂全覆盖。

【民生事业】2021年,如东十大类民办实事全部完成。新增就业9200人,退役军人就业创业特色工作获全国现场会推介,全省双拥模范县实现"五连冠"。第一高中宾东校区、宾山初中、友谊路小学等10所学校投入使用,高考主要指标连续28年全省领先。全面深化"健康如东"建设,县人民医院外科大楼投入使用,完善公共卫生服务体系,推进"一镇一公立医院"全覆盖。城乡居民养老保险参保人数44万人,常住人口基本医疗保险参保率99%以上。刘季平少年儿童图书馆、丁杰艺术馆、康平艺术馆开馆,县图书馆再次蝉联国家一级馆。9月,栟茶古镇中市街正式开街。

(陈飞飞、张传鑫)

【规划纲要】 1月,县政府编制印发《如东县国民经济和社会发展第十四个五年规划和二〇三五年远景目标纲要》,阐明"十四五"时期发展目标、发展任务、发展重点和政策取向,是政府履行经济调节、市场监管、社会管理和公共服务职责,编制和实施各类规划计划以及制定政策、安排项目和资金的重要依据。"十四五"期间,全县将深入实施创新驱动、产业强县、统筹协调、生态优先、改革开放、共建共享发展战略,抢抓长三角一体化发展等重大战略机遇,发挥港口引领优势、产业集群优势、空间承载优势,聚焦经济发展、改革开放、城乡建设、文化建设、生态环境、人民生活高质量等方面,构建现代化经济体系、统筹城乡民生保障、完善社会治理体系,全方位推动高质量发展,开启基本实现社会主义现代化建设新征程。

重要政策

【推进制造业创新发展若干政策】4月,

县委、县政府印发《关于加快推动制造业创新发展的实施意见》《关于推进制造业创新发展的若干政策》，紧扣经济高质量发展的根本要求，抢抓国家战略叠加实施机遇，从支持"双创"载体平台加速发展、聚焦创新企业集群做大做强、激发企业创新发展活力、鼓励企业加大创新发展投入、助力企业关键技术攻关和成果转化和推动创新发展"软实力"提升等方面对制造业创新转型发展给予政策支持，释放创新驱动潜能，激发创新主体活力，强化创新平台支撑，优化创新生态服务，加大创新人才导入，集成创新组织合力，加快形成全社会关心支持科技创新、各类资源要素向制造业创新发展集聚的浓厚氛围，为如东勇当长三角沿海高质量发展排头兵提供强劲发展动能。

【县长质量奖管理办法】 9月，县政府印发《如东县县长质量奖管理办法》，新增县长质量奖提名奖，引导和激励广大企业或组织建立和实施卓越的质量管理经营模式，提高产品、工程、服务等综合质量水平和竞争能力，鼓励企业在质量、品牌、技术、管理等方面取得更大进步，发挥质量对经济社会发展的影响力，促进经济发展方式转型，为申报市、省、国家质量奖培育后备力量，为如东经济高质量发展作贡献。

重要会议

【县政府常务会议】2021年，县十七届人民政府共召开第36—46次11次常务会议。县人民政府第36次常务会议，就"十四五"县级专项规划编制工作方案、县本级部门预算安排和"清水绿岸"提质行动工作推进情况等议题进行研究。县人民政府第37次常务会议，就深化农村公共基础设施管护体制改革实施办法、镇村布局规划、农村水环境整治工作、建立县领导挂钩联系优势产业链"链长制"事项和冬春疫情防控工作等议题进行研究。县人民政府第38次常务会议，就县政府和国有公司投资项目计划、高标准农田建设项目和资金管理实施细则等议题进行研究。县人民政府第39次常务会议，就市、县人大建议、政协提案办理工作计划，国清寺遗址保护利用和如东县博物馆建设事宜等议题进行研究。县人民政府第40次常务会议，明确如东县海上安全生产工作职责分工意见，就农村公共空间治理工作方案等议题进行研究。县人民政府第41次常务会议，就开展安全生产巡查事项、县级租地造林补助资金管理办法、水环境区域生态补偿办法、新型农村社区建设实施方案、开展生猪价格指数保险试点工作等议题进行研究。县人民政府第42次常务会议，就海上安全监管平台建设工作方案、深化农村公路管理养护体制改革实施方案、特种设备安全生产专项整治情况、新一代雪亮技防工程建设实施意见、调整社会救助保障标准的建议方案等议题进行研究。县人民政府第43次常务会议，就县政协十五届五次会议重点提案领办督办调整安排事宜、水资源综合规划、东西部协作工作要点和科技创新发展规划等议题进行研究。县人民政府第44次常务会议，就服务业高质量发展激励意见、落实能耗双控工作实施方案、创建省级安全发展示范城市实施方案、促进3岁以下婴幼儿照护服务发展实施意见和统筹整合涉农资金支持乡村振兴实施办法等议题进行研究。县人民政府第45次常务会议，就林长制工作实施方案、突发重大动物疫情应急预案、医改促进如东卫生健康事业高质量发展意见和重污染天气应急预案等议题进行研究。县人民政府第46次常务会议，就"十四五"建筑业发展规划、突发事件总体应急预案、转业军官和符合政府安排工作条件退役士兵移交安置工作方案、如东县稳外贸提质效补充意见等议题进行研究。

2021年如东县十七届人民政府常务会议一览表

表13

会议名称	召开时间	主要内容
县十七届人民政府第36次会议	1月8日	讨论研究"十四五"县级专项规划编制工作方案、县本级部门预算安排和"清水绿岸"提质行动工作推进情况等议题
县十七届人民政府第37次会议	1月29日	讨论研究深化农村公共基础设施管护体制改革实施办法、镇村布局规划、农村水环境整治工作、建立县领导挂钩联系优势产业链"链长制"事项和冬春疫情防控工作等议题
县十七届人民政府第38次会议	3月3日	研究县政府和国有公司投资项目计划、高标准农田建设项目和资金管理实施细则等议题
县十七届人民政府第39次会议	4月2日	研究县政府和国有公司投资项目计划、高标准农田建设项目和资金管理实施细则等议题
县十七届人民政府第40次会议	5月10日	讨论研究明确海上安全生产工作职责分工意见、农村公共空间治理工作方案等议题
县十七届人民政府第41次会议	6月12日	研究开展全县安全生产巡查事项、县级租地造林补助资金管理办法、水环境区域生态补偿办法、新型农村社区建设的实施方案、开展生猪价格指数保险试点工作等议题

续表13

会议名称	召开时间	主要内容
县十七届人民政府第42次会议	7月15日	研究海上安全监管平台建设工作方案、深化农村公路管理养护体制改革实施方案、特种设备安全生产专项整治情况、全县新一代雪亮技防工程建设实施意见、调整全县社会救助保障标准的建议方案等议题
县十七届人民政府第43次会议	8月20日	研究县政协十五届五次会议重点提案领办督办调整安排事宜、"十四五"水资源综合规划、东西部协作工作要点、"十四五"科技创新发展规划等议题
县十七届人民政府第44次会议	9月22日	研究服务业高质量发展激励意见、落实能耗双控工作的实施方案、创建省级安全发展示范城市实施方案、促进3岁以下婴幼儿照护服务发展实施意见和关于如东县加强涉农资金统筹整合支持乡村振兴实施办法等议题
县十七届人民政府第45次会议	10月27日	讨论研究林长制工作实施方案、突发重大动物疫情应急预案、医改促进卫生健康事业高质量发展意见和重污染天气应急预案等议题
县十七届人民政府第46次会议	11月27日	研究"十四五"建筑业发展规划、突发事件总体应急预案、转业军官和符合政府安排工作条件退役士兵移交安置工作方案、稳外贸提质效补充意见等议题

（陈飞飞　张传鑫）

政务服务

【概况】 如东县行政审批局立足党委、政府服务企业群众"第一窗"，助力高质量发展"第一线"功能定位，深化"放管服"改革，优化营商环境，赋能高质量发展。2021年，共受理各类办件3.5万件，办结率98.6%。被2021年数字政务发展年会组委会评为"作风效能建设战狼奖""政务服务改革创新单位""政务服务与优化营商环境示范单位""优秀政务服务大厅"，获"江苏省文明单位"等称号，"新审批 心服务"被评为南通市政务服务系统"十佳"党建品牌。

【推进"放管服"改革】 2021年，县行政审批局深化"一件事"改革，共梳理编制发布71项"一件事"办事指南，申请人可通过"江苏政务服务网"如东旗舰店"一件事"专栏，线上查看、办理"一件事"；建立工业项目"拿地即开工"通道，通过提前介入、代办帮办、告知承诺、容缺受理等措施，使企业在取得不动产权证后3个工作日内领取施工许可证；在袁庄镇试点"住所与经营场所分离登记"改革，完成标准地址库建设及经营场所负面清单的编制，袁庄镇内市场主体实现智能审批；推进"证照分离"改革，梳理县级层面涉企经营许可事项82项；按照"能放则放、应放尽放"原则，完成对洋口港经济开发区35项行政权力事项的交接，精准赋权；开通桐乡—如东政务"跨省通办"，江苏嘉通能源有限公司通过"跨省通办"合作通道快速办理异地就医备案、医保关系转移100余件。

【项目建设服务】 县行政审批局牵头县发改委、县商务局、生态环境局等部门就拟落户项目的产业政策、城乡规划、土地利用总体规划、环保、安全生产等方面提前介入服务，全年受理59个预审项目（成功办理49个项目），助力项目早落户、早开工、早投产；围绕企业项目全生命周期服务链条主动上门服务，开通惠企直通车，当好金牌"店小二"，全年到镇（区、街道）、企业上门服务15批次；引入南京培源环境技术服务有限公司、艾德旺斯环保科技南通有限公司等第三方技术评估机构，借助"外脑"力量，解决项目立项、环评、安全审批过程中的问题，服务与把关并重，为企业发展把稳方向、保驾护航。

【审批服务改革】 县行政审批局全年为2113家企业提供"一站式"全流程服务，为1144家新开办企业提供首套印章免费刻制服务，相关经验文章在人民网、"学习强国"等平台刊载。全年共为136个项目提供工程报建"一站式"服务；6月，出台《如东县市场主体智能审批向镇区延伸工作方案》，在各镇（区、街道）为民服务中心（行政审批局）投放自助办照一体机共10台，拓展智能审批到镇区街道，满足群众办事需求；在县政务服务大厅设置"老年人绿色通道"，方便老年人多渠道办理政务服务事项。

【健全服务体系】 2021年，县政务服务代办中心围绕市场主体登记、项目建设、民生服务，紧盯政务服务痛点、难点、堵点，统筹构建县、镇、村三级代办帮办体系，组建专职代办帮办队伍，配备专职代办帮办人员，县级层面有42名专职代办人员，跟踪和指导镇区项目211件，一对一服务工业项目26个，协助审批人员到各镇区提供上门服务7次。建立联合会商、信息互通等机制。全年开展镇、村两级代办人员培训3次，培训2150人，提供全县域、全领域、全覆盖的代办帮办服务。强化内部管理，强化政务服务大厅督查工作，融合日常巡查、视频监察、领导巡视、明察暗访、专项督查等机制，完善政务服务投诉处置运行，提高大厅管理的规范性、科学性和可操作性；规范标准，促进三级政务服务体系建设，以《政务服务大厅窗口服务规范》为标准，以《江苏省为民服务中心标准化评价指标》为要求，全面推进提升各级政务大厅标准化建设，促进“单一窗口”向“全科窗口”、“一窗多能”向“全科全能”转变。

（张　帅）

县域治理现代化指挥中心

【概况】如东县县域治理现代化指挥中心为县委、县政府直属事业单位，机构规格为相当正科级，挂县大数据中心、县网格化服务管理中心、县12345政府公共服务中心牌子。承担与组织推进县域治理体系和治理能力现代化建设相关的系统性建设管理任务，负责电子政务、大数据、数字如东建设等信息化基础设施的技术支撑和运维服务，负责县域治理事件的受理交办、协调联动、应急指挥等工作。县域治理现代化指挥中心探索县域治理“智慧路径”，将县指挥中心建设成为“政府客服中心”“数据资源中心”“电子政务中心”“数智协同平台”“综合指挥平台”。2021年，编制“数字如东”建设指导性文件《“数字如东”十四五专项规划》，规划如东发展新形态，打造物理空间和数字空间智慧共生的县域数字城市标杆。

（季苏吉）

【电子政务】2021年，如东县12345政务服务便民热线平台总服务量25.35万件，总受理量14.01万件，总派单量7.80万件，总回访量3.54万件。平台接通率98.1%，办理率99.98%，按期办理率99.43%，回访满意率95.97%。

（董晓峰）

【政务资源共享整合】2021年，县域治理现代化指挥中心推进政务信息资源整合共享，36个部门和单位累计发布政务数据目录438项，其中，在南通市政务数据共享交换平台发布资源249项，通过市数据共享平台订阅省市政务数据资源285项，汇聚部门省市5.55亿条数据。在省市公共数据开放网站上统一发布高质量数据资源28项。如东县完成政务数据目录编制工作。

【电子政务系统建设】2021年，如东县县域治理现代化指挥中心开展“大数据+指挥中心+综合执法”“三整合”改革，聚焦县域治理“堵点”“难点”“盲点”问题和数智化提升需求，研究开发实战应用的县域指挥调度平台，集成区镇治理与安监、市监、农业、城管、交通和文化6支队伍执法数据，破解综合执法改革执法人员与业务下沉的难点问题，为县域治理现代化设计一套可复制可推广的新工具，即县域指挥调度平台。指挥调度平台围绕解决3大问题：“一张图”能看不能用的问题（“一张图”泛指平台的截图，无法点击使用功能），多业务系统各自为战的问题，突发事件危机管理的问题。县域治理现代化指挥中心负责适配改造现有通用版子OA系统，包括公文流转全程无纸化、电子公文归档规范化、与联动指挥平台对接、与指挥通App对接和通用版子OA改造适配，12月正式上线。

【网络安全管理】2021年，如东县电子政务网网络安全形势严峻，各类网络攻击超100万次，为保障全县电子政务网网络安全运行，县域治理现代化指挥中心对电子政务网络中心机房的服务器、核心交换机以及各镇各部门终端交换机等设备运行情况进行巡检，消除网络安全隐患。组织专业安全测评机构对全县电子政务外网上关键基础信息系统进行信息安全等级保护测评、风险评估和软件测评，查找薄弱环节，做好全县电子政务系统安全管理工作，要求各服务器托管单位提高网络安全工作标准，强化责任意识，杜绝安全隐患，优化内网终端准入控制系统，严格行政中心内部网络接入策略，提高网络终端主动防御能力，防止“危险”“易感”终端接入网络，控制病毒、蠕虫的蔓延。县指挥中心多措并举，保证外网核心路由、交换，骨干网络和设备实现负载均衡及冗余，防止服务器宕机，强化镇区和重点单位的电子政务外网网络安全各项工作。

（刘建宇）

公共资源交易管理与运行

【概况】如东县行政审批局推进县、镇（区、街道）公共资源交易平台一体化建设和整体联动。各镇、区均建成电子交易系统，具备不见面开标功能。2021年，县交易中心共进场交易449项，交易总额142.82亿元，节约资金9.55亿元。其中：政府采购54项，交易额2.06亿元，节约额0.09亿元；工程建设395项，交易额140.76亿元，节约额9.45亿元。直接发包项目118个，发包价86.29亿元，剔除直接发包资金综合节约率为14.78%。产权交易业务12宗，交易额834.77万元，实现增值资金200.12万元，升值率为31.53%。对137个标段进行标前控制价评审，评审预算额54.14亿元，核减预算6858.4万元，有效把控政府资金投入。出台《调整如东县公共资源交易管理委员会及议事规则》文件。牵头各行政监管部门，制定《关于解决绿化工程投标不平衡报价问题的指导意见》。参与《南通市工程建设项目招投标活动负面清单》《南通市公共资源交易现场异常情况处置联动机制》制定。参与县社会信用体系建设领导小组办公室制定《关于在招标投标领域建立招标人信用记录定期开展信用审查制度的通知》，推动全县社会信用体系建设。

【电子化交易】2021年，如东分中心通过市县一体化公共资源电子化交易平台，对交易项目的招投标、开评标实行“一网通办”，常态化实行“全流程电子化”和“远程不见面开标”，不见面开标率100%，服务效能明显提高。此项指标在年度营商环境考核中政府集中采购和工程招标投标双双名列全市第一。

【政府性投资项目招投标】4月，县行政审批局与各监管审批部门联合出台《政府性投资项目提前招投标操作办法》，对县内政府性投资工程建设项目，尚未完成前期审批、但建设主体明确的政府投资保障房、公共建筑、市政公用设施项目，创新招标模式，实施容缺招标、多头并行、效率优先方式，抢时间、争速度，提前实施淮河路北侧、纵二路东侧地块如意水岸建设等近20亿元工程项目招标，让项目建设推进不卡在招投标环节。

【营商环境优化】如东分中心落实工程建设项目招投标和政府采购负面清单，优化公共资源营商环境。政府采购取消投标保证金，在采购文件中设定预付款，对小微企业服务与货物产品给予10%的扣除价格，用扣除后的价格参与评审。所有集采项目采购文件免费提供。鼓励小微企业联合体参与政府采购，鼓励采购人允许中标成交供应商向中小微企业进行分包。

【规范交易现场管理】如东分中心开展交易项目现场见证服务工作，要求现场管理人员如实填写《公共资源交易开评标现场见证情况记录表》，根据南通市《公共资源交易现场异常情况处置联动机制》，发现违法违规及异常行为及时向监管部门报告，有效防范交易过程中的廉政风险。

【远程评标制度】如东分中心工程项目评标全面实行远程评标制。价格单因素项目在南通区域内远程评标，综合评标和监理项目在全省范围内远程评审，远程评标率100%。

（李元兵）

人力资源管理

【概况】2021年，县人力资源和社会保障局（简称县人社局）全面推进人社事业发展，以"民生为本、人才优先"为主线，做好"六稳""六保"工作，聚焦服务大局、聚力改善民生，保持城乡就业局势总体平稳，健全社会保障体系，壮大人才队伍，劳动关系总体和谐稳定，行风建设持续优化，公共服务质量稳步提高。"企业职工退休一件事改革""人才招聘夜市""上门资格认证""为农民工讨薪"等做法先后被"学习强国"学习平台、交汇点、《新华日报》等国家、省、市媒体报道。12月7日，县社会保障信息管理中心赵三龙被评为全国人力资源社会保障系统优质服务先进个人。市人社会局给予如东县社会保障信息管理中心集体记功、如东县工伤保险管理中心集体嘉奖；给予陈建兵、缪晓华、顾翔文3人嘉奖。

【人事人才】2021年，县人社局组织6次事业单位公开招聘和1次公开选调工作，为各事业单位及教育卫健系统补充人员616人。推进基层事业单位专业技术人员"定向设岗、定向评价、定向使用"政策（简称"三定向"政策），引导各类人才向农村基层一线流动。扎口管理全县的评比表彰，开展2020年度县"高质量发展"、全省脱贫攻坚表彰评比工作，表彰奖励2020年度县委县政府高质量考核先进集体100个和先进个人200人。4月，县政府出台《关于加快人才集聚促进高质量发展的若干政策》，提高"购房补贴"标准，新增"落户补贴""探亲补贴"等。6月，如东县组织教育、卫生、农业条线21人赴陕西南郑分别进行为期1—12个月的对口帮扶。发放2019年度1124名高校毕业生和技能人才奖励补贴1103.52万元，发放2020年度917名人才奖励补贴704.2万元。组织高校毕业生参加"如东人才就业政策空中展厅""高校毕业生空中专场招聘会"等引才聚才活动。邀请黑龙江省25家高校到如东与企业对接，江苏嘉通能源有限公司、江苏中天科技股份有限公司等企业从黑龙江引进大学生300多人。组织150多家次企业赴盐城地区、陕西省汉中市、南通大学等地、高校招聘，引进各类毕业生100多人。组织人员参加南通市博士后创新创业大赛暨博士后事业发展20周年成果展，中天博士后潘盼获一等奖，县人社局获"优秀组织奖"。新增高技能人才1350人，组织技能人才参与各级各类技能竞赛活动，王亚兵等4人被评为南通市首席技师。刘承林工作室被评为江苏省示范工作室。在人社部、中国轻工业联合会主办的首届全国工业设计职业技能大赛中，亚振家居袁海骏获家具设计师赛项一等奖，被授予"全国技术能手"称号，徐李财获二等奖，曹永宏被评为优秀裁判员，傅泽勋被评为"优秀教练"。县人社局组织职工参加全市人社系统业务技能练兵比武活动，获"优秀组织奖"。

（罗国平）

2021年12月1日，中天科技集团博士后潘盼（右一）获南通市博士后创新创业大赛一等奖

外事及港澳工作

【概况】2021年，如东县人民政府外事办公室（简称县外办）以习近平人类命运共同体的外交思想为指导，加强党委对外事工作的领导，加强与中国驻外使馆、驻外机构、境外侨团、社团以及中介机构沟通联络，做好涉外疫情防控。1月20日，江苏省人民对外友好协会会长柏苏宁一行5人到如东考察友协工作。9月14日，省人大外事委、省港澳办到如东调研港澳立法工作。

【建立友好城市】9月2日，中国人民对外友好协会正式批准如东与德国泰尔托市建立友好城市关系，双方通过政府邮箱互通县、市长间的信息。加强与佛得角博阿维斯塔市友好合作关系，双方县、市长间通过电子邮箱加强互动及沟通，商定在疫情后两国两地互访。7月，如东与韩国牙山市建立友好合作关系，发展栟茶镇与牙山市外岩民俗村友好乡镇合作交流。9月26日，民俗村委员长李揆政视频祝贺栟茶古镇开街。

【港澳事务】7月2日，县编办批复同意

设立如东县人民政府港澳事务办公室，推进开展港澳工作，推进如东县与与香港、澳门之间往来，提升三地工作层次。这是全省首家县级港澳事务办公室，挂靠在县外事办公室。县政府办公室主任张炯兼任港澳办主任。主要职责包括贯彻执行中央对香港、澳门的政策规定，负责全县港澳事务的归口管理、协调服务和监督工作，推动如东县与港澳地区在经贸、科技、教育、文体等领域交流与合作，协调如东驻港澳机构、企业事务等。

【海外领事保护工作】6月，如东在海外投资的企业有16家，有中方员工1249人。县外办根据海外投资企业及员工数持续增长情况，强化海外领事保护工作。针对如东海外企业员工打疫苗难的问题，向上级外事部门反馈企业诉求，引导企业员工自我防护。截至11月底，16家海外投资企业员工中国疫苗接种率100%。

【涉外转运】2021年，境外新冠疫情高发，县外办牵头县公安局、卫健委、交通运输局、商务局及边检、海关等单位做好以外防输入为主要内容的境外人员转运工作，实施闭环管理，无缝对接。全年派出赴昆山转运专班一线执勤人员23人，转运入境人员47批823人次，其中含俄罗斯专机2批115人。

【涉外疫情防控】3月8日起，县外办协调县卫健委推进在如东居住、工作、生活的外籍人士疫苗接种工作。规范涉外管理工作，做好涉外安全研判。做好企业出国人员涉外教育引导和安全提醒、防护指导工作，做好疫情下的翻译保障工作。

（陆亚军）

机关事务服务

【概况】2021年，县机关事务服务中心开展党史学习教育和“双聚双高”作风效能提升专项行动，践行“规范、标准、精细、超越”的后勤工匠精神，有序开展机关后勤保障、公务用车管理服务、公车公房监管等工作，提高后勤服务水平。

【机关后勤服务保障】2021年，会务中心服务各类会议2886场，其中，大型会议737场，累计服务约12万人次。保洁部门做好疫情防控工作，每天定时2次对卫生间、过道等部位消毒通风，公共区域及户外用84消毒液喷雾消毒，电梯轿厢使用含氯泡腾片喷雾消毒，按钮使用75%酒精擦拭。10月，餐饮部门将食堂一楼固定套餐模式改为自选模式，每天供应10个品种，另设立特色窗口，提供面条、馄饨等。增设食堂便民中心，除供应日常熟菜外，增加净菜、包装制品，给机关干部职工提供更多选择。5月18日，食堂邀请“中国烹饪大师”张继华举办“规范机关食堂管理，提升食堂饭菜质量”讲座。每季度举办厨师技能竞赛，10月，选派5名厨师参加全市技能比武，2人分获南通市市级机关技能竞赛优秀选手和先进个人称号。2021年，行政中心食堂保障一楼工作早、午餐约20万人次，二楼自助餐厅约3万人次，各单位公务活动（含接待）约500批次，约6500人次。机关事务服务中心维保维修项目全部被纳入“如东县机关事务管理”网络管理平台，全年接收网上报修2370批次。2021年，维保项目共8项、专项工作项目59项、零星采购8批次、预算外工程项目7个。主楼4台电梯（5—8号）更换、会见厅改造、主楼会议室新增空气消毒净化器6台、会议厅新增LED全彩电子屏、20912会议室音响系统5个项目通过验收交付使用。重新装修改造会议中心二楼会见厅、多功能厅、报告厅、食堂二楼包厢，提升整体环境。启动县委机要局机房加固、会议中心三楼会议室改造工程。做好室内绿化租摆和室外绿化养护工作，全年布置盆花1171盆，对行政中心所有色块、草坪进行修剪和病虫害防治，对部分品种进行整形修剪。

【安全保障】2021年，保卫科严格监控重点部位，节假日、双休日执行24小时值班制度。1月，一号门和三号门启用车辆识别管理系统，投入改造经费25万余元；改造更新陈旧老化的监控录像设备，安装门卫高清探头、增加周界电子震动报警等，摄像头维修和更换共投入经费3万元；中心与维保单位签订维修合同，投入添置维修消防设备经费23万余元，落实“三防”（物防、人防、技防）安全防范措施。2021年，4次邀请市场监督管理局对食堂食品安全等情况现场进行检查和指导，邀请第三方食材检测公司对食堂食材、餐具等进行抽样检查，检查结果均合格。每季度对所有消防设施的可使用情况和正确摆放位置、厨房设备的安全隐患以及水、电、气路进行1次全面检查，及时整改落实。五一、国庆期间，集中清洗食堂油烟管道，邀请燃气公司对食堂燃气管道、阀门、压力、报警器、软管、有无泄漏等情况进行全面检查并整改到位。公务用车管理服务中心每月组织车管中心全体人员开展政治思想教育、交通安全、业务技能等培训，全年共计培训600多人次。做好车辆出库和回场检查，建立健全行车安全管理台账，及时、准确地统计和上报行车安全报表。开展车辆灯光、机油、制动系统、轮胎、空调系统等专项检查，车辆各项检查采取滚动方式进行，确保所有车辆车况良好。高压值班人员由3人增加至6人，实现24小时专人值班，对行政中心消防、施工、水电气、电梯等特种设备安全进行监控、排查，全年运行情况良好，无事故发生。

【公务用车保障】2021年，公务用车管理服务中心新设车辆安全小组，负责车辆出、回场检查、送修、验车等工作。建立车辆季度安全检查机制，全年共送检专项检查车辆232车次，对发现问题均完成检修后回场。做好车辆定位轨迹检查工作，对平台车辆、租赁车辆做到一个标准，严防虚报里程、违规用车现象。执行疫情防控要求，做到所有车辆出、回场必消毒，司勤人员按要求正确佩戴口罩，驾乘人员按要求测量体温，发现可疑情况立即按照防疫要求及时上报。2021年，车管中心累计出车2.29万车次，安全行驶277.19万公里。其中，应急用车1.52万车次，行政执法7761车次，全年平台用车总收入1101.38万元（含租赁，租赁用车由各用车单位支付），其中车管中心收入539.32万元。

【公车公房监管】2021年，如东县机关事务服务中心完成全县党政机关办公用房管理信息“一张网”系统建设，直观展现如东县办公用房位置、功能分类、人员使用、出租等信息，实现全程在线动态监管，信息互联互通和汇总分析。6—12月，开展本级机关办公用房测绘调查统计，理清本级党政机关办公用房存量数据和使用现状。6月，对党政机关公务用车定位设备进行“拉网式”排查和巡检，更换181台已损坏设备，并重新采集每辆车的信息。6月和9月，2次开展全县公务用车使用情况专项督查。11月17日，县委、县政府印发《如东县党政机关公务用车管理办法》，县机关事务服务中心编制实施细则，对非参公管理事业单位保留车辆也统一纳入“三化”平台管理。

（周　锋）

信访工作

【概况】2021年，如东县信访局紧扣信访工作高质量发展主题，围绕“控增”抓初访，围绕“减存”抓化解，围绕“提质”抓规范，围绕“防变”抓稳控，全县信访形势平稳向好，圆满完成系列重大活动保障任务。如东县信访工作绩效在全省处于前列、在全市处于第一方阵。县信访局复查受理科科长薛延林被省政府信访局评为2020年“江苏最美信访干部”。

【领导包案化解积案】2021年县信访联席办结合省市交办情况排查梳理出130件信访突出问题，逐案落实县四套班子领导包案，建立工作专班。各责任主体明确本地、本部门牵头领导并成立专门工作班子，落实县领导会办意见和工作要求。落实“一名包案领导、一个工作班子、一套化解方案、一套稳控方案、一份会议纪要”工作机制。各责任主体及时向县包案领导报告信访案件处理进展情况，配合单位与责任单位对接。县信访联席办会同县纪委、县委督查室、县委政法委等部门督查县党政领导包案信访事项处理情况，全程跟踪信访突出问题处理化解工作，定期通报情况，督查结果纳入年度绩效考核。全年共化解信访突出问题107件，化解率82.31%。

2021年4月8日，10名晨练代表向如东县信访局赠送锦旗和感谢信

【党政领导调研接访】2021年，县委、县政府召开信访工作专题会议6次，研究部署信访工作。县委书记陈慧宇，代县长陈雷，政法委书记张蓉蓉，副县长、公安局局长陆翔等领导多次到县人民来访接待中心调研指导信访工作。县四套班子领导每月到县人民来访接待中心开展接访活动，化解重点信访问题。落实镇（区、街道）级信访工作联席会议机制，发挥信访工作联席会议在分析研判信访形势、推动信访问题化解、维护群众合法权益、促进社会和谐等方面作用。

【信访积案化解】2021年，县信访局坚持问题导向、目标导向，集中时间、集中力量，全面排查信访领域各类风险隐患，集中攻坚重点信访矛盾，如东县重复信访和信访积案的化解率位居全市第一方阵。县包案领导定期听取挂钩镇（区、街道）、分管条线的工作推进情况，各镇（区、街道）各有关部门分类施策、多措并举促化解，县信访联席办加强下沉督促指导、会商会办和动态管理。

【源头化解初信初访】2021年，县信访局共受理市级以上初访信访件33件，化解21件，化解率63.64%。初信初访整体化解率位于全市前列。3月，如东县信访局开展初信初访事项快速办结化解探索研究工作，制定《关于印发〈初信初访事项快速办结化解实施方案（试行）〉的通知》印发至各镇（区、街道）和县相关部门，完善源头化解工作机制，把牢解决问题“初始关”，缩短信访事项办理时限（简单事项7日内办结，一般事项15日内办结，复杂事项30日内办结），在信访事项办理上优化流程、减少环节、压缩时限、提高效率，推动信访事项即接即办、落实首办负责制，推进初信初访事项办理提质增效，做到“小事不出村、大事不出镇、矛盾不上交”。

【建设“人民满意窗口”】2021年，县信访局推进网上信访“人民满意窗口”创建。以“网上办、不见面、最简捷”为目标，借力“互联网+”，搭建线上线下交互式、立体式、多渠道群众表达平台，健全完善“三减三优化”（减时限、减流程、减材料，优化办理环节、优化办理权限、优化办理方式）工作机制，做到网上规范录入、网上规范办理。全年网上信访共受理办理768件，网上信访占比77.74%，网上信访一次性化解率87.50%，群众满意率100%。在如东经济开发区、洋口镇和大豫镇先行试点建设省级基层“人民满意窗口”，协助试点镇在整体布局、场地建设、岗位设置、基础设备配置、信访文化氛围营造、工作机制创新等方面做好创建工作。12月，如东经济开发区通过省级验收。

【专项督导】9月，县委政法委和县信访

工作联席会议办公室组成3个督导组，到全县各镇（区、街道）开展专项督导。通过随机抽查、一线验证、听取汇报等方式，检查各镇（区、街道）贯彻县委、县政府部署推进情况、信访积案化解情况、“人民满意窗口”建设质量提升工程落实情况等内容。督查组要求各镇区守住社会稳定的底线，增强本质安全水平，运用“大数据+网格化+铁脚板”治理机制，开展地毯式排查、系统性推进、全方位整治。

【队伍建设】2021年，县信访局出台《关于加强信访业务标准化建设工作的实施方案》，培训信访系统工作人员，点对点、面对面帮带指导，确立信访业务规范化、标准化理念。10月，县信访局分批轮训各镇（区、街道）新入职信访干部30人次。学员对信访部门搭建多元平台、引导群众变“上访”为“上网”、直观感受接待大厅“面对面”和网络平台“键对键”优势互补做法。县信访局开展集中培训、轮岗交流、实践锻炼，提升信访干部“六项能力”专题培训，举办机关信访干部培训班、镇（区、街道）专职信访工作人员业务培训班，提升信访干部专业素养和履职能力，造就“一专多能”信访干部队伍。“4·15”全民国家安全教育日，县信访局组织机关全体人员开展集中学习、书面测试等形式的普法宣传活动。4月24日，县信访局20余名党员干部到常熟沙家浜红色革命基地，开展党史学习教育参观活动。

【建言献策】2021年初，江苏省政府信访局围绕新冠肺炎疫情后经济社会发展面临的困难和挑战，开展“我为江苏高质量发展建言献策”人民建议专题征集活动。如东县共征集建议意见36条。其中，大豫镇何学忠提出《关于加强“三农”工作队伍建设》建议得到省领导批示，转化为政策措施，获2020年度南通市“我为江苏高质量发展建言献策”人民建议专题征集活动一等奖。2月4日，县信访局举办“我为江苏高质量发展建言献策”人民建议专题征集活动表彰大会，表彰何学忠并颁发荣誉证书。

（冯晓彦）

民族宗教事务

【宗教工作】如东县有宗教活动场所13处，其中，佛教7处、道教2处、天主教1处、基督教3处。5月，县委民族宗教工作领导小组办公室出台《中共如东县委民族宗教工作领导小组及成员单位工作职责》，定期召开会议分析研判民族宗教工作重点，落实镇（村）宗教重点工作月度“零”报告制度。研究制定《如东县宗教活动场所负责人管理规定》《如东县宗教活动场所负责人考核实施细则》，加强宗教场所负责人管理。在全县宗教活动场所推进“三爱五认同”（爱党、爱国、爱社会主义；对伟大祖国的认同、对中华民族的认同、对中华文化的认同、对中国共产党的认同、对中国特色社会主义的认同）、“四史”（党史、新中国史、改革开放史、社会主义发展史）主题学习教育，组织宗教活动场所开展“四进”（国旗、宪法和法律法规、社会主义核心价值观、中华优秀传统文件进宗教活动场所）活动。开展安全生产专项整治，定期进行安全检查、抓好问题整改，开展对13个宗教活动场所既有房屋全覆盖安全鉴定，督促指导宗教活动场所抓好常态化疫情防控工作；在全省率先实施“智慧宗教”项目，提升全县宗教领域现代化管理水平。大豫镇天主教堂作为全省首批宗教活动场所法人登记试点单位，8月，完成登记工作，县民政局颁发宗教活动场所法人登记证书。5月29日，国清寺举办“重建30周年暨宝塔落成开光庆典”。推进“三型”（平安型、和谐型、文化型）宗教活动场所品牌创建活动。3月6日，指导扶海宫成立“扶海诗社”，上海、如东两地20多人参加诗社，汪益民、陈曼英担任社长，联合上海、南通等地诗社举办庆祝中国共产党成立100周年诗歌比赛及朗诵活动。

（仇晶晶）

【民族工作】如东县民族宗教事务局突出民族团结和睦，探索“民族+”工作法，举办“粽叶飘香迎端午，民族团结一家亲”“春从外农来，心随梨花开”“汉藏孩子一家亲，牵手同台感党恩”等主题活动8次，打造民族团结进步“如东样板”。5月，开展民族健身操教练员培训，26人参加。6月，如东县民族宗教事务局与南通市民族宗教事务局、南通市民族团结进步促进会、民进南通市委会联合举办“医心为民办实事，同心共筑中国梦”送医下乡活动。同月，如东县少数民族联谊会召开第二次会员大会，更换名称为如东县民族团结进步促进会，沈煜婷当选为新一届民促会会长。指导马塘镇制作快闪《唱支歌儿给党听、共叙民族团结情》，献礼中国共产党成立100周年。大豫镇大同镇、河口镇荷园村、江苏海宝电池有限公司成功创建省级“红石榴家园”，全县共有省级“红石榴家园”4家。

（陈小庆）

防灾减灾

【概况】2021年，县住建局（地震局）推进地震制度保障、监测仪器保障、宏观观测网络建设、日常监测管理、仪器运维管理、地震观测数据质量保证、震情监视和短临跟踪等方面工作，完善各部门协调联动、信息传递、灾情评估、款物调拨等，加强减灾救灾工作综合协调能力建设。

2021年5月12日，如东县开展防灾减灾宣传

5月12日，第13个全国防灾减灾日，开展“防范化解灾害风险，筑牢安全发展基础”主题宣传活动。推进防灾减灾救灾“十四五”规划编制和重点工程建设，完善应急预案，提升多灾种和灾害链综合风险防控能力。建立基层应急物资保障体系，培训基层应急力量，开展防灾减灾救灾演练和技能培训、技能练兵，提高灾害应急能力。2021年，国家拟在洋口港地区建设1座通用机场，县地震局收集地质、地震资料，完成国家通用机场选址资料上报。

【地震监测设施建设】 如东县内有强震2个、测震2个、电磁波1个、基准台1个共6个观测项目，监测数量和规模均居全市前列。建立地震监测台站值守制度。每个宏观观测站有专人值守、填报日志、寄送月报，发现异常及时上报。2021年，出台《关于确认如东县地震监测设施的分布地点及其保护保护范围的通知》，在县规划、建设、土管等部门备案，确保所有省属地震监测台都受到地方政府的保护和重视。加强对现有县内地震监测台网的环境保护力度。2021年，县地震局配合国家省地震局，建成2座国家级地震烈度基准站，如东县5个地震监测台在省里参加评比，均获得较好成绩。

【震情监视和短临跟踪】 县地震局通过省市地震信息网络和秘密电话建立地震参数快速发布通道。一旦发生地震事件，通过快速通道及时向上级部门发布地震信息。1月，县地震局出台《如东县震情监视和短临临跟踪工作方案》，明确震情监视和短临临跟踪指导思想、组织机制、工作安排和工作要求，指导全县震情监视和短临临跟踪工作。

【仪器运维管理】 2021年，县地震局加强监测管理，台站、宏观观测点制度建设，每季度开展1次现场巡查，检查维护仪器，保障运行正常。配合省局专家做好接地电阻巡检、台点巡检定时上报，做好防雷接地设施专项测试，排查、排除隐患。全年监测数据连续可靠，仪器无故障。

(黄建新)

网络安全管理

【概况】2021年，如东县电子政务网网络安全形势严峻，各类网络攻击超100万次，为保障全县电子政务网网络安全运行，县域治理现代化指挥中心对电子政务网络中心机房的服务器、核心交换机以及各镇各部门终端交换机等设备运行情况进行巡检，消除网络安全隐患。组织专业安全测评机构对全县电子政务外网上关键基础信息系统进行信息安全等级保护测评、风险评估和软件测评，查找薄弱环节，做好全县电子政务系统安全管理工作，要求各服务器托管单位提高网络安全工作标准，强化责任意识，杜绝安全隐患，优化内网终端准入控制系统，严格行政中心内部网络接入策略，提高网络终端主动防御能力，防止“危险”“易感”终端接入网络，控制病毒、蠕虫的蔓延。县指挥中心多措并举，保证外网核心路由、交换，骨干网络和设备实现负载均衡及冗余，防止服务器宕机，强化镇区和重点单位的电子政务外网网络安全各项工作。

(刘建宇)

安全生产监管

【概况】 2021年，如东县以“安全生产隐患整改年”为主线，将省、市、县三级巡视巡察整改贯穿于安全生产和应急管理工作全过程，开展专项整治三年行动、加强消防安全管理、落实应急救灾减灾措施，防范遏制生产安全事故发生。通过“提高政治站位，坚守红线意识”“健全责任体系，强化担当作为”“抓好巡视整改，推动成果转化”“强化主体责任，筑牢安全防线”“加强危化品监管，管控重大风险”“聚焦重点领域，推进‘1+2+3+6’专项治理”“强化监察效能，筑牢坚实保障”“防控火患风险，打造智慧消防”“优化运行机制，加强应急管理”“聚焦防减救灾，筑牢人民防线”10个方面开展安全生产和应急管理工作。2021年12月，县应急管理局被南通市委、市政府评为“2019—2020年度文明单位标兵”。

【安全生产风险管控】2021年，如东县安全生产专项整治共排查隐患近14万处，全部整改到位，开展督导检查731家次，发现问题925个；责令停产整顿160家存在违法违规操作的企业。根据《江苏省工业企业安全生产风险报告规定》，推进工业企业安全风险报告，完成规上企业701家、规下企业3152家风险报告，执法检查风险零报告企业。强化危险化学品风险管控。开展危化品本质安全提升专项行动。对31家企业开展氯化、硝化精细化工反应安全风险评估，对77家涉及“两重点一重大”(重点监管的危险化工工艺、重点监管的危险化学品、危险化学品重大危险源)企业进行保护层分析(LOPA)。推进危化品安全生产信息化建设。督促企业规范运行“五位一体”信息化平台，保障重大危险源视频、传感器实时在线，确保数据与市平台对接，实现监管信息共享。推行危化品企业积分管理。共对39家化工企业分别实施扣分处理，年度积分排名靠后的企业分别被列入市、县区重点执法对象。2021年，如东县开展化工企业大排查大整治。排查企业596家次，发现隐患2845条，开具责令限期整改指令书278份，现场处理措施决定书58份，责令58家企业(装置)停止生产(建设)，办理事前处罚32起。推进危化品使用安全专项治理。全县14个部门结合本行业特点制定能源、化工、交通运输等18个行业领域危化品使用安全专项治理行动实施方案。通过全面排查甄别，摸排和建档危化品使用企业和单位1765家。扎实烟花爆竹安全监管。对全县219家零售店全覆盖联合执法检查，行政处罚16家。开展安全生产巡查，分两批对全县17个镇(区、街道)和部门开展安全生产巡查，发现297项突出问题，排查出872条风险隐患，全部闭环。开展专项整治，完成52家金属熔融企业安全生产核查诊断工作，发现一般隐患1192条、重大隐患18条，全部整改闭环。对高温熔融企业、有限空间作业企业以及工贸企业生产经营场所、项目、设备外包委外作业组织开展专项整治。对全县冶金等工贸企业组织开展大排查大整治工作。

【安全生产监管】2021年，如东县委跟踪省委市委巡视巡察反馈73条问题，全部整改到位。县委巡察反馈问题14条，全部整改到位。牵头做好省、市、县安全生产督导、督查、巡察。迎接7次省安全生产督导，对检查反馈72条安全隐患逐条交办，并督促整改到位；迎接10次市安全生产督查和考核，对检查反馈的56条问题，全部整改到位。健全安全生产责任体系。坚持“三管三必须”（管行业必须管安全，管业务必须管安全，管生产经营必须管安全）原则，对各领域安全生产重点工作加强指导协调和监督检查。发挥安委办统筹协调职能。牵头组织召开安全生产工作会、各级电视电话会、协调推进会41次。每季度下发《安全生产工作要点》，指导督促镇（区、街道）落实好安全生产工作。专项督查安全生产技术服务机构16家，核查法定项目225家次，发现问题206条，约谈安全生产中介机构3家。制定县领导节假日、重点时段带队检查方案，配合县领导带队检查105家企业安全生产，发现218条问题隐患，及时交办，并督促整改到位。

【宣传培训教育】2021年，如东县组织开展“百团进百万企业千万员工”安全生产宣讲活动。党政领导班子成员基层宣讲70人次，行业监管部门领导基层宣讲84人次，宣讲覆盖企业率100%。在“如东发布”开办安全生产专栏，开展党政主要负责人“四个一”（组织一次安全生产学习会、开展一次安全生产专题宣讲、发表一篇安全生产署名文章、开展一次安全生产督导检查）说安全活动，各镇（区、街道）党政领导发表“一把手”话安全文章31篇。《如东：立好应急管理“三面镜”推动安全质效大提升》在《新华日报》刊载。《“一线”工作法推动“沉浸式”党史学习教育走深走实》被“学习强国”学习平台录用。5月8—14日，开展“防灾减灾宣传周”活动，共开展户外宣传场次216次，悬挂宣传条幅787幅，发放各类宣传册、知识读本6.40万份，开展知识讲座、培训1306场，开展自然灾害应急演练活动197场，7.7万人参演。开展新《中华人民共和国安全生产法》宣讲和警示教育。邀请南京工业大学安全科技与工程学院教授王华作“扶海大学堂——县委中心组‘新《安全生产法》’专题讲座”。6月，开展“安全生产月活动”系列活动：开展安全生产宣传“五进”、“安全生产万里行”、“五个一”安全文化作品征集评选、群众性安全隐患排查和警示教育等活动。9月，县应急管理局全体班子成员到各镇区进行新《中华人民共和国安全生产法》的宣贯和7次事故警示教育会。与县消委会开展专项整改纺织品行业火灾隐患。培训94家化工企业主要负责人和分管负责人，督促企业加大对从业人员培训力度，对学历不符合要求人员应培尽培。组织2824家冶金等工贸企业主要负责人和安全管理人员安全生产培训，提高企业安全管理水平。

【企业服务与安全执法】2021年，县应急管理局从全县五十强、上市和挂牌、行业领军企业中选出20家企业，以主动上门、提前介入、专家把脉等方式为企业提供“一对一、保姆式、零距离”服务，共排查隐患418条，全部整改到位。监管执法危化品企业全覆盖，突出金属冶炼、高温熔融、粉尘涉爆、液氨制冷、使用危险化学品等重点领域、有限空间作业、动火作业等关键环节执法检查。全年共检查企业1741家，发现隐患5771条，整改5671条，整改率99%。行政处罚立案482起，结案479起，罚款1121.89万元，其中事前处罚462起，罚款792.34万元。编制执法检查方案，规范监管执法程序，向社会公示安全生产行政执法的程序、内容等。所有处罚案件都通过苏安执法系统网上办理，按照《江苏省安全生产自由裁量实施细则》要求，在每起行政处罚《案件调查终结报告》中详细阐述处罚金额的理由、依据和裁量标准。对于事前较大金额行政处罚和事故企业行政处罚实施案审会制度，确保行政处罚案件合规性。全年收到各类安全生产信访举报件337件，其中，生产安全信访举报91件，如东大联动平台246件，全部完成登记处理，件件有回复、事事有落实。

【安全生产事故】2021年，全县共发生各类生产安全事故4起，同比下降33%，死亡6人，同比持平，其中，工矿商贸企业及建筑类共发生亡人事故4起，死亡6人。全县发生1起较大以上事故，安全生产形势总体平稳。生产安全事故情况：1月28日，江苏金盛建设集团有限公司在洋口镇如东洋口环保热电有限公司1号炉炉顶挡雨棚维修彩钢瓦施工过程中，发生1起高处坠落事故，死亡1人；3月1日，双甸镇如东晟铭金属制品有限公司镀锌车间，悬臂支撑（船用构件）在熔融的锌池中镀锌过程中，锌液喷溅出来将锌池南侧控制室内的操作人员烫伤，死亡1人；3月29日，如东洋口港江苏省液化天然气储运调峰工程项目搭建检测桩基的压重平台反力装置过程中，如东顺泰吊装服务部发生一起高处坠落事故，死亡1人；8

2021年6月29日，如东县开展海上风电应急救援演练活动

月13日，曹埠镇南通天文铸造有限公司操作工在打开除尘布袋过程中，一氧化碳泄漏导致中毒，死亡3人。

（高徐连）

应急管理

如东县政府举行2021年度如东县危险化学品事故应急救援演练

【应急管理基层基础建设】2021年，如东县健全应急指挥联动机制。及时更新各镇区、部门应急管理、防灾减灾人员组成，落实各部门、各镇区街道防灾减灾工作职责与分工，建立上下一体、左右通畅的应急响应机制。完善应急救援预案。组织各镇区街道、各部门全面排查各类专项应急预案，重点推进基层应急预案体系和应急能力建设，实施范围包括各镇区和村居、学校、医院、烟花爆竹批发、危化、金属熔融、粉尘涉爆等行业。共组织开展应急预案演练2200余场，参演8万余人。建立涵盖应急管理、水务、消防救援等部门信息共享与联络沟通机制，整合应急抢险救援力量，建设县级应急救援队伍44支，县级应急救灾物资库1家。加大镇村物资储备力度，建立应急救援物资清单与应急物资生产企业名录，形成县、镇、村三级救援物资储备体系，提升防灾减灾救灾能力。

【灾害救援能力建设】2021年，全县灾害天气3次8天，灾害范围18各镇区街道，造成损失2846万元，受灾人口7478人。如东县组织开展灾情应急处置，做好自然灾害防范。“4·30”突发大范围强对流天气灾害，出动应急人员8000余人次，开展灾情核查和应急处置，发放省、市救灾补助和应急物资。如东县安全生产委员会办公室要求县城管局、县住建局以及相关镇(区、街道)普查风险隐患、预防次生灾害，发现并整改隐患500余处。“烟花”“灿都”台风期间，迅速启动应急响应，加强应急指挥和应急联动，指导督促化工、冶金等工贸企业迅速做好安全防范，停止动火作业、涉煤作业、高空作业等危险作业。落实灾情救助工作，下拨省、市救灾资金150万元，冬、春生活救助资金20万元。健全灾害风险分担机制，如东县投入159.9万元办理农村、城镇户籍家庭及户籍人口家庭财产险和居民意外险。促进综合减灾能力建设。6月3日，邀请中国矿业大学教授周云圣从基层应急体系的职能、发展、问题以及如何提升应急能力等方面对县局、各镇区54人进行培训；落实全国自然灾害综合风险普查业务人员，2021年末，全县有普查专职工作人员20人。出台《县政府办公室关于印发如东县“十四五”安全生产规划、如东县“十四五”应急管理体系和能力建设规划、如东县“十四五”综合防灾减灾规划的通知》，增强规划引领和科技支撑作用；双甸镇高前村、大豫镇丁家店村、河口镇双港村、曹埠镇上漫社区、新店镇汤园社区、栟茶镇浒澪村、长沙镇长堤村、新店镇月池村建成全国综合减灾示范社区，落实长效化管理。按照《全国综合减灾示范社区创建管理办法》要求，每年组织已创建社区持续开展防灾减灾救灾工作，省、市、县每年抽查2~3家已创建社区，抽查认定不符合创建标准的，提出整改要求，3个月内仍未达到要求的，撤销其全国综合减灾示范社区称号并收回牌匾，提升综合减灾水平。

（高徐连）

社会组织

【概况】2021年末，全县共有注册登记社会组织733家，其中，社会团体280家、民办非企业452家、基金会1家。2021年，新注册登记11家。县民政局开展“我为企业减负担”专项行动，减免20多家行业协会商会费等费用60多万元，惠及企业600多家。6月，县民政局安排50万元资金，开展第五届公益创投活动，鼓励引导社会组织开展为老、助残、帮困及红色公益等公益活动，鼓励社会组织帮助群众排忧解难，“青春扶苗”“爱心食堂”等13个项目获奖。

（盛海娟）

中国人民政治协商会议如东县委员会

综 述

【概况】2021年，县政协召开全体会议1次，常委会会议9次，主席会议9次，主席办公会议10次。县政协十五届五次会议后，征集提案220件，立案190件，其中，重点提案12件、跟踪续办提案6件、呈县领导阅示4件；收集社情民意信息稿件155条，向县政府报送社情民意19条，向省、市政协分别报送13条、14条，其中省政协转报全国政协2条，综合考核成绩在全省信息直报点中名列前茅。县政协环境资源和城乡建设委员会、县政协社法民宗和港澳台侨委员会、县政协医疗卫生工作委员会、马塘镇政协工作委员会被南通市政协评为全市政协系统先进集体。县政协获“全省政协系统先进集体”称号。县政协机关被县委、县政府评为“人民满意机关”。

【“有事好商量”协商议事】2021年，县政协围绕“完善村规民约 树立文明新风”和“民生专题”开展村居协商，提升乡村治理水平和乡风文明程度。完善主席会议成员和专委会挂钩联系制度，推进“有事好商量”协商议事室、委员工作室、社情民意信息联系点“三位一体”建设，建立委员点对点下沉到村(社区)协商议事室制度。创新开展“有事好商量”协商议事“星级评定”，把“有事好商量”协商议事工作纳入县委县政府乡村振兴实施方案，要求“市县乡村振兴示范村必须达到四星级以上，各类先进村必须达到三星级以上”。2021年，全县有三星级以上协商议事室292个，其中，五星级协商议事室16个，四星级协商议事室38个。

重要工作

【政治协商】2021年，县政协围绕加快转型发展、推动改革开发、推进乡村振兴、改善生态环境、加快共同富裕、推动社会治理、加快内涵提升等任务，组织开展协商议政活动，形成《关于为勇当长三角沿海高质量发展排头兵凝共识、添活力的建议》等6份建议案，报送县委、县政府决策参考。围绕“弘扬新时代企业家精神，大力培育张謇式如商群体”开展课题调研和协商建言，助推全县民营经济高质量发展和民营经济人士健康成长。调查研究基层公共卫生安全防范、应急能力建设等问题，通过提案反映社情民意信息，参与疫情防控工作。

【民主监督】县政协落实县委、县政府交办课题，分设5个视察督察小组，县相关部门负责人共同参与，组织“国考断面水质稳定达标”专项视察督察，开展“职能部门+镇(区、街道)+专业人士”远程面对面协商，分析存在问题，提出解决措施。常态化深入国考断面沿线各镇区调研视察，关注整改落实情况，与相关职能部门和镇(区、街道)梳理问题、分析原因、研究解决方案。融协商、监督、参与、合作于一体，聚焦化工园区安全生产整改工作、推进县城新建学校启用、县域治理现代化指挥中心建设等课题，组织开展主席会议、专委会会议专题视察，在多元监督中拓展协商渠道。

【参政议政】2021年，县政协开展主席会议专题视察化工园区安全生产整改工作。围绕“关于全县疾病预防控制体系建设的调研”“县城居住小区人防工程建设与使用管理”召开专题协商会，形成建议案专题呈报县政府。围绕“全县农村建房工作推进落实情况”“全县教育资源优化项目实施情况的视察”“栟茶古镇开发建设的视察”等课题，开展专题视察，调研论证、建言资政。围绕文明城市常态长效管理、社区矫正、精神残疾人服务与管理、民间信仰活动场所规范管理以及创新优化侨台资营商环境等内容开展视察和协商议事活动。

【文史宣传】县政协挖掘如东红色文史资源和地方特色文化。研究如东名人文史，开展第一批名人资料收集工作，组织外出采访、交流、查询资料等活动10余次，组织开展文史资料交流座谈会议8次。《如东名人》系列首批5人的资料收集、采访和创作等工作进展顺利，《大医精诚——徐克成》已形成28万字初稿，其余4篇均已形成写作大纲。《扶海乡音——如东俗语辑注》完成第8稿编校工作。参与省政协《江苏红色文化名片》资料收集，市政协建党100周年书画展作品征集。建设、管理政协系统意识形态阵地，开发“智慧政协”App服务平台，加强与省市县报刊以及广电、网络等媒体联系合作，推进《如东日报·团结与民主》专版、如东政协门户网站、如东政协App、微信公众号等媒体平台建设。

【提案工作】县政协十五届五次会议共征集提案220件，组织审查立案并配合政府交办190件；遴选重点提案12件、跟踪续办提案6件、呈县领导阅示4件；对不立案件按其价值转化，作委员来信15件，作社情民意8件。落实县委、县政府领导领办督办和县政协协办督办年度重点提案、跨年度跟踪续办提案制度，提案人与提案承办单位双向评价制度，推动提案撰写和办理质量“双提升”；把好提案立案源头关，实现提案由“提了多少”向“提得多好”转变；推进提案办理与协商议事对接融合，通过协商议事，落实年度重点提案；开展提案“督办月”活动，强化领办督办促办融合，“问办”“问效”机制在传承中创新，提案办理落实由“已办”向“办好”转变。

【党建工作】2021年，县政协在党史学习教育活动中兴办23个“为民办实事”项目；向6处人员密集场所捐赠AED(自动体外除颤仪)设备。围绕庆祝中国共产党成立100周年，开展“同心向党 奋斗有我”系列活动，展现新时代政协风采。举行庆祝县政协成立65周年座谈会，回顾发展历程，研究做好新时代政协工作新任务、新举措。3月1日至4月30日，中共十四届县委第十五轮第二巡察组巡察县政协办，反馈3个方面7个具体问题，县政协机关党组织就巡察反馈问题进行整改，8月5日，召开以巡察整改为主题的民主生活会。

【联谊交流】2021年，县政协接待上海嘉定、河北沧州、湖北黄冈、四川峨眉山、江苏江阴等省内外政协同行30多批次。常态化开展与陕西汉中南郑区政协的联谊联络、对口协作。

2021年如东县第十五届政协最具影响力提案一览表

表14

序号	届次——提案号	案由	提案人	主办部门
1	5—056	关于打造高质态特色产业体系,助推工业经济高质量发展的提案	经济科技工委	发改委
2	3—076	关于全力打造如东"绿色能源之城"特色名片的提案	文化艺术工委	发改委
3	4—263	关于建立民企纾困工作机制 助力经济高质量发展的提案	财经贸易工委	发改委
4	1—132	关于合理使用与保护如东地理标志产品的提案	顾明	市场监管局
5	5—012	关于加强文明城市常态长效管理的提案	掘港街道工委	宣传部(文明办)
6	5—141	关于建立一支"张謇式"如商队伍的提案	工商联工委	发改委
7	5—198	关于大力开展农村公共空间治理,助推乡村振兴的提案	社会法制工委	农业农村局
8	3—117	关于建立基本照护制度的提案	社会法制工委	医疗保障局
9	5—175	关于加强中小学生心理健康教育的建议	陈小琴	教育体育局

重要会议

【县政协十五届五次会议】 1月11—14日,政协如东县第十五届委员会第五次会议在县城举行。会议听取并讨论县委书记沈峻峰代表县委在开幕大会上所作讲话。会议赞同县长陈慧宇代表县政府所作《政府工作报告》,赞同县"十四五"规划和二〇三五年远景目标纲要(草案),赞同"两院"工作报告及其他报告。会议审议、批准县政协主席陈建华代表县十五届政协常委会所作工作报告和副主席丛俊所作提案工作报告。会议选举蒋树建为县十五届政协委员会主席,补选江新泉为县十五届政协委员会副主席。陈建华不再担任县政协主席。委员们视察县经济建设、社会事业重点工程,开展委员专题培训;举行大会界别专题建言献策活动,通过分组讨论、提交提案、反映社情民意信息等方式参政议政。会议表彰优秀提案22件及提案办理工作先进单位18家;表彰政协工作先进集体17家、优秀委员53人、反映社情民意先进个人9人;表彰"有事好商量"协商议事先进集体10家、优秀"有事好商量"协商议事室39个、参政议政特邀人士先进个人16人、新时代乡贤先进个人46人。

【县政协十五届常委会会议】 2021年,县政协第十五届常委会召开第22—30次共9次常委会会议。

2021年度县政协十五届常委会会议一览表

表15

会议名称	时间	主持人	参加领导	会议内容
县政协十五届二十二次常委会会议	1月10日	丛　俊	陈建华、蒋树建、杨晶晶、桑健、桑圣权、陆茵、江新泉、张恺	会议协商通过县政协十五届五次会议的议程(草案)、日程及细目(草案)、主持人、报告人、秘书长和副秘书长建议名单(草案)以及县政协委员调整事宜,协商通过《县政协十五届委员会常委会工作报告(草案)》和《县政协十五届四次会议以来提案工作报告(草案)》
县政协十五届二十三次常委会会议	1月12日	陈建华	沈峻峰、蒋树建、杨忠、杨晶晶、丛俊、桑健、桑圣权、陆茵、江新泉、张恺	协商讨论候选人建议名单;讨论县委书记沈峻峰开幕讲话、常委会报告和提案工作报告;协商讨论大会选举办法(草案)及选举工作人员建议名单、大会决议(草案)
县政协十五届二十四次常委会会议	1月13日	陈建华	蒋树建、丛俊、桑健、桑圣权、陆茵、江新泉、张恺	听取各组对政府序列3个报告、县"十四五"规划和二〇三五年远景目标纲要(草案)、"两院"报告和大会决议(草案)讨论情况汇报;听取各组对大会选举办法(草案)及选举工作人员建议名单,讨论候选人建议名单意见,确定正式候选人;听取提案预审、社情民意汇总情况汇报;听取2021年小组活动计划汇报;审议通过大会决议(草案)

续表15

会议名称	时间	主持人	参加领导	会议内容
县政协十五届二十五次常委会会议	2月28日	蒋树建	杨晶晶、丛俊、桑健、桑圣权、陆茵、江新泉、张恺	会议传达贯彻省、市政协全会精神,全县作风建设会议精神。通报县十五届政协五次全会提案审查立案情况、重点提案和跨年度跟踪续办提案遴选情况。协商通过县政协部分专门委员会主任、副主任任职事项,部分政协委员调整事宜。协商通过《县委、县政府、县政协2021年度协商计划(草案)》
县政协十五届二十六次常委会会议	5月13日	蒋树建	张兴国、杨晶晶、丛俊、桑健、桑圣权、陆茵、江新泉、张恺	会议通报县政协十五届五次会议以来提案办理工作情况;协商通过部分政协委员调整事项;传达学习省政协"有事好商量"理论研讨会、全市政协界别"有事好商量"协商议事工作推进会、全县"有事好商量"工作推进会精神;学习贯彻《中共如东县委员会转发县政协〈关于开展"有事好商量"协商议事工作巩固提升年的实施意见〉的通知》、《中共如东县委员会转发县政协〈关于在全县开展"有事好商量·完善村规民约 树立文明新风"专题协商议事月活动的实施方案〉的通知》精神;通报县推进政协协商与基层协商有效衔接领导组成员调整情况。协商通过《关于在党史学习教育中开展"委员学党史,协商办实事"主题实践活动方案(草案)》《关于全县疾病预防控制体系建设的调研报告》;会议协商通过有关人事事项;观看省政协专题片——《探索民主协商新路子》
县政协十五届二十七次常委会会议	8月25日	蒋树建	陈雷、杨忠、丛俊、桑健、桑圣权、陆茵、张恺	会议通报2021年上半年全县经济社会发展情况。传达县第十五次党代会精神和全县"双聚双高"作风效能提升专项行动动员大会精神;通过部分政协委员调整事项;镇(区)、村(居)、界别、企业"有事好商量"协商议事室召集人代表作协商议事体会交流发言;通报"我为群众办实事,定向安放除颤仪"集体捐赠方案;开展《以史为鉴,开创未来——学习贯彻习近平总书记在庆祝中国共产党成立100周年大会上的重要讲话精神》专题讲座
县政协十五届二十八次常委会会议	10月16日	蒋树建	许金标、丛俊、桑健、桑圣权、陆茵、江新泉、张恺	围绕"弘扬新时代企业家精神,大力培育张謇式如商群体"课题开展专题协商议政。会议对《关于"弘扬新时代企业家精神,大力培育张謇式如商群体"的建议案(草案)》起草情况作说明;部分重点企业主要负责人、政协常委、部门负责人代表交流对于弘扬新时代企业家精神,培育张謇式如商群体的认识、见解和建议
县政协十五届二十九次常委会会议	11月8日	蒋树建	许金标、丛俊、桑健、桑圣权、陆茵、江新泉、张恺	县委常委、常务副县长许金标通报县政协十五届五次会议以来重点提案(跟踪续办提案)、建议案办理落实情况。开展重点提案和跟踪续办提案公开问办、公众问效活动。听取关于加强城区周边专业市场建设和整治课题视察调研情况汇报
县政协十五届三十次常委会会议	12月30日	蒋树建	丛俊、桑健、桑圣权、陆茵、江新泉、周洪、张恺	会议协商通过十六届县政协委员名单;协商通过县政协机关委室人事任免事项;协商通过《关于召开县政协十六届一次会议的决定和议程(草案)》和《县政协十六届一次会议日程及细目(草案)》;协商通过县政协十六届一次会议主席团成员和秘书长建议名单、主席团会议主持人建议名单、大会执行主席建议名单、主席团常务主席及常务主席会议主持人建议名单、副秘书长建议名单、秘书处机构和工作人员建议名单、主持人和报告人建议名单、基层工委的划分及召集人建议名单等各项程序性安排;协商《县政协十五届委员会常委会工作报告(讨论稿)》和《县政协十五届委员会提案工作报告(讨论稿)》,部分县政协常委提出意见和建议

【县政协十五届主席会议】 2021年，县政协召开第37—45次，共9次主席会议。

2021年县政协十五届主席会议一览表

表16

会议名称	时间	主持人	参加人员	会议内容
县政协十五届三十七次主席会会议	1月5日	陈建华	蒋树建、丛俊、桑健、桑圣权、陆茵、江新泉、张恺	会议协商通过届中政协委员调整事项；协商县政协十五届五次会议议程草案、日程及细目草案、主持人、报告人建议名单、大会秘书长、副秘书长建议名单、邀请人员、列席人员的范围和原则、大会秘书处机构和工作人员建议名单；会议协商县政协十五届五次会议常委会工作报告(征求意见稿)、县政协十五届四次会议以来提案工作报告(征求意见稿)；会议听取县政协十五届五次会议相关准备工作情况汇报；协商2020年度县政协优秀委组，优秀委员，反映社情民意先进个人，"有事好商量"优秀协商议事室名单；优秀提案目录、提案办理工作先进单位；协商召开县政协十五届二十二次常委会决定
县政协十五届三十八次主席会会议	2月25日	蒋树建	杨晶晶、丛俊、桑健、桑圣权、陆茵、江新泉、张恺	会议协商部分政协委员调整事宜；讨论《县委、县政府、县政协2021年度协商计划》；通报县十五届政协五次全会提案审查立案情况
县政协十五届三十九次主席会会议	3月23日	蒋树建	丛俊、桑健、桑圣权、陆茵、江新泉、张恺	会议协商讨论县政协十五届五次全会期间界别专题建言献策建议案、国考断面水质稳定达标专项视察督察方案；协商通报县政协十五届五次会议重点提案领督办工作安排；传达省政协"有事好商量"协商议事工作巩固提升年实施方案，讨论如东县贯彻意见，安排市政协到如开展"有事好商量"专题调研事宜；讨论通过《县政协党组关于开展党史学习教育的实施方案》
县政协十五届四十次主席会会议	4月26日	蒋树建	丛俊、桑健、桑圣权、陆茵、张恺	会议协商讨论《关于"有事好商量"协商议事巩固提升年实施意见》；协商讨论《关于开展"有事好商量·立村规民约 树文明新风"专题协商议事月活动的实施方案》；讨论通过"两实践"活动方案及为民办实事清单等；协商讨论《关于全县疾病预防控制体系建设的调研报告(征求意见稿)》《关于调整如东县推动政协协商与基层协商有效衔接工作领导小组组成人员的名单(征求意见稿)》；协商重点提案及跟踪续办提案督办事宜；交流4月份工作推进质效及5月份工作安排；协商讨论《关于召开全县村(居)"有事好商量·立村规民约 树文明新风"专题协商议事活动动员会议的工作方案》《关于召开县政协十五届二十六次常委会议的工作方案》
县政协十五届四十一次主席会会议	6月28日	蒋树建	杨晶晶、丛俊、桑健、桑圣权、陆茵、张恺	会议传达全县安全生产暨燃气安全专项整治会议精神；汇报"关于全县安全生产整改情况专项民主监督"视察调研及座谈会建言情况；协商讨论"关于弘扬新时代企业家精神，大力培育张謇式如商群体"县政协常委会课题调研方案；协商讨论《关于开展"书香政协·同心筑梦"委员读书活动的实施方案》；通报国考断面水质稳定达标视察督察情况；各委室汇报赴基层蹲点督查指导"有事好商量"协商议事情况及7月份工作安排
县政协十五届四十二次主席会会议	8月2日	蒋树建	杨忠、丛俊、桑健、桑圣权、陆茵、江新泉、张恺	会议传达县委常委会暨县委应对新冠肺炎疫情工作领导小组会议精神。协商讨论《关于开展各镇(区、街道)、村(居)"有事好商量"协商议事室第一轮星级初步申报评审工作的通知》《关于开展企业和界别"有事好商量"协商议事工作专题调研的通知》、筹备召开县政协十五届二十七次常委会、上半年全县经济社会发展情况通报会工作方案、"我为群众办实事 定向赠送除颤仪"实施安排方案。通报二季度国考断面水质稳定达标考核情况，部署督察推进方案。交流重点提案、跟踪续办提案督办情况。观看《生命重于泰山——学习习近平总书记关于安全生产重要论述》电视专题片和《醉与罪》警示教育片，签订拒绝酒驾承诺书

续表16

会议名称	时间	主持人	参加人员	会议内容
县政协十五届四十三次主席会会议	10月8日	蒋树建	丛俊、桑健、桑圣权、陆茵、江新泉、张恺	会议传达贯彻中共南通市第十三次代表大会精神;传达县"双聚双高"作风效能提升专项行动领导组办公室文件精神。通报"有事好商量"民生专题协商议事月工作开展情况。协商通过《关于召开庆祝如东县政协成立65周年座谈会暨县十五届政协二十八次常委会议方案》。协商讨论《关于县政协十五届五次会议重点提案问效评议活动方案》。听取2022年度机关预算编制情况汇报。交流四季度重点工作安排和10月份重点工作
县政协十五届四十四次主席会会议	10月30日	蒋树建	丛俊、桑健、桑圣权、陆茵、江新泉、张恺	会议传达学习江苏省十二届政协主席黄莉新在全省政协系统党的建设工作经验交流会上讲话精神;协商讨论县政协十六届一次会议筹备工作任务分工、县政协十五届二十九次常委会议筹备方案;听取加强栟茶古镇建设课题视察调研结题汇报;听取如东"智慧政协"升级改版筹备工作汇报;协商讨论推荐优秀"有事好商量"协商议事室和召集人事宜;交流11月份重点工作安排
县政协十五届四十五次主席会会议	12月30日	蒋树建	丛俊、桑健、桑圣权、陆茵、江新泉、周洪、张恺	会议协商十六届县政协委员名单;协商《关于召开县政协十六届一次会议的决定和议程(草案)》和《县政协十六届一次会议日程及细目(草案)》;协商县政协十六届一次会议主席团成员和秘书长建议名单、主席团会议主持人建议名单、大会执行主席建议名单、主席团常务主席及常务主席会议主持人建议名单、副秘书长建议名单、秘书处机构和工作人员建议名单、主持人和报告人建议名单、提案审查委员会建议名单、邀请人员、列席人员的范围和原则、基层工委的划分及召集人建议名单;协商《县政协十五届委员会常委会工作报告(讨论稿)》和《县政协十五届委员会提案工作报告(讨论稿)》。传达中办、国办《关于做好2022年元旦、春节期间有关工作的通知》;领学习近平总书记《不断巩固拓展党史学习教育成果 团结带领全国各族人民满怀信心奋进新征程建功新时代》《攻坚克难,破浪前行——深度解读2021中央经济工作会议精神》《江苏省第十四次党代会召开:谱写"强富美高"新江苏现代化建设新篇章》等

1月11日,政协如东县第十五届委员会第五次会议开幕

纪检监察

重要会议

【十四届纪委六次会议】2月25日，中国共产党如东县第十四届纪律检查委员会召开第六次全体(扩大)会议。县委书记沈峻峰出席会议并讲话。县委常委、纪委书记、县监委主任邵锋主持会议并代表县纪委常委会作《旗帜鲜明讲政治 忠诚履职扬清风 为如东“十四五”高质量发展提供坚强保障》工作报告。全会审议通过中共如东县第十四届纪委第六次全体会议工作报告和决议。县四套班子领导、县法院院长、检察院检察长、十四届县纪委委员出席会议。各镇(区)、县级机关各部门、县直属单位主要负责人，镇(区)纪委(纪工委)、派驻(出)纪检监察组织、委局机关室(中心)有关负责人及特邀监察员代表参加会议。

【十五届纪委一次会议】7月31日，中国共产党如东县第十五届纪律检查委员会召开第一次全体会议，选举产生县纪委常委、书记、副书记。经无记名投票，中共如东县第十五届委员会第一次会议通过，朱正俊、耿卫东、戴新国、李迪胜、倪晓丽、陆春峰、方永逸当选为县纪律检查委员会常务委员会委员，朱正俊为县纪委书记，耿卫东、戴新国为副书记。

【县委巡察动员部署会】10月30日，十五届如东县委巡察工作会议暨第一轮巡察动员部署会召开。县委书记、县委巡察工作领导小组组长陈慧宇出席会议并讲话。县委常委、组织部部长、统战部部长、县委巡察工作领导小组副组长杨忠出席会议并宣布十五届县委第一轮巡察组组长授权任职及任务分工。县委常委、县纪委书记、县监委代主任、县委巡察工作领导小组常务副组长朱正俊主持会议。会议集中观看巡察专题片《仗剑行》。丰利镇、县住建局、县水务集团作为新一轮巡察对象代表作表态发言。第一轮被巡察单位有丰利镇党委及所辖村(社区)党组织、县住建局、县住房服务中心、县水务集团等部门(单位)党组织，专项巡察5个开发园区所属国有企业。

【党风廉政建设和反腐败工作情况通报会】12月29日，如东县召开2021年度党风廉政建设和反腐败工作情况通报会，县委常委、县纪委书记、县监委代主任朱正俊向社会各界通报2021年全县党风廉政建设和反腐败工作情况。部分县人大代表、政协委员，县反腐败协调小组成员、县纪委委员、县监委委员、县党风监督员和特邀监察员、县新闻媒体代表、企业家代表、群众代表、县级机关有关部门分管领导、老干部代表，以及县纪委监委、县委巡察办、县作风办相关人员参加会议。

纪律监督检查

【概况】聚焦主责主业，紧扣发现问题、处置问题、整改问题关键环节，加强重要线索、重点工作研究会商和分工协作，推动纪律、监察、派驻、巡察四项监督上下联动、左右融合，增强监督治理效能。

【监督体系】县纪委党风政风监督室、信访室、宣教室，县委巡察办、县作风办5个牵头部门常态化召开全面监督体系协商会议，综合分析监督中发现的典型问题和线索，发布阶段性监督工作重点，全年下发《全面监督工作要点》5期，梳理重点监督事项44个，将县委“双聚双高”作风效能提升专项行动、能耗“双控”、南美白对虾违规养殖、污染防控不到位、养老惠民资金发放把关不严等问题列明监督要求和时间期限。

【专项治理】2021年，县纪委党风政风监督室组织开展违规吃喝问题、居家养老、危化品领域正风肃纪自查自纠专项行动“回头看”、安全生产专项整治3年行动监督检查、公务用车使用情况自查自纠、基层农村违规乱占土地建房、违规经商办企业等20余项专项整治和专项督查。开展农村乱占土地建房等问题专项治理，推动整改问题31宗60.1亩，问责党组织17个、诫勉谈话村党组织负责人16人、党纪处分1人；开展危化品领域正风肃纪自查自纠专项行动“回头看”，发现危化品领域问题线索4条，受到党政纪处分党员干部4人。

【纠治“四风”】县纪委党风政风监督室、宣教室、县作风办紧盯元旦、春节、五一、端午、中秋、国庆等重要时间节点，编发廉政提醒短信、通报曝光典型案件，教育、监督党员干部防范节日“四风病”。结合“违规吃喝专项整治”要求，组织40个县级督查组对全县所有镇(区、街道)和部门(单位)节日期间值班值守、公车管理、执行中央八项规定精神和疫情防控情况开展督查抽查。全年进行6轮作风建设“目录式”检查，累计检查单位580家次，发现并现场反馈整改问题100余个。

【派出监察员办公室】2021年，县监委推进派出监察员办公室工作，打通监察工作“最后一公里”。建立“乡村联络员”制度，延伸监督范围、延伸监察监督触角；构建片区协作配合、交叉监督机制，提升监察效果、破解熟人社会监督难问题；构建“监察+”互联互通模式，加强派出监察员办公室与各个纪检、巡察监督主体间对接联动，共享信息资源，提升监察监督质效。2021年，如东5个派出监察员办公室受理问题线索232件，以县监委名义立案85件85人，给予政务处分24人，向其他部门提出问责建议85人，实现监察工作全覆盖无盲区。

党风廉政建设

【概况】 2021年，县纪委党风政风监督室建立如东县干部廉政档案系统，干部廉情电子成像，评估政治生态。制定全面从严治党主体责任、监督责任“两张清单”，将党的政治建设要求、上级部署重点任务、行业地区职能工作融合到《2021年如东县落实全面从严治党责任督查考核办法》中。组织全县各级党委(组)、纪(工)委制定班子和个人责任清单，将责任落实到人、目标细化到月，确保日常监督的时效性和真实性。依托“如东县党风廉政建设责任制考评系统”，全方位、全过程实时监督。落实责任清单目标要求，建立网上考评与实地督查相结合立体考核督查体系。2021年，结合网上考评情况与重点工作推进情况开展2轮实地督查，共督查镇(区、街道)和县级机关部门(单位)51家次，重点督查县委县政府重点中心工作落实、“责任清单”落实、县委“双聚双高”作风效能提升专项行动推进、党史学习教育开展、中央八项规定精神执行等情况。点对点下发“督办单”47份，对督查发现的123条问题书面反馈并落实整改。

【问责容错】 县纪委党风政风监督室对履行职责不力问题及时追责问责，就农村乱占耕地建房、生态环境保护等重点领域履责不力、监管不严对22个党组织、35名党员干部实施问责，其中，30个党内问责和5个监察问责。在强化问责同时，坚持“三个区分开来”(即把干部在推进改革中因缺乏经验、先行先试出现的失误错误，同明知故犯的违纪违法行为区分开来；把尚无明确限制的探索性试验中的失误错误，同明令禁止后依然我行我素的违纪违法行为区分开来；把为推动发展的无意过失，同为谋取私利的违纪违法行为区分开来)。精准落实鼓励激励、容错纠错、能上能下“三项机制”，对确为落实上级重点工作部署、解决群众困难、推进难点工作而发生偏差和过错的干部和党组织，组织会商容错，全年容错纠错12人，其中，2名科级领导干部。切实“为担当者担当、为实干者撑腰”，营造良好干事创业氛围。

【廉政档案建设】 完善网络考评系统“政治生态监测评估”模块，实时抓取部分全面从严治党考核指标内容，根据8项30个基础指标对17个镇(区、街道)政治生态动态评价。对照“十严禁”(严禁结党营私、严禁拉票贿选、严禁买官卖官、严禁跑官要官、严禁个人说了算、严禁说情打招呼、严禁违规用人、严禁跑风漏气、严禁弄虚作假、严禁干扰换届)要求，加强县镇领导班子换届风气督查力度，畅通电话、网络、短信、信访“四位一体”举报受理平台，建立干部监督信息、换届风险隐患“双报送”制度。从严把好廉政意见回复关，对71批次5207人次拟使用、提拔、表彰以及各类代表名单审核把关，做好干部政治体检。建立如东县干部电子廉政档案系统，制定下发配套管理制度，组织全县机关部门、国企及镇区中层以上党员干部、村居干部5120人填报个人廉政档案，廉情信息录入电子廉政档案系统综合监管。

惩防体系建设

【廉政宣传教育】 3月，县纪委宣教室在《如东日报》开辟“扶海清风”专版，利用“扶海清风网”和“清廉扶海”微信公众号，展示纪检监察工作情况。做好报刊、网站、广播电视、新媒体公众号“四位一体”新闻宣传，规范开展信息公开互联网技术平台建设，准确、安全发布相关信息，回应社会关切，接受群众监督。2021年，在市级以上媒体录用新闻宣传稿150篇，其中，省级34篇，中央级5篇，省级用稿量同比提高120%。

【警示教育会议】 3月30日，如东县召开政法队伍教育整顿警示教育大会，观看警示教育片《警戒》，县委常委、县纪委书记、县监委主任、县政法队伍教育整顿领导小组副组长邵锋作廉政教育报告，县委常委、政法委书记、县政法队伍教育整顿领导小组副组长兼办公室主任杨小军主持会议并讲话。委政法委、县政法各单位领导班子全体成员、中层干部和部分在编在职政法干警及县政法队伍教育整顿办公室工作专班全体人员在主会场参加会议，各基层派出所设分会场，派出所、司法所和基层法庭的人员在分会场参会。5月24日，如东县委召开全县国有企业党风廉政建设专题会议，县属8家承担投融资、建设职能的国有企业中层以上干部、相关开发区和职能部门负责人近300人参加会议。县委书记沈峻峰出席会议并讲话，县委副书记、洋口港经济开发区党工委书记陈雷出席会议，县委常委、常务副县长张兴国主持会议。县委常委、纪委书记、监委主任邵锋结合各地查处的国企领域典型案例释法释纪。12月9日，县委召开全县领导干部警示教育会议，贯彻落实中共十九届六中全会和省市党代会关于全面从严治党部署要求，以案说法、以案明纪、以案促改，教育引导广大党员干部明底线、知敬畏、守规矩。观看《侧翻的绿化“专列”》警示教育片。县委书记陈慧宇出席会议并讲话，县委副书记、代县长陈雷主持会议，县四套班子领导参加会议。

【警示教育】 县纪委组织开展“5·10”思廉日、“算账教育月”等主题活动，如东多个廉政作品在省、市组织的评选中获奖。紧盯“关键少数”、聚焦全员覆盖。开展“一把手”上廉政党课活动；组织召开各类警示教育大会，观看警示教育片《折翼的青春》《醉与罪》《侧翻的绿化“专列”》，分析腐败问题产生根源，研究制度和监管漏洞，用“身边人”“身边事”敲警钟，引导全县广大党员干部和公职人员引以为戒，以案促改。全年组织277人参加任前廉政测试；78名机关单位和镇区街道中层以上党员干部接受凡处必考；近1.5万名党员干部、公职人员参加网上廉政知识测试。

【纪检监察建议】 2021年，县纪委宣教室向县交通运输局、人社局、司法局等10家单位发出纪律检查建议书和监察建议书，提出整改建议40余条。推行“责任督查+协同监督”模式，发挥派驻机构“嵌入式”监督作用，形成推动整改合力。向县交通运输局发出监察建议后，交通运输局排查出廉政风险500余条，制定防控措施547条，开展清退行动、违规从事营利活动等专项整治，追偿不当得利1200万元；针对监管和制度漏洞，新建和修订制度性文件10个。2份《纪检监察建议书》被评为全市纪委优秀纪检监察建议书。

【通报曝光】 2021年，县纪委党风政风监督室下发典型案例通报19期50起108人，其中，形式主义、官僚主义典型案例4期23起28人、违反中央八项规定精神典型案例7期15起36人、群众身边腐败问题典型案例5期7起36人、安全生产领域问责案例3期5起8人。引导教育党员干部汲取教训，增强纪律意识、规矩意识和底线意识，警钟长鸣。

案件查办

【概况】县纪委保持反腐败斗争高压态势，整治群众身边腐败和作风问题，治理民生领域"微腐败"，推动办案、整改、治理贯通融合。2021年，县纪委监委查处科级及以上干部28人，党员384人，监察对象331人。2020年10月至2021年7月，对14名交通绿化工程领域人员采取留置措施，开除党籍5人、政务开除3人、移送检察机关10人，挽回经济损失3500余万元。查办市纪委监委指定管辖通州湾示范区招商领域案件，挽回经济损失4393.53万元。

【办信办访】全年办理信访229件，引导分流业务范围外来访43批次51人次，非检举控告类来电401件次，初信初访按期办结率94.71%。把解决群众反映强烈的突出问题作为重中之重，梳理重复次数多、常年反映、久拖不决的疑难复杂信访举报问题，依规依纪依法受理办理。推行实名举报件信访人、承办单位双向承诺制度，把签订双向承诺的信访件作为优先办理件，优先受理、优先办结、优先反馈，解决重复访、越级访问题，2021年，全县署名举报件147件，同比提高13.18%，受理重复举报32件，同比下降27.27%，信访转立案88件，同比提高44.26%。

【专项整顿】2021年，县纪委与县委政法委(政法队伍教育整顿办)、县公安局、县检察院、县法院等部门联合开展政法队伍教育整顿，与扫黑除恶专项斗争有机衔接，倒查前期公检法查办涉黑涉恶重点案件，对恶势力犯罪集团以上案件、群众反复举报的涉黑涉恶线索进行"回头看"。政法队伍教育整顿活动开展以来，排查处置问题线索58条，立案14件，处置问题线索26人次。

【创新工作机制】县纪委建立"揭榜挂帅"(项目化)办案机制，实行纪委监委班子成员、纪检监察室、纪检监察组、镇(区、街道)纪(工)委联动监督，推动监督资源重组(整合)和质效提升。实行立案会商前预审、移送审理前预审和受理后正式审理的"一案三审"工作机制，前移审理监督关口，降低案件正式移送审理后退查补证概率。一般性谈话严格执行"一人一预案"制度，对谈话审批、谈话场所安全排查、谈话安全评估、陪同交接、录音录像保存、应急预案等程序进行全流程管控，定期排查整改安全隐患，确保安全文明办案。强化检举举报平台、监督办案平台应用，实现信访举报受理、办理、处置、反馈闭环化管理，案件办理初核、立案、审理、结案全过程记录，所有操作和流程可查询、可追溯。设立如东县纪委监委大数据查询研判中心，对复杂问题线索进行初步分析研判，运用省纪委大数据平台及日常积累数据库，按照法定标准固定提取涉案电子数据，关于提高基层电子数据取证率的经验文章被《中国纪检监察报》刊载。建立"行贿人"信息库，梳理十九大以来各类案件中行贿人信息，录入行贿人49人，涉及受贿案件8件。

作风效能

【概况】县纪委在推动各级重大决策部署落实中强化政治监督，聚焦贯彻新发展理念、推动高质量发展等县委县政府重点中心工作跟进监督，严明政治纪律和政治规矩。8月31日，县纪委监委召开"双聚双高"作风效能提升专项行动动员大会，动员部署纪检监察系统开展专项行动、履行纪检监察职责。出台《县委"双聚双高"作风效能提升专项行动"列出一张问题清单"等工作方案》《县纪委监委"双聚双高"作风效能提升专项行动工作方案》。县纪委监委党风政风监督室、第十一纪检监察室、县作风办、县委巡察办作交流发言。

【作风效能提升】县纪委监委、县作风办、县委巡察办协同开展县委"双聚双高"作风效能提升专项行动中"列出一张问题清单""开展'见贤有我'整改销号活动""健全常态督查机制""完善容错纠错机制""建立双向奖惩机制"等"4+1"工作任务，制定《如东县"双聚双高"作风效能建设"陀螺奖"认定暂行办法》。组织全县各级各部门及全体党员干部严格压实主体责任、第一责任、"一岗双责"和监督责任"四大责任"，查摆问题、整改销号、落实提升，开展专题督查、反馈存在问题并督促整改。聚焦群众关心的热点、难点、堵点，制作专题片《风清气正破浪行》，指出在发展、民生等方面存在的作风效能问题。会同相关部门解决县城区存在的文明城市长效管理突出问题30余个。全年播出26期《政风行风热线》节目，30多个部门和单位主要负责人走进直播室现场答疑解难，受理咨询投诉件130余件，对13期17件问题进行追踪报道，办结回复率100%，群众满意率98.5%。

【营商环境优化】县纪委加大项目建设服务效能监督力度，对重大项目全程跟进监督，编写《服务企业典型事例汇编》3册，为打造"不见面审批、零缺陷服务、精准化监管""放管服"改革升级版提供监督保障。在《2021年县级机关服务项目建设质效评议办法和实施细则》中加大对机关部门服务企业纾难解困方面的赋分权重，每季度开展评议，评议结果点对点反馈并通报，为全县制造业暨优化营商环境大会牵头制作专题片《疾风知劲草——营商环境思辨录》，落实营商环境服务举措。

【疫情防控督查】2021年，纪检监察系统42个监督主体常态化开展疫情防控督查，在防控一线开展监督检查，专题调研督查"四方责任"落实、疫苗接种推进、集中医学观察点管理等阶段性重点任务，发现疫情防控措施落实不严格、履职不到位、整改迟缓等作风问题470个，及时反馈落实整改。形成《疫情防控督查专报》24期，其中5期得到县委主要领导批示。

【污染防治问责】2021年，县纪委监委

党风政风监督室重点督查黑臭河道整治、污水纳管、违规养殖南美白对虾、秸秆禁烧禁抛禁乱堆等问题，对污染防治攻坚行动中不作为、慢作为、敷衍整改、虚假整改等行为予以问责。全年开展5轮违规养殖南美白对虾专项跟踪督查、4轮非法码头整治专项督查和多轮次秸秆“三禁”专项巡查。因违规养殖南美白对虾问题立案8人、秸秆“三禁”问题立案19人、虚假巡河立案38人，给予党政纪处分45人、诫勉谈话20人。

【安全生产整治】县纪委落实省危化品专项巡视整改、全省安全生产3年专项整治工作要求，专项督查“违法违规”小化工再排查再整治工作，提升安全生产领域监督工作成效。聚焦安全生产工作中主体责任、监管责任履行不力、问题整改敷衍塞责、工作人员违纪违法等问题，参加生产安全事故会商17次，安全生产领域立案28人，其中，生产安全责任事故追责立案24人，“小化工”整治履职不力立案查处4人。

【纪检监察业务培训】2月25日，县纪委监委召开纪检监察实务工作培训，提升纪检监察干部综合能力素质、解决“本领恐慌”问题。在开班仪式上，县委常委、县纪委书记、监委主任邵锋参加会议并讲话。县纪委监委组织系统培训班，每周利用半天时间集中培训，全员参与。培训内容有信访举报、线索处置、审查调查、监督检查等执纪执法业务、政治理论学习和党纪法规学习，树牢全体纪检监察干部“四个意识”，提升业务能力。

巡察工作

【概况】 2021年，县委巡察办完成十四届县委巡察“全覆盖”，开展十五届县委第一轮巡察。启动区属国有企业专项巡察，参与涉粮领域联动巡视巡察，保障配合(次数)省市巡视、巡察组工作。抓住“摸底数、防风险、查问题、促发展”四个着力点，紧盯被巡察党组织职能责任，加强对各级领导班子特别是“一把手”的政治监督。巩固拓展巡察方式方法，加快巡察信息化载体建设，开展系统巡、专项巡、联动巡、延伸巡。

【巡察监督】4月，县委巡察办出台《县委专项巡察选题立项实施办法》，落实巡察反馈问题5张清单、4次检验、3次会商“543”督办机制，形成联动整改合力，向组织、宣传等部门通报问题39个，向7个被巡察单位“一把手”反馈重点问题10个，解决典型突出问题。跟踪2017年以来10项省、市委巡视巡察如东反馈235个问题的整改落实情况，推动问题“见底清零”。开展县委巡察反馈问题整改落实情况专项督查，县委前14轮巡察反馈问题整改率99.36%，制作巡察专题片《仗剑行》，以案例展示巡察工作成效和震慑作用，“巡察推动解决化工产业安全环保整治行动中部分关闭企业安全监管措施不到位的问题”被评为市、县优秀巡察案例。

（李 莉）

法治

2021年度如东十大“平安卫士”颁奖仪式

政法委及综治

【概况】2021年,如东县社会治安综合治理坚持以防风险、促发展、惠民生为着力点,紧扣“发案少、秩序好、社会稳定、群众满意”总体目标,完成中国共产党成立100周年、党的十九届六中全会等会议活动和中秋、国庆等节点安保维稳任务。全县民事案件万人起诉率、电信诈骗发案率保持全市低位,信访积案化解等工作走在全市前列。政法队伍教育整顿成效明显,群众安全感、政法队伍满意度、法治建设满意度得到提升。

【信访工作】2021年,如东县人民来访接待中心全年共接待群众来访359批1260余人次,其中,集访58批656人次。共办理各类信访件1757件,其中,纸质来信408件,市长信箱251件,县长信箱614件,均按期办结。通过强化源头预防、矛盾化解、依法处理和严抓责任落实、重点管理、督查问责等举措,逐案建立化解工作专班,明确包案领导,落实化解方案。通过对排查出的重点信访矛盾进行集中交办,各镇(区、街道)和各部门按照“三到位一处理”(诉求合理的解决到位、诉求无理的思想教育到位、生活困难的帮扶救助到位、行为违法的依法处理)原则和攻坚化解工作要求,推进矛盾化解。2021年,县委、县政府6次召开县级层面信访工作会议,统筹推进治理重复信访、化解信访积案等专项工作,有效解决一批信访突出问题,县信访工作被省信访局通报表扬。以“网上办、不见面、最简捷”为目标,推进网上信访“人民满意窗口”创建,借力“互联网+”,搭建线上线下交互式、立体式、多渠道群众网上表达平台,健全完善“三减三优化”(减时限、减流程、减材料,优化办理环节、优化办理权限、优化办理方式)工作机制,做到网上规范录入、网上规范办理。2021年,如东县网上信访共948件,网上信访占比79.80%,网上信访一次性化解率88.95%,群众满意率不断提高。

【国家安全】2021年,如东县贯彻落实党委(党组)国家安全责任制、国家安全重点领域协调机制和风险防控“四项机制”(风险研判机制、决策风险评估机制、风险防控协同机制、风险防控责任机制),出台《如东县规范风险防控“四项机制”的实施办法》,加强信息报送、联合研判、科学评估、协同作战,完成工作任务。建立“网格+政治安全”工作模式,提升基层维护国家安全能力水平。推动“防线前哨”建设,擦亮海上人民防线建设品牌,7月,建成刘埠渔港海上人民防线工作站。加强宣传培训,提升涉海群体国家安全意识。推进关爱阵地提档升级,栟茶镇镇、村两级“关爱工作站(室)”被评为第一批市级示范点,相关经验获市政法委转发。加强国家安全主题宣传教育,形成“三部曲”宣传教育特色。在全社会广泛开展“八个一”活动(一次业务培训、一次党员干部集中教育、一次国家安全“进校园”主题教育、一次网格走访、一次国家安全教育“进军营”活动,一次社会面集中宣传、一次征文活动、一次新媒体集中推送),动员社会力量参与宣传活动,对新录用公务员、教师群体等特殊人群、特定群体开展定向宣传教育,在基层法治文化广场中融入国家安全、防邪反邪元素,提升国家安全宣传教育质效。

2021年4月15日,如东县开展全民国家安全教育日城区集中宣传活动

【综合治理能力建设】如东县成立县委平安建设组织领导体系,由县委书记陈慧宇、县长陈雷任双组长。规范社会稳定风险评估机制,集中开展“六大攻坚行动”(政治安全反制、涉恐隐患管控、矛盾排查化解、社会治安整治、公共安全监管、网络舆情监控),实施护校安园、护路

联防、打击整治电信网络诈骗等专项行动，累计排查单位隐患102处、群租房隐患106处，全县道路交通事故警情、亡人事故数同比分别下降10.32%和12.08%，铁路护路联防工作经验得到省、市督查组肯定。全面推广社区矫正“矫务长制”，建成全省首家社区矫正直属中队，县社区矫正执法大队获评全省社区矫正和安置帮教工作先进集体。常态推进扫黑除恶斗争，共侦破聚众斗殴等“九类”犯罪案件41件，抓获涉案犯罪嫌疑人108名，群众满意率96.15%。整治电信网络诈骗，万人发案率、案损额保持全市最低，破获电诈案件数量同比上升131.4%，整治电信网络诈骗反偷渡打回流模型被评为全省刑侦部门情报数据建模“十佳模型”，“曹埠反诈宣传工作经验”被《人民日报》等媒体报道，群众对反诈宣传满意率94.38%，居全市前列。理顺县、镇两级指挥中心体系建设，全量汇聚36家县级部门4.5亿多条数据资源，“大数据+指挥中心+行政执法队伍”改革走在全市前列。将网格化服务管理与疫情防控、安全生产、反诈宣传、文明创建等阶段性任务相结合，督导县、镇两级网格学院、网格课堂常态开办，专题组织第三方测评网格公示及网格知晓率满意度，网格化工作在基层走深走实。全县累计采集、上报、办理社会治安、环境保护、城乡管理、公共安全、民生服务等事件信息9万余件，群众对网格工作满意率(数据)保持全市前列，“网格驿站”“专属网格”建设等经验做法在全市推广。启动社会治安防控体系示范城市创建，建成“平安前哨”指挥室16家、工作站243家，岔河派出所排名全市第一，建成全省“枫桥式派出所”，“三调联动”经验被刊载宣传。推进新一代雪亮技防工程，汇聚一、二、三类视频2.3万路，16个镇(区、街道)和9个部门视频监控汇聚到县平台，形成联网共享模式。

(张 华)

法治政府建设

【概况】 2021年7月，如东县出台《法治如东建设规划(2021—2025年)》，科学统筹法治政府建设工作，依法全面履行政府职能，完善依法行政制度体系，规范公正文明执法，依法有效化解社会矛盾，推动依法治县工作向纵深发展。常态化开展县政府常务会议学法，将《中华人民共和国民法典》《刑法修正案(十一)》《中华人民共和国行政处罚法》《中华人民共和国长江保护法》《江苏省优化营商环境条例》《中华人民共和国乡村振兴促进法》等10部法律法规列入各级党委(组)学习计划并组织集中学习。

【学习贯彻习近平法治思想】 9月18日，县委召开全面依法治县工作会议，统筹推进全面依法治县各项重点工作。县委书记、县委依治委主任陈慧宇对学习贯彻习近平法治思想作部署提要求，县委依治办印发《关于进一步深入学习贯彻习近平法治思想活动的通知》，将学习习近平法治思想列入县委常委会会议、县政府常务会议学习议题，县委、县政府主要领导带头深入学习。将习近平法治思想纳入领导干部任前法律知识考查内容和衡量党政领导班子和领导干部法治建设实绩的内容。将习近平法治思想作为学习培训的必选课程，举行学习会、报告会、研讨会、培训班，将习近平法治思想贯彻落实到法治政府建设全过程和各方面。

2021年9月18日，如东县召开全面依法治县工作会议

【第一责任人职责】 县委依治办完善党政主要负责人履行第一责任人职责清单，印发党委、政府和行政执法机关主要负责人履职清单，提升履职的针对性。县委、县政府主要负责人履行法治建设第一责任人职责要求，将法治建设工作纳入县“十四五”发展规划和年度工作要点、全县高质量发展考核，定期听取法治建设工作汇报。组织召开县委全面依法治县委员会第三次会议、县委全面依法治县工作会议，出台《法治如东建设规划(2021—2025年)》，统筹规划如东法治政府建设。县政府常务会议定期听取法治政府建设工作推进进程，依法履行政府职能，切实贯彻落实重大行政决策程序要求，定期学习各项法律法规，政府常务会前学法10次。

【推进“放管服”改革】 县行政审批局编制《如东县2021年“一件事一次办”服务标准》，发布71项“一件事”办事指南，优化群众办事体验。推进“证照分离”改革，梳理出县级层面涉企经营许可事项改革清单82项，初步分类采取直接取消审批、审批改为备案、实行告知承诺、优化审批服务等方式，打造高效便捷发展环境。试点“住所与经营场所分离登记”改革，在南通市率先研究制定《如东县推进住所和经营场所分离登记改革实施方案》。在全市率先开展工程建设项目审批制度改革，成立工程报建一站式服务中心。调整县优化营商环境领导小组，建立县优化营商环境联席会议制度，形成领导有力、各部门协同的工作格局。出台《关于进一步优化营商环境的实施意见》，组织全县89家单位开展“我为营商环境作贡献”活动,将承诺事项印发至全县规模企业。推进政务诚信体系建设。根据行政许可和行政处罚信息时效性强、政策性强的特点,建立“每周零报制、日常督办制、月度通报制、年度考核制”,加强“双公示”数据归集。2021年,累计归集行政许可和行政处罚双公示数据2万余条,实际及时率90%以上,双公示数据的数量和及时率均在全市名列前茅。在全省首创建立“政务诚信教育实践活动月”。通过签订一份承诺书、上一堂信用专题课、开展一次政务诚信大讨论活动、排查一次政务诚信问题,提升各级政府及其公务人员的诚信为民意识。

【完善立法制规】做好立法征求意见的工作,多次就省、市相关项目征集相关部门、利益相关方、公众代表的建议意见,共征求17部立法意见。完善行政规范性文件的管理,科学编制县政府年度规范性文件制定计划,严格审核,全年县司法局共对4件以县政府名义发布的规范性文件出具合法性审核意见书。强化备案监督,备案率100%。完善规范性文件清理机制,开展涉及长江流域保护、行政处罚、外商投资等领域行政规范性文件清理工作。

【行政决策程序合法】如东县开展《江苏省行政程序规定》实施情况,《江苏省中小企业促进条例》《江苏省教育督导条例》立法调研征求意见,落实行政规范性文件合法性审核备案机制,报备率、及时率、规范率均为100%。全年共新收到行政复议申请107件,办理县政府应诉案件55起,合法性审查重要文件382件,县司法局参加县政府及相关部门有关事项讨论法制把关115次。公布2021年县政府重大行政决策事项,明确如东县镇村布局规划、调整管道燃气(居民生活用气、非居民用燃气)价格为重大行政决策事项。落实《江苏省重大行政决策程序实施办法》,加大公众参与力度。落实广泛征求意见、听证、专家论证、合法性审查、集体讨论等程序,确保决策内容符合规定。健全法律风险事先防范机制,加强与法律顾问的沟通联系,在做出重大决策、实施重大执法活动时,征询法律顾问的意见,发挥法律顾问在重大行政决策和处理法律事务等方面的专业作用。

【综合执法体制改革】2021年,县委编办继续深化“三整合”改革工作,做好镇(街道)行政处罚权赋权工作,在各镇(街道)综合行政执法局集中行使59项行政处罚权,县城管局下沉执法人员48人,协管人员36人。基层司法所履行执法监督职能,规范镇(街道)执法人员的执法行为。优化提升开发园区管理体制,赋予洋口港经济开发区41项县级经济社会管理权限,推进开发区行政审批制度改革,完成对洋口港经济开发区35项行政权力事项交接。全面推进行政执法“三项制度”(行政执法公示制度,行政执法全过程记录制度,重大执法决定法制审核制度),落实信息公示、法制审核、全过程记录各项措施。县司法局建立15家行政执法企业监督联系点,选聘15名特邀行政执法监督员,强化行政执法监督效能。推动完善行政处罚裁量基准制度,推行涉企免罚轻罚清单,推进柔性执法与行政处罚的配合衔接。推进证明事项告知承诺制,制定《如东县全面推行证明事项告知承诺制实施方案》,确定并对外公布第一批实行告知承诺制的证明事项清单,涉及8个县政府部门、43项实行告知承诺的证明事项。

【监督行政权力】县政府自觉接受党内监督、人大监督、监察监督、民主监督、司法监督。及时研究处理人大、政协对政府工作提出的意见,满意率98%以上。尊重并执行人民法院生效判决,向法院反馈司法建议采纳情况,办复率100%。接受配合监察机关监督,向监察机关反馈建议采纳情况,办复率100%。完善审计监督制度,推进审计全覆盖,加大对公共资金、国有资产、国有资源和领导干部履行经济责任情况的审计力度,跟踪审计国家重大政策措施和宏观调控部署落实情况,推动项目落地、资金保障、简政放权、政策落实、风险防范。全面推进政务公开,成立以常务副县长为组长的政务公开领导小组,将政务公开工作列入机关、镇区整体目标考核,强化业务培训,提升政务公开能力。完善“如东政府网”,打造公众获取政府信息的权威渠道,探索完善基层政务公开与村(居)务公开协调发展机制,建立政务公开专区,全方位打造多渠道政府信息公开载体。优化政民互动,常态化开展问政活动。2021年,共举办26期“政风行风热线”,县长信箱办件515件,办结率100%。依托如东县12345政府公共服务热线建设“一企来”企业服务热线,共受理企业诉求185件。加强政策解读,县政府网主动公开政策解读(图解)27条,政策简明问答1条。省、市政府网站录用政策解读(图解)17条。

【行政复议体制改革】2021年,如东县完成行政复议体制改革,在十七届县政府第41次常务会议上传达行政复议体制改革精神。6月,如东县人民政府发布《关于试行集中办理行政复议案件的通告》,各镇、管委会,部门按照通告要求告知当事人复议权利。集中行政复议权,实行统一受理、统一审理、统一决定。立足争议化解“关键点”、审批办理“流水线”、复议申请“覆盖面”点线面“三维视角”,推行“行政复议+听证”审理模式,推动行政复议工作提质增效。在县政府办、县域治理中心、基层司法所设立行政复议受理点,公布行政复议申请途径,畅通行政复议申请渠道,保护申请人行政复议权利。规范行政复议审理程序,完善行政复议委员会机制,直接纠错率24.68%,行政争议实质化解率25.97%。2021年,共收到行政复议申请107件,受理90件,办理去年结转案件5件,审结83件,其中,维持20件,驳回25件,撤销原行政行为4件,确认违法8件,责令履职(赔偿)4件,调解2件,终止审查20件。

【数字法治政府建设】县域社会治理指挥中心在全市率先整合25个县相关部门和具有公共服务职能的企事业单位的30条非紧急服务热线及相关网络资源,建立以“12345”为统一对外号码的“12345政务服务便民热线”。整合后的一年受理量比上年增加187.14%,日最高受理量由上年354件上升到605件。新建大联动平台系统,实现全县116个县域治理工作联动单位事项受理、交办、跟踪、督办、反馈、问效等全流程管理。搭建数据共享交换平台,打通数据共享通道,归集全量数据,建设大数据中台,完成政府数据层面智能化、数字化转型。推进"大数据+指挥中心+综合执法队伍"工作,明确联席会议组织架构、相关成员单位职责、联动指挥工作规程。制定《镇(街道)一体化平台优化提升方案》,提高镇(街道)一体化平台使用效能和实战效果,推进县域治理体系和治理能力现代化。

(蔡雨花)

公安

公安工作

【概况】 2021年,如东县公安局以中国共产党成立100周年安保维稳为主线,以高质量发展为主题,夯基础、强打防、提动能、优质态,综合绩效保持全市公安第一方阵,被市公安局评为综合绩效考核优胜单位,获县级机关整体目标责任制考核"一等奖"。全县刑事发案同比下降1.5%,抓获刑事作案人员数同比上升23.11%,刑事案件、传统侵财案件、电诈案件破案率均为全市最高;电诈立案同比下降32.6%,万人发案率全市最低,《人民日报》等媒体推广曹埠防诈经验;持续推进公共安全专项整治,全县一般程序以上交通事故数、亡人事故数实现双下降,被评为全市安全生产目标管理责任制考核先进部门;市公安局组织第三方测评,公安队伍满意度、社会治安满意度均为满分;社会矛盾纠纷调处成功率94.4%,公调、社调、法调"三调联动"经验被刊载推广,被评为全县"2021年度十大为民办实事项目"。圆满完成全国两会、中国共产党成立100周年、中共第十九届六中全会、中国国际进口博览会等重大安保任务,重大(案)事件预警率100%,持续开展政法队伍集中教育整顿和党史学习教育,学习教育"五专"布局(即五个专题:政治教育、警示教育、党史教育、英模教育、党章党规和警规警纪教育)及"6+1+N+X"顽瘴痼疾整治经验得到省指导组充分肯定;推进"双聚双高"作风效能提升专项行动,构建"大监督"格局,县公安局被江苏省精神文明建设指导委员会授予"2019—2021年度江苏省文明单位"称号,张凡被国家税务总局、公安部、海关总署、中国人民银行通报表扬为"打击虚开骗税违法犯罪两年专项行动突出个人",缪光云被公安部通报表扬为全国公安机关"我为群众办实事"成绩突出个人。

2021年5月15日,如东县公安局联合县地方金融监督管理局、市场监督管理局和人行如东支行开展"5·15"打击和防范经济犯罪宣传活动

【刑事犯罪侦查】2021年,县公安局抓住"扫黑除恶""打击侵财犯罪"两条主线,开展打击侵财犯罪专项行动和打击治理电信网络诈骗违法犯罪专项行动,发挥统筹谋划、协调推进、督导督办、考评激励、宣传引导、引领带动等职能作用。刑事技术创新发展取得新突破,县公安局刑事科学技术室(刑事警察大队二中队)被公安部五局评为"全国一级刑事科学技术室"。全年共立案2538起,同比下降3.9%,其中八类案件31起、侵财案件起1909起、电诈案件544起,分别同比下降3.22%、10.79%、53.02%;共破获刑事案件1368起,同比上升36.54%,现案破案率48.65%,其中,侵财案件破现案741起,同比上升45.57%,破案率40.43%,电诈案件破现案251起,同比上升30.05%,破案率46.14%,共抓获并采取强制措施712人。纪检监察机关和公安机关查处涉黑涉恶案件协作配合,推动扫黑除恶工作纵深发展,提升打伞破网合力,全年侦办涉黑涉恶58人。整治电信网络灰色产业链,结合"断卡""断流"行动,建立信息互通机制,推动银行、通信、网络、寄递物流等行业加强业务监管,落实约谈提醒措施,全环节倒查问责,堵截漏洞,共惩戒银行卡、电话卡涉案人员153人,打击境外回流诈骗嫌疑人100余人;侦破和捣毁一批电信网络诈骗窝点,为群众挽回经济损失840万元;开展"反诈五行"等各类反诈主题活动,推动"全民反诈"宣传攻势,累计开展专题讲座80余场,发放宣传资料1.2万份,推广"南通反诈"微信公众号关注量20余万人次,带动影响辖区微信群300个,覆盖范围近8万人,下发精准预警信息2.78万条,完成见面宣防2.78万人,见面劝阻率100%。

【经济犯罪侦查】2021年,县公安局守牢不发生系统性区域性经济金融风险的底线,打击各类经济犯罪。重大非法集资预警、打击防范经济犯罪、境外追逃三项绩效全市第一,打击非法吸收公众存款犯罪5起积案全部化解清零,“猎狐”追逃行动抓获境外在逃人员2名。全年共立经济案件33起,涉案金额2.05亿元,抓获刑事作案犯罪嫌疑人56人,移送起诉43人。高质量发起云端集群打击1起、云端数据协同3起,“11·28”系列合同诈骗案数额特别巨大、涵盖领域众多,上级领导高度重视,共抓获犯罪嫌疑人10名,扣押资金9亿余元。专项打击假币违法犯罪,收缴各类假币合计14.52万元,警银收缴比(公安/银行)超过70%。打击涉及整治成品油违法犯罪,共查处非法流动加油车32辆,固定加油点2处,收缴各类罚款5.77万元,行政拘留2人。

【食药环案件侦查】2021年,县公安局以“减负、调优、补强、做精”为核心,建设食药环侦队伍,以“昆仑2022”专项行动为抓手,打击食品、药品、环境、资源类犯罪,全年累计侦破食药环类案件24起,公诉食品类犯罪嫌疑人23人,药品类犯罪嫌疑人13人,环境类犯罪嫌疑人22人,资源类犯罪嫌疑人54人。累计破获10人以上刑事案件3起,省厅督办案件2起,公安部督办案件1起,各项数据指标居全市条线第一,其中“7·15”生产销售伪劣产品案查扣蓝月亮等伪劣洗化用品72种185吨;“5·25”生产销售有毒有害食品案捣毁生产窝点3处,查证有毒减肥药470万余粒;“9·23”污染环境案彻底捣毁辐射南通、苏州、杭州、上海等多地污染环境团伙,被评为“如东县服务高质量发展十大优秀案例”。

【治安管理】2021年,县公安局以创建“枫桥式”公安派出所、深化“平安前哨”工程建设和治安复杂区域整治攻坚战为抓手,完善县域社会治理现代化新模式。推动群治防控联动,整合发动网格内“铁脚板”力量参与治安重点部位巡逻防范、线索发现举报、案件协助查处、治安隐患等工作,落实“一格一策、一地一策”巡防联防模式,形成“平安前哨”工程群防群治新格局。发展新时代“枫桥经验”,完善多元化纠纷调处“如东模式”,推广“三所联调”“庭所共建”等创新举措,处置各类纠纷警情1.4万余起,移送检察院241起。挂牌整治全县3类16个复杂区域,开展系列集中清查行动,出动警力3697人次,检查流动人员3428人,城郊接合部63处,工地工棚、“城中村”279处,中小旅馆、留宿洗浴场所、网吧等3518家次,九小场所287家次,整改各类隐患564处。推进“铁帚2021”专项行动,全年共核查群众举报线索320条,查处黄娼赌案件60起,抓获违法犯罪嫌疑人145人,关停黄赌娼场所5家,公诉10人以上黄赌娼团伙案件1起,公诉5人以上黄赌娼团伙案件4起。打好公共安全整治攻坚战,深化危险物品安全整治,全年排摸登记剧毒、易制爆、易制毒“三类危化品”企业单位354家,办理行政案件40起,行政拘留13人,制作悬挂烟花爆竹禁(限)放宣传条幅400条,张贴宣传标贴4万余份,发送提示短信25万余条,破获公安部督办“2·4”非法经营烟花爆竹案,抓获犯罪嫌疑人4人,扣押烟花爆竹1000余箱;整治群租房安全,开展2次流动人口集中清查行动,全县共核对登记群租房307家,登记群租房暂住人员8725人,即时排查整改群租房安全隐患106处;整治寄递物流安全,共排查登记寄递物流一级单位2家,网点133家,从业人员490人,妥善处置如东地区快递分拨点重组引发的纠纷;整治水域安全,共检查涉水单位182家次,码头172处次,检查船舶800余艘次,办结行政案件69起,查破刑事案件12起;整治消防安全,会同县消防救援部门共检查各类消防单位6346家次,整改隐患5309处。开展消防安全宣传,普及消防安全常识和法律法规,指导社区(村居)基层组织、物业服务单位做好消防安全工作,共发放宣传资料1.54万份,组织培训217场次,开展消防演练134次。

【交通安全管理】2021年,县公安局围绕交通事故预防“减量控大”目标,开展春运、文明城市长效管理、交通安全整治“百日行动”、道路交通事故预防“减量控大”、道路交通安全“五大战役”、“庆祝中国共产党成立100周年安保”、重大节日活动警卫安保、道路交通安全隐患大排查大整治大提升、全县平交道口安全隐患治理、省挂牌示范路创建、交通安全整治百日攻坚等专项活动,优化城区“网格管理”、国省道“联勤共治”、校园周边道路“联合护学”、卡口“联动值守”、节假日“机关增援”、农村道路“劝导服务”、重点区域“流动巡查”等联勤联管长效机制,突出抓好酒驾醉驾毒驾、“两客一危一货”、专业工程运输车(渣土车)、滩涂作业运输车、非国标三(四)轮电动车、接送学生车、农村面包车等专项整治活动,严查各类高危交通违法行为,净化道路交

2021年12月2日,县公安局交警大队组织民警在新汽车站开展交通安全主题宣传活动

通安全环境。全年共查处各类交通违法行为47.96万起，其中，机动车违停3.5万余起、非机动车与行人违法5.8万余起、机动车不礼让行人1.2万余起，酒驾醉驾1183起、无证驾驶1283起、假牌套牌245起、超载4173起（其中百吨王9起）、超员1103起、危化品运输车1806起、逾期未检2341起、非机动车5.88万起、流动加油车25辆，查扣滩涂作业运输车15辆、非标三（四）轮电动车505辆；共办理酒驾案件1150起、醉驾案件181起、交通肇事案107起，刑拘47人、逮捕71人、起诉259人，吊证283本、行政拘留126人。累计检查运输企业217家次，整改源头隐患24处，签订交通安全管理责任状124份，印发源头安全整改通知书24份，约谈企业41家次；安全教育培训4276人次；滚动排查国省县道道路交通安全隐患221处、乡村道路交通安全隐患585处，整改各类道路隐患565处，其中，新增波形护栏1220米、标志标牌405块、警示桩770根、标线3150平方米、防眩板488个、防阻块205个、减速垄1505米、停车泊位300余个、交通信号灯3组、违停球26套，优化交通组织2处、交通信号配时30组，以县道路交通安全委员会平台向主管责任部门发放隐患治理建议函14份；制作横幅标语215条、宣传展板562块，印发宣传画册及宣传资料10.6万余份，发布交通安全提示信息，制作微警务64期、原创微视频号6期；破获一般交通肇事逃逸案25起；先后对161起交通事故受害人实施社会救助，垫付资金557.41万元。全年共发生道路交通亡人事故78起，死亡79人，同比分别下降14.3%和13.2%。

【禁毒工作】2021年，县公安局落实“净边2021”专项行动，全年破获毒品犯罪案件4起，抓获涉毒犯罪嫌疑人26名，查处吸毒人员68人，铲除非法种植毒品原植物1000余株，处罚12人。侦破部毒品目标案件及“5·23”案件，抓获贩卖毒品嫌疑人16人，截获冰毒16克，斩断一条横跨云南、广东、江西、重庆、江苏的贩卖毒品渠道。开展“社会面吸毒人员核查管控百日”专项行动、“三清一收”活动，推动易制毒物品管控精细化，与全县241家涉及易制毒化学品单位逐一签订责任书，建立专题库动态管控易制毒岗位技师112名，实地检查易制毒化学品企业191家，查处易制毒化学品企业违法行为5家，全年未发生一起易制毒化学品原料流入制毒渠道的案事件，获省厅检查组高度评价。开展全覆盖毒品预防宣传教育，“全民禁毒宣传月”活动利用新媒体平台网上网下共同发力，推动构建共建共享共治的毒品治理格局。联合县教育局，以学校毒品预防教育为重点开展“六个一”活动，打造“专业课堂”、“网上课堂”、“社会课堂”和“禁毒基地”，全县在校学生接受禁毒知识教育100%，在校青少年学生染毒率为零。推进各镇（区、街道）社区戒毒工作建设，全部设立社区戒毒（康复）办公室，配备专业社工，推进“平安关爱”行动，对5个生活困难的吸毒人员家庭实施帮扶行动。

【公共安全监管】2021年，县公安局围绕监管责任落实、隐患排查整改、三年专项整治、宣传教育培训等方面提升公安机关安全监管工作水平。树立安全发展理念，落实安全生产责任，明确由一把手负总责、分管局领导具体管、各相关警种部门及派出所负责人直接抓的组织体系，将安全监管职责明确到具体部门和责任民警，并层级签订责任状；将安全监管工作与公安其他业务工作同部署、同检查、同考核、同评比，以安全生产3年专项整治行动为抓手，围绕道路交通、群租房、危险物品、寄递物流、水域、基层消防、大型活动、重点目标、内部安全九大公共安全监管领域，制订深化整治工作方案，明确7类29项重点整治任务，序时推进落实；健全完善隐患排查整改机制，开展多轮排查整治工作，共检查单位3955家次，排查发现和整改各类安全隐患976处，发放限期整改通知书496份，向政府相关部门发送联合整治建议函23份，约谈企业单位29家，曝光企业单位11家；健全完善部门联动协作机制，会同应急、市管、交通、环保等职能部门开展联合安全检查和集中整治行动，打防并举、以打促防，推动企业主体责任落实，全年共查处涉危涉爆行政案件110起，罚款96.38万元，行政拘留14人，侦办重大安全责任事故案件12起。探索外地危化品运输车辆全链条安全管理，围绕工作专班、数据采集、现场安检、宣传教育、流程监管，创新建立“五个二”（政企两套专班；驾驶员、押运员两个数据库；岛前岛中两张安检清单；两类安全教育；两套监管流程）工作机制。健全完善应急救援工作机制，从县政府、县公安局和企业单位3个层面分别建立完善应急处置预案，健全道路交通、危化品、大型活动和恐怖袭击应急处置预案，强化应急实战演练，严格落实“1、3、5”工作机制（重点部位定点执勤力量1分钟、中心城区3分钟、其他城区5分钟快速反应处置）、派出所24小时领导带班和民警值班备勤制度，提升应急处置能力；深化“百团进万企千万员工”活动，实现领导班子成员深入挂钩联系企业开展安全宣讲“全覆盖”和公安民警深入监管领域宣传教育“全覆盖”；利用报刊、电台、农村广播等融媒体，突出公安微警务主战场作用，总结推广公安机关安全监管经验做法和典型案例，共在各类媒体发布新闻稿件232件。

【公安大数据建设】2021年，县公安局推进数据融合应用和警务流程再造，靶向攻坚突出问题，建成“纵向贯通、横向协同、扁平高效、全域联动”数据融合应用新格局。系统搭建“大数据融平台”，对接政务数据资源共享平台，全量实时汇入本地医疗、住建、交通、民政等61类社会外源数据，将公安视频专网、公安信息网、互联网、电子政务网“四网”数据资源整体迁移上云，实现数据的高效汇聚、共享共融。先后研发多次界址纠纷筛查、群租房发现、危险品运输车辆管控、校园周边易肇事肇祸精神病人管控预警等系列模型，推送预警线索7000余条，防范社会治理、安全监管、维稳处突领域风险隐患，其中，县公安局研发的反偷渡打回流模型获得全市公安机关数据实战建模大赛团体一等奖、省厅科技强警基层技术革新优秀奖和全国百佳模型。建立县域三级防控圈，在党政机关、公交车站、大型商场等重点部位布建无感采集设备400余套，汇聚教育、国土、镇区等28个单位视频1.8万余路，实现平台间安全无障碍级联推送,视频图像服务于市政管理、环境监测、走失人员、交通管理等领域,提升县域现代化指挥中心智慧调度管理效能。会同县文明办、住建局完成13个行人闯红灯系统及违停球、25台不礼让行人相机、50个路口球机建设,通过大屏行人闯红灯曝光和交通安全、反诈等宣传视频定时播放,提升市民文明出行素质和防范意识,城市道路交通违法日抓拍数据下降至67.2%。针对如东沿海大开发实际,汇聚国土、水务、海防、洋口港等单位沿海地区视频2268路。参与小洋口智慧园区和洋口港危化品车辆限制通行技防工程规划建设,为两项目321台900万像素超级卡口相机数据接入提供可行性技术方案。

【服务经济发展】2021年,县公安局以公安"深蓝"服务为抓手,出台优化服务重大项目重点企业10项措施,建立"助企安全顾问团",围绕"指导内部安全保卫、加强网络安全防范、保护企业知识产权、防范企业金融风险、防范职工违法犯罪、优化周边治安环境、优化警务服务机制、做响深蓝行动品牌"8个方面,服务企业健康发展,为如东经济社会高质量发展提供法治保障,相关经验做法被"学习强国"学习平台、新华网、《江苏法治报》等媒体刊发,"助企安全顾问团"被评定为全市公安机关"十佳为民服务品牌"、全县党史学习教育工作"两实践"示范项目、2021年度如东县"十佳"机关党建工作案例。8月,组成5支助企安全顾问团小分队,分别挂钩指定企业,抱团合作为企业提供"清单化、一体化、规范化"和"全覆盖、全方位、全天候"的高效服务;根据企业经营发展和项目建设状况,定期上门走访调研,了解企业经营、项目建设情况和所需所求,做到响应及时、帮办迅速,保持警企常态化互动;针对各类安全防范漏洞和消防隐患,提出整改意见并督促整改,每月向企业发布治安动态信息、防范预警信息等,提高企业防范意识;对通过"警企直通"微信群、"如东公安微警务""助企直通"平台、走访上门、恳谈评议、群众来信等渠道搜集到的企业诉求困难,建立首问负责、一办到底、跟踪反馈工作机制。针对企业的不同需求,提供包含政务服务、安全指导、法治宣传等多方面的服务清单,供企业选择,开设"流动窗口",集中上门为企业办理公安服务事项、开设讲座宣讲或提供现场指导。全年全县公安机关走访服务重点企业50家、重大项目53个、中小型企业700余家;建立微信群212个,帮助企业解难题、办实事200余件,上门办理居住证等120余人次;开展企业内部安全大检查3轮次,解决整改安全隐患50余处,提供内部安全保卫、网络安全培训37场次,开展应急演练活动19场次,组织加强知识产权保护、商业秘密保护、预防电信诈骗等多类别安全防范和法治宣传专题讲座16场次,严厉打击涉企违法犯罪2起,为企业营造良好的发展环境。

【公安法制建设】2021年,县公安局提升执法效能、推进执法规范化建设。全年执法安全"零事故",行政复议、行政诉讼同比下降33.3%和62.16%,连续第三年在全省县级公安机关执法质量考评中获得优秀等次,"一把手"专题述法(考核项目)全市第一,法制民警刑事业务技能练兵竞赛获全市公安第一名。健全完善党委中心组学法、所队长述法制度,落实所队长出庭应诉、直接办案等规定,深化全警学法,加强培训力度,依托法制员月例会组织集中培训12次,跟班作业51人次,集中收听收看法治培训网络课程8次,组织法院旁听庭审活动12次。抓住"警情、案件、人员、财物、卷宗"等关键执法要素,针对受立案、强制措施、人员走向、财物流向等重点环节,扎牢单位法制员初审、法制部门审核、网上巡测3个步骤,解决易发多发执法问题;实体化运行执法监督管理委员会,强化二级督察和内部问责机制落实,强化网上巡检、飞行临检、视频抽检、重点频检和信访倒检"五检"监督措施,挂牌整治、专项治理突出执法问题和薄弱环节,共召开执法管理委员会成员单位会议12次,重点案件专题会议19次;推进执法机制改革,坚持办案预审与法制审核相分离原则,深化认罪认罚从宽制度,推行行政案件快速办结机制,提高执法办案效率。健全完善依法决策机制和疑难复杂案件法制部门提前介入机制,加强重大决策合法性审查、规范性文件制定和监督管理机制建设;严格执行执法积分奖励制度,提升案件办理质量;做精做实执法品牌,开展执法标准、执法办案、执法管理、执法培训、执法保障"五大提升行动",落实完善"执法风险要素式评估""重大复杂警情处置前置式跟踪指导管理"等制度,构建完善"关口前移、全程留痕、风险可控"的执法管理模式。

【社区疫情防控】2021年,县公安局牵头社会及社区疫情防控组,突出阵地管控,狠抓社区排查,组织发动群众和村居干部、社区民警、网格员"三合一"力量开展网格化、地毯式排查,累计排摸核查涉疫人员40余万人次。依托高速出入口、国省道查控点严格临控筛查,累计检查到如东车辆16万余辆、人员31万余人。依法查处未主动报告中高风险地区经停史、通告要求暂停营业场所仍照常营业、强行闯卡交通查验道口以及未取得有关证明仍储存、销售进口冷链食品等各类涉嫌拒不执行人民政府在紧急状态下依法发布的决定、命令案件21起,依法处理相关违法人员22人。依托建模平台自定义搭建"数据仓库",快速批量比对、碰撞,筛查涉疫人员身份信息与轨迹信息,运用"部云搜""云智达""苏康码""百事通"等系统分析涉疫人员基础信息,运用数据库公式与函数,关联住址、辖区派出所,第一时间向派出所与卫生部门推送鲜活、精准的人员信息。全年共建立数据专题5个,搭建模型12个,治理数据63万条,推送鲜活数据约90万条,发布核查指令284期。对年龄、身份特殊的涉疫人员,利用"融平台""慧眼识人""慧眼识车"等融创模式开展"六同"(同户、同行、同宿、同车、同楼幢、同时空)关联分析,确定是否为血缘、朋友、同事、邻里等关系密接、次密接型人员。全年共挖掘敏感与紧急价值数据7.36万条。坚持"日结日清"工作模式,对实地核查反馈结果汇总回溯,核查率100%。推动全员核酸检测,对接卫健数据库系统获取275个核酸检测采样点核酸检测名单,运用工具模型开展数据全量比对出33.8万名未检测常住人口移交卫健委。会同卫健组织溯源流调演练1次，实战流调人员4次，接收请求32次。

（蔡守山、蔡志伟）

边防保卫

【概况】2021年，如东边防大队辖区下辖5个乡镇，15个行政村，总面积865.6平方公里，海岸线长86公里，常住人口4.55万人，有人工岛屿1个，港口3个，码头13个，在册船舶553艘，渔船民2331人，沿海建成海防监控中心5处，港船警务室2家，海防执勤板房4间。辖区有涉危企业131家，反恐重点单位13家，易制毒、易制爆企业87家，寄递业8家，加油站7个，加油船4艘，行业场所111家。2021年，边防大队各级累计接处警2918起，受理刑事案件235起，破获48起，采取刑事强制措施55人；受理行政案件468起，查处369起，行政处罚103人。打造江海护航先锋模范党支部，以党建带动队建，引领示范基层各海防所筑牢沿海防控屏障。

【惩治走私犯罪】2021年，边防大队部署开展反走私综合治理工作及沿海治安防控体系建设工作，每月开展海岸线踏查和风险点位摸排，摸清沿海技防设施盲点，上报增密补盲建设规划。年内，大队组建了一支由78名队员组成的重点水域值守和岸线巡查队伍；各基层海防所协调属地党委、政府先后累计加装监控探头15处，限高杆3处，累计查处非法流动加油点1处，查扣非法流动加油车6辆，行政处罚违法人员7名。

【港船管理】2021年，边防大队依托涉海风险隐患排查整治、“三报备”（报备船舶信息、人员信息、进出港信息）系统推广应用和涉海要素信息采集活动开展，登记完善渔船、渔船民“两库”数据，深度采集船舶信息、涉水单位信息等要素。其间，大队各级累计摸排登记渔港3个，重点货运码头5个，出海船舶553艘，出海渔船民2000余人，累计消除各类安全隐患26处，拆解“三无”（无船名船号、船舶证书、船籍港）船舶14艘，签订治安责任状795份，“三报备”告知书及疫情防输入承诺书774份，累计查处非法捕捞鳗鱼苗案件3起，查获嫌疑人10人，查扣“三无”船舶8艘，鳗鱼苗896尾。

【反诈宣传教育】根据海防支队和如东县公安局打击治理电信网络诈骗案件总体部署要求，2021年，边防大队动员全体民警进辖区发放宣传手册，悬挂横幅标语，推广“南通反诈App”公众号，营造全民反诈宣传氛围。会同刑侦、网监等部门开展专案侦办、联合打击处理重点案件。全年边防大队各级累计张贴反诈宣传资料696处，发放反诈宣传手册5740份，组织签订反诈骗宣传告知书1.03万份，开展精准劝阻600余人次，破获电信网络诈骗案件12起，抓获犯罪嫌疑人23人，电信诈骗案件案发率同比下降25%，破案率同比上升40%。

【助企保障服务】2021年，边防大队“开门纳谏”“问需于企”开展走访活动，加强警民、警企联系，推进“我为群众（企业）办实事”活动，瞄准风电企业、金光集团、桐昆公司等百亿级项目，推出开展电信网络诈骗打击治理、治安复杂区域整治攻坚、推行高频户籍业务跨区域通办、推行取证业务随时办、推行部分公安业务上门办、完善驻企警务室建设6项便民利民服务措施，完善“四海之家”“金红叶”等驻企警务室便民服务职能。疫情期间，海防大队累计投入警力600余人次，核查企业人员轨迹线索2000余条，为扬州、常州籍等地迁入7家企业快速复产复工提供保障。

（周贵宁）

消防救援

【概况】如东县消防救援大队下辖1支国家级综合性消防救援站，8支政府专职消防队。全县建有派出所保安消防队13个。2021年，大队共接处警648次，其中发生火灾404起，汛灾排涝8次，出动消防车1469车次，消防员7345人次，保护财产价值5000余万元，解救被困群众20余人；2月，如东县消防救援大队疫情防控指挥部组建7支共14车60人的疫情应急处置机动队，围绕“警戒、转运、洗消、保障”等关键环节，开展“个人防护、隔离警戒、病员转移、现场洗消”等专业训练。推进消防救援队伍正规化建设，实现队伍无等级责任事故、无刑事案件、无自杀事件、无严重违纪案件、无失（泄）密事件、无亡人社会事故、无涉消舆情事件和信访投诉、无影响队伍形象和安全稳定的案（事）件、无非责任亡人事故“九无”安全工作创建目标。5月，共青团江苏省委授予如东消防救援大队指战员董守鑫为“江苏省优秀共青团员”。5月，掘港消防救援站分别被市、县表彰为“工人先锋号”。6月30日，如东河口专职消防救援站成功进驻执勤。12月1日，如东消防支援大队在栟茶镇、大豫镇举行政府专职消防救援站建成仪式。2021年，如东消防支援大队连续2年获评“江苏省文明单位”。大队长张小飞被县委、如东县政府评为“海子牛奖”先进个人。

【实战化练兵】如东县消防救援大队以“两训、两考”（班子成员带头训、全体指战员扎实训，以学促考，以考促学）为抓手，执行《执勤岗位练兵工作考评奖惩办法》，开展以体能、基础技能、攻坚班组、指挥效能为重点的执勤岗位练兵考核，备战支队比武竞赛；加强与政府专职队、企业专职队、微型消防站联勤联训，固化驻点陈兵机制，实行“一熟悉、二演练、三宣传、四处置”勤务模式，深化数字化预案应用和典型火灾技术战术研究。大队立足消防重大防控风险点成立“灭火攻坚专业队”“抢险救援专业队”“化工处置专业队”3支队伍、队员45人，定期组织开展易燃易爆、车辆交通事故处置、远距离供水、高层建筑、大型综合体、水域灾害救援、危险化学品处置技术等各类操法训练，提升灭火救援攻坚能力。

【消防治理】如东县消防救援大队推动落实“党政同责、一岗双责”和“三个必须”（管行业必须管安全、管业务必须管安全、管生产经营必须管安全）监管责任，如东县政府将各部门、各乡镇街道消防安全责任落实情况纳入政府督办事项和“网格化”工作，将年度消防工作任务纳入《消防工作目标责任书》和社会治安综合治理工作体系评价考核。2021年，

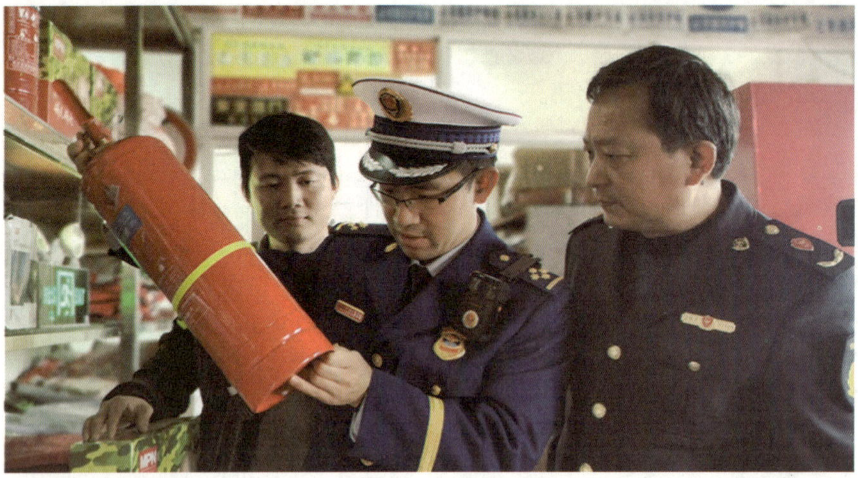

2021年3月11日下午，县消防救援大队联合市场监督管理局开展"3·15"消防产品专项监督检查行动

政府主要领导先后10次召开专题会议研究消防工作重大事项，4次深入一线检查指导消防安全工作。各镇区街道均成立消防管理服务所，发文明确了17名专职消防管理员，大队选配16名消防网格长到一线乡镇工作，村(居)民委员会建立微型消防站59个，推进基层消防工作建设。大队深化约谈评议制度，2次召开消防安全重点单位约谈会，结合辖区重点难点工作邀请支队、政府领导分别召开易燃易爆、高层建筑安全治理专题约谈会，督促重点单位落实消防安全主体责任，牢固筑立社会面火灾防护网。加强与住建、文旅、民宗、应急、市场监管、公安等部门联防联治，坚持专项检查、随机抽查、"零点"夜查相结合，根据"消防安全专项整治三年行动"，开展冬、春火灾防控、消防车通道专项整治、夏季消防安全检查等专项整治行动，加强对易燃易爆场所、人员密集场所、旅游行业、居民社区、建设工程施工工地、密室逃脱安全专项整治、商业综合、"三合一"场所火灾隐患综合治理，邀请第三方机构对辖区易燃易爆、危化品场所进行全面风险评估和落实隐患整改工作。先后检查单位2207家，督促整改火灾隐患3035处，责令"三停"8家，罚款429万元，扣留12人。新装独立式烟感550只、简易喷淋70套、电气火灾监控系统90套，建成90个电动车集中停放点。

【消防宣传教育】2021年，如东县消防大队新闻工作站在"全国防灾减灾日"、"科普宣传日"、"七进"活动、"开学第一课"、"119消防宣传月"到乡镇、企业、厂房、学校、农村、家庭开展消防安全宣传、安全警示教育会等活动。大队依托辖区电子显示屏、"南通消防支队"微信公众号、《江苏法治报》、"全民消防安全学习云平台"等平台拓展宣传阵地，刊播消防知识、消防通讯报道，实现消防安全重点单位上线使用全覆盖，在社会面营造"全民参与防治火灾"的局面。大队协调县城管局，在县城主要位置建立"消防体验点"，提高社会群众的消防知晓率和体验率。大队共开展消防培训360余次，发放宣传资料6万余份，开展74次逃生演练，消防站对外开放33次，受众10万余人次。

(王海娜)

检察

【概况】2021年，如东县检察院坚持"讲政治、顾大局、谋发展、重自强"检察工作要求，共办理各类案件3800件，其中，刑事3265件、民事166件、行政46件、公益诉讼276件、司法救助47件。获得全国文明接待室、全国检察宣传先进单位、第五届检察新媒体创意大赛"最佳叙事奖"、第二届"新时代、新检察、新影像"全国检察视频大赛"最受网友喜爱的作品"奖、"金融检察微课堂"三等奖、江苏省三八红旗集体、江苏省公共机构节能示范单位、全省检察机关信息工作先进单位、全省检察机关领导干部上讲台工作突出单位、江苏省优秀亲职教育案例共11项省级以上集体荣誉，连续9年获评全市先进基层检察院。

【刑事检察】2021年，县检察院严厉打击各类刑事犯罪，受理审查逮捕案件159人，批准逮捕115人；受理移送审查起诉案件1023人，提起公诉838人，监督立案15件、监督撤案32件，纠正漏捕13人、纠正漏诉10人，纠正公安机关侦查违法行为37次。贯彻宽严相济刑事政策，审前羁押率降至12.65%，位列全市第二，降低审前羁押率相关做法获最高人民检察院、江苏省检察院推广转发。打造"案件管理+检务督察"办案监督闭环，提升认罪认罚从宽适用率、确定刑量刑建议采纳率，该工作做法获江苏省检察院信息简报录用。在一起"零口供"诈骗案中通过引导侦查、自行补充侦查，成功追加200余万元犯罪数额，该案获南通市院检察长批示肯定。

【民事、行政检察】2021年，县检察院发出民事再审检察建议7份，提请抗诉1件。制发民事、行政审判程序违法行为监督类检察建议20份，行政非诉执行类检察建议21份，民事执行类检察建议13件。全年开展根治拖欠农民工工资专项监督，与县法律援助中心、劳动仲裁委员会构建常态化线索共享机制，受理支持起诉、仲裁案件106件，帮助追索劳动报酬共计248.74万元，1起追索劳动报酬支持仲裁案获评全市支持农民工讨薪精品案例。

【公益诉讼检察】2021年，县检察院受理公益诉讼276件，制发行政公益诉讼诉前检察建议82件，提起民事公益诉讼7件。做好革命文物等红色资源保护公益诉讼工作，向6家负有监管职责的行政机关发出检察建议，推动河口镇筹措资金3000余万元项目资金用于耙齿凌烈士陵园修复。在1起污染环境案件中成功索赔环境损害赔偿金49万余元，推动无害化处理危险废物39.04吨，帮助403平方米"毒土地"换装复垦，该工作做法被江苏省检察院信息简报推广转发，入选全国检察机关“千案展示”首批展示案例。

【未成年人检察】2021年，县检察院与县教育体育局联合成立全市首家“未成年人保护公益观察团”，开展“控辍保学”、净化娱乐场所等专项行动，维护未成年人权益。落实侵害未成年人案件强制报告制度，收集未成年人监护侵害线索16件，均跟踪解决。1起案件获评全省优秀亲职教育案例，以该案为原型拍摄的微电影《爱的回归》获全国检察机关新媒体大赛“最佳叙事奖”“最受网友喜爱的作品”等多项国家级奖项。

【检察监督】县检察院聚焦强化内外监督，全力保障检察权运行全过程规范、民主。层层签订《党风廉政建设责任状》，开展日常检务督察50余次。开展专项整治5次，审核个人重大事项报告71份。严格执行“三个规定”(《领导干部干预司法活动、插手具体案件处理的记录、通报和责任追究规定》《司法机关内部人员过问案件的记录和责任追究规定》《关于进一步规范司法人员与当事人、律师、特殊关系人、中介组织接触交往行为的若干规定》)，记录报告65次。密织8小时内外防控网，发出各类检纪提醒21条。健全公开听证等第三方参与机制，邀请90余名代表委员、人民监督员、律师参与公开听证、检察开放日、精品案例评比等活动17次，提升司法办案公信力、透明度。落实入额院领导办案规定。入额院领导作为独任检察官带头办理各类案件449件，院领导、部门负责人主持公开听证20件。落实《中国共产党政法工作条例》，向市院、县政法委请示报告重大事项22次，专题向县委、县政法委报告检察工作情况9次。职级晋升、岗位调整20人次，所有选拔任用工作均纪实管理。

【社会治理监督】县检察院提升服务效能，增进社会治理监督质效。办理涉民营企业案件40件66人，提前介入办理1起上市公司被骗案，获省检察院检察长刘华批示。出台《优化营商环境护航民企二十条》，推进企业合规改革试点工作，与8家单位签订企业合规第三方监督评估机制，打造企业合规管理人才库，助力优化法治营商环境，1起企业负责人犯罪案件合规审查工作获省检察院批准认可。制定“检网融治”实施方案，细化本地特色任务清单28项。同步推进“检察官进网格”与“进园区、进项目、进企业”，聘任26名沿海网格员作为海洋公益保护观察员，拓展网格员参与检察工作渠道，在网格走访中挖掘相关线索32件。为全县网格员作的“检网融治”课程获评“基层院检察长上讲台精选课题”，检网融治工作做法2次被江苏法治报头版报道。开展“四个最严”(最严标准、最严监管、最严处罚、最严问责)专项监督活动，打击整治食药环领域违法犯罪20件62人，办理食药安全、环境资源类公益诉讼案件58件。联合市场监督管理局召开新闻发布会、开展以案释法宣传活动共4场，受众500余人次。1月，出台《“精准普法月月行”活动实施方案》，推动检察普法进学校、进企业、进社区60余次，受众4万余人，该方案被省检察院全文转发推广。

县人民检察院邀请社会各界代表参加“检爱同行 共护未来”主题开放日活动

【检察队伍建设】2021年，县检察院全面开展队伍教育整顿，建立健全3类25项机制，14篇信息、103篇宣传被市级以上信息简报和省级以上主流媒体采用，被南通市委政法委评为教育整顿工作优秀单位。教育整顿“回头看”经验做法在全省推广，获市委政法委副书记肯定。开展党史学习教育，学习党的十九届六中全会精神，开展庆祝中国共产党成立100周年等教育活动8场，“学党史，忆检史，开启检察事业新征程”主题党日活动案例获全市检察机关“优秀主题党日案例”一等奖。“为民办实事”办结率100%，群众满意得分9.9分，获南通市委党史学习教育第七巡回指导组肯定。连续3年获评“领导干部上讲台突出基层院”，党组成员、政治部主任张廷勇作为全省基层检察院唯一人员入选全国检察宣传文化人才库。张蓝予、王晶晶、潘倩等8人获“全省检察机关信息工作先进个人”“守正有为检察人”“全省网信工作先进个人”等省级以上荣誉，其中石仁杰、马银霞2人分别获得全省控告申诉业务标兵、行政检察业务能手，42人获市级以上荣誉。

(张蓝予 毛彦泽)

法院

【概况】2021年，县人民法院受理各类案件12244件，审执结各类案件11200件，同比分别上升20.29%和21.19%，审判执行多项质效指标位列全市法院前列，连续6年在县级机关整体目标考核中获优秀，54人次获得市级以上表彰奖励，洋口港人民法庭获评“全省优秀人民法庭”“全省法院系统2018—2019年度江苏省青年文明号”，第十党支部被评为“全省法院党建工作先进集体”。

【刑事审判】2021年，县法院依法惩治各类刑事犯罪，受理刑事案件501件，审结469件，对521人判处刑罚。审结涉黑涉恶“九类案件”20件，71人被判处刑罚，保持对黑恶势力的高压态势。严惩暴力型犯罪，审结故意伤害、抢劫、强奸等案件23件。审结重大责任事故罪案件7件，判处罪犯8人，向安全生产管理部门和企业发送司法建议7篇，堵住管理漏洞。审结掩饰、隐瞒犯罪所得，帮助信息网络犯罪活动等电诈上下游关联案件33件，对76人依法判处刑罚。编发“预防身边犯罪”十大典型案例，组织干警深入企业、村居、社区，开展防诈反诈法治宣传活动，守护群众的“钱袋子”安全。

【民商事审判】2021年，县法院受理民商事案件6775件，审结6283件。保护劳动者权益，审结劳动争议、追索劳动报酬、工伤保险待遇等劳动纠纷案件197件。倡导诚信经营，审结合同类案件2172件，涉案标的13亿元，2件案件被评为“2016—2020年度南通法院商事合同类典型案例”。审结建设工程、房屋买卖类纠纷255件，助力辖区房地产市场健康发展。规范企业经营活动，审结股权确认、股权转让、股东知情权、公司解散等与公司有关的纠纷67件。强化破产审判力度，审结破产案件15件，释放土地资源180余亩，移送“执转破”案件29件，进入破产审理28件，涉及执行案件453件，加速僵尸企业市场出清速度。探索涉企纠纷多元化解机制，与县工商联共同出台《关于建立服务保障民营经济高质量发展联动机制的意见》，建立“商会调解+司法确认”纠纷联动化解机制，提高涉企纠纷化解效率。

如东法院扶海天平志愿者定期走进社区，开展法律宣传、居民环境清扫等志愿服务活动

2021年10月26日，如东法院开庭审理了一起特大电信网络诈骗案并作出一审判决

【执行工作】2021年，县法院受理执行案件3509件，结案3022件，执行到位标的额2.94亿元。设立涉农民工工资支付案件审判执行绿色通道，组织开展14次涉民生利益专项集中执行行动，执行到位金额7073万元。优化案款发放流程，清理发放执行案款2.14亿元，及时有效兑现当事人胜诉利益。强化“拒执罪”打击力度，移送涉嫌“拒执罪”案件18件，其中，判决9件12人。依托智慧法院建设成果，优化网络司法拍卖流程，开展网络司法拍卖202次，成交拍品111件，成交金额1.37亿元。

【立案诉服】2021年，县法院加强“一站式”建设，优化便民服务。网上立案2129件，在线庭审1372件次，跨域立案23件次。电子送达常态化，全年通过支云网上送达平台送达25.34万件次，80.57%的案件线上送达完成。在袁庄镇、大豫镇设置“支云e站”，立案、缴费、调解、开庭、联系法官等诉讼功能实现一站全办，通过“支云e站”完成50多件案件开庭和立案，切实打通乡村诉讼服务“最后一公里”。加强诉调对接工作，驻院庭人民调解工作室诉前调解结案4955件，调结成功2288件，调解成功率46.17%，为当事人提供“一站式”多元解纷服务。推进“道交一体化”平台建设，靠前调解交通事故纠纷661件，涉案标的近亿元，节约诉讼费用30万元，减轻群众诉累。

【队伍建设】2021年，县法院开展党史学习教育和政法队伍教育整顿，组织习近平总书记在庆祝中国共产党成立100周年大会上的重要讲话精神学习系列活动。落实防止干预司法《三个规定》，全年报送事项125个，筑牢反腐倡廉、拒腐防变制度防线。出台规范性文件23个，提升审判执行质量。修订《“三项工作”考核办法》，促进干警在执法办案中提升调研能力，1篇裁判文书被评为“全省法院优秀法律文书特等奖”和“全市法院优秀法律文书特等奖”，2篇司法建议分别被评为“全省法院优秀司法建议”和“全市法院优秀司法建议”，2篇学术论文在全省法院学术研讨会上获奖。

【司法公开与司法民主】2021年，县法院邀请人大、政协、纪委监委、检察机关和社会参与监督，听取意见，代表、委员提案、建议办结率100%。自觉接受人大监督和法律监督，做好“千名代表听百案”工作，邀请人大代表、政协委员和检察官70人次参与和见证审判执行，邀请人大代表政协委员旁听庭审47件次，296人次。邀请检察长列席审委会3次，规范检察建议办理流程。配合综合派驻纪检组工作，“三重一大”事项邀请综合派驻纪检组列席党组会。举办新闻发布会8次，发布“未成年保护”“婚姻家庭”等典型案例，向社会通报执行、优化营商环境等重点工作开展情况。按照“公开为原则、不公开为例外”要求，上网法律文书2857篇，庭审直播2867件次，观看人数45万人次，用阳光司法促进公正司法。

【服务保障乡村振兴】2021年，县法院制定《关于发挥审判职能作用为全面推

2021年12月2日，如东县举办"乡村振兴 法治同行"启动仪式暨第八个国家宪法日活动

进乡村振兴提供有力司法服务和保障的实施意见》，明确4个方面17条实施意见。成立"乡村振兴青年法治服务队"，面向乡村开展法治宣讲、协助解纷、网格员培训等工作，开展24场次的网格员培训课程，1300名网格员和法律明白人参加培训，实现网格员培训镇区全覆盖。参与社会治理，开展巡回审判123次、法官讲堂131场，编发《十类百篇案例》《民法典百姓读本》等资料1.30万余册。省法院在如东设立苏中地区首家"服务乡村振兴实践基地"。

（胡小义）

司法行政

【概况】 2021年，如东县司法行政系统有政法专编人员72人。直属事业单位公证处1家，公证员1人，聘用制公证员2人，公证员助理2人。有律师事务所10家，建立公职律师机构29家，公司律师机构3家，专职律师67人，公职律师76人，公司律师1人；基层法律服务所19家，基层法律服务工作者77人；专职社工52人；专兼职人民调解员1043人。司法行政系统立足"一个统筹、四大职能"，瞄准"全市争排头、全省当先进、全国有影响"目标定位，推动全县司法行政工作高质量发展走在省市前列。首创社区矫正"直属中队"模式在全省推广运用，社区矫正"453"模式、"三招"做实暂予监外执行对象教育管理、"三联驱动"化解非诉讼纠纷、"六大工程"维护意识形态领域安全的做法得到省司法厅领导的批示肯定。县法治宣传领导小组获评全国"七五"普法工作先进单位；县委依治办被省委依治办评为依法治省工作成绩突出单位；县司法局获评全省行政应诉工作先进集体、全省信息工作先进集体；县社区矫正执法大队被省司法厅评为全省社区矫正和安置帮教工作先进集体。马塘镇、大豫镇司法所被省司法厅评为全省优秀司法所。

【普法宣传教育】 如东县加强普法宣传，县十七届人大常委会第四十一次会议通过开展第八个五年法治宣传教育的决议，县委常委会专题审议通过"八五"普法规划。开设如东普法品牌"与法有约"专栏，连续第四年开展"与法有约"梦想基金赢取大赛。全面落实"谁执法谁普法"履职评议"三单一书"制度。全县建成"省级法治文化建设示范点"5个，"市级法治文化建设示范点"25个。推进基层民主法治建设，有国家级"民主法治示范村"3个、省级"民主法治示范村（社区）"125个。召开第七届"4·8"司法日暨"法律明白人"培育工程推进会，培育法律明白人近3000人，学法用法示范户近2000户。以双甸镇高前村为"援法议事"工作试点单位，明晰管理权责清单、夯实基层自治平台、建强专业服务队伍，提升基层社会治理法治化水平，相关做法得到省委依法治省办考评组肯定。双甸镇高前村"援法议事"品牌被评为首批"全省城乡基层援法议事范例"。

【矛盾纠纷调解】 县社会矛盾纠纷调处中心落实社会治理现代化建设要求，抓好安全防范、风险防控等领域的安全稳定工作。发扬新时代"枫桥经验"，把非诉讼纠纷解决机制挺在前面，深化资源内部融合、外部联动，发挥名师团队辐射效应、人工智能倍增效应、行业区域联动效应"三大效应"，拓展非诉讼服务供给链，推进矛盾化解。与全县1466个基础网格对接，每月1次排查农村土地承包纠纷、涉动迁纠纷、农资购销纠纷，与基层干部和网格员，将矛盾纠纷化解在基层网格。2021年，如东县有专业调处机构22个，专职调解员37人，人民调解工作室13个，个人调解工作室10个，在500人以上居民小区设立人民调解工作室7个，家事调解工作室7个，拓展建立"老兵"系列等特色调解工作室。如东县整合专业资源和调解资源、政法资源和社会资源相结合的属性，推广"律师+调解""调解+公证""调解+行政复议"等融合式化解方案，成立如东县企业信用纠纷人民调解委员会、县知识产权纠纷调处中心、县土地承包经营纠纷仲裁委员会，全年全县各级调解组织受理矛盾纠纷3.31万起，调解成功3.28万件。矛盾纠纷调解率和调解成功率位居全市前列。

【特殊人员管理】 2021年，县司法局落实《中华人民共和国社区矫正法》，抓牢"三类"重点人员管理。全县15个镇（街道）全部成立社区矫正委员会，实现县、镇两级全覆盖。春节、全国两会、庆祝中国共产党成立100周年大会以及上海进博会期间，全县"三类"重点人员，未发生脱管漏管失控现象。开展社区矫正案件交叉评查工作，提升执法司法公信力。加强信息对接，重点帮教对象接送率、提交列管率100%。后续照管对象实际照管率100%。深化社区矫正"矫务长制"，成立全省首家社区矫正直属中队,加强直属管理、规范机制运行、夯实队伍根基,推动社区矫正"一三三"模式落地落实。持续推进"矫务长制",承办南通市社区矫正"矫务长制"现场推进会,如东相关经验在《中国司法》刊载。创建省级"智慧矫正中心",通过数字赋能形成"智能管、精准矫、云端学、链上考"管理体系,实现工作在掌上,监管在指尖。

2021年9月7日,南通市社区矫正"直属中队"模式现场推进会在如东举行

【公共法律服务】2021年,县司法局开展"法润如东 情系民工""法润如东2021春风行动"、公共法律服务进园区等专项活动,通过开展送法治体检、专场讲座、法律指引、专业调解等方式,提供覆盖城乡、便捷高效的法律服务。优化公共法律服务体系建设,推动司法所、基层法律服务所、律师事务所"三所入村",实现"一村(社区)一法律顾问"全覆盖,促进公共法律服务均衡发展。制定出台《如东县村(社区)法律顾问工作考核办法》,提升村(社区)法律顾问服务质效。强化公益律师岗管理,对派驻法院诉讼服务中心公益律师、基层法律服务工作者加强考核监督,将为民办实事做实做细。"五一"长假期间,县公证处为受"4·30"风灾影响的某科技有限公司办理证据保全公证,为企业保险理赔提供法治保障。全年办理公证业务4142件,同比上升86.15%。办理法律援助案件1320件,办案量与常住人口占比万分之十五,超过省厅万分之十的指标。加强部门联动、机制融合、行业赋能,推进"法援惠民生拓展工程",为双甸镇某手套厂职工许某等26名女职工讨回56.88万元工资。以"法援惠民生关爱残疾人"活动为载体,唱响"法援助残"品牌。联合残联开发《残疾人全生命周期法律服务手册》,实现县、镇、村三级残疾人法律援助站点全覆盖,提升审批、服务效能。全年共向残疾人群发放法律援助宣传资料1.60万份,接听法律咨询电话359人次,提供面对面法律咨询和法律帮助800余人次,办理法律援助15件。4月,中国残联维权部主任周建一行考察调研如东县法律援助中心"法援助残"工作,给予高度肯定。

【企业法律服务】4月,县司法局发布优化营商环境助推民企发展"十二条",为企业、申请人和投资者提供规范、高效、廉洁的法律服务。公开选聘15家企业为行政执法监督企业联系点,拓宽社会力量参与行政执法监督渠道。会同发改、工信、市场监管等部门共同打造"产业链+法律服务"联盟平台,下设9个法律服务团队,与9个产业链专班同频共振,提供一对一精准服务。深化"法企同行",为企业并购、知识产权、招标投标等提供一揽子服务。加强对土地开发、房屋征收、政府重特大项目建设决策的合法性审查,提供法律意见或建议,防范政府隐性债务风险。开展自然资源、安全生产等重点执法领域行政执法案卷评查活动,推进行政执法机关严格规范公正文明执法。牵头开展全县行政执法机关"厚植为民情怀 提高执法水平"主题教育,清理外包合同,提醒督促学习培训、问题清查,提升学习效果,提升规范公正文明执法水平。落实南通市营商环境66条和县委、县政府"营商环境提升年"工作要求,推行免罚轻罚清单制度、说理执法等柔性执法方式,提升容错免罚力度,服务保障建设更高水平法治如东。

【队伍建设】2021年,县司法局突出铸牢政治忠诚、清除害群之马、整治顽瘴痼疾、弘扬英模精神等重点任务,开展司法行政队伍教育整顿以及"回头看",提升司法行政队伍整体素质。专项整治律师行业、公证行业、社区矫正突出问题。做到8个到位:队伍教育整顿领导机构成立到位、工作方案制定到位、部署会议召开到位、学习用书发放到位、集体学习研讨到位、分类指导落实到位、问题查纠整改到位、规范建章立制到位。现场教学3次,出台便民利民措施16个,全系统干部职工撰写心得体会600余篇,向上级报送工作信息20篇。马塘司法所所长顾海鹏获评全国司法所模范个人、南通市"最美公务员"、全市"十大平安卫士",王志彬等4人被省司法厅表彰表扬,全局21人次获县级以上荣誉。开展全系统庆祝中国共产党成立100周年系列活动。聚焦"六学"(及时谋划迅速学、以上率下带头学、支部推进日常学、丰富载体灵活学、巧用资源高效学、科学统筹结合学),开展党史学习活动,组织集中授课12次,组织座谈调研15次,发放学习资料300余册,为群众办理实事400余件,制订修订规章制度15个。组织全县司法行政系统人员开展党员冬训、习近平法治思想、《中华人民共和国长江保护法》专题学习培训,运用"学习强国""司法行政网上学院""南通政法""如东干部在线"等平台加强学习教育。对全县

2000余名行政执法人员开展线上公共法律知识培训及新申领执法证人员法律知识培训，提高执法人员素质。

（王聚华）

劳动监察与仲裁

【概况】 2021年，县人社局开展“厚植为民情怀、提高执法水平”主题教育，推动劳动关系和谐稳定。落实《劳动关系“和谐同行”能力提升三年行动计划》，开展多形式劳动法律法规宣传活动，编印资料邮寄全县6000多家用人单位，提升企业学法用法能力。如东县根治拖欠农民工工资工作领导小组办公室牵头开展根治欠薪夏季、冬季专项行动。全年开展执法专项行动4次，涉及单位（项目）1647家，其中涉及农民工9.2万人，为230名农民工追讨工资213.9万元。处理农民工群体性突发事件29起，为农民工追讨工资890.5万元。落实农民工工资专用账户的开设在施工许可证领取时前置程序，加强专户运行管理工作，确保专户运行率和工资发放率。开展2020年度书面审查和2021年度“双随机、一公开”督查检查工作，完成书面审查5800家。劳动保障监察举报投诉案件结案率、拖欠农民工工资举报投诉案件结案率均为100%。实行工伤备案制度，受理案件1114件，认定工伤案件1043件（其中单位申报809件，个人申报234件），死亡案件数26件，工伤鉴定716人次，调查核实共计109起案件，行政诉讼19起，调解案件16起。推进“阳光仲裁”，将仲裁工作重心移到“线上”环节，实行“互联网+调解”的服务思维。全年共受理案件总数478件，裁决结案133件、调解结案252件、撤诉结案89件，结案总数474件，按期结案率99%。

（罗国平）

军事

人民武装

【思想政治建设】 2021年,如东县人民武装部以政治方向为根本,加强思想政治建设。2月,开展学习卫国戍边群体英雄事迹活动。3—12月,开展党史学习教育。7月21日,召开党史学习教育专题民主生活会。7—12月,广泛开展"我为群众办实事"活动,妥善解决8项机关基层关注问题。6月,前后组织4轮信息载体再清理。8—9月,开展重点工作"四个过一遍"(即党委大项工作部署落实情况过一遍、基层反映突出问题解决情况过一遍,重大演训暴露问题整改情况过一遍,接受巡视审计、专项清理发现问题纠治情况过一遍)活动。

【党管武装】 2021年,如东县委、县人武部党委认真落实双向兼职、党委议军、第一书记述职等制度。9月7日,召开县人武部党委第一书记任职大会,县委书记陈慧宇任县人武部第一书记,市委常委、军分区司令员周建新大校宣读命令并讲话。12月30日,召开县委常委议军会,组织学习有关文件,分析武装工作形势,对民兵训练基地建设、民兵营长考核、专武干部队伍建设等事项进行讨论研究。

【战备工作】 2021年,如东县人武部以真打实备为导向,认真抓好练兵备战。2—3月,协调县国动委成员单位、任务单位和目标单位,完成国动委指挥编组;区分3类任务,完成2个总体方案、4个配套方案修订。3—5月,配合上级完成"民事平台"试验任务。

【军事训练】 2021年,如东县人武部把握"编训一致"原则,落实练兵备战指示要求,在创新训练上积极探索,在提质增效上思考总结。扎实抓好首长机关训练,严格落实省军区集中领训要求,科学安排时间组织"X"自训,机关现役军官、文职人员年底军事训练考核综合成绩,位列全区第1名。对照训练大纲,严密组织民兵训练。3月20—31日,完成县民兵应急连训练任务。4—10月,完成19支专业分队训练任务。协调公安特勤、应急消防、优秀退伍军人等编组"四会"教练员队伍,一个过程落实教学组训任务,训练成果受上级机关和兄弟单位好评,训练方案被军分区战备建设处作为模版转发。

【民兵组织整顿】 2—3月,成立如东县民兵工作领导小组,对全县所有编兵单位、适编企业进行实地调研,充分掌握辖区潜力资源,合理确定编兵方案,确保专业对口、编即能用。4月15日至5月30日,完成体格检查、政治考核、出队入队、调配干部骨干、系统数据录入、档案整理等工作,上报民兵组织实力和基干民兵花名册,组织数据会审。6月,完成全县基干民兵编建任务,各项指标均达到上级要求。6—7月,完成预征预储,严格工作流程,核查现有潜力,签订协议。6月7—11日,9月22—24日,两次组织联合检查组对所有编兵单位展开整组工作检查验收,民兵组织全面建设得到进一步加强。9月3日,顺利通过军分区民兵整组检查。10月26日,接受省军区民兵整组检查及县民兵应急连"一个过程"拉动,总评优秀。

【征兵工作】 2021年,如东县人武部建立健全征兵宣传网络,展开精准宣传。7月19—23日,部领导分组分片深入企业调查研究企业征兵工作,推动出台适合各企业实际优待政策,拓宽征集渠道,鼓励企业员工带编入伍。全年新兵征集任务大学生征集比例、毕业生征集比例较上年有明显提升。县、镇两级共聘请廉洁征兵监督员53名,对征兵工作展开全时监督,全县未出现一起群众投诉和举报。

【双拥共建】 2021年,如东县人武部注重在密切军地关系上发挥桥梁纽带作用。积极开展拥政爱民活动,参加驻地文明城市长效常态管理活动,开展文明宣传、卫生清理等工作。参与乡村振兴工作,积极对接帮带11户建卡联系家庭,全年累计走访慰问44次。积极协调拥军优属工作,2月22日,协调县政府慰问参加边境行动任务官兵家庭。8月,联系部分企业筹集1万只N95口罩送往扬州军分区支援抗疫行动。7—9月,协调解决5名现役军人子女就近就便入学。10月,协调教育、人社等部门解决1名现役军人家属随军工作调动难题。9—12月,联合县退役军人事务局广泛开展"送喜报进家门"活动。

(王曹倩)

武警如东中队

【概况】 2021年,武警如东中队圆满完成各项任务,全年安全无事故,经过中队全体官兵共同努力,被武警江苏省总队评为2021年度"四铁"先进单位,5人被支队评为"四有"优秀士兵,7人被支队记嘉奖。中队党支部共有12名党员,政治素质合格,军事素质过硬,模范带头作用突出。

【执勤战备】 2021年,武警如东中队主要负责如东县看守所外围武装警戒任务,担负社会面处突、维稳任务。自年初起,开展政治考核,确保全员思想过硬,每月召开支委会,根据任务实际,研究执勤战备工作特点规律。依托正规化执勤等级评定载体,抓好岗前培训、专勤专训和课题训练等勤务训练,不断提升官兵执勤、处突、反恐以及维稳能力。常态抓好应急班、应急小组建设,确保机动力量随时拉得出、打得赢。以各类执勤战备整顿活动为抓手,定期查隐患、补漏洞,进一步提升执勤安全系数,确保固定目标安全无事故。

【军事训练】 2021年,武警如东中队从实战出发,向实战看齐,立足"真、难、严、实",聚焦战斗力生成。以"六化"新型军事训练体系和"八落实"为抓手,认真学习上级关于抓好军事训练精神,每周召开军事训练专题会议,分析训练形势。依照新军事训练大纲,制定教学分工表,大力培育教练员队伍,先后有多名骨干参与担负支队集训课目教员,1人被评为武警部队优秀教练员。注重训练实战效果,主动构想多种情况,进行战斗研究，组织实战推演，确保做到“首战用我、用我必胜”。针对训练难度、险度，提前谋划，购置防护器材，保证训练标准和训练安全。全年中队参加支队各类比武集训，均能取得良好名次。

（李宇浩）

人民防空

【概况】 2021年，如东县人民防空办公室（县人防办）在人防备战训练演练、指挥警报可靠保障、人防工程提质增效、人防法治规范落地及人防宣传深入人心等工作上积极履职作为，工作成绩显著。参加南通市市级机关“建功新时代、机关作表率”岗位练兵和技能竞赛，1人被南通市委市级机关工作委员会表彰为“先进个人”，2人被南通市委市级机关工作委员会表彰为“优秀选手”。

【《如东县人民防空方案》修订】 2021年，县人防办根据南通市人防办《关于印发〈2021年全市人民防空工作要点〉的通知》精神，完成人民防空方案修订，并通过专家评审。结合市人防办专题召开县级人民防空方案修订工作会议，并于2021年12月14日通过市人防办组织的专家评审，按时完成修订工作。

【人防指挥通信】 2021年，县人防办加强指挥通信系统建设和维护管理，人防地面应急指挥中心、人防地下指挥所及人防机动指挥通信车，“三位一体”指挥通信平台管理规范，设备运行处于完好状态。按照“准军事化”建设要求，每周进行一次省市县三级视频会议系统联调测试，保持互联互通。全县设置防空警报，定期对全县防空警报器及控制专用线路进行全面巡检和维护保养，确保其处于完好状态，圆满完成“9 · 18”防空警报试鸣工作，警报鸣响率100%。参加市人防办组织的人防机动指挥所跨区支援重要经济目标防护行动演练暨人防指挥信息化业务集训，人防指挥通信队伍遂行任务能力得到进一步提升。积极做好人防疏散基地后续建设与管理，梳理加强疏散基地完善配套及日常管理相关措施，强化疏散基地战备要素。

【人防专业队建设】 2021年，县人防办按照“人员精干、装备精良、专业对口、训练有素、管理有序”原则，将政治合格、业务精湛人员调整充实到人防专业队伍，围绕《人民防空训练与考核大纲》，指导人防专业队利用生产、工作、岗前培训、抢险抢修等途径落实按纲施训。全县人防专业队组织健全、结构合理、人员落实、专业对口、训练有素，为遂行应急任务奠定良好基础。

【人防工程管理】 2021年，县人防办借助住建系统房产开发、工程质量、施工安全、消防审图等监管力量，加强融入整合，人防工程建设管理逐渐形成人防办参与建设项目规划方案联合预审、行政审批局行使人防结建许可、人防办指导建设工程质量监督站实施质量监督、人防办监督工程竣工验收、人防办指导和监督人防工程开发利用与维护管理、综合执法局实施人防行政处罚的全链条监管体系。对2018年底前立项人防工程全部进行人防标识更新，于2021年5月完成人防工程标识牌、指示牌、管理标识牌更新，人防车位标识加喷、人防区域墙体色带涂刷工作。

【人防宣传教育】 2021年，县人防办全年推进“两防”知识进机关、进学校、进社区、进企业、进网络活动。借助县住建局宣传教育平台影响力，结合“5 · 12”全国防灾减灾日等重要活动日，编辑发布人防知识宣传专版。利用“如东论坛”、业主微信群、小区滚动广告屏等形式，加大对小区业主人防车位使用政策规定宣传。在全县中小学普及人防知识教育，指导县青少年综合素质教育基地创新素质教育手段，中学生“两防”知识课堂与课外相结合成效明显。组织人防教育老师参加全省小学人防知识教育师资能力提升训练及全市义务教育学校人防师资素质提优活动，通过能力提升训练和素质提优活动，人防教育老师能力得到进一步提升。

（周东明 崔映祥）

群众团体

如东县总工会

4月29日,县总工会召开庆祝"五一"国际劳动节暨劳模宣讲团成立大会,县委常委、组织部部长杨忠(左四)出席大会并讲话　（叶子供图）

【概况】2021年,如东县有独立基层工会1489家,联合基层工会258家,覆盖企业5304家,会员18.03万人,其中,新建工会109家,发展会员1800余人。全年组织走访慰问困难职工、一线抗疫人员、环卫工人、新就业形态劳动者1220人,慰问金近32万元。开展"安康杯"竞赛活动,941家企事业单位,11万多名职工报名参加活动。创新新业态劳动群体组织覆盖方式,推动江苏猫宁科技产业发展有限公司(电商物流园)、南通亿安汽运发展有限公司成立工会。推进"模范职工之家""职工小家"培育工程,掘港小学"职工之家"获省教科系统工会示范性教职工"健康驿站"。组织女职工开展专题讲座、先进事迹宣讲等活动,表彰如东县"五一"巾帼标兵30名、县优秀女工干部20名、县"五一"巾帼标兵岗20个。全年小微企业工会经费返还1901.6万元,涉及企业3721家。

【劳动技能提升】2021年,县总工会推行"师徒结对"工程,培树江苏优嘉植物保护有限公司、江苏九九久科技有限公司、海正药业南通有限公司、江苏海宝电池科技有限公司、江苏如通石油机械股份有限公司等典型,带动青年产业工人快速成长。在金光如东高档生活用纸产业基地项目、如东桐昆聚酯一体化项目等开展劳动竞赛。承办全国第四届电线电缆制造工(检验工)职业技能竞赛第二赛区预选赛。为169名职工发放技能晋升奖励8.45万元。为200名获得大专、本科及以上学历证书的职工发放"学历圆梦"补贴26.9万元。12月,县总工会组织沿海经济开发区企业生产一线60名职工参加"化工产业转型升级与绿色化工技术人才高级研修班",由省总机冶石化工会选派专家、教师授课。

【劳动关系维护】2021年,总工会开展集体协商"春秋季要约行动",签订企业集体合同2215份,覆盖职工12万人次。建立产业工人技术创新和工作能级等参与分配机制,形成江苏中天科技股份有限公司"知识产权银行"、江苏宇迪光学股份有限公司"创新星苹果树"、江苏如通石油机械股份有限公司"员工职业发展双通道"等经验做法。

【职工文化建设】2021年,县总工会围绕庆祝中国共产党成立100周年主题,开展"四史"知识竞赛、演讲比赛、职工歌手大赛等活动。开展"劳模工匠进校园 思政教师进企业"活动,组织28名劳模先进及思政教师到75所学校、80家企业宣讲。实施"建功'十四五'、勇当排头兵"工程,成立10支劳模示范引领服务队。4月23日,举办"读党史诵经典 筑新梦创未来"如东县"首届职工读书节"启动仪式,县委常委、宣传部部长、政法委书记张蓉蓉,县政府副县长陈晓莉,县委宣传部副部长于海霞参加活动,表彰"职工阅读春风行动"优秀书目推荐者、"听党话、跟党走"演讲比赛优秀选手。县总工会、教育体育局2019年联合打造综合性公益阅读推广平台"海洲书坛",全年共发布文章130多篇,阅读点击量近150万人次。2021年,如东新建"书香企业"10家,全县共有"书香企业"26家。向职工推荐2000(套)本经典书籍,开展读书征文、阅读交流等活动,营造全民阅读氛围。4—10月,举办如东县第十届职工文化艺术节,分设"听党话、跟党走"职工演讲比赛、"永远跟党走"——庆祝中国共产党成立100周年企业职工合唱比赛、"悟初心、担使命""四史"知识竞赛、评选10名"最美一线职工"4大板块。

【培树劳模典型】2021年,江苏中天科技股份有限公司被授予全国五一劳动奖状,江苏龙源风力风电有限公司省级集中监控班被授予"全国工人先锋号",马塘中学葛家梅等8人被评为"江苏省劳动模范"和先进工作者,推选市"五一劳动奖状"2个,市"五一劳动奖章"5个,市工人先锋号6个。4月29日,召开如东县庆祝"五一"国际劳动节暨劳模宣讲团成立大会,县委常委、组织部部长杨忠出席大会并讲话,表彰县五一劳动奖状10人、县五一劳动奖章28人和县工人先锋号30个。江苏中天"薛驰劳模工作室"被评为"省示范工作室",龙源风电"李锦华劳模工作室"被评为"市十佳劳模工作室",爱朋医疗张智慧劳模工作室党支部和马塘中学葛家梅劳模工作室党支部被评为市"十佳劳模党支部"。

【为职工办实事】县总工会服务日常职业介绍,收集企业用工需求信息193家单位、764个岗位、4725人次。组织职工和劳模先进免费疗休养8批次100多人次。举办"五一"劳动法治宣传服务月线上线下活动。开展夏季安康“三送”活动（送清凉、送安全、送法律），投入经费100万元慰问高温作业和重点工程项目职工1万人次。为623名新就业形态职工免费体检。组织专场文艺节目到河口镇、新店镇、栟茶镇、曹埠镇慰问演出，1500多名职工群众观看。11月，举办如东县第十三届运动会暨全民健身运动会（职工部）。建成户外劳动者爱心驿站9所。

（叶子）

共青团如东县委员会

【概况】2021年，如东县有共青团基层团委38个，团工委8个，团总支70个，团支部2294个，团员2.46万名。中国银行南通如东支行营业部被命名为第20届“全国青年文明号”；共青团如东县委获“全省共青团工作争先进位奖”，书记丁林洋被评为“全省共青团工作先进个人”，获团省委通报表扬、县委书记书面批示；“一线有我 号队出列”品牌项目获全省共青团工作“10100”创新创优工程三等奖。桐昆（洋口港）聚酯一体化项目CP3纺丝车间班组被命名为江苏省青年安全生产示范岗；如东县青年慈善超市获省“梦想改造+”关爱计划志愿服务奖，如东县青年商会获全省“梦想改造+”关爱计划突出贡献奖，如东县希望工程办公室获南通市“梦想改造+”优秀组织奖；如东县少先队工作委员会（简称县少工委）获“南通市优秀县（市、区）少工委”。推进“梦想改造+”关爱计划，累计筹集资金57万元，建成36间“梦想小屋”。如东县青年慈善超市“青春扶苗”项目覆盖全县11镇、32村居，累计参与志愿者2108人次，志愿服务行程7235公里，开展陪伴服务524次，发放助学金30万余元，走访210名困境儿童，凝聚1万多位爱心人士参与爱心捐赠，筹集物资善款100万余元。10月28日，丁林洋作为县（市、区）唯一代表，在“2021年江苏省希望工程圆梦行动暨‘苏豫同舟·希望同行’受助学子慰问座谈会”交流。12月10日，团省委组织部部长夏威调研指导如东县“青年之家”、县青少年事务服务中心建设工作。

【工作机制建设】10月，中共如东县委办公室印发《如东县共青团基层组织改革实施方案》，重点工作得到县委组织部部长杨忠批示，团建工作纳入党建工作部署和年度考核。县级团委书记进入同级党的教育领导，副书记进入县政府督导机构。乡镇、村（社区）团组织全部按时完成换届工作，团组织书记配备率100%。11月，县青年联合会换届，丁林洋任会长，综合委员人员结构符合《县级青年联合会工作指引》。推进中学共青团改革，所有学校完成年度中学共青团改革评价。推动“青春护航工程”“青年人才工作”两个青年发展重点项目实施。

【团队建设】2021年，如东发展共青团员899人，其中，学生团员769人，社会领域团员130人。学校社会衔接率100%，单位组织转接率41.3%，社会领域团组织密度增长14.62%，新建互联网、快递、建筑行业团工委。县团领导机关干部整体及班子配备率100%，挂职副书记沈慧参加共青团中央调训。推进中学中职共青团、少先队改革，配齐少先队总辅导员，在全市率先实现中学中职团校全覆盖。

2021年3月1日，“一线有我 号队出列”青春建功行动助力全省重大项目建设动员会

【青少年思想引领】热议“请党放心 强国有我”七一献词，召开学习习近平总书记重要回信精神座谈会，开展“学党史 强信念 跟党走”主题团日队日活动，选拔“红领巾讲师团”，征集“红领巾寻访党的百年足迹”主题教育省级案例5个，省级平台展播6次；开展青联党史讲堂活动4场，围绕“星星之火”青年学习社及线路，开展红色寻访系列活动12次，实现党史学习教育2294个团支部全覆盖。承办“红领巾点‘靓’强国梦”南通市主题队日活动，组织参与“菁菁杯”省级中学生社会实践活动，“菁菁杯”中小学生省级诵读大赛，创建首批如东“名辅工作室”，加强辅导员队伍建设，举办县级辅导员技能大赛，组织参与省少先队辅导员技能大赛，获特等奖1名、一等奖1名。

【青年人才工作】2021年，团县委邀请北京大学、上海大学等硕、博士生团队到如东开展“紧扣重点优势产业链 构建青年人才服务链”主题调研活动；在北京、上海、南京、苏州等17座城市成立团工委，基本覆盖如东籍大学生就读地，通过项目化运行模式，联系在外学子近2万人。开展暑期社会实践出征仪式、学子看家乡、党政机关实习活动。

【青少年权益维护】2021年，团县委开展重点青少年群体数据摸排，动态采集基础信息，每月开展结对帮扶。如东中专代表队在第五届南通市中等职业学校在校生模拟法庭大赛中获金奖；如东团县委《护航青春 不向校园欺凌低头》获评全省青少年“法治公开课”省级示范课；大豫镇司法所获评网络领域市级“青少年维权岗”。开展“暖冬行动”3次，为50多名事实孤儿等困境青少年点亮“微心愿”,举办爱心暑托班省级示范班,开展陪伴阅读活动11场,覆盖全县16个镇(区、街道),探索与美团充电宝实现“消费捐”战略合作,实现企业盈利与希望工程“双赢”,受到团省委希望办领导关注。组织参与“苏豫同舟 风雨同行”希望工程援助河南紧急行动,发动11952人参与线上捐款,筹集到100.38万元爱心款项,共青团省委书记司勇,如东县委常委、组织部部长、统战部部长杨忠批示表扬。

【服务高质量发展】2021年,共青团县委实施“青春四进建新功”行动,搭建官方抖音号“如东共青团”,为特色青农项目“代言”,开展线上直播,销售金额2万余元。9月,县文明办、县教育体育局、团县委联合印发《“文明如东 有你有我”团员队员赴村(社区)报到活动实施方案》,构建“1+2+3+R+”志愿服务体系(组织初中少先队员、学生共青团员积极参与到文明城市长效管理、污染防治攻坚、乡村振兴等工作当中,为如东经济社会发展添砖加瓦),以“路小巡”“河小青”“桶小二”身份,助力文明城市常态长效管理。组织创业青年参加“让全国看见你”青年创新创业项目路演活动,其中“无介质全息技术”获市一等奖。建立“青年文明号项目建设服务专列”制度,全年发出49班次专列为洋口港桐昆石化聚酯一体化、金光纸业等重特大项目服务,在《中国青年报》、“南通市人民政府网”等传媒平台报道。 (杨雅丽)

如东县妇女联合会

【概况】2021年,如东县有妇联组织300个,其中,机关、事业单位35个,新经济组织3个,社会组织1个,镇(区、街道)17个,村(社区)245个。县妇联获2021年度“江苏女性融媒体创意大赛”优秀组织奖、南通市“家庭学法达人赛”优秀组织奖、第二届“如东慈善奖”。“巾帼心向党 唱响新时代”项目获全市妇联系统改革创新优秀项目。人民网、“学习强国”学习平台等媒体

2021年3月4日,召开如东县纪念“三八”国际妇女节111周年表彰大会暨”县妇联十五届四次执委会

高频宣传推介县妇联工作。开展党史专题学习16次,围绕“四史”、如东“三大精神”专题研讨8次,依托镇村“妇女儿童之家”、姐妹微家等阵地,常态化开展党史宣传教育活动。举办“巾帼心向党 奋进新征程”主题活动4次,先后赴苏中四分区反“清乡”斗争纪念馆、如东县委党校主题教育馆、如东消防大队廉政教育馆开展现场教学。落实意识形态工作责任制,打造如东妇联微信公众号,全年用稿74件,受众920人。完善涉及妇女儿童领域风险评估、研判、应对机制,防范网络风险,维护网络安全。

【召开如东县妇联十五届四次执委会议】3月4日,如东县妇联十五届四次执委会议在县委党校召开。县委常委、组织部部长杨忠出席会议并讲话。县妇联党组书记、主席吴晓莉作执委会工作报告。会议总结了过去一年的工作,对新一年的工作进行全面部署。执委会后,县三八红旗手、三八红旗集体代表分享事迹。

【引领妇女创业就业】县妇联引领妇女增收致富,春风送岗行动提供就业岗位4000多个,达成就业意向224个。推荐全县各类巾帼农业基地申报省市示范基地,其中2家获评省级示范基地,5家获评市级示范基地,共获帮扶资金12万元。向省市争取劳动力转移培训资金6万元。开展“弘扬张謇企业家精神线上巾帼说”活动,推荐10件优秀作品参加市妇联线上展示。在支持郑州抗洪救灾中,积极服务女企业家爱心行动。

【村(社区)妇联换届】2021年,县妇联全面完成245个村(社区)妇联与村(社区)“两委”同步换届。换届后,村(社区)“两委”中女性占比较上届均有提高,吸纳各行业优秀妇女担任村(社区)妇联执委,增强妇女参与推动基层社会治理的积极性、主动性。

【培树典型】2021年3月,县妇联表彰105名县三八红旗手,1家单位(如东县检察院)获评省三八红旗集体、8人获评市三八红旗手(标兵)。2021年3月开展三八红旗手(集体)事迹报告。成立如东县三八红旗手合唱团,参加各种公益活动,在如东县庆祝中国共产党成立100周年活动和南通市“江海心 家国情”家庭文化艺术节展演中,合唱歌曲《唱支山歌给党听》《国家》,全县各行各业优秀女性用歌声表达对中国共产党的感恩之情。

【家庭教育支持行动】2021年6月,县妇联与县教育体育局联合印发《关于进一步加强全县中小学生心理健康教育工作实施方案》。成立30名讲师团成员组成的如东县首批家庭教育讲师团,开展家庭教育送教活动14场次,各镇(区、街道)妇联进行各类家庭教育送教活动18场次。全县51户家庭分别获得全国、省、市、县“最美家庭”“绿色家庭”(其中,全国最美家庭冒昀罡家庭、省最美家庭

3户、省绿色家庭1户、市最美家庭6户、县最美家庭40户)。引领广大家庭学习“四史”。指导全县36家“家长学吧”开展关爱青少年学生心理健康家庭教育指导服务。全县建有“三全”社区4家(岔河镇燕川社区、新店镇新店社区、城中街道浅水湾社区、经济开发区振兴社区),开展各类家庭教育支持行动。

【妇女儿童维权服务】县妇联开展“莲蓬细雨”分众普法“送教下乡”活动。组织家庭学法。将妇女儿童维权工作纳入“大数据+网格化+铁脚板”治理体系,推行村妇女议事会“家家访 月月谈”工作机制,全县妇联系统常态化开展婚姻家庭纠纷排查化解工作,排查各类纠纷176起。接待处理家庭矛盾纠纷62件,其中,来访48人次,来电11件,来信3件。通过排查、化解、联防、回访机制,县镇村三级妇联快速反应、上下协调、整体联动,维护妇女儿童权益。

【关爱帮扶】2021年6月,县妇联走访慰问全国女人大代表,部分全国、省“三八红旗手”,贫困退职村妇代会主任代表,低收入家庭,优抚对象等,发放慰问款4.4万元。申报省市公益项目4个,获扶持项目资金12万元,援助留守儿童、困境未成年人、贫困妇女等群体。协调各成员单位科学制定妇女儿童“十四五”规划。2021年,新建“爱心母婴室”4家,全县公共场所共有“爱心母婴室”13家。开展妇女“两癌”防治宣传进村(社区)、家庭活动126次,受众6431人次。争取慈善资金20万元,救助困境“两癌”母亲102人。

【素能提升】12月3日,县妇联在县委党校举办基层妇联“领头雁”能力提升培训班,推动基层妇联主席、妇联执委等各界女性加强对妇联工作的思考,提升妇联干部工作能力。(张 敏)

如东县科学技术协会

【概况】2021年,如东县有21个县级学(协)会、16个镇(区、街道)科协、230个村(居)科普小组、77家农村专业技术协会、78家企业科协,科普志愿者3700多人。出台《如东县全民科学素质行动计划实施纲要》,提高如东县全民科学素质。建设新时代文明实践科技科普基地,开展系列科技科普活动,如东县科技科普活动获全国科技活动周组委会表彰,科技筑梦创新成长系列活动被评为2021年江苏省“全国科普日”优秀活动,如东县科学技术协会被评为2021江苏省“全国科普日”优秀组织单位。

5月23日至28日,县科协组织镇、区、街道科协开展科普集市活动

【科协七届二次全委会】4月28日,县科协召开七届二次全委会。政府办分管主任、派驻纪检组全体人员3人、各镇分管领导、科技助理32人、县科协七届委员会全体委员31人、机关全体人员、直属学会负责人、老干部代表32人参加会议。县科协名誉主席胡连华代表七届委员会作工作报告,确定全县科协重点工作目标,开发区、双甸镇、曹埠镇作为基层代表作表态发言。

【科普宣传】2021年,县科技局共组织100多场、38项重点科普活动“科普四进”(进社区、进校园、进企业、进农村)活动。全国科技活动周(5月22—28日),组织镇、区、街道科协开展科普集市活动,举办党史宣讲、健康养生科普咨询和义诊、作物栽培和家禽家畜饲养防病宣传。5月28日,如东县老科协联合城中街道老科协分会,考察城中街道六总、八总、如华3个村美丽乡村建设工作,探讨适合城中街道美丽乡村建设新途径。全国科普日期间(9月16—20日)满载着科学仪器的“科普大篷车”开进全县10余所小学宣传科普知识。

【科技培训】5月24日,曹埠镇科协会同农业农村局,邀请农技专家开展“农技科普下乡,助力乡村振兴”宣传活动。5月26日,县农业科技工作者到丰润蔬菜专业合作社田间开展强化膜“一膜两用”技术指导、到如东县百姓家庭农场开展西兰花种植技术指导服务。6月18日,到河口镇联合如东狼山鸡种鸡场开展“支农、强农、富农”送科技下乡活动,向养殖户赠送鸡苗、养殖技术等,打造村居特色,助力乡村振兴。

【服务科技工作者】县科协推荐宏微特斯刘利成申报国家创新人才推进计划,推荐江苏爱朋医疗科技股份有限公司王晶和中石油江苏液化天然气有限公司杨林春申报“科创江苏”企业创新达人。县科协兼职副主席、县蚕桑指导站站长韩益飞在“典赞·科技江苏”活动中被评为“十大创新创业人物”。5月,拍摄制作诵读视频《丹心向党 科技报国》,在“5·30”科技工作者日献给全县科技工作者,被“学习强国”学习平台录用。

【协会建设和发展】4月14日,如东县蔬菜产业协会成立,选举产生会长1人、副会长4人和秘书长1人,有会员54人,由南通中江农业发展有限公司刘宗陈任会长。县级协会总数增加到21个,会员合计5797人。通过蔬菜协会这一平台为菜农提供产前、产中、产后服务,提升蔬菜品质,创建如东蔬菜品牌。

【科技论文评选】县科协组织开展如东县第十届自然科学优秀学术论文评审工作,评审组共收到论文46篇。11月22日,县政府表彰获奖论文:一等奖5篇、二等奖9篇、三等奖16篇。其中,12篇参加市级评选,3篇获奖。

【青少年科普教育】2021年,县科协联合江苏省科普服务中心、南京韩博士青少年综合素质发展中心、县图书馆、县消防救援大队、南通斯派特激光科技有限公司开展“科技筑梦 创新成长”系列科普教育活动,有“科普大篷车”进校园、大型科学表演秀进校园、科技课堂、科技嘉年华、未来科学家”——科普好书共读、教育机器人竞赛等活动。全年共开展活动36场,其中有31场活动在基层学校开展,2万多名中小学生参加。调动社会资源办科普,南通柒壹农旅生态旅游开发有限公司可持续农场的循环农业展示活动开展6次,350名中小学生参加。

(王兵)

如东县工商业联合会(如东县总商会)

【概况】2021年,如东县工商业联合会(简称县工商联)所属商会有41家,其中,镇(区)、街道商会16家,行业商会24家,如东异地商会1家。累计有企业会员3611家、个人会员1194人。县工商联获全国工商联“一报一刊”“构筑非公经济舆论阵地”先进单位,被县委、县政府评为“创建全国文明城市”先进集体。县工商联工委被评为2021年度政协工作“先进集体”。县工商联获评2020—2021年度全国“五好县级工商联”。

【县工商联第十二次会员代表大会】12月26日,县工商联第十二次会员代表大会召开。南通市工商联主席陆建新、县委书记陈慧宇,县委副书记、代县长陈雷,县人大常委会主任陈昌龙,县政协主席蒋树建,县领导杨忠、刘旭峰、桑健出席会议。县委统战部副部长、县工商联党组书记袁欣荣主持会议。会议听取并审议县工商联(总商会)第十一届执委会工作报告,审议并通过县工商联(总商会)第十二次会员代表大会决议(草案),选举产生县工商联(总商会)第十二届执行委员会委员及领导班子。王毅敏当选新一届县工商联(总商会)主席(会长)。会议表决通过南通市工商联(总商会)第十四次会员代表大会代表名单。

12月26日,召开如东县工商业联合会(总商会)第十二次会员代表大会

【上规模民营企业调研】2021年,县工商联完成“上规模民营企业调研”“关于优化民营经济发展环境”“民营企业社会责任调研”“工商联所属商会党组织建设”等专题调研。推进“传承和弘扬张謇企业家精神,培育新时代张謇式企业家的路径探析——基于张謇企业家学院参训学员的调研分析”子课题(典型案例部分)调研工作。3—4月,县工商联调研统计年度营业收入超过(含)5亿元人民币的民营企业基本情况、发展和管理情况、履行社会责任情况,推荐20多家企业参加“中国民营企业500强”评选,中天科技集团有限公司营业收入718.32亿元人民币,位列全国第123位。南通五建控股集团有限公司营业收入238.85亿元人民币,位列全国489位。“2021中国民营企业制造业500强”名单中,中天科技集团有限公司位列全国第63位。9月,县政协工商联工委开展“弘扬新时代企业家精神,培育张謇式如商群体”研讨会,围绕爱国爱乡、社会责任、创新创造座谈。《关于建立一支“张謇式”如商队伍的提案》被列为2021年度县政协“优秀提案”。《如东县民营经济发展报告》《如东县食品业发展报告》《如东县安防手套业发展报告》入选《南通民营经济发展报告2020—2021》。

【联建共建】2021年,县工商联与内蒙古赤峰市元宝山区工商联缔结友好,双方民营企业家就各自区位优势、产业特色和发展远景座谈交流,为推动两地经济发展搭建合作新平台;县工商联党支部与省工商联机关第一党支部、江苏优嘉植物保护有限公司行政党支部结对共建;与县委编办、县金融监管局、江苏宇迪光学股份有限公司党组织签订共建协议,根据企业需求,提供精准服务和帮助。参与东西部扶贫协作,深化与陕西省南郑区交流活动,完成11万元对口帮扶任务。与县红十字会开展“如东—南郑对口协作物资捐赠暨发车仪式”活动,江苏海宝电池科技有限公司、南通大东有限公司、江苏恒辉安防股份有限公司,向南郑捐赠支援防护性(KN95)口罩10万只、一次性医用口罩35万只、毛巾600条、手套4800双爱心物资,总价值68.64万元。

【企业服务】4月,县工商联牵头筹备召开全县民营经济统战工作协调会,建立全县民营经济统战工作协调机制。与县人民法院、县人民检察院、县发展改革委员会、县金融监管局、县税务局等部门实施联动，编印为企服务《政策汇编》，执委人手一册。6月，与县人民检察院开展“检察护航民企发展”检察开放日活动。9月，举办青年企业家中秋茶话会，邀请应急、环保、消防等部门围绕平安过节做提醒宣传，开展猜灯谜竞答活动，向青年企业家宣传普及安全、环保、消防知识。全年走访调研商会、企业30多家，协调解决企业法律纠纷、物流运输等困难问题10多件。

【非公企业代表人培养】4月，县工商联与团县委共同开展“学史力行、青商同行”——全县非公企业年轻一代党员出资人党史学习教育专题讲座。5月开始，开展“送党课、送书籍、送温暖”进异地商会活动，让在外如商了解家乡红色革命历史，增强“守初心不忘乡梓情、学党史不忘家乡史”的家乡情怀。11月，推荐许世俊、王咸华、沈煜婷等优秀民营企业家参加南通市杰出通商评选，许世俊入选2021年南通市十大优秀杰出通商。全年组织民营企业家参加张謇企业家培训班3场次。

【商会建设】2021年，县工商联围绕打造“张謇式”如商群体，加强如商总会建设，推动“1211”载体建设（建设1个如商议事厅、2个如商实践基地、1个如商学院、1个张謇垦牧文化研究会）。12月，出版《如商》杂志，发布如商宣传片；汇编商会《管理制度》《政策汇编》《工作台账》等规章制度规范商会运行。2021年，落实镇（区、街道）商会、行业商会注册登记3家，建立功能型党支部20余家。10月18日，如东县城中街道商会召开成立大会，王亚平当选会长。

（欧海东）

如东县归侨侨眷联合会

【概况】2021年，县侨联按照“有组织、有队伍、有经费、有阵地、有活动”和“服务侨胞有真情、凝聚侨胞有载体、团结侨胞有骨干、活跃组织有品牌、维护侨益有能力”双“五有”侨联组织标准，建设新时代“侨台之家”，做到“三个必访”，侨眷家中发生重大事件必访，海外亲人回乡探亲必访，侨眷参加重要活动、提出有价值的建议必访。全县有海外华侨华人、港澳同胞2000多人，分布在29个国家和地区，国内归侨侨眷近1万人，其中“政治上有影响、经济上有实力、学术上有造诣、社会上有地位”的“四有”人物有100多人。如英国约克大学纳米技术首席终身教授、南京大学—约克大学自旋电子学国际联合研究中心主任、英国科技部十年规划专家组成员徐永兵；美国俄亥俄州州立大学教授、2012年“百人计划”教授、中国科技大学精密机械与精密仪器系主任、中科大苏州高研院人才引进办公室主任徐晓嵘；美国农业部水文与遥感实验室联邦自然科学家、第70届阿瑟·弗莱明奖获得者高峰（历史上第三位获此殊荣的华裔）；2021年斯隆研究奖获得者、美国密歇根大学助理教授赵刘燕；美国摩根大通董事总经理吴向阳等数十位各界高端人才。南通正大是泰国正大集团江苏省成立的第一家合资企业。金光集团旗下的金红叶纸业（南通）有限公司计划总投资450亿元，一期投资100亿元，2021年正式开机投产。香港保华集团参与投资的林克斯温泉酒店和林克斯温泉乐园已成休闲旅游胜地。2月，美籍科学家李龙承创立中美瑞康公司高瓴创投领投1.1亿元A轮融资。

【服务发展】2月2日，在金红叶纸业召开服务侨企重大项目建设座谈会，县领导杨晶晶、县人民法院院长黄卫等出席活动，南通仲裁委如东办事处主任张健君与金红叶（南通）有限公司总经理夏英华签署《仲裁服务协议》。6月25—26日，中国侨联兼职副主席，江苏省侨联党组书记、主席周建农率队到如东调研，出席金光如东产业基地开机仪式并致辞。9月23日，县侨联召开侨界企业家座谈会，县领导杨忠出席，10多家侨企负责人参加，调研金红叶纸业集团有限公司、南通正大有限公司、中美瑞康核酸技术研究院有限公司、迪盛智能科技有限公司等侨资侨属企业。县侨联主席徐嘉键到上海、深圳、苏州、无锡等地拜访侨商客商，邀请新西兰国际商会名誉会长、南通金石置业集团董事长周杰祥，香港中华工商总会执行主席兼行政总裁、港亚控股首席执行官陈峰等19批侨商客商到如东参观考察、对接洽谈。8—12月，县侨联组织侨界人士及侨资侨属企业参与“动境2021如意东方体育新空间全球设计大赛”，被江苏省体育装备协会、体育新空间全球设计大赛组委会评为“优秀组织奖”。

【为侨服务】2021年，省侨联主席周建农、副主席艾卉及市侨联主席蔡宏伟等省、市侨联领导先后到如东调研侨企发展情况。县侨联召开“我为侨界群众办实事”专题座谈会，到基层走访调研，看望生病侨眷、吊唁去世侨眷、走访侨界重点人士20多人。5月21日，县侨联在栟茶中学举行“‘侨心港’服务驿站”授牌仪式，为栟茶中学走出国门的校友打造服务平台。6月14日端午节，县侨联联合城中街道团工委、通海社区、名门世家五福物业在名门世家小区开展“享幸福粽、过传统节、共中国情”庆祝活动，侨界群众16人参加活动。7月6日，县侨联、县中医院组织医疗专家赴大豫镇开展“送医到侨”活动。在刘玉芳、任凤兰、樊裕新、高珍等侨眷家中，县中医院专家为他们测血压、做心电图等检查，查看病情、宣传疾病预防、保健知识，免费送上治疗药品。11月11日，县侨联联合县文广旅局、栟茶镇在栟茶镇镇民共建广场联合举办“冬夜暖侨心”文化惠侨送戏下乡活动，安徽戏剧团表演黄梅戏经典唱段、歌曲等节目。连续30多年开展“送温暖、暖侨心”活动，看望慰问侨界重点人士、空巢老人及回乡探亲华侨50多户。与如东新媒体合作，组织华侨华人港澳同胞制作视频，向家乡人民大拜年、送祝福；在《如东日报》特设专版，开展“如东海外华侨华人港澳同胞向家乡百万父老乡亲大拜年”。全年接待海内外侨胞、港澳同胞15批80多人次。祖籍栟茶的香港同胞程忠获评南通市“最具爱心捐赠个人”，如东县鑫磊滩涂开发有限公司董事长周士辉获评如东县“最具爱心捐赠个人”；县侨商会副会长单位——南通大东有限公司获评如东县“最具爱心捐赠企业和单位”。

【参政议政】县侨联加强与侨界人大代表、政协委员联系,为侨眷参政议政、履行职责提供便利。依托政协"有事好商量"协商议事平台,提升侨协商议事实效,反映侨界意见建议。重视做好侨情专报工作,紧扣经济社会发展重大问题,提供更多有针对性的意见建议,报送侨情专报10篇,其中,1篇被《江苏信息》采用,2篇被省侨联采用,1篇被市委办《上报信息》采用,在南通侨联系统中遥遥领先。

【党建活动】6月30日,县侨联党组书记、副主席缪杰走访看望4名满50年党龄侨眷并送上省侨联慰问信。7月1日,组织机关干部集中观看庆祝中国共产党成立100周年大会,在微信公众号"如东侨联"开设专栏,推送"一百堂党史课",宣传百年党史。开展党史学习教育,组织集中学习8次,开展研讨5次,撰写心得体会5篇。邀请县委党校常务副校长吴金明为县侨联委员、各镇(区、街道)统战委员和侨界群众作"学习'两个决议'——树立正确党史观"讲座。与市侨联党支部联合举办"学党史、悟理论、聚侨心、担使命"主题党日活动。

【县侨联七届十次委员(扩大)会议】5月12日,县侨联召开七届十次委员(扩大)会议。县委常委、县委统战部部长杨晶晶要求全县各级侨联组织要主动应对海外形势和侨情的发展变化,最大限度凝聚共识。会议审议通过县侨联主席徐嘉键代表县侨联第七届委员会所作《凝心聚力谋发展、创新竞进谱新篇,为如东勇当长三角沿海高质量发展排头兵贡献侨界力量》工作报告,传达中国侨联十届四次全委会、省侨联七届七次全委会和市侨联八届七次全委会精神。全县侨联委员、各镇(区、街道)统战委员,县纪委第四派驻纪检组、各直属侨界社团负责人和县侨联历届主席参加会议。

【侨务宣传】县侨联加强网络信息管控,对侨联发布的信息,分级审核把关。微信公众号"如东侨联"全年推送12期、22篇文章,宣传普及侨法,展示侨界人物风采,通报家乡发展情况,画好侨界最大同心圆。全年有40多篇稿件被省市侨刊、侨网采用。《"架起四色侨",为高质量发展注入"侨动力"》《送戏到侨乡、文化凝侨心》被"学习强国"学习平台采用,《"四突出四着力"努力构建大侨务工作格局》被《挚友》录用。5月,组织侨界群众3人选送作品到南京参加省侨联"侨瞧100年"图片展,侨眷李建淮作品《大海欢歌》获二等奖,是南通地区唯一获奖作品。

【联络交流】11月1—2日,泰国江苏青年总商会主席、泰国凯盛国际置业有限公司董事长陈柱率团到如东参观考察。县人民政府副县长、县工商联主席陈晓莉会见代表团。县文化广电和旅游局、县杂技团与泰国江苏青年总商会签署文旅项目战略合作协议。8月21—22日,香港中华工商总会执行主席兼行政总裁、港亚控股首席执行官陈峰,香港中华工商总会副主席兼产业融合委员会执行会长、尤尼株式会社中国区总经理李泽民率团到如东考察营商环境。11月10—11日,县侨联赴淮安市洪泽区、淮安区侨联调研考察,学习基层组织建设先进经验。开展侨情调查,完善侨情信息库,实现侨情资料管理的动态化、科学化。支持如东旅美同乡会、旅加同乡会、香港如东同乡会等侨界社团建设,在涉及国家整体利益问题上,坚定立场、主动发声,自觉与祖国同心同向。

(李学军)

如东县文学艺术界联合会

【概况】2021年,如东县文学艺术界联合会(简称县文联)所属协会12个,分别是:作家协会、音乐家协会、舞蹈家协会、书法家协会、美术家协会、摄影家协会、民间文艺家协会、装裱艺术家协会、曲艺家协会、戏剧家协会、杂技家协会、广播影视评论家协会。县文联有国家级会员75人,省级会员298人,市级会员642人,县级会员5924人。2021年,各协会共新增会员112名,其中,国家级会员3人,省级会员12人,市级会员57人,县级会员40人。县文联围绕中国共产党成立100周年、"五月风"文艺展示月等主题,开展系列文艺活动。县文联被中共南通市委宣传部、南通市文化广电和旅游局评为先进集体,被南通市文学艺术界联合会评为南通市文联先进单位。广场舞大赛再次获省"最佳表演奖"。李建淮被南通市文联授予南通市"优秀文艺家",高保国、易丁香、刘九江、季铁权、王必春被南通市文联授予南通市文联团体会员工作奉献奖。

【县文学艺术创作大赛】7—9月,县文联与县委宣传部、县文广旅局联合举办如东县第三届文学艺术创作大赛,共收到2个艺术门类参赛作品242部,评出一等奖11部,二等奖18部,三等奖33部,其中17件作品在市文艺创作大赛中获奖,综合成绩全市第二。

【庆祝中国共产党成立100周年】5月17日,县文学艺术界联合会、县文化广电和旅游局、县融媒体中心在县文化中心举办"永远跟党走"楹联获奖作品书法展。南通市楹联学会副会长、县楹联学会会长吴延卿出席并讲话。活动历时10个月,收到48人、170幅联稿,评出获奖作品22幅。县文联组织如东书法家书写参展楹联。

6月30日,县文联在如东县图书馆承办"我为妈妈庆生"南通市庆祝建党100周年红色诗文朗诵会如东分会场活动,200名文艺骨干、朗诵爱好者、掘港小学师生以文艺的形式庆祝中国共产党成立100周年,县委常委、宣传部部长张蓉蓉出席活动。

9月30日,由如东县文学艺术界联合会主办、如东县摄影家协会承办"聚焦身边党员,展示先锋风采"主题摄影展在县文化中心博物馆举行。摄影展征稿历时两个月,收到作品200多幅,100幅作品入选展出,展现共产党员爱岗敬业、开拓进取工作状态和时代风貌。全县100多名摄影爱好者、老干部代表、中天企业技术骨干、社区志愿者参加观展活动。县委常委、宣传部部长蔡东观看展览,并与摄影家协会各会员进行交流。

【"五月风"系列活动】9月16日，县文联举办五月风系列"南通美丽行—南通文艺界走进如东"采风创作活动。南通市文联主席姜平、副主席宋红星、王俊荣、南通市摄影家协会主席顾华以及全市（各县、市、区）文联负责人共50多人参加，先后走访洋口港阳光岛、金光纸业集团基地一号线、重通成飞风电设备江苏有限公司、江苏海装风电设备有限公司、江苏海力风电设备科技股份有限公司等地，聚焦重大项目、国家高新技术企业、国内风力发电机叶片主流配套企业，围绕科技创新等主题进行采风创作，展示重大项目进展。

11月26日，7位市装裱艺术家协会会员组成志愿服务队到如东县老年大学开展艺术惠民活动。南通市文联副主席宋红鑫、南通市装裱艺术家协会主席王建高及如东县文联、如东县老年大学领导，如东县老年大学书画班学员共30人参加活动。市装裱艺术家协会名誉主席李彬以"书画装裱的整体要求和标准"为题，副主席仲明以"色彩在装裱书画作品中的审美效果"为题，副主席范志辉以"书画修复现状及存在的问题"为题，副主席刘九江以"册页手卷的装裱常识"为题，副主席张建斌以"书画作品的收藏"为题分别作专题讲座，并与老年大学学员们就装裱有关信息和知识互动交流。

【会员档次升级】2021年，洪军加入中国摄影家协会。金小书、何明加入中国曲艺家协会。陈海英、陈皓、韩国文、关立蓉加入江苏省作家协会。陈晓明、桑俊、朱睿海、倪慧群加入江苏省书法家协会。宗雯、冒李国、钱正健加入江苏省美术家协会。徐海霞加入江苏省杂技家协会。

如东县哲学社会科学界联合会

【概况】2021年，如东县哲学社会科学界联合会（简称县社科联）有团体会员20个，其中学会8个、研究会5个、协会7个，涵盖经济、文化、教育、历史、心理、财经、法律等学科。县社科联在热点课题研究、新型智库建设、决策咨询服务、社会科学普及、示范基地建设等方面取得较好成绩，获评江苏省2019—2020年度《江苏省社会科学普及促进条例》实施工作成绩显著单位、2021年度江苏省社科联系统工作创新案例、江苏省第十八届社会科学普及宣传周主题知识竞答活动优秀组织奖。5月12日，县社科联在江苏省市县（区）社科联工作培训班上作经验交流。12月7日，江苏省人大常委会副主任、省社科联主席曲福田到南通调研召开社科工作座谈会，县社科联作为南通县（市、区）唯一代表发言。在江苏省第十八届社会科学普及宣传周主题知识竞答活动中，如东县晋级赛答题人次全市第一，挑战赛全省前10名中如东占5名，其中，特等奖1名（全省唯一）、一等奖1名、二等奖3名。风采大赛助力社科普及基地建设经验做法被《江苏宣传工作动态》《江苏社联通讯》刊发，配发省社科联社科普及部肯定性评价。多项社科特色活动被"学习强国"全国平台首页"推荐"频道、人民网、新华网、《中国县域经济报》、中国社科网、江苏社科网、《新华日报》、交汇点、中国江苏网等国家和省级媒体平台宣传推介。

【社会科学研究】2021年，县社科联推出经济与社会发展立项课题80项，其中，重点课题34项、一般课题46项。收到参评成果95项，评出获奖成果53项，其中，一等奖2项、二等奖16项、三等奖35项。33项优秀社科课题研究成果汇编为《资政如东2021》，向县四套班子领导、各地各部门主要负责人和人大代表、政协委员赠阅。"深度老龄化背景下如东人口集聚新路径研究"课题被省社科联立项为"江苏省社科应用研究精品工程"市县专项课题。南通市经济与社会发展热点立项课题"如东打造全省向海发展战略先导区路径研究"和"如东勇当长三角沿海高质量发展排头兵路径研究"完成，被市社科联批准结题。2020年度"江苏省社科应用研究精品工程"市县专项课题"'经济总量过千亿'后如东经济新增长点研究"通过省级专家鉴定，省社科联批准结题。编发《如东社科专报》，其中6项社科研究成果得到县委、县政府主要领导肯定性批示。在江苏省纪录小康社会系统上传社科研究类成果110篇。组织召开县政府社科奖获得者教体系统代表座谈会、"十四五"规划研究选题研讨会、"志愿如东我先行 贡献智慧勇担当"社科界人士志愿行动座谈会、栟茶古镇文化创新发展研讨暨全县社会科学工作座谈会、县社科联主席会议暨疫情防控工作座谈会、地标产品如东蘘荷产业发展研讨会、社科名家陈震《子丑书话》新著发布座谈会、《如东百问》编撰工作任务部署会等。举办如东县大众哲学研修班。9月7日，召开县社科普及工作联席会议，副县长、联席会议召集人陈晓莉出席会议并讲话。

【党史宣讲活动】2021年，县社科联组织开展"社科专家基层行 百年党史巡回讲"主题活动。社科名家、党校教师、机关干部、中小学教师、退休干部等143人组建成如东县社科专家和社科普及志愿者党史宣讲团。组织编写《如东地方党史讲稿》，制作PPT课件，供宣讲团成员参考选用。5月22日，在如东经济开发区振新社区举办"社科专家基层行 百年党史巡回讲"主题活动启动仪式暨首场宣讲，宣布县社科专家和社科普及志愿者党史宣讲团成立，向宣讲团成员代表颁发聘书，向6个党史宣讲小分队授旗，并向企业、学校和社区代表赠送如东地方党史书籍。活动依托新时代文明实践中心（所、站、点、基地）、基层党群服务中心、"三堂融合"、社科普及基地等阵地，借助党课、思政课等，组织宣讲团成员进基层，面向党员干部、村（居）民、青少年、企业职工等群体，分层分类开展"七进"（进农村、进社区、进学校、进机关、进企业、进军营、进网络）巡回宣讲，全年宣讲1500多场。该活动被"学习强国"全国平台首页"推荐"频道推送，"人民网"、"新华网"、"交汇点新闻"、"中国江苏网"、《新华日报》、《南通日报》、"南通发布"等国家、省、市级媒体报道，被评为江苏省社科联系统工作创新案例，获省社科联一般项目资助。

【社科普及宣传】县社科联落实《江苏省

10月12日,如东县第十一届社会科学普及宣传周启动

社会科学普及促进条例》,开展县第十一届社科普及宣传周“十个一”系列活动(启动仪式、广场咨询、现场服务、专题讲座、社科沙龙、巡回宣讲、阅读分享、知识竞答、基地展览、风采大赛)。10月12日,在县五一广场启动社科宣传周,主题是“普及党史知识,传承红色基因”,由县委宣传部、县社科联、县新时代文明实践中心办公室、县社科普及工作联席会议办公室主办。副县长陈晓莉出席启动仪式并致辞,南通市社科联党组成员、副主席曹小龙出席活动并讲话,向新认定市社科普及示范基地授牌,县政协副主席桑圣权向8家新一批如东县社科普及示范基地授牌,县人大常委会副主任刘旭峰向城中街道10个社区赠送党史书籍,县委常委、宣传部部长蔡东向10支如东县新时代文明实践社科普及志愿服务小分队授旗。县社科联主席孙陈建主持,宾山小学副校长、江苏省特级教师顾新红,县教师发展中心培训部主任、江苏省特级教师张启建,城中街道浅水湾社区青年干部钱宇分别为现场700多名学生家长宣讲“‘双减’之后,家长做什么?”“我们怎样做新时代的硬核家长?”“我们能为文明城市做点啥?”县新时代文明实践社科普及志愿服务小分队成员、县委党史办三级调研员於小卫在浅水湾社区“三堂融合”讲堂给社区群众作题为《永远的丰碑》如东地方党史专题讲座。31家单位开展广场咨询、展板宣传、党史宣讲、急救培训、文化展览、专家义诊、文艺展演等服务活动。140多名社科工作者及志愿者发放1万多份社科常识类宣传资料和宣传品,为群众答疑解惑,赠送价值4万多元惠民实用品。作品《小号手的心愿》获“永远跟党走 学党史践初心”江苏社科普及短视频大赛优秀奖,全市唯一;在全县举办《小号手的心愿》观后感大赛,收到征文1205篇,评出获奖作品100篇,在《如东日报》社科专版刊登2期优秀征文。在《如东日报》新开设《扶海社科 资政育人》专栏。围绕社科普及、社科阅读等,在《如东日报》开设的地方文化专版和社科专版,共刊发12期。全年被《江苏社科通讯》《江苏社科网》录用动态信息13篇,信息工作全市第一。春节前后开展“文明实践暖新春、社科普及润心田”主题活动。组织“我爱文明新如东”主题征文活动,收到征文498篇,评出优秀组织奖20个、获奖作品75篇,在《如东日报》社科专版刊登2期优秀征文及摘选,在“扶海微学堂”推送13期。

【经典书籍阅读分享会】 11月13日,由县委宣传部、县社科联、县文明办、县教体局联合主办“红色经典大家读 启智润心开新局”人文社科类经典书籍阅读分享会在友谊路小学举行,对获奖的学生、教师和家长代表、优秀组织奖单位颁奖,2.5万人通过网络直播参与活动,8位同学、3位老师、4个家庭同台共读红色经典,分享读书感悟,展示“学党史·共读人文社科类经典书籍”阅读成果。1月,4家单位联合向全县中小学生及家长发出共读人文社科类经典书籍倡议书,收到阅读感悟征文1246篇,评出获奖作品100篇。“学习强国”全国平台首页“推荐”频道推送该活动,“人民网”“新华网”“江苏社科网”“南通社科网”等媒体报道。

【社科普及基地建设】 2021年,全县有社科普及示范基地42家,其中,省级示范基地3家,市级示范基地6家,县级示范基地33家。新增县委党校“不忘初心、牢记使命”主题教育馆为市级社科普及示范基地,新增如东中等专业学校、如东县掘港小学、洋口港实验小学、江苏滩涂博物馆、南通承林木雕艺术馆、中共如东第一支部纪念馆、新店镇祝套村、袁庄镇孙庄村为县级示范基地8家。实现全县所有镇(区、街道)全覆盖,绘制成县社科普及示范基地地图。县社科联组织省、市、县级3级社科普及示范基地面向社会公众常态化开展社科服务和宣传工作,开展社科普及示范基地成果巡回展出,20多块图文并茂的展板走进新区初中、县图书馆等单位。“南通社科”公众号分期推送如东省、市级社科普及示范基地风采。组织参加南通市社科普及示范基地申报与复评,市级复评合格5家,县级复评合格25家。

(王 军、桑乃霞)

如东残疾人联合会

【概况】 2021年,如东有持证残疾人2.78万人,其中,重度残疾人1.47万人,全部享受残疾人“两项补贴”(困难残疾人生活补贴和重度残疾人护理补贴)。三级、四级精神智力残疾人纳入困难残疾人生活补贴范围,听力言语一级、二级残疾人全部纳入护理补贴范围。持证精神残疾人服药救助实现全覆盖,城乡居民医保缴费补贴惠及所有重度残疾人。如东县残疾人联合会(简称县残联)以提升残疾人获得感、幸福感和安全感为目标,各项目标任务高质量完成,被评为“全市优秀残疾人之家”，如东县被评为全省残疾人工作先进县（市、区），如东托养工作被列为全省托养工作典型案例，全市残疾人托养工作现场会在如东召开。如东县残联加强基层组织建设工作，在全省残联工作会议上作经验交流。

【精神残疾人证管理】 2021年，县残联全面完成一轮残疾人证动态管理，新评2162人次，换证647人次。开展残疾证管理专项督查，清理假错空证，注销1036人次。7月1日，中残联残疾人证管理系统正式上线，数据录入后可即时比对纠错数据，正式开展残疾人证跨省通办，与县医保局开展一件事通办，实现评残与照护险申请并联服务。

【残疾人免费服药】 6月，县残联出台《关于下达2021年度重性精神病患者医疗救助经费包干指标的通知》，县财政专项安排救助资金40万元。完善残疾人基本医疗和康复保障制度，建立医保报销、医疗救助和专项补贴“三位一体”精神残疾人服药保障与服务体系，帮助精神残疾人康复治疗。9月，县政府出台《如东县完善精神残疾人服药救助政策的实施办法》，对全县所有需常年服药的持证精神残疾人实现服药救助全覆盖。

【残疾人就业】 2021年，全县540多家企业安置残疾人正式就业1600多人，征收残疾人就业保障金1892.36万元，创历史新高。奖励达比例、超比例安置残疾人企业200多家。5月，组织“就业帮扶 同心圆梦”残疾人专场招聘会，20多家企业提供近100个岗位，签约7人；6名残疾人被安置公益性岗位。推进高校残疾人毕业生就业工作，5月11日，县委书记沈峻峰与6名已就业残疾大学生代表座谈，赞扬他们自强不息、勇于追梦的精神。

【残疾人培训】 县残联开展插花、电商（直播带货）、面点制作、盲人按摩培训等技能培训，选送盲人参加省、市医疗按摩、继续教育培训等，全年免费培训残疾人400多人次。

【残疾人教育】 县残联配合如东逸夫特殊教育学校开展残疾儿童送教上门，为55名残疾学生和55名低保残疾人家庭子女发放助学金。开展融合教育，累计建成45个融合教育资源中心，做到镇、区全覆盖。

【残疾人康复】 2021年，县残联出台《如东县残疾人精准康复服务行动实施方案》《如东县完善残疾儿童康复救助制度实施办法》，推出康复服务新方案，实现有需求残疾人康复服务覆盖率由85%提升到98%以上。残疾人需求调查、辅具适配、残疾儿童康复救助实现全覆盖，残疾儿童救助年龄从6周岁拓展到14周岁，全年共有260多名脑瘫、言语听力、孤独症、视力残疾儿童得到康复救助训练。

【残疾人托养】 县残联帮助残疾人融入社会，设有公办公营寄宿制托养、民办公助全日制托养和政企联合残疾人居家托养3种模式。以县残疾人托养中心为引领，残疾人托养实现镇（区、街道）全覆盖，向居家托养延伸，如东县共建成基层残疾人之家23家。辅助性就业帮助残疾人融入社会，完成460名残疾人托养目标。《走进阳光—如东县托养机构残疾人融入社会全覆盖综合服务项目》入选全省残联系统“我为群众办实事”现场推进会典型案例。

【残疾人“三助一给”】 县残联推进“助听”“助行”“助明”工程，全年救助自费安装人工耳蜗2人，县财政救助资金8万多元；为1146名残疾人适配辅具1159件；安装假肢16人，适配儿童矫形鞋38人，定制儿童矫形器4人；免费为50多例贫困白内障患者实施复明手术；实施低收入残疾人家庭无障碍改造100户。近1000名精神残疾人享受服药救助。

【涉残改革】 县残联深化残联改革，规范基层残联理事长选举程序。明确镇（区、街道）残联接受同级党（工）委、政府（区管委会、街道办事处）和上级残联双重领导。镇（区、街道）负责专职委员的聘用选拔、合同签订、薪酬发放、日常管理、福利待遇。县残联负责业务指导和日常业务考核。强化村残协组织建设，发挥基层残疾人组织作用。10月，在河口镇召开全县基层残联组织建设现场推进会。《以组织建设为抓手深入推进为残服务“最后一公里”》经验做法在全省残联工作会议上作交流。

【助残服务】 县残联推进涉残便民化改革，各镇（区、街道）设立残疾人事项服务窗口，集中受理涉残事项。落实县内外残疾人凭残疾人证免费乘车政策，打破地域壁垒。推进涉残保障化改革，发展辅助性就业，促进精神、智力、肢体残疾人走出家门、融入社会。率先在全省建立《辅助性就业残疾人从业伤害保险》，每人每年1400元保险标准，保险额度等同工伤保险。5月13日，开展第31次全国助残日主题活动，县委常委、政法委书记张蓉蓉出席活动，举办“感党恩、听党话、跟党走”南通市残疾人先进典型事迹如东专场报告会活动。

【专门协会】 县残联下属有5家专门协会：聋人协会、盲人协会、肢残人协会、精神残疾人及亲友协会、智力残疾人及亲友协会。2021年，县聋哑人协会组织40多名聋哑残疾人赴南京雨花台烈士纪念馆、南京大屠杀遇难同胞纪念馆、中山陵，接受党史和爱国主义的教育；在残疾人中开展“对党说句心里话”活动，录制《对党说句心里话》视频，开展“颂歌献给党”活动。聋协连续8年举办聋人乒乓球赛；盲协组织盲人走进县文体中心感受美丽如东、文明如东，在图书馆体验盲人读物，在文化馆观看盲人电影；肢残人协会组织开展残疾人文艺交流，开展摄影选拔赛和征文比赛。部分协会骨干和有能力的肢体残疾人开展以残助残活动，帮扶困难残疾人。

（缪平）

如东县红十字会

【概况】 2021年，如东县红十字会有基层组织97个，其中，学校红十字会71个，镇（区、街道）红十字会16个，其他基层红十字会10个,会员4.8万人。全年培训初级救护员1626人,普及性应急救护1.09万人。被市红十字会评为县(市、区)红十字工作特等奖、改革创新实践项目一等奖。新建洋口镇杨楝园村、甜港村、新店镇双虹桥村、河口镇关口村4家特色家园。如东虹桥村博爱家园被评为"南通市优秀博爱家园"。

【应急救援队伍建设】4月,县红十字会出台《如东县红十字赈济救援队管理办法》,全年开展红十字理论知识学习、赈济业务集训,参与疫情防控演练、运动赛事保障等志愿服务2次。全年派员参加志愿服务活动5次,组织集中学习集训6次,队员参加志愿服务、学习集训总出勤102人次。

【人道救助】2021年,县红十字会组织志愿队与各基层红会协同救助困难群众。开展"希望之星""金牛致远""大病救助""关爱环卫人"等项目,发放红十字人道救助基金253.38万元。组织县内企业和爱心人士为河南暴雨灾情捐物捐款58.61万元,对口支援陕西汉中南郑区爱心助学项目5万元,物资68万元。

【"金牛致远"博爱项目】"金牛致远"红十字博爱项目由县企业家协会与县红十字会于2018年共同设立,每年暑期资助常住如东县域、如东籍特困家庭在校本科大学生。2021年5月8日,县企业家协会组织中天科技集团有限公司、南通大东有限公司、江苏海力风电设备科技股份有限公司、江苏九九久科技有限公司、江苏快达农化股份有限公司、江苏海宝电池科技有限公司、江苏刚正薄板科技有限公司、如东县铁链厂有限公司、南通海鑫建材有限公司、南通万豪建材科技有限公司10家爱心企业各捐赠2万元,共20万元。由特困大学生提出申请,所在镇(区)企业家协会、红十字会初审,县企业家协会、县红十字会最终确定救助对象42人,发放救助金12.6万元。8月23日,爱心企业代表给受助学生及学生家长发放助学金。

【"人道之光"红十字日主题活动】5月7日,县红十字会在县文化馆小剧场举行"人道之光"——纪念第74个"5·8"世界红十字日主题活动,1万多人收看微信直播。南通市红十字会党组书记、常务副会长钮曦,中共如东县委常委、组织部部长杨忠,县人大常委会副主任刘旭峰,县政府副县长陈晓莉,县政协副主席桑圣权共同启动"红十字博爱送健康"活动。县委常委、组织部部长杨忠致辞。表彰姚瑞翔、沈旭军、王卫东、袁红华、周选、蒋华、朱勇军、陈美琴8位无偿献血达人和如东县公安局、如东县供电公司、江苏爱朋医疗科技股份有限公司、江苏中天科技股份有限公司4家无偿献血先进集体。沙龙访谈《血缘》采访如东县造血干细胞成功捐献群体,事迹故事《邂逅》《遥远的零距离》《生命因奉献而美丽》宣讲红十字志愿者风采。

【造血干细胞、人体器官捐献】2021年,县红十字会实施"生命之花永恒绽放"遗体器官捐献宣传志愿服务项目,新增人体器官捐献网上志愿登记425份,实现如东首例遗体捐赠。开展2021年度无偿献血、造血干细胞捐献宣传动员项目,进机关企事业单位开展志愿宣传服务活动7次,组织企业开设"三献"(无偿献血、造血干细胞捐献、遗体和人体器官捐献)专题培训10次,采集造血干细胞血样100份,新增两例造血干细胞成功捐献志愿者。

【红十字青少年工作】2021年,各学校红十字会组织学生走进街道社区开展敬老助残帮困活动。通过国旗下讲话、黑板报、手抄板等形式宣传红十字知识,开展现场自救互救、防灾减灾逃生演练。联合教育部门推动学校红十字工作,马塘中学、丰利小学建成省红十字示范校,马塘小学、兵房小学创建市红十字达标校。

(杨婧)

如东县关心下一代工作委员会

【主题教育】2021年,县关工委开展"颂建党百年、做时代新人"主题教育,每周一次专题组织学习"四史";各基层关工委每月一次专题学习"四史"。4月21日,举办党史学习教育培训班,全县关工委系统近100人参加,邀请县委党校常务副校长吴金明讲党史。5月31日,召开"颂建党百年、做时代新人"主题教育暨青少年党史宣传教育现场推进会,现场观摩、听取掘港小学开展10个"百年"系列活动介绍,220人参会。清明节前后,各基层关工委、校外辅导站结合祭扫革命烈士墓开展主题教育,宣讲当地英烈、先进人物故事:大豫镇关工委张謇事迹宣讲、如东高级中学关工委"田间村头学党史"、民营经济关工委情景党课、双甸镇关工委"寻足迹、学党史、颂党恩"、长沙镇关工委"寻访家乡新变化、童心向党学先锋"、丰利镇关工委老少同台庆中国共产党成立100周年等活动。县关工委提出开展辅导站小型活动和网上学习宣讲,运用公众号、网站、微信、抖音宣讲"四史"故事,交流学习体会,全县各级关工委出主题教育专刊公众号107期。通过公众号"如东关工"和如东关工网宣传45个基层关工委、辅导站开展特色主题教育典型。新店镇、外农(苴镇)关工委会同中小学校组织参观抗日反"清乡"斗争陈列馆,栟茶镇关工委组织"五老"宣讲团到学校巡讲地方战斗故事,马塘中学组织高一年级学生到家庭农场开展"党史+劳动"教育活动,掘港街道校外辅导总站与盐垣社区校外辅导中心站联合打造红色作品(藏品)展览陈列室,收藏红色革命史料、红色徽章像章、红色陶瓷、老版本红色书刊等红色遗迹。结合学习习近平总书记"七一"重要讲话精神,各级关工委组织"五老"带头学习,搞好宣讲工作。双甸镇关工委开启线上学习"七一"重要讲话辅导系列讲座。全县"五老"骨干撰写学习体会2700多篇,县关工委精选7篇在"关工网"和"如东关工"刊载。截至2021年底,"如东关工"微信公众号更新134篇信息内容。县关工委办公室会同校外教育指导中心2次对10个镇(区、街道)关工委开展主题教育情况进行督查。县民营经济关工委结合党史教育,开展"追寻红色记忆,永葆初心本色"主题教育情境党课活动,组织青工50余人赴海安参观七战七捷纪念馆和红色报馆；组织企业青工专题党课教育4场次，聘请老干部代表赴企业宣讲中国共产党成长的历史，406名青年职工参与听课；开展“千场党史进校园活动”，全县组建“五老”党史教育宣讲团70个，307名宣讲员，开展了360次宣讲活动，受教育9.5万人次；县校外教育指导中心承办的“党史知识竞赛150题”活动评选出特等奖13人，一等奖29人，二等奖20人；参与省“主题征文”活动有11个单位获优秀组织奖；“童声齐颂建党百年主题征文”有165篇获奖，16个单位获优秀组织奖。

【中小学生心理健康教育】县关工委注重校站结合、家站搭桥，落实“五老”与需要帮助的学生帮扶结对。出台《如东县关工委参与中小学生心理健康教育工作方案》，召开中小学生心理健康教育工作会议，120人参会。举办全县第一期心理健康辅导培训班，100多人参加培训。全县有心理障碍或者行为问题的中小学生帮扶台账，帮扶率100%，377名“五老”参与帮扶。各镇（区、街道）关工委、县属学校建立41个“心育”工作领导组。291名“五老”宣讲团成员中，有资质心理咨询师27人、在职教师161人、“五老”和社会志愿者103人，作专题讲座2100多场次，受教育者近20万人次，学生参与率达到100%，家长参与率达到65%，村（居、社区）校外教育辅导站参与率达到95%左右。注意团体性教育和个体性教育结合，全县安排“五老”、教师、专业心理咨询师结对帮扶学生，做到帮扶疏导、跟踪到底，避免突发事件。全县76所学校均建立学生心理咨询室。鼓励校外教育辅导站建立心理咨询室，利用“心灵驿站”满足学生需要。制作4期心理健康教育微视频作为宣讲教材，通过微信公众号、微信群、网站发出，点击量8万多人次。“中国网·东海资讯”、“学习强国”学习平台、《教育新闻》栏目报道如东县推进中小学生心理健康教育工作的相关情况。“江苏少年网”录用文章45篇，点击8.5万多人次，均名列南通市前茅。2021年，全县评选县“三好标兵”100人、县“十佳三好标兵”10人。获省“冰凌花”奖学金学生29人，获省“年度千人助学计划”助学金学生12人，获市“向阳花关心下一代基金会”助学金学生5人；曹埠镇、大豫镇、马塘镇举办捐资助学活动，向生活困难学生发放助学金；洋口镇关工委结合新时代文明实践与网格化管理，与留守儿童结对子，送关爱；大豫镇留守儿童乐园定期组织汉藏学子结对帮扶、同台演出。全县民营企业关工委资助贫困学生94人次，扶贫助学资金116万余元；资助2万余元，征订《关心下一代周报》《中国火炬》杂志发放给贫困小学生阅读。

【校外教育辅导站工作】县校外教育指导中心聘用专职辅导人员，参与心理健康教育调研和主题教育、“心育”工作督查；参与主题教育、党史学习现场推进会；组织星级辅导站复查和新申报验收工作；推广校站结合经验；参与宾城之夏“主题教育”专场文娱晚会；举办“心育”专题公益讲座4场次，2700多名学生和家长参加；组织参与省《对话2035年》“主题征文”和“童声齐颂建党百年”活动；举办中小学生党史知识竞赛；配合“爱眼护眼进校园”活动；参与《在如东这块土地上》英烈故事选编工作。各镇（区、街道）关工委全部建成星级校外教育辅导站。全县有27家辅导站新建或改扩建阵地，29家辅导站增配电脑、桌椅等基础设施，所有辅导站全部使用统一发放的活动记录本，规范到位。调整89个校外教育辅导站班子成员、辅导员。全县校外教育辅导站全覆盖247个行政村（社区）。校站结合率90%以上。以青少年需求为导向，与所在地学校共同探讨落实“双减”后的新举措，与时俱进，开展德育、法治教育、心理健康教育、兴趣拓展及实践体验等特色活动。由单一线下活动转为线上线下同时开展。通过微信群发布活动消息，转发微课视频和宣讲课程，组织学生收看直播节目。主动与新时代文明实践所（站、点）、团组织、司法、文化等相关部门联手，整合资源、共建平台、形成合力。

【青少年法治教育】县关工委参与“未成年人零犯罪社区（村）”创建工作和社会治理工作，预防和减少青少年违法犯罪。全县17个公安派出所成为关心下一代工作新阵地；县公安局组建老同志关爱工作团、法治宣传队，公安民警兼任中小学校法治副校长、企业法律服务员，进学校、进社区、进农村，开展法治宣传教育活动，引导青少年增强法律意识。洋口派出所组织民警深入学校开展“拒绝校园霸凌，远离校园暴力”专题教育讲座；袁庄派出所组织对辖区校园开展安全检查，开展“禁毒宣传进校园”活动。长沙镇、岔河镇、大豫镇派出所分别开展法治课堂和警情演练活动。全县“少年法学苑”步入常态化轨道。马塘镇、双甸镇、曹埠镇、掘港街道等单位开展法律故事比赛、参观派出所、举办模拟法庭、争当法律宣传员；县人民检察院检察官走进学校开辟法治讲堂，上好安全开学第一课；马塘派出所指导员为青少年举办关于未成年人犯罪的法治宣传讲座；县司法局在全县中小学开展青少年法治宣传周教育活动。建立“五老”网吧义务监督长效机制。掘港街道关工委开办培训班，促进网吧义务监督员掌握政策，熟悉业务，提高监管能力，把禁止未成年人进网吧列入“社区网格化管理”范畴；岔河镇关工委组织“五老”通过社会走访、学生交谈、个别巡视、疑点核对、业主沟通、碰头汇报等方式掌握实情，开展工作，纠正少数未成年人进网吧以及网吧安全隐患等问题；丰利镇关工委把监督工作归纳为“三看”：一看人头，查看有无未成年人入内；二看电脑画面，有无色情、暴力内容；三看时间，对上网时间过长的，都会提示注意休息。2021年，如东县关工委被评为年度市“五老网吧”义务监督工作最佳单位。

（张武俊）

【江苏省“四仪”教育示范活动】6月1日，江苏省“四仪”教育示范观摩10岁成长仪式专场活动在如东县实验小学举行。全省各地来宾，实验小学三年级全体学生、家长和老师共2000余人参加活动。成长仪式以“童心向党 茁壮成长”为主题，分为“足迹”“感恩”“未来”3个篇章，通过舞蹈、演唱、情境朗诵、现场访谈、互动采访、师长送祝福等形式，展示新时代少年儿童昂扬向上的精神风貌，并通过“红领巾”寻访历史档案、采访身边长辈，厚植青少年爱党爱国情怀。活动得到省、市文明办领导高度评价。

（沈燕燕）

如东县法学会

【概况】2021年，如东县法学会共有团体会员39家，个人会员528人，下设9个专业研究会：民法、民诉法学研究会，刑法、刑诉法学研究会，行政法学研究会，人民警察法学研究会，法治如东建设研究会，大调解法治化建设研究会，青少年犯罪法学研究会，自然资源法学研究会和法治文化研究会。

【加强自身建设】县法学会加强和规范法学会党委工作，全年召开2次中共如东县法学会委员会全体（扩大）会议，出台《中共如东县法学会委员会工作规则》，完善法学会专业研究会党建联络员制度，明确党委和党建联络员的工作职责和工作任务，细化形式、内容、程序等方面具体内容，发挥党委和党建联络员在法学会党建工作中“红色引擎”作用。8月，召开如东县法学会三届一次常务理事扩大会，选举通过县法学会三届常务理事会组成人员调整方案，由县委常委、政法委书记张蓉蓉任会长。优化会员管理和服务，指导县民法民诉法学研究会、县刑法刑诉法学研究会“会员之家”和“会员中心”建设，指导县法学会大调解法治化建设研究会、县法学会法治如东建设研究会换届和县法学会自然资源法学研究会更名换届工作。拓展对外交流，接待崇川区法学会到如东考察。

【组织法学研究】县法学会组织各条线、各行业法律人才，围绕县委、县政府中心工作与推进平安如东、法治如东建设中具有全局性、战略性、前瞻性的法学法律问题和社会治理难点问题开展法学课题研究工作。全年征集课题研究建议40条，发布课题指南37条，立项课题52项，收到结项课题57项，52项课题通过课题评审，其中42项被评为优秀课题。组织会员参加各级法学论文征集活动，《论检察指导性案例的个案价值实现路径》和《集体自治规则化探讨与展望》分别获南通市法学会第一届青年法学成果奖二等奖、三等奖。

2021年如东县“与法有约·司法为民”专题活动现场

【扶海法学沙龙】2021年，县法学会共开展3期“扶海法学沙龙”，主题分别是“情理法·调解艺术研究”“青春护航 法护成长”“电信网络诈骗防范和治理对策研究”，选题立足基层实际，把法学与人民群众的需要相结合，发挥服务法治实践作用。活动均全程“如东新媒体”网络同步直播，并通过省委政法委“江苏政法”微博同步直播。“扶海法学沙龙”相关经验做法在《江苏法制报》《民主与法制》《南通法苑》等各级媒体平台上交流推广。“扶海法学沙龙”活动共举办14期，是县法学会“金色招牌”。

【法治宣传】2021年，县法学会与县司法局、县关工委、团县委持续开展“青年普法志愿者法治文化基层行”活动，举办南通市青年普法志愿者法治文化基层行示范项目、如东县“政法干警进网格 服务保障零距离”为民办实事主题活动启动仪式，开展“百名法学家百场报告会”活动390场，邀请南京大学法学院教授肖泽晟作宪法专题法治讲座。发挥“平安法治讲师团”“平安法治指导团”“民法典专业宣讲团”作用，与“三官一律”（即法官、检察官、警官和律师）进网格活动结合，各机关、学校、企业、网格与讲师团成员对接各自的普法需求和当前普法热点，选取宣讲专题，实现精准普法。

【服务法治建设】6月，县法学会在大豫镇先行试点建立基层法学会工作站，在大豫社区建立法学研究与实践基地，创新探索“1234”工作模式（即坚持一个引领，搭建两级平台，强化三重保障，做优四项服务），推动全县法学工作阵地镇级层面全覆盖，推动法学会工作向基层一线延伸，打通法治服务“最后一公里”，相关经验做法被《民主与法制时报》头版刊载。率先起草《法学会工作站规范化建设指导意见》，被南通市法学会吸纳采用并在全市出台指导文件。开展“与法有约·司法为民”专题活动，创新融合发布普法类项目、梦想基金以及法治文艺汇演等系列活动内容，将“与法有约”打造成如东法治特色品牌。开展模拟法庭大赛，如东中等专业学校代表队在第五届南通市中等职业学校在校生模拟法庭大赛中获金奖。

（夏晶晶）

农业

综述

【概况】2021年，如东县围绕“争当先进、争作贡献、创一流业绩”的目标要求，狠抓落实、强化推进，努力推动农业农村高质量发展和乡村振兴战略稳步实施。县农业农村局被农业农村部评为“全国粮食生产先进集体”。“如东蘘荷”获农业农村部农产品地理标志认证。县政府扶贫办被省委、省政府表彰为“全省脱贫攻坚先进集体”。渔政执法工作被农业农村部通报表扬，滩涂运输拖拉机监管工作受到省市表扬。农村公共空间治理工作得到市级层面认可，并为周边县市提供了如东模式。掘港街道虹桥村获评“第二批全国乡村治理示范村”，苴镇街道何丫村获评“2021年全国乡村特色产业亿元村”，洋口镇南渔村获评“江苏省乡村旅游重点村”，长沙镇滨海村获评“江苏省特色田园乡村”，大豫镇南坎社区获评“第五批省级传统村落”。县农业农村局被表彰为南通市勇当全省“争当表率、争做示范、走在前列”排头兵先进集体，作为海上风电保障服务团队成员单位被县委、县政府评为“战狼奖”先进集体、综合考核优秀单位。

【党的建设】县农业农村局深入学习习近平新时代中国特色社会主义思想，扎实开展党史学习教育，积极创树“红心向党·情系三农”党建工作品牌。高质量开展“崇德·力行”道德讲堂总堂示范活动、“红心向党·接续奋斗”情境党课、“庆丰收、感党恩”中国·南通全国第4个农民丰收节活动，认真贯彻落实县委“双聚双高”作风效能提升专项行动会议精神，全系统作风效能建设有力有序、有质有效。加强党风廉政建设，不断推进全面从严治党向纵深发展。持续落实疫情防控常态化措施，深化平安建设，推进依法行政，狠抓安全生产，全力筑牢三农领域安全稳定底线。

【产业示范】全年培育乡村振兴市级示范村8个，先进村8个，乡村振兴县级示范村5个，先进村15个，总投入达2.56亿元；完成粮食面积211.74万亩，总产97.75万吨；全年生猪存栏47.56万头，同比增加41%；全县水产品年产量31.7万吨，总产值181亿元。培育县级以上农业龙头企业10家，创建省级示范家庭农场8家，新增市级示范家庭农场10家，新认定新型合作农场30家以上。全县入库千万元以上农业重大项目30个（含续建项目6个），投资额达25.76亿元。国家级现代农业园区创建全面启动，加快推进省级农业产业园区建设。

6月9日，如东县乡村振兴局正式挂牌

【产业建设】编制“十四五”高标准农田建设规划，全面完成2020年度高标准农田建设10.36万亩。推动东湖养殖淡水鱼、如东蘘荷等绿色食品产业发展，全县绿色农产品占比达65%。全年整治借名登记渔船44艘，拆解养殖渔船77艘，拆解“三无渔船”70艘。报废滩涂手扶无制动拖拉机539辆，新增渔业生产贝类“机械换人”采捕机13台套。在全市率先完成3个强村加油站建设任务并运营。推进农村公共空间治理，加快3个市级试点村、22个县级试点村治理步伐。2021年全县农村建房共申请1383宗，备案1153宗，建成通过验收256宗。推进土地承包仲裁实质性运转，建立健全农村土地承包经营纠纷调解仲裁体系，省农业农村厅、法润江苏对如东县做法进行报道。开展省第四轮农村改革试验区试验，积极探索“无人化”新型合作农场建设模式、生猪“保险+期货”“保险+贷款”金融支持模式。落实“先诊疗后付费”政策，全县58家定点医院取消建档立卡低收入人口住院预付金，全年共资助原建档立卡低收入户学生1237人次，资助资金145万元；举办高素质农民培训班25期，培训高素质农民3000人。

种植业

【概况】2020年，如东县按照稳粮保供、稳菜保供要求，稳面积、兑政策、强技术、抓创建，确保农业生产稳定发展。全县粮食播种面积211.74万亩，总产97.75万吨，其中，水稻87.17万亩，总产55.61万吨。创新工作方法，提升服务水平，切实抓好各项生产技术指导工作。

【粮食生产】开展技术指导服务，全年测查上报节气苗情123期，举办县级粮食生产各类栽培技术培训班17期，培训1401人次，不定期宣传政策和开展技术指导15次，指导农户5000户次。积极组织实施各项惠农政策。以绿色高质高效创建项目为抓手，大力宣传推广机插稻

2021年，耐盐水稻再获丰收，平均亩产超700公斤

集中育秧、优质水稻机插丰产精确定量栽培、水稻机插侧深施肥技术，建立水稻集中育秧1亩以上育秧点1084个，育秧面积5278.6亩；建立以新型农业经营为主体的绿色高质高效示范片3万亩，其中5000亩以上示范片4个，1000～5000亩示范片10个。5月中旬在如东洋口镇杨楝园村召开南通市集中育秧暨侧深施肥绿色防控观摩培训会。耐盐水稻试验再显成效，在栟茶镇兴凌村方凌垦区盐碱地示范种植“袁两优1000”、“袁氏4号”和“创丰优丝苗”3个耐盐水稻品种92亩，亩产均超700公斤，在品质和产量方面实现“双突破”。

【蔬菜生产】 2021年全县蔬菜播种面积22.03万亩次，蔬菜产量56.93万吨。“强化蔬菜标准园建设、打造绿色蔬菜生产基地，确保绿色蔬菜面积达8万亩”被列入县委县政府重点工作。如东县百姓家庭农场、如东县百川家庭农场、如东县佳丰果蔬种植家庭农场、南通中江农业发展有限公司4家蔬菜生产园区被命名为省级园艺作物标准园，认定数据量全市第一。如东县大豫镇西兰花、青毛豆绿色生产基地等24家蔬菜生产基地被南通市农业农村局认定为市绿色蔬菜产业基地，基地认定数量和面积均居全市每一，截至2021年度，全县绿色蔬菜生产基地总数达38个。2021年6月，“如东蘘荷”获国家农产品地理标志登记证书。如东县园艺技术推广站被省农业技术推广总站和省甘蓝类蔬菜产业技术创新战略联盟评为甘蓝类蔬菜产业技术创新工作先进集体。

【蚕桑生产】 2021年桑园面积4300亩，全年养蚕9698张，产茧424000公斤，实施小蚕人工饲料共育259张、示范全龄人工饲料养蚕109张，产茧2193.85公斤。通过开展低成本人工饲料配方、鲜桑叶打浆配制饲料等技术创新，家蚕人工饲料成本不断降低，人工饲料养蚕成绩不断提高，为人工饲料养蚕技术产业化推广奠定了坚实基础。2021年度如东县蚕桑指导站被省蚕种所评为全省蚕桑工作先进单位，被评为全省农技推广信息报送工作先进单位，《人工饲料养蚕实用技术集成创新与应用》项目获南通市首届农业科技一等奖。

【病虫防治与绿色防控示范】 全年印发病虫防治技术意见19期，开展电视宣传17期。各类病虫发生期预报准确率98%以上，发生量预报准确率95%以上，全县未发生植保技术事故。针对小麦赤霉病自然发生病穗率超80%、田间麦穗一片红及水稻稻纵卷叶螟单穴卵量高达20粒的历史少有发生态势，有力有效加以控制，通过有效监测、高效策略、政府发动、项目带动及全力指导，最终赤霉病未发生大面积流行，未见大面积水稻卷叶白叶现象，守牢了粮食稳产保供生产环节的最后一道防线，实现减药控害目标。

（冯仕根）

果业

【林果生产】 2021年，县农业农村局把果树业作为产业振兴的抓手，在农民培训、技术咨询、政策扶持等方面持续发力，同时积极鼓励和支持各民营资本投身设施果园建设。全县标准园建设成果明显，已有一家（虹桥家庭农场）通过省市初步验收。

2021年全县果树面积2.216万亩，其中梨1.16万亩，桃0.445万亩，葡萄0.37万亩，草莓0.101万亩，其他果树0.14万亩，全年产值2.7亿元。果树品种结构进一步优化，梨树以翠冠、翠玉为主栽品种，建有外农金沙滩及大豫豫丰专业梨合作社；锦绣黄桃、早油蟠等桃产销两旺；葡萄品种以阳光玫瑰为主，占全县葡萄栽培面积的80%，亩产值超2万元；草莓专业村——苴镇金凤村草莓面积600亩。2021年如东果品斩获多项大奖，季大姐草莓章姬、红颜品种分别获第八届江苏紫金杯优质草莓评鉴活动金奖和银奖，好梨润家庭农场“早生新水”获江苏省第三届优质早熟梨品鉴活动银奖，长三角农业科技股份有限公司“绿巨人”“妮娜公主”获南通农业科技创新产品（鲜食葡萄）鉴尝评比活动银奖和铜奖，虹桥家庭农场“阳光玫瑰”获铜奖，长

“阳光玫瑰”种出甜蜜经济

三角农业科技股份有限公司和虹桥家庭农场"阳光玫瑰"均获得江苏省优质葡萄品鉴推介活动金奖。

（洪 飞）

畜牧业

【概况】2021年县农业农村局贯彻落实省市县农村工作会议决策部署，系统领会上级推动畜牧业高质量发展的决心，大力实施乡村振兴战略，瞄准保供给、优生态、强安全、促发展的靶向，建立健全重大动物疫病防控和畜产品质量安全体系，深化畜牧业供给侧结构性改革，积极推进生猪生产恢复、畜禽养殖废弃物资源化利用、行业安全生产等重点工作。通过提升"两种能力"，发动"三场战斗"，畜牧业高质量发展不断深入，畜禽产品供应安全保障成效明显。

【畜牧业生产】生猪稳产保供，畜牧业平稳发展。2021年末，全县生猪存栏47.56万头，能繁母猪存栏5.62万头，出栏75.45万头。国家统计局反馈定案数存栏35.75万头，能繁母猪4.39万头，出栏64.04万头；家禽存栏1436.68万羽，其中肉鸡存栏650.48万，蛋鸡存栏754.65万，累计出栏家禽3769.76万羽；羊存栏26.15万只，累计出栏22.94万只。发挥农业农村部畜禽养殖场直联直报平台监管作用，及时掌握养殖场户粪污资源化利用状况，完善畜禽养殖场户农田配套、粪污处置方式、委托第三方处置协议、处置记录等信息。2021年度，全县畜禽粪污资源化利用率稳定在96%以上，规模养殖场畜禽粪污资源化利用和设施装备配套率达100%。巩固畜禽养殖污染治理成果。建立了以生猪、家禽为主的非规模养殖户治理清单。其中，生猪存栏50～99头的非规模场682户，存栏100～199头的非规模场437户，涉及全县183个行政村；家禽存栏2000～4999羽的非规模养殖场238户，存栏5000～9999羽的非规模场229户，涉及全县137个行政村。通过引导，非规模养殖场户规范化建设粪污处理利用设施装备和整治完成率达到100%。全面推广应用生态健康养殖技术。2021年，全县申报创建省级生态健康养殖示范场3家，生态健康养殖技术应用占比达99%以上。加强种质资源保护，2021年核发"种畜禽生产经营许可证"3家。按照农业农村部和省农业农村厅要求开展畜禽种业调查。加强狼山鸡保种监管，宣传和推广狼山鸡养殖技术，形成狼山鸡保存与开发利用的良性循环。

【重大动物疫病防控】 夯实基础免疫。认真落实国家和省强制免疫计划，组织实施好高致病性禽流感、口蹄疫、高致病性猪蓝耳病、猪瘟、小反刍兽疫等重大动物疫病强制免疫工作。督促规模养殖场（户）落实强制免疫主体责任，全面落实常年免疫、程序免疫。组织春、夏、秋三大集中防疫行动，扎实做好补免工作，重大动物疫病免疫密度和免疫抗体合格率双达标。据统计，全年累计防疫猪口蹄疫210万头、猪瘟215万头、猪蓝耳病70万头、羊口蹄疫75万头、羊小反刍兽疫74万头、禽流感防疫5500万羽。抓实监测预警。制定年度监测计划，不定期开展飞行监测并通报结果。组织开展非洲猪瘟、羊小反刍兽疫等重大动物疫病专项监测。全年监测样品19500份，免疫抗体合格率在80%以上。抓严清洗消毒。持续科学开展灭蚊灭蝇灭鼠和日常消毒、重要时点消毒、突击消毒、应急消毒"三灭四消"活动，推动落实养殖、屠宰、无害化处理等重点环节和运输车辆等清洗消毒工作。3月、5月、7月、9月和11月各组织开展一次集中灭蚊灭蝇灭鼠和消毒周行动。共使用消毒药75吨，消毒面积1300万平方米，使用药物6000公斤，灭害面积655万平方米。持续推动重点场所生猪运输车辆洗消中心建设，重点场所建设10家洗消中心。规范应急处置。组织开展应急培训，完善应急物资储备管理，建立举报核查、监督巡查等制度，规范疫情应急处置。

【动物卫生监督执法】 强化动物检疫监管。严格生猪检疫出证核查，2021年产地检疫生猪26万头、羊8万头、家禽6190万羽，无重大检疫责任事故发生；严格畜禽屠宰检疫，按要求落实官方兽医派驻制度，按程序实施检疫检验，做到所有肉品凭检疫证明和验讫标志上市，2021年屠宰检疫生猪13.05万头、山羊1.7万头、家禽960万羽，无肉品质量安全事故发生。强化对定点屠宰场的病害肉品无害化处理监管，病害动物及动物产品的无害化处理率达到100%。加快动物卫生监督信息建设。2021年核发兽药经营许可证3家，动物诊疗许可证1家，种畜禽生产许可证1家，动物防疫条件合格证15家。开展"动物防疫合格证"和"动物诊疗许可证"单位的年度报告工作，年审持证企业和个人238家，其中养殖场213家、畜禽屠宰场7家、动物诊疗机构17家、病害动物无害化处理场1家。加强证章标识管理，2021年共电子出证动物A证1428份、动物B证17700份、产品A证1946份、产品B证75000份，发放猪标36.4万套，羊标14.2万套。积极开展畜产品质量安全专项整治行动，加大畜禽屠宰环节、肉品经营环节的质量安全监督执法力度，排查治理畜禽屠宰和肉品经营环节存在的突出问题和重大隐患，严肃查处各类违法违规行为。2021年共抽查鸡蛋44份、鸡肉6份、猪肝27份、猪尿27份、猪肉5份、鸽肉1份、鸡肝1份、牛肉1份、乌鸡肉1份、兽药16份、饲料18份。强化畜禽屠宰行业监管。开展对生猪定点屠宰企业的日常监督检查和飞行检查，严格落实畜禽屠宰企业主体责任，规范生产经营行为，杜绝非法经营。开展"非洲猪瘟"检测和"瘦肉精"抽检，督促屠宰企业落实自检制度。做好部分生猪定点屠宰场的标准化建设工作和牛羊禽屠宰企业集中屠宰的管理。每月对畜禽屠宰企业就进场把关、车辆清洗消毒、安全生产等进行暗访，发现问题要求限期整改，形成闭环。强化生猪非法调运的监管。组织开展违法违规调运生猪行为百日巩固行动。从2021年4月1日起根据生猪调运规律，设立启杨高速马塘收费站为我县生猪进出指定道口，在高速公路、国道等交通要道出入口张贴告示，安排落实专人实行24小时值班制度。共检查生猪运输车辆190辆，调运生猪16577头，发现违规调运1辆，跨省调运生猪120头，按《中华人民共和国动物防疫法》立案处罚3000元。2021年9月3日至28日，联合县公安、交通部门对生猪调运实行管控，在县内4个高速路口和3个查报站设立固定检查点，同时在与邻县市交界的镇设立流动检查组，并成立县级流动督查组对检查点的执勤情况进行督查。

（耿金如）

蚕桑（园艺）业

【“如东蘘荷”获国家农产品地理标志登记】 2021年6月，农业农村部给如东县园艺技术推广站颁发“如东蘘荷”农产品地理标志登记证书。如东县地处北亚热带沿海地带，日照充足，雨水丰沛，气候温润；属滨海中南部平原，地势平坦，海拔3～5米，地下水矿化度高，土壤为沙壤和粉砂壤土，耕性优良，通气透水，导热性好，俗称“夜潮土”，非常适合根茎类蔬菜生产。如东通过制定江苏省地方标准—《茗（蘘）荷生产技术规程》（DB — 32 / T1110 — 2007），让蘘荷实现标准化生产。全县现有蘘荷规模种植户1000户，种植总面积16500亩，年产量保持在10000吨以上。由于如东独特的蘘荷品种、独特的地理条件（夜潮壤土、沿海气候）、独特的栽培方法（冬春用麦稳子、稻糠焐其根部）等生产出具有如东特色的蘘荷，其膳食纤维含量适度、口感好，味道鲜美。

【《人工饲料养蚕实用技术集成创新与应用》项目获南通市首届农业科技一等奖】 2021年5月，由如东县蚕桑指导站主持实施完成的《人工饲料养蚕实用技术集成创新与应用》被南通市农村专业技术协会评为南通市第一届农业科技一等奖。

如东累计实施人工饲料共育小蚕12435张，创造并保持了多项全国人工饲料共育小蚕记录；2013年开始，采用1～4龄人工饲料集中饲育、5龄分户桑叶育，普通农户实现了“一星期养蚕”；将其与物联网蚕室环境控制技术配套，形成“精准高效养蚕技术”，累计实施2371张。并在国内率先成功示范推广全龄人工饲料养蚕409.7张，生产蚕茧11 194.35公斤。

十年来，在《农民日报》、《新华日报》、中央电视台、江苏电视台、中央人民广播电台、江苏广播电台等国家、省市媒体宣传近百次；在全国农技推广网、江苏农业网等新媒体发布信息300多条次，引起社会广泛关注。有数十批来自浙江、广西、四川、云南、山东、广东、海南、陕西、河南、黑龙江、吉林、辽宁、上海、新疆以及江苏省各蚕桑生产主产市县的专家、农民、新型主体，组织或自发来参观学习。

【如东县园艺技术推广站被省农业技术推广总站和省甘蓝类蔬菜产业技术创新战略联盟评为甘蓝类蔬菜产业技术创新工作先进集体】 2021年全县甘蓝类蔬菜种植面积5.1万亩，县园艺技术推广站引进西兰花新品种10多个以及结球甘蓝、绿宝石宝塔菜等新品种进行示范种植，举办技术培训班8个，培训850人次。举办新品种观摩5次，在连片种植西兰花500亩以上的主体示范肥水一体化技术。9月3日，南通市在如东县召开绿色蔬菜产业发展推进会，9月18日，省农业技术推广总站和省农机具开发应用中心在如东试点开展蔬菜机械田间应用效果评价，南通市如东县召开蔬菜机械田间移栽现场观摩会。

【如东县蚕桑指导站被省蚕种所评为全省蚕桑工作先进单位】 2021年如东加工生产家蚕人工饲料25吨、实施人工饲料共育小蚕259张、示范全龄人工饲料养蚕109张，产茧2193.85公斤。通过开展低成本人工饲料配方、鲜桑叶打浆配制饲料等技术创新，在家蚕人工饲料成本不断降低，人工饲料养蚕成绩不断提高，为人工饲料养蚕技术产业化推广奠定了坚实基础。

（韩益飞）

现代农业

【概况】 全县围绕乡村振兴战略，以乡村产业高质量发展为目标，立足“产业结构优、质量效益高、经营主体强、技术装备精、路径模式新”，完善产业链、提升价值链、紧密利益链，推进产业融合、城乡融合，加快构建现代乡村产业体系，促进农业提质增效、农民就业创业、农村宜业宜居。全年培育3家市级龙头企业、7家县级龙头企业。全县千万元以上重大农业项目30个，当年投资25.7亿元。大豫镇甘蓝类蔬菜获批农业农村部2021年产业强镇项目，争取部级扶持资金1000万元，全市唯一。全年农、林、牧、渔专业及辅助性活动增加值增速位列南通市第一，农林牧渔业增加值增速位列南通市第二。如东县现代农业产业示范园（曹埠）顺利通过省级验收。如东狼山鸡星创天地获评农业农村部农村创业创新孵化实训基地。

【一二三产融合】 以制定《县政府关于促进乡村产业振兴推动农村一、二、三产业深度融合发展的意见》为契机，通过以重大项目为抓手，突出加工能力提升，完善产业链、提升价值链，有效推进了三产紧密融合程度。全年实现千万元以上重大农业项目30个，当年投资25.7亿元。省级农产品加工集中区2家，其中如泰农产品加工集中区已建2110亩，入驻企业17家，其中省级重点农业龙头企业6家，市、县级农业龙头企业5家，如东经济开发区农产品加工集中区已建近900亩，总投入18.75亿元，入驻企业18家，其中省级重点农业龙头企业1家。2021年，全县积极向省申报农产品冷藏保鲜设施项目，绩效目标为建设冷库11座，8家主体17个冷库已建成。如东县现代农业产业示范园通过三年的建设，已顺利通过验收。同时，全县农林牧渔业增加值增速位列南通市第二，农、林、牧、渔专业及辅助性活动增加值增速位列南通市第一。

【乡村特色产业培育】 积极实施农产品品牌战略，2021年成立如东区域公用品牌“如意东方”，如东狼山鸡入选农业农村部农业品牌目录，南通北渔人和水产有限公司生产的“仙缘”牌黄泥螺和醉蛏鼻连续入选省农业品牌目录江苏省农产品品牌。大豫镇甘蓝类蔬菜成功获批农业农村部2021年产业强镇项目，争取部级扶持资金1000万元，全市唯一。

【新型农业经营主体建设】积极培育新型经营主体,努力提升新型经营主体质量,淘汰劣质主体,发展优质主体,实现优胜劣汰。2021年省级农民合作社示范社监测合格29家,市级农民合作社示范社监测合格56家,新增市级农民合作社示范社7家;新增省级示范家庭农场8家,新增市级示范家庭农场10家,开展农民合作社专项清理工作,注销"空壳社"123家。全年新增3家市级龙头企业和7家县级龙头企业,淘汰28家龙头企业。2021年省级以上龙头企业每季度销售收入较同期保持正增长,全年累计销售收入45.9311亿元,同比增加14.9%。

【数字农业建设】推广"物联网",以技术助推智能农业发展。如东县2021年新(扩)建10家农业物联网技术点。2021年底,全县已有农业物联网应用企业近百家。全县农业信息化覆盖率已达80%以上。在对接江苏省农业物联网管理服务平台上,新增了物联网主体73家。另外,全县农产品电商销售总额11亿元,其中线上交易额8944万元,线下交易额10.2亿元。较往年增长15%。

(黄新泉)

农业机械化

【概况】2021年,如东农机化工作继续保持快速发展良好态势。全县农机总动力98.18万千瓦,拥有大中型拖拉机3777台、联合收割机3672台、插秧机4321台,主要农作物耕种收综合机械化水平92.84%。全县从事农机化作业服务组织170个,从业人员3643人,其中拥有农机原值50万元(含50万元)以上的服务组织75个;拥有农机原值100万元(含100万元)以上服务组织12个。全县农机户16317个;农机维修厂及维修点40个;农机经销企业11家,经销点75个。全年农机服务收入17.71亿元,其中农机作业服务收入15.08亿元、跨区作业收入0.45亿元、农机运输收入0.65亿元、维修服务收入0.48亿元、其他收入0.68亿元。

【秸秆综合利用】按照"以秸秆机械化还田为主,其他多种利用形式为辅"的"1+X"模式,大力实施以肥料化、能源化、原料化、饲料化和基料化的"五化"综合利用工程,形成集"收、储、运、用"为一体的秸秆综合利用体系,全年实施秸秆机械化还田面积130万亩,其中秸秆犁耕深翻还田3万亩,秸秆全量离田面积7.6万亩,收购秸秆达5万吨,秸秆综合利用率达97.12%。全年巩固发展年收购500吨以上的秸秆收购站点,培育年消纳5000吨以上的秸秆"五化"利用主体,支持和培育规模主体开展多形式利用主体,全县秸秆利用量200吨以上市场主体达到50家,秸秆收购站点达到34家。

【农机购置补贴】严格按照《2021—2023年全省农机购置补贴实施办法》的要求,制订全县具体实施办法,广泛宣传,帮助农民了解补贴政策和购机流程。加强督查审核、严格公示制度、严格操作程序、严格信息录入和报送制度,加强档案管理,在规定时间内,按照要求进行核查、结报。对重点机具开展专项检查,确保补贴机具的产品名称、产地、生产企业、产品配置、机具编号与购机确认表相符。全年补贴农机具1472台(套),其中插秧机175台,收割机81台,大中型拖拉机137台,秸秆粉碎还田机、旋耕机102台,烘干机20台,其他机具957台(套),惠及农户504户,累计使用中央、省级补贴资金1461.04万元,带动农户投资农机具约5245万元。

【特色农业机械化】通过省农机两大工程项目的实施、设施农业机械化示范基地的建设,全县设施农业机械化水平有所突破。畜牧饲料加工机械2882台,其中,饲料粉碎机2120台;饲养机械315台;畜禽粪污处理机械7台;畜产品采集加工机械50台;水产养殖机械15966台,其中,增氧机15879台,投饵机1827台;2021年全县特色农业机械化综合水平达到60.24%。

【"无人化"智能农机农场试验任务】《如东县探索建设"无人化"新型合作农场模式省级试验任务实施方案》经过省级专家评审,可行性、适用性得到肯定,计划总投资500万元,其中利用省级资金300万元,自筹资金200万元。任务计划引进粮食生产全过程"无人化"机械进行生产作业,引进智能化农机管控系统、作物生长监管系统等智慧农业数字化体系建设,创建农机农艺融合中心建设等。

【农机培训】重点开展农机驾驶员、秸秆机械化还田技术及农机行业职业技能获证奖补培训。针对学员基础不同,采取集中管理,分类教学,注重培训效率的方法,全年共培训拖拉机、收割机驾驶员445人;举办秸秆机械化还田培训班36期,培训学员3463人次;举办农机职业技能培训班4期,累计培训学员261人,并全部通过农机职业技能培训考评。

【农机"三夏""三秋"优质服务】研究制定全县工作方案,农忙前组织各镇区农

2021年,全程机械化作业助力秋收"加速度"

机管理人员，对辖区内作业机具登门入户进行检修、调试；农忙期间加强对农机作业安全的监管、作业质量的技术指导、跨区作业机具的引导，合理调配机具。全县农忙期间检修调试各类机具2万多台（套），投入作业的机耕机播大中型拖拉机配套机具7500多台（套）、联合收割机3000多台，机收率达到99.8%。免费发放跨区作业证497张，引进联合收割机100多台次，组织外出作业机具1000台次，实现跨区作业收入0.45亿元。

【农机安全监管】开展农业机械安全生产专项整治活动、安全春风宣传活动。全年共检查182次，查处违法违规161人次，罚款金额6000元。全县共查出问题隐患数155个，整改到位155个，整改率达到100%。建立健全农机安全生产监管体系；大力推进变型拖拉机专项整治；加强隐患排查，建立农机经营服务单位台账、农业机械和驾驶操作人员台账、农机安全生产隐患清单、整改清单；注重源头管理，提高拖拉机、联合收割机"三率"水平；宣传农机报废更新补贴和农机政策性保险，增强农民风险意识，提高参保积极性；加强项目和惠民政策管理，确保农机本质安全落实到位。巩固"平安农机示范县"创建成果，全年共发放宣传资料10000多份，签订"安全生产责任书"4578份；检验上道路拖拉机2443台，联合收割机年检1196台；检验滩涂作业拖拉机939辆，各沿海镇滩涂作业拖拉机年检率均达100%；新增各类拖拉机驾驶员432人；未发生较大以上农机安全生产事故。

（符小军）

高标准农田建设

【概况】2021年，如东县完成了2020年度高标准农田建设项目共13个，建设任务10.36万亩，项目涉及12个镇（街道）17个村居，项目总投资3.7235亿元，其中，中央财政资金1.0272亿元，省级财政资金0.6843亿元，县级财政配套资金0.171亿元，县级新增投资项目资金1.841亿元。2020年度高标准农田建设项目共新建、拆建电灌站35座；新建防渗渠道58.17公里、暗渠257.84公里；新建渡槽14座、涵闸14座、涵洞130座、机耕桥17座；新筑机耕路287.36公里；新建生态排水沟10.84公里；新建河道护坡20.6公里；新栽防护林17284株。项目于2021年7月下旬完成县级验收，2021年8月上旬通过市级验收。

长沙镇四桥村高标准农田

【高标准农田建设】2021年度上级下达如东高标准农田建设项目共计12万亩，其中高效节水灌溉1万亩，共15个项目区，项目涉及10个镇（街道）、23个村，项目总投资4.275亿元，其中上级财政资金投资2.175亿元；计划新建、拆建泵站46座、防渗渠道3.6公里、暗渠310.59公里、渡槽20座、水闸20座、机耕桥15座、涵洞143座、机耕路232.95公里、生态排水沟10.84公里、生态河道木桩护坡29.9公里。通过项目建设，达到"灌排设施配套、土地平整肥沃、田间道路通畅、农田林网健全、生产方式先进、产出效益较高"的建设标准，为农业农村经济发展做出积极贡献。

（缪 军）

现代渔业

【概况】如东县是江苏省渔业大县，渔业在全县农业和农村经济发展中具有重要的地位和作用。2021年全县实现水产品总产量31.7万吨，渔业经济总产值181亿元。全县渔业从业人员近万人，渔民人均年收入10万余元。

【渔业资源】如东县位于黄海南部，沿海是全国著名的吕泗渔场。全县海岸线长88公里，连陆滩涂面积6万公顷，内陆水面积5311公顷。如东县沿海处于黄海暖流、长江径流和苏北沿岸流等不同水系交汇处，渔业生物资源与空间资源丰富，仅海洋鱼类就有150种左右，淡水鱼类50种左右，以及其他海洋贝类、虾蟹类等众多品种。鱼类中以大小黄鱼、银鲳、灰鲳、带鱼、马鲛鱼、鳓鱼、鮸鱼等最为重要，虾蟹类的重要品种有葛氏长臂虾（红虾）、哈氏仿对虾（金钩虾）、脊尾白虾、日本对虾、三疣梭子蟹、锯缘青蟹、蟛蜞等，贝类以文蛤最为有名，传说被乾隆皇帝誉为"天下第一鲜"，其他重要品种还有大竹蛏、西施舌、四角蛤、泥螺、杂色蛤等，藻类有条斑紫菜、坛紫菜。此外还有海蜇、乌贼、沙蚕等重要经济品种。

【绿色发展】全县狠抓渔业转型升级，促进渔业转型升级，实现渔业高质量绿色发展。加大资源与生态修复的力度，全县共增殖放流水生生物苗种4175万单位，放流金额1315万元。根据国家浒苔防控要求，全县于5月8日全面结束紫菜生产，比常年提前30余天。

【海洋捕捞】全县海洋拥有海洋捕捞渔船387艘,比上年减少43艘。海洋捕捞产量3.72万吨,比上年减少0.12万吨,减少了3.06%。所有转产的渔民都得到了妥善的安置,海洋捕捞"双控双减"目标实现。

【水产养殖】全县水产养殖面积5.38万公顷,其中海水养殖面积48511公顷,淡水养殖面积5311公顷。水产养殖产量28万吨,其中海水养殖产量22.2万吨,淡水养殖产量5.8万吨,分别比上年增加2.56%、3.31%和3.56%。其中,紫菜养殖面积0.7万公顷,全年共生产条斑紫菜干紫菜21万箱,产值约3.2亿元;南美白对虾(凡纳滨对虾)养殖面积7.8万亩,其中温室小棚面积4.6万亩,土池面积3.2亩,工厂化养殖22万平方米。南美白对虾年产量6万吨,年产值32亿元,利润10亿元。全县从事南美白对虾育苗、养殖、加工、营销和饲料等投入品销售、技术服务的人数超过1.2万人,形成了高度完善的南美白对虾产业链。产品畅销北京、上海、成都、青岛等国内大中城市;文蛤等贝类养殖面积3.76万公顷,养殖产量15.16万吨。其中文蛤是如东传统主导产品,养殖面积1.1万公顷,产量1.2万吨,占全国总产量的40%左右。如东文蛤作为地理标志保护产品,以优异的品质受到国内外市场的欢迎,尤其是在日本、韩国、美国等市场享有很高的声誉。

【水产品加工和市场】全县水产品加工量4.6万吨。其中以条斑紫菜加工最为发达。全县有紫菜一次加工企业114家,加工机械171台(套),加工条斑紫菜干紫菜21万箱,计8.82亿张。如东天一紫菜交易市场共举办干紫菜交易会6期,进场干紫菜19.89万箱,进场量占上年同期的89%;372家次卖方会员成功交易,成交量14.9408万箱,占上年同期的94.4%;成交总额2.4701亿元,占上年同期的96.2%;每百张平均39.36元,比上年同期上升0.75元;2021年每百张最高价52.6元,最低价10元。

南通昌华水产品有限公司主要以贝类深加工外销为主,全年加工文蛤1000吨、杂色蛤240吨、杂色蛤肉600吨、蚬子300吨,产值6000余万元。南通北渔人和水产有限公司"仙缘"产品有鲜活类、醉制类、盐渍类、冻制类、干制类、休闲类、即食类、地方特色、节日礼包等十大系列几百多个品种的水产品,产品已成功进驻沃尔玛、大润发、麦德龙、易初莲花、文峰千家惠、欧尚、苏果等国际大型连锁超市,深受江苏、浙江、上海一带市场的青睐,其寿司紫菜产品远销西班牙等国家和地区。

【水产品质量安全】全县制定了水产质量安全监管方案,强化水产品质量安全管理,不断完善水产质量安全追溯体系。认真配合开展部、省、市水产品质量监督抽检工作,配合东海所、省检测中心对贝类划型区抽检文蛤样品32个,省水产品例行抽样29个,海洋捕捞产品抽样26个。全年共对水产养殖投入品专项检查109家企业(户),出动执法人员134人次。样品抽检合格率100%。积极开展水产品质量安全宣传和培训,全县共印制宣传资料10000余份,培训2000人次。如东条斑紫菜申报国家农产品地理标志通过了省级初审,发布了如东文蛤团体标准。全县未发生水产品质量安全事故。

【渔业安全生产】持续开展海洋渔业安全生产专项整治三年行动,培训滩涂从业人员54期4450人,渔船船长船东船员40期,3940人。减船转产拆解养殖渔船77艘,落实惠渔资金3300万元。开展渔业执法行动304次,检查渔船903艘,行政处罚80起,罚没65.035万元,查获涉渔"三无"船舶85艘(其中敞口舢板27艘,浮子筏45艘,"三无"船舶13艘),违反伏季休渔案件6起,28人移交司法机关"两法衔接"处理。播发气象预报150余次,发送安全提示信息30余次,接收遇险报警求救信号13次,救助各类人员6人次,两艘渔业专业救助船执行救援以及维护安全生产任务共32次,挽回经济损失约300万元。发生渔船船员事故1起,死亡1人,事故起数和死亡人数与同比下降50%,达到"双下降"整治目标。

(杨士杰)

工业

综述

【概况】2021年,如东县工业经济持续保持了稳中有进的良好态势,规模以上工业增加值同比增长10.9%,实现规模工业产值1640.36亿元,同比增长18.94%,全部工业应税销售1721.49亿元,同比增长7.24%,工业入库税金53.56亿元,与同期基本持平,规模工业应税销售1499.46亿元,同比增长23.32%。新培育规模以上工业企业140家。新培育工业应税销售50亿级企业3家、10亿级企业4家。50强企业应税销售占全县工业总量的51.41%、入库税金占全县工业总量的62.45%。11个行业中,电力能源、电子信息、机械、服装、建材等行业增速均超过了20%。战略性新兴产业产值占比达到32.38%。

(牛 宇)

【工业投入】2021年,工业投入稳步增长,全县完成工业投资351.51亿元。南通市统计局确认如东县工业投资增幅13.8%。重大项目顺利推进。市确认如东县10亿元以上新开工工业项目18个(其中20亿元以上高端化制造业项目2个,为嘉通能源二期和嘉通能源三期),计划总投资330.9亿元,累计完成投资113亿元,12个项目确认竣工。

(严俊蕾)

【工业运行】2021年,如东县共有一般纳税人以上工业企业5600家,其中规模以上工业企业782家,实现规模工业总产值1640.36亿元,同比增长18.94%,规模以上工业应税销售1499.46亿元,同比增长23.32%,规模工业增加值同比增长10.9%;全部工业企业实现应税销售1721.49亿元,同比增长7.24%;实现工业入库税金54.47亿元,下降0.57%。实现全部工业用电54.98亿千瓦时,同比增长10.74%,总量全市排名第二位,增幅在全市列第六位;全年共培育规模企业140家。全县应税销售亿元企业总量达266家,其中5亿元以上企业55家、10亿元以上企业20家、15亿元以上企业12家。50强工业企业实现应税销售885.27亿元、入库税金34.02亿元,分别占全县的51.41%、62.45%。

(张 琪)

2021年如东县10亿元以上工业项目新开工一览表

表17

序号	项目名称	建设单位	建设规模及内容	计划总投资(万元)	镇区
1	功能性新材料项目	如东县宏泰建设有限责任公司	新建生产用房及附属设施约51000平方米,引进涂布机、环化机、压合机、分条机等进口设备80台(套),购置卷对卷涂布线、分切线、贴合线等国产设备100台套。项目建成投产后,预计可形成年产光学膜及电子功能材料150万平方米、新能源(锂电、氢燃料电池)功能膜材料80万平方米、医用检测及辅料胶带70万平方米的生产能力	101500	掘港街道
2	航空电子连接器零配件研发及产业化生产项目	如东双逸实业有限公司	项目占地约73亩,建设厂房及辅助设施约51000平方米,购置Hass VF－2SS加工中心、Hass DT－10Y车铣复合中心、走心机以及环保设施等主要生产设备。项目建成达产后,可实现年产航空连接器零部件3.5亿件的生产能力	100050	开发区
3	和风H4风电三期项目	如东和风海上风力发电有限公司	项目装机容量300兆瓦。三期装机容量140兆瓦	295000	开发区
4	海翔H7风电三期项目	如东海翔海上风力发电有限公司	项目装机容量400兆瓦。三期装机容量70兆瓦	416000	开发区
5	新型高性能电子铜箔研发及产业化项目(设备类)	江东电子材料有限公司	对原有产线进行水电气适应性及车间改造,新购置铜箔表面处理机、阴极辊、表处理精密过滤器、电渗析装置、负压蒸发装置、检测设备等主要自动化、智能化生产设备。项目建成达产后,可新增年产15000吨新型高性能电子铜箔的生产能力	100000	开发区
6	5G通信高速光模组装配项目(设备类)	江苏中科威集成电路有限公司	租赁厂房,新购置全自动贴片、打线、自动耦合台示波器、光谱仪测试以及配套设备约517台(套),建立装配及测试平台线2条。项目建成达产后后,预计可形成年100G/400G/800G等领域高端光模块约228万件的生产规模	100820	开发区

续表17

序号	项目名称	建设单位	建设规模及内容	计划总投（单位:万元）	镇区
7	6万吨/年环保新材料、5万套/年风电配套设备建设项目	南通如东万洋众创城科技有限公司	新建多层标准厂房、H型多层厂房、综合楼及配套设施，采购新材料、电子及风电配套相关产业设备，项目建成后可形成超6万吨/年环保新材料、5万套/年风电配套设备的生产规模	100323	沿海
8	APP如东基地年产10.7亿片高端卫生用品项目	金红叶纸业（南通）有限公司	在现有厂区内，新建生产用房、附属用房及其配套设施，总建筑面积100141.86平方米，新建240毫米生巾生产线，290毫米卫巾生产线，420/350毫米卫巾生产线各1条，配套购置相关设备	100075	洋口港
9	嘉通能源聚酯一体化项目	江苏嘉通能源有限公司	年产250万吨PTA项目	500000	洋口港
10	嘉通能源三期项目	江苏嘉通能源有限公司	总建筑面积15万平方米，新建4套30万吨/年聚酯生产装置	300000	洋口港
11	热电联产扩建项目	南通佳兴热电有限公司	占地约122亩，新建6台270吨/小时和1台120吨/小时高温超高压循环流化床锅炉，配套建设2台B10MW－13.2/1.0背压机和2台CB30MW级－13.2/4.0(20t/h)/1.0抽背式汽轮机	102976	洋口港
12	年产20万吨胶乳、0.18万吨粉末橡胶、1.5万吨密封胶、2万吨高分子合成板材项目	永丞汉邦新材料股份有限公司	用地约164亩，年产20万吨胶乳、1800吨粉末橡胶、1.5万吨密封胶、2万吨高分子合成板材	104894	洋口港
13	专用材料生产扩建项目	同方新材料科技（南通）有限公司	用地约154亩，年产电子绝缘胶注料2400吨、汽车电子胶3600吨、清洗剂5000吨、精密电子助焊剂15000吨、热固性绝缘涂敷材料17000吨、Ⅳ绝缘涂敷材料1000吨、浸渍涂敷材料5000吨、锡粉2400吨、锡线条4200吨、锡焊膏2400吨、助焊膏等产品300吨	108800	洋口港
14	热电联产项目	金光能源（南通）有限公司	用地约289亩，新建1台75吨/时燃气锅炉，2台150吨/时高温超高压循环流化床燃煤锅炉，1台300吨/时高温超高压循环流化床燃煤锅炉	101590	洋口港
15	新能海力风电二期项目	江苏新能海力海上风力发电有限公司	项目装机规模70兆瓦	100000	洋口港
16	苏交控三期（设备类）	苏交控如东海上风电有限公司	项目装机容量300MW。三期装机容量60兆瓦	100000	洋口港
17	协鑫风电二期（设备类）	如东协鑫海上发电有限公司	项目装机容量200MW。二期装机容量70兆瓦	100000	洋口港
18	中广核H8#风电三期项目（设备类）	中广核新能源南通有限公司	项目位于如东近海海域，总装机容量140兆瓦	277000	洋口港

技术创新

【科技成果奖励】2021年,如东获省科学技术奖2项,其中,二等奖1项,三等奖1项。

【高新技术企业】2021年,如东共新认定58家高新技术企业,全县高新技术企业数达到185家。

2021年如东县获省科学技术奖情况一览表

表18

序号	项目名称	承担单位	奖项类别
1	耐切割、抗蠕变、原液着色UHMWPE纤维关键技术及创新应用	江苏锵尼玛新材料股份有限公司 江苏工程职业技术学院 南通大学 汇鸿(南通)安全用品有限公司 赛立特(南通)安全用品有限公司	省科学技术二等奖
2	面向新一代移动通信的多谐宽带天线系统及应用	南京邮电大学 中天通信技术有限公司 中天宽带技术有限公司	省科学技术三等奖

产业链培育

【概况】2021年2月,如东县在全市率先制定《关于建立县领导挂钩联系优势产业链"链长制"的通知》,围绕重点发展的六大产业,选择了生命健康、半导体、风电装备制造、新型植保、安全防护、化纤新材料、智能通信及电网装备、LNG、食品等9条产业链细分领域进行推进,分别由县商务局、科技局、发改委、农业农村局、应急管理局、行政审批局、自然资源和规划局、住建局、市场监管局等9个部门挂钩,明确了9条产业链的链长、副链长、挂钩部门、重点区镇以及相关工作要求。成立了县"链长制"工作领导小组,下设"链长办"(设在发改委)。2021年9月对县"链长制"工作领导小组成员进行了调整,同时将"风电装备制造产业链"更名为"新能源产业链"(含光伏产业),增加了"氢能源产业链"作为重点培育产业链,逐步形成了"9+N"产业格局。

(严俊蕾)

【生命健康产业】2021年,如东县将掘港街道(如东高新区)生命健康产业、洋口化学工业园西区医药原料药产业、新店镇健身器材产业三个板块共同纳入生命健康产业体系。作为新兴主导产业之一,从载体平台、产业基金、政策杠杆、人才招引、集成服务等多维度着手,构建全链条式发展生态。

掘港街道(如东高新区)生命健康产业园重点培育和发展生物医药、医疗器械、健康服务等生命健康产业,已有中美瑞康、宏微特斯、九诺医疗、东抗生物等40多家高新技术企业入驻园区,2021年成功签约落户项目12个,另有7家企业新入驻生命健康产业园和上海张江投孵基地。洋口化学工业园西区原料药规模化生产已初步成型,药物研发、中试及制剂全产业链基本形成,已有海正药业、常佑药业、精华制药、森宣药业等优质医药原料药生产企业落户园区,其中4家药企通过国家GMP认证。新店镇现有健身器材及配套企业160多家,2021年新开工健身器材亿元项目2个,应税销售超亿元企业10家,年销售收入突破30亿元,实现利税1.5亿元,外贸出口交货量位居华东地区行业之首。

【半导体产业】半导体产业是如东县新兴产业,以"做好长三角地区半导体产业支撑和配套"作为产业发展的初步定位,主要分布在掘港街道(高新区)、经济开发区和洋口镇(沿海区),涉及半导体设备、材料、封装测试、光电子器件、电子化学品等领域。

2021年全县半导体企业共45家(其中当年新增半导体注册企业19家),其中,骨干企业3家,产业链骨干培育企业14家。全年销售收入20.7亿元(其中,电子化学品企业销售收入为8亿元),比2020年增加115.6%。

2021年开展"服务企业推进月"专项活动,举办如东县泛半导体产业创业大赛。组织诺德新材料、大唐恩智浦等企业参加"2021南通·电子科技大学产学研合作对接洽谈""2021南通·上海交通大学产学研合作洽谈线上对接"等活动。组织强链专班工作人员、县内半导体企业技术管理人员参加南通科创项目招引、南通市沿江科创带建设等培训活动。会商《半导体产业发展规划》,邀请江苏省高新技术创业服务中心、江苏省电子学会专家团队实地指导半导体产业发展。

2021年如东新认定高新技术企业一览表

表19

序号	企业名称	所属镇区	序号	企业名称	所属镇区
1	南通众辰模具有限公司	曹埠镇	6	南通鑫炜信息技术有限公司	城中
2	上海中华药业南通有限公司	岔河镇	7	江苏海灵重工设备科技有限公司	大豫镇
3	南通华严磨片有限公司	岔河镇	8	江东金具设备有限公司	河口镇
4	南通天龙体育用品有限公司	岔河镇	9	中天电力光缆有限公司	河口镇
5	南通瑶华纤维有限公司	岔河镇	10	中天宽带技术有限公司	河口镇

续表19

序号	企业名称	所属镇区	序号	企业名称	所属镇区
11	南通市鸿鑫纤维有限公司	河口镇	35	江苏润弘机械科技有限公司	新店镇
12	江苏爱朋医疗科技股份有限公司	掘港街道	36	江苏通润环境科技有限公司	新店镇
13	江苏宏微特斯医药科技有限公司	掘港街道	37	南通豪鑫运动用品有限公司	新店镇
14	江苏科净炭纤维有限公司	掘港街道	38	南通鑫鑫体育运动用品有限公司	新店镇
15	江苏御传新能源科技有限公司	掘港街道	39	江苏百海环保科技集团有限公司	沿海
16	南通林赛尔机械有限公司	掘港街道	40	江苏长青农化南通有限公司	沿海
17	南通斯派特激光科技有限公司	掘港街道	41	江苏新农化工有限公司	沿海
18	赛立特(南通)安全用品有限公司	掘港街道	42	江苏优普生物化学科技股份有限公司	沿海
19	江苏刚正薄板科技有限公司	掘港街道	43	精华制药集团南通有限公司	沿海
20	敬善生物科技江苏有限公司	掘港街道	44	南通利奥化工科技有限公司	沿海
21	南通乾瀚环境工程有限公司	掘港街道	45	南通立洋化学有限公司	沿海
22	南通苏驰建设工程有限公司	掘港街道	46	南通泰禾化工股份有限公司	沿海
23	江苏兴国气体有限公司	掘港街道	47	南通沃兰化工有限公司	沿海
24	恒劢安全防护用品(南通)有限公司	开发区	48	南通雅本化学有限公司	沿海
25	重通成飞风电设备江苏有限公司	开发区	49	南通紫琅生物医药科技有限公司	沿海
26	江苏海力风电设备科技股份有限公司	开发区	50	如东金康泰化学有限公司	沿海
27	江苏名厨商用厨具制造有限公司	开发区	51	如东众意化工有限公司	沿海
28	江苏锵尼玛新材料股份有限公司	开发区	52	佳尔科生物科技南通有限公司	沿海
29	南通强生石墨烯科技有限公司	开发区	53	迈克斯(如东)化工有限公司	沿海
30	三一帕尔菲格特种车辆装备有限公司	开发区	54	南通市隆润化工有限公司	沿海
31	南通大力化工设备有限公司	马塘镇	55	如东振丰奕洋化工有限公司	沿海
32	恒悦(江苏)食品机械科技有限公司	马塘镇	56	江苏海力海上风电装备制造有限公司	沿海
33	南通万邦采涂料有限公司	马塘镇	57	万博新材料科技(南通)有限公司	洋口港
34	如东双马针业有限公司	外农	58	中天海洋系统有限公司	洋口港

(杨慧敏)

泛半导体产业园

【新能源产业】 2021年，如东县积极落实国家发展战略性新兴产业政策，新能源产业链专班多次赴外地考察调研，广泛听取专家建议，委托权威机构推进全县新能源产业规划编制工作，形成了以风力发电、风电装备制造为主，包括太阳能发电、生物质发电等在内的多层次、多领域快速协调发展的新能源产业格局。

全年全县新能源发电总装机规模突破600万千瓦，风电新增容量占全省新增1/2，占全国新增1/4。亚洲首座海上风电换流站成功安装，中船海装首台国产化海上风电机组下线，全国首个深远海SOV运维母船启动打造。当年新能源发电项目年上网电量达到73.54亿千瓦时，占全县全社会用电总量的97.92%，县域新能源发电占比一直处于全省领先地位。同时，全县以风电为主导的新能源产业实现年应税销售684.6亿元、同比增长60.82%，实现纳税13.8亿元、同比增长25.9%。

全国首座海上风电柔性直流送出项目——江苏如东海上风电场柔性直流输电工程海上换流站。

(高　婧)

【新型植保产业】 新型植保产业是如东县优势产业链之一，对推进如东经济发展具有极为重要的意义。主要分布在洋口镇(沿海经济开发区)，主要产品为农药原药、农药中间体及农药制剂，包括杀虫剂、杀菌剂、除草剂和植物生产调节剂，产品门类比较齐全。

2021年全县新型植保企业共23家，其中产业链骨干企业19家，产业链培育企业4家。2021年应税销售收入163.41

亿元,其中骨干企业销售收入为160.85亿元,培育企业销售收入2.56亿元。

2021年4月,园区召开了新型植保产业链调研座谈会,就推动产业集聚、优化产业布局、提升发展层次,明思路、定方向。5月,园区召开新型植保产业链推进会,深入优嘉植保、南通泰禾等企业现场调研,听取优嘉植保、南通泰禾、长青农化和巴斯夫等企业情况介绍,进一步推进新型植保产业链工作。组织新型植保产业链企业参加"2021浙江大学·南通产学研对接洽谈会"、大连地区高校产学研合作对接等活动,新型植保产业链企业与高校院所共签订27项产学研合作项目。在产学研合作的基础上,引进高校专家担任企业"科技副总",助力企业科技创新,先后3次邀请省技术专家、财务专家对新农化工、长青农化8家企业拟申报高新技术企业的申报材料进行指导审核并将8家植保企业全部推荐上报。

(王欢)

【安全防护产业】2021年,全县共有安防企业343家,全年销售收入52.39亿元,其中销售超亿元的企业16家。安防产业链组建专业服务团队,形成了"产业链长牵头研究、责任部门合力共为、帮扶单位协同推进"的长效工作机制。先后5次组织召开安防产业链推进工作座谈会。组织安防产业链团队参加全国安防行业展会,赛立特安全与法国WEP集团携手召开新闻发布会,曹埠镇召开长三角(如东)安防产业交易物流中心产业、概念规划评审会,上海劳动保护用品行业协会到如东开展行业交流活动。县委、县政府与上海劳动保护用品行业协会签订《共建全球知名安防产业基地战略合作协议》,建立长期战略合作关系;邀请中国纺织品商业协会、中国安防协会主要负责人到如东开展实地调研。深化服务引导。通过技术改造、转型升级等方式,引导全县安防产业主动适应激烈的市场竞争。其中,赛立特不断加大科技研发投入,公司研发中心成为省级工程技术中心、省级企业技术中心。

2021年4月14日,县委宣传部部长

9月6日,总投资30亿元氢能产业项目签约

蔡东代表县政府与上海安防协会秘书长朱文斌签订了共建全球知名安防产业基地战略合作协议。

(徐 峰)

【化纤新材料产业】2021年全县将油—丝—布—面料—最终产品的全过程链条形成化纤新材料产业链,共有规模以上企业约260家,以嘉通能源、九九久科技、威名石化、锵尼玛、海盛纤维、东润新材料等在内的9家骨干企业为代表,其余企业以服装、纺织、手套行业为主。2021年,9家骨干企业年销售收入达46亿元,实现利税3亿元。

洋口港纤维新材料产业园总规划用地6285亩,秉承"高端、智能、创新、绿色"的发展理念,重点打造从聚纺端开始向下游延伸的织、染、印、成品、研发、物流的完整纤维产业链条;台中化新材料产业基地项目、桐昆聚酯一体化项目等百亿级的重大产业项目已经落户;威名石化公司已建成年产15万吨环己酮一期、10万吨尼龙6项目;中国化纤产业领军企业桐昆集团的嘉通能源公司在如东总投资450亿元、总用地面积6000亩的涤纶全产业链项目分三期进行。2021年一期石化聚酯一体化项目已部分开始投产,项目全面投产后项目建成后将实从"一滴油"到"一根丝"再到"一匹布"的全产业链布局,为全力打通产业链上下游关系奠定坚实基础,将有力推动如东化纤新材料产业往下游延伸,形成特色产业集群。

【智能通信及电网装备产业】智能通信及电网装备产业链以如东经济开发区、河口镇智能通信及电网装备产业为基础,以江苏中天科技股份有限公司为链主企业,打造以5G产业为核心、与人工智能高度融合的整体产业链,全力推动产业链高质量发展。

2021年如东县规模以上智能通信及电网装备产业链企业共18家,实现应税销售242.2亿元,同比增幅23%。如东经济开发区智能通信和电网装备产业,围绕中天发展的核心优势,加速向产业链上下游相关方向延展,形成通信及电网装备全产业链集群。现有智能通信及电网装备产业相关企业20多家,规模以上企业8家,高新技术企业8家。河口镇智能通信及电网装备产业链以江苏中天科技股份有限公司为主体,2021年持续开展专业化招商活动,招引项目累计总投资达51.6亿元。现有智能通信及电网装备产业相关企业21家,规模以上企业12家,高新技术企业4家。

【LNG产业】2021年四大接收站推进成果显著。9月23日,洋口港第华润星旗LNG接收站正式签约,洋口港规划中的四个接收站全部完成布局。天然气集散通道建设加速。江苏省沿海管道如东段建设快速推进,统筹谋划中石油三期、协鑫及华润3个接收站至阳光岛沿海管道天然气汇流站的管道施工方案;黄海二桥开始桥面铺设;由协鑫汇东LNG接收站主导推进的2个LNG装船泊位已获批。交易中心筹建工作稳步推进。县委、县政府成立了如东县筹建“江苏省(南通)天然气市场(交易)中心”领导工作组,并赴浙江省天然气交易中心、深圳天然气交易中心等地进行了实地考察,形成了调研报告,并结合江苏省实际情况,完成了预可研报告的编制。LNG冷能利用规划有序开展。洋口港委托中设集团、国家能源集团、中科院理化所等单位开展冷能综合利用规划的编制,并与四个接收站形成统一布局、统一实施的一致意见。

3月11日,恒辉安防在深交所创业板成功上市

【食品产业】 2021年全县食品产业资产总额58.52亿元,同比增长12.1%,实现主营业务收入102.08亿元,同比增长11.15%,实现利润3.54亿元,同比增长32.09%。其中38家规模以上食品生产加工企业,实现主营业务收入69.15亿元,实现利润1.77亿元。

全年突出外引内培,优化环境增强招商“吸引力”。突出质量提升,转型升级增强企业“竞争力”。2021年共新设立食品生产企业12家,22家食品生产企业改造升级扩大生产。落实了14家规模食品企业作为全市食品产业扶持的重点单位。推进35家企业落实食品安全总监制度。推动食品小作坊整治提优工程实施方案全面落实,实现了食品小作坊100%建档登记。指导4家小作坊获评省级“名特优”,5家小作坊获评市级“江海名坊”,11家小作坊获评市级示范小作坊。

全年检查食品生产企业429家次、食品小作坊259家次。指导督促249家企业合计528人参加了国家食安员考试,合格率100%。“如东文蛤”“如东条斑紫菜”“如东泥螺”“如东狼山鸡”“如东大米”“栟茶竹蛏”等成功注册为国家地理标志证明商标。其中,“如东狼山鸡”“如东条斑紫菜”“如东泥螺”先后获评国家地理标志保护产品。创新建立了“地理标志+工业互联网标识”管理平台,实现了产品防伪、部门监管与产品溯源的有机结合,从源头上保障食用农产品质量。

(张 骁)

上市融资

【企业上市】 2021年,如东县共有A股上市公司6家,其中上交所上市3家且均为主板上市,深交所上市3家且均为创业板,新三板挂牌企业7家。恒辉安防和海力风电在深交所上市,首发募资占全市当年首发募资额的52%,其中海力风电募集资金32.97亿元,刷新南通A股上市公司IPO募资最高纪录。

【债券融资】 2021年,如东县共发行信用债券20只,发行规模合计128.15亿元。从债券品种来看,私募公司债12只,发行规模合计87.15亿元,占比68.01%;定向工具6只,发行规模合计27亿元,占比21.07%;企业债2只,发行规模合计14亿元,占比10.92%。从发行人主体评级来看,如东县金鑫交通工程建设投资有限公司和如东县东泰社会发展投资有限责任公司主体评级为AA+,其余主体评级均为AA。

2021年如东县上市企业一览表

表20

序号	企业名称	所属镇区
1	江苏中天科技股份有限公司	河口镇
2	江苏亚振家居股份有限公司	曹埠镇
3	江苏如通石油机械股份有限公司	经济开发区
4	江苏爱朋医疗科技股份有限公司	掘港街道
5	江苏恒辉安防股份有限公司	经济开发区
6	江苏海力风电设备科技股份有限公司	经济开发区

2021年如东县工业企业综合排名县50强一览表

表21

企业名称	所属镇(区)	排名
中天科技集团有限公司	河口镇	1
江苏海力风电设备科技有限公司	如东经济开发区	2
中石油江苏液化天然气有限公司	洋口港经济开发区	3
江苏九九久科技有限公司	沿海经济开发区	4
江苏海宝电池科技有限公司	如东经济开发区	5
金太阳粮油股份有限公司	岔河镇	6
南通凯塔化工科技有限公司	沿海经济开发区	7
上海电气风电公司	沿海经济开发区	8
巴斯夫植物保护(江苏)有限公司	沿海经济开发区	9
海正化工南通有限公司	沿海经济开发区	10
江苏海装风电设备有限公司	如东经济开发区	11
如东洋口环保热电有限公司	沿海经济开发区	12
南通雅本化学有限公司	沿海经济开发区	13
江苏优嘉植物保护有限公司	沿海经济开发区	14
江苏海上龙源风力发电有限公司	丰利镇	15
重通成飞风电设备江苏有限公司	如东经济开发区	16
南通辉煌彩色钢板有限公司	掘港街道	17
南通正大有限公司	掘港街道	18
江苏莱科化学有限公司	沿海经济开发区	19
南通万豪建材科技有限公司	大豫镇	20
南通泰禾化工股份有限公司	沿海经济开发区	21

续表21

企业名称	所属镇(区)	排名
如东县丰利机械厂有限公司	丰利镇	22
爱森(如东)化工有限公司	洋口港经济开发区	23
三一帕尔菲格特种车辆装备有限公司	如东经济开发区	24
华能如东八仙角海上风力发电有限责任公司	沿海经济开发区	25
江苏瑞邦农药厂有限公司	沿海经济开发区	26
南通立洋化学有限公司	沿海经济开发区	27
汇鸿(南通)安全用品有限公司	如东经济开发区	28
迈克斯(如东)化工有限公司	沿海经济开发区	29
南通强生轻工集团有限公司	如东经济开发区	30
南通高盟新材料有限公司	沿海经济开发区	31
江苏恒辉安防股份有限公司	如东经济开发区	32
江苏禾本生化有限公司	沿海经济开发区	33
江苏宇迪光学股份有限公司	双甸镇	34
江苏龙源风力发电有限公司	洋口港经济开发区	35
江苏快达农化股份有限公司	沿海经济开发区	36
南通恒盛精细化工有限公司	沿海经济开发区	37
凯爱瑞食品(南通)有限公司	如东经济开发区	38
江苏福瑞达新材料有限公司	洋口港经济开发区	39
南通亿能彩钢板有限公司	如东经济开发区	40
如东县铁链厂有限公司	岔河镇	41
南通科顺建筑新材料有限公司	沿海经济开发区	42
南通常佑药业科技有限公司	沿海经济开发区	43
江苏爱朋医疗科技股份有限公司	掘港街道	44
江苏亚泰化工有限公司	沿海经济开发区	45
南通腾龙化工科技有限公司	沿海经济开发区	45
江苏优普生物化学科技股份有限公司	沿海经济开发区	47
江苏兴盛化工有限公司	沿海经济开发区	48
江苏昌九农科化工有限公司	洋口港经济开发区	49
江苏世纪燎原针织有限公司	掘港街道	50

2021年如东县应税销售收入超2亿元企业一览表

表22

企业名称	街道乡镇	企业名称	街道乡镇
江苏中天科技股份有限公司	河口镇	江苏东泰薄板科技有限公司	如东经济开发区
上海电气风电如东有限公司	沿海经济开发区	南通巴大饲料有限公司	岔河镇
江东合金技术有限公司	如东经济开发区	中天电力光缆有限公司	河口镇
江苏海力风电设备科技股份有限公司	如东经济开发区	江苏禾本生化有限公司	沿海经济开发区
江苏优嘉植物保护有限公司	沿海经济开发区	江苏莱科化学有限公司	沿海经济开发区
江苏海装风电设备有限公司	如东经济开发区	汇鸿(南通)安全用品有限公司	如东经济开发区
中石油江苏液化天然气有限公司	洋口港经济开发区	江苏恒辉安防股份有限公司	如东经济开发区
江苏九九久科技有限公司	沿海经济开发区	江苏三美化工有限公司	沿海经济开发区
南通凯塔化工科技有限公司	沿海经济开发区	如东县丰利机械厂有限公司	丰利镇
金太阳粮油股份有限公司	岔河镇	南通高盟新材料有限公司	沿海经济开发区
江苏刚正薄板科技有限公司	掘港街道	南通立洋化学有限公司	沿海经济开发区
江苏海宝电池科技有限公司	如东经济开发区	江苏中天科技股份有限公司如东分公司	河口镇
巴斯夫植物保护(江苏)有限公司	沿海经济开发区	元泰达新材料江苏有限公司	如东经济开发区
南通江东电科通信有限公司	河口镇	三一帕尔菲格特种车辆装备有限公司	如东经济开发区
南通辉煌彩色钢板有限公司	掘港街道	江苏旺泉新材料科技有限公司	大豫镇
爱森(如东)化工有限公司	洋口港经济开发区	江苏海灵重工设备科技有限公司	大豫镇
中天宽带技术有限公司	河口镇	江苏昌九农科化工有限公司	洋口港经济开发区
南通泰禾化工股份有限公司	沿海经济开发区	九思海上风力发电如东有限公司	洋口港经济开发区
顺毅南通化工有限公司	沿海经济开发区	江东科技有限公司	如东经济开发区
江苏瑞邦农化股份有限公司	沿海经济开发区	华能如东八仙角海上风力发电有限责任公司	沿海经济开发区
重通成飞风电设备江苏有限公司	如东经济开发区	江苏宇迪光学股份有限公司	双甸镇
江东金具设备有限公司	河口镇	盛东如东海上风力发电有限责任公司	如东经济开发区
如东洋口环保热电有限公司	沿海经济开发区	迈克斯(如东)化工有限公司	沿海经济开发区
凯爱瑞食品(南通)有限公司	如东经济开发区	江苏海力海上风电装备制造有限公司	沿海经济开发区
江苏快达农化股份有限公司	沿海经济开发区	江苏洋口港天然气有限公司	洋口港经济开发区
南通雅本化学有限公司	沿海经济开发区	如东县子轩飞英纺织有限公司	岔河镇
江东电子材料有限公司	如东经济开发区	江苏福瑞达新材料有限公司	洋口港经济开发区
江苏长青农化南通有限公司	沿海经济开发区	如东广恒新能源有限公司	沿海经济开发区
江苏海瑞电源有限公司	如东经济开发区	如东心月机械科技有限公司	岔河镇
南通金陵农化有限公司	沿海经济开发区	南通万洋混凝土有限公司	如东经济开发区
南通正大有限公司	掘港街道	南通天洋新材料有限公司	洋口港经济开发区
南通亿能彩钢板有限公司	如东经济开发区	江苏诺德新材料股份有限公司	如东经济开发区
南通科顺建筑新材料有限公司	沿海经济开发区	如东县铁链厂有限公司	岔河镇

续表22

企业名称	街道乡镇	企业名称	街道乡镇
如东礼梅工艺品有限公司	岔河镇	精华制药集团南通有限公司	沿海经济开发区
江苏森博新材料有限公司	洋口港经济开发区	如东礼梅工艺品有限公司	岔河镇
南通腾龙化工科技有限公司	沿海经济开发区	江苏森博新材料有限公司	洋口港经济开发区
正大食品(南通)有限公司	掘港街道	龙源黄海如东海上风力发电有限公司	农业综合开发区
如东众意化工有限公司	沿海经济开发区	江苏盾王科技集团有限公司	大豫镇
江苏利田科技股份有限公司	沿海经济开发区	南通海鑫建材有限公司	掘港街道
南通博亿化工有限公司	沿海经济开发区	南通万顺化工科技有限公司	沿海经济开发区
江苏嘉通能源有限公司	洋口港经济开发区	南通永盛化工有限公司	沿海经济开发区
江苏海上龙源风力发电有限公司	丰利镇	江苏中渊化学品有限公司	沿海经济开发区
南通恒盛精细化工有限公司	沿海经济开发区	万博新材料科技(南通)有限公司	洋口港经济开发区
江苏亚泰化工有限公司	沿海经济开发区	如东易昌化工有限公司	沿海经济开发区
中天轻合金有限公司	如东经济开发区	南通施壮化工有限公司	沿海经济开发区
南通强生新材料科技股份有限公司	如东经济开发区	江苏宏微特斯医药科技有限公司	掘港街道
南通常佑药业科技有限公司	沿海经济开发区	江苏爱朋医疗科技股份有限公司	掘港街道
江苏新农化工有限公司	沿海经济开发区	如东天盛粮油有限公司	袁庄镇
南通联膦化工有限公司	沿海经济开发区	南通大东有限公司	掘港街道
江苏世纪燎原针织有限公司	掘港街道	苏州兴业材料科技南通有限公司	沿海经济开发区
江苏莱科作物保护有限公司	沿海经济开发区	南通豫湖机械有限公司	大豫镇
南通万豪建材科技有限公司	大豫镇	赛立特(南通)安全用品有限公司	掘港街道
江苏兴盛化工有限公司	沿海经济开发区	南通鼎宏建筑材料有限公司	掘港街道
如东富展科技有限公司	掘港街道	如东县新城彩钢有限公司	掘港街道
南通青华纳米材料有限公司	沿海经济开发区	华伦新材料(南通)有限公司	沿海经济开发区
江苏威名新材料有限公司	洋口港经济开发区	苏交控如东海上风力发电有限公司	洋口港经济开发区
江苏恒峰精细化学股份有限公司	沿海经济开发区	江苏力腾机械有限公司	马塘镇
江苏优普生物化学科技股份有限公司	沿海经济开发区	南通众益鑫化工有限公司	沿海经济开发区
中广核如东海上风力发电有限公司	洋口港经济开发区	南通罗森化工有限公司	沿海经济开发区
南通宝鹏健身器材科技有限公司	新店镇	南通紫琅生物医药科技有限公司	沿海经济开发区
如东协鑫环保热电有限公司	掘港街道	江苏如通石油机械股份有限公司	如东经济开发区
恒劢安全防护用品(南通)有限公司	如东经济开发区	龙源(如东)风力发电有限公司	洋口港经济开发区
经纬精细化工(南通)有限公司	沿海经济开发区	南通强生光电科技有限公司	如东经济开发区
南通世纪天虹纺织有限公司	双甸镇	南通亿家人家用纺织品有限公司	双甸镇
南通金星氟化学有限公司	沿海经济开发区	海正药业南通有限公司	沿海经济开发区
英联动物营养(南通)有限公司	如东经济开发区	中天电气技术有限公司	河口镇

续表22

企业名称	街道乡镇	企业名称	街道乡镇
南通沃兰化工有限公司	沿海经济开发区	中天海洋系统有限公司	洋口港经济开发区
如东县东泽源供水有限公司	掘港街道	南通利华农化有限公司	沿海经济开发区
江苏锐晟纺织科技有限公司	掘港街道	南通万鹏资源综合利用开发有限公司	大豫镇
南通拜森化工有限公司	沿海经济开发区	南通创亿达新材料股份有限公司	如东经济开发区
南通森能不锈钢装饰材料有限公司	如东经济开发区	江苏乐贝帝家居用品有限公司	曹埠镇
江苏昌邦安防科技股份有限公司	曹埠镇	如东联亿机电有限公司	掘港街道
江苏万年长药业有限公司	沿海经济开发区	江苏晨希米业有限公司	双甸镇
如东县华盛化工有限公司	沿海经济开发区	江苏海盛纤维有限公司	掘港街道
南通嘉得利安全用品有限公司	双甸镇	南通快达植保科技有限公司	沿海经济开发区
江苏湘园化工有限公司	沿海经济开发区	南通华宇化工科技有限公司	沿海经济开发区
霍尼韦尔安全防护产品(南通)有限公司	如东经济开发区	南通光荣化工有限公司	沿海经济开发区
南通东力健身器材有限公司	新店镇	亚振家居股份有限公司	曹埠镇

第四届如东企业“金牛奖”获奖企业名单

表23

一、持续突出贡献奖(14家)	
中石油江苏液化天然气有限公司	汇鸿(南通)安全用品有限公司
中天科技集团有限公司	江苏中石油国际事业有限公司
江苏海力风电设备科技股份有限公司	南通五建控股集团有限公司
江苏如东农村商业银行股份有限公司	江苏海宝电池科技有限公司
江苏九九久科技有限公司	江苏恒辉安防股份有限公司
上海电气风电如东有限公司	江苏海上龙源风力发电有限公司
国网如东县供电公司	江苏如通石油机械股份有限公司
二、突出贡献新锐奖(6家)	
江苏宏微特斯医药科技有限公司	南通联膦化工有限公司
南通雅本化学有限公司	顺毅南通化工有限公司
南通凯塔化工科技有限公司	江苏东江环境服务有限公司
三、创新奖(2家)	
江苏爱朋医疗科技股份有限公司	江苏湘园化工有限公司

工业·建筑业

综述

【概况】2021年,全县建筑业共完成建筑业总产值690.62亿元,同比增幅10.72%;实现利润21.69亿元。全年承建施工面积6902.57万平方米,比上年增长4.48%;新开工面积1820.13万平方米,同比下降23.23%。全县建筑行业从业平均人数16.16万人,同比增长11.14%。建筑队伍遍及国内29个省市区及国外以色列,全年外出施工产值0.34亿美元。全年获省优质工程6个,市优质工程5个。

【建筑业"十四五"规划编制】《如东县"十四五"建筑业发展规划》(简称《规划》)是全县十大行业规划之一,由县住建局组织编制,由南通大学交通与土木工程学院课题组承担主要编制工作。2月,县住建局成立编制工作小组,历经前期调研、起草编制、征求意见、反复修改,形成评审稿。9月29日,《如东县"十四五"建筑业发展规划》正式评审。随后,规划编制单位做进一步修改。11月底,《规划》提交县政府第46次常务会议讨论研究,获得通过。

【资质建筑企业】截至2021年底,全县有建筑企业349家,其中特级企业2家,一级总承包企业14家,一级专业承包企业8家,二级总承包企业39家,二级专业承包企业107家。全县一级资质以上企业的建筑业总产值占比为72.5%。南通五建控股集团有限公司入选江苏省建筑企业百强(综合实力类)。

【建筑队伍】2021年,如东建筑业从业人数16.16万人,其中,出县施工人数11.48万人,境外施工人数363人。全县建筑业技术和经营管理人员1.02万人,占全县建筑业从业人数的6.4 %;注册建造师3929人,其中,一级注册建造师571人。建造师总量基本满足企业经营和市场开拓需求。

如东"能源岛"加快构建多元支撑格局

市场及管理

【市场开拓】至2021年底,在全国各地(除台湾地区外)有5000人以上建筑市场7个;万人以上的市场1个;产值超10亿元以上市场19个。县外市场主要集中在苏州、南京、无锡、徐州、山东等地区。2021年,全县建筑企业新签境外合同额2400美元,均为江苏顺通公司在以色列所签合同。至2021年底,全县建筑企业境外在建项目9个。

【疫情影响】2021年,疫情防控进入常态化,全县建筑业面临安全隐患增加、工期履约难度增加、生产要素组织难度增加、工程建造成本增加、企业利润下降等不利局面,企业经营发展愈发艰难,对建筑企业的生产方式、管理模式、安全生产水平等方面也提出了更高的要求。此外,新冠疫情全球暴发,海外疫情防控与经济发展进入两难境地,发达国家产业链"去中国化"加速可能性增加,这进一步加大了全县建筑企业走出去的难度。

【保障农民工权益】2021年,县住建局牵头对全县在建建设工程项目进行排查,并对排查出的隐患项目落实专班专人进行处置,对于在检查欠薪情况同时发现的相关违法违规线索,按照"一案双查"工作要求,向县综合执法部门进行移交查处。工作中,注意做好工作提醒和维权宣传,引导用人单位和劳动者加强维护自身权益的意识。2021年春节期间,组织排查建筑工程项目141个,排查出存在欠薪隐患项目13个,其中房地产开发项目11个,工业项目2个,涉嫌欠薪总计1.3亿元,涉及农民工2000多人,共接访农民工160余人次,处理欠薪金额2594.83万元,移交查处"一案双查"工作中发现的违法发包行为线索3起。

【扬尘管控】2021年,县住建局提升建设工程施工现场扬尘管控水平,组织市民巡访团对县城及周边工程项目的扬尘管控情况进行常态化的明察暗访,确保建设工程施工现场全面落实"六个100%"(围挡率100%、进出道路硬化率100%、工地物料篷盖率100%、场地洒水清扫保洁率100%、出入车辆清洗率100%、项目全工期喷雾除尘机除尘应用率100%)。通过设立扬尘管控红黑榜,实行激励和惩戒,2021年共实施扬尘专项检查4次,涉及在建项目53个,发布扬尘红黑榜4期,移交处罚涉嫌造成施工扬尘污染的责任单位11个。

【市场监管】2021年,县住建局向县综合行政执法局共移交违法线索139条,涉及企业和个人90家(人)。涉嫌违法的行为主要有:未办理建筑工程施工许可证擅自施工、未采取覆盖的防尘降尘措施、专职安全生产管理人员未履行职责、总监不在岗等。县综合行政执法局发出处罚决定书112份,不予行政处罚的14份。县住建局依照处罚决定书,对存在违法行为的企业进行通报批评和联合惩戒2次。

(顾　晶)

服务业

综述

【概 况】2021年,全县服务业明确重点,创新举措,加快提档升级,加大企业培育、促进产业集聚,提升发展质态。全县服务业实现增加值543.42亿元,占GDP的比重为42.7%,对全县经济增长的贡献率为43.4%;累计完成服务业应税销售1532亿元,同比增长13.7%;累计完成服务业税收35亿元,同比增长20.8%;175家营利性服务业规模以上企业实现营业收入58亿元,同比增长47%;完成社会消费品零售477.8亿元,同比增长17.41%;完成批发业销售额1147.14亿元,同比增长20.64%;完成零售业销售额360.68亿元,同比增长14.65%;完成住宿业营业额5.83亿元,同比增长18.19%;完成餐饮业营业额33.38亿元,同比增长20.06%;完成批零住餐业增值税5.25亿元,同比增长51.99%;全年新增服务业规上企业73家,其中月度新进42家,年度新进31家;新进服务业限上企业146家,其中月度新进86家,年度新进60家;全县共完成"个转企"428家,其中"小升规"企业219家,个体户转化企业209家。

【发展现状】全县服务业十大行业实现应税销售1516亿元,占全县服务业应税总量的92.9%。其中有八个行业同比正增长,文化创意增长56.5%,科技服务增长41%,商贸流通增长40.2%,现代物流增长38.3%,房地产增长16.5%,服务外包增长15%,旅游休闲增长13.5%,金融服务增长5.6%。商贸流通、科技服务、现代物流应税销售占比分别增长4.9%、0.4%和0.2%,行业的发展质态得到进一步提升。

(卞鹏飞)

商贸流通

【概 况】2021年,全县累计实现社会消费品零售总额477.8亿元,同比增长17.41%,分别位居南通市各县(市、区)第五和第一。新增限上企业146家,在库限上企业达到472家,其中,批发企业254家,零售企业146家,住宿企业7家,餐饮企业65家。限上企业在消费品市场中的引擎作用逐渐明显,全年累计实现零售额187.8亿元,同比增长28.59%,高于社消零增幅11.18个百分点。限上批零业在社消零中的占比提升,全年批零业实现零售总额164.1亿元,同比增长25.57%,在全县社消零总额中的占比为34.34%,同比提高1.69个百分点。住餐业回暖,全年限上住餐业实现营业额23.68亿元,同比增长54%。

【市场体系建设】2021年,全县持续加大市场体系建设力度,力促商贸经济健康稳定发展。按照重规划、重规模、重效益的原则,高质量建设大型专业市场,全年实现商品交易市场成交额269.68亿元,按可比价计算,同比增长6.50%;年成交额超1亿元市场10家,其中,超10亿元市场3家,如东县天一农副产品批发市场年交易额18.62亿元。

【农贸市场、商业网点建设】2021年,县商务局按照国土空间总体规划,适应县城区拆迁安置形势与要求,逐步优化县城区菜市场空间布局,启动城区农贸市场空间布局规划修编,编制资金得到落实,确定南京财经大学为中标单位,2022年将开展具体编制等相关工作。

2021年对已建成近20年的天一农副产品批发市场进行重点改造,累计投入资金2000万元,改造门楼、加盖全封闭顶棚、市场全面出新、新建2000平方米附属用房,新建停车位100个,电力线路、雨污分流、道路拓宽5000平方米。市场已经全面出新、附属用房建好,门楼建成、雨污分流、电力线路、停车场及农残检测室、公共厕所改造完成。针对如东县城的北扩东进,加快新开发城区商业网点建设,中骏世界城、城东的文峰荟都已开工建设。

【打造特色步行街】继续将特色步行街打造作为拉动消费、促进乡村振兴的重要手段。2021年,栟茶古镇成功创建"南通市特色步行街",如东县城特色步行街上河印巷也在加快建设中。

【老字号传承保护】老字号是指历史悠久,传承独特产品、技艺或服务、理念,取得社会广泛认同的品牌,具有鲜明的中华民族传统文化特色和深厚的历史底蕴,形成良好信誉的品牌。近年来,如东县老字号发展活力增强,品牌影响力提升。2021年,如东县组织老字号企业参加南通丁古角老字号名特优国庆嘉年华活动,推动老字号传承保护,成功申报"如东狼山鸡"和"鑫龙饭店"两家老字号。截至年末,全县拥有省级老字号1家:"丁普照",市级老字号5家:"丁普照""赵永升""一柱楼""如东狼山鸡""鑫龙饭店"。

【流通领域安全生产专项整治】2021年,按照"全面覆盖、重点突出、管理闭环"的思路,由县商务部门牵头,以加油站、餐饮燃气、商业场所等为重点,在全县组织开展流通领域安全生产专项整治行动。在专项整治行动中,县商务局与住建、市场监督管理、应急管理、行政审批等部门联动,定期召开联席会议,会商专项整治及长效管理中存在问题。累计召开专题部署会、推进会、培训会6次,组织检查企业1224家,排查并整改安全隐患753条。县商务部门检查企业325家次,督促整改安全隐患352项,全县商务领域企业主体责任告知承诺书送达签订率、公示率均为100%。全面推进餐饮场所燃气泄漏安全保护装置安装工作,报警装置安装率100%。全县流通企业本质安全度得到提升。

【行业管理】2021年,如东县持续构建行为规范、运转协调、公开透明、廉洁高效的行政管理体制,严格落实"双随机、一公开"要求,提升对全县单用途商业预付卡、成品油市场、报废汽车拆解、外派劳务市场等领域监管水平,维护公平竞争的市场环境。加强单用途商业预付卡管理,累计解决预付卡纠纷121起,累计金额22万元。深入贯彻落实《汽车销售管理办法》《汽车销售管理实施细则》以及国务院新颁发的《报废机动车回收管理办法》，加强非营运汽车报废监管，重点加强非营运汽车回收拆解现场管理，全年共报废汽车1700辆，其中监管非营运汽车报废22次、500辆。组织对全县112家加油站进行年检，编制全县"十四五"加油站行业发展规划，主动为强村加油站建设提供精准服务和业务指导，全年累计查处各类非法流动加油案件78起，查获非法流动加油车71辆，查处固定加油点7处，没收不合格柴油3500余升，行政罚款18.35万元，行政拘留2人。持续加强餐饮消费市场、商超批发市场等领域的日常监管，维护行业安全稳定。抓好典当拍卖行业管理，防止出现非法经营和非法集资。以推进诚信示范创建为抓手，加强商贸流通领域信用体系建设，营造诚信经商环境。

（汤婷婷）

供销合作

【概况】2021年，县供销总社以实施乡村振兴战略为统领，进一步完善组织体系和经营机制，围绕推进供销社深化改革、农业社会化服务、农村现代流通服务体系建设等方面持续发力，各项工作取得一定成绩，在市供销系统考核中名列第一方阵第二名，在县内考核名次前移6名，基层社洋甜供销社获市社颁发的2021年基层社高质量发展奖。

【基层组织建设】2021年，县供销总社深化基层社改革，提升基层社综合服务能力。完善洋口镇洋甜供销社服务功能，组建洋甜供销社农业社会化服务联盟，综合服务大楼增设区域养老和家政服务；参照"洋甜模式"，推动新建洋口镇闸西供销社，打造"生产、供销、信用"三位一体试点样板。截至年底，该项目完成注册立项、土地摘牌。圆农供销社正式运营，完成秋粮试车和夏粮收烘；城区供销社（港城农业服务有限公司）通过了薄弱基层社改造验收。

【区域公用品牌打造】2021年，县供销合作总社与县东和集团成立东和供销有限公司，依托如东名特优产品产业资源，打造如东县区域公用品牌"如意东方"。在南京召开品牌发布会，迈出品牌宣传第一步。向江苏省体育局捐赠10吨"如意东方"品牌大米，冠名"动境2021'如意东方'体育新空间全球设计大赛"等活动，并被江苏省发展体育基金会选为"公益合作品牌"，品牌知名度和影响力不断提升。通过参加"全国农商互联暨乡村振兴对接展会""南通名优农产品进上海——老字号专场推介会"，将"如意东方"产品推向市场，助力农产品出村进城。

【推进农药零差率配供和废弃物回收】县供销合作总社继续在长沙试点做好农药零差率配供和废弃物回收工作。通过自筹资金在城中街道进行扩面农药零差率配供和废弃物回收，配供面积共计1.2万亩；通过调研浙江及苏南相关县市，形成如东试点扩面的方案，积极向县政府争取列入民生实事项目；牵头做好农业废弃物回收对镇考核，开展农业废弃物回收与处置的相关政策宣传与培训。与农业农村局配合，对相关镇区加强服务绿色农业发展进行技术指导，全年农药包装废弃物共回收98.7吨；全面参与人居环境整治与提升行动，推动废旧农膜的回收利用，全年回收农膜819吨。发动供销企业参与"两废"回收工作，洋甜供销社首创农药包装废弃物换取日用品，该做法在"学习强国"学习平台推广。

【文化建设】县供销合作总社以建设系统精神家园为目标，出台县社供销文化建设意见，计划通过2～3年时间，完成"六个一"文化项目建设，形成一套完整的如东供销文化体系。"六个一"，即建成一座供销史馆、编写一套供销社志、编制一套供销画册、出版一套供销故事、传唱一首供销社歌和制作一套供销宣传品。至年底，《供销履痕（我和供销社的故事）》文集、《供销社画册（农民画）》及供销社社歌歌词通过向全社会征稿的方式，征集到故事60余篇、农民画30余幅、歌词120余首，其他各项工作均在有序推进中。

（何锦浩）

县供销合作总社开展以"弘扬新风正气、共建廉洁社会"为主题的系列教育活动

粮油贸易

【概况】2021年，如东县粮食和物资储备系统坚决扛稳粮食和物资储备安全政治责任，全力统筹疫情防控与粮食和物资储备工作，高水平粮食安全保障体系、高效率应急物资储备体系、高效益粮食经济产业体系、高质量依法行政制度体系、高素质干部职工队伍体系建设取得新成效。推进粮食购销领域腐败问题专项整治，配合做好粮食问题专项巡视巡察工作。推进粮食体制机制改

革,着力补齐制度建设短板。实现“十四五”良好开局,粮食流通整体工作继续保持良好发展态势。全县国有粮食购销企业完成粮食购销总量41.07万吨,实现利润229万元,分别占年度目标的152%和121%。全年固定资产投资519.08万元,其中:购置资产352.29万元。

【粮食物资储备管理】 全县完善粮食和物资储备保供体系,增强宏观调控能力。与县财政局、县农发行会商并报县政府同意,及时调整县级储备粮规模品种结构和相关费用标准,落实县级储备粮油。制定《如东县县级储备粮管理制度》、《如东县县级储备粮轮换管理制度》和《如东县成品粮储备管理制度》,签订新一轮承储和委托储备合同,落实储备油实物库存。落实猪肉常态化储备计划和财政专项资金,签订续储协议,保障市民生活消费需求。合理设置应急加工和供应网点,推进县级救灾物资储备。开展物资储备工作调研,落实储备仓库,组织物资采购,救灾应急物资储备到位。建立完善物资储备体系,全县救灾应急救助物资储备体系初步形成。

【国有企业改革】 2021年,如东6家国有粮食购销企业公司制改革完成。首先,开展企业合并。马塘油米厂整体并入如东县粮食购销公司,掘港粮食储备库整体并入军粮供应站,如东玉奇米业中心并入马塘粮食储备库。其次,开展清产核资,进行公司制改制。按照“总公司+子公司”模式进行改制。如东县粮食购销公司由全民所有制企业改制为国有独资有限公司,更名为如东县东和粮食储备有限公司,由江苏东和投资集团有限公司行使出资人权利;军粮供应站更名为如东县军粮供应有限公司,苴镇粮食储备库更名为如东县苴镇东和粮食储备有限公司,栟茶粮食储备库更名为如东县栟茶东和粮食储备有限公司,岔河粮食储备库更名为如东县岔河东和粮食储备有限公司,马塘粮食储备库更名为如东县马塘东和粮食储备有限公司。再次,规范企业运作,及时组建公司办公室、财务科、粮食和物资科、仓储和建设科、质检科,并配备专业技术人员,按时办理交接手续。

2021年6月25日,县发改委开展粮食科技活动周宣传活动

【粮食购销经营活动】 面对国际粮价波动、夏粮质量不高、收购价格攀高等复杂形势,县粮食行政管理部门及时落实收购主体责任,引导企业围绕主要经济指标开展购、销、存活动。以“学党史、悟思想、办实事、开新局”活动为契机,强化为企业服务、为农民服务的理念,及时对接服务新型种粮主体。核对、登记种植面积在150亩以上的农业专业合作社、家庭农场、种粮大户329家,按所在镇区分派到各粮食储备库,宣传国家粮食收购政策、品质要求,公布举报电话、售粮联系人。及时销售地方储备粮食,加大自营商品粮销售,扩大购销经营总量。加大政策性粮食销售出库的监管力度,加强军粮供应管理工作,不断提高供应对象满意度。

【保障防疫物资供应】 2021年,新冠肺炎疫情持续,全县物资保障工作要求更高。县粮食和物资储备部门通过勤采购、保供给,为疫情防控提供了坚实的粮食和应急物资保障,履行了全县疫情防控后勤保障组防疫物资保障职责。通过强化政策性成品粮油储备检查,督促企业加强成品粮油管理,及时补足商品库存,满足了居民消费需求。通过及时落实防疫物资采购资金,积极组织采购各类防疫物资,补齐全县应急物资保障短板,防疫物资实现常态化供应。通过建立健全发生重特大突发事件时可统一调度的应急保障体系,建立全县专用应急政府储备,完善重大传染病防治医疗防护物资和医疗救治设备储备,有效保障了一线防控、行政执法、窗口行业。全年采购一次性医用口罩56万只,储备各类医用防护用品175.55万只(副),救治医疗设备25台(套)。

【组织实施“亮剑行动”】 粮食流通执法督查工作严格执行粮食流通执法督查工作规范,着力抓好各项日常检查和专项检查,不断加强制度建设,探索创新督查模式,切实有效地维护了全县粮食流通秩序,保护了粮食生产者、消费者的合法权益。组织实施粮食流通“亮剑2021”专项执法行动,对粮食收购、储存、销售、运输、政策性粮食购销、统计制度执行等重点环节开展执法检查,实施检查25次,检查企业129个。县粮食行政管理部门通过加强超标粮食购销监管,开展粮食经营者守法诚信评价等措施,有效促进了粮食企业遵纪守法、诚信经营。全年,在向涉粮企业和粮食经营者发放统一印制的粮食收购台账的基础上,还发放夏粮收购告知书80份,签订收购承诺书28份。

【科技规划仓储建设】 粮食行政管理部门精心编制《如东县“十四五”粮食流通

和物资储备发展规划》,构建高质量的粮食调控保供体系、现代化粮食仓储物流体系、特色化粮食产业经济体系、一体化的物资储备体系和协同高效的治理体系。加强粮食企业仓储设施建设,投资201万元,改造国有粮食购销企业12个站点的消防设施;投资93万元,维护更新国有粮食购销企业9个站点的粮库数据互联共享信息系统。制定县应急救灾物资储备库建设计划,确定在如东县苴镇东和粮食储备有限公司新光粮站位置新建物资储备库,可研、设计等有序展开。如东临海农机专业合作社、如东永洋家庭农场、南通圆农供销有限公司的粮食产后服务中心项目竣工并通过验收。

【完善食品安全体系】2021年,如东粮食行政管理部门完成国家及省级食品安全示范城市跟踪评价相关工作任务,加快完善食品安全现代化治理体系,着力提升监管效能和服务水平,推动全县粮食食品产业高质量发展。加强食品安全工作的组织领导,及时分解落实食品安全工作责任任务。开展食品安全宣传,提升市民消费信心,提高食品安全意识,营造放心消费氛围。开展以"尚俭崇信,守护阳光下的盘中餐"为主题的食品安全宣传周活动,发放宣传资料500多份。加强食品安全监管,狠抓隐患排查整治,及时开展粮食质量安全检查。在粮食收购环节,严格执行国家粮食质量标准,对不符合质量标准的粮食控制收购,防止进入口粮市场。在粮食储存环节,开展储存粮食质量和储粮药剂使用的检查,严格防止出现质量安全隐患和违规行为。在政策性供粮环节,严格实行供粮准入制度,确保粮油食用安全。在粮食销售环节,加强粮食销售出库抽检,同时加强对超期储存的政策性粮食销售出库进行跟踪监督。狠抓质量监管,构建质检体系,配齐抽检设备,购置监测仪器,提升检测能力,提高技术水平,不断提高粮食质量检测的有效参数和覆盖面,全年粮食检测样品超过300份。

【推介"如东大米"品牌】围绕国家地理标志证明商标"如东大米"的打造与推介,如东坚持政府引导、部门协调、行业连接、企业运作的模式,卓有成效地开展了系列工作培育和推广地标品牌。在地标品牌培育过程中,精心挑选了7家生产技术能力强、产品销售渠道广的粮食加工企业进行合作,组织他们参加全国性粮油精品展示展销会,拓展企业经营理念,改革了多年陈旧的编织袋老式大包装为彩色礼品真空小包装,授权他们使用"如东大米"地理标志证明商标,进行品牌融合,借船出海,利用各厂家在全国的销售网络、电商平台进行推介,"如东大米"以其优质的品质,棉柔、甘甜、软糯、食味值佳、冷而不硬、包装新颖等特点,似蛟龙出海般在全国多个省、市大米市场畅游。借助首批"中国好粮油示范县"示范工程的东风,大力开展各种形式的品牌宣传,品牌广告搭上城市公交车、耸立在高速路两旁、登上"和谐"与"复兴"号高铁、乘上中国民航飞机,提升了"如东大米"地标品牌形象和产品影响力。以品牌建设为抓手,力促一、二、三产业融合发展,助力乡村振兴。鼓励大米加工企业参与土地流转,自办农场,种植优质粮食4万多亩,掌握优质稻米粮源;与各种新型种粮主体结成稻米产业联盟,落实种植面积40多万亩;在销区设立各种联营店、直营店、电商网店等,推动"如东大米"产业可持续、高质量发展。

【粮食产业经济发展】2021年,如东继续以粮食高质量发展为主题,奋力打造稻米产业经济集群,"种储加销一条龙,政研田牌四支撑"的粮食产业高质量发展之路愈加稳健。通过土地流转、承包经营、订单托管等措施,新型农业组织不断涌现,粮食产量再度增加,粮食质量再获提高。加强粮食产后服务体系建设,全县粮食产后服务中心达到7家。继续实施"优质粮食工程",继续抓好"中国好粮油"行动示范工程、粮食质检体系建设和粮食产后服务体系建设三大项目。实施优粮优购,促进农民增收,为全县粮油产品提档升级提供优质资源保证。实施优粮优加,提升粮油品质,大力推广普及粮食加工科技,促进粮油产品提档升级。实施优粮优销,打造如东品牌,积极实施"品牌强粮"战略。加强粮食仓储设施建设,保证地方粮食安全,增强服务能力,维护种粮农民利益。开展粮油精深加工的科技创新,提高粮油加工深度、加工层次、技术装备水平和农副产品附加值,努力做大做强粮食产业。

(张 建)

烟草专卖

【概况】2021年,如东县烟草专卖局(分公司)全年实现税利4.54亿元,同比增长8.63%;销售卷烟3.35万箱,同比增长0.72%;平均含税批发单价183.11元/条,同比增长7.24%。推进文明吸烟环境建设,以公益方式在全县设立吸烟点230处,在县城新汽车站设立吸烟区2处。探索培养青年员工,运用SWOT模型分析青年人才队伍建设现状,挖掘青年人才潜能,提升青年员工人才队伍建设质效,填补管理"中生代"断层。深入开展法纪规德教育,通过以案释法、以案示警,着力增强干部员工法纪意识、规则意识、规范意识,使"规则同行"理念融入企业管理全过程。"金叶"志愿者积极参加消费维权、扶贫帮困、疫情值守、无偿献血等志愿服务活动,当好群众"贴心人",树立责任烟草的良好形象。获评"江苏省文明单位"。

【专卖管理】如东县烟草专卖局(分公司)全年累计查处违法违规案件264起,其中5万元以上案件25起,查获卷烟443万支,总案值415万元。开展电子烟市场专项整治行动,摸排电子烟商户34户,劝阻下架电子烟8户。深化"放管服"改革,全年受理烟草专卖零售许可证申请740份,网上申请占比97%。开展虚假违规客户专项治理,净化卷烟市场环境,累计清理虚假违规客户207户,清理率3.89%。

(杨 阳)

石油经营

【概况】中国石化销售股份有限公司江

苏南通如东石油分公司(简称中石化如东石油分公司)在全县设加油站点34座、轻资产加油站点3座,主要经营汽油、柴油、LNG及易捷便利店商品等。2021年,实现经营总量11万吨、同比增长9%,增幅名列全省前茅;非油品交易额4000万元。中石化如东石油分公司强化油站现场管理,发挥产销一体化优势,上下协同、优化配送,柴油敞开供应,体现主渠道、顶梁柱担当。持续优化零售经营结构,落实直分销客户分级维护责任,分阶段开展"追客、寻客、稳客、蓄客",分级抓实"新一站一策"运营,客户满意率明显提升。启用安全管理信息系统,建立隐患数据库,实行加油站安全闭环管理,年度风险总值下降30.5%,全年实现"零事故"。

(缪海波)

食盐专卖

【概况】2021年末,全县有生产加工及食品加工用盐企业274家。年内,县盐业有限公司销售各类盐品2.05万吨,实现销售收入1834万元。严格执行国家食盐改革政策和盐产品质量标准,按照购进流程把好食盐质量检测、包装质量检查关。重视食盐市场供应工作,组织购进高中低档食盐,满足全县城乡居民不同消费者需求。

(戴 峰)

电子商务

【概 况】2021年,如东县大力推进国家电商进农村综合示范创建,县乡村振兴局、县商务局会同县财政局等部门对示范项目的实施进行了充分调研,印发了《如东县国家电子商务进农村综合示范项目实施方案》。10月,如东县电子商务进农村综合示范项目正式启动。如东通过构建县镇村三级电子商务公共服务、县镇村三级电子商务物流、产品流通和电子商务培训体系四大体系和对口帮扶机制,实现电商人才、仓储物流、外包服务和信息交流的集聚。全县电商形成家纺、日用品、农产品、美妆等特色板块,实现线上零售30.1亿元,首次突破30亿元,同比增长16%。其中,家纺依托如东产业资源,线上零售获重大突破,零售额占全县网络零售三分之一。江苏鹿优电子商务有限公司等一批纺织类电商企业开始崭露头角。如东经济开发区电商产业园获评"2021—2022年度省级电商示范园区"。掘港街道、马塘镇、岔河镇、双甸镇获评2021"中国淘宝镇",岔河镇银河村、河口镇中天村、新店镇双虹桥村获评"中国淘宝村"。

如东猫宁智慧电商快递物流园,位于如东经济开发区

【如东电子商务公共服务中心建设】2021年,如东电子商务公共服务中心基础建设完成,区域公共品牌完成注册和品牌发布,三级物流体系完成七家快递品牌的整合,统仓共配占全县快递总量的75%以上,公共服务体系和人才培训项目完成招标并进入实施阶段。

【电子商务与物流协同发展】如东以覆盖县、镇、村三级的物流配送为依托,建设农村电子商务物流体系;以如东经济开发区物流园、外农区农产品物流中心、如东公路港物流中心为重点,建设城市集中配送和共同配送网络;以洋口港保税物流中心为代表,建设跨境电子商务物流服务体系,全县基本形成适合电子商务发展的物流支持体系。截至2021年底,入驻如东的已有EMS、顺丰、圆通、汇通、中通、天天、优速、韵达、快捷、宅急送、增益、速尔、优速等快递业品牌13个,有百事、德邦、中铁、全通、速通、安能等快运业品牌6个。农村电商快递统筹共配,实现线路优化和成本降低,全县快递业务量年增幅超过20%。

【直播带货】2021年,直播带货成为助力乡村振兴的"加速器",如东企业和个人相继试水。县商务局加大"直播带货"业务培训力度,累计开展培训16场,专业培训2场次,培训1060人次。第二届"当燃南通——美好生活直播季"直播带货如东专场在栟茶镇举办,如东17家企业的海鲜、大米、健身器材和家纺产品等产品参加直播。江苏鹿优电子商务有限公司建有电商团队4支,正常开展带货直播,场直播销售300~500单。不少个人也通过各类电商平台和物流网络开辟无接触销售渠道,在快手、抖音等热门平台进行线上销售。全县正常从事电商带货直播人员约100人,电商直播12000多场,观看人数8000余万人次,直播销售约1.44亿元。

(顾春华)

餐饮业

【概况】2021年,全县餐饮行业实现营业额33.38亿元,同比增长20.06%。其中,限额以上餐饮单位65家,累计实现营业额7.5亿元,同比增长55%。全县餐饮行业不断强化"节能、环保、放心、健康"的经营理念,合理安排宴席流程和餐台数量,大力推进数字化管理,部分企业在绿色餐厅创建上持续发力，为餐饮企业逆周期发展拓出路径。全县餐饮行业积极调整行业人力资源结构，主动加大对高素质技能型人才内培、外引力度，带动餐饮企业提质增效。新业态为疫情背景下餐饮行业发展注入活力，有的餐饮企业通过社区营销布局及私域流量运营，锁定老客户，开拓外卖服务；有的餐饮企业通过新技术应用和新场景打造，实现自助服务、无接触外带和配送，适应消费新需求；有的餐饮企业通过发展线上新零售业务，探索疫情常态化下的餐饮业破局之路。

（汤婷婷）

服务外包

【概况】2021年，如东县持续打造如东生命健康产业园、如东半导体产业园、如东经济开发区服务外包集聚区三个不同类型的服务外包产业园，重点发展新能源、生物医药、半导体等高新技术及新兴产业领域服务外包。用好国家和省服务贸易发展资金，加大对服务外包企业扶持力度，鼓励外包企业积极开拓境外市场。2021年，全县完成服务外包执行额1.17亿美元。中天科技成功创建省级服务外包示范企业，获专项资金扶持50万元；南通市杂技团演艺有限公司创排的杂技剧《寓言》入选2021—2022年度国家文化出口重点项目名单。

（顾春华）

现代物流

【概况】2021年，全县物流行业发展总量稳步增加，行业质态发展进一步提升。物流产业创新发展持续向好。截至年底，全县共有国家4A级物流企业4家、国家3A级物流企业7家、省重点物流基地1个、省重点物流企业3家、省示范物流园区1个、省服务业创新示范企业2家、省物流技术中心1家。南通洋口港现代物流产业园获江苏省人力资源和社会保障厅、省发展和改革委员会授予的“全省物流行业先进集体”荣誉称号。现代物流企业运营态势良好。全县186家物流企业中，有规模以上物流企业29家。全年实现物流行业应税销售73.05亿元，同比增长38.3%；缴纳税金2.05亿元，同比增长67.4%；利润总额4.62亿元，同比增长39.7%；从业人员2541人，同比增长6.3%。重大物流项目建设稳步推进。全年新开工重点物流项目2个，分别是江苏省液化天然气储运调峰工程和嘉通液化品仓储物流中心。

（张小卫）

金融业

金融管理

【概况】2021年,如东县金融业推进诚信体系建设,加大金融服务实体经济力度,强化金融改革创新,加强地方金融监管,塑优金融生态环境,为经济社会发展提供了有力金融保障。

2021年,全县共有银行业金融机构18家,保险机构36家,证券机构3家,小微企业转贷基金2家,融资性担保公司1家,融资租赁公司1家,典当行2家,小额贷款公司2家。截至2021年12月底,全县本外币各项贷款余额1261.79亿元,比年初增加257.49亿元,贷款增幅25.64%,在全市排名第一;工业贷款余额315.6亿元,比年初增加65.9亿元,增幅26.39%,在全市排名第二;涉农贷款余额916.06亿元,较年初增加146.66亿元,增幅19.06%,在全市排名第一。本外币各项存款余额达1778.54亿元,较年初增加185.05亿元,增幅达11.61%。增量和增幅在全市均排名第一。

中行如东支行营业部被共青团中央评为"全国青年文明号",公司金融部被省分行评为"青年突击队",青园南路支行被南通市总工会评为"五一巾帼标兵岗";农行如东支行1人被江苏省银行业协会评为江苏银行业"平安卫士",1人被省分行评为"先进个人",大客户团队被省分行评为"先进集体";建行如东支行4人受南通市见义勇为基金会表彰,1人被省分行评为"兴建旺行"普惠金融特色战役百佳网点负责人;农发行如东支行被总行、省分行评为"五一巾帼标兵岗",1人被省分行评为"优秀党员";邮储银行如东县支行被省行评为"十优先进集体",长沙镇支行工会小组被南通市总工会评为"模范职工小家",1人被省分行评为三农金融"最美乡村信贷员";浦发银行如东支行1人被省分行评为"先进个人"及"优秀公司客户经理";民生银行如东支行1人被省分行评为"先进工作者";华夏银行如东支行被省分行评为"十佳支行"及"先进集体"。

【优化金融服务】如东持续加大对金融机构的招引和服务力度。兴业银行已开始在如东展业。农行如东县支行优化全县金融资源配置,在河口增设分理处,实现县内镇(区、街道)全覆盖。摸实情、解诉求、送服务,畅通银企对接渠道,解决信息不对称问题,全年举办"产业链""乡村振兴"等类别的多层次政银企对接活动逾10场。推荐双甸镇纳入省银保监银行保险支持乡村振兴试点示范乡镇,协调各有关银行保险机构积聚力量支持乡村振兴。推广江苏省综合金融服务平台,为企业和银行提供线上融资对接渠道,至2021年末,全县累计接入平台企业5557家,授信3410笔,授信金额183.45亿元,投放金额总计153.75亿元。

2021年4月25日,县地方金融监管局会同县农业农村局举办"引入金融活水,助力乡村振兴"政银企专场对接活动

【助力中小微企业发展】如东加大两支小微企业转贷基金推广力度,鼓励担保机构放大担保倍数,助力普惠金融。2021年,升泰担保在保余额首次破10亿元,获"江苏省2021年度融资担保机构四十佳"称号。平安小贷通过监管评级,获评"AA"级。着力解决贷款难题,推动融资担保风险分担机制和"园区保"综合金融服务落地生效。协调多家银行签订融资担保风险分担协议,为中小微企业引入更多担保资源,"园区保"首批授信超3000万元,发布"园区保"首期企业白名单。

【履行社会责任】县金融局联合人行牵头全县金融系统建立健全联防联控机制,规范工作流程,细化防控举措,全程督查指导,全县165个银行网点、36家保险、3家证券机构及挂钩无物业小区防疫抗疫工作做到万无一失。全县金融系统在文明城市常态长效管理过程中,靠前服务、主动作为,县城65个银行点位创文工作扎实有效。

【金融风险防控】县金融局严格落实会商机制,按照"穿透式"监管原则,实现非法金融活动风险防范的前移。完善集社会治理网格、金融网格、政保网格、"街长""楼长"等于一体的网格队伍,使工作触角延伸到基层。2021年,对31家"投融资"企业新设、变更等申请启动会商机制,对重点监测机构直接约谈5次。牵头开展大型宣传宣讲活动10余次,镇(区、街道)、成员单位自行开展宣传活动近百次,针对不同责任主体开展专题培训10余场。组建一支40人的金融知识宣讲队伍,常态化开展防范非法集资宣传、宣讲活动。

【金融知识普及】组织金融服务高质量发展专题培训班,促进全县金融条线领导干部学金融、懂金融、用金融。坚持办好微信公众号"扶海金融",围绕融资对接、金融资讯、防范非法集资等主题推文逾200篇。常态化开展宣传教育"六进"活动,普及金融法律知识,提升全民防范意识,针对重点人群、重点区域开展专题宣传十余场。

银行业

【概况】 2021年，如东县共有银行业金融机构18家，金融网点165家。截至12月末，全县银行业金融机构本外币存款余额1778.54亿元，同比增长11.62%，比年初增加185.05亿元，增速和增量两项指标均位列全市6县（市、区）第一位；全县银行业金融机构本外币贷款余额1261.79亿元，同比增长25.64%，比年初增加257.49亿元，增速和增量两项指标均位居全市6县（市、区）第一位。

中国人民银行如东县支行

【金融监管】2021年，中国人民银行如东县支行（简称人民银行如东县支行）紧跟上级行重要部署，全面加强金融监管。夯实金融稳定基础。支行落实存款保险制度相关工作要求，做好两家法人银行保费核定和征缴工作，对其加强风险监测和管理。对如东农商行和融兴村镇银行开展资产质量核查和央行评级，进一步了解辖内法人银行的经营情况和风险防范能力。强化征信管理职责。持续加强窗口指导，开展当日审核和非现场核查，重点审核征信查询资料的完整性、合规性，规范业务操作流程。截至2021年12月末，受理个人信用报告查询19072人次，企业信用报告查询1864次，司法查询16笔，现场解答客户征信咨询420次，电话解答咨询约500次，实现“零投诉”，社会各界反响良好。夯实农信体系建设工作。支行牵头联合县农业农村局、发改委、金融局印发《关于加强如东县新型农业经营主体信用体系建设的意见》，确立农村信用体系建设共建合作框架，建立协作机制。截至12月末，完成230个行政村的建档工作及213个行政村的预授信工作，建档农户达27.19万户。

【贷款业务】支行全面落实稳健货币政策，坚持不懈扩总量、提增速。指导法人机构灵活用好再贷款再贴现和普惠小微企业延期还款、信用贷款两项精准直达实体经济政策工具，发挥好结构性货币政策工具精准滴灌作用，综合施策支持区域协调发展。截至12月末，支行对如东农商行累计发放支小再贷款6.42亿元、支农再贷款7.68亿元，推动辖区两家地方法人银行为1535户普惠小微企业实施延期还本付息，涉及贷款本金21.21亿元，延期率达到85.42%，并为其提供政策激励资金2120.52万元。对如东农商行办理信用贷款支持工具操作，支持其发放普惠小微信用贷款6.65亿元，共惠及617户小微企业及个体工商户，以实际行动有力缓解小微企业融资难题。此外支行积极引导辖内银行业金融机构抓住LPR改革契机，督促从事放贷业务的非银机构严格落实明示贷款年化利率要求，推动企业融资成本持续下降。经过积极引导和不懈努力，截至12月末，全县18家银行业金融机构一般贷款加权平均利率降低至4.99%，同比下降23个BP。

【金融服务】2021年，人民银行如东县支行紧贴群众需求，不断提升金融服务质量。健全普惠金融体系，对照《中华人民共和国金融行业标准——银行业金融机构现金服务基本要求》，从可得性、规范性、舒适性和安全性“四个维度”，组织辖区17家银行业金融机构开展现金服务标准化建设试点工作，指导如东农商行编写《现金服务标准化建设应用手册》，努力打造“南通样板”。结合工作实际，制定和实施《如东县银行业金融机构着力提升金融服务，切实解决老年人运用智能技术困难专项行动实施方案（2021—2022年）》，切实提高老年人日常金融服务的可得性和满意度。提升国库服务效能。截至12月末，国库共办理个税汇算清缴退库48615笔，2010.36万元，退税笔数和金额分别是上年的125.41%和138.22%；共办理个税代扣代缴手续费退税1496笔，574.58万元，分别是上年的199.73%和157.3%；共办理预算收入入库1124430笔，314.43亿元；预算支出124216笔，305.46亿元；退库70476笔，34.86亿元。三是支付服务水平显著提升。截至2021年11月末，全县云闪付累计新增首次绑卡用户56789户，月均交易用户12999户，累计完成交易笔数90.20万笔。

【外汇管理】2021年，国家外汇管理局如东支局全面完善监管信息共享机制，提升外汇管理水平。开展经常项目现场核查37次，平均每月对20家企业进行全年非现场监测，发现一起违规线索并成功移交立案查处，涉案金额高达9100万元人民币。开展国际收支业务非现场监测，对辖内商业银行开展国际收支业务现场核查，进一步提升辖区国际收支申报质量。与县公安局、税务局和海关等部门通力合作，建立健全监管信息共享机制，共同打击出口骗税、非法买卖外汇、跨境赌博等违法犯罪活动。为公安经侦部门提供部分“110骗税案”犯罪嫌疑人全国范围内非法跨境汇兑信息，并系统梳理资金非法流动走向，为案件突破提供有力数据支持。

（陈洁）

中国工商银行股份有限公司如东支行

【概况】2021年，中国工商银行股份有限公司如东支行（简称工商银行如东支行）直面市场竞争力短板，突出客户战略，加快经营转型，深化改革创新，在存款增长、盈利能力、内部管理等方面进一步提升。截至2021年12月31日，支行各项存款（本外币）余额164.48亿元，新增2.18亿元，其中，储蓄存款余额67.39亿元，新增5.33亿元。对公存款余额97.09亿元，较年初减少3.15亿元。存款日均余额182.17亿元，同比增加52.53亿元，其中，对公存款日均余额117.87亿元，同比增加45.81亿元；储蓄存款日均余额64.3亿元，同比增加6.72亿元。各项贷款余额119.1亿元，新增20.08亿元，同比少增加7.97亿元，其中，公司贷款新增14.88亿元，同比少增加11.74亿元；个人贷款新增5.22亿元，同比多增加3.81亿元。支行实现中收（考核口径）2.53亿元，同比增加9556万元，系统内第一。实现经营收入5.53亿元，同比增加8922万元，完成拨备前利润5亿元，同比增加8918万元，增幅21.7%，净利润3.75亿元。公司不良贷款余额254万元、个人不良贷款余额293.77万元，较年初减少700万元，贷款不良率0.05%。

【存款工作】2021年，工商银行如东支行精心维护系统大户，维持其较高水平存量。截至12月31日，支行机构存款时点余额50.37亿元，时点比年初减少1.95亿元；日均余额52.14亿元，日均比年初新增8.26亿元。公司存款余额41.82亿元，较年初增加6.87亿元，增加主要来自中天科技、九九久科技和如东石油机械等如东上市公司。围绕储蓄存款“每日增长一点点”工作目标，组织开展“日积月累 持续进步”储蓄存款稳存增存活动。在社保、建工、拆迁、商户等重点客群中，开展针对性营销拓展，争揽常规代发客户；持续拜访财富以上客户，提升客户对支行的贡献度；持续推动“双新”产品营销及结构性存款到期承接。储蓄存款比年初增加5.33亿元，比上年同期多增加3.78亿元。

【贷款工作】2021年，项目贷款仍是工商银行如东支行投放重点。截至12月31日，支行项目贷款余额较年初增加9.74亿元。其中金红叶纸业新增“年产78万吨高档生活用纸”项目贷款投放1.68亿元、洋口港建设新增“江苏洋口港物流及配套设施一期工程建设项目”1亿元、天一建设新增“如东高新区半导体产业园项目”贷款1.1亿元、新天和新增“如东海上风电集中送出陆上电缆段隧道工程”项目贷款1.65亿元、金鑫交通新增“临海高等级公路如东段”项目贷款1.8亿元、洋口半导体新材料“园区产业升级”项目3亿元、如东高新区“城市更新”项目3.5亿元、凯泉“工业污水处理”项目2亿元。流动资金贷款增值缓慢。支行流动资金贷款余额较年初净增加4.69亿元，其中，中天科技及关联企业贷款增加3.1亿元、顺通建设1亿元、顺毅南通化工1亿元等。普惠金融业务有突破，支行发放普金金融贷款292户、6.06亿元，较年初分别增加89户、2.52亿元。

【内控管理】工商银行如东支行将合规文化理念渗透到经营管理活动全过程，营造合规创造价值良好氛围，全年实现“零案件、零重大事故、零重大负面舆情”。年初，行长与各网点、部门负责人签订年度《案件防范工作责任书》，落实案防主体责任，推动案防关口前移。先后开展非法集资、员工违规行为大整治、洗钱风险、征信合规管理、消防安全等专项检查，开展违法放贷、客户经理管理、反洗钱管理、员工异常行为、运管专业重点业务领域等案件风险排查，及时发现问题，并督促整改。全年召开内部控制委员会会议4次，部署落实内控合规“价值创造年”主题活动、《银行业金融机构执行人民银行政策法规评价项目与标准(2021年10月修订)》及年度评价、员工行为排查等重点工作，组织学习市案防分析会精神、“价值创造年”与银行业保险业“管理建设年”要点、合规红线手册、洗钱风险提示等；召开案防分析会6次、运营主管(合规经理)例会12次，查找问题隐患，研究解决措施，提升案防成效。

【队伍建设】支行关爱员工职业生涯，不断加强全行干部员工综合素质，提高适岗能力。4月，制定下发《如东支行青年员工2021年度培训方案》，提拔2名青年员工为网点负责人、部门负责人，3名上年提拔的网点负责人转正。中层管理人员年龄结构得到优化，平均年龄由43周岁降至40周岁。10月份，支行组织了“奋勇当先齐筑梦，砥砺前行展风采”户外拓展培训活动。

(郝凯)

中国农业银行股份有限公司如东县支行

【概况】2021年，中国农业银行股份有限公司如东县支行(简称农业银行如东县支行)统筹抓好疫情常态化防控和经营管理，各项工作实现平安稳健运行，金融机构综合考核评价继续列辖内18家金融机构第一方阵。至12月末，全行本外币各项存款总额194.09亿元，比年初增加25.18亿元。其中：个人存款比年初增加10.66亿元，四行份额为26.67%；对公存款比年初增加14.52亿元，四行份额为31.25%，列全市系统内第一、四行第二；全口径人民币存款日均增量达到28.4亿元，超额完成年度目标。本外币各项贷款余额134.48亿元，总量四行份额26%，列四行第二，比年初增加32.81亿元，较同期多增10.4亿元。其中对公贷款比年初增加25.92亿元、个人贷款比年初增加6.09亿元，信贷投放创历史最高水平。实现中间业务收入1.2亿元、实现营业收入5.21亿元、拨备前利润4.14亿元、拨备后利润3.51亿元。风险管控工作完成综合考核年度目标，全年没有发生案件和安全事故。金融安全评估四大国有银行第一，无当年新开账户涉案，支行安全保卫管理工作被评为总行级优秀。

【实体服务】农业银行如东县支行深耕大项目、营销大客户，聚焦省市级重点项目、如东县百亿级项目、如东县政府重点项目。全年新营销审批洋通高速二期、国信液化天然气LNG、金红叶纸业高端卫品等项目8个，授信53.55亿元；投放城市更新一期项目、海上风电场等重大项目18个，与如东六大百亿级项目中的五个开展了项目合作。提升普惠金融服务水平，至12月末，普惠贷款余额19.35亿元，较年初增加5.55亿元，总量、增量份额取得四行“双第一”。其中，法人普惠贷款比年初增加3.01亿元；农户贷款比年初增加1.85亿元；生产经营贷款比年初增加6900万元。个人住房按揭业务获历史性突破，较年初增加3.66亿元，市场份额从第四上升至四行第二。加大规模以上企业金融服务力度，突破海力风电、威名新材料、迈克斯化工、顺毅化工、铁链厂、富展科技等一批重点企业，全年制造业贷款净增5.8亿元。

【市场拓展】农业银行如东县支行与县政府签订政银战略合作协议，开展多方面、宽领域的深度合作。优化网点布局，落地驻点县行政审批中心，河口分理处当年建设、当年开业，全辖建制镇营业网点实现全覆盖。推动代发工资业务扩户提质，共批量代发单位125户，较年初净增41户；新增个人客户4289户，新增代发工资业务量3.25亿元。其中，农民工专户27户，比年初净增18户，共新代发工资9433笔8005万元。提升网点账户服务效率和质量，账户开户市场份额从原来的长期四行末位升至第二位。全行新开本外币对公结算账户1858户，新开立本外币存款日均余额5万元（含）以上的对公客户338户、新增对公日均存款4.57亿元。

【创新转型】农业银行如东县支行拓展服务农村集体产权制度改革的深度，试点并成功落地政经分离工作，取得7个乡镇的承办权，实现91个村级（街道）政经分离账户开户，带动下游发卡超过5000张。加快推进数字化转型，全年成功为学校、企业上线各类智慧项目103个。强化科技赋能，推动金融服务便利化，全行个人有效客户掌上银行覆盖率86%，个人掌上银行月活跃客户8.81万户。供应链融资业务取得突破，成功营销全市首笔项目化供应链融资项目，发放供应链融资1.25亿元。

（管森森）

中国银行股份有限公司如东支行

【概况】截至2021年12月末，中国银行股份有限公司如东支行（简称中国银行如东支行）支行本外币各项存款余额151.89亿元，各项贷款余额124.91亿元。通过党建“复兴壹号”的推广，不断深化与优质单位合作，为银政、银企合作打下坚实基础。“复兴壹号”成功上线优质客户单位18家。通过抓计划、抓节点、抓反馈，做好过程管理。针对薄弱环节，商议对策、制定措施，通过有效地管理推动，全行的各项工作更加井然有序。开展“送金融服务到社区、金融万里行、青年文明号创建”等活动，组织开展爱心帮扶、留守儿童慰问等公益活动，多次前往马塘镇马西村、长路村，慰问贫困村民等活动，支行品牌影响力和美誉度进一步提升。

【队伍建设】面对复杂多变的经济形势和激烈的市场竞争，支行坚持从班子做起，积极转变思想观念、工作作风，寻求突破、加快发展。运用“三谈三促”工作法，把解决思想问题与解决实际问题有机结合，不断提高思想政治工作的质量和成效，努力营造有利发展的和谐环境。采用宣传引导加激励保障等方式，促使党员骨干勇于担当、勇于领先、勇于破难，全行员工责任和竞争意识不断增强。通过公开招聘补充优秀员工充实到理财经理、普惠客户经理等队伍中，提升营销队伍的市场攻击力，奠定后续发展基础。

【合规管理】一方面明确重点检查环节，切实以柜面操作和核心系统运行为检查重点，在全行开展自查与抽查活动，推进检查问题的整改。另一方面开展合规宣传教育，通过思想上动员与行动上指导相结合、正面教育与反面案例警示相结合等方式，普及“合规人人有责”的核心理念，引导员工严格遵守规章制度，提高大家风险防范和自我约束能力。

【文化建设】从员工根本利益出发，营造平等发展、个性发展的良好环境，最广泛地调动一切积极因素，不断推进家园文化建设。在落实疫情防控措施的前提下，组织开展各类活动，鼓励员工积极参与，增强企业文化建设的吸引力和感染力，让员工成为企业文化活动的真正主人，活跃身心，放松心情，在丰富员工业余生活的同时进一步提升了员工凝聚力、向心力。

（张玉平）

中国建设银行股份有限公司如东支行

【概况】2021年，中国建设银行股份有限公司如东支行（简称建设银行如东支行）围绕数字化打法，持续深耕客群经营，提升转型发展新能力，全行效益、存贷、中收等各项指标再上新台阶。资产负债量级提升，基本摘除小行帽子。在全市2021年度KPI考核中，建行如东支行位列如东地区第二名，业务发展呈现出“一月更比一月好，一季更比一季强”的态势。在县委及金融局牵头的金融工作考核中，获全县金融工作优胜奖。在如东人行对辖区内18家银行业金融机构执行人民银行政策综合评价结果的通报中，获A类第一位。

【主营业务】个人储蓄存款日均余额（含结构）、日均新增、时点余额、时点新增均列当地同业第一；对公存款余额位列同业第一，当年新增位列同业第一；外币存款时点余额位列同业第二，当年新增位列同业第二；对公贷款余额位列同业第一，当年新增位列同业第一；个人住房贷款当年新增和余额份额均位列同业第一；外币贷款时点余额位列同业第二，比年初新增位列同业第二。

【客户拓展】建设银行如东支行保持发展定力，强基础的步子迈得更加坚定和深远。政经分离改革开立村委会基本账户

中国建设银行岔河分行到新店镇为民服务中心，慰问孤寡老人和五保户

数位列系统第一;对公有效客户折算后新增计划完成率位列系统第一;单位人民币结算账户当年净增计划完成率位列系统第一;私人银行客户比年初新增17户,全年计划完成率达100%;私行产品销售全年计划完成率182%,完成率位列系统第一;财富季个人投资理财客户新增完成率88.3%,位列系统第二;保险累计销售继续保持同业第一位次;基金累计销量位列同业第二,完成率位列系统第二,占比及提升均位列系统第一;手机银行月活客户点均户数位列系统第一;存量社保卡累计激活数和激活率位列系统第一,社保卡沉淀资金位列系统第一,第三代社保卡当年发卡数位列系统第一。

【战略业务】全行贷款业务求突破,市场竞争力持续提升。战略业务方面,2021年,对公贷款新增超历史,其中绿色贷款计划完成率、新增额均位列系统第一;制造业贷款余额、新增额、增速均列系统第一;住房租赁年度考核位列系统第一,协同建信住房公司成功落地全省首单"以租定存"模式存房项目,为全市首笔保障性租赁住房贷款投放机构,政府产业基金托管规模新增省内排名靠前,被省行列为"金牛"支行;普惠金融贷款全年新增计划完成率位列系统第一;信用贷款比年初新增位列系统第一。乡村振兴业务方面,裕农通"三促、三清、五提升"活动全面完成各项指标,KPI考核指标"合作方占比""场景建设"均位于系统前列,涉农贷款指标完成情况系统内领先。当年新增涉农贷款位列系统第一,完成年度新增计划的131%,三季度乡村振兴KPI考核位列系统第一。国际业务方面,完成南通分行首笔委付贷、南通分行首笔银团项下国际商业转贷款和南通分行首笔固贷项下跨境风参业务;2021年,人民北路对公外汇业务顺利开办。

【内部管理】该行精细化管理向优向好,运营体系持续完善。2021年,支行实施以战略为导向的人才规划,选优配齐客户经理队伍。全行85%的网点保持双客户经理配置,至年底有网点客户经理24名。全年通过公开竞聘方式选拔客户经理3次,新增客户经理15人,其中对公客户经理1人,普惠金融业务客户经理3人,个贷客户经理2人、个人客户经理9人,客户经理群体增长率达到54%,客户经理占比提升了8.2%。2021年全年多人成功堵截柜面案件,共有8人次得到公安表彰,反洗钱岗位考试成绩位列系统第一,两次列入红榜,并得到市行KPI加分;全年全行未发生安全生产责任事故。

(王婷婷)

中国农业发展银行如东县支行

【概况】2021年,中国农业发展银行如东县支行(简称农发行如东县支行)以业务创新转型为驱动,提升发展质量效益,支农成效与经营成果双丰收。贷款余额62.36亿元,比年初增加10.49亿元,存款余额21.25亿元,存款日均21.1亿元,比年初增加26%,无不良贷款,各项工作实现新突破,被总行评为"五一巾帼标兵岗"。

【业务工作】县农发行如东县支行强化履职担当,服务国家粮食安全。坚持政策市场两轮驱动,积极应对政策调整、去库存等因素影响,及时组织和部署如东粮食购销储企业评级授信、收购资格认定及额度核定,积极配合粮食管理部门做好清仓查库、收储库点核定等工作,累计投放粮食贷款1.75亿元,始终牢守粮棉油信贷"主阵地"。积极对接全县PPP项目,2021年成功获批4亿元"海之城"银团贷款和3亿元"鹤鸣公园"两个PPP项目,成为PPP项目的"主办行",同时栟茶古镇、洋口港原水、沿海化工园二期、如东清水绿岸等级项目均由农发行信贷支持,为乡村振兴工作中贡献农发行的力量。确保小微企业抢抓市场机遇,全力支持东盛米业、绿之蓝、长三角农业公司等企业资金需求,累计投放小微企业贷款2300万元。

【合规文化】该行始终秉承绣花态度,在贷款的准入、申报、投放以及支付等全流程下功夫,尤其对项目,确保真项目、真资料、真支付,管理不松劲。注重各类检查实效,全面抓好整改,针对检查出来的问题立行立改,定期对检查整改情况开展"回头看",不放过一个疑点、不隐瞒一个问题,切实防止走过场。同时,做到举一反三,找准制度执行、专业素质、内部控制等方面的漏洞,健全长效机制,防止问题屡查屡犯、前纠后犯。针对疫情防控期间准入的部分客户,高度关注重点客户、重点贷款的风险情况,完善监测预警体系,坚持"一企一策",稳妥化解潜在风险,风险客户稳妥退出,全行继续保持信贷资产无不良。发挥会计监督作用,提高会计核算质量。坚持对大额业务,逐笔进行审核把关。审批大额现金支付15笔,金额1657万元;柜面审批大额转账39笔,金额22.2亿元;无以贷收贷、以贷收息现象;未发生汇票垫款;接受内外部检查未有被处罚情况。坚持定期检查企业、同业和系统内资金往来情况,1—10月份银企对账单有效收回率100%,对账相符率100%。能序时认真检查各类总分账务、贷款借据,审核各项报表资料,按规定正确计提各项提留、固定资产折旧、税金及附加,真实地反映全行的经营成果。

(左本生)

江苏如东农村商业银行股份有限公司

【概况】2021年,江苏如东农村商业银行股份有限公司(简称如东农商银行)推进零售转型,强化风险防控,较好地完成了各项目标任务。至年末,各项存款余额412.96亿元,较年初净增27.45亿元,增幅7.12%;各项贷款余额298.92亿元,较年初增加42.03亿元,增幅16.36%,位居南通农商银行系统第一位。其中,实体贷款余额252.36亿元,较年初增加28.4亿元,增幅12.7%,存贷款总额、市场份额稳居全县第一。强化信用风险防控,组织开展风险防控"大排查、大处置、大提升"行动,严格排查发现问题,积极落实整改。至年末,不良贷款余额4.49亿元,不良率1.5%,全年累计清收处置表内不良贷款达1.57亿元,资产质量保持稳定。获全县金融工作考核优胜单位,连续四年获得如东企业"金牛奖"。

【业务发展】如东农商银行各项贷款占总资产比例稳步提升。至年末，各项贷款占比60.65%，较年初增加5.51个百分点，三占比四增速全面达标。发放普惠小微信用贷款共计1318户，余额8.7亿元，较年初净增3.46亿元，增幅66.03%，占贷款总额的2.91%，较年初上升0.87个百分点。发放普惠型金融重点领域贷款达73.2亿元，较上年末同期增长15.66亿元。普惠型小微企业贷款增速占比达45.67%，超额完成人行占比要求。江苏省综合金融服务平台累计接入企业120家，贷款累计投放23.81亿元，超额完成县金融局下发的16亿贷款要求。

【渠道创新】如东农商银行将更多个人信贷产品向线上迁移，主打推出面向全县缴纳个人所得税、公积金、在编医护人员及行存款、代发工资等多个群体的"农商e贷"及面向广大农村客户的"阳光e贷"，基本实现各类个人客群全覆盖。开展"深入推进扩面强基 全力服务乡村振兴"专项竞赛活动，通过"百行进万企"回访，辖内新型农业经营主体、个体工商户持续走访等方式，掌握辖区内主要经营主体情况，服务实体客户发展。至年末，新增"阳光E贷"授信客户13480户，同比多增8376户；授信金额较年初净增15.55亿元，同比多增8.56亿元；用信户数较年初净增2461户，同比多增1105户；用信余额较年初净增3.8亿元，同比多增1.8亿元。同时，场景应用日常化取得初步成效，以智慧医疗、智慧菜场、智慧停车、智慧食堂为主的四大场景共实现交易笔数27万笔、交易金额920万元。

（刘修远）

中国邮政储蓄银行股份有限公司如东县支行

【概况】2021年，中国邮政储蓄银行股份有限公司如东县支行（简称邮储银行如东县支行）统筹推进各项重点工作，储蓄业务转型提速，基础金融发展质效不断提升。截至12月末，年日均净增3亿元，计划完成率148%。通过电子支付获客获金，全年通过收单业务实现交易81.98万笔，近1.7亿元，位列全区第一。通过房地产市场、拆迁市场等攻坚，取得地产农民工工资代发，铁路建设和城区街道拆迁代发，代发金额1.8亿元。通过升级客户制定服务卡、专人核实放款账户，旬通报客户经理收单、信用卡、保险、资金归行率完成情况，建立客户引荐通报机制等综合营销工作措施，个人普惠涉农贷款净增9311万元，完成率116%；三农普惠小微贷款净增1.23亿元，完成率134.22%。省农担24笔3660万元，在手储备1050万元，年净增2352万元，完成率156.8%。推进信用村体系建设，年净增信用村186个，完成率109%；年净增信用户5954户，完成率108%。

【公司业务】邮储银行如东县支行贯彻高质量发展理念，公司业务不断提质增效。在上半年全省"百亿迎百年"营销活动中，综合排名全省县支行第二。截至12月末，公司存款时点余额20.79亿元，较年初净增8.42亿元，日均余额17.7亿元，较上年净增4.4亿元，全区排名第一。公司贷款结余19.265亿元（表内外），较年初净增8.16亿元。在2020—2021年旺季小企业跨赛活动中，该行净增规模位于全省（3亿组以下）前列，获小企业贷款发展优秀县行三等奖。加大海上风电投放力度，海上风电项目累计实现授信客户数6户，累计投放贷款16.57亿元，至年末结余16.57亿元。

【风险防控】邮储银行如东县支行健全内部监督检查机制，推动部门认真履行尽职检查职责，及时排查、发现和有效化解风险。年初，制定下发部门尽职检查计划，各部门按时开展检查，并及时记录检查情况。开展培训、警示教育、风险数据排查、"屡查屡犯"问题整治、合规大家说、部门负责人讲合规、合规——共产党员在行动、负责人案防及合规述职等活动，切实推进员工行为规范教育。从正面教育、反面警示和违规行为整治等几个方面协同联动，引导全体员工强化内控意识，认清行为"底线"、违规"红线"，依法合规经营。

（步媛媛）

保险业

【概况】 2021年，如东县有保险业分支机构36家，其中财产险分支机构15家，寿险分支机构21家。全县实现保费收入26.58亿元，其中财产险业务保费收入7.19亿元，比上年增长1.30%，人身险业务收入19.59亿元，比上年增长7.62%。人寿如东支公司获评"省公司G20B类会员单位"及"安康关爱行动"先进单位；人保如东支公司联合党支部获评"五型"联合党支部，人保如东支公司被市分公司评为学党史践行动"4·30"抗灾先进集体；民生保险如东营销服务部获省分公司"创新奖"，1人获省分公司"创业奖"。

中国人民财产保险股份有限公司如东支公司

【概况】2021年，中国人民财产保险股份有限公司如东支公司（简称人保财险如东支公司）围绕三农与民生，创新开办大豆种植与肉鸡养殖保险、乡村振兴保险和金农保等系列保险项目。三大主粮承保比例再获提升。利用公司人才、技术和网点优势，开创"警保联动""温暖协赔""风险减量"等高品质保险服务举措，客户服务体验不断提升，三大主粮承保比例连年提升，已有保险项目的承保覆盖面再扩大。"4·30"风灾发生后，充分发挥保险在灾害中的社会保障和经济补偿功能，仅用5天，处理理赔案件22428件，理赔处理率达99%，支付各类赔款4100万元。2021年，公司全年实现保费收入3.6亿元，同比增长5.20%。其中，车险保费收入2.10亿元，同比增长0.26%；家用车保费收入1.82亿元，同比增长0.57%；非车险保费8899万元，同比增长14.21%；农险保费收入6027万元，同比增长11.39%。累计承担社会风险2895亿元。人保财险如东支公司先后获评"江苏放心消费创建先进企业"。

（吴媛媛）

中国人寿保险股份有限公司如东支公司

【概况】2021年，中国人寿保险股份有限公司如东支公司(简称中国人寿保险如东支公司)积极应对疫情影响和行业的深度调整，狠抓“政治、队伍、质量、风控”四大建设，坚守本源，稳中有进，持续服务全县经济社会高质量发展。推进普惠保险，构建社会多层次保障体系。在持续做好城乡居民补充保险、建档立卡等低收入人口医疗保险和“安康关爱行动”老年人意外伤害综合保险的基础上，主动为各类民生工程创新提供“关爱女性保险”、“计划生育失独家庭意外伤害保险”及“计生并发症综合保险”等专属保险保障，助推“强富美高”新如东建设。年总保费收入12.4亿元，同比增长2.98%，全市系统排名第二；满期给付及理赔支出3.37亿元，依法足额纳税876.34万元，系统、市场“双领先”。获评全省系统G20俱乐部B类会员单位、2021年度“安康关爱行动”先进单位。

(管建云)

证券业

【概况】2021年，如东县有证券分支机构3家(其中新开业1家银河证券)，均为证券营业部。全县证券业资产规模256.72亿元，全年交易量646.33亿元，形成手续费收入1463.5万元。

房地产业

【概况】2021年1—12月份全县续建、新建、拟建房地产开发项目共计32个，全县共完成开发面积141万平方米，同比上升17.5%，其中县城续建、新建、拟建开发项目21个，共完成开发面积95万平方米，同比上升15%。全县商品房(含安置房)共销售10033套，同比下降12.6%；销售面积80.44万平方米，同比下降10.95%；合同成交金额80.71亿元，同比上升7.1%。其中全县住宅(含安置房)共销售5484套，同比上升6.1%；销售面积66.49万平方米，同比上升3.4%；合同成交金额74.14亿元，同比上升19.7%。全县商品房均价10429元/平方米，同比上升0.7%，其中县城商品房均价11809元/平方米，同比上升6.6%；全县住宅均价11696元/平方米，同比上升10.64%，其中县城住宅均价12925元/平方米，同比上升13.97%。

(胡冰荟)

信息服务业

邮政

【概况】2021年，中国邮政集团有限公司江苏省如东县分公司(简称如东县邮政分公司)全年实现业务总收入2.75亿元，完成率95.61%，完成率排名全区第二。“单一客户营销模式”向“多元客户经营体系”转变，推动代理金融转型发展。2021年实现金融业务收入2.22亿元，完成目标的101.2%，同比增幅7.48%。充分发挥邮政网点遍布城乡优势，与法院深入开展合作，设立“支云驿站”诉讼服务点，推动寄递拓客上量，以客户开发加快特快业务，以独特优势促进快包发展，以体系构建驱动国际业务。截至12月底，实现寄递业务收入2528.63万元，同比增幅23.02%。着力培育文化市场、校园市场、政务市场、商贸市场，通过持续开展项目营销，紧贴客户需求，全年实现传统邮务类收入2492万元，完成率69.72%。打造优质旗舰店，通过产品优化、开展各类特惠活动，增强区域经理与加盟店的邮政黏性，提高加盟店主的下单率及批销额。寻找地域特色农产品，打造“邮乐网”如东电商生态链，加强市场调研、产品研究、项目策划，结合社会热点、重大节日及时令产品开展加盟渠道促销活动，引入邮政线上直播活动，拓展单位福利市场、食堂市场，提升专业营销和团购业务占比。2021年实现分销收入866万元，完成全年计划的67.12%。

【邮政服务】如东县邮政分公司深化政务服务改革，打造全区首家便民服务中心，满足客户日常消费需求的同时，可一站式办理税邮和警邮业务，全面实现“就近办、快捷办、容易办”。截至12月底，全县共建成警邮网点11家，办理警邮业务7996笔；税邮代征税额网点9家，实现代征税款143.6万元。开展邮件收寄安全专项检查和扫黄打非专项检查工作，采取常规检查与突击检查的方式，对窗口和大宗收寄点进行检查，共检查512次。对全县信箱筒开箱情况进行检查，全年共投放测试信396封，有效管控邮件全程时限。督促网点窗口严格执行“首问负责制”，提高服务诉求窗口办结时限，力争投诉不出门，加强投诉原因分析，提升服务投诉处理技巧，11185、95580、11183各项指标均达标，2021年共受理工单4929件，其中表扬22件，未发生有理由投诉。

(康玲玉)

电信

【概况】 2021年，中国电信股份有限公司如东分公司(简称中国电信如东分公司)完成主营业务收入2.33亿元，天翼用户新增6.2万户，宽带用户新增2.8万户。贯彻落实“以人民为中心”发展思想，打造长效发展、高质量发展的运营环境。强化服务红线意识，开展“重塑装维形象”专项行动，切实提升渠道、装维等触点服务能力。2021年获评“江苏省文明单位”。

【信息化服务】2021年，中国电信如东分公司践行“云改数转”集团战略，持续强化信息基础设施建设；紧扣产业数字化转型主线，加快5G+工业互联网融合发展，为全县经济高质量发展提供新引擎、增添新动能。提高产业数字化转型能力，贴近企业需求着力推广“5G+工业互联网”典型场景应用。2021年3月30日，与金红叶纸业(南通)签订“5G+工业互联网”暨全业务战略合作协议，合力创建“互联网+先进制造”特色基地。该项目是如东历史上单一投资规模最大的5G+工业互联网产业项目。数字化治理能力提升，如东电信公司协同如东县域治理现代化指挥中心共建数字化能力生态，进一步统筹整合县域范围内网格化管理、“12345”政府公共服务热线、审批服务、城管监督指挥、应急管理等信息资源和数据，建立市、县、镇、村“四级联动”一体化综合指挥平台，实现一体联管、一门共管、一网统管。

【通信能力建设】2021年，中国电信如东分公司践行“网络强国”发展理念，信息基础设施建设全面提速，实现全县光纤网络全覆盖。持续跟进海上风电场覆盖需求，安装开通国电投H4、国电投H7、新能H2、中广核H8升压站，协鑫H15风电场23号风机等4G基站，海上站点达16个。助推县域信息化，至2021年底，5G宏站达302个，5G基础设施建设实现县城主城区全覆盖，工业园区、主要镇区5G信号连续覆盖。做好县域重要活动通信保障，重点完成南黄海训练基地集中隔离点及核酸检测点紧急通信保障，完成如东县首届“惠民大集”年货节5G直播活动、“七一”红色诗文朗诵会视频连线、栟茶古镇开街仪式、金光基地一号线开机仪式、“烟花”台风海域应急

2021年3月30日，举办金红叶纸业(南通)与如东电信“5G+工业互联网”暨全业务战略合作签约仪式

(陆晓雯 摄)

需求等通信保障工作，并获肯定。

（陆晓雯）

移动通信

【概况】 2021年，中国移动通信集团江苏有限公司如东分公司（简称如东移动公司）铸强网络优势，加快5G网络建设。新建5G基站104个、4G基站41个。至年底，移动通信用户62.01万户，其中5G用户16.12万户；5G基站规模达513个，4G基站规模达2035个。年完成集团用户投资约1000万元，新增语音专线96条、数据专线111条、互联网专线616条；完成420家酒店、宾馆、集团宿舍统签类一网通覆盖建设，实现集团用户上线2600户。

（项晓冬）

联合通信

【概况】 2021年，中国联合网络通信有限公司如东县分公司（简称如东联通）围绕高质量发展，找准工作抓手，转型数字化场景营销，实现收入份额提升。优化营业网点布局，落实轻触点渠道建设，加强村级网点建设，提升网点效能。至年底，全县有实体渠道近30家，零售网点130余家。强化宽带业务，加大宽带覆盖力度和建设投入。截至年底，增加覆盖近3万户，城区小区基本实现全覆盖。做好存量用户的保有工作，全年存量用户价值提升为公司收入增长提供强有力的支撑，同时做好小业务的电话和临厅用户的推荐。创新业务取得突破，中标人社局省市县一体化平台系统、医保局排队叫号系统、税务局大楼整体无线覆盖项目、卫健委视频会议系统。首次与县委政法委、海康公司完成如东乡村振兴项目顶层设计。

（刘媛媛）

商贸合作

综述

【概况】 2021年,面对新冠肺炎疫情和国际形势深刻变化,如东县深入研究对外及对港澳台地区经贸合作战略,重拳出击,多措并举,全县开放型经济向更高层次发展。全县全年工商登记注册外资4.49亿美元,实际利用外资3.8亿美元;全年新设外商投资企业24家,总投资8.65亿美元,注册外资3.92亿美元;年末全县实有外商投资企业400家;超百亿级重特大外资项目金光产业基地项目、桐昆聚酯一体化项目相继投产。

【进出口贸易】2021年,全县外贸进出口总额506亿元,同比增长28.3%;年末全县共有进出口企业572家,其中,进出口额超亿元企业51家,进出口总额442.61亿元,占全县进出口总额的87.5%;进出口额3000万元至1亿元企业73家,占全县进出口总额的7.8%。出口额超亿元企业37家,占全县出口总额的65.2%;进口超亿元企业13家,占全县进口总额的96.4%。

【境外贸易】2021年,完成境外直接投资总额3212万美元,位居南通市各县(市、区)第二;对外承包工程和劳务合作营业额6572万美元,新派各类劳务人员205人。截至2021年底,如东先后有20家企业在"一带一路"沿线国家投资设厂和成立贸易公司,项目个数52个,中方直接投资总额超过4亿美元。

利用外资及港澳台资

【概况】2021年,全县实际利用外资3.8亿美元,同比增长11.8%,超额完成南通市下达指标任务,创历史新高。新设(含增资)外商投资企业24家,其中总投资3000万美元以上项目8个,注册外资3.25亿美元。2021年底,全县在谈项目220个,新签约项目200个,在谈项目和新签约项目数同比分别增长–7.6%和10.5%。新签约重特大项目占新签约项目的23%,新签约重大项目注册转化率达37%,新签约重特大项目占比和注册转化率较上年同期分别降低1.9个百分点和16个百分点。新签约总投资10亿元以上重大项目46个,新能源、新材料、智能装备等产业项目占比达89.1%。当年新增亿元以上项目信息505条,其中,内资项目信息452条,总投资超10亿元以上项目信息81条;外资项目信息53条,总投资超3000万美元项目信息33条,总投资超亿美元项目信息15条。

【重特大项目"大走访"】 2021年,根据全市统一部署,从"稳住外贸外资基本盘"出发,充分发挥外商投资企业对经济增长的驱动作用,进一步稳定投资信心,优化营商环境,着力推进开放型经济高质量发展,全面推进县、市领导走访重点外商投资企业活动。全县8家重点外商投资企业列入南通市领导大走访外商投资企业清单,县委、县政府将全县重点外商投资企业和重大外资项目列入县领导走访清单。"大走访"活动中,县、市领导深入企业,面对面交流,了解外商投资企业在疫情防控常态化背景下项目推进现状,关注外商投资企业经营情况,重点协调解决重大外资项目推进和重点外资企业生产经营过程中遇到的融资、用工、用地、用能、环保及进出口环节等方面问题,精准指导服务,推动重大外资项目早落地、早开工,促进重点外资企业高质量发展,推进企业做大做强。

【重大外资项目"专班服务"】如东完善重大外资项目"专班服务"机制,延长"后招商"服务链条,及时研究解决项目推进过程中的各种问题,确保重大外资项目早落地、快投运,超百亿级重特大外资项目金光产业基地项目、桐昆聚酯一体化项目相继投产。在疫情防控常态化背景下,协助外商投资企业做好来华商务人员的邀请,先后邀请25人次外籍专家及外企高管来华,有力推进金红叶纸业、爱森化工、华润燃气、小洋口温泉等项目的建设运营。指导全县419家外商投资企业做好2020年度信息报告工作,及时化解企业申报中的困难。金光产业基地项目通过协调推进,解决税费返还、污水处理、工业用水差价补贴等问题,促成企业提前实现年度到账计划7600万美元;爱森三期环评专家评审,通过沟通协调,在洋口化学工业园区区域环评未正式批复前先行进行专家评审会,出具评审意见,为项目推进节约时间,促成项目外债转增资1000万美元。2021年,全县共签约项目200个,其中,10亿元以上项目26个,20亿元以上项目14个,50亿元以上项目3个,百亿元以上项目3个;注册亿元以上项目120个,其中,10亿元以上项目10个,20亿元以上项目10个,50亿元以上项目2个,百亿元以上项目1个。

【投资促进】2021年,全县着力推进补链、强链、延链型招商,以"投资促进周"为主要形式,全面参与市级层面组织的上海、苏南、深圳、成都、重庆投资促进周等活动,县主要领导共拜访企业45家。组织春季"招商引资百日竞赛""秋季攻势"两次专题竞赛,常态推进双月"项目招引观摩"。举办第四届如东企业"金牛奖"颁奖典礼集中签约仪式。全县全年累计组织开展各类小型活动82场次;开展小分队招商322次,其中走出去242次,请进来80次;组建由县主要领导、分管领导,各镇(区、街道)主要负责人员在内的专题微信群,每天汇报工作动态,特别是将利用外资设为对四大园区目标考核的降档项,推进机制进一步优化完善。

进出口贸易

【概况】2021年,如东经济在新冠肺炎疫情背景下,遭遇前所未有的冲击。全县上下始终坚持"稳"字当头、积极应对、主动作为,全县外贸进出口逆势飘红,进出口总额达506亿元,继续位列全市第一方阵,较疫情前2018年增长125%。2021年,全县有进出口实绩企业比上年同期增加28家。全县贸易主体结构进一步优化,8家企业入选省"重点培育和发展的国际知名品牌",15家企业入选市"重点培育和发展的国际知名品牌"。

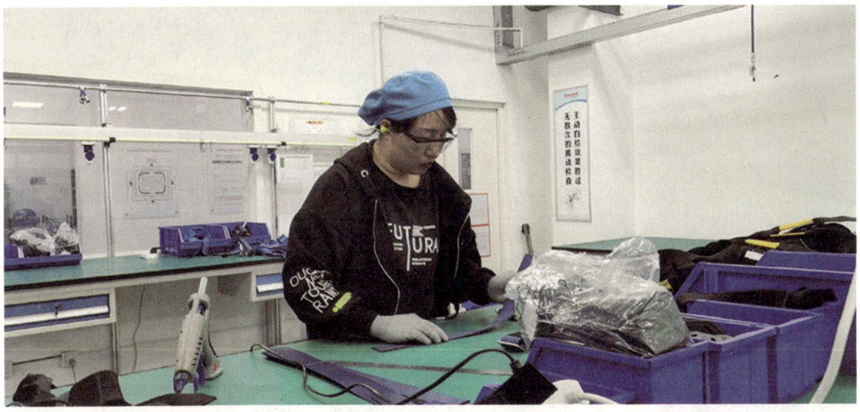

霍尼韦尔安全防护产品（南通）有限公司生产车间

【出口市场】 2021年，如东出口主体市场美国、欧盟、日本的占比分别为25%、22%和8%，对美国出口增长19%，对日本出口增长4%，对欧盟出口增长2.2%，三大主体市场出口占全县出口的55%，与上年度同期基本持平。对“一带一路”沿线国家出口35.4亿元，同比增长25%；进口143.9亿元，同比增长19.8%。新兴市场中对东盟出口增长47%，对拉丁美洲出口增长15%。

【新业态】 2021年，在疫情多点散发背景下，如东着力培育重点跨境电商企业，探索推进“9710”“9810”模式出口，推广运用亚马逊等跨境电商平台，全县已有多家企业获得跨境电商数字证书，打通跨境电商出口渠道。同时组织企业以抱团参展中国国际渔业博览会，线上线下融合参加中国进出口商品交易会（广交会），以“云参展”“云对接”等形式开拓国际市场。

【国家级外贸转型升级基地（安全劳护用品）】 如东县委、县政府把培育建设外贸转型升级基地作为促进外贸转型升级、拉动外资增长的重要抓手，2021年，成功创建“国家级外贸转型升级基地（安全劳护用品）”。如东安全劳护用品产业起步于1992年，经过30年发展，成功实现由小变大、由弱变强、由散变聚、由内变外的根本性转变，当年的“草根经济”，如今已发展成为颇具规模的县域特色产业集群、全球知名的高端防护产品基地。截至2021年底，全县拥有安全劳护用品产业企业820家，员工4.1万人；拥有安全劳护用品生产企业532家，其中外贸供货企业180家，自营进出口企业60家。2021年，全县安全劳护用品产业企业累计实现销售收入160亿元、税收7.8亿元；全县安全劳护用品生产企业累计实现销售收入120亿元，就业4万多人；全县安全劳护用品出口6.0亿美元，约占全县出口总值的四分之一。2015年，如东县被科技部高技术产业开发中心认定为“国家火炬生命安防用品特色产业基地”。2019年，如东经济开发区“长三角（如东）安全产业园”被工信部、应急管理部认定为第一批国家安全产业示范园区，并被中国纺织工业联合会认定为“中国安防用纺织品名城”。

经济合作

【概 况】 2021年，面对境外疫情形势的严峻性、长期性、复杂性，如东县持续加大组织推进、政策引导和服务体系建设力度，将不确定因素降到最低程度，助推全县外经企业努力走出去“危”中寻“机”，取得积极成效。截至2021年底，全县经核准备案境外直接投资设立27家企业（机构）。2021年，全县累计实现境外投资总额3212万美元，人均对外直接投资额33.1美元，全年对外承包工程和劳务合作营业额4968万美元。中天科技股份有限公司新签菲律宾国家电网尼格罗斯—帕奈岛230KV互联海缆总包工程项目1亿美元；中天科技新签赞比亚水电电缆项目3760万美元。疫情防控期间，如东进一步完善在外人员管理制度和疫情防控期间工作机制，开展疫情防控宣传和心理疏导，优化完善突发事件应急预案，加大对外投资合作企业在外人员协调和管理。

【“一带一路”投资建设】 如东县地处“一带一路”江苏沿海经济带与长江经济带的交汇点，与沿线国家经济具有较强的互补性。随着“一带一路”建设深入推进，如东与“一带一路”沿线国家交往更加深入，合作更加紧密。2021年，如东更大力度融入“一带一路”，重点引导中天科技、南通双狮等企业，深化与“一带一路”沿线国家产能合作，鼓励企业建设“境外产业集聚区”，建立“优势产业境外加工基地”，加强“境外资源互利合作”，拓展“服务业境外投资”，全县外经企业累计完成境外投资项目7个，其中1000万美元以上项目1个。中天科技自2003年走出国门以来，先后与“一带一路”沿线65个国家中的59个国家开展合作，覆盖率为92.19%；设立的6家海外工厂中，布局在“一带一路”沿线的有3家大型工厂；主导产品在144个国家和地区销售，光纤复合架空地线产销量世界第一。江苏刚正薄板科技有限公司合资5000万美元在菲律宾建设的物流加工中心正式投入使用。世纪燎原缅甸工厂有员工3000多人，是国内工厂员工人数的10倍，人均工资仅有国内的四分之一，极大降低了企业运营成本。

【对外工程承包】 2021年，如东县对外承包工程企业不断转型，承包方式从最初的工程分包逐步向工程总承包、EPC、EPC+F等模式拓展，国际工程在全球疫情背景下，进一步扩量提质。江苏顺通集团获得以色列住房建筑最高端G5资质（全球仅6家），首次进入以色列高端劳务市场之后，新签高端住房合同额2268万美元。2021年全县对外工程承包“一带一路”沿线合作继续推进，在“一带一路”沿线国家地区中的6个国家承包工程项目，新签合同额1.37亿美元。

【对外劳务合作与劳务纠纷化解】 2021年，县商务部门进一步加强对外劳务合作管理，规范外派劳务市场经营秩序，杜绝违法违规现象,维护外派劳务人员合法权益和社会稳定。组织南通五建录取澳门建筑劳务人员112人;与中国对外承包工程商会及南通二建和龙信集团联系,组织包机送顺通33名建筑劳务人员赴以色列工作;1月份,日本劳务市场对华重新开放后,如东海外公司76名赴日技能实习生从上海领事馆第一批领到赴日劳务签证。截至2021年底,境外劳务人员总数912人。2021年,受新冠肺炎疫情影响,出国劳务纠纷明显增加。县商务、司法等部门联控联调、共同发力,加强不稳定因素的摸排与研判,确保早排查、早发现、早解决;加强对劳务人员的宣传与教育,确保自我保护、依法维权;加强对矛盾纠纷的分类处置,确保各类出国劳务纠纷的有效化解,成功处置7名因疫情原因不能按期赴日技能实习生与如东海外劳务人员纠纷;成功化解江苏顺通以色列工地劳务人员意外伤亡劳务纠纷。

来自陕西省汉中市南郑区的16名农民工顺利到如东就业

【对外劳务扶贫协作】 如东县高度重视苏、陕两省市县对口扶贫工作,将对外劳务扶贫作为对口扶贫工作的重要切点和抓手,全县对外劳务扶贫从无到有,从摸索到精准,不仅已逐步发展成为全县对外经济合作的重要内容,也为贫困劳动力脱贫发挥了推动作用。2021年,如东县继续推进与南郑区职业教育中心开展合作,组织出国劳务合作项目说明会,在南郑职教中心内建立出国日语、劳务培训合作基地,联合办学,定向培养、输送技能型国际劳务人才,已有22名南郑籍学生扎根如东企业工作,待疫情好转后安排赴日技能实习。

(汤婷婷)

洋口港建设

综述

【概况】洋口港位于长江口北翼,如东县长沙镇海岸外,是中国沿海中部唯一能建30万吨级的一座离岸型深水港。港口南枕长江、东临黄海,地处中国沿海沿江"T"形经济带交汇处。隔海与韩国、日本相望,隔江与上海及苏南相依,溯江联结长江中上游诸省,是我国东部地区"外引西进"的理想桥头堡,战略地位十分重要。

【项目建设】2021年2月27日,洋口港LNG接收站累计外输天然气突破500亿立方米;6月26日,金光集团APP(中国)如东生活用纸基地首台纸机开机出纸;9月23日,总投资约100亿元如东洋口港LNG接收站项目在南通顺利签约;11月22日至24日,总投资超198亿元招商引资"秋季攻坚"重大项目集中签约;12月5日,洋口港正式开通LNG船舶夜航;12月22日,桐昆集团嘉通能源首套聚酯装置开车投产成功。

【产城融合】"十四五"期间洋口港经济开发区将继续抢抓"一带一路"倡议及长江经济带、长三角一体化、江苏沿海开发多重国家战略叠加机遇,大力实施港产城融合发展战略,全力打造"产业港、能源岛",致力于形成新能源、纤维新材料、高端造纸、冶金等四大产业集群,形成千亿级能源岛和千亿级产业港,并在以上这些产业项目的带动下,在"十四五"期末实现"固定资产投资超千亿、工业应税销售超千亿、服务业应税销售超千亿和全口径税收超百亿"的"三千一百亿"奋斗目标。

(徐明大)

港口规划

【洋口港区总体规划】按照《中华人民共和国港口法》要求,如东县委、县政府委托中交一航院编制《南通港洋口港区总体规划》,2008年获得中华人民共和国交通部和江苏省人民政府批准,洋口港区主要为临港工业区开发服务,以能源、原材料、液体化工和杂货运输为主。洋口港区规划分为长沙作业区和环港作业区,其中,长沙作业区划分为西太阳沙码头和金牛岛码头区。西太阳沙码头区规划面积为3平方公里,规划泊位29个。西太阳沙码头区开发利用烂沙洋北水道,建设大型深水泊位,并通过栈桥与西太阳沙人工岛(阳光岛)连接。西太阳沙南码头区开发利用烂沙洋南水道,建设中小型液体散货及干散杂货码头泊位,并与西太阳沙人工岛连接;金牛岛码头区开发利用烂沙洋南水道,并在浅滩稳定区域修筑人工岛,该码头区为洋口港区远期预留。洋口港区规划口岸线长29.5公里,其中,长沙作业区规划深水岸线17.5公里。2014年9月,《南通港洋口港区西太阳沙码头区优化方案》获中华人民共和国交通运输部和江苏省人民政府联合批复,该方案调整所涉及的西太阳沙码头区减少散杂货运输规模,形成以LNG、油品、液化品等液体散货运输为主的专业化作业区,为临港工业区和腹地液体散货运输提供服务。调整后的西太阳沙码头区分为北侧码头区和南侧码头区。其中,北侧码头区水深条件较好,布置5万~15万吨及以上吨级大型水深泊位,规划4组码头作业区,分别布置LNG接卸泊位、液体散货泊位和通用散杂货泊位,共形成大型泊位22个,岸线8800米;南侧码头区限于码头区域水深条件,规划布置2万~5万吨级泊位,规划4组码头区,分别布置LNG转运泊位、液体散货泊位及支持系统岸线,形成大型泊位15个,岸线3810米。2018年10月10日,洋口港区规划方案局部调整获得中华人民共和国交通运输部和江苏省人民政府联合批复。此次调整内容主要为将西太阳沙南侧码头区F区液体散货码头调整为布局5万和5千吨级通用泊位各1个;将北侧码头区A区LNG泊位由相邻布置且通用栈桥,调整为A2与A1泊位之间保留合理间距,并新建专用栈桥与后方接收站相连。西太阳沙码头区规划局部调整以及金牛码头区规划已纳入《南通港总体规划(2018—2035)》修编并上报,南通港总规修编已于2020年5月20日通过部、省联合审查。2021年8月,《南通港总体规划(2018—2035年)环境影响报告书》取得审查意见。

(陈网楠)

2021年9月23日,如东洋口港LNG接收站项目签约

【洋口港区产业规划】如东县委、县政府先后委托中国国际工程咨询公司和国家发展改革委员会产业研究所分别编制《洋口港及临港支柱产业总体规划研究》和《洋口港区产业发展规划研究》,洋口港将瞄准全县第一方阵目标,自我加压,高点定位,即"一主一优一新"产业定位,"一主"指新材料产业,包括化工新材料

2021年11月28日，洋口港能源岛迎来第500艘LNG船“艾伦”号

和纤维新材料；“一优”指能源产业，是洋口港区的优势产业；一新，即装备制造产业，是洋口港区的新兴产业，包括海工装备产业和智能装备产业。

（徐明犬）

【洋口港新城区控规】洋口港经济开发区委托苏州规划设计研究院完成洋口港新城区控规修编及核心区城市设计的编制工作，重新梳理城市用地、发展时序，兼顾历史、考虑将来，从而科学指导城市的开发和建设，适应新形势发展的需要，使城市建设有规可依、有据可从，全力为港区、产区的发展提供配套支撑，为新城区城市空间发展提供技术引导。明确了“生态活力湾、诗意栖居地、创智新港城”的发展愿景，“长三角一体化核心区北翼出海口重要组成部分、通州湾北部港产城融合的城市功能核心部分、如东县城市副中心”的发展定位，构建“一带一轴、一核双心多片”的空间结构，在6.38平方公里的规划用地范围内配建完善的行政、教育、医疗、商业、游憩、交通等服务功能，打造承载8万人居住的现代化小城镇。

（张佳佳）

【规划修编】2021年，启动《洋口港经济开发区、长沙镇国土空间规划》编制，初步确定三线划定方案；完成《如东洋口港纤维产业园概念性规划及启动区控制规划》的编制，为桐昆三期项目顺利启动做好准备；完成《洋口港供电专项规划》的编制，为园区供电设施建设提供指导；完成国土空间近期实施方案编制并获得省政府批准，获批允许建设区2938亩。

（张佳佳）

港口建设

【基础设施】洋口港经济开发区按照“超前规划、分步实施、全面配套”总体思路，加快基础设施建设，港区各项基础配套不断完善。

2021年洋口港港口基础设施建设一览表

表24

序号	项目名称	项目概况	2021年进展
1	G4G5泊位(EPC)	工程位于江苏如东县洋口港阳光岛南侧规划液体散货码头区G区，项目包括疏浚、码头水工结构、码头工艺、水域布置、导助航设施、环境保护设施及配套设施(包括供电照明、控制及计算机管理、通信、给排水、消防等)。工程拟新建液体散货泊位2个，即洋口港区规划的G4、G5泊位，均为50000DWT码头(G4泊位最大靠泊50000DWT化学品船；G5泊位最大靠泊50000 DWT油船和化学品船)。两个泊位设计通过能力481.2万吨/年，满足码头年吞吐量460万吨的需求	靠船墩D1墩身第二层混凝土浇筑；靠船墩D2墩身第二层钢筋绑扎、模板安装完成；靠船墩D4下节点第四层钢筋绑扎；系缆墩M4顶板支撑系统安装完成；工作平台W1管架基础、支墩基础、车行道模板安装；转角平台植筋、凿毛，管架基础钻孔；系缆墩M6工字钢拆除完成。 工艺部分：油气回收管线安装50米；甲醇管线安装30米
2	重件码头扩建(EPC)	工程位于江苏如东县洋口港西太阳沙南侧码头区F1泊位，项目包括疏浚、码头水工结构(原码头改造和扩建)、水域布置、导助航设施、环境保护设施及配套设施(包括供电照明、控制及计算机管理、通信、给排水、消防等)，拟将已建洋口港区10000DWT码头F1泊位升级改造为50000DWT通用泊位，内档F2泊位新建一座5000DWT通用泊位。原码头设计吞量80万吨/年，随着临港企业的不断增多，企业对港口的货物运输需求也在不断增长，根据吞吐量预测，近期吞吐量将为300万吨/年，其中纸浆80万吨/年、钢铁50万吨/年、矿建材料80万吨/年、其他90万吨/年	重件码头桩基完成100%，现浇墩台完成100%，下横梁浇筑完成44%；上横梁累计20%；梁安装累计36%；板安装累计25块；靠船构件累计安装46%；预制梁、板完累计完成561件，梁板预制累计完成67%。整体施工进度完成约50%

续表24

序号	项目名称	项目概况	2021年进展
3	阳光岛西南角岛壁抢修续建项目	对阳光岛外侧冲刷坑(沟)进行填筑和表面防护,防护岛壁轴线总长度合计约370米,预制混凝土扭王字块3297块,铺设连锁块软体排12050平方米,填筑护坦、护坡、护脚块石21310立方米,填筑袋装砂113684立方米	交工验收
4	G1泊位钢结构防腐及防火修复工程	码头栈桥、其栏杆及部分管线保温层进行修复改造	管道防火修复完成100%,钢结构防腐完成80%
5	洋口港临港工业区大重件接卸点工程	项目总长210米,宽15~40.5米,分别为岸堤衔接段长度80米、顶高程12.1米,过渡段长度70米、顶高程12.1米~10.0米(坡度3%),上岸平台长度60米、顶高程10.0米。岸堤衔接段采用预制空心板结构,上岸平台及其过渡段采用预制实心板结构。下部基础采用灌注桩基础、桩径1.2米;另外,为满足运输驳船系缆、靠泊要求,设置5组独立系靠船结构,上部采用钢结构,下部基础采用直径1.0米钢管桩	进行面层施工
6	南通内河港如东港区洋口港经济开发区作业区北区码头进港航道工程	进港航道利用现状四贯河,起点位于通洋大桥,终点位于四贯河闸,进港航道里程长度约为1118.5米,作业区设计船型500吨级货船,航道等级为四级,通过港区进港航道连接南区及北区码头。本次进港航道工程分两期实施,第一期工程为左岸全部C型护岸1003米和右岸部分B型护岸478米,第二期工程为右岸剩余部分(包括A型护岸279米,B型护岸180米,C型护岸220米)	完工,待验收
7	洋口港PPP项目——液化码头二期工程	工程建设5000DWT、10000DWT液体化工码头各1座。本工程结构形式为高桩墩式结构,主要包括栈桥主(次)固定墩、补偿器墩和码头靠船墩、系缆墩和工作平台等,共24个墩台。桩基全部采用钢管桩,共计339根,其中Φ1000毫米307根,Φ1200毫米32根,桩长在51.5~67.5米	完工,待验收
8	洋口港PPP项目——通用栈桥工程配套排海管线	排海管线从洋口港管线桥的临时排海点开始,经管线桥、人工岛引堤、人工岛岛壁、通用栈桥,在通用栈桥补偿器墩13#处下海,通过沉管方式到达指定排海点。陆域部分主要包含22个固定支座支墩、293个滑动支座支墩的混凝土浇筑(160立方米)、支座安装(315个)、管道敷设接长(2770米)和防腐(2770米)、保温(2770米)、保护(2770米)等内容,架空敷设管道管径采用DN800(φ813×15),支座采用曲面槽滑动支座和固定支座,海底部分主要为沟槽土方开挖(1200米)、钢管桩施工(233根)、桩帽横梁管座水下安装(116套)、立管及首段弯管加工吊装、管座卡箍安装(116个)、管道接长焊接及沉放(1100米)、排放口及扩散器安装(112米)等工作,管道主要由下海立管、水下放流管、扩散器管道组成	完工,待验收
9	洋口港PPP项目——黄海二桥工程	黄海大桥二桥工程桥位轴线与黄海大桥一桥平行,布置在一桥东侧。黄海大桥二桥与一桥间距净宽30米,起点利用老桥台,通过约569米渐变至净宽30米,终点从老桥台外侧接入已建阳光岛中心路。桥梁全长10034.969米(直线段8508.467米,曲线段1526.502米)。桥面宽度为13.1米,布置两车道(行车道净宽9.0米),并且在行车道两侧设置管廊带,宽均为1.55米	岸侧钢栈桥完成78米,岸侧箱梁湿接缝完成6跨,岸侧灌注桩完成11根,岸侧盖梁完成3个,岸侧连梁/承台完成5个,PHC桩部分盖梁完成2个,岛侧灌注桩部分,桩基,承台,盖梁全部完成

【开发建设】 2021年1月8日，南通港洋口港区西太阳沙南侧码头区液体化工码头二期(G4、G5泊位)工程水工施工图设计获如东县交通运输局批准；2月，南通港洋口港区西太阳沙南侧码头区液体化工码头二期(G4、G5泊位)工程开工；5月，《南通港总体规划(2018－2035年)》环评报告通过生态环境部环评司和交通运输部综合规划司审查；6月30日，洋口港阳光岛东南角岛壁外侧抢修续建工程交工验收；7月27日，如东县自然资源和规划局批准南通港洋口港区黄海大桥二桥工程用海变更；8月，《南通港总体规划(2018－2035年)》获生态环境部批复，如东洋口港经济开发区洋口港临港工业区大重件接卸点工程初步设计获批；同月18日，南通港洋口港区西太阳沙南侧码头区液体化工码头二期(G4、G5泊位)工程上部工艺施工图设计获得如东县交通局批准；11月，南通港洋口港区西太阳沙南侧码头区液体化工码头二期工程(G2、G3泊位)完成消防验收；12月，南通港洋口港区西太阳沙码头区通用码头扩建工程完工，等待交工验收；同月24日，洋口港临港工业区大重件接卸点工程接卸了首批桐昆大件。

（施羽庭）

【港口运营】 2021年1月1日至12月31日，重件码头接卸海轮59艘次，完成吞吐量约51.04万吨，3片风电叶片。液化码头靠泊102船次，吞吐量约27.5万吨，其中外贸船只26条，吞吐量约5.03万吨。2021年1月1日至12月31日，中石油LNG接收站接卸87船，接卸量718.3万吨，历年累计接卸506船、4190.5万吨液化天然气，外输天然气582亿立方米，为华东地区清洁能源供应的中流砥柱以及全国天然气保供和应急调峰的重要支撑力量。

（施羽庭）

临港工业区

【概况】 2020年初，洋口港开发区与长沙镇实行“区镇分设”。调整后的开发区规划总面积108平方公里，分为海上作业区、临港工业区、港口新城区三大功能区。经过多年的不懈努力，洋口港港产城协同发展格局已初步形成。其中临港工业区规划总面积约77平方公里，分一、二、三期、新片区和发展预留区。其中一期10平方公里，主要发展石化及下游新材料产业；二期10平方公里，主要发展国家战略性高性能纤维、智能制造、电子专用材料等产业；三期15平方公里，主要发展生活卫生用品、海工装备等产业；新片区6平方公里，发展功能性、差别化通用纤维及下游产业。发展预留区36平方公里，作为未来重大产业项目预留地.

（王勇）

【临港产业项目】 2021年，洋口港经济开发区围绕石化、绿色新材料、清洁能源、装备制造、现代物流等产业定位，发挥港口优势，积极推动LNG发电、LNG冷能利用、LNG交易中心等重点项目及以LNG为原料的仓储、物流、化工产业链条，努力建设全国最大的LNG接卸枢纽基地、供应基地、储备基地和销售中心(现货、期货)。2021年实现地区一般公共预算收入8.8亿元；规模以上工业产值、规模以上工业应税销售迈上百亿新台阶；服务业应税销售近600亿元；中石油接收站全年接卸718.3万吨LNG；省级园区综合排名上升11位，以上成绩均创历史新高，实现了“十四五”良好开局。全年成功招引亿元以上项目22个，总投资600亿元，其中“秋季攻坚”期间签约落户项目11个，投资超百亿元的华润LNG接收站等项目为高质量发展注入强劲动能。金光、桐昆两个如东最大百亿级在建项目顺利试机生产；同时永丞汉邦、同方新材料等一批项目快速推进，项目综合考核连续4年位居全市开发园区第一方阵，百亿级重特大项目服务团队荣获县“战狼奖”。

（王勇）

2021年洋口港产业项目建设一览表

表25

序号	项目名称	项目概况	2021年进展
1	金光生活用纸项目(一期)	占地2195亩，年产78万吨高档生活用纸，预计投产后年税收5.83亿元	项目1、4号线正在生产，其余2、3、5、6、7号线均在建设，预计2022年第四季度全部达产
2	金光卫生用品项目	占地约180亩，项目年产11亿片卫生巾及口罩等高档卫品	项目正在建设，目前现场基础开挖，完成总体进度的15%
3	金光配套能源中心项目(一期)	占地296亩，计划建设1台75吨/时锅炉和3台220吨/时锅炉，以及1台30兆瓦背压式汽轮发电机组和2台35兆瓦抽背式汽轮发电机组	项目现场正在建设，燃气锅炉已经投入运营，燃煤锅炉正在进行调试工作
4	嘉通能源聚酯一体化项目	项目用地约为2330亩，500万吨PTA、240万吨新型功能性纤维、10000吨苯甲酸、5600吨乙醛	项目聚酯3号线以及纺丝车间正在试生产；其余CP1、2、5、6、7、8以及PTA主装置1、2均在建设
5	嘉通能源项目二期	年产300万吨PTA，180万吨聚酯瓶片，120万吨短纤维	项目备案已完成，环评、能评、安评已经送审，并已上会，用地完成收储

续表25

序号	项目名称	项目概况	2021年进展
6	嘉通能源阳光岛仓储项目	该项目拟用海约111.1亩,新建对二甲苯储罐4座,总容积43000×4立方米;乙二醇储罐2座,总容积12000×2立方米;醋酸储罐1座,容积8000立方米	项目已经基本建设完成,正在验收相关的工作
7	南通佳兴热电联产项目	6×270吨/时+1×120吨/时高温超高压循环流化床锅炉+2×B10兆瓦－13.2/1.0背压机+2×CB30兆级－13.2/4.0(20吨/时)/1.0抽背式汽轮机	项目正在建设,1－3#锅炉已经具备供汽能力,其余的锅炉正在进行安装
8	华润LNG接收站项目	一期工程为华润燃气江苏如东LNG接收站储罐项目,总投资35亿元,新建2座20万立方米LNG储罐及其配套设施。二期工程为华润燃气江苏如东LNG接收站项目,总投资50亿元,建设4座20万立方米LNG储罐、21.7万立方米LNG泊位、取排水工程、公用工程、辅助生产设施及后方管道配套设施等。接卸码头为利用原洋口港10万吨级石化码头项目,适应性改造为21.7万立方米LNG泊位。本项目全部建成投产后总罐容为120万立方米,最大气化外输能力为7900万立方米/天	一期项目已获得项目规划选址意见,正在办理用海预审意见,预计2022年6月获得省发改委核准批复,项目环评、能评、安评等专项评价已委托编制,准备启动海域使用权证办理工作,计划年内实现开工建设,建设周期为2022年—2025年。二期项目正在开展项目前期工作,已委托编制各项专项评估报告,计划2021年获得项目核准批复
9	协鑫LNG接收站项目	占地约387.73亩,其中项目一期建设规模为270万吨/年,规划建设2座8万立方米LNG储罐,1座16万立方米的LNG储罐,并且建设1座26.7万立方米的LNG卸船码头和一座4万立方米的LNG装船码头	当前项目已获得项目核准、码头安评、岸线审查、航评等批复文件,预计2022年4月项目能评、环评、安评获批,2022年5月确定EPC总承包单位和监理单位
10	江苏省液化天然气储运调峰工程	建设规模为295×104吨/年;建设3座20×104立方米LNG储罐及配套工艺设备,以及辅助公用工程设施。项目建成后,接收站总罐容为60×104立方米,装车能力为50×104吨/年,最大气化外输能力为3000×104N立方米/天;远期最大化外输能为6000×104N立方米/天	已完成所有报批、报建手续,正处于土建施工阶段,目前正在进行3座储罐的外罐施工工作,预计2023年11月可实现工程竣工
11	江苏国信如东液化天然气接收站	项目由江苏国信液化天然气有限公司投资建设,总投资22.06亿元,占地面积245.25亩,规划总构筑物面积122000平方米,建设1座20万方LNG储罐、配套码头及卸料设施。项目建成后,接收站总罐容为20万立方米,装车能力为30万吨/年,最大气化外输能力为1100万立方米/天,预计全面达产后新增产值5.6924亿元、税收约6037万元	当前项目已完成可行性研究报告编制,完成了安评、海洋环评、稳评、通航安全评价及操船模拟、数模、海域使用论证的评价单位的委托工作,计划今年完成项目的核准及各专项评价工作,同时完成项目的设计招标及设计审查工作
12	中石油四期项目	项目由石油江苏液化天然气有限公司投资建设,总投资约25亿元。新建一座26万立方米LNG储罐及其配套工程	目前正在编制项目可研报告,中石油内部正在进行讨论,明确具体方案后报投资委员会确定。本项目建成投产后总罐容为26万立方米,将新增外输气化能力为2500万立方米/天
13	中天亚东物流项目	三个物流仓库	项目已经投入运营
14	麦特隆电子化学品项目	占地32亩,年产25000吨电子级抛光液、研磨液等电子化学品	项目完成地勘审查、施工图送审、土地等待缴费办证
15	天洋太阳能封装胶膜一期项目	占地105亩,年产1.5亿平方米太阳能封装胶膜	项目完成地勘报告正在审图办审查;施工图正在设计;环评已经送审正在函审

续表25

序号	项目名称	项目概况	2021年进展
16	江苏龙木乙酰化木材项目	占地239亩，年产4万立方米乙酰化木材、副产1.6万吨醋酸	项目备案、能评已完成，环评已送审；图纸正在同步设计
17	九九久超高分子量聚乙烯纤维项目	占地450亩，总建筑面积约22万平方米，年产2万吨超高分子量聚乙烯纤维	项目完成备案，完成初步设计方案，图纸正在同步设计
18	远东海底电缆项目	项目分二期实施，一期投资约20亿元，建设年产各类光电复合海底电缆及陆用电缆2000公里；二期投资约10亿元，建设各类海底光缆6000公里，各类电缆附件2.7万套	完成可研、环评、安评、能评、稳评等编制单位的确定，根据项目需求完成初步规划方案
19	美高微球新材料项目	占地119亩，总建筑面积约5.5万平方米，年产6万吨水性乳液、3万吨树脂、6万吨涂料及150吨乳液微球载体	项目备案已完成，能评、安评正在编制，环评初稿已完成，待送审
20	金鹏泰工业气体项目	占地40亩，总建筑面积约1.2万平方米，年产10万瓶特种气体、72万瓶气态氧等	拿地手续已完成，备案、能评已完成，环评已送审
21	台中化 己内酰胺项目	新增用地222亩，年产30万吨己内酰胺项目	可研完成编制，已经上会，环评、能评、安评均已委托编制，初稿已完成
22	爱森扩建项目	年产12万吨聚丙烯酰胺、10万吨丙烯酰胺、副产18300吨硫酸铵、5000吨金属螯合剂	项目备案已完成，环评已上会，能评、安评初稿已完成，设计正在同步进行
23	永丞汉邦高分子新材料项目	占地约164.16亩。年产47.5万吨胶乳产品、57万吨涂料产品、5500万平方米防水卷材、1.8万吨密封胶、2万吨特种纤维板项目	项目正在建设，土建基本已经封顶，即将进入设备安装阶段
24	同方电子新材料项目	用地154亩，电子绝缘胶注料2400吨/年、汽车电子胶3600吨/年、清洗剂5000吨/年、精密电子助焊剂15000吨/年、热固性绝缘涂敷材料17000吨/年、Ⅳ绝缘涂敷材料1000吨/年、浸渍涂敷材料5000吨/年、助焊膏等产品300吨/年	项目正在建设，土建已经封顶，设备正在陆续进场进行安装
25	烯晟氧化石墨烯粉体项目	占地170亩，年产3000吨氧化石墨(烯)，其中1500吨氧化石墨(烯)转化成石墨烯；石墨烯450吨/年；硫酸镁170000吨/年，项目一期年产150吨石墨烯，500吨氧化石墨烯	项目一期已经竣工投产
26	台中化环己酮项目	占地约415亩，总建筑面积35684平方米。建设年产30万吨环己酮、2.4万标准状态立方米/时天然气制氢、0.9万吨邻苯基苯酚项目。其中一期占地约161.8亩，建筑面积14414平方米，建设15万吨环己酮生产线、1.2万标准状态立方米/时天然气制氢生产线各1条	项目已经竣工投产

续表25

序号	项目名称	项目概况	2021年进展
27	爱森化工项目	年产12万吨丙烯酰胺、12万吨聚丙烯酰胺、3.6万吨黄原酸盐、5000吨MFZ	项目已经竣工投产
28	天洋新材料项目	占地约186亩(实际建设146亩),总建筑面积51164平方米。建设年产2万吨共聚酯热熔胶、1万吨共聚酰胺热熔胶、5000吨双酚A聚酯、1万吨聚氨酯热熔胶、5000吨湿固化聚氨酯热熔胶、1万吨EVA热熔胶及副产品1000吨/年四氢呋喃项目	项目已经竣工投产
29	万博新材料项目	占地127.46亩,总建筑面积53811平方米,年产1000吨氟碳树脂,1000吨丙烯酸树脂,7000吨水性树脂,21000吨树脂,5000吨助剂,20000吨卷材涂料及配套3000吨稀释剂,4000吨水性涂料,2000吨胶黏剂,2000吨油墨,3000吨UV光固化涂料	项目已经竣工投产
30	森博新材料项目	占地229.87亩,总建筑面积55986平方米,建设生产车间4栋,综合楼1栋,甲类仓库8座,乙类仓库7座及其他附属设施,年产10万吨高性能酚醛树脂、10万吨高性能酚醛膜塑料系列产品	项目已经竣工投产
31	台中化尼龙6项目	占地约52.44亩,建筑面积20540.58平方米,年产10万吨尼龙6	项目已经竣工投产
32	洋口港热电联产项目	占地约138亩,建设2台75吨/时、2台200吨/时高温高压锅炉和2台9兆瓦、1台20兆瓦抽背式汽轮发电机组及相应辅助配套设施	项目已经竣工投产
33	协孚新材料项目	占地143亩,建设年产3000万米PU、PVC合成革、弹性体等项目	项目已经竣工投产
34	宏雅环保木皮刨切加工项目	占地60亩,建筑面积18733.2平方米,年产1000万平方米UV涂装木皮板	项目已经竣工投产
35	梵品UV涂装木皮加工项目	占地44亩,建筑面积15143.4平方米,年产800万平方米	项目已经竣工投产
36	盛迈思新材料项目	GRP/GRC主题乐园产品及工艺集成系统的研发、设计、生产、销售、安装、调试、维修维护、仓储等	项目已经竣工投产
37	九思300兆瓦海上风电项目	安装4兆瓦风机75台,装机容量300兆瓦风力发电项目	项目以及竣工投产
38	中石油LNG接收站三期项目	拟建设2座20万立方米LNG储罐,新增8台低压泵,2台BOG压缩机及火炬等配套设施	项目已经竣工投产

口岸管理

【概况】2021年,如东洋口港口岸重点围绕推进口岸扩大开放,强化口岸综合管理,优化口岸营商环境,不断完善口岸功能。金牛码头区水域和岸线扩大开放列入国家口岸发展"十四五"规划。中石油江苏LNG接收站三期扩建工程两座20万立方米LNG储罐开始向外输管道供应天然气,江苏LNG接收站储存、气化、外输均已达到千万吨级。金光、桐昆两个如东最大百亿级在建项目顺利试机生产。切实加强口岸疫情防控管理,认真落实国家对开放口岸的疫情防控要求,确保防控措施到位。推进口岸文明共建,加大打击走私力度,营造良好的社会环境。洋口港保税物流中心(A型),年入库保税货物近9000万美元,积极向省政府及南京海关申请升级为保税物流中心(B型)。2021年,如东洋口港口岸实现货物吞吐量796.84万吨,同比上涨32.3%。实现外贸运量727.08万吨,同比上涨28.1%,全年接卸LNG船舶87艘,接卸量718.3万吨,创历史新高,同比上涨27.5%,外输天然气96.9亿立方米。

(施羽庭)

黄海二桥工程

海关监管

【概况】2021年,如东海关聚焦主责主业,统筹推进口岸疫情防控和促进外贸稳增长,狠抓党风廉政建设,以"铸魂""成关""提质""拔萃""筑基""鼎新"等"六项工程"为抓手,扎实推进党史学习教育、庆祝中国共产党成立100周年、疫情防控、维护国门安全等重点工作。该关获评"2019—2021年度江苏省文明单位"和"2019—2020年度南通市文明单位"、南京海关"万人争先"线上练兵成绩优异隶属海关等荣誉。

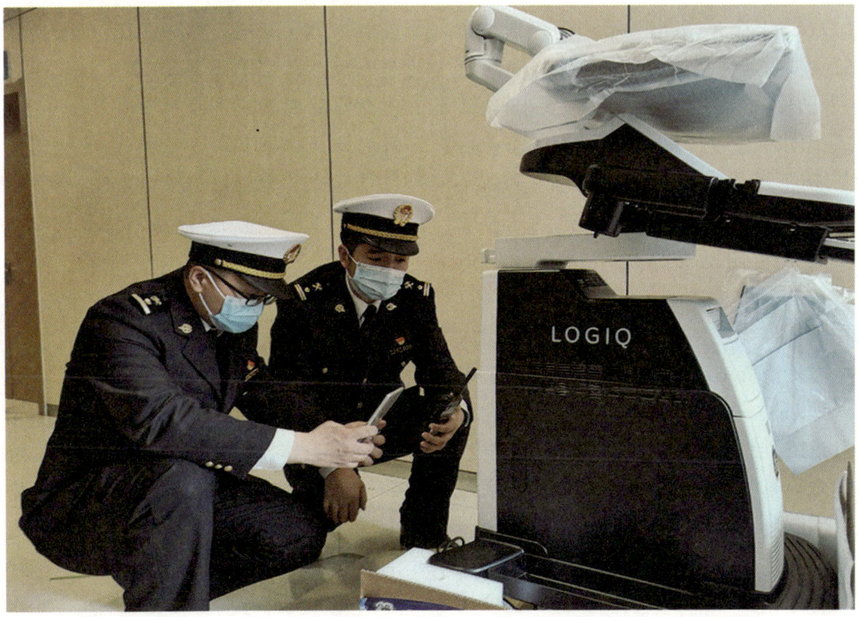

2021年4月2日如东海关关员使用音视频手持设备进行查验

【监管履职】口岸疫情防控精准有效。省内突发疫情期间,关党委委员及指挥部主要成员均在本单位集中居住,做到"7×24"小时在岗在位;密切关注疫情发展态势,第一时间按照地方联防联控和海关内部防护要求,对相关干部职工采取相应措施;建立健全口岸疫情防控体系,从严执行"三查三排一转运""7个100%"等要求,指导口岸运营单位规范"三区"建设和场所消毒,并提出防控督导意见;持续做好进口冷链食品监管和预防性消毒工作,对辖区11批次进口冷冻羊肠衣开展预防性消毒监督处理工作;共检查入境船舶98艘次,体温监测2634人次,验核"入境健康申明卡"2830份,流行病学调查5人次,采样107人次;按要求处置"达维多夫"轮1起核酸阳性案例,总结经验做法,优化工作流程。

监管效能不断强化。推进"成关"工程建设,及时将口岸检疫、安全生产、食品安全"四个最严"等工作作为月度例会重要议题,加强与应急管理、海事、公安等部门的协作配合,签订合作备忘录,实现信息共享、协同监管。2021年,监管进出口货运量773.23万吨,同比增长16.6%;检验进出口危险品及包装17068批次,金额57.4亿美元,同比分别增长42.6%和53.9%;监管进出口食品1923批次、1.2万吨,货值超1亿美元;开展鼠及体表寄生虫、蚊、蝇等医学媒介生物监测,共监测到鼠类15只、成蚊79只;在运输工具监管中,共截获有害生物12种、27种次,其中检疫性有害生物2种次。

税收征管质量稳步提升。围绕“提质”工程,始终盯牢税收预算目标。深入开展LNG政策性退税新政研究,圆满完成中石油三个季度近9亿元的退税,受到总关表扬;高效落实税收担保方式、无纸化和新一代支付等税收征管改革,积极宣讲主动披露、对美加征关税排除、特许权使用费申报新规等优惠政策,不断释放改革红利,以改革促税收、以效率引增收。

【服务发展】重大改革落实有力。深化“海关改革2020”,推进全国通关一体化改革,推广“两步申报”模式改革、AEO认证等事项,“两步申报”模式应用率50%,位于关区前列;做好RCEP政策解读和技术准备,助力辖区企业提前了解RCEP政策内容,为企业充分享受政策红利做好铺垫;主动协调对接相关部门,推动如东县首家跨境电商出口海外仓企业成功备案,首批跨境电商出口海外仓货物成功出口;保障中海油首次从洋口港进口LNG,并引导企业做好对美加征关税商品市场化排除申请。扩大开放持续推进。紧扣江苏省委提出的“向海发展”战略,举全关之力推动目光向海、力量向海,积极支持配合地方政府做好保税监管场所升级、指导G2G3液化品码头建设、重建码头改造、海上风力发电等涉海工程建设,支持通州湾扩大开放,助力江苏新出海口建设;针对造纸、化工等大项目,成立工作专班,坚持靠前服务,及时解决减免税等难题10余个,保证企业建设和运营速度;针对企业口岸查验的难题,主动向南京海关汇报,积极协调外关区海关,开展属地取样验核,实现快检快放,为企业节约费用约21万元。特色产业成效明显。多渠道强化紫菜出口企业培育,通过线上预约、远程审核、精准施策等个性化措施,助力紫菜出口2566吨;帮助文蛤养殖基地和出口企业建立质量管理体系,成功申请出口文蛤养殖示范基地,全年监管出口双壳贝类1520吨;指导化工、劳保用品、健身器材等传统优势企业提升规范管理水平,提高产品质量、享受通关便利,不断扩大出口规模。

8月27日,如东出入境边防检查站成立专班检查小组,保障俄罗斯籍“德米特里”新造船按时顺利出境

边防检查

【概况】2021年度,如东出入境边防检查站认真贯彻上级指示精神和驻地政府工作要求,围绕中国共产党成立100周年安保维稳工作主线,忠诚履行边防检查、管理、查控职能,在维护国家政治安全、打击跨境违法犯罪、防范境外输入、服务口岸对外开放等方面取得显著成绩。

【口岸管控】如东出入境边防检查站紧盯主责主业,聚力疫情防控,坚决落实“外防输入、内防反弹”的防控要求,落实口岸闭环管理,对疫情高风险国家入境的船舶、船员实行100%数据筛查和轨迹核查,全面掌握口岸入境船舶轨迹和船员情况,年内先后上报推送重点船舶、人员数据5400余条,防疫工作专报10份。在紧抓口岸疫情防控的同时,如东出入境边防检查站还积极探索新形势下口岸管控新模式,依托港口边检综合管理信息系统,加强实战型勤务指挥平台建设,健全完善勤务指挥、调度、监督、通联等工作制度,推进LNG、液化、重件码头监控智能化改造工作,积极对接省海防委,顺利完成LW－RD01海防雷达监控项目建设,进一步提升口岸智能化管控水平,实现了对口岸开放水域的全方位管控。

【服务发展】如东出入境边防检查站紧抓“一带一路”倡议及长三角一体化等国家战略多重叠加的历史机遇,深化“放管服”改革,通过单一窗口进一步实现申报无纸化。紧扣服务发展主线,贯彻落实服务促进长三角航运枢纽建设“十项措施”,抓牢“刚性执行、规范流程、主动宣传、跟进反馈”四项实施原则,积极打造快进快出的能源通道。坚持以服务地方经济发展建设为己任,主动对接金光、桐昆等大型企业落户如东工作,扫清企业进驻前的工作障碍,配合如东县政府推进洋口港水域、岸线扩大开放相关事宜,及时跟进如东口岸5000吨级液化码头二期验收和重件码头扩建工作,落实惠企举措,助力码头企业蓬勃发展。一年来,共检查入境(港)船舶198艘次,出入境(港)员工5298人次,保持了通关“零差错、零等待、零投诉”。

【队伍管理】如东出入境边防检查站结合边检工作实际,突出全员、全岗位练兵,针对人员能力素质不同,量身定制培训计划,采取集训、帮训、自训等多种灵活方式,突出练兵重点,增强训练实效。多措并举贯彻落实上级关于职业文化建设规划,常态化开展职业精神培育,注重在民警立功授奖、晋升警衔等职业生涯重要节点和特殊时刻举行激励仪式，提升民警职业认同感。聚焦"四个铁一般"队伍建设标准，深入解读《国家移民管理机构队伍正规化管理指导意见》和上级相关文件精神，健全规章制度，提升管理能力，抓牢每月队伍思想分析和风险隐患排查，强化作风养成，筑牢安全防线，队伍建设持续健康发展，全年无违法违纪事件，无维权信访情况。

港口新城

洋口新城绿色产业数据港项目在洋口镇政府东侧破土动工

【概况】 港口新城是洋口港实施"港产城"联动融合开发的重要组成部分，是如东县城市发展的副中心。港口新城西距县城中心区8公里，北距临港工业区3.5公里，通过洋口大道、港城大道、洋口港大道等快速通道与县城和临港工业区相连。港口新城总规划面积为6.38平方公里，其中启动区面积为1平方公里，远期预留扩展区面积为7.6平方公里。自2005年启动建设以来，围绕打造生态宜居、魅力港城为总体目标，基础设施建设、公共设施配套、项目招引、生态环境打造等各项工作取得了阶段性成果。

启动区内主干路网体系已基本建设完成，城市管网已配套到位；综合商务大厦、港口学校、港城幼儿园、客运站、海鲜商贸城、长南新型服务中心都已建成投用，满足基本的生活需要。2021年完成新城区控制性详细规划和核心区城市设计，明确了城市发展规模和方向，新开发东南新片区，完成拆迁工作。启动科创中心、酒店综合体等重大城建开发项目，完善新城区路网建设。

（张佳佳）

2021年港口新城建设一览表

表26

序号	项目名称	项目概况	2021年进展
1	金光绿庭	金光绿庭项目由国投智新（如东）实业发展有限公司投资建设，为金光纸业（如东）一期项目产业工人生活配套区，位于洋口港新城核心区，规划用地面积约53亩，总建筑面积约7.78万平方米，总投资约3亿元。建筑整体布局以住宅为主要功能，自南向北依次布置3排小高层住宅和1栋酒店式公寓。交付使用后可解决金光纸业（如东）一期项目1600名工人的入住	完工交付使用
2	桐昆生活区一期	桐昆生活区一期项目由南通市佑泰置业有限公司投资建设，为江苏嘉通能源有限公司产业工人生活配套区，规划用地面积约78亩，总建筑面积约14.4万平方米，总投资约6.8亿元。该工程根据服务人群不同，设置宿舍区和住宅区，共建设18栋建筑，共计1644套，打造集居住、商业、休闲为一体的配套齐全的生活园区，给企业员工一个自己的家园，交付使用后可解决江苏嘉通能源有限公司4500名工人的入住	主体封顶，正在进行内外粉刷，预计2022年10月投用

续表26

序号	项目名称	项目概况	2021年进展
3	威名石化生活区	威名石化生活区项目由威名(如东)工程有限公司投资建设,为江苏威名石化项目产业工人生活配套区,规划用地面积约48亩,总建筑面积约7.12万平方米,总投资约2.8亿元。本工程共建设12栋建筑,共计376套。交付使用后可解决江苏威名石化项目1500名工人的入住	完成规划设计方案审批。预计2024年交付使用
4	洋口港人才公寓二期	该项目由洋口港港城开发有限公司投资建设,位于洋口大道南侧、洋口港大道西侧,占地面积27777平方米,总建筑面积约4.32万平方米,总投资约1.5亿元。共建设7栋公寓楼,分别为4栋小高层,3栋高层,建设住房为394套	完工,预计2022年交付使用
5	天瑞学士苑	天瑞学士苑项目为通州建总集团在洋口港投资建设的第三个房地产项目,位于洋口港新城核心区,规划用地面积45亩,总建筑面积5.2万平方米,总投资2.2亿元。本项目共建设11栋小高层住宅.建成后可为洋口港提供320套精品住宅,满足本地居民、企业高管和外来置业人员的购房需求	正在室外配套工程施工,预计2022年5月交房
6	海悦花苑	海悦花苑项目为房地产开发项目,由吴江恒源房地产开发有限公司投资建设。项目位于洋口港新城区港城幼儿园东侧。规划用地面积约55亩,总建筑面积约6.7万平方米,总投资约2.5亿元。该项目建设3排住宅建筑,共计487套,可满足企业高管和外来置业人员的购房需求	主体封顶,内外粉刷。预计2023年交付使用
7	安置房一期	安置房一期项目由洋口港港城开发有限公司投资建设,主要为满足桐昆三期、洋吕铁路的拆迁安置需求,位于洋口港实验学校西北侧,规划用地面积约72亩,总建筑面积约11.45万平方米,总投资约5亿元。本工程共建设11栋小高层住宅,共计841套。建成后可安置拆迁户约2600人	进行土建施工,预计2024年完工交付
8	跃进路、纵五路(泽港路)道路建设工程	跃进路全长约2.22公里,规划红线宽20.6米,北起洋口大道,南至港城中通道;纵五路全长约2.19公里,规划红线宽47米,南起港城大道,北至洋口大道	道路基层施工,预计2022年完工
9	横一路、东海路、学海路拓宽、太港路及黄海路西延工程	横一路全长638米,红线宽24米;东海路636米,红线宽26米;学海路拓宽640米,红线宽度26米;太港路459米,红线宽度24米;黄海路西延326米,红线宽度47米	道路基层施工,2022年完工
10	科创中心	用地面积35.6亩,建筑面积6.5万平方米,总投资约5亿元	规划方案设计,2023年投入施工
11	酒店和综合体	用地面积约41.2亩,建筑面积约8万平方米,总投资约5亿元	方案设计,2024年完工投入使用

经济管理

宏观经济管理

【概况】 2021年,全县上下坚持以习近平新时代中国特色社会主义思想为指导,深入贯彻习近平总书记视察江苏重要讲话指示精神,认真落实党中央、省、市决策部署,按照县第十五次党代会提出的"四个提升""两个转变""七个新"的工作要求,持续加大经济运行的组织和服务保障力度,经济运行呈现稳中加固、稳中向好、稳中提质态势,"十四五"开局起步顺利。

【经济总量】 全县实现地区生产总值1272.24亿元,按可比价计算,同比增长8.9%,与全市平均水平持平,两年平均增长7.4%,居全市领先位次。其中,第一产业实现增加值96.04亿元,同比增长4.5%;第二产业实现增加值632.78亿元,同比增长9.6%;第三产业实现增加值543.42亿元,同比增长8.8%。

(周旭)

【计划管理】 建设如东县政府投资项目在线管理平台,建立县级政府和国有公司投资项目库,编制2021年度政府投资项目计划,经县投资决策委员会审定后推动实施。全年实施政府投资项目119个、完成投资95.5亿元。"四个一批"(开工一批、竣工一批、达产一批、储备一批)重点工业项目科学编定,滚动管理、序时推进,146个重点计划开工项目中,实现开工项目70个;57个重点计划竣工项目中竣工投产项目35个。

【建设效果】 金光造纸产业园一期项目、桐昆PTA生产项目顺利试生产。新能源产业发展全面提速,11个海上风电项目年底全部并网发电。能源岛建设步伐加快,中石油LNG接收站三期扩建全面投运,沿海管道如东段南线全部完工,江苏省液化天然气储运调峰项目首罐混凝土浇筑开工,协鑫汇东LNG接收站项目获省发改委核准,A2码头获项目核准意见,华润燃气全国首座LNG接收站项目成功签约。14个市级服务业重点项目扎实推进,累计完成投资27.9亿元。

(王晓沛)

【两项改革任务】 2021年,继续围绕贯彻中央和省、市、县关于推动高质量发展的各项具体要求,狠抓工作落实,持续推动"沿海重大项目落户创新"及"国有粮食企业改革"两项改革任务。

【沿海重大项目落户创新】 继续实行重特大项目挂钩制度,成立重特大项目均由县主要领导为组长,县相关部门负责人为副组长的项目推进服务领导组,研究项目推进中的重大事项,协调会办项目难题,加快推进项目实施。建立"链长制"工作领导小组,同时建立各优势产业强链专班,在挂钩联系的县领导(链长、副链长)组织下开展工作,九个挂钩部门作为专班牵头部门,主要负责人员统筹谋划部署,分管负责人员具体抓好落实,并指定一个业务科室牵头推进。牵头部门会同相关职能部门,组织相关产业专家、智库、科研院所等组成产业强链专班,进一步细化路线图、任务书,制定实施具体工作方案。

【国有粮食企业改革】 2021年,国有粮食企业公司制改制工作已全部结束。完成了国有企业的企业合并、清产核资、公司制企业章程修改、注册资本确定、市场登记变更等相关工作。

【债券融资】 2021年共发行两期企业债券,分别为如东金海岸投资开发集团有限公司的21南通农业项目债和如东县开泰城建投资有限公司的21开泰停车场专项债。

【国有资本出资私募股权投资基金】 2021年5月新设立如东源濛产业投资基金管理中心(有限合伙),由开元集团出资4.95亿元,烟台保昌出资500万元,基金管理人为烟台保昌股权投资管理有限公司。该基金于2021年9月投资厚德食品9750万元,2021年12月投资颖拓萃半导体200万元,合计9950万元。

(黄煜程)

国有资产监督管理

【国有企业改革】 推动国有经济布局优化和结构调整。优化企业国有资产布局,成功组建水务集团。完成县国有企业"十四五"发展规划编制。国企市场化、实体化业务主要集中在新能源、港口运输、商品房开发、标准厂房和专业市场建设运营等领域。不断完善现代企业制度。把党的领导融入公司治理各环节、落实董事会职权、保障经理层依法行权履职。各集团公司和重要子企业均制定本单位党委前置研究重大经营管理事项规程和清单。各企业董事会应建必建,一级企业均建立董事会向经理层授权管理制度。深入开展对标一流管理提升行动,出台投资负面清单,落实安全生产监管责任,全面完成了全民所有制企业公司制改制。逐步健全市场化经营机制。出台关于深化如东县国有企业劳动人事分配三项制度改革的指导意见,推进用工市场化、完善市场化薪酬分配机制。完善监管体系,实现经营性国有资产集中统一监管。实施事中事后闭环监管,统筹监督管理力量,建立巡察、审计、稽查、信访"四合一"闭环管理机制。

【国有企业融资降本增效】 对企业各类抵押资源(各类不动产),各类账户,货币余额等重要信息,开发建设数据调查系统,做到情况及时掌握,风险及时发现和处置。组织专项审计,将审计结果与企业负责人报酬严格挂钩。企业债、公司债等产品的承销环节已全面实施公开竞争。建立首只国有企业间隙性资金产品,通过创新的市场化手段,与融资成本并行考核,提高资金收益率。全县全部存量国有企业有息负债年化XIRR(含资金时间价值的年化内部收益率)已经下降到6%以下,2021年以来,年化资金价格水平(XIRR)7%以上的融资占全部融资的比例预计下降超过8个百分点。

【国有企业党的建设】 切实加强党的全

面领导，铸牢国企发展“根”和“魂”。坚持把学习贯彻习近平新时代国企党建思想与党史学习教育有机结合，扎实做好国企党建工作。牢牢把握正确方向。严格执行“第一议题”制度，确保上级决策部署在国资国企落实落地。加强理论武装，扎实开展党史学习教育，组织集体学习千余次、宣讲培训81个场次，组织“红色专线”“红色寻访”“红色诵读”等教育实践活动，推动新思想进企业、进项目，凝聚国资国企强大力量。聚焦国企基层组织建设，建堡垒抓品牌创特色。国资系统共4个企业党委、1个党总支、21个基层支部、392名党员。2021年，高标准发展党员40名，实施中层干部竞争上岗和末位淘汰，培育“国资先锋”、“321党建+”融创工程、“水务先锋”等一批党建品牌。将党建考核结果运用到企业负责人薪酬分配。深度融合党建与生产经营，持续完善融合党建工作机制，深入实施“两在两同”建新功、“双聚双高”作风效能提升等实践活动。积极推进栟茶古镇开发等一大批重点项目建设，在疫情防控、环保整治、文明城市创建等大战大考中，党旗在急难险重最前沿高高飘扬。做好聚人心、暖民心、筑同心的工作，累计开展“我为群众办实事”39项。锦恒集团360天完成代建友谊路小学施工，东和集团参股PPP项目公司建设的“三河六岸”项目已初具规模；水务集团推进城区供排水一体化建设，实现了经济效益和社会效益双提升。

（周玉峰）

财政

【概况】2021年，全县一般公共收入预算为68.5亿元，实际完成68.50亿元，占预算的100%，比上年增长14.1%。全县一般公共支出预算为139.29亿元，加上预算调整支出、新增政府一般债券、省市专项调整等，支出预算调整为150.96亿元，实际完成146.37亿元，占调整后预算的97.0%，比上年增长8.6%。全县政府性基金收入预算为140.38亿元，实际完成147.26亿元，超出预算4.9%，比上年增长16.4%。全县政府性基金支出预算为98.8亿元，因追加安排化债资金、上级下达地方政府专项债券支出以及增加土地补偿款等，支出预算调整为157.75亿元，实际完成151.34亿元，占调整后预算95.9%，比上年增长30.9%。全县国有资本经营收入预算为600万元，实际完成650万元，超出预算的8.3%，比上年增长20.4%；全县国有资本经营支出预算为600万元，实际完成650万元，超出预算的8.3%，比上年增长20.4%。全县社会保险基金收入预算为20.60亿元，实际完成22.00亿元，超出预算6.8%，比上年增长3.2%。全县社会保险基金支出预算为19.33亿元，实际完成19.94亿元，超出预算3.2%，比上年增长4.0%。

2021年3月6日，如东县财政局与江苏银行如东支行联合开展党员共建活动

【服务经济发展】2021年，县财政局积极扶持引领，不断增强市场主体发展信心。深入实施创新驱动战略，配合发改委、科技局等部门出台了《关于推进制造业创新发展的若干政策》，加快培育全县经济高质量发展新动能、新优势，全年累计拨付科技类专项资金6843.23万元；充分激发县内企业转型升级的积极性和主动性，推动全县制造业创新转型发展，累计拨付工业扶持专项资金5810.42万元；支持全县商贸流通环节的健康发展和金融行业良性循环，累计拨付商务金融专项资金884.72万元，并协助县内12家企业申报省级普惠金融发展专项资金共计1292.97万元。充分发挥如东融实毅达产业投资基金的支持引领作用，目前已累计投资11个项目，合计金额达3.7亿元，惠及恒辉安防、诺德新材、优普生物、瑞邦农化等七家企业。截至2021年，全县共入库PPP项目8个，总投资125.72亿元；被省政府评定为2020年度PPP模式成效明显地区，走在了全省前列；“三河六岸”河道整治及景观绿化全生命周期绩效管理项目被评为省级示范项目，获奖补资金500万元，PPP项目建设的“样板”作用不断凸显。

【债务管理】2021年，县财政局立足堵疏结合，全面防范政府性债务风险。着力化解存量隐性债务，杜绝新增隐性债务，制定切实可行的债务化解方案，做实化债资金来源。设定国有企业资产负债率上限，分类确定各融资平台公司有息债务控制或压降目标，下达各区及县本级两大集团公司总债务指导性限额，确保不发生系统性风险。落实以债务率为主的债务风险评估指标体系，强化债务成本监测预警，严控融资平台公司高成本融资，依法依规做好融资平台公司债务接续和高成本债务置换工作。积极争取新增债券额度，全年争取地方政府债券50.6亿元，其中一般债券2.3亿元，再融资债券13.1亿元，专项债券35.2亿元。特别专项债券额度达到上年同期的2.4倍，占南通发债总额的28.19%。

【社会事业投入】2021年,县财政继续加大对民生领域的投入程度,努力提升人民群众的获得感、幸福感、安全感。教育发展方面,先后落实解放路小学、友谊路小学、宾山初中等9所学校的设施设备购置资金5708.37万元,确保如期招生开学;安排资金1604万元用于县城第一高中的修缮及改造;落实资金3928万元为全县共1130间教室更换智慧黑板和健康照明灯光,保障学生视力健康,提升教学体验和质量。此外,安排4300万元对全县金梧桐奖、扶海英才资助、企业引进高校毕业生和高技能人才补贴等7个人才奖励项目进行补贴,加快人才聚焦效应形成。社会保障方面,将全县城乡居民基本养老保险基础养老金在省定173元/月·人的基础上调整至196元/月·人,惠及全县27万余名60周岁以上老年群体;深化企业职工基本养老保险和城乡居民基本养老保险委托投资工作,三年委托投资计划任务9.36亿元,已落实上划2.3亿元。贯彻《关于改革完善社会救助制度的实施意见》,落实低保标准和特困供养标准动态调整新机制。建立健全低收入家庭、支出型困难家庭和特困供养人员认定办法,支持分层分类救助保障措施。参与制定加强残疾人托养服务实施意见,优化残疾人服务体系,提高重度残疾人护理补贴省定标准,减轻残疾人家庭照护负担。医疗卫生方面,安排1000余万元用于支持全县疫苗接种工作开展,保证了全民免费接种政策落地落实;安排3000余万元用于全县新冠疫情常态化防控和医疗物资储备的资金保障工作,并逐步完善重大疫情救治体系,推动全县临床应急中心建设。落实城乡居民医保动态调整机制,将城乡居民医保财政补助最低标准提高到每人每年800元(省标610元),并同步提高个人缴费水平。及时上缴居民医疗保险市级统筹资金,安排县本级配套资金1.5亿元,上划2020年筹资差额资金3458万元,配套5000余万元用于提高基本公共卫生服务省定基础补助标准。落实资金用于产前筛查、新生儿疾病筛查,扩大适龄妇女宫颈癌、乳腺癌免费筛查服务范围,将城镇未就业妇女纳入保障人群。污染防治方面,安排2000万元用于全县大气、水自动监测站及环境应急指挥中心建设;争取省级专项债14.5亿元用于乡镇污水支管网建设及农村水环境综合治理EPC项目;安排4000万元用于全县垃圾中转站建设及升级改造;安排7000余万元用于环卫市场化运营。乡村振兴方面,探索建立了支农资金投入机制,定期通报各镇、区支农投入情况,守牢"只增不减"的底线。安排4100万元用于全县培育示范村和先进村工作推进,安排4.1亿元用于支持全县高标准农田建设,积极推动现代农业园区转型升级,提升粮食安全保障能力。安排资金全力推动品牌兴农、质量兴农,支持打造"如东大米""狼山鸡"等区域公用品牌,实现一二三产的融合发展。持续发挥农业保险"稳定器"作用,2021年开单25个险种,投保农户39.5万户,提供农业风险保障23亿元。此外,向上争取专项补贴资金9500万元用于支持全县省干线公路、路网连接公路建设,安排1200万元用于城乡公交一体化建设及公交运营补贴,安排4000万元用于城区老旧小区改造,安排4000万元用于市政道路等基础设施建设。

【财政管理改革】2021年,县财政局继续加大对财政治理能力与治理体系的建设力度,深化财政改革创新,提升财政管理水平。出台《县政府办公室关于印发如东县县本级财政资金存放管理试行办法的通知》,进一步规范县本级财政资金存放行为。试点国有资产处置新模式,利用"阿里拍卖"网上平台对部分闲置国有资产进行处置,在成交价格、溢价率等方面均取得突破性进展。推进政府采购管理系统和网上商城的深度融合,有效提升政府采购效率。对标财政部制定的预算管理一体化业务规范和技术标准,做好省统"财政预算管理一体化"系统的试点工作,确保新旧系统的平稳过渡。强化财政投资评审与建设节点更深层次结合,2021年共受理全县政府工程估算评审44项,送审38.39亿元,核减3.79亿元,核减率达9.87%,有力推动了财政资金管理关口前移,在项目资金源头造价控制上实现"事前评审"。

【预算绩效管理】2021年,县财政局对全县2020年纳入绩效目标管理的52个部门95个项目开展绩效自评价工作,选择了一事一议奖补路、秸秆禁烧综合利用、河长制、文化中心运行、优抚对象体检、养老服务体系建设、县城废弃物处置中心污水处理站升级改造、福利中心改造、长期照护保险共9个项目进行重点绩效评价,绩效评价结果均为优秀。同时,不断深化预算绩效管理,切实发挥财政资金的最大使用效益,在2020—2021年度全省社会保险基金预算绩效管理考核中荣获二等奖。

【法治财政建设】2021年,县财政局进一步健全和完善法治财政标准化管理制度体系、推进机制和考核体系,顺利完成省厅法治财政标准化管理优秀单位考核任务,被省财政厅评为连续三年以上全省法治财政标准化管理先进单位和全省财政"七五"普法工作表现突出单位。同时认真开展"厚植为民情怀、提高执法水平"主题教育、全面推行行政执法三项制度、放管服改革,加强信用信息数据归集,严格落实谁执法谁普法,推进公平竞争审查工作,认真做好"互联网+监管"等线上法治业务工作,财政法治工作质量得到有效提高。

【财政监督检查】根据江苏省财政厅开展2021年度会计和评估监督检查工作和开展省级土地整治专项资金政策执行情况联动检查的要求,积极开展政府性融资担保机构会计信息质量检查和2018年如东县洋口镇张埭村省级投资土地整治项目检查;就重点镇区2020年度财政财务管理检查项目进行深入研究,抽取新店镇财政局和河口镇财政局的财政财务收支管理情况检查,重点关注财政预算管理、财务会计管理、惠民惠农财政资金补贴"一折通"发放管理、资产管理、政府采购管理等财经法律法规政策的执行情况;随机抽取县水务局、县卫生监督所、如东中专、县杂技团四家县级机关行政事业单位进行会计信息质量检查,重点检查执行会计准则、会计制度执行情况以及会计核算是否准确、会计基础工作是否规范、信息披露是否充分完整、是否存在会计造假等行为，并根据要求适时对随机抽查事项清单进行动态调整，切实提高会计信息质量检查成效。

【行政事业单位国有资产管理】2021年，县财政局全年共完成涉及全县119家单位的资产处置工作。其中，行政事业单位资产报废处置共90家，金额2973.37万元；调拨、划拨资产25家，金额852.8万元；捐赠资产4家，金额86.13万元。

如东县2021年一般公共预算支出执行情况表

表27　　　　单位：万元

项　　目	2021年调整预算数	2020年决算数	2021年完成数	占调整预算数%	2021年比2020年	
					增减额	增减%
合　计	1509665	1348223	1463721	97.0	115498	8.6
1.一般公共服务	185586	162895	177798	95.8	14903	9.1
2.公共安全	73582	64497	71214	96.8	6717	10.4
3.教育	271584	233829	261884	96.4	28055	12.0
4.科学技术	39526	25992	38010	96.2	12018	46.2
5.文化旅游体育与传媒	25482	22910	24612	96.6	1702	7.4
6.社会保障和就业	288483	214156	284324	98.6	70168	32.8
7.卫生健康	169425	141439	162797	96.1	21358	15.1
8.节能环保	29856	31539	28383	95.1	-3156	-10.0
9.城乡社区	145856	209883	144216	98.9	-65667	-31.3
10.农林水	153715	141226	150082	97.6	8856	6.3
11.交通运输	35489	17813	32989	93.0	15176	85.2
12.资源勘探工业信息等	17564	11709	16703	95.1	4994	42.7
13.商业服务业等	5868	5418	5423	92.4	5	0.1
14.金融	668	1006	668	100.0	-338	-33.6
15.援助其他地区	3213	3174	3213	100.0	39	1.2
16.自然资源海洋气象等	15263	16416	13411	87.9	-3005	-18.3
17.住房保障	3598	2265	3598	100.0	1333	58.9
18.粮油物资储备	684	3498	684	100.0	-2814	-80.4
19.灾害防治及应急管理	12589	6374	12078	95.9	5704	89.5
20.其他支出	164	246	164	100.0	-82	-33.3
21.债券付息、发行费	31470	31938	31470	100.0	-468	-1.5

税务

【概况】2021年，如东县税务局全年累计实现税费总收入146.12亿元，其中全口径税收收入100.62亿元，同比增长9.9%，总量首超百亿；实现地方公共财政收入56.42亿元，同比增长11.58%，超过年初人代会收入任务1.92亿元，增幅列南通8个县市(区)第二。完成社保费收入39.84亿元，同比增长38.38%，社保费征收率99.5%；征收其他非税收入5.66亿元，同比增长115.44%。县局获评南通市“拥军优属模范单位”，县局机关团委获评“江苏省五四红旗团委”，县局第一税务分局团支部获评“江苏省五四红旗团支部”。县局荣获2021年度县级机关综合考核优秀单位，以及市税务局劳动竞赛年度优胜单位。

【减税降费】全县新增减税降费5.73亿元，其中2021年新出台的政策减免税金2.91亿元，2021年展期实施政策减免税金2.45亿元。落实研发费用加计扣除新政减税2.25亿元，办理增值税留抵退税141户次、6.98亿元，为2066户制造业中小微企业专项缓缴税1.89亿元，办理煤电供热企业“减、退、缓”税1194万元。承担省税务局税费优惠政策措施精准推送试点任务，桐昆项目单笔留抵退税2.09亿元。助力中广核项目享受优惠事例被评为服务企业优秀事例。发挥以税资政作用，完成经济税收专题分析文章22篇，其中9篇获市县领导批示肯定。开展3批次专题走帮服活动，走访企业496户和重大项目34个，解决涉税问题64个。

【深化征管改革】对照省税务局深化征管改革具体任务“50条”，全面梳理了改革任务清单共计44大项92个小项，逐项制定本地化的实施方案，41小项年度具体任务已全部落地。实现办税厅及服务延伸点全面进驻政务中心(便民服务中心)，“一口进、一口出”办税机制初步建立。“专业团队运行、标准流程支撑、集中深度分析、政策数据支持”县级风险应对新模式得到省税务局张爱球总审计师批示肯定。全年共完成风险应对任务810户，实现应对总成效4.89亿元，其中应对入库税款2.88亿元，对组织收入贡献率2.92%。建立“1+9”架构的如东税务监管团队，建立事前事中事后全链条的快速响应机制，实施对9类重点监控领域，22项具体税收风险监管内容的全面实时动态监控。

【优化营商环境】构建一体化运行税费服务体系，税费服务质效明显提升，退税申报效率提升40%；新办纳税人套餐服务让3261户新办企业30分钟内办结涉税事项。“非接触式”办理率90.15%，车购税全面实现网上申报。开展“我为纳税人缴费人办实事暨便民办税春风行动”和“助力小微企业发展‘春雨润苗’专项行动”，推出10大类35项140条服务措施。实行办税服务215个事项“一次成”，改革成果惠及纳税人5895户次；推广“税莫愁”专家门诊，推进办税服务厅规范化管理，开设社保费缴纳专窗，办税窗口实现“一厅通办”“一岗通办”；不动产交易“一证通办”，累计办理9281户次，推行了“交房即办证”便民服务。

【队伍建设】落实《国家税务总局如东县税务局职能配置、机构设置和人员编制规定》，设置13个机关股室，9个派出机构，1个事业单位，原丰利税务分局变更为洋口税务分局，办公室更名为办公室(党委办公室)，人事教育股更名为组织人事股，撤销了耕地占用税和契税管理所。推进干部推荐选拔和职务职级晋升工作，3名科职领导干部、2名分局长得到提任，3名“正转副”分局长进一步使用，选任4名股级正职、12名股级副职，选配42名专项工作组组长，15名干部职级晋升，57名干部交流换岗。实施青年干部“导师领航”工程，深化线上线下双轨内训机制，开设会计基础知识专题班，通过扶海轻学堂推出9期98项专项课程，供全员线上学习；先后组织了线下全员更新知识培训班、青年骨干培训班、业务骨干能力提升培训班，培训干部职工372人次，县局获得南通税务首届青年干部技能精英赛“最佳组织奖”。

(王殿臣 施健)

2021年如东县全县组织收入完成情况表

表28　　　　单位：万元

项目	本期	同期	比上年增减额	
			增减额	增减%
组织收入合计	1461215	1229770	231445	18.82
(一)税收收入	1006193	915584	90609	9.90
其中：中央级	441985	409937	32048	7.82
地方级	564208	505647	58561	11.58
市县级	564208	505647	58561	11.58
1.国内增值税	449930	408953	40977	10.02
其中：直接收入	396430	338953	57477	16.96

续表28　　单位:万元

项目	本期	同期	比去年增减额	
			增减额	增减%
免抵调库	53500	70000	-16500	-23.57
2.国内消费税	3521	2700	821	30.40
3.营业税			0	
4.企业所得税	281598	262554	19044	7.25
5.个人所得税	45388	47025	-1637	-3.48
6.资源税	45	8	37	100.00
7.城镇土地使用税	45015	46065	-1050	-2.28
8.城市维护建设税	25049	21304	3745	17.58
9.印花税	11701	10908	793	7.27
10.土地增值税	27465	10663	16802	157.57
11.房产税	25781	21081	4700	22.30
12.车船税	5260	5068	192	3.79
13.车辆购置税	17246	17013	233	1.37
14.耕地占用税	1531	2813	-1282	-45.56
15.契税	63012	55968	7044	12.59
16.环境保护税	3529	3462	67	1.92
(二)非税收入	455022	314184	140838	44.83
1.教育费附加	14931	12657	2274	17.97
2.地方教育附加	9961	8469	1492	17.62
3.社会保险费	398404	287905	110499	38.38
4.其他	31726	5154	26572	515.56

注:表中地方公共财政收入564208万元,含个人所得税手续费

金融管理

【概况】 2021年,如东县金融业推进诚信体系建设,加大金融服务实体经济力度,强化金融改革创新,加强地方金融监管,塑优金融生态环境,为经济社会发展提供了有力的金融保障。全县共有银行业金融机构18家,保险机构36家,证券机构3家,小微企业转贷基金2家,融资性担保公司1家,融资租赁公司1家,典当行2家,小额贷款公司2家。至年底,全县本外币各项贷款余额1261.79亿元,比年初增加257.49亿元,贷款增幅25.64%,全市排名第一;工业贷款余额315.6亿元,比年初增加65.9亿元,增幅26.39%,全市排名第二;涉农贷款余额916.06亿元,较年初增加146.66亿元,增幅19.06%,全市排名第一。本外币各项存款余额达1778.54亿元,较年初增加185.05亿元,增幅达11.61%。增量和增幅在全市均排名第一。中行如东支行营

业部被共青团中央评为“全国青年文明号”,公司金融部被省分行评为“青年突击队”,青园南路支行被南通市总工会评为“五一巾帼标兵岗”;农行如东支行1人被江苏省银行业协会评为江苏银行业“平安卫士”,1人被省分行评为“先进个人”,大客户团队被省分行评为“先进集体”;建行如东支行4人受南通市见义勇为基金会表彰,1人被省分行评为“兴建旺行”普惠金融特色战役百佳网点负责人;农发行如东支行被总行、省分行评为“五一巾帼标兵岗”,1人被省分行评为“优秀党员”;邮储银行如东县支行被省行评为“十优先进集体”,长沙镇支行工会小组被南通市总工会评为“模范职工小家”,1人被省分行评为三农金融“最美乡村信贷员”;浦发银行如东支行1人被省分行评为“先进个人”及“优秀公司客户经理”;民生银行如东支行1人被省分行评为“先进工作者”;华夏银行如东支行被省分行评为“十佳支行”及“先进集体”。

【优化金融服务】 持续加大对金融机构的招引和服务力度。兴业银行已开始在如东展业。农行如东支行在河口增设分理处,实现了县内镇(区、街道)全覆盖。搭建银企对接桥梁,全年举办“产业链”“乡村振兴”等类别多层次政银企对接活动逾10场,进一步优化金融资源配置,畅通银企对接渠道,解决信息不对称问题。推荐双甸镇纳入省银保监银行保险支持乡村振兴试点示范乡镇,协调各有关银行保险机构积聚力量支持乡村振兴。积极推广江苏省综合金融服务平台,为企业和银行提供线上融资对接渠道,全县累计接入平台企业达5557家,授信3410笔,授信金额183.45亿元,投放金额总计153.75亿元。

【助力中小微企业发展】 加大2支小微企业转贷基金推广力度,2021年,升泰担保在保余额首次突破10亿元,获“江苏省2021年度融资担保机构四十佳”称号。平安小贷顺利通过监管评级,被评为“AA”级。着力解决贷款难题,推动融资担保风险分担机制和“园区保”综合金融服务落地生效,协调多家银行签订融资担保风险分担协议,发布“园区保”首期企业白名单,为县内中小微企业引入更多担保资源,“园区保”首批授信超3000万元。

【履行社会责任】 为做好新冠疫情防控工作,有效防止疫情扩散和蔓延,保障人民群众的身体健康和生命安全,联合人行牵头全县金融系统建立健全联防联控机制,规范工作流程,细化防控举措,全程督查指导,全县165个银行网点、36家保险、3家证券机构及挂钩无物业小区防疫抗疫工作做到万无一失。在全县文明城市常态长效管理过程中,号召全县金融系统靠前服务、主动作为,县城65个银行点位创文工作取得扎实成效。

【金融风险防控】 严格落实会商机制,按照“穿透式”监管原则,实现非法金融活动风险防范的前移。2021年,对31家含重点字样的企业新设、变更、注销等申请启动会商机制,对重点监测机构直接约谈5次。牵头开展大型宣传宣讲活动10余次,各镇(区、街道)、各成员单位自行开展宣传活动近百次。完善集社会治理网格、金融网格、政保网格、“街长”“楼长”等于一体的网格队伍,针对不同责任主体开展专题培训10余场,发放工作手册,普及基础知识,讲解典型案例和防范技巧。

【金融知识普及】 组织金融服务高质量发展专题培训班,促进全县金融条线领导干部学金融、懂金融、用金融。坚持办好“扶海金融”微信公众号,围绕融资对接、金融资讯、防范非法集资等主题推文逾200篇。常态化开展宣传教育“六进”活动,普及金融法律知识,提升全民防范意识,针对重点人群、重点区域开展专题宣传十余场。

【资本市场建设】企业上市方面: 2021年,如东县共有A股上市公司6家,其中上交所上市3家且均为主板上市,深交所上市3家且均为创业板,新三板挂牌企业7家。恒辉安防和海力风电在深交所上市,首发募资占全市当年首发募资额的52%,其中海力风电募集资金32.97亿元,刷新南通A股上市公司IPO募资最高纪录;债券融资方面:2021年,如东县共发行信用债券20只,发行规模合计128.15亿元。从债券品种来看,私募公司债12只,发行规模合计87.15亿元,占比68.01%;定向工具6只,发行规模合计27亿元,占比21.07%;企业债2只,发行规模合计14亿元,占比10.92%。从发行人主体评级来看,如东县金鑫交通工程建设投资有限公司和如东县东泰社会发展投资有限责任公司主体评级为AA+,其余主体评级均为AA。

【保险业】 2021年,如东县有保险业分支机构36家,其中财产险分支机构15家,寿险分支机构21家。全县实现保费收入26.58亿元,其中财产险业务保费收入7.19亿元,比上年增长1.30%,人身险业务收入19.59亿元,比上年增长7.62%。人寿如东支公司被省分公司评为“省公司G20B类会员单位”及“安康关爱行动”先进单位;人保如东支公司联合党支部被人保江苏区域工委评为“五型”联合党支部,人保如东支公司被市分公司评为学党史践行动“4·30”抗灾先进集体;民生保险如东营销服务部获省分公司“创新奖”,1人获省分公司“创业奖”。

【证券业】 2021年,如东县有证券分支机构3家(其中新开业1家银河证券),均为证券营业部。全县证券业资产规模256.72亿元,全年交易量646.33亿元,形成手续费收入1463.5万元。

国土资源管理

【概况】2021年,县自然资源和规划局紧盯“争先进位”总目标,立足自然资源“两统一”核心职责,认准形势,砥砺拼搏,在如东“勇当长三角沿海高质量发展排头兵”的新征程中争当表率、争做示范、走在前列,精准保障全县经济社会发展,圆满完成年度各项工作,多项工作走在省市前列,相关特色亮点工作被“学习强国”学习平台等主流媒体宣传报道。在全县年度综合考核、全市自然资源和规划系统年度综合考核中获得“第一等次”，荣获2021年度作风效能建设“战狼奖”，“初心课堂”党建阵地获“全省自然资源系统党员教育实境课堂”称号。

2021年5月27日，如东县自然资源和规划局荣获江苏省自然资源厅颁布的“江苏省自然资源节约集约利用模范县（市、区）”称号

【耕地保护】全县耕地保护成效显著，在全市率先出台《关于规范设施农业用地管理支持设施农业健康发展的通知》和《如东县补充耕地项目新增耕地质量管理暂行办法》，进一步规范设施农业用地和新增耕地管理，袁庄镇获评省级耕地保护激励乡镇。土地整治上图入库和项目实施验收过万亩，实施力度全市最大。丰利镇南宁村和龙口村2个省级投资土地整治项目主体工程全部完工。

【保障发展】聚焦“一带一路”倡议及长江经济带、长三角区域一体化发展等重大战略部署，统筹自然资源开发利用。县城规划区范围成片开发方案在全市首批获省政府批准；全年征转土地9000亩，创历史新高；全年实现出让金147亿元，征收海域使用金8000万元；年度重大项目用地用海用林全部保障到位。在县级机关部门服务项目建设质效评议中连续三年位列第一方阵。

【节约集约】节约集约用地成效明显，在南通各县（市）唯一获得“江苏省自然资源节约集约利用模范县”称号。全年盘活低效项目用地4653亩，全市领先。

【土地执法】在全省率先出台《如东县村居土地监管考核奖惩办法（试行）》，在全市率先出台《如东县违法用地有奖举报办法（试行）》，“地球日我们在行动”系列宣传活动被评为全省第52个世界地球日主题宣传好项目，如东县自然资源和规划局被表彰为全省自然资源“七五”普法工作先进集体、全省自然资源信访工作突出先进集体。

【维护民生】不动产登记成功升级至3.0系统并启用“互联网+”线上平台，“我为群众办实事”实践活动为企业和群众解决问题300个，转移登记、抵押登记常态化实现合并办理，“一窗办事”持续深化，实现“不动产+电力”联合过户。开辟老年服务“银色通道”，提供免费律师继承服务、预约上门服务，进一步强化暖心便民举措，不动产登记营商环境评价在全市位列第一。农村不动产确权登记发证进展全市最快。

【亮点工程】不动产登记“一证通办”工作经验多次得到省自然资源厅发文推广，获得江苏省优秀测绘地理信息工程二等奖及2021年南通十佳政务服务改革创新成果；在全市率先实现不动产登记“跨省通办”，办理时限压缩50%；在第三届南通市不动产登记业务技能竞赛中获得全市第一。国家级试点项目——新店镇祝套等村全域土地综合整治项目，村庄规划和永久基本农田调整方案通过省级论证备案。深化养殖用海现状调查国家级试点成效，对试点中发现的新淤涨海域予以确权。在全市率先出台《关于改革工业用地供应方式促进产业链发展推进退二优二的实施意见（试行）》，在全市自然资源和规划“改革创新创优奖”评选中位居南通各县市（区）榜首。

国土空间规划

【概况】2021年，县自然资源和规划局稳步推进国土空间规划编制，国土空间总体规划近期实施方案以历史最短时间获省政府批准，为重大项目建设提供了充足的规划空间，为项目报批提供了坚实的规划保障。

【服务城市发展】全年共编制规划条件84个，有力保障全县项目建设。开展县城2个退城进区区域、1个整体改造区域、3个专题规划研究。

【国土空间规划】统筹“三区三线”，开展城镇开发边界试划工作。科学调整省级生态空间管控区域，在全省率先取得调整批复，调整周期全市最短，调整规模全市最大，有效释放了城区镇区近9万亩的优质空间资源。

【村镇规划】对因重大基础设施拆迁安置或因乡村振兴示范村、先进村等有新增建设用地需求的28个村，组织完成过渡阶段村庄规划编制工作，在全市首批完成了报批和省级备案工作。

林业资源

【林业资源管理】建立林长制管理制度，出台《如东县全面推行林长制工作实施方案》，全年完成绿化造林面积1466亩，新建农田林网1万亩，完善更新农田林网2.5万亩，森林抚育8200亩，四旁植树85万株，新建义务植树基地9个，新建绿美村庄13个。

【生态保护修复】全年修复湿地530亩，建设小微湿地1个，如东县勺嘴鹬保护小区高潮栖息地建成并投入运行。

（张增增）

市场监督管理

【概况】2021年，如东县市场监管系统以“崇法敬业，笃实进取”新时期如东市监精神为引领，紧扣中心、服务大局，各项工作推进有力、成效显著，荣获“全省市场监管系统先进集体”“江苏省文明单位”省级荣誉2项，“全市先进基层党组织”“南通市工人先锋号”等市级荣誉12项，“2021年度县级机关整体目标责任制考核第一等次”“如东县2021年度作风效能建设海子牛奖”等县级荣誉13项。

县市场监管局检查进口冷链食品

【市监担当持续彰显】疫情防控更坚实。牵头县疫情防控综合监管组、县进口物品疫情防控协调组和县进口冷链食品集中监管防控工作。全年集中监管仓累计入仓进口冷链食品2622.49吨，核酸检测14.8万件，成功拦截阳性货物1起。将全县184户涉及进口冷链食品的经营主体全部纳入“江苏冷链”追溯系统统一管理。全省首创退热止咳等“四类”药品销售实名登记程序，覆盖全县291家药店。从快从严查办涉疫违法案件9件。成功举办食品安全暨进口冷链食品疫情防控应急演练，被表彰为“南通市抗击新冠肺炎疫情先进集体”。服务产业更有为。成功促成北京科大与九九久公司百万元纤维产学研合作项目，引入苏州大学博士服务光大消防、法国勃艮第大学博士担任利田公司科技副总。成功引进标龙10亿级食品园中园招商项目落户外向型农业综合开发区。为全县2200家企业免费检定计量器具6.1万台(件)。指导如东通用机械建成全县首家南通市商业秘密保护示范点；千里奔波为光阳针业、海宝电池等公司打假维权，协助捣毁制假窝点4个，帮助辉煌彩钢、海宝电池等公司协调解决跨域轻微违法行为，激发企业活力，推动产业发展。落实部署更坚决。圆满完成文明城市常态长效管理、食品产业链培育、能耗双控、义务教育“双减”、长江禁渔、游泳场馆放心消费、征地拆迁、污染防治攻坚、扫黑除恶、迎接省市县安全监管巡查督导等县委县政府交办任务。顺利通过省食安示范城市跟踪评价、质量提升、发明专利、知识产权、新增法人企业专项考核。接受涉粮巡视巡察、主要负责人任期经济责任审计。实现个转企70家，超额完成当年任务，占全县总目标任务的35%。

【营商环境不断优化】商事改革持续深入。对11个领域85项轻微违法行为实行免罚轻罚。全年新登记法人企业4437家，增幅70.1%。全县有效发明拥有量累计2427件，万人发明拥有量27.73件，同比增长24.07%。竞争秩序不断完善。扎实开展“市监利剑”助企护航行动，严格落实“两反两保”要求，多次派员参加国家、省市组织的反垄断执法和涉企收费交叉检查，获国家总局、省市局通报表扬。惠企措施务实有效。便捷信用修复，年报类异常名录移除提交材料由14项减至2项，住所类由7项减至3项。聚力做好企业年报工作，年报率达97.1%。规范开展信用修复工作，共移出经营异常名录219家，实施信用修复13家，为企业开具信用审查报告25件。落实“一次性告知”，做好“一站式服务”，提供特种设备“代办帮办”直达服务700多件。

2021年3月15日，县市场监管局举办3·15新闻发布会

【质量发展精准发力】积极申报全市高质量发展服务创新项目，成功立项4项，居全市市监系统第二，年终获创新一等奖项目1个，三等奖项目1个，优秀奖项目2个。指导爱朋医疗、恒辉王咸华总经理荣获市长质量奖提名奖；新培育省质量信用A级企业142家、AA级企业1家。规上企业首席质量官制度全覆盖，全县企业首席质量官达到721人。发挥标准引领作用，精心培育标准大户强户，中天科技发布实施国家标准4项、行业标准5项，并有国家标准12项、行业标准20项待发布；和网源电气发布实施国家标准6项；国科智能立项国家标准10项，发布实施6项。全县新增国家标准、行业标准38件，同比增长24%。在百城千业万企对标达标行动中，完成38家企业，在全市系统领跑。新建全国标准化技术机构1家落户和网源电气。牵头与市计量所、如东中专共同筹建全省第一家工业计量教育培训基地。

【知识产权活力迸发】指导企业申请专利1277件，超过往年总量一倍多，PCT专利申请21件，位列全市第三。组织企业贯彻落实《企业知识产权管理规范》，通过企业知识产权管理体系认证13家，通过省级贯标绩效评价6家。中天宽带获第二十二届中国专利奖优秀奖，中天科技成功立项省级高价值专利培育升级项目，是全市唯一立项该项目的企业。完成知识产权质押融资30

笔,金额2.513亿元,超额完成年度质押融资考核目标。

【安全形势持续向好】将省食安示范城市跟踪评价标准贯穿到日常监管中,检查各类主体7173户次,组织开展春、秋季学校食堂、卤菜生产经营专项检查等23项,食品安全工作在全市高质量考核中位列第二,年终被南通市食安办推荐为全省食品安全先进集体。在全市率先推行外卖食品安全封签。开展食安如东"你点我查""你我同查"系列活动,完成"网红奶茶""桶装饮用水"等8期专题抽检。高质量完成了中高考等重大活动、重要会议的食品安全服务保障,就餐人数累计超过万人次。大力推进中药饮片、儿童化妆品、医疗器械经营使用等8项专项整治工作,累计检查药械妆相关经营、使用单位1791家次。推进不良反应监测上报,上报药品不良反应1995份,医疗器械不良事件711份,化妆品不良反应144份,超额完成年度目标,年终获评为南通市医疗器械不良事件监测工作先进单位。高标准切入安全生产专项整治"三年大灶",接受通过国家和省市县关于安全生产的督导、巡视、巡查和检查7次。96333电梯应急处置服务平台进一步优化完善,全面推行气瓶安全"三充装一保险"监管模式。对全县2993家特种设备使用单位实施全覆盖检查,隐患整改率达到100%。年终被推荐为2021年度南通市安全生产先进集体。围绕重点领域和重点产商品实施常态化的质量监督,大力开展电动自行车、燃气具及配件产品质量等10余项专项整治,对526家经营户逐户上门走访排查。加强食品机械产品质量监管,力促产业链发展壮大。全年受理消费者举报投诉3658件,处置率100%,为消费者挽回经济损失239.8万元。开展"3·15"假冒伪劣商品集中销毁活动,销毁假冒伪劣商品价值590万元。

【监管效能显著提升】构建企业信用风险分类分级评估指标体系及随机抽查模型;出台"双随机、一公开"监管常态化运行工作意见,随机抽查事项由80项拓展至260项。实施联合抽查部门由25个扩大到35个,制定检查任务992条,抽取检查主体数7496家次,其中跨部门联合检查主体3681家次,企业迎查频率下降30%。高效执法力度不断加强。通过现代化执法装备和信息化监管执法平台的综合运用,全年共立案查办587件,办结普通程序案件664件,简易程序案件206件,案件总数同比增长29.5%,罚没入库1204.46万元,7个案件被省、市局列为典型案例。大力开展民生领域案件查办"铁拳"行动、打击走私冷冻食品、"长江禁渔"、农村假冒伪劣食品等专项行动。严厉打击利用疫情哄抬物价、囤积居奇等价格违法行为和扰乱市场秩序行为。承办紧扣民生领域的人大建议17件,政协提案20件,办结率100%。医疗服务价格重点治理效果明显,查处11家医疗机构,查处违规收费金额137.58万元,责令退还9.05万元。

(金虹儒)

物价管理

【概况】2021年,县发改委聚焦为民服务,进一步抓好价格监测和价费管理,依法依规做好价格认定,规范履行定价职能,制定如东汽车站停车收费、人民医院停车服务收费标准,先后八次应急启动蒸汽价格调整,严控调价幅度,有力降低煤炭价格变动对企业生产影响;有序落实商品房价格备案,全年完成11家房地产开发企业房价备案,引导和促进了房地产市场平稳健康发展;不断加强成本监审,先后组织中小学课后服务收费、医疗危险废弃物处置收费等7事项成本调查,委托第三方开展城市自来水供水、污水处理收费等成本监审,为合理定价提供可靠依据;严谨做好价格认定,累计开展涉案、涉纪、涉税价格认定571件,认定金额29.51亿元。

(吴小峰)

统计管理

【统计法治建设】围绕国家统计督查反馈意见,开展全县层面专项查摆整改。制定《如东县党政领导干部防范和惩治统计造假、弄虚作假责任制实施细则》、签订防范和惩治统计造假弄虚作假责任书、清理把统计机构作为目标完成责任单位的文件和做法、组织开展专业数据质量自查等,强化统计法律法规对数据质量的约束力。按照"谁执法谁普法"要求,建立健全统计普法长效机制。组织县委常委会、县政府常务会专题学习习近平总书记关于统计工作的重要指示批示精神和《中央深改委关于更加有效发挥统计监督职能作用的意见》,向县四套班子、各镇区及有关部门主要领导及分管领导宣传解读《关于深化统计管理体制改革提高统计数据真实性的意见》(简称《意见》)、《防范和惩治统计造假弄虚作假督察工作规定》(简称《规定》)、《统计违纪违法责任人处分处理建议办法》(简称《办法》)等统计法律法规,增强领导干部法治意识;以《企业(项目)入库纳统指导手册》为依据,结合各类培训、下乡调研、统计工作会议、统计月报等,面向统计工作人员进行法治宣传,强化恪守联网直报"四条红线"和严守统计法律法规意识。通过报纸、电台、电视台、网络、电子屏等媒介开展统计法规和普查条例系列宣传,举办"中国统计开放日"现场活动宣传统计法规。借助"10·20"世界统计日、12月4日国家宪法日、12月8日《统计法》颁布纪念日等重要时点,以及"阳光扶贫""文明创建""疫情防控"等工作,面向社会公众进行法治宣传。综合运用行政指导、县镇(区)自查、专业抽查等多形式加强统计检查,推行"双随机、一公开"执法检查65家企业,配合南通市统计局对如东县4个镇区共30家企业开展"双随机"统计执法检查。实施统计信用体系建设,贯彻落实统计上严重失信企业信息公示制度,开展守信践诺活动,引导统计人员依法统计、诚信统计。强化法治队伍建设。截至年底,县统计局共有6人取得国家统计局颁发的统计执法证。

【县情县力调查】认真落实第七次全国人口普查数据处理、资料开发、数据汇总等各阶段工作,发布了如东县第七次全国人口普查公报,全县登记常住人口88.00万人,比2010年"六普"99.60万人,减少11.60万人,下降11.64%。开展了百岁老人调查,2020年11月1日零时人口普查标准时点止,全县共有百岁老人187名(实足年龄),比"六普"时75名增加112名,是"六普"时的2.49倍。全面开展各类专项调查,包括服务业、规模以下工业、批零贸易抽样调查和采购经理指数调查,劳动力、人口和群众安全感,粮食、畜牧业、生猪生产大县统计监测和城乡住户调查一体化建设工作等。

【统计服务】服务项目入库、转化达产。做好投资项目入库纳统指导服务,实现应统尽统,定期摸排项目入库情况,及时与县项目办对接,加强项目入库业务培训,敦促、指导镇区及时入库。全面梳理未竣工、未转化的重大产业项目,联合相关部门,对可能实现竣工转化的项目提前与镇区对接,做好项目转化达产申报业务指导,监测分析达产情况。项目建设考核全市第三。强化百强县宣传推介。履行"百强排名升十位"领导小组办公室的职能,积极与社科院财经院、中郡经济发展研究所、中小城市发展战略研究所、赛迪顾问等研究机构沟通对接,宣传推介如东经济社会发展成就、发展机遇及前景,分析如东进位基础及优势,争取支持。2021年四大百强榜单如东均前移3位以上。赛迪顾问最新发布的2021中国县域经济百强县榜单,如东位列第32位,列江苏省第12位,比上年晋升3个位次。中小城市最新发布的2021年百强县榜单,如东位列第40位,比上一届榜单晋升4个位次。中郡2021百强榜单,如东位列第33位,比上年度晋升4位。稷夏智库发布全国综合竞争力百强县(市)报告,如东县位列第41名,比上年度中国社会科学院财经战略研究院发布的排名前进4位。深入分析经济形势。在全面完成各项统计报表任务的基础上,充分挖掘统计数据资料,积极撰写统计信息和分析,2021年度,共召开经济数据发布会2次,发布《统计月报》11册,撰写统计信息、统计分析(内刊、简报)266篇、"速度争先"工作动态4期,百强工作动态5期,县委陈书记批示2篇,1篇获评全市统计系统优秀课题,1篇课题获县社科联二等奖,3篇课题获县社科联三等奖,为县委、县政府领导了解和指导全县经济社会发展提供了重要依据和参考。扎实开展高质量发展、"月度评估"、乡村振兴、科技创新、低收入农户、基本公共服务体系建设、绿色发展、文化产业发展等监测评价,加强对薄弱指标的监测和预警,及时发布监测报告,为县委、县政府制定决策提供统计依据,为各镇区、各部门精准发力提供对策建议。

【统计教育培训】组织县、镇区街道统计人员参加省市统计系统内部培训及县有关部门的专项培训;定期对镇区街道统计人员开展业务培训,及时传达并指导上级相关业务要求、报表制度、注意事项等内容,不断提高基层统计人员业务素质;组织各镇区街道统计分管领导、统计工作人员学习习近平总书记关于统计工作重要指示批示讲话精神,学习统计法律法规和《中央深改委关于更加有效发挥统计监督职能作用的意见》,强化依法统计、依法治统的意识;加强分类指导,推进联网直报单位统计基础工作"五个规范"、统计基础资料管理制度建立和企业统计资料管理责任制的落实。

【统计规范化与信息化建设】全面落实国家统计督察整改各项任务,深入推动全县基层统计基础建设,保障源头统计数据的真实性、准确性,长沙镇、外向型农业综合开发区、城中街道、河口镇通过自评申报、审核筛选、实地验收等环节,被南通市统计局认定为四星级乡镇(街道、园区)。建立健全基层统计人员信息库,加强统计网络管理。执行季度经济运行发布会制度,定期召开经济运行发布会,邀请《如东日报》、如东电视台等主要新闻媒体参加,对全县经济运行情况进行解读,取得良好的社会效果,进一步扩大统计影响力,提升统计知晓度。

(王潇潇)

审计监督

【概况】2021年,县审计局认真落实各级审计工作会议部署要求,深入贯彻习近平总书记视察江苏重要讲话精神,紧扣推动高质量发展主题,聚焦审计工作主责主业,紧扣推动高质量发展主题,不断提升审计监督能力水平,认真做好常态化"经济体检",推进审计"全覆盖"。全年实施审计(调查)项目26个,实现了"十四五"良好开局。

【提升财政资金质效】严格落实全面预算绩效管理的要求,在县级"同级审"中融合实施政府债券管理、信息系统网络安全管理等专题,并对惠民政策执行及专项资金管理使用绩效进行重点关注。部门预算执行情况审计在运用大数据分析的基础上,重点延伸了部分预算单位(部门),揭示了专项预算执行率、结余资金管理、罚没收入及利息缴库等方面存在的问题,向县纪委移送案件线索2起,1篇审计专报得到政府主要领导批示。

【重大政策落实审计】开展全县重大产业项目推进情况专项审计调查,聚焦项目落地、产业分布、产出效益,揭示项目推进、投资效益、资金扶持等方面存在的薄弱环节,推动完善相关制度。紧扣项目推进和建设要求,全力做好重大项目监督服务保障工作。继续开展全县政府隐性债务化解情况审计,准确反映化解进度,摸清债务增减变动情况。

【经济责任审计转型】将以"先离后审"为主的审计模式逐渐转变为"离任审计"和"任中审计"相结合的审计模式。全年实施县检察长、县人社局局长等任中经济责任审计项目9个,通过加大任中经济责任审计力度,加强相关部门有效协作,不仅达到评价监督领导干部的目的,而且及时揭露违纪违规问题,真正发挥审计"治已病、防未病"的监督作用。

【政府投资审计改革】出台《如东县政府投资建设项目投资审计转型实施办法》，完成社会审计机构协审备案，建立数字化审计管理平台，不断提升固定资产投资审计绩效。始终坚持以竣工决算审计为重点，实施了县文体中心、宾山初中等工程的竣工决算审计。在指导相关建设单位开展结算审计的同时对长江路道路工程等进行结算审计，有效节约了政府建设资金。全县2014年至2019年绿化工程专项审计调查，揭示了绿化工程在资产管理、招投标管理、施工及养护管理、资金管理等方面存在的问题，推动县委、县政府及相关部门制定出台绿化工程建设和管理方面的制度12项。该项目获2021年度全市审计系统优秀审计项目一等奖、全省审计机关优秀审计项目二等奖。

【公共资源审计】开展2020年社保基金审计，促进县医保局修改完善了《如东县医疗救助实施办法》。开展全县中小学幼儿园食堂管理情况审计调查，发现部分学校食堂存在食材招标采购不规范、在食堂伙食费中列支非食堂管理人员工资、毕业学生一卡通剩余金额未及时清退等问题，要求立即整改到位。开展县城区2010—2020年住宅小区公共配套用房建设使用情况专项审计调查，推动县政府将城区住宅小区公共配套用房划归街道统一管理，新增小区家庭医生工作室4个，有效提高了小区配套用房利用率。

【审计信息化建设】在市局指导帮助下，投入数十万元购置数据存储服务器、图像整合及终端、智能显示系统、监控系统等设备，建成数据分析室并投入使用。推荐2人参加计算机中级培训并顺利获得计算机中级证书，在全省大数据审计技能竞赛中，2人进入全省决赛，1人获得全省第6名的佳绩。同年2人通过中级审计师考试，随着硬件设备的提升和专业人才队伍的壮大，信息化审计能力得到显著提升。

【审计整改工作】县审计局始终将审计整改放在与发现、揭露、处理问题同等重要的位置，坚持从机制、制度层面促进审计整改长效机制的建立和完善，草拟并以两办名义出台《如东县审计整改工作规定》，确保整改落到实处，促进审计成果的转化。

如东锦恒城市投资集团有限公司

【概况】锦恒集团内设党群工作部、综合管理部、人力资源部、战略发展部、运营控制部、技术安全部、财务管理部、融资管理部、审计法务部九大部门，确立了城市综合开发、产业投资、地产开发、工程建设、资产运营、公共事业运营六大板块。2020年12月，成立招标审计中心、财务结算中心、资产管理中心、工程设计管理中心、工程档案管理中心，推动专业化管理。现有全资及托管公司12家，员工538人，下设7个党支部，党员110人。

【项目建设】友谊路小学工程，从施工许可到竣工验收合格历时360天，项目部荣获县2021年度作风效能建设“战狼奖”先进集体称号。鑫城幼儿园顺利验收，人民医院外科大楼，入选2021年全省政府投资工程集中建设项目案例集。如意水岸、君悦珑庭等9个安置房建设项目，2021年结构封顶43万平方米，总建筑面积141万平方米，总投资120.6亿元，总量再创新高。228国道八号桥改造工程年底完工通车；东环路北延、珠江路转盘改造等民生项目的建设，有效推动了全县“我为群众办实事”实践活动。

【片区开发】集团高质高效推进掘苴河东片区整体开发建设，全年在建项目总投资约131亿元，当年实现征收土地2200亩，签约户数400余户；启动市政及公建等15个配套项目。重点推进如东高级中学异地新建项目开工建设，解放路幼儿园、邻里中心等项目均同步启动。

【市场拓展】2021年4月25日，信鑫贸易公司正式开展钢材贸易业务，全年实现销售收入超1.5亿元；5月，与国家科学进步一等奖获奖团队合资组建江苏恒棠建筑科技有限公司，在劲性复合桩领域开拓市场；11月，正式收购南通雷迪森大酒店资产，与浙江君澜酒店管理有限公司联手运营，打造地标性高端酒店，提升城市功能和品位；恒正工程检测公司全年实现经营收入2000万元，较上年同期实现翻番。

【重大投资】2021年6月15日，集团出资5.3亿元参股洋通高速二期项目。该项目的建成对推进南通通州湾新出海口建设，促进沿线经济社会发展具有重要意义。

【美债发行】2021年，金鑫交通公司共计发行4亿美元债，成为如东地区第一家发行美元债的企业，构建了更为灵活多元的融资结构，为实现高质量可持续发展打下坚实基础。

【疫情防控】2021年8月，集团共出动748人次，历时31天，全力配合掘港街道盐垣社区实施24小时封闭管理。扬州疫情暴发后，天恒环境公司第一时间召集13名志愿者驰援扬州防疫垃圾处理，受到县委、县政府的高度肯定。

【文化建设】集团大力开展企业文化建设，在全县“永远跟党走”——庆祝中国共产党成立100周年合唱比赛中荣获一等奖（机关组）。

【规范管理】2021年，增设专业管理中心，形成了九大部门、五大中心的管理体系，全年快速引进67名高层次、高技能人才，建立完善各项规章制度74个；历史遗留问题处置取得历史性突破。

（许安琪）

江苏东和投资集团有限公司

【概况】江苏东和投资集团有限公司成立于2018年，是如东县人民政府直属一类国有独资企业，注册资本3亿元人民币，负责县政府授权管辖范围内国有企业及国有资源的管理运营，进行国有投资项目的建设、管理和运营，业务涵盖能源产业、文旅服务、农业产业、开发建设、金融服务5大板块，拥有东电新能源、东能天然气管网、东盛海域、海洲文旅、好家园物业、扶海大数据、东安交通、东安保安、东和农业、欣荣城镇、栟兴建设、升泰担保、平安小贷等实际管辖实体企业及托管公司共75家，员工人数达1400多人。其中，中高层管理人员96名。内设机构有办公室、财务部、投资部、运营部、项目部(总工室)、法审部。2021年，东和集团栟茶古镇开发运营团队荣获县2021年度作风效能建设“战狼奖”先进集体称号。员工陈佳齐被共青团南通市委、南通市青年联合会表彰为2020—2021年度“南通市优秀青联委员”，被共青团江苏省委、江苏省民政厅表彰为“江苏省青马工程社会组织班优秀学员”，被共青团江苏省委、江苏省民政厅表彰为“江苏省青马工程社会组织班优秀学员”。

【年度工作】2021年，东和集团突出“两注一聚”，开展党建工作。两注，即注重强化宗旨意识、注重党建品牌创建，一聚，即聚焦“双聚双高”。集团党委制定了《东和集团党史学习教育方案》《东和集团庆祝建党100周年活动方案》，与县检察院、总工会联合组织“纪念建党一百周年，寻访党在如东红色印迹”活动；引导党员干部在助力发展、服务群众、促进和谐中争当表率、争做示范、走在前列，激励党员干部带头亮身份、亮承诺、亮成效，比技能、比作风、比业绩，切实增强全体共产党员的宗旨意识、服务意识、责任意识和效率意识；使“双聚双高”成为东和干部职工的共同追求。2021年，东和集团共实现主营业务收入15.85亿元，比2020年增长80.79%；实现净利润4705万元，比2020年增长45.23%。帮扶镇区资金16.12亿元；承接乡镇债务30.52亿元；承接县级额外债务16.84亿元，对外各类帮扶资金累计达到218亿元。全年共承接各类项目19个，计划总投资59.69亿元，共完成投资30.1亿元，支付工程款21.49亿元。主要实施项目包括四类：一是“三河六岸”等政府性项目；二是如意湾古典文化园、宾东及栟茶幼儿园等社会事业项目；三是碧桂园及三盛幼儿园、服务“中天十四五”河口新城系列项目、县城区垃圾压缩中转站等代建项目；四是和美嘉苑、栟茶古镇微改造、新和广场、强村加油站等开发项目。集团所属的升泰担保公司合作银行增至17家，授信额度共计25.1亿元，在保余额突破10亿元大关，共为134家中小微企业提供担保；中小企业互助协会完成经营性转贷业务103笔，金额9.3亿元，较上年增长132.5%。2021年，申万宏源证券、北京君都律师事务所、中汇会计师事务所三大机构根据尽调情况，为东和集团能源产业拟定了上市规划和股改方案；2021年，东能公司天然气销售总量7795万立方米，较上年的5016万立方米增加2779万立方米，增幅达55.4%；年度供气指标量跃升至8000万立方米。另外，屋顶光伏项目全年新增装机容量2兆瓦，破历史纪录。东盛公司全年新申领海域14宗，面积达30406.45亩，累计确权海域32宗74000余亩，总量实现翻番。2021年，东和集团文旅服务成功承办策划了县第四届金牛奖、县首届志交会、县中新校区奠基仪式等大型活动，栟茶古镇中市街开街并成功亮相南通江海文化旅游节，成功申报南通市特色商业街区；全民健身中心承接2021年江苏省青少年击剑冠军赛(第二站)、2021年江苏省青少年跆拳道城市联赛等数十场赛事；扶海大数据推动如东智慧城市、智慧旅游及大数据建设纵深发展，完成“互联网+明厨亮灶”项目、县域治理指挥中心平台建设等多个项目；押运中心投资1050万元新建基地，全年安全无事故为县内13家金融机构22条线路、127个营运网点押送现金和有价凭证；好家园物业新增栟茶古镇景区、大东马塘分公司、岔河恒基广场、新店镇政府、曹埠镇政府物业服务项目。2021年，东和集团与县供销社等部门协作，“组团出海”，发力区域品牌创建，致力于推进农产品品质提升、促进农业转型升级和品牌化建设，为海洋大县、农业大县转型发展奠定基础；高效推进示范园区建设，特色果蔬机械化生产展示基地、特色农产品生产展示基地、种苗中心三个重大项目建成；2021年，东和集团农产品加工项目科学布局，围绕一二三产融合发展目标，入股本地优质农业加工企业，收购了南通绿海冷冻食品有限公司，同时以原大东厂房为农业加工项目主基地，有序进行了厂区改建。集团资源交易中心参与并完成各类招标(采购)项目232个(含13个县交易平台招标项目)，项目中标总成交金额约64880万元，相比总招标(采购)控制价节减率约9.91%。

【企业形象展示】2021年，东和集团宣传报道多维度、多渠道展示企业形象。出版《东和集团》期刊4期、宣传画册1期、门户网站推送信息492条，微信公众号共推送198期，累计326条。集团员工自编、自导、自演的廉政宣传片《神奇的竹子》、集团新闻《学党史 祭英烈 江苏如东：用双脚丈量红色热土，百名党员徒步毅行祭英烈》《文明实践 江苏如东：绿色清明融于情，红色精神润于心》等被“学习强国”学习平台采用。另外，还有20余篇文章被市、县级层面各平台录用。

【能级提升】2021年，江苏行洲研学旅行社有限公司被江苏省旅行社星级评定委员会评为“江苏省三星级旅行社”；如东海洲文化旅游产业发展有限公司被县精神文明建设指导委员会办公室等五部门表彰为“2019—2020年度诚信承诺商户”；江苏名牌事业促进会、江苏经济报社、江苏省质量工作宣传活动组委会认定东和集团旗下的南通绿海冷冻食品有限公司速冻食品为“速冻其他食品(速冻果蔬制品)系列产品江苏消费者信得过产品”；2021年，由东和集团负责建设的强村加油站项目在全市专项考核中位居第一。如东海洲文化旅游产业发展有限公司(如东县体育中心)被评为2021年度南通市全民游泳健身活动“先进单位”“先进场馆”；栟茶古镇被南通市商务局评为“南通市特色商业街区”。

江苏水务集团有限公司

【概况】2021年，如东水务集团东泽源供水公司紧紧围绕县委、县政府“三个一体化”战略部署，不断深化全员政治思想，狠抓供水营商环境建设，大力强化安全保供能力，持续优化水源转输调度，全年累计供水8440万吨，同比增长13%，售水8160万吨，营业收入2亿多元，城乡水费回收率99%以上，供水产销差率4%，实现了供水营销连年大幅上升的供水目标。全年累计投入1.8亿多元，先后跨区建设了通洋线输水二期上游连接线6.5公里管道工程，实施了县城区应急水源（地下水）供水工程建设项目一期新建20眼深井井群及集水系统，完成了县域二期工程12.5公里供水管网改造，优化升级了11个高层住宅二次供水标准化泵房，相继组织推进并完成了53项新建市政及给水改造项目，有效提升了县城区应急水源补给转输能力，夯实了县域供水安全保障基础，先后获得了南通市放心消费先进单位、如东县四星级党支部等集体荣誉。

2021年7月如东水务集团获“南通市放心消费创建先进单位”称号

（胡　军）

城乡建设与交通运输

“三河六岸”以“绣花功”提升城市品质

城乡规划

【概况】2021年,县自然资源和规划局稳步推进国土空间规划编制,国土空间总体规划近期实施方案以历史最短时间获省政府批准,为重大项目建设提供充足规划空间,为项目报批提供坚实规划保障。全年共编制规划条件84个,有力保障全县项目建设。开展县城2个退城进区区域、1个整体改造区域、3个专题规划研究。

【国土空间规划】统筹“三区三线”,开展城镇开发边界试划工作。科学调整省级生态空间管控区域,在全省率先取得调整批复,调整周期全市最短,调整规模全市最大,有效释放城区镇区近9万亩优质空间资源。

【村镇规划】对因重大基础设施拆迁安置或因乡村振兴示范村、先进村等有新增建设用地需求的28个村,组织完成过渡阶段村庄规划编制工作,在全市首批完成报批和省级备案工作。

(张增增)

城市建设

【概况】2021年,县住建局以PPP项目推进为重点,加大城市基础设施投入和污染防治攻坚力度,实施城市建设项目24项。其中三河六岸累计完成工程量的87%,鹤鸣公园渭河路南侧已基本完成,渭河路北侧土方造型完成,绿化种植完成25%。两个PPP项目总共完成投入11亿元。2021年新建或改建富民西路、黄河路、黄海路北延、人民路改造段、东环路北延段等9条道路1600余盏路灯;在“我为群众办实事”实践活动中为后街背巷新增路灯300余盏,解决偏远街巷群众夜间出行不便问题;路灯节能改造列入2021年政府为民办实事项目,共将4430盏高压钠灯灯具更换成高效节能LED灯具,投入财政资金457万元,改造后道路照明效果在显著提升,同时节能率达到45%以上。按计划有序推进“三河六岸”PPP项目亮化工程,绿荫路、雁荡山路、横十二路分别安装LED路灯180盏,景观亮化施工完成总量的60%,大东桥、宾城大桥、朝阳桥等桥梁亮化已开始试运行。

(蔡慰　施卫华)

【城市道路(桥梁)建设】2021年,县城区共实施道路工程7项,其中4项已完成,其余三项按计划施工中。

(蔡　慰)

2021年如东县城区道路(桥梁)建设一览表

表29

序号	项目名称	建设单位	建筑面积(平方米)	雨水管网建设长度(米)	污水管网建设长度(米)	计划投资		开工时间	建设进展
						总投资(万元)	2021年投资(万元)		
1	人民南路改造	如东县住房和城乡建设局	23935	1424.55	/	1827.66406	600	2021.6.10	已完工
2	江海东路改造		9200	933	425	1988.89	345	2021.8.1	已完工
3	珠江路转盘		20500	48	0	1500	450	2021.6.1	已完工
4	开发区小学配套道路		46928	4386	2085	8000	3150	2021.9.28	完成至沥青下面层
5	富民路(解放路—东环路)	如东锦恒城市开发建设有限公司	10560	822	393	1500	500	2021.7.1	已完工
6	庆丰路(绿荫路—东环路)		12796	868	574	2800	0	2022.3.10	雨污水全部完成
7	闽江路(绿荫路—东环路)		18900	1315	710	1500	0	2022.3.18	河塘回填完成

【白蚁防治】2021年,如东县共实施新建房屋白蚁预防工程项目92个,建筑面积388.9万平方米。灭治项目41个,建筑面积约4583平方米,回访复查面积约55.4万平方米。

(孙鸿飞)

【房屋质量监督】2021年,如东县受监工程(含往年结转)263项,建筑面积1006.49万平方米。新办理工程质量监督手续139项,建筑面积519.91万平方米。监督竣工工程90项,建筑面积395.4万平方米。小区配套监督16个项目,其中监督竣工10个项目。通过抽查、巡查,共签发质量整改通知单108份,局部停工通知单5份,记录不良行为6次,提出行政处罚建议书52份。实体抽测90个单位工程,抽检通知书57份。约谈建设、施工、监理企业4次。受理住宅工程质量投诉277起,落实住宅工程质量信息公示制度。对全县预拌混凝土(构件)及预拌砂浆企业进行2次专项检查,出具整改单25份,抽检19组砂。落实检测综合报告制度,并将检测综合报告制度纳入常规抽查内容,组织检测机构专项检查2次,出具整改通知书5份、局部停工通知书1份、不良行为记录1份,移交行政处罚1次。发放建筑材料登记证书107份。

(康美红)

【城建档案管理】2021年,如东县接收房屋建筑工程档案和市政基础设施工程档案共114家单位、487个单体,共出具

老城区道路升级改造

《建设工程档案接收证明书》114份,共接收整理档案3238卷,入库率100%,其中扫描档案2918卷,数字化率90.1%。档案利用服务。全年共接待咨询、查档225人次,提供案卷1052卷次,其中文字卷数387卷,图纸卷数665卷,档案利用满意率100%。

(孙 莉)

【建筑节能与绿色建筑】根据《江苏省绿色建筑发展条例》和相关法规、规范,全县新建民用建筑按照绿色建筑标准施工率达100%,有效推动如东县绿色建筑发展。全年共审批民用建筑绿色方案设计49项,建筑节能产品共备案12项,备案建筑面积约112.52万平方米。

(冯宁灏)

【散装水泥管理】2021年南通市下达如东县散装水泥工作量化指标是:完成散装水泥供应量95万吨,完成预拌混凝土供应量90万立方米,散装率90%,预拌砂浆供应量达到4万吨以上。2021年全县按统计口径实际完成散装水泥推广量165万吨、预拌混凝土推广量175万立方米、预拌砂浆8万吨,散装率95%。分别是市下达指标的1.73、1.94、2倍。全县新增三家企业获得全国绿色建材标识认证。

(陈 俊)

【老旧小区改造】以提升百姓幸福感和获得感为出发点和落脚点,2021年,如东县共实施改造老旧小区工程项目6个,包括紫城花苑、安康小区、农行宿舍楼等,总建筑面积约3.37万平方米,惠及376户居民。改造内容包括:实施雨污分流、路面硬化、绿化改造,增设区内路灯、燃气管道、停车场,更换自来水管道,楼道和外立面出新粉刷,屋顶修复,新配分类垃圾桶,增设道闸、高清摄像头等安保设施,总投资约2400万元。

(刘 洁)

掘港街道和城中街道同步进行飞线整治

【镇村建设】2021年,如东以镇村水环境综合整治,美丽宜居乡村建设,特色田园乡村建设,传统村落保护,农房安全隐患排查、危房改造等工作为重点,大力推进乡村振兴战略。2021年,如东县乡镇污水处理厂及农村水环境治理PPP工程一期、二期项目11座乡镇污水处理厂及镇区主管网土建工程全部结束,全年共建成污水处理厂1座,建成镇区污水主管网39.7公里。农村生活污水治理共完成17个示范片区农村生活污水治理1.82万户。指导长沙镇滨海村创建江苏

省特色田园乡村并成功挂牌。大豫镇南坎社区通过江苏省传统村落命名,实现如东传统村落零的突破。命名市级特色田园乡村6个,成功创建市级美丽宜居乡村26个,美丽宜居乡村建成率90.03%。全县完成行政村集体土地上25.56万户农房安全隐患排查。全县完成新四类贫困人员农村危房改造35户。

(黄爱华)

城市管理

【概况】2021年,如东县城管局共办理案件6395起,实现罚没收入575.03万元,其中一般程序229起,实现处罚金额540.03万元,简易程序6166起,实现罚没收入35万元。办理县住建局移交案件143起,已处罚到位实现罚没收入418.35万元。2021年获评如东县“海子牛奖”先进集体,在全市执法技能大比武中获得团体一等奖,局机关党委被省住建厅评为“省住建系统先进基层党组织”,被省住建厅表彰为“2021年度巩固深化‘强基础 转作风 树形象’专项行动表现突出单位”。

【市容管理】对店外经营等行为逐户逐摊清理整治,2021年以来共取缔店外占道经营900余起、沿街乱晒520余处、流动摊点620余起;清理窗花窗贴1200余处;拆除过街条幅400余条;清理乱堆放600余处。全年拆除新增违建面积1.79万平方米;通过老旧小区改造、市政工程建设、征收拆迁等项目共拆除存量违建面积4.23万平方米。培育违建治理“红色管家”3家,建成无违建小区5家、无违建社区1家、无违建小区示范点8家。2021年县城市管理局联合镇区共排查户外广告及店牌店招1.57万个,发现及整治一般隐患30起,排查和整治重点隐患5起,拆除破损户外广告220个,拆除大型广告牌3000余平方米。严格按照《江苏省城镇户外广告和店招标牌设施设置技术规范》做好户外广告审批工作,户外广告审批许可101件。

【渣土运输】提高资质企业核准门槛,对公司车辆进一步细化和规范,运输车辆均为国五以上,按要求安装全密闭篷布,取缔农用车辆备案,规范全县9家企业134辆车辆可视化管理。禁止未申领“如东县建筑垃圾处置(运输)许可证”建筑垃圾运输企业进入县城区运输。同时严格落实资质准入制度,杜绝未经核准渣土运输企业和个体渣土运输车辆参与运输。对县城区内未覆盖裸土进行专项整治,制定出台县城区消灭裸土专项整治行动文件,在日常管理中加大巡查力度,采取不定期抽查等方式督促责任人自行整改,坚决打击裸土未覆盖违法行为,确保长期保持高压态势,杜绝土方滑坡等安全隐患。

【智慧停车管理】强化违停执法,共查处违停车辆1.79万辆,劝离违停车辆932辆,粘贴违停提醒函3836张,处理违停纠纷461起,回复处理“12345”投诉125起,有效规范机动车人行道板和公共通道违规停车行为。完成一类区域三元世纪城片区、二类区范堤路、人民路、海花路等符合收费条件路段停车收费管理。对县城所有停车收费管理路边泊位改造安装停车收费泊位标识牌,采用巡检车定时巡检,实时录入车位信息完成智慧停车管理。至2021年底,道路停车泊位2578个,8个公共停车场停车泊位664个,均纳入智慧停车管理体系。同时加大绿色出行推广力度,完成共享单车一期设置700点位,投放共享单车1000辆、共享助力车3000辆,最大限度满足广大市民绿色出行需求。

【无物业小区“三保”】结合街道社区反馈问题和需求,邀请评估公司对无物业小区基本情况和需改造内容进行数据搜集,形成全县无物业小区基本数据库;按照片区整合要求和具体改造需求形成保洁、保绿、保安工作推进方案,237个无物业小区“保洁、保绿、保安”现已全部到位,实现无物业小区“有清扫保洁、有绿化养护、有安全防范”的“三保”基本物业服务目标。

【厕所革命】对城区现有公厕外墙进行出新,更换添置残疾人设施,增加路段公厕指引标志,更换破损洗手池、水龙头等。3座新建公厕正在施工中,完成古池东巷公厕、黄油枪宿舍公厕改造项目,12月底竣工验收并交付如东天恒公司正式投入运行保洁管理。在重大节日及重要活动期间,及时安排流动公厕至活动场地,安排专职保洁人员,加强公厕保洁、粪便清运以及周边场地洒水冲洗等综合保障工作。

【物业管理】建立行业内良性竞争机制、全面考评机制、严格进退机制和主动服务机制,建立诚信体系公示制度,结合物业企业日常服务和受到表彰情况以及421检查结果,对照《办法》细则,每月对物业企业诚信体系分值进行考评,在物业服务中心进行张榜公示。实现部门联动、强化结果运用,促进优胜劣汰,鼓励有责任心优质企业做大做强。严把物业管理资金使用,实现钱账准确、专款专用。

【执法队伍下沉】根据省司法厅行政处罚权相对集中要求,结合如东实际,研究制定关于委托各镇(街道)行使城市管理领域相对集中行政处罚权的通知,委托各镇(街道)行使59项涉及城乡规划、大气污染防治、无照无证经营等常用行政处罚权,赋予各镇(街道)46项涉及市容环卫、公用事业方面行政处罚权,同时明确各镇(街道)负责涉及市容环卫、城乡规划、公用事业、无照无证经营等方面日常管理工作。制定《如东县城管局执法力量派驻镇(街道办)方案》,合理安排下派人选,平稳有序将执法力量下派到镇(街道)。4月底,下沉执法人员48名、协管员36名,共84人到岗到位,以各镇(街道)名义开展综合执法工作。掘港、城中两个街道分管领导分别挂职城管局党组成员,县综合执法局局长由县城管局下沉人员担任,成效明显。

【规范化建设】按照《江苏省城市管理执法规范化建设标准》以及市城市管理局《关于印发〈2021年度县(市)城市管理和执法重点工作评价办法〉的通知》要求,加大执法保障力度。执法人员严格按照规定穿着制式服装,佩戴标志标识。根据工作需要,新配备3辆电动汽车、4辆帕萨特汽车、1辆11客中巴车、1辆19客中巴车,定制70辆哈啰电瓶车用于日常执法巡查,加之原有3辆执法皮卡和1辆帕萨特,执法车辆满足人均1座要求。全面配备执法记录仪,执法实现全过程记录。与移动公司签订80台4G执法对讲系统,可实行人员实时调度和图像实时上传。防刺背心、防割手套、头盔等警戒防护设备全面配齐配全。

(章亮亮)

交通

【概况】至2021年底,全县公路总里程3151.45公里,公路密度181.85公里/百平方公里。其中,高速公路77.8公里,一级公路297.04公里,二级公路346.16公里,三级公路218.73公里,四级公路2211.72公里。航道总里程778.96公里。其中,等级航道7条,里程200.76公里,五级航道93.84公里,六级航道54.07公里,七级航道52.85公里,等外级航道578.2公里。内河码头共97个,泊位141个,岸线长度1.12万米。现有2条出海航道,其中15万吨级烂沙洋北水道航道长40.9公里,7万吨级烂沙洋南水道航道长24.8公里;洋口港港区自然岸线长度29.5公里,港区港口岸线长度12.61公里;共有3个沿海码头泊位,船舶流量249艘次;港口货物吞吐量796.4万吨。全年共投入13亿元,实施15个(续建5个,新建10个)交通工程建设项目。

【交通规划】南通至小洋口高速、如常高速东延被列入市"十四五"综合交通运输体系发展规划。228国道如东段工程(洋骑线)、新角林线、404省道东延、长雪线,市上报省厅列入新一轮省道网规划。启扬高速河口互通获省厅同意。洋口作业区金牛码头区进港航道及防波堤项目、洋口港区LNG码头、228国道改扩建工程被列入《江苏沿海地区发展规划(2021—2025年)》重点工程,于12月经国务院批复同意。经全力争取,通常高速在如东境内新222省道处增设大豫互通。

【项目建设】2021年,大交通项目累计投资约25亿元。洋通高速二期工程主线征地于9月22日正式获省政府批复,12月28日全面开工。年度投资6101万元的228国道八号桥改造工程,已交工验收。洋骑线纳入228国道改线工程,工可研究已通过市级审查。355省道路面改造工程(G228—S225),方案设计已通过省级审查。洋通高速二期洋口港互通连接线,已完成方案设计、开展征拆调查。4条17公里县道大中修工程已于11月底交工通车。

【公路建设】G228八号桥改造工程项目完工,建成通车。被市交通运输局表彰为"平安工地"建设示范项目。打造"四好农村路"特色亮点,参与南通市"四好农村路"全国示范市创建工作,通过部级验收。制定出台《如东县深化农村公路管理养护体制改革实施方案》《如东县公路路长制实施方案》,确立全县农村公路长效管理养护体制机制。深化"农村公路+"的发展模式,打造完成美丽农村路16条111公里,其中7条路获得南通市市级"美丽农村路"称号,集中整治101公里路域环境。同时,实施农村公路提档升级项目50公里,改造农村公路危桥24座,完工19座,在建航道桥梁5座,完成安防设施3条12.13公里。其中15座危桥为市、县为民办实事项目。2021年累计获得农村公路省市补助资金4703万元。

【铁路发展规划】通苏嘉甬如东延伸线、如通苏湖城际铁路进入6月7日国家发展改革委印发《长江三角洲地区多层次轨道交通规划》,同时纳入省铁路发展"十四五"规划中的"十四五"开工建设项目库,并被列入国务院批复同意的《江苏沿海地区发展规划(2021—2025年)》重点工程。如通苏湖铁路北延(规划研究泰州经海安至如东城际铁路),被列入省政府"十四五"铁路发展规划,有望改变如东县单向交通终点站不利地位。

(张 玲)

【港口建设】洋口港已建成10万吨级LNG码头、重件码头、液体化工码头。2021年,随着投资超百亿的华润LNG接收站项目成功签约,洋口港能源岛建设完成最后"拼图",国家三部委批准建设的4个LNG泊位及接收站全部落地。

【港口发展】2021年,在LNG能源岛、金光纸业、桐昆聚酯等一批重特大项目带动作用下,洋口港持续推进港口工程建设,港口集疏运体系进一步完善。全年重件码头接卸海轮59艘次,完成吞吐量约51.04万吨;液化码头靠泊102船次,吞吐量约27.5万吨,其中外贸船只26条,吞吐量约5.03万吨;中石油LNG接收站接卸87船,接卸量718.3万吨;截至2021年底,累计接卸25个国家和地区共506艘LNG船舶约4200万吨液化天然气,累计外输天然气超600亿立方米,创造连续运行3600多天"零伤害、零事故、零污染、零缺陷"安全生产纪录。

(徐明犬)

【交通运输生产】2021年末,如东县拥有城市公交、客运班车、旅游客车357辆1.46万座,拥有营运货车5172辆6.67万吨,运输船舶100艘56576总吨。全年完成公路运输客运量190万人次,客运周转量1.56亿人公里;公路货运量1036万吨,货运周转量20.92亿吨公里;水路货运量331万吨,货运周转量27.72亿吨公里。海洋铁路如东站全年发送旅客3.94万人次,栟茶站发送旅客2.02万人次,合计到达人数约5.31万人次。

【城乡客运】创新全域公交、定制公交、普惠交通出行方案,大力提升公交出行服务水平。2021年新开行线路4条,开通洋口港经济开发区园区公交。国庆节,开通岔河至如皋南站高铁毗邻公交便民直通车,12月8日,开通如东往返南通火车站、南通高铁西站"高铁便民车",开启如东县公铁客运"无缝衔接"新发展格局。2021年完成黄山路首末站、兵房客运换乘中心、栟茶客运换乘中心、丰利客运换乘中心的公交站场及充电桩建设,并正式投入运营使用。袁庄回车场、泰山路首末站已开工建设,预计2022年

3月份全面建成。

【路政管理】2021年，县交通运输局共查处路政案件路政451件，罚款金额31.59万元，涉及22个种类。固定治超，出动交通、交警6300人次，检查65.57万车次，查处超限车784辆，卸驳载669辆，卸驳载货物1914.52吨，处罚618辆，罚款26.93万元，记分2094分。流动治超，针对重点路段、源头企业附近，以及群众举报，快速出击，共组织195次流动治超，出动交通、交警1555人次，检查车辆3003辆，查处超限车465辆，卸驳载车辆322辆，卸驳载货物1196.13吨，处罚427辆，处罚48.23万元，记分1755分。交通、交警联合查处“百吨王”车辆七辆，其中交警处罚两辆，罚款4000元，扣分12分；交通处罚5辆，收取罚没款15万元。在源头管理方面，召开25家重点货物装载源头企业治超工作推进会，着重解决货物装载源头单位治违治超意识不足、制度不到位、职责不清等问题。展开12类货物装载源头排查工作，全县共排查245家企业。

【交通执法】全年共受理处罚案卷209件，罚款总额95.56万元，其中道路89件60.75万元；水路120件35.31万元。另停业整顿10件；警告3件。全年开展安全专项整治行动排查问题隐患226项，“百日安全”行动共计排查问题隐患110项，“安全生产月”行动共计排查问题隐患19项，“危化品使用”和“危化品三级复核”排查问题隐患210项，均已整改。全年共受理联动平台工单341起，涉及“两客一危”预警工单273起，其中异常驻留工单230起，共计调查分析研判车辆、人员、运单、轨迹756辆次，经分析研判后，立案处罚14起。办理求助类工单68起，均已在时限内办结。全年船舶进出港申报2.73万艘次，办理危化品运输船舶进出港申报723艘次，危化品运量20.25万吨；处理水上应急报警、交通事故等47起，发送安全隐患整改通知书、安全管理建议书、建议函18份；发布航行通(警)告、排水信息、安全提醒等65次10.92万条；开展港口执法检查17次，下达整改通知书6份，存在问题21条，均已整改。

【航道管理】定期维护航标，辖区航标正常率100%。加大航道巡航，航道通航保证率100%。对全县147.91公里六级及以上航道进行养护测量。完成航道扫床401.52公里。

【安全生产】深入推进安全生产专项整治行动，筑牢交通运输领域安全生产基础。提升“两客一危”领域科技监管水平，每日开展车辆、企业、人员动态筛查，及时处理异常工单。严格落实省、市督导组督导巡视问题整改工作，推进公安、交通联合治超，加强源头管理，严格“一超四罚”，每年动态发布重点货源企业名单。建立常态化铁路“护路联防”机制、“两客一危”企业三级复查复核制、危化品使用企业隐患报备制等。积极开展“5·12”全国防灾减灾宣传、“安全生产月”、“安康杯”活动，组织安全生产培训活动，提升安全意识。完善交通运输应急体系，更新完善各类应急处置预案，探索建立两支公路社会化应急抢险队伍，签署协议落实第三方抢修机械和应急物资。

【法治建设】深化“放管服”改革，深入推进“证照分离”改革、做好权力下放工作、全面落实证明事项告知承诺制，办理告知承诺办件14件。推进“互联网+监管”工作，83个“互联网+监管”事项监管行为覆盖率达100%，制定“双随机”抽查任务67个、检查主体140家，完成率100%。与县公安、市监等部门开展联合抽查任务14个，检查主体40家，按时完成率、及时回填率100%。开展包容审慎监管工作，创新行业监管模式、推进免罚轻罚机制。推进行政执法“三项制度”，提升交通行政执法规范化水平。全年实施交通运输行政处罚197件，办理各类交通运输行政许可884件，所有事项受理按时率、正确率均达100%。严格落实“谁执法谁普法”普法责任制，执法单位开展“以案释法”“法治宣传月”等活动。

(张　玲)

公用事业

【供水】2021年，如东水务集团东泽源供水公司累计供水8440万吨，同比增幅13%，售水8160万吨，营业收入2亿多元，城乡水费回收率99%以上，供水产销差率4%，实现供水营销连年大幅上升供水目标。全年累计投入1.8亿多元，先后跨区建设通洋线输水二期上游连接线6.5公里管道工程，实施县城区应急水源(地下水)供水工程建设项目一期新建20眼深井井群及集水系统，完成县域二期工程12.5公里供水管网改造，优化升级11个高层住宅二次供水标准化泵房，相继组织推进并完成53项新建市政及给水改造项目，有效提升县城区应急水源补给转输能力，夯实县域供水安全保障基础，先后获得南通市放心消费先进单位、如东县四星级党支部等集体荣誉。

【供电】截至2021年底，如东境内有500千伏变电站2座，主变5台；220千伏变电站9座(含两座开关站)，主变11台，容量2040兆伏安；110千伏变电站21座，主变43台，容量2316.5兆伏安；35千伏变电站8座，主变16台，容量256.5兆伏安。220千伏公用线路43回，总回长690.1公里，另有5条220千伏线路通道运维；110千伏公用线路53回，总回长760.9公里；35千伏公用线路21回，总回长281.3公里。10千伏(20千伏)公用线路334条，5754.43公里(其中10千伏公用线路313条，5580.57公里，20千伏公用线路21条，173.86公里)，配变9137台；400伏线路1.17万公里。2021年，如东全社会用电量75.1亿千瓦时，同比增长12.28%；供电量72.19亿千瓦时，同比增长12.38%。调度最高负荷124万千瓦，同比增长9.88%。国网如东县公司连续获得如东县最高荣誉“金牛奖”和作风效能建设“战狼奖”。共产党员服务队先后获全国学雷锋活动示范点、中华慈善奖、江苏“时代楷模”、江苏省先进基层党组织、国网楷模、国网金牌共产党员服务队等荣誉。

【安全生产】深入推进安全隐患治理三年行动、城区电力管网、城市建筑安全风险隐患等专项排查，保障电网安全运行。开展2021年配网网格化精益运维提升活动，提高供电可靠性。建成220千伏电力通道可视化监控平台，完成无人机精细化巡检杆塔3874基，安装通道可视化装置505套，逐步建立输电通道“可视化集中监控+网格化快速处置”管控模式。投运配网监控中心，实现作业过程、设备及人员全过程管控。开展带电作业1831次，同比增加53.2%，减少停电约8810户时数。建成应急指挥中心，信息资源整合接入，为突发事件处置提供决策支撑。积极应对“4·30”风雹灾害、“烟花”“灿都”台风等恶劣天气，建立起表单式安全、快速、高低压协同应急模式。承办全县大面积停电应急演练，参加全县雨雪冰冻灾害应急演练，提升与政府联动响应处置能力。协同县发改委落实有序用电方案，在2021年初极寒天气、10月份电力供需矛盾中，将全县负荷始终控制在下达计划曲线内，在“限电不拉闸”“限电不限民用”前提下，最大程度增供扩销，实现经营和地方经济增长“双赢”。

【电网建设】完成如东“十四五”电网规划编制。修编如东整县屋顶分布式光伏开发试点方案。结合迎峰度夏情况，完成2024(2025)年电网项目需求编制、评审。完成如东2025—2035年15个站房选址、测绘、备案等前期工作。110千伏阳光岛输变电工程获得可研批复。投运金光、桐昆220千伏线路工程、桐昆110千伏线路工程、35千伏凌北变改造工程。完成年度配农网投资约1.7亿元，建设改造中低压线路超450公里，改善农村地区网架联络复杂、冗余联络、无效联络等问题。积极向上争取风电配套项目，提前3个月投运500千伏骥能变，如期建成风电配套柔直线路，为如东大规模海上风电全容量并网奠定基础。投运新客运站、城西公交站等19个充电桩，加快推进袁庄、岔河、栟茶、双甸等地区公交充电站建设，实现城镇乡居绿色出行。

【供电服务】成立重大项目推进专项工作领导小组，建立大专班服务机制，实行“每周一会、每人一表、每月一报”，落实专人对接11个省市级重大项目，嘉通能源、金红叶纸业220千伏总降变输变电工程一次受电成功。依托“网上国网”打造线上全流程服务，线上办电率保持95%以上。推行“加减”办电法，办电时间平均节约20%以上。完成2645户大用户周期性巡检，针对政府机关等重要用户、庆祝中国共产党成立100周年大会等特殊时段，开展551户次专项安全检查，消除隐患43处。在嘉汇社区、政务中心、文峰千家惠超市等场所部署“网上国网”服务终端，方便用户业务办理。完成77个老旧楼栋飞线整治和6个老旧小区电力设施改造，升级低压线路11.41公里，惠及用户1423户。联合县交通运输部门为80余个内河码头实施岸电安装整改，推动实现内河“绿色航运”。结合如东农业大县特色，推广农业电排灌、大棚电保温、智慧养殖、空气源热泵等先进技术。挖掘乡村电气化项目161个，建成紫菜烘干工艺提升示范项目，打造高标准农田电力设施应用、曹埠智慧大棚、大豫小鸡孵化产业基地、近海渔湾文化广场、新店桃李春风田园综合体等一批美丽乡村建设示范项目。

【党建引领】围绕生产经营工作，组织各党支部实施“党建+配网自动化”“党建+工程建设”等“党建+”项目建设27个。将党史学习教育作为贯穿全年重要政治任务，建立“四学联动”机制，开展主题党日活动、红色文化论坛、文艺会演等各类主题活动20余次。发布并办结“我为群众办实事”项目15个。党员服务队事迹改编话剧《英雄归来》在全省巡演，引起良好社会反响。在全省疫情防控关键期，组织党员服务队为全县109个疫情值守点、隔离点和核酸检测点拉线接电，志愿者连续30天赴无物业小区卡点开展疫情值守，筑牢防疫“红色屏障”。开展爱心帮扶活动，帮助80余名困难群众解决生产生活方面难题。召开党风廉政建设和反腐败工作会议。修订全面从严治党责任清单、领导班子履责清单，明确各级职责和履责要点。采取“四不两直”等方式开展重点领域监督检查24次，深入推进酒驾、醉驾、黄赌毒、安全生产等专项监督。开展“5·10”思廉日主题活动，组织180名干部员工赴盐城新四军纪念馆、南通市党风廉政教育基地参观学习。制作3部廉政教育微电影，一部作品获2021年“能源奥斯卡”系列剧类一等奖。公司1名员工被表彰为江苏省劳动模范，1名员工获江苏五一劳动奖章，2名青年员工分别获评国网公司第五届“青年岗位能手”和省电力公司“优秀共青团员”。

（顾炜钰）

【燃气供应】2021年，如东县实施行业管理液化石油气企业12家，管道燃气企业5家(其中高压管网公司1家)，汽车加气站4家，LNG充装站1家。2021年如东大众燃气公司在县城共建设道路管网32公里，累计完成管网建设263公里，全年发展用户5623户，累计4.43万户，其中工业用户33户，商业配套118户，年供应量2192.71万标准立方米；江苏华港在沿海经济开发区新建管网15.4公里，累计建设管网55.53公里，累计发展工业用户37户，年供应量2400万标准立方米，洋口港经济开发区新建管网8公里，累计完成管网建设55公里，发展工业用户12户，商业配套10户，年供应量4400万标准立方米。围绕“镇镇通、村村通”发展目标，根据《如东县天然气利用专项规划(2019—2030)》，随着“中俄管线”和“沿海管线”中新店、栟茶阀站建设，日后将以岔河、栟茶主管线为轴，向周边镇区辐射，形成镇村通达的管网格局。汽车加气站运行状况整体良好，满足现有车辆保有量的加气需要，液化天然气全年销售3477万标准立方米，压缩天然气全年销售41万标准立方米；全年液化石油

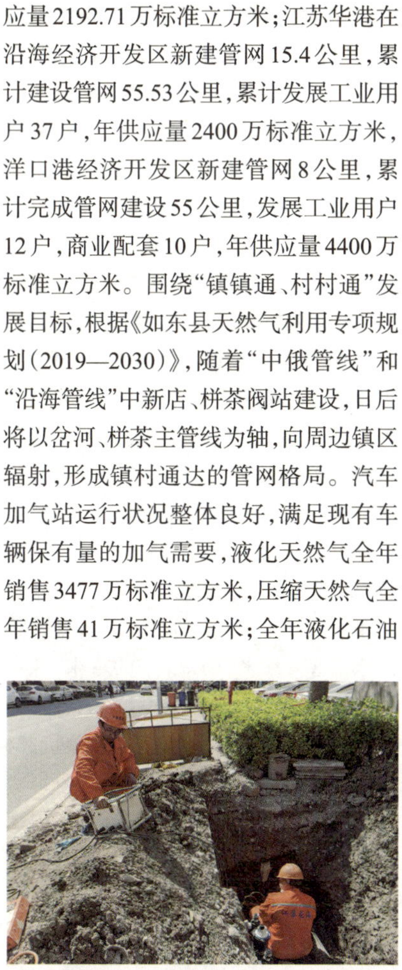

2021年3月31日，如东大众燃气公司工作人员在幸福路进行管道碰接置换施工

气供应总量约1.8万吨。

（蔡　慰）

【垃圾处理】统筹抓好垃圾分类小区常态化管理，落实考评奖惩机制，先后印发考核通报3份，下发财政奖补资金75万元。2021年投入450万元，建成20个居民小区垃圾分类亭房和宣传阵地，有序推进5个垃圾分类示范小区智能化、便民化垃圾分类房建设工作。提升城乡生活垃圾综合治理水平，投入5710.31万元改造长沙、马塘、双甸、曹埠以及城区生活垃圾压缩中转站，全县15个镇（街道）18个生活垃圾分类（四分类）示范村易腐垃圾终端处理设施全部建成，全面排查和整治非正规垃圾堆放点。促进建筑垃圾综合利用水平，加快推进小洋口飞灰填埋场项目，追缴飞灰填埋处置费800.87万元，狠抓小区装潢垃圾源头管控，加快存量建筑垃圾资源化处置，2021年以来小区装潢垃圾资源化利用处置3.72万吨，县城区建筑垃圾资源化利用率达96%以上。拓展餐厨废弃物收运广度，进一步完善覆盖县城区范围餐厨废弃物收运处置体系，2021年收运厨余垃圾4848.74吨。

（章亮亮）

【污水处理】2021年，如东县有生活污水处理厂16家，其中，县城2家，镇（区）14家。县城污水处理总量2950万吨，污水集中处理率96.51%。农村生活污水治理共完成17个示范片区农村生活污水治理1.82万户。

【县城管网建设】2021年，人民南路改造雨水管道1425米；江海东路改造工程污水管道425米，雨水管道933米；珠江路转盘改造雨水管道建设48米；开发区小学配套道路工程新建雨水管网4386米，污水管网建设2085米。县城三河六岸新建污水管道建设1200米，雨水管道1800米。

【污水处理厂运行】2021年，县城污水集中处理率96.51%。如东恒发污水厂设计处理能力生活污水4万吨/天，工业污水3万吨/天，全年累计处理水量约2328万吨，平均日处理水量6.38万吨，全年产泥量6595.6吨。出水水质稳定达到《城镇污水处理厂污染物排放标准》国家一级A标准。如东县东泽源污水处理有限公司设计处理能力2.5万吨/天，全年累计处理水量622.15万吨，平均日处理水量1.71万吨，全年产泥量1432.15吨，出水水质稳定达到《城镇污水处理厂污染物排放标准》国家一级A标准。两家污水处理厂产生污泥均外运至固废中心（天楹垃圾发电厂）焚烧处理。

【乡镇污水处理及农村水环境PPP项目】2021年，如东县乡镇污水处理厂及农村水环境治理PPP工程一期、二期项目11座乡镇污水处理厂及镇区主管网土建工程全部结束，全年共建成污水处理厂1座，建成镇区污水主管网39.7公里。农村生活污水治理共完成17个示范片区农村生活污水治理1.82万户。两个项目全年累计建设投入3.73亿元。

（蔡慰　冯溢铭）

水利建设

【概况】2021年，水利投入3.5亿元，其中争取省以上项目资金1.17亿元，年度各项水务工作任务圆满完成。年末，全县共有一线挡潮海堤78.78公里；中型水闸6座，小型涵闸19座，水库1座；等级河道1538条，其中一级河道6条，二级河道22条，三级河道364条，四级河道1146条。县水务局先后荣获“南通市文明单位”、如东县“文明单位标兵”、如东县作风效能建设“海子牛”奖等荣誉。

【重点水利工程】洋口外闸枢纽加固改造工程。县委、县政府将洋口外闸加固改造工程列入政府为民办实事项目，工程挡潮（防洪）标准按100年一遇设计、300年一遇校核，区域排涝标准按10年一遇设计，主要改造和新建挡潮闸、套闸、套闸液压启闭机、闸门启闭机等结构及控制系统等工程。工程概算总投资9635.52万元，2020年10月25日正式开工建设，当年完成投资3000万元，2021年5月31日通过水下验收，7月28日通过完工验收，获评优良等级。长角河整治工程。工程设计长度29公里，设计标准：水面宽度20.5米、底宽6米、底高程－0.5米、疏浚土方47万立方米，工程投资概算1800万元。工程于2020年11月正式开工，建设内容主要为河道清淤、桥台防护、新建排水涵、岸线清杂、部分临河有建筑的河段采用插板桩护岸进行防护，2021年5月20日全线开坝贯通。区域治水工程。围绕“系统化思维、片区化治理、精准化调度、长效化管护”区域治水思路，编制《如东县区域治水活水畅流方案》，将全县分成10个片区。2021年，重点围绕如泰运河、栟茶运河、掘苴河三个国考断面，开展公共河和掘坎河片区、如环河片区、卫海横河片区、浒洋河片区、新城片区等5个片区治水工作先行先试，推进引排河道治理活水工程，实施完成长角河中东段、如环河中北段治理工程、公共河、南荡河、飞跃河治理工程，建设临时控导17座。通过引排骨干河道及临时控导，联合调度沿海排水口门，实施精准调水，基本实现重点区域活水畅流，为2021年东安闸桥及北凌闸两个国考断面顺利完成“保Ⅲ增Ⅲ”任务提供水利保障。

【防汛抗灾】县水务局及时调整县防汛抗旱指挥部成员，全面落实行政首长防汛责任制，明确全县海堤、涵闸、险工隐患地段等防汛行政和技术责任人，形成全覆盖组织体系和责任体系。深入开展汛前水利工程设施安全检查，交办督办整改落实。及时修订完善各类预案、开展防汛应急演练、加强防汛物资储备，切实做到早安排、早部署、早落实。共储备县级防汛块石2500吨、编织袋6万只、木材15立方米、土工布0.5万平方米，同时各地储备群众性防汛器材化纤袋8.9万只、木桩7600根、尼龙绳4850公斤、铅丝4300公斤、麻袋3.5万只、块石5000吨、土工布6000平方米。面对6号台风“烟花”、14号台风“灿都”，严格执行24小时值班和领导带班制度，连续作战、加强值守，牵头部门会商、加强协商研判、优化工程调度，加强堤防巡查，全力应对防范，启动应急响应2次，努力将灾害损失降到最低，确保全县安全度汛。

【农村水利建设】农村河道综合整治工程。围绕县委办、县政府办《关于做好2021年度农村河道综合整治工作的通知》要求，科学制定方案、有序组织推进，通过河道疏浚、岸坡整治、水系连通等措施，整治农村河道93条段，长度281公里，疏浚土方215万立方米；建设农村生态河道171条，490公里；整治农村沟塘及黑臭水体944条(处)。马丰中型灌区节水配套改造工程。工程涉及马塘、丰利、洋口3个镇，实施泵站、暗渠等田间配套工程，新建暗渠30.7公里，更新改造泵站21座，新建渠系配套建筑物1597座，安装流量计40套，完成投资3000万元。工程于2020年4月1日开工建设，2021年5月底工程全部完成。水土保持综合治理工程。实施2021年国家水土保持重点项目(振兴小流域治理)，完成投资900万元，综合治理面积9平方公里。项目于2021年5月下旬开工建设，年底前全面完成。移民后扶项目。实施移民后扶项目，新建道路、过水涵、排水涵、暗渠等基础设施，投入移民专项资金1351万元。

【水政水资源管理】深入落实最严格水资源管理制度，严格用水总量指标控制，分解下达全县年度用水计划，落实用水总量控制指标和管控责任。强化取水规范化管理，完成纸质取水许可证数据转换工作，实现取水许可电子证照全覆盖。挖潜增效开征养殖水费，全年征收水资源费1492万元、水利工程水费830万元，实现自备水资源费应收尽收。加

深入推进河道整治，促进水环境颜值提标升级

强水资源信息化建设，实现重点用水单位水量实时在线监控，266户计划用水户规范化、信息化管理全覆盖。在2021年南通市水资源信息化管理系统运用比武大赛中勇夺一等奖。

【节约用水】大力推进农业节水增效、工业节水减排和城镇节水降耗，不断提升水资源利用效率。开展节水宣传“进社区、进学校、进企业”活动，推动节水行动走深走实。持续推进节水型社会建设，创建省级节水型学校2家、省级节水型企业2家，完成2家重点用户用水审计。2021年万元GDP用水量较2020年下降16.85%。

【水行政执法】依托“世界水日”、“中国水周”活动，广泛开展普法宣传教育，增强全社会水法治意识。常态化开展巡查检查活动，组织执法巡查1340人次，检查涉水项目343个，现场制止违法行为7起，立案查处5起，同时配合开展航道码头规范整治等工作，有效维护良好水事秩序。

【“河长制”管理】2021年，不断深化落实河长巡河责任制，县级河长巡河124次，镇级河长巡河7500多次，村级河长巡河7万多次，共发现问题4200多个，处理完成率86%。深入开展河湖“清四乱”专项行动，全面排查河道“乱建乱占乱堆乱采”问题，128处“四乱”问题整治销号到位。建立健全交办、督办、整改反馈机制，压紧压实工作责任。健全水质预警机制，对全县175个监测断面实施预警管理，及时向乡镇和河段长下发水质预警通报29次。开展年度“最美最差河长”评比活动，创新建立“河长+检察长”工作机制，加强行政执法与刑事司法高效衔接，发出检察建议4次，进一步压实治水责任。

(尤晓勇)

新能源产业

综述

2021年12月9日，国家电投800兆瓦海上风电项目全容量并网发电

【概况】2021年，如东县绿色能源产业工作稳步、有序推进，能源产业实现健康、快速发展，全年绿色能源产业实现行业应税销售684.6亿元(不含LNG)、同比增长60.82%，实现纳税13.8亿元、同比增长25.9%，其中风电新增装机容量300万千瓦，总装机规模达到560万千瓦，新能源年上网电量达到73.54亿千瓦时，占用电总量的97.92%，县域新能源发电占比继续保持全省第一，发展质态进一步优化。

【产业规划】2021年，如东县先后完成《如东地区配电网目标网架规划》《如东“十四五”热电联产规划》等专项规划的编制和评审工作，不断完善《如东县能源“十四五”规划》及《如东县“十四五”海上风电规划》，启动编制《如东县打造绿色能源产业体系行动方案》，为“十四五”开好局、起好步，为如东争当长三角沿海高质量发展排头兵目标的顺利实现奠定坚实基础。

【招商引资】积极开展产业招商，拓展新能源发展空间。2021年全县围绕以风电、光伏、氢能、储能等产业项目开展了一系列招商活动：海力风电钢结构制造整体搬迁、中广核技新材料、浙江德磊风能科技连接架制造和阿特斯阳光电力集团光伏设备制造等一批产业链项目正在积极洽谈中；成立氢能产业发展专班，统筹推进氢能产业规划研究、产业招商、项目建设、政策扶持、基金合作、运行保障等工作。探索光伏资源和风电资源相互撬动的多维合作模式，由中天科技牵头，拟在沿海开发区和洋口港经济开发区规划建设大型集中式共享储能电站，为园区提供微电网电力服务，进一步节约全县能耗空间，服务全县经济社会的高质量发展。

【项目建设】2021年，如东县聚焦海上风电、LNG接收站等重点能源工程建设，中石油LNG接收站三期工程竣工投产；协鑫汇东LNG接收站项目成功获得省发改委核准，已开展报批报建手续和招标工作；江苏省液化天然气储运调峰项目完成桩基施工，正式进入罐体浇筑阶段；华润洋口港LNG项目正式签约入户。截至2021年底，全县11个在建海上风电项目760台风机全部实现并网发电，装机规模330MW，年度工程投入达到180亿元，有效拉动了全县固定资产投资规模。

中天科技洋口港地面光伏发电项目

【风力发电】2021年，如东县风电累计并网容量达到560万千瓦，风电实现上网电量67.98亿千瓦时，累计上网电量预计达到350.34亿千瓦时。

【秸秆发电】如东国信生物质发电项目是国内第一家采用纯秸秆燃烧发电技术项目，项目总投资3亿元人民币，总装机容量2.5万千瓦，年消耗秸秆约17.6万吨，每年可为如东农户增加收入5000多万元。该项目实施为江苏地区乃至全国推广农村秸秆资源综合利用做出示范。2021年，该项目上网发电1.34亿千瓦时，累计上网电量20.3亿千瓦时，累计节约标煤71.05万吨。

【垃圾发电】如东天楹环保垃圾焚烧发电项目总投资3.5亿元人民币，项目一期、二期、三期工程总装机容量3.05万千瓦，日处理生活垃圾1800吨，有效缓解如东当地及周边地区生活垃圾处置压力。2021年，该项目上网发电1.55亿千瓦时，累计上网电量14.71亿千瓦时，累计节约标煤51.49万吨。

【太阳能光伏发电】通威渔光一体、中天沿海、中天洋口港、华电如东等集中光伏项目均建成并网发电，全县光伏项目累计并网容量达到35万千瓦，年上网电量约2.67亿千瓦时。在有序开发地面光伏电站的同时，大力推广分布式光伏和户用光伏发电项目，全县户用光伏发电项目发展已达到5000户，总装机规模约4.6万千瓦，绿色能源已真正走进了千家万户。

装备制造

【风电设备制造】2021年，如东县在科学有序开发风能资源的同时，提升服务质量，加快落户产业项目推进，多个项目均取得了突破性进展：东方一三峡先进装备产业园项目完成项目公司注册登记。九鼎新材料叶片制造项目钢结构厂房全部完工并投产；上海电气在洋口镇成立的海上风电运维公司完成注册，两条运维母船已委托上海振华重工建造中；中国电建集团华东勘测设计院有限公司如东子公司注册成立；如东"十四五"领海线内127万千瓦项目已开展前期工作，领海线外350万千瓦项目已申报国家示范性项目1个。全县已初步形成以风机整机和配套设备制造为主，包括风电技术研发、风电场施工建设和运营维护、勘察设计、防腐材料、海洋环境保护、大型设备物流等在内的风电全产业体系。截至年底，全县风电产业链企业达到118家，风力发电及配套产业实现年应税销售超658亿元、同比增长61.52%，实现纳税12.6亿元、同比增长24.51%。

【光电设备制造】2021年，如东县利用全县资源和产业优势，稳步发展光伏配套产业，提高资源使用效率，优化产业结构。中天科技集团如东电气有限公司、南通强生光电科技有限公司、南通鹏能实业有限公司等光伏组建生产及配套产品制造企业全年共实现应税销售24.7亿元，贡献纳税约1.06亿元。其中，如东中天科技集团先后投资成立中天光伏技术有限公司等多家具备自主研发能力的光伏发电配套企业，主要致力于光伏储能、分布式能源并网接入技术研发与设备制造、光伏电站系统集成设计与工程总承包以及光伏电站建设配套产品的生产制造。中天科技还承担国家"863"重点课题"风电—光伏—储能多源微电网系统

如东建成亚洲最大海上风电群

关键技术的开发与装备产业化"，进一步提高了其核心竞争力。

企业选介

【江苏海力风电设备科技股份有限公司上市】江苏海力风电设备科技股份有限公司创办于2009年8月，是一家专业制造风机塔架及海上风机导管架承载平台的生产型企业。公司是国家高新技术企业，设立有两个省级工程技术研究中心，并与中水电华东勘测设计院、上海宝钢工程设计院、江苏科技大学、上海工业大学等高等院所建立了长期的产学研合作关系。公司拥有发明专利6件，实用新型专利45件，是国家中小企业创新基金项目立项单位和江苏省工业科技支撑计划项目实施单位。自创建以来，海力风电及其关联企业已形成年产3000台（套）风机塔筒、600台（套）海上风机单桩和300台（套）海上风机导管架的生产能力，与上海电气、中广核、三峡新能源、国电龙源等国内知名风电企业开展战略合作，积极拉伸风电上下游产业链条。2021年11月24日，江苏海力风电设备科技股份有限公司在深交所创业板成功上市，成为如东第6家上市公司。公司此次上市公开发行5435.8万股，发行价格为60.66元/股，募集资金32.97亿元，刷新南通A股上市公司IPO募资最高纪录。

【上海电气成立如东海上风电运维公司】全国首个深远海SOV运维母船启动打造。随着生态保护理念的不断深入和陆地、近海风场资源的逐步减少，在我国沿海各省份大力发展深远海风电产业的背景下，上海电气在如东注册成立了海上风电专业运维公司，并委托上海振华重工着手启动了2条SOV运维母船的制造，率先抢占未来海上风电运维市场。相比于传统交通船，运维母船将具备更强作业能力、更大存储空间、更低单位油耗强度、更长距离航行和作业时间等显著特点。同时，上海电气拟通过在如东打造深远海SOV生态港来填补我国深远海风电产业运维板块的空白，将对我国海上风电走向蓝海起到积极的示范和引领作用，对江苏、全国乃至全球海上风电行业的发展都具有划时代的里程碑意义。

【三峡如东柔性直流输电工程海上风电换流站】7月18日，世界最大、亚洲首座海上换流站成功完成浮托安装，作为我国首个海上柔性直流输电示范工程的"心脏"，该换流站将承担输送110万千瓦容量、直流电压等级±400kV的海上风电清洁电力的任务。换流站使用的直流海缆、海陆换流站联接变、GIS、电抗器等主要电气设备均采用国产品牌，为推动主电气设备国产化进程迈出了重要一步。该海上柔性直流输电工程的应用实现了我国海上柔性直流输电平台领域零的突破并处于国际领先水平，有效解决了海上风电场大容量、远距离输电的问题，填补了国内远海大规模海上风电输电技术的空白，为我国深水远海海上风电的规模化建设奠定了技术基础。

【中船海装首台国产化海上风电机组下线】 5月22日,中国船舶集团海装风电股份有限公司首台国产化海上风电机组在如东基地正式下线,该机组由华能和海装共同研制,一级部件100%国产、所有元器件级零件国产化率超过了95%,该批机组的下线实现了国产大功率风电机组在补短板技术上的创新,标志着国内首次全面掌握了海上风电机组关键重要部件的核心技术,打破了国外的技术垄断和封锁,带动了国内风电全产业链技术水平和制造能力的发展,对实现海上风电全产业链国产化和海上风电的平价化具有重要意义。

(汤建荣)

旅游休闲

南渔村 村貌航拍

综述

【旅游推介】如东初步形成了"海洋、温泉、古镇、田园"的特色旅游资源形象。征集评选出如东文化和旅游形象标识(logo),修改《如意东方》文旅宣传片,"四季古镇休闲临海度假二日游"精品路线成功申报省休闲农业和乡村旅游精品路线。举办元宵节文旅大集,组织参展企业30余家,有效促进文旅消费。创新互联网带动文旅产品销售新模式,"线上+线下"双轨并进,在栟茶古镇开展"当燃南通"如东专场直播带货活动,17家如东特色企业参与推介,观看达27.2万人次。承办"2021南通市乡村旅游节暨小洋口水上乐园嘉年华"活动,结合乡村厨艺大赛、南通市非遗、农产品展示展销和乡村旅游图片展,丰富活动内容。承办"2021暖在通城冬季游暨小洋口海洋温泉节"活动,组织参加2021年省市乡村旅游节、第三届大运河文化旅游博览会、深圳文博会、海南国际旅游博览会等展会活动。

(肖郇　李焓)

【旅游服务】全县共有旅行社及分社8家,旅游星级饭店6家,其中四星级饭店2家,三星级饭店2家,二星级饭店2家。年内,对县内1家四星级饭店进行了复评,并通过专家评审。

(仲文倩)

【概况】2021年,如东拥有国家级景区2个,其中国家AAA级旅游景区1个(马塘革命烈士纪念馆),国家AA级旅游景区1个(浅水湾水上公园);省级旅游度假区1家(小洋口旅游度假区);原省星级乡村旅游区5家,其中四星级乡村旅游区1家(在水一方生态园)、三星级乡村旅游区2家(写意农庄、鑫华园农庄)、二星级乡村旅游区2家(龙河湾农庄、金色农家);全国乡村旅游重点村1个(栟茶镇三园村)、江苏省乡村旅游重点村1个(洋口镇南渔村)。

2021年全县新入库旅游项目23个,旅游项目投入完成19.28亿元。重点推进鼎瓯东方温泉康旅城、栟茶古镇文旅开发项目、如泰运河水岸文化长廊、小洋口温泉展示中心、金蛤岛景区等旅游项目。加大旅游招商推介,全年共组织旅游企业参加各类展会推介8次。

(刘晓宏)

旅游资源

【马塘革命烈士纪念馆】马塘革命烈士纪念馆位于素有苏中地区"小延安"之称的马塘镇,这里是江苏革命的老区,江海革命的摇篮,如东革命的心脏。这块土地上,曾诞生了南通地区第一位共产党人,涌现出400多名革命烈士;这块土地上,曾孕育了如东第一个党组织,走出了中共如皋县委第一书记;这块土地上,曾进驻过江苏江北特委,缔造了如皋(东)县抗日民主政府等。为铭记历史,激励当今,教育后代,马塘镇于2006年兴建纪念馆。2021年下半年纪念馆投入400余万元进行整改提升,并于9月30日重新对外开放。

(肖郇　李焓)

马塘革命烈士纪念馆

【三园村(茗海社区)】该村位于栟茶镇老镇区范围,面积1597.2亩,人口1238人。该村有着优质的资源禀赋。这里古村风貌保存完好,遗址、遗迹和史记资料丰富,层叠砖瓦青黛相间,三里石板街清幽古朴,明清建筑古色古香,寿圣禅寺沉寂肃穆,51号兵站、孙二富故居、苏中军区成立大会故址、海军诞生地等红色经典历历在目;连续5年举办栟茶龙舟赛,将跳马夫、浒澪花鼓等国家级和省级非遗项目融入其中,发扬光大;这里兼具江海之地利,食材繁庶,尤以"海八鲜"闻名遐迩,栟茶竹蛏汤被评为国家地理标志产品;村域范围内还有76℃高温温泉等独特资源。2020年被评为全国乡村旅游重点村。

(肖郇　李焓)

【南渔村】该村位于如东县洋口镇,全村总面积47平方公里,可耕地面积10115亩,共有13个村民小组。作为洋口镇最大的行政村,面积广阔,资源丰富,由原来典型的渔业村和农业村合并加上旅游板块结合而成，产业发展呈现多样化，涵盖食品加工业、海洋捕捞、渔船修造、渔网加工、种养殖业、旅游业等多个特色产业，由原来典型的渔业村和农业村逐步发展成为农、渔、商、旅结合的旅游村。村内交通便利，临海高等级公路贯穿东西。小洋口省级旅游度假区、南通市青少年素质教育实践基地、小洋口乡村俱乐部、林克斯大酒店都位于辖区内。2021年被评为江苏省乡村旅游重点村。

（肖邬　李焓）

【在水一方生态园】在水一方生态园位于岔河镇兴北村（洋兴公路西边直东线南侧），占地面积6.67公顷。该生态园以“地为灵、水为魂、木为秀、人为杰”的主旨生态为开发创意，秉承“以人为本，宾客如归”经营理念，其基本格局分为特种水产养殖示范区、名贵花木种植示范区、休闲养生区、餐饮商务区等，是一个彰显科技含量、人与自然和谐、生活质量提高的旅游胜地。

（桑筱筱）

旅游项目开发

【鼎瓯天海道温泉康旅城项目】该项目由江苏鼎瓯文化旅游发展有限公司投资建设，总投资20亿元人民币，位于洋口镇金蛤大道西侧，一期占地面积约200亩，打造集爱国主义教育、航天科普、科技研学、休闲度假、文化体验、情景娱乐等于一体的旅游综合性旅游项目。2021年12月完成一期项目土建。

2021“暖在通城”南通冬季游活动暨小洋口海洋温泉节启动仪式在小洋口林克斯温泉酒店举行

【栟茶古镇文旅综合开发项目】该项目由如东县栟兴建设发展有限公司投资建设，总投资13亿元人民币，项目位于栟茶镇，占地面积约1200亩，建筑面积1万平方米，包含西街文创街区景观配套、文化艺术会展中心、中市街、酒文化博物馆及景观配套等。2021年9月29日，如东栟茶古镇中市街开街活动成功亮相南通江海国际文化旅游节。

【小洋口温泉展示中心】该项目由南通金蛤岛投资发展有限公司投资建设，总投资5000万元，项目位于洋口镇金蛤大道西侧，建设面积约1000平方米，项目包含温泉周边展示区、公众体验区、温泉文化区和地热科普中心等，为寓展示、旅游、休闲、娱乐于一体，打造特色突出、主题鲜明的文化旅游项目。2021年12月项目竣工，对外开放。

（刘晓宏）

生态环境

环境质量

【概况】2021年，如东县集中式饮用水源地水质达标率100%，环境空气质量优良天数达标率91.0%，城市环境噪声达标区覆盖率100%，环境质量与上年基本持平。

【县城空气质量】2021年，按《环境空气质量标准》（GB 3095—2012）二级评价标准限值评价，如东县城环境空气质量等级达到优112天、良220天，优良天数占比91%。空气质量指数（AQI）最小值为24，出现在8月6日；最大值为456，出现在3月30日。1月、3月、11月首要污染物为PM_{10}，2月、12月首要污染物为$PM_{2.5}$和PM_{10}，4—10月，首要污染物为臭氧。空气中主要污染因子二氧化硫年均值8微克/立方米、二氧化氮年均值19微克/立方米、可吸入颗粒物（PM_{10}）年均值54微克/立方米、一氧化碳年均值1.00毫克/立方米、臭氧年均值150微克/立方米、细颗粒物（$PM_{2.5}$）年均值24.2微克/立方米，其细颗粒物年均值比上年下降6.92%。

【降雨质量】2021年，如东采集降水样品59个，全年未出现酸雨，降水pH范围5.70～7.43。

【水环境质量】2021年，如东县主要河流17个断面中，Ⅲ类水质断面有14个，主要污染指标为总磷。城镇饮用水水源总体水质符合Ⅲ类水质标准，达标率100%，满足集中式生活饮用水水源地水质要求。

【声环境质量】2021年县城城区区域环境噪声平均等效声级值为54.9分贝。城市区域环境噪声质量等级划分为优，主要环境噪声源为社会生活声源和交通声源。

生态保护

【生态文明创建】牵头开展《如东县生态文明建设规划（2021—2025）》的编制，多方搜集全县范围内与生态文明相关的规划、文件等基础资料，征求各部门意见，使规划更具合理性、针对性、可操作性。推动栟茶、曹埠、河口、掘港、新店5个镇以及岔河镇楠桥村、大豫镇强民村、双甸镇高前村3个村开展创建申报工作，对岔河、丰利、大豫、马塘、河口、掘港6个镇（街道）生态文明建设规划进行专家评审。

【生态管控区监管】根据《关于开展生态环境自然资源保护区情况核查的通知》，联合各镇（区、街道）和自然资源部门共同开展生态管控区情况核实。在部门核查基础上，聘请第三方利用无人机、遥感监测等现代化方式开展生态保护红线和生态空间管控区各类违法违规开发建设活动核查工作。根据《江苏省生态空间管控区域监督管理办法》，草拟《如东生态空间管控区监督管理办法》，为后期开展管控区监管工作提供更加直接有力支撑。落实资金补助项目，联合县财政、攻坚办、各镇（区）开展年度生态红线资金项目申报工作，计划对13个项目补偿资金2183万元。

如东县组织开展国考断面“保Ⅲ增Ⅲ”强化攻坚专项行动

【规划方案编制】开展《如东县“十四五”生态环境保护规划》编制，通过现场调研、座谈、发函、电话咨询等方式，多方征求意见，并根据反馈意见修改完善，9月通过专家评审，12月送政府审议。落实生态保护红线、环境质量底线、资源利用上线，以镇（区、街道）等最小行政单位作为基本单元，划定环境管控单位，明确分区管控总体要求，细化生态环境准入清单，编制《如东县“三线一单”生态环境分区管控实施方案》。在《南通市关于加大污染减排力度推进重点行业绿色发展的指导意见》8个行业基础上，结合如东实际情况，编制《如东县关于推进重点行业绿色发展的实施方案》，初步形成涵盖浸胶手套、健身器材、食品产业等12个行业绿色发展指导意见。

污染防治

水（海洋）污染防治

【概况】2021年，全县水环境质量持续改善，国考、省考、市考以上水质断面Ⅲ比例分别为60%、62.5%和82.4%，达到历史最高水平。东安闸桥西、北凌新闸断面“增Ⅲ”任务顺利完成；近岸海域年均优良比例95.1%，在全市5个沿海县（市）排名第二，顺利完成市定目标任务。

【污染物减排】水污染物减排方面，40个水污染防治重点工程项目均按序时进度完成，全年削减化学需氧量467吨、氨氮28吨、总氮93吨、总磷11吨；海洋污染物减排方面，因地制宜制定年度污染物削减计划，压紧压实工程进度，全年减排化学需氧量1287吨、总氮659吨、总磷35.6吨，超出上级下达的年度目标任务。

【水平衡核算和涉水企业纳管评估】完成16个镇区区域水平衡核算，推进全县286

如东县生态环境局相关负责人带领大气科及相关镇区分管负责人，深入多家重点企业进行现场督查

家主要涉水工业企业完成废水排查评估，将成果与相关部门、各镇区逐一对接，找出问题短板，提出针对性措施建议。

【流域生态补偿】在2020年生态补偿制度的基础上进一步优化断面设置，实施全流域生态补偿，各镇域交界处共设置29个生态补偿断面，全年结算金额720.5万元。

【溯源排查整治】组织对8个国省考断面所在的5条骨干河道及一级支流沿线的入河污染源进行全面摸排，共排查出1685个入河污染源，精准制定整治方案，部署推进整治工作。制定印发《2021年入海排污口监测溯源整治工作方案》《如东县入海排污口“一口一策”分类整治方案》，明确责任单位、整治时限和工作要求，截至12月底，共计完成509个入海排污口监测溯源工作，完成率100%；306个整治类排口通过省级审核，整治完成比例为59.88%。

【巡湾净滩】建立县、镇、村三级24人巡湾（滩）管护队伍，按照巡湾频次要求组织集中巡湾，全年完成县级巡湾9次，镇级巡湾84次，村级巡湾468次，共巡湾4500多公里。按照属地管理原则分级落实辖区内海洋垃圾清理责任，鼓励志愿者和社会公众参与岸滩垃圾清理，共清理海洋垃圾20余吨。

大气污染防治

【大气工程治理】推进完成248个源头替代、挥发性有机物综合治理、储罐治理等大气污染治理项目和1125个锅炉整治、餐饮油烟治理等大气污染防治工作任务。

【废气专项整治】组织曹埠镇16家浸胶手套和洋口镇55家化工企业开展产业集群整治；积极开展各类工业园区废气整治工作，共排查6个市级及以上工业园区78家涉气企业和15个县级及以下工业园区46家涉气企业，针对存在问题，逐个整改、逐个销号；对全县所有涉废气活性炭吸附设施企业开展全面摸排，共排查183家，针对企业活性炭吸附设施设置不合理、活性炭更换不及时等问题，督促企业立行立改；组织第二批38家挥发性有机物重点监管企业开展“一企一策”方案编制，并开展综合治理工作；对全县38家工业涂装、家具制造、浸胶手套等重点行业企业开展低挥发性有机物源头替代工作，全面排查建档；开展184家涉气企业挥发性有机物自查和35家涉挥发性有机物企业现场核查工作。

【重污染天气应对】修订如东县重污染天气应急预案，并对重污染天气应急减排措施清单进行修订，共有247家企业列入管控清单。为服务企业高质量发展，开展重污染天气应急管控企业豁免申报工作，获得豁免企业数共计14家。根据省市统一指令启动预警，开展进博会、公祭日等重大活动保障，研究制定保障方案，要求各镇区、各相关部门及时采取应急响应措施应对大气污染过程，严格落实各项管控要求。根据南通市空气质量异常预警和应急管控方案（2021修订版），排定13家空气质量异常管控企业名单，落实具体措施。2021年共启动黄色预警1次、管控2天，响应空气质量异常预警38次，合计管控259天；启动臭氧污染预警21次，合计管控41天。

【移动源污染防治】持续加强移动源污染治理，扎实推动非道路移动机械编码登记，目前已备案登记1066辆，发放牌照991张。联合公安部门开展柴油车路检路查，全年共路检路查柴油货车240辆，发现超标车辆13辆，并对超标车辆依法实施行政处罚。

土壤污染防治

【专项审计】积极配合完成土壤污染防治工作审计。针对省审计厅对南通市土壤污染防治情况专项审计调查反馈涉及如东县10项问题，进一步剖析问题根源，分类制定整改方案，盯紧抓实，所有问题均已达到审计整改要求，并实施销号。深入加强部门联动和信息共享，利用重点行业企业用地土壤污染状况调查工作成果，结合近年来化工行业整治工作情况，建立《如东县疑似污染地块清单》（第一批）（通如东环〔2021〕38号）。会同县自然资源和规划局进一步完善健全建设用地用途变更及流转环节监管，对拟变更用途的土地，做到“应调查、尽调查”。

【土壤重点监管单位源头防控】2021年全县共有土壤污染重点监管单位148家，如东县生态环境局牵头组织召开2021年度土壤污染重点监管单位环境管理工作培训会议，邀请南通大学教授专题进行重点监管单位土壤污染防治业务培训，各镇区、如东生态环境局、如东县土壤污染重点监管单位等相关单位参加培训。督促企业根据土壤污染防治责任书要求，逐项落实相关工作，扎实开展土壤及地下水的检测、环境隐患排查及整改、企业设备规范拆除等土壤污染防治工作。进一步加强土壤污染重点监管单位执法，完善相关检查内容，督促企业落实主体责任。

【地下水生态环境保护】紧紧围绕省、市“扭双源、建体系、提质量”工作目标，推动水土联防联控，探索研究地下水环境质量改善工作举措，逐步加大地下水污染防治工作力度，不断加强组织领导、积极争取资金投入，牵头开展全县地下水环境状况调查评估与地下水污染防治分区划定工作，完成报告编制并提交市级成果集成。

【固废污染防治】全面推进危险废物全生命周期监控系统上线运行工作，全县650家产废企业及15家经营企业使用信息系统申报危险废物。全年共产生危险废物22.66万吨，共处置利用危废22.73万吨，其中县内处置利用15.7万吨，县外处置利用危险废物7.03万吨，本土处置利用率69.1%。2021年底，全县库存危险废物3530吨，较2020年末库存削减36.2%。扎实开展危险废物仓库审批监管缺位整改，全县233家企业危险废物仓库纳入整治范围并完成整改，其中关停11家、补办2家、登记217家、拆除3家。持续推进危险废物等安全专项整治三年行动及危险废物处置企业危险化学品使用安全专项治理工作，全年共排查隐患156个，已全部完成整改。规范企业危废环境管理行为，指导全县600余家企业完成危废名录变更登记工作；受理审批危废跨省转移60件；服务南通东江、中惠再生资源、信炜油品、东港化工、盛大环保、铭力环保等6家企业完成危废经营许可证换领工作。推进危险废物处置基础设施建设，南通昊宇环保科技有限公司危险废物刚性填埋场一期项目、江苏东江环境服务有限公司二期危险废物刚性填埋场项目、如东恒祥环保服务有限公司医疗废物焚烧处置工程项目均建成投运，新增危废刚性填埋6万吨/年、医废焚烧处置9125吨/年。

【重金属污染防治】梳理完善如东县全口径涉重金属重点行业企业清单，顺利通过生态环境部审核认定。持续开展重金属重点防控区专项整治工作，确保金属表面处理中心周边环境安全。全年共为2家新建涉重项目提供重金属污染物总量平衡方案。

环境执法

【概况】2021年，如东县生态环境局累计出动环境执法人员1.25万人次，现场检查排污单位5750余家次，组织夜查、节假日突击检查84组次350余人次，共下达处罚决定269份，处罚金额1546.03万元，用好新环保法赋予的行政手段，共实施限产停产16件，查封扣押11件，移送行政拘留6件，移送污染环境罪6件，对21家拒不履行处罚决定的当事人申请法院强制执行，35起案件当事人就造成生态环境损害进行赔偿。

【双随机监管】随机抽查日常环境监管范畴不断拓展延伸，2021年除本级污染源正常随机检查400余家外，还通过市场监管局“双随机、一公开”平台抽取污水处理厂、码头、易制毒单位、机动车检验检测机构等企业名单30余家，会同县住建、交通、公安、卫健委、市场监管等部门常态化联合开展双随机检查。

【污染防治攻坚】密集开展涉水工业企业专项执法、污水处理厂专项执法、涉挥发酚企业专项执法检查、涉氟化物企业专项检查、汛期水环境执法监管“蓝剑行动”、排涝泵站排查、省国考断面“保Ⅲ增Ⅲ”专项执法等行动，实施汛期重点断面工业企业强制减排措施，严厉打击废水偷排直排以及蓄积污水利用汛期偷排等各类恶性环境违法行为。紧盯上级部门水环境交叉执法及水质异常断面专项检查交办问题整改，合力推进整治、规范内河码头岸源污染源管理。气环境执法点面结合。强化重点行业、重点区域的重点污染因子监管，推进浸胶手套行业废气专项整治，督促企业加大污染防治投入，进一步规范浸胶手套企业日常环境行为，促进全县特色产业链健康有序发展。开展大气协同因子专项执法、废气活性炭吸附专项整治、大气零点专项执法、刺激性气味专项执法、挥发性有机物专项执法等行动，加强细颗粒物和臭氧协同控制，做好秋冬季重污染天气、质量异常预警管控，切实保障全年空气质量。深入开展打击危险废物非法处置专项行动，全面排查未通过电子联单转移的豁免危险废物、通过第三方转移处置的危险废物，对年产危险废物1000吨以上企业开

环境执法检查

展危险废物产生、处置量衡算。

【科技执法】持续推进污染源自动监控建设与联网，加强科技装备运用，提高“非现场、不接触”环境监管执法能力。全县重点排污单位、排污许可重点管理单位、挥发性有机物重点企业在线监控安装实现全联全控，210家污染源自动监控安装联网到位，275家企业的2945个用电点位安装用电监控设备并联网，首批15家安装视频监控企业实现与省厅联网。15家500吨级以上污水集中处理厂自动监控设备均安装到位，进出水数据均联网，如东经济开发区和洋口港经济开发区园区水气自动监控站建成联网。生态环境监控中心全新升级，融合污染源自动监控、用电监控、视频监控、水气自动监控站等大数据，有效构建如东智慧环保平台，更广泛地运用自动监测监控设施监管成果，通过无人机、无人船、污染源在线监控、用电监控平台等发现环境违法行为立案查处案件6起，处罚金额30余万元。

【信访工作】2021年，如东环境信访总量为1458.75件，其中省级越级信访总量较上年下降32.08%，市级信访下降32.2%，降幅明显，生态环境环境信访矛盾有效吸附在一线、化解在基层，为全县社会稳定提供有力保障。

环境管理

【环保项目服务】推行“一项一策”精准服务，对14个年度省、市重大项目明确挂钩领导和联络员，定期了解项目进展和需要，有序推进项目开工建设，圆满解决桐昆二期总量平衡问题。会同县行政审批局开展项目联合预审、技术评审，研判项目产业与规划环评等管控要求的相符性、项目污染防治设施的可行性，把好项目落户环保审核关，全年共参加各类项目评审、联合预审30余次，帮助审核企业120余家。围绕贯彻落实中小企业促进法要求，帮助中小企业解决经营难题，走访双甸、马塘、岔河等镇区收集问题反馈，共帮助解决中小企业反映难题50余个。对全年所有新项目总量指标申请进行审核，先后牵头完成中天宽带、信炜能源、威民石化等40余家企业总量指标申请工作。

【排污许可证管理】根据《全国排污许可管理条例》要求，组织全县400余家企业进行排污许可管理条例专项培训，全年共核发许可证157张，其中首次申领53张，变更许可证57张，延续许可证47张。加强与排污许可证衔接的自行监测上传、年报执行制度、环境台账管理等监管，促进企业自证守法、政府依证监管、社会共同监督，构建权责更加清晰的治理体系。

环境应急安全

【环境应急管理】常态化开展企事业单位突发环境事件应急预案备案管理工作，2021年共有223家企业完成法定备案手续，111家涉危涉重企业全部完成国家环境应急预案电子备案系统填报。严格落实全年365天、每天24小时应急值守要求，重点做好春节、两会、疫情防控、高温汛期、中秋国庆等重要时段值守和突发环境事件预警工作。开展应急物资装备“大清检”，对生态环境局和如东洋化学工业园和重点环境风险企业进行全面排查清检，完成全县环境应急物资储备现状评估。组织如东县洋口化学工业园(东区、西区)、如东经济开发区开展应急拉练，立足突发生态环境事件典型情景，针对重点环节开展实战模拟训练。开展如东县重点环境风险企业环境安全隐患排查暨“八查八改”回头看工作，共出动执法人员148人次，抽查企业74家，立案查处6件。开展以案促建提升环境应急能力专项行动，先后组织镇(区、街道)和各区域执法局检查企业294家，累计出动检查人员428人次，发现517个环境安全隐患问题，全部限期完成整改。

【安全生产管理】持续开展危废隐患排查，114个隐患已全部完成整改。加强危险废物及环境治理设施安全环保监管联动，会同县应急管理局联合出台《环境治理设施联合执法检查工作方案》，对全县120家重点企业开展联合执法检查，累计出动执法人员210人次，发现安全问题18个，均当场交由县应急管理部门处理。按照县安委会统一部署认真准备各项安全生产台账资料，并及时完成上级交办的各类涉及如东生态环境安全问题的整改工作。全年在安全生产问题处置监管平台录入隐患70余条，全部完成办结。

环保宣传

【媒体宣传】在省、市、县媒体开展环保宣传，向社会各阶层宣传环保法律法规和环保知识。继续在如东电视台、如东日报开设生态如东环保专栏专版，对污染防治攻坚、环保执法监管、专项整治、重大案件查处等环保重点工作进行宣传。通过如东生态环境局公众号开展环保宣传，及时发布有关如东环保工作动态、环境整治成果、执法监管、项目服务、环保法规政策等方面稿件200余篇。在《中国环境报》《新华日报》刊发2篇介绍如东环保工作成果文章，3部环保工作视频被“学习强国”学习平台录用。微视频《大自然在说话第二季》《我在如东守护》被县委宣传部评为2021年“扶海书香”云诵读音视频三等奖和优秀奖。

【活动宣传】利用国际生物多样性日、世界环境日、全国低碳日等环保节日开展形式多样环保宣传活动。世界环境日期间，在如东县文化馆小剧场举办“以人与自然”为主题的庆祝中国共产党成立100周年暨纪念第50个世界环境日环保文艺演出活动，通过“绿色大自然、蓝色南黄海、红色追梦人”三个篇章共12个节目展示如东生态环境保护工作建设成果，倡议大家践行生态文明理念，为美丽如东建设做出应有贡献。联合县委宣传部、县教体局、县融媒体中心、县文联举办以“人与自然和谐共生·美丽如东你我共建”为主题的如东环保书画、摄影大赛活动，征集到作品600余件，评选出一二三等奖和优秀奖，获奖作品在县文化馆小剧场和如东新媒体公众号、南通书画网展出展播。全国低碳日期间,在县“五一”劳动广场开展低碳环保知识宣传,通过设置展板、发放宣传单、赠送环保袋、开展有奖问答形式,为居民普及低碳生活方式。

【普法宣传】按照“谁执法谁普法”要求,如东生态环境局执法人员全员参与普法宣传工作,坚持做到“事前、事中、事后”全过程宣传环保法律法规,不断提高企业管理人员对环保法律法规知晓率,减少环保违法行为发生。通过设置县法治宣传栏、制作横幅宣传标语和环保宣传片、发放环保宣传挂图、发放以案释法材料、开展法律咨询等形式进行环保法律法规的宣传,扩大全社会了解环保法律法规途径,提高广大公民环保意识。开展环保人员“百人进百企”“企业环保接待日”等活动,以“一对一”方式加强普法宣传,送政策、送法律到企业。组织141家全县重点排污单位环保总监进行线上普法培训,联合环保联合会对重点行业分批进行环保法律法规和环保业务交流培训十余次,不断提升企业守法水平。

环境监测

【概况】2021年,南通市如东生态环境局设置监测点位环境空气15个、降水1个、降尘4个、地表水17个、地下水(监测井位)2个、生态补偿断面3个、功能区噪声检测点位7个、道路交通噪声检测点位22个、区域环境噪声检测点位111个。全年获各类监测数据2.5万多个,形成环境综合分析报告200份、污染源监测周报50份,编制各类监测报告415份,全面掌握全县污染源排污状况及对周边环境影响。规范实验室管理系统监测工作流程,进一步提高工作效率。投入约188万元,新增全自动化学需氧量仪、机动车尾气检测设备、更新原子荧光光度计等;为进一步做好全县水环境质量分析研判工作,全面掌握和了解水环境质量变化趋势,投入179万元采用政府购买服务方式在如泰运河、九洋河等重点河流镇区交界断面建设10个水质自动站,为污染攻坚和水生态补偿打下良好基础。

(季曾健)

社会事业

综述

【概况】2021年,全县社会事业工作始终坚持民生优先,公共教育、医疗卫生、文化体育、社会服务等公共服务供给不断增加,公共服务均衡化、优质化水平得到有效提升。

【教育体育】义务教育质量监测全省第一;高考理科本一率全省第一,高考主要指标省、市领先;中考成绩全市持续领跑。如东教师思想政治工作经验在全省进行专题介绍。"双减"试点工作落细落实,获省厅肯定。教育改革实现新突破,开展首届优秀校长评选,高层次人才引进成功破冰。袁庄镇教育综合改革试点、河口镇教育高质量发展联盟,洋口港实验初中、第一高中用人体制变革等试点拓展。青少年宫乡村托管服务布局5镇9个点。教育重点工程实现新进展,第一高中宾东校区、宾山初中、友谊路小学、开发区实验小学、县城解放路小学、宾东幼儿园等年内先后投入使用,江苏省如东高级中学异地新建项目积极推进中。

【卫生健康事业】县委、县政府召开全县卫生健康大会,出台文件《关于深化医改促进如东卫生健康事业高质量发展的意见》《关于进一步加强卫生健康人才队伍建设工作的意见》。新冠肺炎疫情常态化防控贯穿全年,规范开展全人群疫苗接种,推进11大类180项应急能力达标建设。丰利镇创成国家卫生镇,曹埠镇、袁庄镇创成省卫生镇,全县省卫生镇实现全覆盖。关注"一老一小"重点人群,实施妇幼"五免"筛查;新增普惠托育机构2家,创成省级示范性托幼机构1家。加快推进应急能力建设,核酸检测实验室、隔离病房基本配备到位。县人民医院外科大楼、双甸镇中心卫生院门诊楼、洋口镇中心卫生院门诊楼建成投入使用,县公共卫生临床应急中心建设主体结构封顶;曹埠镇、河口镇、袁庄镇"一镇一公立医院"建设加快推进。成功举办首届中医文化节,省周仲英国医大师传承工作室落户县中医院。

【文化旅游工作】全县公共文化服务体系持续优化,丁杰艺术馆、康平艺术馆、刘季平少年儿童图书馆、汤成沅金石纪念馆先后建成并向社会开放。完成智慧广电乡镇建设试点任务。县图书馆连续第三次获评"国家一级馆",并获评江苏省社科普及示范基地。省以上展演、参赛、发表文艺作品56件,其中国际奖1个、国家级2个、省级奖4个。小戏《英雄和人民》获"戏剧中国推选"优秀剧目奖,杂技《肩上芭蕾》、魔术《梅花三弄》获第五届省"文华奖"优秀表演奖。组织各类公益性演出,送戏下乡、送杂技下乡1000余场。国清寺遗址保护工程通过省文旅厅审批,进入施工阶段。如东承林红木雕刻工作室入选"2021年江苏省乡土人才大师示范工作室"。如东第五次被文旅部命名为"中国民间文化艺术之乡"。小洋口温泉乐园4月份开始营运,鼎瓯天海道温泉康旅城项目一期封顶,栟茶古镇中市街9月29日开街。成功承办2021南通市乡村旅游节,完成南通江海国际文化旅游节开幕式视频连线任务。

【社会保障】社会保险覆盖持续有力,范围不断扩大,实现应保尽保。及时调整和发放养老金,年末企业职工基本养老保险参保18万人,工伤保险参保13.8万人,失业保险参保11.3万人。克服疫情不利影响,把"稳就业""保就业"放在突出位置,落实积极就业创业政策,开展"人才招聘夜市""高校学子看如东""如东人才就业政策空中展厅"等各项就业创业活动,全年城镇新增就业9600人。城镇登记失业率控制在1.8%,就业形势总体稳定。打造线上线下公共服务平台,退休、社保登记、失业、毕业生就业、初次创业等"一件事"机制受到老百姓好评。全力抓好"根治欠薪"工作,维护劳动关系和谐稳定大局。加强法律宣传、主动监察,督促依法用工,规范用工行为。加大查处力度,纠正违法行为,严格落实在施工许可证领取前,开设农民工工资专用账户的规定。

【医疗保障】实施职工医保单位缴费部分阶段性减半征收,政策惠及企业5800多家,为企业减负5054万元。医保报销比例持续提高,职工医疗保险住院费用政策范围内报销比例92.12%,居民医疗保险住院费用政策范围内报销比例80.47%。全县10家定点医疗机构246个病种开展按病种收付费,常见多发的高血压、糖尿病的门诊用药纳入居民医保门诊支付范围。长期照护保险服务供给质量、行业管理水平显著提升,经验在全市推广,1名优秀护理员登上"江苏好人榜"。

【退役军人服务】全县就业创业基础台账标准化建设、退役军人就业创业特色工作在全国就业创业工作现场会上展示。创新性开展"先入职再入伍"培训,新兵与中天公司和金光集团等企业签订意向性就业劳动协议。强化基础设施建设,有序推进散葬纪念设施集中安葬及设施维护修缮工作,建成乡镇慰烈园12座,在建乡镇慰烈园5座。实现退役军人服务中心(站)"从有到优"的转变,拥军褒扬工作扎实开展。妥善接收安置转业军官、符合政府安排工作条件退役士兵。

(赵艳慧)

教育

综述

【概况】2021年,如东县有建制幼儿园56所,在园幼儿13923人;小学49所(含1所九年一贯制学校),在校生30183人;初中23所(含1所九年一贯制学校),学生16557人;普通高中5所(四星级3所,三星级1所),在校生8962人。省高水平示范性职业学校1所(省联合职业技术学院分院),中高职学生3820人。特殊教育学校1所。全国社区教育示范乡镇5个,省标准化社区教育中心14所。

全县在职教工7481人,专任教师6606人。专任教师中普高教师1051人,职高394人,初中1785人,小学2468人,幼儿园公办教师783人,成人教育教师87人,特教教师38人。幼儿园编制内教师大专以上占比100.0%，小学本科以上占91.93%，高中教师研究生（含硕士学位）157人（占比14.93%），职中教师研究生（含硕士学位）43人（占比10.91%）。在职省特级教师23人，省“333高层次人才”培养工程培养对象4人，省苏教名家1人，省教学名师3人，教授级中学高级教师20人。现职市级名优人才223人，县级名优人才866人，县教学能手180人。县以上骨干教师占比15.8%。全年全县教育经费总投入25.56亿元。

【队伍建设】全年招录乡村学校定向师范生100名，招聘新教师308名。推行优秀校长评选激励实施办法，开创全县校长激励机制先河，22位校长（园长）当选全县首届优秀校长。通过“理论培训、岗位锻炼、名师结对、跟岗挂职、目标考核”等措施，集中选拔培养一批优秀“80后”“90后”青年干部。对在编在岗的定向师范生和五年内参加工作的青年教师进行为期三年的培养，全县“双导师制”结对1432组，涉及青年教师和导师4296人。叠加县名师创新团队、名师工作室及孵化出的工作坊、工作室、省市县乡村教师培育站、名师提高班、青年教师写作班等教师培养团队，夯实了教育人才的奠基工程，构成多层次、多元化、多架构的教师培养新机制。培养选拔高层次名优人才，2021年4人评上正高级教师，4人被评为省特级教师。完成第六期名师提高班学员的结业考核，第七期名师提高班学员的选拔，第五期226工程培养对象的考核工作和第六期333工程培养对象的推荐申报，第六期培育站主持人、导师和学员的遴选，省名校长名师工作室学员以及1115工程培养对象的推荐等工作。选派10人赴新疆、陕西开展支教工作。全县各单位共开展师德主题教育450场次。获省师德师风及法律知识网络竞赛优秀组织奖表彰。定期举行师德专项行动。有计划地通过举行新教师入职宣誓、新教师培训的师德建设开训第一课、青年教师教育活动月、干部教育活动月，分类进行专题行动，增加教师的责任感和使命感，树立“如东新时代好教师”形象。82人获“立德树人 争做四有好老师”师德主题教育优秀教师表彰。1家单位获评“江苏省教育系统先进集体”，1人获评“江苏省教育系统优秀教师”；1人荣获“南通市第十八届园丁奖”，1人获评第十二届“感动南通教育人物”，1人获第十二届“感动南通教育人物”提名奖，1个家庭获评南通市首批“教育世家”。同时完善通报快处机制，不断增进教师的职业敬畏感，着力防范师德失范行为的发生。

2021年9月10日，教师节庆祝大会上，县委、县政府对优秀校长进行表彰

【教学教研】中考成绩全市第一，义务教育优质均衡度全市最佳，高考成绩持续28年省市领先。以“基于核心素养的‘真学课堂’提升年”行动为主线，教研、教科、电教、培训四位一体，全面融合，保障了区域教育质量的高位运行。制度化开展“黄海潮”“金帆杯”大型教科研活动。10人次获省教学基本功竞赛和优课评比一等奖。先后承办市级学科类课改研讨活动27次。2021年省义务教育质量监测实现优质均衡目标，得到省教育厅领导的充分肯定；教师发展工作经验在全省会议交流；学科德育工作经验在全国会议交流；获南通市教科工作先进单位、南通市教研工作先进单位、南通市电化教育工作先进单位、南通市青年教师基本功大赛优秀组织奖等荣誉。

与市教育学会联合举办第二十五届“金帆杯”和第十六届“名师之路”大型教科研活动。26位南通名师或优秀教师围绕“立学课堂”同台竞技、沙龙研讨。依托县内现有省市教师发展示范基地校、南通市名师工作室（工作坊）、乡村骨干教师培育站、劳模工作室、南通市中小学生素质教育实践基地等建成新的教师教育基地，面向区域内外其他学校进行辐射，大力推广这些基地在教师专业发展方面的成熟经验和先进做法，共享县内教师专业发展优质资源，促进县内外教师尤其是乡村学校和薄弱学校教师共同发展。圆满完成第十四期“教育艺术与管理智慧”高级研修班、高中骨干教师学科素养提升高级研修班、中小学心理健康教育专兼职教师专题培训等县级教师培训项目。扎实推进校本研修，完成30多万人次的校本培训任务。推进江苏省中小学教师信息技术应用能力提升工程2.0培训工程，全县6744名教师参加培训，25所学校成功结项。

坚决落实“双减”工作要求，聚焦核心素养，深化教学改革，减轻学生作业负担，促进教师专业发展，提升课程实施水平。大力实施“内涵学习、项目创新、智慧服务”三大计划，不断提升科研文化品质，放大教育科研品牌效应，为如东教师专业发展和教育高质量发展提供坚强有力的科研支撑。组织第十七届“潜心读书、丰富内涵、促进发展”主题读书和第三季“桃李芳菲”教师读书节系列活动。努力办好《沿海教育》，助力教师专业成长。完成省市县2021年度课题开题论证、中期检查、结题工作，全年共组织课题服务研讨活动16次。组织教师参加省“行知杯”、“师陶杯”、教海探航等论文比赛，提交论文近千篇。34人获省“行知杯”一等奖，县教育体育局(简称：教体局)获得省“行知杯”征文“优秀组织奖”。加强名师创新团队运作，累计开展集中活动130次，领衔人听取团队成员课程377节，领衔人及其团队成员开设公开课省级6节、市级48节，开办专题讲座省级3场、市级43场，各团队累计荣获县级以上荣誉179项。

【安全稳定】强化学生法治教育，相关经验全市介绍。推进校园智慧安防建设，校园智慧安防水平进一步提升。投入3200万元对全县31家幼儿园进行消防达标改造，投入4000余万元回购民办幼儿园11所并改造提升办学条件，安防工作获评市级先进。

【重点工程】县城城区海韵幼儿园、鑫城幼儿园、宾东幼儿园、友谊路小学、开发区小学、解放路小学，宾山初中，第一高中宾东校区等10所学校先后投入使用。友谊路小学作为县委、县政府为民办实事、办好事的“民心工程”，成为政府工程速度与质量的示范工程。总投资10亿元的如东高中异地新建工程全面开工。

(杨红兵 陈杨)

学前教育

【概况】全县幼儿园56所，在园幼儿共13923人，其中公办园51所占91.1%，普惠性民办园4所占7.1%，非普惠民办园1所占1.8%。省优质园49所，市优质园3所，省市优质园占比达92.9%。在公办园和普惠性民办园就读幼儿13852人，普惠率达99.45%。在满足3～6岁儿童入园需求的基础上，3所幼儿园举办托育班。全面完成城镇小区配套幼儿园治理任务，海韵幼儿园、鑫城幼儿园、宾东幼儿园建成投入使用。异地新建的丰利镇中心幼儿园、栟茶镇栟茶幼儿园、大豫镇海滨幼儿园、大豫镇新星幼儿园建成投入使用，城中街道完成九总幼儿园扩建工程，碧桂园幼儿园、三盛幼儿园、河口镇中心幼儿园等项目按序推进。创建省优质园3所、市优质园2所，31所幼儿园完成消防设施改造任务。4月底，县人大常委会专题审议全县学前教育发展情况，会议纪要精神贯彻落实到位。覆盖城乡、布局合理、公益普惠的学前教育公共服务体系进一步健全，学前教育优质普惠水平进一步提升。

2021年9月16日，江苏省教育厅赴如东调研“双减”工作

【体制机制】如东坚持政府主导，建立健全县级统筹、县镇(区、街道)共建的学前教育管理体制。幼儿园党组织建设全覆盖，党组织和党员教师的作用进一步彰显。核定幼儿园编制及岗位数额，按标准配齐配足教职工，招聘编内幼师97人，公办幼儿园编内教师占比达79.12%。调整充实18所幼儿园领导班子，选配园长业务园长26人。调整了公办幼儿园编外人员薪金待遇，幼儿园教职工工资保险等待遇落实到位。建立学前教育公共财政为主的投入机制，公办幼儿园生均公用经费按小学标准每生每年800元拨付，普惠性民办幼儿园生均经费补助与公办幼儿园同等标准。完善幼儿园服务区制度，积极稳妥组织城区幼儿园招生工作，统筹协调化解矛盾，确保所有适龄幼儿按时就近入园。

【课程建设】如东以“区域推进幼儿园课程游戏化建设”省级项目为抓手，以学前教育共同体活动为平台，发挥示范园和骨干教师的专业引领作用，全面推进课程游戏化。年初，接受省级建设项目专项视导获优秀，承办了南通市课程游戏化项目建设观摩研讨活动，在海滨幼儿园举行课程叙事展示及专题培训活动。2个项目被认定为市建设项目，3个项目被评为市优秀项目。组织课程游戏化项目建设优秀成果评选活动，评出研究报告、实施方案、课件、案例、论文等优秀成果198个。制定完善方案，强化教研，以点带面推进，加强幼小衔接工作，10所幼儿园和10所小学被认定为首批省市幼小衔接结对试点单位，其中省级1对、市级9对。

【民办园回购】针对农村民办园投入不足、硬件落后、师资力量薄弱、保教水平不高等问题，全县大力推进民办园回购，促进学前教育均衡发展。在县人大、县政府及相关部门、相关镇(街道)政府的大力推动下，全县13所普惠性民办园中的11所签订回购公办协议，9所正式办理移交手续。县发改、财政、教体、审计、司法等部门对回购民办园开展联合验收。双甸镇的2所民办园回购也在洽谈中。制约全县学前教育均衡优质发展的改制普惠性民办园问题基本得到解决。

【规范管理】如东完善幼儿园考核评估体系，修订考评细则，整合保教质量评估、办园行为督导、注册登记年检、民办园年检等考评项目，组织年度综合评估，评选表彰先进单位。依法依规办园治园，16所幼儿园被认定为南通市依法治校示范校（园）。组织开展学前教育宣传月活动，《回眸：砥砺十年、奠基未来——如东学前教育十年奋进之路》在相关媒体上被推介宣传，在南通市“我与学前教育改革这十年”优秀案例征集评选中，如东12件作品分获一、二等奖。加强监督检查，规范做好幼儿园安全管理、疫情防控、卫生保健、财务管理、伙食管理等工作，构建了学前教育安全、稳定、和谐的发展环境。

（孙维志）

义务教育

【概况】全县义务教育学校共72所，均为公办学校，其中初中22所、小学48所、业余体育学校1所、特殊教育学校1所。初中390个班，在校生16645人，小学795个班，在校生30305人。适龄健康儿童按时入学率达100%，义务教育巩固率达99%以上。强化控辍保学提高如东义务教育巩固水平工作。开展全县春秋季开学督导调研工作。开展义务教育学校办学水平综合考核评估工作，评选表彰先进学校。精心研究制定并向社会公布县城义务教育学校施教区调整方案，下发全县义务教育学校（含县城城区）招生工作办法。充分利用义务教育招生平台阳光招生，阳光分班成为工作常态。组织开展“双减”工作座谈会、重点工作推进会，开展常规管理“百里行”、重点工作“飞行检查”工作。做好国家基础教育“双减”监测平台全县义务教育学校上报材料、上传数据等工作，做好“双减”市日报、周报、半月报、周报简报、材料总结等工作。“双减”工作受到省厅领导赞许，青少年宫课后托管延伸服务作为典型案例在全省范围内推介。开展省义务教育优质均衡发展县创建工作。组织开展中小学幼儿园常规管理现场推进会活动。组织开展中小学生“我们的节日·清明”经典诵读视频作品评比活动。做好常熟市第二批初中校长跟岗交流学习接待安排工作。公布中小学幼儿园优秀校本课程建设成果评选结果。组织学校申报2021年全县社会事业发展引导资金项目工作。开展金融知识纳入国民教育体系小学课程工作。做好初三理化和初二生物实验技能考查工作，开展普通高中特长生专业测试工作。全县初三年级学生参加南通市中考，生均总分、各校均分均衡度持续全市第一。

组织新林小学、岔河小学、桂芝小学三所学校迎接南通市第三批义务教育“新优质学校”终期评估并通过评审，均获得南通市“新优质学校”称号。如东高中、实验中学、教师发展中心3位老师均获省基础教育类省级教学成果二等奖。童店初中省“修身教育课程建设”项目通过专家组终期现场评估验收。中小学生参加省“我心向党”经典诵读视频作品评比活动，教师组集体节目获省一等奖、学生组个人及集体诵读获省二等奖5个、三等奖6个。组织开展全国第23届推普周如东县系列活动，获第24届全国推广普通话宣传周、南通市第30届“智能杯”小巧手竞赛、南通市第12届中小学厨艺大赛、南通市课本剧竞赛等多项优秀组织奖。

（王海军 刘晓琴）

【德育工作】以《如东县“情感德育”三年行动计划》为依据，以情感为纽带，以丰富德育课程为抓手，以拓宽德育渠道为载体，如东积极推进品格提升工程，深入开展社会主义核心价值观、“我们的节日”、学党史感党恩、“月习一礼”、社会实践、家风家训育人等系列活动；重视心理健康教育，开通“525”热线，全县各中小学家访率达100%。县教体局和实验小学成功承办省“十岁成长礼”现场推进会。加强德育领衔人团队建设，组织班主任系列培训，7人在南通市班主任基本功大赛获一等奖，6人获南通市班会一等奖；5人在少先队辅导员基本功大赛中获省特等奖、省一等奖、市一等奖；在南通市“讲好拨动心弦的故事，呵护青少年健康成长”优秀案例评选中，8人获市一、二等奖；参加市优秀心理健康教育案例评选，12人获市一、二等奖；2人在江苏省“寻访小康路争做小先锋”少儿书信大赛中获一等奖。以上活动中，县教体局均获省、市优秀组织奖。组织全县各中小学幼儿园积极创建文明校园，成功申报江苏省文明校园6所，南通市文明校园23所，如东县文明校园34所，如东县文明单位标兵23所，如东县文明单位31所。认真组织全县各中小学做好文明城市常态长效管理工作，省测、国测做到零失分。大力构建劳动教育的目标体系，落实劳动教育课程，组织学生参与校内劳动，开辟劳动教育实践场地，将劳动教育与课后服务、家庭作业有机融合，培养学生生活自理能力。成功举办全县“八礼四仪”、德育、劳动教育现场推进会，助力如东教育的内涵发展。

（丁晓红）

高中教育

【概况】全县普通高中有5所，分别为如东高中、第一高中、栟茶高中、马塘中学、掘港高中，四星级高中占比60%。如东合理制定中等学校招生计划，确保高中阶段入学率99%以上。四星级高中招生计划70%均衡分配到各初中，实行实名推荐报考。提高高中教育的育人品质，加强课程建设力度，开发学生选修课程，有序推进“选课走班”工作，维护教育秩序稳定；完善综合素质评价工作，统筹课堂学习和课外实践，细化特长生招生制度，组织特长生招生工作，招收特长生42人；加强普通高中资源供给，深入推进普通高中教育现代化基础设施建设，加快资源提质升级；依托特色学校、特色项目建设及四星、三星级学校复审工作，着力推进高品质示范性高中、特色高中创建工作，引导学校走高品质发展之路。

【质量品牌】高中教育围绕立德树人根本任务，深化课堂教学改革，力推真学课堂建设，扎实推进高中教育的优质发展，以高考为主要标志的高中教学质量继续保持优质发展态势，实现如东高考连续28年辉煌。

【特色建设】全县推进普通高中高品质示范高中、特色高中、特色项目建设，如东高中、栟茶中学、马塘中学依托省课程基地建设，推进学校特色发展。如东高中创新人才培养模式，获评省品格提升工程项目,省前瞻性教改项目持续优质推进。

(黄卫华)

艺术教育

【概况】如东落实省市《关于全面加强和改进中小学美育工作的实施意见》,“开齐、开足、上好”艺术课程,普及艺术活动,提升学校艺术课程教学质量,全面提升学生艺术素养,在全县中小学中形成“人人有特长,个个展才艺”的局面。推进艺术进中考,学校艺术教育情况成为督导评估的重要指标。推动国家、省、市、县艺术教育特色学校创建,全县逐步形成“人人有特长、班班有团队、校校有特色”的艺术教育局面。截至2021年底,全县建成各级艺术教育特色学校12所。其中,省艺术教育特色学校2所,市艺术教育特色学校10所。丰利小学珠心算、河口小学空竹等项目在国家级比赛中获等级奖。

【艺术活动】县教体局实施学校艺术教育提升行动,成功举办全县中小学(幼儿园)艺术教育现场推进会,组织开展第八届中小学校园艺术节活动;承办全市中小学校园艺术节展演舞蹈专场,21个节目、54件师生艺术作品获市一、二等奖,县教体局获优秀组织奖;在省级展演中如东获美术类特等奖1个、一等奖2个、二等奖2个,艺术手工坊一等奖1个,艺术表演类节目二等奖1个。举办县中小学生独唱、独奏、独舞、器乐组合比赛,全县参赛学生412人。

【队伍建设】全县继续将艺术教师队伍建设作为重点工作来抓,“美术教师技能俱乐部”“艺术青年教师成长联盟”定期开展活动。组织县艺术骨干教师“送培到镇”,开展艺术教育青年教师教学基本功竞赛、音乐美术学科与信息技术深度融合课堂教学观摩、艺术教师专业能力抽测等活动,促使全县艺术教师教学观念、方法、手段全面更新。2名青年教师在省教学基本功比赛获一等奖、多名教师在市优课评比中获佳绩。

(丁晓红)

特殊教育

【概况】全县义务教育阶段学校共有适龄残疾儿童少年623人,其中就读县逸夫特殊教育学校的共12个班级182人,普通学校随班就读407人,送教上门34人,残障儿童少年义务教育入学率100%,九年巩固率100%。健全保障体系,构建完善的以普通学校随班就读为主体、以县特殊教育学校为骨干、以“送教上门”服务为补充的特殊教育新格局,依法保障适龄残疾儿童受教育权利。组织开展普通学校特殊学生排查及教育诊断评估,做好入学安置工作。推进融合教育,融合教育资源中心实现所有镇(街道)幼儿园、小学、初中和县域高中阶段全覆盖。组织市融合教育星级优秀学校创建活动,全县6所学校被认定为南通市三星级融合教育资源中心。组织开展融合教育师资培训、优课竞赛、教学设计评比等活动,提高融合教育师资素质。落实“一人一案”,为特殊需要学生提供个别化教育,努力提升融合教育质量水平。发挥县逸夫特殊教育学校的专业引领和指导服务作用,建立融合教育巡回指导教师团队,巡查指导普通学校随班就读工作。县特殊教育指导中心正常组织开展“送教上门”活动,落实重度残疾少年儿童送教任务。12月,在省教育厅组织的特殊教育专项视导调研中,如东工作获专家组好评。

(孙维志)

职业教育

【概况】2021年,全县职业学校仅有如东中专1所。该校为省四星级职业高中,在籍学生4056人,教学班级111个。

【基础建设】如东中专通过省领航学校建设中期验收,省教育厅、财政厅给如东中专下拨质量提升工程专项资金600万元。电子商务专业群被确立为江苏省联合职业技术学院高水平专业群。计算机平面设计及动漫制作职业体验中心通过省级中小学生职业体验中心审核。《江苏教育报》以《如东分院:培养高素养“三创工匠”》为题报道了如东中专专业建设和人才培养成效。

【教育教学】县教体局推进实施1+X证书(学历证书+若干职业技能等级证书)制度试点,探索“1”与“X”科学合理衔接,把证书内容融入课程体系中,做到课证深度融通。5月和12月,各举办一期职业教育活力课堂公开课展示活动,先后有60多位优秀教师进行教学观摩展示。对口单招班教学质量大幅攀升,如东中专对口班本科上线率超69%,远高于全省的平均值17%。如东中专5组选手获南通市职业学校教学大赛一等奖,4组选手获省职业学校教学大赛三等奖;10位教师获省“蓝天杯”教学设计大赛一等奖。

【人才培养】2021年,如东中专上半年获省职业院校技能大赛2金2银9铜,下半年获市技能大赛13金17银24铜。11月,获省大学生航空模型挑战赛3金2银2铜,获第二届省青少年科技影像节展评一、二等奖;10月,获中国汉服设计大赛优秀奖和市场潜力奖。在南通市职业学校“匠心向党、匠艺传承”学生演讲比赛中如东中专学生获特等奖。在省创新创业大赛中,获一等奖1个、二等奖3个;在省青少年科技创新大赛中,获省一等奖3个;在全国青少年科技创新大赛中,1件作品获二等奖;在第七届“紫金奖”文化创意设计大赛中获铜奖。在第三十二届“国际科学与和平周全国中小学生(江苏地区)金钥匙科技竞赛”活动中,如东中专被授予“青少年科技教育先进学校”称号,校长获评“优秀青少年科技教育校长”。

【服务发展】突出服务中天科技“十四五”高质量发展,如东中专重点对接和服务中天科技集团,开设中天科技订单班和中天科技现代学徒制班,年内为中天科技输送学生近200人。经多方努力,从苏北沭阳中专如东班引入近百名学生到中天科技如东河口本部顶岗实习,在很大程度上缓解了企业用人紧缺的问题。突破初中毕业生人数锐减的发展瓶颈,采取“县内挖掘潜力,县外寻求合作”

2021年3月19日，县教体局联手河口镇，打造高水平教育联盟，助力中天“十四五”高质量发展

两条腿走路的招生策略，一方面，对县内初中学校加强生源输送考核，确保县内生源不流失；另一方面，与陕西汉中、苏北沭阳等地寻求合作，在当地开设如东班，以期毕业后到如东就业。2021年秋季县内招生近1300人，县外如东班招生1200人(沭阳如东班1200人)。

成功举办2021年如东县职教活动周和第七届如东县校企合作论坛活动。多点推进现代学徒制试点，如东中专与三一集团试点合作现代学徒制，培养的18名机电专业毕业生全部上岗，就业率达100%。在此基础上，“中天科技班”“诺德学徒制班”“苏中电池学徒制班”“风轮叶片制造工学徒制班”等现代学徒制和新型学徒制培训班陆续开班。

社区教育

【概况】 全县有镇社区教育中心14个，社区教育专职教师100人，兼职教师523人，志愿者20644人。

【基础建设】 2021年，各社区教育机构陆续加大投入，更新设施。县老年大学、县社区培训学院更新了教育教学设施；各镇社区教育中心强化了社区教育基础设施建设。大豫镇易地新建社区教育中心；长沙镇社区教育中心投资近200万元，改造升级学校教学楼和文化广场；掘港社区教育中心增设城中街道分校，办学设施一流；双甸镇社区教育中心投入10余万元升级改造校园文化环境。此外，岔河、洋口、丰利、栟茶、新店、马塘等镇社区教育中心也都增加了硬件投入，全县社区教育现代化程度显著提升。年内累计获省、市项目奖补资金69万元，居全市之首。

【培训服务】 全县开展现代农民教育培训和居民学习教育活动，累计完成“现代农民培训”约2万人次，“居民学习教育活动”约3万人次，服务业职业人才培训达2200人次。开展老年人智能技术应用教育培训活动。3月至11月，全县累计培训7906人，圆满完成市教育局下达指标，获省级专项奖补12万元，7家单位和8名个人获县老龄委表彰。其中，岔河社区教育中心在全镇10个村居开展“运用智能技术+防诈骗”普及培训，自编智能应用教材，教会老年人实用课程39个。该镇还承办了南通市老龄办关于老年智能技术培训现场会。县社区培训学院发挥龙头作用，针对性地举办社区教育培训项目，创新开展巾帼农场主培训、家庭教育培训、养老照护培训等项目。

【终身教育】 全县开展线上、线下相结合的社区教育培训活动，岔河镇开展了“凝聚‘她’力量，助力乡村振兴”的农村留守妇女系列培训活动。10月28日，江苏教育频道专题报道。新店镇社区教育中心尝试开通心理健康教育线上直播课程，扩大服务面，提升心理健康教育特色项目的影响力，产生很好的社会效益。在市社指中心组织的学习型先进评选中，如东获评优秀学习型组织6个、优秀学习型家庭4个、先进学习型个人8人。在省成协组织的四项评选中，如东获评品牌项目2个(全市仅3个)，“百姓学习之星”1人和社区教育先进工作者1人。

【特色打造】 全县获评市社区教育“一品一特”项目10个、市社区教育特色基地9个；获评江苏省“社区教育助力乡村振兴优秀案例”评选一等奖2个、二等奖1个、三等奖1个。岔河镇社区教育中心获评2021年江苏省社会教育先进集体，曹埠镇社区教育中心1人获评2021年江苏省社会教育先进个人。岔河镇的“燕川姐妹学习微家”服务业职业人才培育、丰利镇的雀舌种植示范、双甸镇的盆景栽培示范、苴镇的农村妇女创业电商培训、新店镇的心理健康教育和“云端新店”电子商务教育培训、袁庄镇的家庭教育提升工程、马塘镇的种植行业生产技术培训、河口镇的助力“中天”发展等特色项目的实施，有效提高了农民素质，促进了农村产业发展。

(傅红)

民办教育

【概况】 2021年，全县经教育行政主管部门审批发证的民办教育机构4个(全部是民办幼儿园)。根据2021年7月中共中央办公厅、国务院办公厅印发的《关于进一步减轻义务教育阶段学生作业负担和校外培训负担的意见》(简称“双减”政策)要求，截至2021年底，全县经教育行政主管部门审批发证的43个民办非学历校外教育培训机构(2020年原有37个加2021年上半年新批6个)，已有41个申请注销了《民办学校办学许可证》；2个原址已停办，变更或注销手续待办。

(陈爱民)

【规范民办非学历教育培训机构办学行为】 开展校外教育培训机构专项治理，教育、公安、市场监管、物价、消防等部门和各镇区开展常态化监管，形成校外教育培训机构长效监管机制。38家学科类校外培训机构全部注销办学许可证或关停转型。非学科类机构正逐步纳入国家校外培训机构管理服务平台管理。

(奚春兵)

信息技术教育

【概况】为充分贯彻教育部《教育信息化2.0行动计划》,实现"三全两高一大"的发展目标,结合县委、县政府印发的《如东县教育现代化2035》,县委办公室、县政府办公室印发的《加快推进如东教育现代化实施方案(2020—2022年)》,着力构建"互联网+教育"公共服务体系,推动信息技术与教育教学深度融合创新发展,全面提升师生信息素养与创新能力。以教育信息化带动教育现代化,不断深化教育教学改革,促进学校教育教学质量的全面提高。组织开展"领航杯"信息化教学能手竞赛,获市级比赛一等奖4个;组织中小学电脑制作、多媒体作品竞赛活动,县级中小学电脑制作参赛数为231件,县级多媒体作品参赛数为608件,多媒体比赛中获市一等奖3人,二等奖8人。中小学电脑制作比赛中获市一等奖8人,二等奖18人。

【智慧校园建设】2020年至2021年,全县中小学共计年投入4739万元,完成教学班级教室照明和智慧黑板改造提升项目1330个。全县两次学校信息化终端提升工程都实行统一标准、集中建设,充分体现了优质均衡。添置电子班牌、电子借阅机等设备,改善部分学校信息化硬件环境。完成27所学校智慧校园申报和验收工作,4所学校通过市智慧校园现场验收。在2021年南通市教育技术中心工作目标考核中获优秀。

【公共服务平台应用】如东县智慧教育云平台已经融入学校的智慧办公、智慧管理、智慧教学中,教师能通过智慧教育云平台获取各类教育资源(平台中有县级的资源平台、学校的校本资源平台、学科的海量资源);能通过平台中的各类管理模块实现移动办公、会议签到、上班考勤、资产管理等功能;能通过平台进行网络教研,网上听课评课,能基于教育大数据,开展数据挖掘与学习分析,进一步优化教学策略、教学方式、教学过程和教学评价。参与省"名师空中课堂"资源建设,2021年完成13节资源的拍摄上传工作。引进学科网、中国知网基础教育期刊全文数据库、"汇雅书世界"本地库、虚拟仿真实验平台等资源,较好地满足了教师的不同需要。推广免费语音教材平台的征订使用,平台学生注册46319人。利用省网络名师工作室开展各类线上线下信息化应用水平培训,有效提升全县老师信息素养。围绕教育技术分享、教学应用及日常办公应用三个方面,精心制作并推送微视频十余期。

【网络安全】组织开展"网络安全为人民,网络安全靠人民"网络安全宣传周活动,通过主题班会、团队活动、知识竞赛、演讲等形式,开展网络安全知识进课堂活动。活动有效提升全县广大师生及家长的网络安全意识和基本技能。协助如东县网信办成功开展"如东县网络安全应急演练"。

(樊旭峰)

如东县老年大学

【概况】如东县老年大学创办于1988年,是一所面向县城及周边地区离、退休干部、职工和其他老年人群体招生的全日制老年学校。教学规模专业5个,课程32门,班级45个,学员1147人,每周到校上课2298人次。2021年新增古筝、糕点制作、经典诵读、老年形体塑造、植物盆栽等7个班级。1月,中共如东县老年大学委员会成立,党小组建至班级。学校开设时政讲座、大众哲学班,邀请知名学者、专家授课作时政讲座,传播正能量。4月中旬,唐国均作题为《从党的百年奋斗史中汲取智慧和力量》党史学习辅导报告;12月初,刘崇国以《奋斗百年路并启航新征程》为题作学习十九届六中全会精神辅导报告。以"不忘初心,永跟党走"为主题开展庆祝中国共产党成立100周年系列庆祝活动。以爱心助残活动为主体,开展服务社会活动,向残障儿童捐款5万余元。召开全县乡镇分校校长座谈会共商全县"十四五"老年教育事业发展大计。常务副校长刘崇国被聘为省老年大学协会第六届理事会智库专家。校合唱团在县"永远跟党走"庆祝中国共产党成立100周年合唱比赛中获一等奖。

【教学教研】学校着力抓好"课堂教学、教学实践、社会活动"相结合的"三个课堂"建设管理,教学规模和质量进一步提高。先后召开四次班长座谈会,全面了解学员们对学校教学工作的意见要求。以"边实践、边研究、边总结"的方式开展教学研究,已立项的市级科研课题"老年大学文化艺术节实践路径的案例研究"进入中期评估阶段。反映学校关心下一代工作实践探索和党史学习教育走深走实的经验文章在国家级刊物《老年教育》第4、8期上发表。学员们的书画、摄影、小本画、剪纸等作品参加国家、省、市、县级的各类比赛屡获大奖,学校也多次获"优秀组织奖"。

(吴忠诚)

江苏省如东高级中学

【概况】江苏省如东高级中学(简称如东高级中学)创办于1938年10月,1980年10月,经省人民政府确认为省首批重点高中,2000年4月经省教育厅评估确认为国家级示范性普通高中,2009年被评为全国教育系统先进集体。校园占地面积16万平方米,总投资1.20亿元,总建筑面积9万平方米。2021年,教职员工348人,专任教师320人,其中正高级教师4人,江苏省名教师1人,江苏省特级教师3人,南通市领航校长1人,市学科带头人和骨干教师22人,县学科带头人和骨干教师29人,县名师创新团队4支,具备高级职称教师157人,具有硕士学位或研究生学历61人,本科及以上学历达标率100%。学校3个年级58个班级,学生2500多人。2021年是江苏新高考综合改革落地实施的第一年,如东中学高考再续辉煌,据不完全统计,全校829人参加高考,本一率94.1%,其中物理方向本一率97%,高三(1)班生均总分626分。全校进入省前60名2人,省前100名3人,省前1000名33人,600分以上130人,录取清华北大4人,录取985高校近120人,基本实现面向全体高位均衡发展的奋斗目标。2021年,学校获江苏省文明校园、江苏省教科研先进学校荣誉称号,在江苏省省级教师发展示范基地校建设中期考核中获优秀等次、“四有”好教师团队建设获南通市特等奖第一名。成功申报江苏省中小学课程基地——“明理·守责”国家安全教育课程基地,综治安全工作被省公安厅记集体三等功。

【德育活动】如东高级中学举办第23届科技节、第26届体育节、第9届班主任节、第43届红五月歌咏节、第35届艺术节等活动,在节日文化的实践中融入时代特色和当下要求,在传承中创新以德育人理念;成功申报江苏省中小学课程基地——“明理·守责”国家安全教育课程基地。

【队伍建设】如东高级中学“四有”好教师团队建设获南通市特等奖第一名;组织“十三五”期间全校28项省市县立项在研课题的管理和结题工作,报省参评课题5项,报市参评课题10项,创历年课题申报新高,课题参与面达150多人次。新增省特级教师1人、正高级教师1人。师资处张伟获评“苏教名家”培养对象,《高中生物“研学课堂”构建》成果获江苏省教学成果二等奖。

【学生发展】学生参加各级各类比赛成绩斐然,获全国中学生物理竞赛国家级一等奖2人、省一等奖12人;全国中学生数学联赛省一等奖6人;全国中学生化学竞赛省一等奖4人;全国中学生生物竞赛国家级一等奖1人、省一等奖14人;第六届全省学生“学宪法 讲宪法”活动省级决赛一等奖1人;校朗诵队选送的《一片红“叶”》获南通市第八届中小学生校园艺术节朗诵比赛第一名;校足球队斩获南通市“老八所”高中校园足球争霸赛亚军。

【合作交流】 年内,山东利津县教育考察团、山东潍坊市教育考察团、苏州太仓市教育考察团、连云港东海县教育考察团等数十个来访团体或兄弟学校先后到校参观交流;合计派出培训、上课、听课教师100多人次;学校各类活动在省市级媒体报道近20次;先后接受省高中校长任职资格培训班校长跟岗培训2期;在江苏省省级教师发展示范基地校建设中期考核中,获优秀等次。

（卜冬旭）

2021年12月5日,如东高级中学足球队获得南通市第三届“老八所”高中校园足球争霸赛亚军

如东县第一高级中学

【概况】如东县第一高级中学2021年3月建校,是县委、县政府顺应省委、省政府扩大普通高中教育资源配置要求,适应如东教育高质量发展而新建的一所高品质示范高中。学校依托江苏省如东高级中学实施集团化办学,教育教学及管理资源共享,学科研究、教学安排、考试组织等同步实施。教师以如东高中老师为主体,栟茶高中、马塘中学等学校选调部分骨干老师,同时引进新分配的少数优秀年轻老师。2021年高一新生在升级改造后的原掘港高中校区就读过渡。过渡校区位于掘港街道城中路25号,占地面积2.45万平方米,建筑面积1万平方米。有班级6个;学生288人;教职员工37人,其中高级教师14人,市、县学科带头人1人,骨干教师3人。

【校区改造】学校研究制定了详细的过渡校区改造方案,以在原有条件上创设最佳办学环境为宗旨,保质保量地完成了运动场地、综合楼、宿舍楼、实验楼、食堂及配电房的改造,完成教学必需品的购买安装,完成办公设备、办公用品、饮水设备、宿舍日用品、卫生洁具、防疫物资的采购,9月1日新生顺利入学。

【德育教育】学校贯彻实施《中小学心理健康教育指导纲要》,创立班级辅导员制度;以学生日常行为规范教育为基础,加强学生德育教育。成立首届“家校委员会”,推动形成了教师引导、学生参与管理、家校双向联动的育人模式。通过开展各项评比活动,努力培育举止文明、道德优良且富有创新精神的社会主义建设者和接班人。

【“力行课堂”实践】学校以“真学课堂”过关验收为契机,以“力行课堂”实践研究为抓手,加强课堂教学研讨。制定《力行课堂教学评价表》,组织开展校本系列教研活动。通过举办首届“力行课堂”优课评比活动,进一步优化课堂教学生态,转变课堂教学方式。规范听评课制度,落实“自选推门听课”活动,月行政听课点评形成机制。

（桑芝华）

江苏省栟茶高级中学

【概况】江苏省栟茶高级中学(简称栟茶中学)位于南黄海之滨、栟运河畔,始建于1928年,20世纪60年代初成为南通市农村重点中学,并被评为全国教育系统先进单位。2004年晋升为四星级普通高中，2006年被评为江苏省人民最满意的品牌学校，2001年以来蝉联江苏省文明单位。学校占地面积15.63万平方米，绿化用地面积4.63万平方米，生均绿化面积19.04平方米。2021年学校有班级50个，学生2344人，教职工291人，其中高级教师122人，市县学科带头人8人、市县骨干教师27人。学校是省德育活动课程基地、市高考学科基地和市学科德育基地。2021年，学校以素质教育为抓手，组织开展了"沙家浜红色基地"爱国主义教育、"让青春在劳动中绽放"劳动教育、"生命安全"系列心理健康教育、阳光体育运动会等活动。新高考首战告捷，本一率、总均分大幅超额完成既定目标。获评江苏省节水型学校、南通市"工人先锋号"等荣誉10多项。

【队伍建设】学校强化教师思想政治教育，形成师德管理长效机制。不断加大教师线上线下的培训力度，通过青蓝工程、师德讲堂、专题讲座等有效促进师德师风养成和专业素养提升。1人获江苏省青年教师基本功大赛一等奖。

【教育科研】学校开展优学课堂培训、书友会读书沙龙、教师讲堂等研学活动，推进教学研一体化，成功申报省市县课题12项，获省市级以上荣誉14人次，市级以上获奖和发表论文64篇。开展各级各类交流研讨活动120余次，开设县级以上公开课136节次，讲座30余场次。成功举办"基于核心素养的优学课堂"对外教学研讨活动，集中展示了校"优学课堂"建设成果。

【校园建设】学校借力县学校文化建设现场推进会，学校主体楼等亮化工程整体布局完成，报栏、灯箱等宣传阵地维护更新，"栟茶印象"景观墙新增落成，"建业路""同济桥"获得正式命名。

（周琦）

如东县马塘中学

【概况】如东县马塘中学创建于1951年，位于马塘镇仁和北路15号，坐落在如泰河畔。占地面积为8.74万平方米。2001年被评为江苏省重点普通高中，2009年4月被评为江苏省四星级普通高中。2021年，有教学班45个，学生2223人，教职员工265人，中学高级教师99人，市、县名教师，学科带头人，骨干教师84人。拥有现代化的教学楼和实验楼、多媒体教室、省一级图书馆、信息网络中心、TV演播中心、科技制作中心、高规格体育场馆等，是江苏省高中物理课程基地、南通市高中数学学科基地。2021年，马塘中学以"有情有义"的晓塘品格书写"仁正教育"的时代篇章，成功举办建校70周年庆祝盛典暨马塘中学高质量发展报告会，以《超越》为题总结了近十年的"跨越"之路，响亮地提出"高质量发展"再出发的校本之策。完成江苏省四星级学校复审工作，成功承办如东县"八礼四仪"现场会和长三角"立学课堂"研讨会。2021年高考，学校本一上线率超45%，位居南通市同类学校前列。被评为江苏省教师发展研究基地校、江苏省第七批红十字示范学校、江苏省"六有一提升"示范性党支部、"新华红"江苏省党建联盟单位、南通市基础教育"立学课堂"样板学校。选送作品《青春的风雨与彩虹》获第十一届江苏省中小学"校园心理剧"创作三等奖。有2人获市二等奖，10人获县一等奖，4人获评市学科带头人，6人获评县学科带头人，16人获评县骨干教师，2人获评县名教师。

（朱志刚）

如东县掘港高级中学

【概况】如东县掘港高级中学地处县城东环路168号，占地面积4.83万平方米，建筑面积4万多平方米。2021年，学校有教学班41个，学生2000多人，教职工240人，专任教师220人，硕士学历27人，高级教师86人，市学科带头人1人，市骨干教师1人，县学科带头人4人，县骨干教师14人。实施《如东县掘港高级中学"双聚双高"作风效能提升专项行动实施方案》，促进作风转变，实现精致管理。坚持办"适合学生发展的优质教育"，落实"双减"举措，推进"阳光体育"工程，组织学生社团20多个。成立心理健康教育教研组，引进专职教师，正常开设心理课程。"和悦课堂"建设走向深入，"和美德育""书香校园"等特色品牌茁壮成长，高考全面完成县教体局考核指标。2021年，学校再次获评"南通市文明校园"。

【师德建设】学校多次召开师德师风建设专题推进会，多层面组织教师学习《新时代中小学教师职业行为十项准则》。狠抓队伍建设，打造精干师资，70多人次受县级及以上表彰或奖励。举办"与书同行，收获掘中满园书香"读书月活动，引导广大教师潜心读书、丰富内涵。

【教学教研】学校邀请市教科院专家到校开设讲座，开展新教师见面课、优课评比、领航课等活动，全面提升学校"和悦课堂"建设水平。各年级成绩稳中有进，2021届高三学子高考取得骄人成绩，全面完成县教体局下达的指标。

【校园文化】学校把校园"和文化"融入德育体系，形成"和美德育"系列活动，逐步形成"月习一礼"主题教育系列活动。举办"十八酬壮志，百年颂华章"成人仪式、"礼赞百年华诞，点亮红色青春"文艺汇报演出、校园艺术节等大型活动。通过"家校共建话成长，同心同向育英才"校园开放日和"精准资助，走访结对"资助育人活动，促进教育工作优质发展。

（乔晓光）

江苏联合职业技术学院如东分院（江苏省如东中等专业学校）

【概况】江苏省如东中等专业学校位于如东县城经济开发区，占地面积26.67万平方米，集高等（中等）职业教育、成人学历教育、社区教育及实用技能培训等为一体，是国家级重点职中、省高水平现代化职业学校、省现代化示范校、省中职学校智慧校园、省职业学校"教学管理30强单位"、省领航学校建设单位。学校以"面向全省、服务全县、辐射周边、沿海一流"为目标，秉承"尚德砺技、臻善至美"的办学理念，坚持"培养应用型技能人才，服务地方经济建设"的办学方向，努

2021年9月30日，江苏联合职业技术学院如东分院（如东中专）三一帕尔菲格现代学徒制班第二届学员毕业典礼

力打造“高质量、有特色、现代化”的职教名校。2021年，学校有教职工438人，其中省特级教师1人，正高级职称3人，高级职称175人。省职教领军人才4人，市学科带头人4人、市骨干教师8人、市教坛新秀4人，县名校长1人、县学科带头人6人、县骨干教师24人。年度招生1243人，其中，成人学历教育招生208人，全日制班1035人。

【德育活动】 学校充分发挥三全育人作用，以“如东县勇进德育名师工作室”为引领，打造高素质德育队伍，大大提升德育队伍的专业发展；充分发挥思政课主渠道作用，强化思政课程教育教学，将思想政治教育、职业道德和工匠精神培育融入教育教学全过程；开展丰富多彩的校园活动，为学生搭建展现自我的平台。2021年，获评南通市文明校园、第十二届省中职学校文明风采“优秀组织奖”单位、南通市十佳红十字志愿服务组织；校团委获评江苏省五四红旗团委；1人获评全省“最美职校生标兵”。《新华日报》以《推进财商创客教育 赋能学生优质发展》为题对学校进行专题报道。

【职教改革】 学校全力推进专业建设，加大行、企、政参与专业建设的力度，将“教、学、研、训、赛”融为一体，促进学生专业知识和实践技能的提升，在全省职业院校技能大赛中获2金2银9铜，市技能大赛中获13金17银24铜。电子商务专业群被确立为江苏省联合职业技术学院高水平专业群。信息工程系“计算机平面设计及动漫制作职业体验中心”成功通过省级中小学生职业体验中心审核。注重培养学生的创新创业精神，通过创新创业培训竞赛等方式，提高学生职业能力。2021年，在各类创新创业大赛中，获省一等奖5个，二等奖5个，三等奖9个。

【服务发展】 学校深化产教融合，开展校企合作，全面推进现代学徒制工作，举办了“中天科技班”“诺德学徒制班”“苏中电池学徒制班”“风轮叶片制造工学徒制班”等现代学徒制和新型学徒制项目班。全日制大中专学生就业率达98%，本地一次就业率达91 %。高职就业率名列省联院第二名。《江苏教育报》以《如东分院：培养高素养“三创工匠”》为题报道学校人才培养成效。深化社区教育内涵，深挖服务需求，逐步构建“文化润民”“技能富民”“科技惠民”的社区教育“三民”架构体系，开展文明礼仪专业服务培训、老年人智能应用培训、健康养生和老年人心理健康等专题培训。送教到镇区，“安全生产与救护”专题培训9700多人。学校作为职业技能等级“第三方评价机构”，积极开展职业技能鉴定工作，获18个工种50个等次的技能认定资格。全年组织中、高级职业技能认定1358人次。开展“乡村振兴”“求学圆梦行动”学历提升服务，助力企事业单位员工和乡村干部提升学历。

（肖海兵）

如东县实验中学

【概况】 江苏省如东县实验中学创建于1999年，位于掘港街道黄海西路89号，占地面积13.60万平方米，建筑面积5.66万平方米。有教学楼、行政楼、实验楼、师生餐厅、学生公寓楼等场馆，空间布局合理，环境优美宜人，设施完备先进。学校以“民主垂范”为政风建设基点，以“善思协进”为教风营造目标，以“学会超越，追求卓越”为学校精神引领师生成长，以“享受幸福而完整的教育”为教育理想科学发展学校。充分挖掘管理文化、德性文化、课程文化及教师文化内蕴，精心打造“协进课堂”，突出改革创新，不断丰富和提升学校教育内涵，促进学生全面、个性发展。2016年、2021年秋季，新区初中、宾山初中两处分校分别开始招生。2021年，有教学班66个，学生3400多人，教职工340人，其中，正高级教师2人，特级教师3人，市县学科带头人、骨干教师115人。2021年中考如东高中创新班录取64人，考取如东高中292人，普高上线806人，普高录取率达71%。

【教育科研】 学校扎实开展教育科研，促进教师专业发展。2021年，学校在研省级规划课题两项、市级规划课题十项。教师在省级以上报刊发表教育教学论文近100篇。继续组织开展十佳师德标兵、十佳班主任、十佳课改先进个人、十佳信息化教学能手、十佳教科研能手系列评比活动，一批优秀骨干教师迅速成长。1人获省优课评比一等奖。

【特色课程】 围绕“八礼四仪”主题教育，学校组织开展初一年级入学仪式、初二年级青春仪式、初三年级毕业仪式等三大主题教育，形成具有实中特色的仪式课程。以培养学生的核心素养为指向，进一步整合社会教育资源，形成名人讲座课程、户外游学课程和志愿服务课程等特色校本课程。开展体育艺术2+1项目活动，开设选修课程，拓展学生的兴趣特长和爱好。学校获国家“小平科技创新实验室”建设学校、江苏省青少年科技教育先进学校、江苏省少年儿童书信文

2021年5月,如东县实验中学举办“红领巾心向党 唱红歌颂党恩”暨庆祝建党100周年“红五月”歌咏比赛

化活动团体奖、江苏省“箐箐杯”中小学生社会实践活动优秀项目、江苏省“中学生与社会”写作比赛优秀组织奖、南通市第十二届中小学生厨艺大赛团体特等奖等荣誉。

【办学效应】学校开展“协进课堂”教学研共同体活动,每月围绕一个主题开展联合教研活动,较好地发挥了学校在教学改革方面的辐射示范作用。“东方丽鹰”卓越联盟正常开展活动,积极参与南通市李庾南实验学校、南通市七校联谊活动。承办南通市语文学科基地、南通市初中历史学科基地等多项市级以上教研活动。先后有安徽省广德市、陕西省南郑区教育代表团等多家外省、市单位到校学习考察。学校先后被评为江苏省文明校园、南通市文明校园、南通市学陶先进集体。

(沈东新)

如东县新区初级中学

【概况】如东县新区初级中学成立于2016年9月,位于城中街道钟山路88号,占地面积5.34万平方米,建筑面积3.16万平方米,校园布局合理、办学条件优越,师资队伍师德高尚、业务精良。有专任教师129人,其中现职市县级学科带头人、骨干教师、教坛新秀共18人,在校学生1379人。学校以“博雅高远”为办学愿景,以“师生为本、立德树人”为办学理想,以“弘德明志、尚学笃行”为校训,以“爱国、奋进、求实、创新”为校风,以“博学、协进”为教风,以“乐学、善思”为学风,积极构建以“厚基础、重能力、求创新、润生命”办学理念为核心的校园文化体系。学校先后荣获全国读书教育特色学校、全国足球特色学校、省科技教育特色学校、省教科研先进集体、省青少年科技教育工作五星级先进集体、省校园足球工作先进学校、市文明校园、市教师发展示范学校、市心理健康特色学校、市音乐学科教学研究基地、李庾南实验学校等称号。

【德育工作】学校通过“三校五节”的特色活动,营造高品位的文化氛围,围绕“八礼四仪”主题教育,构建具有校本特色的仪式课程。家长学校活动的开展,实现了家校共育,营造了良好的教育生态。重视心理健康教育工作,承办的“性别平等教育进课堂”项目获评省优秀社工项目。

【教学工作】学校以落实“双减”工作为契机,充分发挥课堂的主阵地作用,努力实现“减负”与“增质”双赢。在“双减”背景下,学校以延时服务为依托,继续推行特色校本课程,学生在各级各类比赛活动中获得佳绩。在全市第八届中小学校园艺术节比赛中,合唱和舞蹈均获一等奖;在省级“金钥匙”竞赛中2人获特等奖;在省第十七届中学生作文大赛中9人获等级奖;在市级现场绘画比赛中6人获等级奖。

【教育科研】扎实推进“基于核心素养‘真学课堂’深化年”活动,促进了“科研兴校”的落实。1人省级课题结题,5人市级课题结题,3人市规划课题立项。在教学基本功比赛中,1人获省一等奖,11人获市一等奖。在班主任基本功比赛中,1人获市二等奖。全校有20人在市级以上刊物发表文章30余篇。

(王晓张)

如东县宾山初级中学

【概况】如东县宾山初级中学是如东县实验中学集团城南校区,教育和管理理念与实验中学一脉相承。2021年下半年,宾山初中正式招生办学。学校位于掘港街道日晖西路87号,是2018年初批准建设的县“十三五”重点教育推进项目。项目总投资1.95亿元,占地约3.7万平方米。学校建有教学楼、图书综合楼、实验楼、专用教室楼、音体楼、体育馆、食堂等,教育装备均按照省一类标准建设。2021年,有初一年级教学班10个,学生497人,教职工42人,其中高级教师11人,市、县学科带头人、骨干教师15人。学校以“民主垂范”为政风建设基点,以“精、实”为教风,以“成全每一个生命成为最好的模样”为学校精神,引领师生成长,充分挖掘管理文化、德性文化、课程文化及教师文化内蕴,精心打造“和悦课堂”,突出改革创新,不断丰富和提升学校教育内涵,促进学生全面、个性发展。

【教育科研】学校扎实开展教育科研,促进教师专业发展。获市、县级荣誉及奖项22人次,在省、市、县级论文发表或比赛获奖18人次。

【特色课程】学校扎实开展体育艺术2+1项目活动,通过选修课程,拓展学生的兴趣爱好和特长。社团活动中有国旗班、五步拳班、啦啦操班在阳光体育运动会开幕式上展示,其中啦啦操团队在南通市比赛中获得二等奖。科技社团参加江苏省红船模型制作比赛、朗诵社团参加南通市“永远跟党走”读书演讲比赛均获一等奖,学生65人次在市、县各类比赛中获奖。

【办学效应】学校打造"和悦课堂"教学模式，举办"开讲啦"课堂生态改善活动，较好地推进了课堂教学改革。成功承办江苏省"金帆杯"大型教研活动、县初中心理地理优课评比、县独唱独舞独奏器乐合奏比赛等多项教研活动，充分展示了学校的综合管理能力和全体师生的精神风貌。

（何娟）

如东县丰利中学

【概况】如东县丰利中学创办于1956年，地处千年文化古镇丰利，占地面积6.34万平方米，建筑面积4.56万平方米。2021年有教学班18个，在校学生754名，教职工137人，专任教师98人，其中特级教师2人，高级教师57人，市县学科带头人、骨干教师、教坛新秀23人。学校秉持"以人为本，文化立校；以德为先，全面养成；以情为源，整体和谐"的办学理念，弘扬"爱国、勤奋、守纪、创新"的优良校风，凸显"尚德、崇文、超越"的核心价值观，全面贯彻党的教育方针，坚持立德树人的根本任务，打造师资队伍，丰富办学内涵，彰显办学特色，提高教学质量，促进学生、教师和学校的和谐发展。

【队伍建设】学校持续开展红烛志愿服务，加强党员教师双向培养，发展预备党员3人、入党积极分子1人。依托南通市"四有"好教师建设杨林全团队和特级教师杨林全、孙福如领衔的名师创新团队及乡村骨干教师培育站为载体，引领带动教师专业成长，促进学校高质量发展。2021年度教师在各级发表及获奖论文达50多篇。

【教育教学】学校以养成教育、心理健康为抓手，抓实养成教育和常规管理。关心留守儿童、特需儿童，让每一个孩子在学校都能得到更好的发展。一篇心理健康教育案例获南通市一等奖。学校认真落实"双减"政策，开展真学课堂建设改革，以"动·力"课堂为抓手，以研促教提质增效。以南通市新"12字12条"为抓手，举办高效课堂研讨活动，组织教师参加各级各类教学竞赛活动，1人获全国奖项，3人获市一等奖。落实"走出去，迎进来"工程，援疆1人，在沭阳如东高初中支教9人。4月，与通州先锋中学联合开展"立德树人·聚焦中考"研讨活动。

【素质教育】学校以传承传统文化和红色文化为主题，开展了红色文化进校园系列活动、传统节日系列活动和读书交流征文比赛，被评为县"书香校园"。素质教育扎实推进，获省青少年科技模型大赛团体二等奖、南通市机器人竞赛团体一等奖，1人获省"金钥匙科技竞赛"特等奖，3人获省一等奖，9人省获二等奖。学校被评为青少年科技教育先进学校。

（康祥龙）

如东县双甸中学

【概况】如东县双甸中学创办于1952年，1999年被评为市重点高中，2010年晋升为省三星级高中。2016年完成高中教育向初中教育转型。校园占地面积4.48万平方米，校舍建筑总面积3.35万平方米，绿化面积近6000平方米，环境优美。各类专用教室、运动场馆齐全，配套设施一流。2021年，有班级24个，学生1117人，教职工140人，其中高级教师61人、市县学科带头人3人、市骨干教师3人、市教坛新秀3人、县骨干教师数10人。学校立足"真学课堂"，提升办学品位，教育教学质量一直处于市、县前列。2021年中考，如东高中录取人数近40人，普通高中上线率超过61%。学校获南通市优秀学生集体等市县级荣誉40多项。

【"双中朗读者"主题阅读】2021年，学校开展了丰富多彩的"双中朗读者"主题阅读活动。全年共开展"双中朗读者"主题阅读分享会活动19次。朗读作品在国家级、省市级媒体发表9篇。参加市、县级读书征文、演讲、诵读竞赛，获多个市、县级一等奖及优秀组织奖；获市级以上媒体报道22篇。《江海晚报》以《如东县双甸中学香樟树文学社开出"双中朗读者"新绿》为题专题报道"双中朗读者"活动。

【劳动教育实践】2021年，学校通过丰富多彩的劳动教育实践活动提升学生综合素养和能力，助力"双减"政策落地生根。以"主题班队会"为抓手，强化劳动意识；以"校园劳动节"为依托，在全体学生中开展生活技能训练，以及插花、剪纸、编织等劳动技能实践。学生在实践中滋养了心灵，增强了对劳动的认识，树立了尊重劳动、尊重他人的思想观念。

（周海峰）

如东县岔河中学

【概况】学校创办于1956年，位于岔河镇燕坞巷1号，占地面积4.60万平方米，校园环境优美；教学设施和生活设施齐全，配置先进。2021年，有教职员工152人，其中高级教师62人。2021年，新晋市骨干教师1人、县学科带头人2人、县骨干教师10人。有教学班24个，在校学生1013人。2021届初三有3人被如东县高级中学创新实验班录取，县中上线42人，中考六门学科获县教学成果奖。学校秉持"尚德崇实、立校树人"的办学理念，致力于办适合学生的教育，努力让每个学生都能都获得成功。以"阳光足球"和"百草园"文学社团、"集邮"为特色项目来带动其他社团全面开花，每年元旦艺术节暨社团成果汇报演出特色彰显，学生书画展社会反响强烈。开展示范课、汇报课、优课评比、名优人才微课大比武，鼓励老师们教学实践中探索，相互学习，取长补短。学校获评江苏省"智慧校园"，学校社团获市、县集体奖20多项，学生个人获奖400多人次。

【课堂改革】2021年，作为"交响课堂"教学研共同体牵头学校，克服疫情带来的不利影响，线上、线下多渠道开展共同体教学研讨活动8次，开课200多节，带动周边学校共同进步。推进"基于核心素养的真学课堂"建设，不断提升教师教育教学水平，调动学生学习积极性，课堂教学效率和有效性大大提高。

【德育活动】学校始终把德育工作放在首位，素质教育成果丰硕。在全县"红领巾奖章"争章活动中，被团县委、县少工委授予集体“二星章”，取得“红旗大队”荣誉称号。获如东县中小学生阳光体育运动会一等奖，县中小学生跑操比赛一等奖，县第八届中小学生校园艺术节(声乐类)和(手工坊比赛)一等奖，县第八届中小学生校园艺术节一等奖，县中小学生男子、女子足球联赛一等奖。积极引导学生参与德育课程实践，成功举办“传诵红色经典·弘扬爱国精神”经典诵读、红五月歌咏比赛、“歌颂伟大祖国·肩负神圣使命”诵读比赛、“请党放心 强国有我”阅读分享会、党史知识竞赛等系列德育活动。校园文化与社会主义核心价值观、传统经典文化高度融合，师生在活动中不断发展自我，完善自我，积极释放正能量。获评县德育工作先进学校。

（陈尤华）

如东县茗海中学

【概况】如东县茗海中学位于千年古镇栟茶镇。学校占地面积4.22万平方米，校舍建筑面积2.37万平方米，运动场1.33万平方米，教育教学设施齐全。有教职工180人，专任教师128人。高级教师32人，市、县学科带头人3人，市、县骨干教师8人。学校先后荣获“江苏省平安校园”“江苏省体育健康促进金牌学校”“南通市法治特色项目学校”“南通市汉字规范教育特色学校”“南通市绿色学校”“南通市李庾南实验学校”“南通市数字化校园”“南通市文明校园”等称号。

【情感德育】学校扎实开展社会主义核心价值观教育、革命传统教育等主题教育，组织学生收看“开学第一课”“劳模进校园”宣讲系列视频，组织开展“守护生命阳光 积极健康成长”生命教育主题活动、“阳光心理 健康同行”心理健康教育活动，开展国旗下讲话和少年法学苑知识讲座，举办“阅读点亮生命”臧夕稳读书报告会、开展“我劳动我快乐”社会实践等活动。开学典礼、青春仪式、毕业典礼等八礼四仪活动，尽展青春风采。学校再次荣获“南通市文明校园”称号。

【崇真课堂】优化“崇真课堂”操作范式，加强指导、检查和督促，严格执行考核制度，保证稳步提高教学质量。学校获2020—2021学年度初中教学优秀人才培养银奖，初中教学培优工作银奖。化学、历史、政治荣获学科教学金奖，语文、数学、物理荣获学科教学银奖。学校有2个市级课题顺利结题。20多篇论文在省级以上各类杂志发表。1人获市县级优课评比、基本功比赛一二等奖。

【校园文化】学校秉承“平民教育”理念，不断总结提升出学校文化内核——“厚德崇真”，成功承办县学校文化建设现场推进会，获2021全县学校主题现场推进会“最佳展示奖”。设计新建“飞跃”文化雕塑、读书长廊、爱心书吧、艺术长廊，楼道走廊无不洋溢着浓郁的文化氛围。丰富学生第二课堂文化生活，落实“双减”政策，积极组建和优化慧心机器人、炫蓝航模组等学生社团12个，获省市县多项奖项。（林红亮）

如东县马塘初级中学

【概况】如东县马塘初级中学创建于1951年，后改名为如东县马塘中学，因全县义务教育布局的需要，马塘中学初中部于2017年9月独立建制，并于2018年2月24日搬入新校区。新校区占地面积4万平方米，建筑面积2.40万平方米。建有标准教学楼、综合楼、报告厅、宿舍楼、食堂、室内室外操场。2021年，有学生919人，教职员工89人，其中省特级教师、正高级教师1人，高级教师28人，有4人获硕士学位，市学科类、德育类骨干教师3人，县学科类、德育类骨干教师5人。

【办学特色】学校在新时期，提出三个三年发展规划，分阶段利用学校现有的建筑物，融合国家教育方针政策，逐渐形成以“为中华之崛起而读书”的办学精神，以“立身以立学为先，立学以立德为本”的办学宗旨，以“立德、益智、强体、蕴美、善劳”为办学目标，以“实现中华民族伟大复兴的中国梦”为办学愿景，从而培育“有情有义”的马塘初中学子，逐步形成以“春晓”为核心的校园文化。

【教育科研】学校重视教师阅读，购置教育名著，全力支持教师外出学习的机会。青蓝工程、青年教师读书沙龙、教研组交流研讨等活动常态化开展。2021年学校获县初中教学成果金奖、培优工作金奖，并获评“全国青少年禁毒知识竞赛先进单位”。

（姜松林）

如东县实验小学

【概况】如东县实验小学创建于1906年2月，是江苏省首批实验小学。学校秉承“让儿童成为儿童”的教育思想，打造童心教育特色。2014年，学校迁至城中街道富春江路86号，占地面积8万平方

2021年6月1日，江苏省暨南通市“四仪”教育示范观摩10岁成长仪式专场活动在如东县实验小学举行

米，建筑面积4.5万平方米，空间布局合理，设施完备先进。有教学班74个，学生3994人，教职工241人。其中，中小学高级教师19人，市县学科带头人23人，骨干教师58人。2021年，先后承办省市县各类教育教学科研活动14次。获全国青少年校园足球特色学校、江苏省青少年科技教育先进学校、南通市优秀少先队中队等县级以上荣誉35个，获县义务教育综合评估金奖第一名。《新华日报》、人民法治网等市级以上媒体报道学校办学情况22次。2021年4月14日，《江苏教育报》《名校长管理之道》专栏以《让儿童成为儿童》为题报道该校童心教育思想。

【“相约周五”家庭教育大讲堂】2021年3月19日，学校家庭教育特色培训活动——“相约周五”家庭教育大讲堂启动。全年举办大讲堂10次，现场培训学生家长3000多人次，提供广场教育咨询服务4次，在县图书馆开展亲子阅读10余次，相关经验在“学习强国”学习平台和人民法治网报道。

【德育工作】2021年6月1日，学校成功举办“童心向党，苗壮成长”——江苏省暨南通市“四仪”教育示范观摩活动，学校德育工作再上新台阶。先后组建曹爱东名辅工作室和徐守娟名师工作室，1人获江苏省少先队辅导员技能大赛一等奖。

【“双减”工作】2021年8月29日，学校“双减”工作暨课后延时服务工作正式启动。下半年全校3829位学生参与课后延时服务，参与率96%，近200位教师为学生尽职尽责服务。相关成果多次登上“学习强国”学习平台，其中全国首页1次，《中国教育报》2021年5月2日以《体验劳动之乐 发现生命之美》为题报道该校劳动教育成果。

【教育集团城北校区投入使用】2021年9月1日，实验小学教育集团城北校区如东经济开发区实验小学投入使用，500多名师生开启崭新校园生活。自此，教育集团一校三区全部独立办学。

（陈剑）

如东县掘港小学

【概况】 如东县掘港小学始建于1906年2月，位于如东县城中街道人民北路66号，占地面积2.8万平方米，建筑面积2万平方米，有教学班55个，在校学生2799人，教职工201人。其中，江苏省特级教师2人，中小学高级教师15人，市县学科带头人12人，骨干教师45人。学校秉承“兼容并蓄，和而不同”的文化主张，上随千年传统文化，下启百年掘小精神，“容和”文化给全体掘小人生生不息的鞭策，给学校办学源源不断的滋养。学校以人民教育家陶行知先生“爱满天下”教育思想为指针，坚守“以文化人，儿童至上”的办学理念，以“微爱德育”课程实施为抓手，努力构建新时代“爱的教育”育人体系，倾力培养“阳光、明礼、有爱、智慧、个性”的新时代樟园五好少年，努力实现“传承民族文化，拓展国际视野”的育人目标。获江苏省文明校园、江苏省示范性教职工“健康驿站”、南通市基础教育课堂教学改革样板学校、南通市先进基层党组织等荣誉称号71项。“学习强国”学习平台、央视画廊、新华网等各类媒体宣传报道学校办学成果及特色活动89次。

【“双减”行动】学校通过控制学生作业量、研究作业形式、科学设置作业内容、统筹校内校外教育资源，整体规划课后服务时段，切实减轻学生的课业负担，促进学生身心健康发展，全面系统地构建了绿色育人生态。“学习强国”学习平台、《江苏教育报》以《深入激发“双减”内核，“三大维度”提质增效》为题专题报道学校“双减”工作。

【教学改革】 学校实施“慧学课堂”改革，坚持“五育”并举，改革评价方式，探索“全息评价”实施路径，培育樟园“五好少年”。评价以闯关集星的形式开展，涵盖语文、数学、英语、体育、美术、音乐、劳技等所有学科，学生在有趣的情境中听说读写思以及唱做跑跳玩，激活创造潜能，提升审美情趣。

【教师发展】 学校作为南通市基础教育课堂教学改革样板学校，一直致力于深化指向学生核心素养的“慧学课堂”研究，学校先后承办县级以上教育教学活动26场次，全校教师参加各级教学竞赛、执教县级以上公开课或作专题讲座171场次，受到县级以上表彰235人次。

【家长学校】4月2日，掘港小学“HUI·爱”家长学校成立，学校、家庭和社会三位一体的和谐教育体系进一步完善，“爱的教育”办学特色进一步彰显。学校先后邀请资深亲子教育专家陈金平、家庭教育高级指导师符小斌、特级教师张启建等做专题讲座，家长学校成为家长学习提高的学校、家长和学校沟通的桥梁、家长和专家互动的平台。

【学生成长】“蓝鸟土布工作坊”参加省第七届中小学生艺术展演活动获一等奖；学生参加市第二十届“智能杯”小巧手、中小学生啦啦操等比赛获一等奖。全年，学生参加各级各类竞赛获奖881人次，92名学生获评“江苏好少年”“南通好少年”。

（叶亚均）

如东县宾山小学

【概况】如东县宾山小学创建于1906年，位于掘港镇日晖东路1号，占地面积4.93万平方米，班级54个，学生2614人，教职工192人，其中省特级教师1人，高级教师18人，市县名优人才40人。学校以正创新、向阳而行，秉承“过有滋有味的教育生活”的办学理念，用丰硕的教育教学成果向中国共产党成立100周年献礼。学校获“全国小学跨界学习研究联盟学校”、省文明校园、市红旗大队、市融合教育星级学校、县办学水平评估金奖单位等荣誉32项。学校“海洲书屋”被全国总工会和市总工会评为“职工书屋”。“同心育人”项目《携手校外教育辅导站 铸魂育人助成长》被省委教育工委评为百项优秀项目之一；“爱的传递”被评为南通市“一校一品”。连续十年举行“开笔礼”“桂苑文化节”系列活动。

【师资队伍】康建华获评2021年度县优

秀校长一等奖。顾新红获评“感动南通·教育人物”和“美丽南通·最美代表”,获评市德育名师工作室领衔人。“宾山小学共同体青年教师训练营”正常活动。顾勇祥获省小学数学基本功大赛一等奖,杨云获省道德与法治优课评比一等奖,王伟获省体育优课评比一等奖,陆如兵获省少先队辅导员技能展示特等奖。

【教育教学】省基础教育内涵建设项目《指向深度学习的生态课堂文化构建》通过中期验收。《指向深度学习的小学课堂文化建设研究》成为省“十四五”规划重点课题。先后承办省第25届“金帆杯”暨市第16届“名师之路”、市小学生阅读素养提升、市小学数学“立学课堂”研讨、市小学英语单元整体教学等各级各类活动28次。

【教育交流】1人在“1115”名师培养工程和南通大学、市教育技术中心组织的多次活动中作经验交流,1人在市小学道德与法治研讨活动中作讲座,1人在市小学英语单元整体教学研究活动中作经验交流。陕西汉中、广西河池、江苏淮安等地教师到校学习。

【社团活动】学校开设特色社团30多个。少儿男、女体适能分获省比赛第四名和前八强,剪纸艺术展获市一等奖。学生在各层次比赛中获奖700多人次。诗朗诵《传承美德 强国有我》在省道德模范与身边好人现场交流活动上展示。音舞诗画《百年红船挂云帆》在县庆祝中国共产党成立100周年文艺晚会上展演。学校建成“虹桥村劳动实践基地”并开展活动。

(顾勇祥)

如东县友谊路小学

【概况】如东县友谊路小学2019年9月正式招生,学生分别在实验小学和宾山小学上课;2020年7月起,借住宾山初中校址独立办学;2021年8月13日,友谊路小学项目竣工验收,位于掘港街道友谊西路26号,总投资2.56亿元;2021年12月16日,校园正式启用。校训为“和合共生”,办学理念为“为了每一个生命的成长”,坚持全面育人,全程育人,全方位育人。学校占地3.87万平方米,建校规模六轨制36个班,建筑面积3.74万平方米。2021年,有3个年级18个教学班,学生799人,教职工54人,其中,中小学高级教师4人,南通市学科带头人2人,南通市骨干教师3人,如东县学科带头人1人,如东县骨干教师6人,南通市教坛新秀2人。启动课后延时服务,以校本课程、班本课程、特色课程为主要内容,构建起课后服务“生长课程+”体系。学校获评全国足球特色学校、江苏省智慧校园;被国家、省各级各类媒体报道13次,其中“学习强国”学习平台报道4次;承办县大型教育活动16次,接待县两会人大代表及政协委员、县人大常委会主任会议全体成员、陕西南郑教育考察团等参观考察500多人次。

2021年秋季如东县友谊路小学正式入驻新校园

【队伍建设】学校不断加强教师队伍师德师风建设,增强教师责任感、使命感和荣誉感。以“勇担教育责任 不负时代使命”为主题,开展师德师风活动18次,锤炼师德修养,培养新时代“大”先生。同时,校“春草学社”以“向着阳光 努力生长”为主题定期进行读书分享等教师集体学习研修活动9次。12人参加市、县级竞赛获一等奖。

【主题教育】学校以年级为载体,开展主题教育,形成育人特色。2021年,围绕培养全面发展、个性发展的友小好少年,开展心理健康教育、主题教育、创文专题、八礼四仪等活动40多次。

【家校共建】学校开展“智慧家长进课堂 家校融合助成长”实践体验活动8次,102位家长志愿者受邀走进家长课堂;“春晖”家长学校共邀请6位专家为家长们作讲座。家庭走访活动线下和线上家访率达100%。

(马秀梅)

如东县解放路小学

【概况】如东县解放路小学于2021年11月正式启用,位于城中街道龙腾路78号,是县珠心算教学实验学校。校园占地面积3.8万平方米,总建筑面积2.8万平方米,设计规模为六轨制36班,环境优美、现代化配套设施齐全。2021年,有教学班9个,在校学生331人,教职工30人,其中中小学高级教师1人,市县名教师、学科带头人、骨干教师、教坛新秀15人。以“同生共长”为办学理念,有序开展各项教育教学活动:立足“共生课堂”,加强教研组建设,切实提高课堂效率;试行“2+X”课后实践活动,扎实推进“双减”工作;开展“共情德育”系列活动,以“果果争章”为抓手,激励学生全面发展;开设“共享论坛”,成立“共读书社”,不断促进自身专业发展;启动“共进青蓝工程”,助力年轻教师尽快成长;成立学校家长委员会,让更多家长参与学校管理,形成家校教育合力;成立“共育家长学校”,定期开展活动,为家庭教育赋能,促进师生家长齐发展。被评为县节水型学校;承办市县活动5次;教师参加省县基本功比赛,省一等奖1人次,县一等奖8人次;教师论文发表获奖30篇;学校办学情况在县级以上媒体平台报道44次。

【特色教学】作为如东县珠心算教学实验学校,学校先后承办县珠心算教育实验区共同体教研活动及县第二届珠心算教师基本功比赛。5名学生参加全国珠心算网络竞赛,4人获一等奖,1人获二等奖,学校获国家团体一等奖。

【劳动教育】校推行“2+X”课外实践活动,家校携手培养学生劳动能力。12月22日,全校组织开展劳动技能大赛,为学生展现“勤劳果果风采”搭建舞台。12月27日,组织学生代表在如东县虹桥家庭农场举行校外劳动实践基地揭牌仪式。

【礼仪教育】校围绕“八礼四仪”系统开展礼仪教育,每月一主题,有计划、有目标、有行动、有评价。为激励学生做到“人人光盘”,学校开展“称一称”活动,用电子秤统计每天各班剩菜量。如东电视台报道了学校“光盘行动”成功做法。

【多彩社团】乘着“双减”的春风,学校充分利用各专用教室和场所,丰富学生的校园生活,在课后服务时间开设葫芦丝、竹笛、泥塑、美术、创客、科学、折纸、足球、书法、珠心算、体育、合唱、水墨画、游泳、科普等15个兴趣社团课程,全员参与,学生综合素质得到全面发展。

【多元评价】学校积极探索构建内容多维、主体多元、方法多样的评价体系,通过开展“银杏果果生长嘉年华”系列评价活动,用游戏闯关、技能竞赛、展示分享等方式来对学生进行综合性评价,激励学生自信生长,让生长看得见。

(李烨)

如东县马塘小学

【概况】如东县马塘小学始建于1906年,位于马塘镇马南村培英路1号。学校占地面积5.84万平方米,建筑总面积2.22万平方米。2021年,有班级35个,在校生1360人,教职工119人,其中正高级教师2人,高级教师14人,市学科带头人4人,市骨干教师2人,市教坛新秀1人,县学科带头人1人,县骨干教师5人。学校实施“仁和教育”,以学校主课题“‘仁和文化’视阈下乡村小学课程校本化的实践研究”为依托,聚焦教育教学,促进内涵发展、全面提升办学质量。被评为江苏省文明校园。

【活力艺体】江苏体育网以《如东县马塘小学:“篮球火”点燃校园生活》为题对学校篮球特色课程开展情况进行报道。南通市第八届中小学生校园艺术节展演活动中,学校舞蹈《花木兰》、课本剧《一封家书》、朗诵《成长在阳光下》获二等奖。在2021年南通市第四届青少年校园篮球联赛中,学校U10男子、U12女子篮球队获一等奖,U12男子、U10女子篮球队获二等奖。2021年,学校学生在各级比赛中,426人次获奖。其中,省级特等奖1人、一等奖4人、二等奖7人,市一等奖4人。

【特色活动】学校注重传统文化教育,在传统节日活动中培养民族意识,传承礼仪文化。逐月开展“劳动最光荣”主题教育、红色故事比赛及创文知识竞赛,以“高举队旗跟党走,争做时代强国好少年”为主题开展第27届中队活动大比武。在常规管理中践行文明礼仪,着重开展“就餐不讲话”“垃圾不落地”主题教育和“文明餐桌”“光盘小卫士”评比活动。

【队伍建设】学校在实验研究中改变教育教学方式。多次召开市县“十三五”立项课题主持人会议、微型课题推进会,组织开展县掘港片、中片区南通市“十三五”教育科学规划课题研究推进会、课题研究课堂教学展示、课题研究叙事和新增课题展示等活动。在活动研讨中促进课堂教学优化。上半年,组织开展名优教师上“真学课堂”示范课活动,下半年,语文、数学、英语、综合组分别以“主动交流”“独立思考”“有效先学”“激励与评价”四个专题开展“真学课堂”竞赛。全年组织听行政预约课136节,组织备课组评课80次,全校教师上县级以上公开课共74节,省市级论文获奖各1篇,发表文章86篇。教师在各级各类教学比赛中有78人次获奖,其中,省一等奖1人,市一等奖6人。

(陈爱红)

如东经济开发区实验小学

【概况】如东经济开发区实验小学(实小集团城北分部)(简称经开区实小)位于如东经济开发区紫琅山路8号,按6轨制36个班级规模建设,总投资1.58亿元,占地面积3.2万平方米,建筑面积2.3万平方米。学校由江苏省如东经济开发区管理委员会于2019年5月开始兴建,2020年12月全面竣工,2021年8月18日,正式移交,秋季开学正式投入使用。有一、二、三年级教学班13个,学生516人。作为如东县实验小学教育集团城北分部,经开区实小师资力量由集团统一调配。2021年,学校有教师40人,其中各级各类名优人才10多人,高级教师3

2021年11月20日,全县教体系统教职工健身操(舞)大赛在经开区实小举行

人。学校传承实小百年文化精神,以"儿童至上"为教育理念,积极打造有趣好玩的"七彩校园",实现"学生成长轻负而高质量,学校发展全面而有特色"的办学目标。全年承办县级活动12次,在全县的影响力逐步扩大。

【家长学校】7月2日,经开区实小第一届家委会成立。创新家访模式,老师带着"七彩礼包"开展温情家访,共育家校彩虹桥。"学习强国"学习平台、新华网等媒体报道学校这一做法。9月11日,"共生成长"家长学校成立。"家长会""父母共读""亲子阅读讲座""家长公益微课程"系列活动拓展了家校共育的生态空间。

【教学教研】10月13日,经开区实小"立人学社"成立,经验介绍、读书分享、赠送图书、签订教科研军令状等系列活动让青年教师明确了发展的方向,获取了前进的动力。经开区实小教师在各级各类比赛中获市级一等奖1个、县级特等奖1个、县级一等奖6个。

【校园文化】学校举行体育节、童话节等活动,让每一个学生健康快乐地成长。老师带领学生参观图书馆、规划馆,培养爱国爱家情怀;带领学生走进社区,开展实践活动,厚植红色文化基因。

(王国彬)

如东县实验幼儿园

【概况】如东县实验幼儿园分为东西两部,2021年有班级26个,幼儿869人,教职工121人,专任教师58人,其中高级教师9人,市县学科带头人、骨干教师、县名校长等名优人才10多人次。幼儿园获市党建品牌优秀项目、市课程游戏化先进项目等多项荣誉。

【党建德育】园邀请名嘴来园上党课;"'幼'海'实'贝,'雁'领前行"获市党建品牌项目;以"勇担教育责任 不负时代使命"为主题,在暑期、中秋、教师节分别签署师德承诺书并集体宣誓,开展重温教师誓词、师德故事宣讲等专题教育活动,全体教职工师德行为进一步得到规范。

【教育教学】不断提升教师课程创生能力,关注幼儿生活、追随幼儿兴趣创生的入园、升班、戏剧等课程各具特色。课题"全人教育视域下幼儿园教育戏剧课程的实施策略研究"申报市"十四五"规划;多个班本课程、教研、课程案例及游戏案例荣获市县一二等奖;注重师资队伍分层管理,举行青年教师双导向制结对仪式;组织教师参加课程游戏化、基本功考核、课程审议等活动,扎实强内功、提素养;多人执教市县级公开课,在各级各类优课、基本功竞赛中获奖。

【示范辐射】2021年先后承办市县活动6次:扬州市广陵区幼儿园园长交流学习、山西省运城市稷山县考察团到园观摩、市"润德·乐学"四有好教师团队活动、"牵手南郑"空中教研活动、实幼教育共同体活动、县保教水平质量评估。

【硬件建设】东园改扩建工程顺利竣工,9月投入使用;新老园连廊工程、东园6个卫生间改造工程、东西园消防工程升级工程同步推进,两园面貌均有很大改观。

【特别记忆】2021年,幼儿园迎来70周年园庆,师生通过园史介绍,设计吉祥物和园庆展板,邀请老园长送祝福,童话剧、音诗画表演等丰富多彩的形式庆祝盛典。12月,实验幼儿园被评为南通市依法治园示范园。

(朱鸿菊)

如东县县级机关幼儿园

【概况】如东县县级机关幼儿园创办于1956年,是如东县最早独立建制的幼儿园,2008年成为江苏省优质幼儿园。2015年11月,机关幼儿园新园开始启用。新园位于掘港镇朝阳路15号,占地面积9240平方米,建筑面积5335平方米。2021年有班级15个,幼儿563人,教职工64人,在编教职工39人,其中高级教师4人,省特级教师1名,市骨干教师2人,县学科带头人1人,县骨干教师1人。幼儿园遵循幼儿身心发展的自然规律及特点,确立"以人为本"的办园理念,树立"让每个孩子拥有幸福的童年""让每位教师过幸福完整的教育生活"的办园思想,以"绿色教育"为办园愿景,打造"生态课程"特色,让幼儿在爱的呵护中快乐成长,让教师在成功的体验中自我发展,让幼儿园成为师幼共同成长的家园。幼儿园获评"南通市依法治园示范园""南通市首批幼小衔接园试点单位""南通市课程游戏化优秀项目单位",教师获县以上荣誉及奖项90多人次,执教市县公开课或作讲座近100人次,县级以上论文发表、获奖近80篇。省课程游戏化视导专家组到幼儿园进行专项视导,对园所环境、幼儿户外锻炼、区域游戏及现场教研沙龙等给予高度评价。

【师德建设】园以打造"蒲公英之家"党建文化品牌为着力点,扎实开展"学习强国"大比拼,"每周一读"学党史、党员故

2021年1月12日,江苏省课程游戏化视导专家组到机关幼儿园进行专项视导

事宣讲，冬训，主题党日，组织生活会等活动。11位年轻教师提交了入党申请书。围绕师德主题“勇担教育责任，不负时代使命”开展“我的教育故事（理想）”等宣讲活动，全体教职工手抄“师德”“拒绝有偿家教”承诺书等，扩大“教师联盟”效应，师德师风备受家长、社会赞誉。

【教育教学】通过课程回顾、专业阅读、专题沙龙等教研活动，提出问题困惑，分享经验做法，进行思维碰撞，刷新教育理念，做实园本教研，做亮园所课程，提升保教质量，促进幼儿健康成长。利用和挖掘可利用资源，关注幼儿生活，追随幼儿兴趣，开展丰富多彩的游戏活动，师生共同创生并实施班本课程。课改经验在省市课程游戏化视导或督评调研中作专题介绍，幼儿园先后接待扬州、盐城、镇江、启东等教育考察团跟岗观摩800多人次，2个建构课程视频获市、县一等奖，6个班本课程获县一等奖。

【教育科研】以市“十三五”规划课题“幼儿园沙水游戏的实践研究”、市课程游戏化建设项目“生态教育视域下幼儿园班本课程建设研究”和县微型课题为载体，推广市“十三五”规划课题“幼儿园生态课程构建的实践研究”的成果，梳理已有经验，将课题研究和项目建设融入教育教学中，及时观察、记录、评析、解读幼儿活动和发展情况，研究跟进策略，推进班本生态课程的开发和实施。教师人人主持或参与课题研究，微型课题结题率100%。

（唐锦秀）

如东县青少年宫附属幼儿园

【概况】如东县青少年宫附属幼儿园位于县城中央广场小区内。2015年县政府为缓解县城学龄前幼儿入学压力，启动小区闲置会所进行改建，于2016年8月正式启用。全园占地2869平方米，建筑面积2224平方米。现有9个班级，在籍幼儿332人，教职工40人，高级教师2人，县学科带头人2人。

【文化建设】遵循“和生，乐兴，顺性而长”的“和乐”教育使命，践行“让教育像呼吸一样自然”的办园理念。2021年度，在“和乐管理”“和乐环境”“和乐团队”“和乐幼儿”“和乐课程”等“五位一体”的“和乐”文化表达上更具体系，小鲸鱼文明实践志愿队、小鲸鱼党员先锋队、小鲸鱼读书社、小鲸鱼公众号、小鲸鱼社团等“小鲸鱼”系列品牌叫得更响亮。如东电视台《直通民生》栏目多次专题宣传幼儿园的文化建设。

【特色建设】园内环境彰显优美、童趣、生机与创造。重视课程建设，以课题为抓手，开展了丰富多彩的活动，从混龄学习、混龄生活、混龄运动、混龄游戏等方面，形成了独具特色的混龄课程，孩子们在混龄课程中收获友谊、提升能力、锤炼品格。以中华民族传统节日以及独具幼儿园特色的阅读节、艺术节、科技节、运动节为依托，充分挖掘、共享周边资源，带领幼儿走进少年宫、老年大学、文明实践活动中心等，开展植树护绿、牵手阅读、童心向党等特色活动。

【队伍建设】加强党的建设，充分发挥党员模范带头作用。扎实开展党员活动日、文明实践志愿服务、师德主题、业务培训、技能竞赛、兴趣小组等系列活动，形成了一批师德高、观念新、业务精的教师队伍。2021年，一名党员被评为县优秀党务工作者，两名党员被评为县优秀党员。多人被县政府嘉奖，20多人次获“三八红旗手”“优秀德育工作者”“青年岗位能手”“优秀团员”等称号。

【教学成果】全面推进课程游戏化建设，从幼儿立场出发，创生出适宜的园本班本课程，其中4个课程、10多人次获县课程叙事一等奖，该课程被评为2021南通市课程游戏化优秀项目。2021年，1人获管理叙事一等奖。2人在省十五届“蓝天杯”教学比赛中获一等奖；1人在信息化能手优课比赛及多媒体教育软件比赛中获一等奖；2人在县学前教育音乐教学大赛获一等奖；多名教师在学前教育建构游戏案例评选中获一等奖。南通市教育科学研究课题“基于幼儿园混龄教育的园本课程建构研究”顺利结题，15人次在市、县级各类活动中做讲座、上公开课。全年教师在省、市、县级发表文章16篇，在各级论文评比获奖25篇。

（徐朗煜）

如东县锦绣幼儿园

【概况】如东县锦绣幼儿园始建于2017年7月，位于城中街道钟山路199号68幢。占地面积6757.9平方米，建筑面积为3527平方米。四轨12个班级，幼儿500人，教职员工54人，其中高级教师2人，县学科带头人2人、骨干教师2人、教坛新秀和教学能手3人。幼儿园以“为了每一个孩子的健康成长、和谐发展”为办园宗旨，以“人为本、师幼同、顺自然、重谐和”为办园理念，着力培养幼儿“健康、自然、活力、阳光、向上”的良好品质。2021年，全园员工抱团发展、向阳而生，逐步叫响“锦绣特质”幼教品牌：被确认为“江苏省优质幼儿园”“南通市幼小衔接试点园”，获“南通市课程游戏化优秀项目”“南通市第十一批依法治园示范园”等荣誉20多项。多次接待南京、山西、南通等地同行观摩学习，办园成果对全县辐射推广。加强园所队伍建设，幼儿园在省师德师风知识竞赛中获优秀组织奖，被评为“三八红旗集体”。园长钱芸被评为“优秀校长”。

【课程建设】儿童立场重生态，课程助推特色发展。营造关爱育人氛围，以儿童为主体，以课程发展为推手，坚持五育并举、回归传统，开展了幼小衔接、亲自然等课程。做到与家庭互动，让每位儿童在丰富的课程中自主探索、快乐学习。金葵“四大节”活动精彩纷呈，在市县媒体上报道。

【教育科研】幼儿园沉浸教研常态化，循序渐进提升年轻教师专业素养。2021年21人次获得“县优秀师徒”“宣传先进个人”等称号。28人在市、县基本功及教学竞赛中获一、二等奖，30人次作市县级经验交流。教师文章发表省级以上17篇，获奖44篇，市“十三五”课题均结题。20多名幼儿在市快乐体操等活动中获奖。

（钱芸）

如东县爱民路幼儿园

【概况】如东县爱民路幼儿园创办于2019年8月，直属如东县教体局，是一所年轻而朝气蓬勃的幼儿园。幼儿园位于城中城道爱民路32－8号，占地面积8542平方米，建筑面积6949平方米，绿化面积3226平方米，户外活动场地总面积7145平方米。幼儿园有班级15个，其中小班、中班、大班各5个。全园幼儿571名，教职工67人(其中劳务派遣4人)，有特级教师1人、市学科带头人1人、市骨干教师1人、市优秀班主任1人、县学科带头人1人、县骨干教师1人、高级教师3人。先后被评全国“家园共育”示范幼儿园、南通市课程游戏化建设项目园、南通市依法治园示范园，获如东县学前教育综合评估金奖。先后接待来自珠海、山西、安徽、南京、镇江、连云港、启东等省内外幼教专家同行到园观摩交流近千人次。获全省中小学生(幼儿)“童声齐颂建党百年”主题活动、江苏省家校共育知识网络竞赛、江苏省师德师风及法律法规知识网络竞赛等活动优秀组织奖。

【劳动育人】该园围绕“生活体验，劳动育人，爱中成长”的劳动教育特色，成功申报南通市“十三五”课题“新时代幼儿园劳动教育课程开发的实践研究”和南通市课程游戏化项目《“七巧板”游戏化劳动课程的开发与实践》。围绕课题研究与项目建设，从游戏性、田园性、自理性、服务性、主题性、创造性和创意性等方面入手，将幼儿的劳动内容分为七个方面。将“做成长小主人”“做老师小助手”“做生活小能手”作为劳动教育“三小”目标，通过实施“我是园标设计师”“不再麻烦好妈妈”“快乐小帮厨”“爱幼小交警”“周五劳动日”“‘小蚂蚁’劳动节”等系列劳动课程，将热爱劳动的种子播撒在孩子们劳动实践的过程中，生长在孩子的心心田间，全园师生在劳动中走向美好。

【教育教学】幼儿园在课程实施中着重提升课程创生能力，2021年度有4个园本课程在县课程叙事中获一等奖，教师发表省级以上论文10篇，论文获奖27篇，近10位教师在县以上活动中专题交流17次，2个优秀课程入选《基于儿童立场的园本课程叙事》一书。梳理提炼园本化劳动课程案例40多个，汇编成《幼儿园劳动课程案例集》。成功承办2021年区域推进南通市课程游戏化项目建设第一次研讨会、如东县第十一届园本情境课程叙事暨第三届教研叙事活动。在南通市“我(们)与学前教育改革这十年”案例评比中，《和我们一起，回到童年》获一等奖。

(缪海琴)

如东县海韵幼儿园

【概况】如东县海韵幼儿园建于2020年10月；2021年9月，为解决城中街道绿城和浅水湾地块幼儿入园问题，招生两个小班暂借新苗湖畔居幼儿园开学；2021年12月，新园建成交付；2022年1月，正式搬迁新园。幼儿园位于城中街道富春江路南侧太行山路西侧，全园占地面积1.38万平方米，建筑8393平方米，办园规模六轨18个班。2021年，幼儿71人，教职工15人。其中，高级教师3人，省特级教师1人，市骨干教师1人，县学科带头人1人，县骨干教师1人。

【队伍建设】全园专任教师大专以上学历达100%，均为学前教育专业学历，保育老师具有高中及以上学历，受过专业幼儿保育机构培训，均持证上岗；幼儿园正常开展师德宣讲、签订承诺书、学习行为准则等活动，强化师德建设；开展青蓝结对、业务培训、外出学习、技能竞赛等活动，努力提升教师业务水平。

【特色课程】海韵幼儿园“应”时代生态文明之要求，“解”园所现实存在之问题，“启”绿色生活教育之新篇。倡导“绿色出行”新风尚，开展“小脚丫走天下”绿色出行特色教育活动，开展了“我能自己走”“我们去远足”“小脚丫步行节”“小脚丫志愿服务队”等主题活动。通过活动展开了培养幼儿奉献社会、构建人类命运共同体的高尚情怀的启蒙教育，强健了幼儿的体质，帮助幼儿养成了亲近自然、崇尚自然、追求简约的良好生活习惯。同时，通过“小手拉大手”也进一步增强了家长朋友们的节能环保意识。

【文化建设】海韵幼儿园整体设计以“大海的旋律”为主题，处处融入海浪、沙滩、风车等“海文化”特色元素。在建园之初，深究“海韵”二字的内涵，追溯中华文化的渊源，结合幼儿园的建筑风格，经过深入地思考与探讨，初步确立起“溯海之源、契理之韵、向上而行”的办园理念以及“有容有趣，唯真唯美”的文化理念，全体海韵人以“脚踏实地、仰望星空”为追求，以“面朝大海、春暖花开”为展望，打造具有“海洋风”“科技风”与“自然风”的独具特色的幼儿园。

(蔡蓉蓉)

如东县鑫城幼儿园

【概况】如东县鑫城幼儿园于2021年9月正式启用，位于城中街道井冈山路以西，长江路以北，鑫城苑小区东门，是隶属如东县教体局的三轨制县直公办园。全园建筑面积约4900平方米，占地面积约4000平方米，总投资额约4200万元。有小班2个，在籍幼儿40人。教职工12人，专任教师6人中5人本科学历，高级教师1人，南通市学科带头人、南通市“1115”培养工程首批教育家型教师培养对象、南通市“四有”好教师团队领衔人1人。是合肥学院继续教育学院教师培训实践基地。该园“润德·乐学”四有好教师团队在南通市“四有”好教师团队建设年度考核中获一等奖。

【文化建设】坚持“文化立园”，秉持“用真诚的关爱走进童心、用纯洁的心灵感受童真、用欣赏的目光发现童趣、用动态的评价启迪童智”的教育宗旨，设计“星之眼”园标，初步形成“看见·星光”“相信每个孩子都是聪明的，把聪明的孩子教得更聪明”“诚心看得见”“我是星星，我发光”的园训、办学理念、师训和学训。

【特色建设】该园立足本土和本园实际，从“关注儿童、关注生活、关注自然、关注融合”出发，大胆进行“一班两组”教学形式改革，确保班级日常管理以及幼儿教育教学质量,实现真正意义上的小班化教学;课程建设上,重视"自然对儿童的积极影响",带幼儿走出班级,走进新园,走进大自然,多次与家长、新园联动组织"自由活动日",开展亲子游园会等形式丰富、主题突出的活动,让幼儿在生活中学习,在自然中体验,积累丰富的实践经验,真正成为课程与生活的主人。

【队伍建设】幼儿园重视党建工作,强化党风廉政建设和作风建设,扎实开展文明实践志愿服务等主题活动,传递正能量,提升团队凝聚力;制定翔实的园本培训计划,借力南通市"四有"好教师团队、青蓝工程和双导师平台,通过"跟岗观摩学习""现场一对一指导""平台实操练习""专题研讨"等形式,帮助各岗位新兵尽快熟悉业务,提升专业素养,切实助力新教师扣好职业生涯的第一粒扣子。1人成为省名师工作室成员。

【教学成果】幼儿园以课题"幼儿园视觉化学习环境建设实践研究"为抓手,依托班本课程的实施,有效推进各类科研活的开展,全面推进课程游戏化建设。3人次在县优课评比中获一等奖,1人送市参评,省级文章发表4篇,县级以上文章获奖近10篇。

(石玲玲)

如东县马塘小学附属幼儿园

【概况】如东县马塘小学附属幼儿园(简称马小附幼)占地面积1.37万平方米,位于如东县马塘镇育英路,创建于1953年,2016年8月建制独立,2017年2月迁至新园。2021年,有班级18个,学生数580人,教职工68人,其中高级教师1人,市学科带头人1人,县骨干教师1人、教坛新秀2人。马小附幼秉承"了解、关爱、尊重、赏识"的教育理念,在仁爱教育中彰显园所文化。强化师资队伍建设和教育教学研究,精心打造"乐教乐学"的育人模式。坚持以师德建设为基石,努力践行"爱生如子,爱园如家,爱学如痴"的师德承诺。以创办快乐的幼儿家园为己任,狠抓校园基础设施建设和环境建设,努力营造舒适、温馨的育人环境。2021年,成功承办县"八礼四仪"教育现场推进会马小附幼分会场活动,获评南通市第十一批依法治校(园)示范校(园)、南通市三星级融合教育资源中心、县幼儿园综合评估金奖等。

(高晓琴)

如东县少年业余体育学校

【概述】如东县少年业余体育学校位于城中街道富春江路18号,创办于1980年,隶属如东县教体局,是一所九年一贯制义务教育寄宿制学校。学校占地面积3800平方米,建筑面积2004平方米,拥有现代化教学设施设备和体育运动场所。2021年,学校有班级6个,学生76人,教职工36人。其中,高级教师11人,任期内市德育工作带头人1人,市骨干教师1人,县骨干教师5人,市教坛新秀1人,国家级足球裁判1人,国家二级裁判5人,国家健将级运动员2人。学校秉承"博·搏"校训,遵循"育人为本,体育为根,文化为魂"的办学理念,培养精力旺盛的人,为学生一生的幸福健康奠基。瞄准"全市领先、全省一流、全国知名"的学校发展目标、"全面发展+体育特长+品德高尚"的学生成长目标,以"合谋、合力、合群、合作"来引领学校有品位地发展。2021年,学校组织学生参加江苏省青少年田径锦标赛暨县组田径比赛,获2金3铜;参加南通市十二届全民运动会,获田径团体总分第二名,7人获击剑、摔跤金牌。输送省体校队员2人,输送市体校队员15人以上。2021年,学校获评如东县初中教学成果银奖。

(朱均)

如东县逸夫特殊教育学校

【概况】如东县逸夫特殊教育学校,原名如东县聋哑学校,创建于1977年。1996年,香港邵逸夫资助新建。1997年,经省、市教委认可,更名为"如东县逸夫特殊教育学校"。2009年,如东县投资1500万元易地新建。学校位于县经济开发区淮河路56号,占地面积1.50万平方米,建筑面积5789.2平方米。学校面向全县招收义务教育阶段听障、智力障碍两类学生,兼有孤独症、癫痫、脑瘫、肢体残疾、言语障碍、情绪和行为障碍、多重残疾等多种类型特殊学生。2021年,有教学班12个(含聋班2个),学生216人,教职工48人,其中高级教师10人,市骨干教师5人,县骨干教师6人。校内实施残障儿童的义务教育和康复训练,校外承担重度、极重度残障儿童送教上门服务,发挥特殊教育指导中心的功能,做好融合教育巡回指导,追踪随班就读儿童的成长。接受省特殊教育发展工程项目视导调研,指导六所学校通过市融合教育星级考察评估。学校被评为南通市"模范职工小家"、市"优秀残疾人之家",获市第九届阳光体育运动会优秀组织奖、县健身操大赛一等奖。教师9人在省智障微课大赛获奖,1人获市融合教育优课评比一等奖。学生康复健身啦啦操在南通市第九届特殊教育学校阳光体育运动会上获特色项目展示团体大奖,多人分获市纵横码比赛一二三等奖,1人获市听障学生演讲比赛一等奖。

【校园文化】学校着力打造"蜗牛文化",鼓励特殊学生"每天进步一点点",定小目标,跨小步子,让每个生命都精彩。学校开展每月主题活动,丰富特校生活;开设教师"三讲论坛",提升专业素养;开发"新扬长课程",激发儿童潜能;开办"解忧家长学校",形成家校合力;开辟户外康复区——"蜗牛小镇",增设"行知长廊",加装教学楼电梯。

(王小艳)

科技服务

综述

【概况】2021年,如东县全年实现高新技术产业产值占规上工业产值比重为51.89%,大中型工业企业和规上高企研发机构覆盖率100%。认定高新技术企业58家,科技型中小企业入库评价数333家,科学研究与技术服务业净增入库企业数11家。新增国家、省级科技创

2021年3月15日,如东县邀请省创业服务中心的领导考察和指导工作,积极助推省级孵化器——半导体产业园申报省级科技企业加速器

新载体3家,新增市级以上企业研发机构(人才站点)13家。市认定县科创项目19项。组织、参加产学研活动10多场次,产学研合作项目231个,技术合同成交额20.3亿元。推进科技金融服务,为35家科技型企业提供科技贷款1.29亿元,被评为"全省'苏科贷'合作地区绩效评估优秀地区"。落实高新技术企业税收优惠和研发费用加计扣除政策,被评"全省科技征收政策落实成效突出地区"。

【创新环境优化】如东县推进创新政策体系完善,研究出台《关于推进制造业创新发展的若干政策》,新增财政预算3000余万元;在"科技创新类奖励政策"的设定上,突破往年政策"以企业财税贡献为奖励上限"的门槛,政策奖励的力度和覆盖面持续扩大。持续开展服务企业、服务基层、服务基层人员的科技"三服务"行动,聚焦产业创新、企业创新,切实为企业和群众解难题、办实事。开展科普系列活动,组织100多场"科普四进(进社区、进校园、进企业、进农村)"活动。在科普宣传周和全国科普日,以38项重点科普活动为群众送上"科普盛宴"。在"支农、强农、富农"送科技下乡活动中,联合如东狼山鸡种鸡场向养殖户赠送鸡苗、养殖技术等,打造村居特色,助力乡村振兴。

【创新主体培育】全县实现高新技术产业产值851.24亿元,占规上工业产值比重为51.89%,超目标任务3.19个百分点,占比位居全市第三,市月度评估考核全市第一。持续实施高新技术企业(简称:高企)培育部门联席会议、中介服务机构例会、培育申报推进会、专家服务指导会"四项机制",会同税务、财政、应急管理、生态环境、市场监管等部门加大高企培育服务。组织专家对155家高企申报材料进行预评审。印发《关于对如东高企服务机构工作质量进行评价的通知》,引导服务机构增强服务意识,提升服务质量。全年共计申报高企130家。推进省科技型中小企业入库评价工作,参评企业352家,入库企业333家,入库企业数是上年的近3倍。

【政产学研合作】如东组织各类招商推介会和产学研对接活动46次,先后两次参与"半导体产业链"北京招商推介活动。牵头组织相关园区和企业参加第十九届中国国际人才交流大会,对接半导体产业外国专家。配合如东经济开发区组织"深圳—如东半导体产业项目对接会"。组织诺德新材料、宝联电子、大唐恩智浦等半导体产业链企业参加"2021南通·电子科技大学产学研合作对接洽谈活动"。

【科技成果转化】如东精心组织和推进企业实施各类科技创新项目,提升企业科技研发和科技成果转化能力。申报省科技成果转化专项资金项目4项,分别是中天宽带技术有限公司的"基于高性能国产化芯片的低功耗400G光模块研发及产业化"、江苏爱朋医疗科技股份有限公司的"基于非DEHP材料的无线智能精准镇痛系统设备研发及产业化"、南通创亿达新材料股份有限公司的"无阻隔高色域量子点光学功能板研发与产业化"、江苏海装风电设备有限公司的"10MW级轻量化超长柔性叶片海上风电机组研发及产业化"。申报省国际合作项目1项,爱朋医疗与悉尼大学合作的项目获得立项,获资助80万元。中美瑞康的李龙承团队获科技类创新团队立项。"百城百园行动"后补助项目,江东科技有限公司"弯曲不敏感多模系列光纤"项目获资助150万元。

【创新平台建设】2021年,如东出台制造业创新发展若干政策,新增省级众创空间2家、省级企业加速器1家,省级以上创新平台达到29家。邀请省创业服务中心的领导对全县众创空间进行考察和指导,积极助推省级孵化器运营管理水平的提升。双逸实业建设的双创营(如东)和爱众医蕙建设的爱众医疗器械集成众创空间被评为省级众创空间,如东泛半导体产业园获评省级科技企业加速器。

科技活动

【概况】2月19日,如东县科技局主要领导带队调研江苏东润安全科技有限公司,主动帮助企业解决产业发展问题,勉励企业持续加大创新投入,加强与高校院所对接,不断提升核心竞争力。2月24日上午,县科技局班子成员与科室负责人深入中天集团,开展科技项目申报服务。3月1日,县发改委、科技局、统计局、商务局四部门联合调研掘港街道、经济开发区、河口镇、洋口镇、岔河镇等镇区(街道)重点经济指标完成情况。3月2日,如东县生命健康产业园中美瑞康核酸技术(南通)有限公司签约完成1.1亿元A轮融资。3月11日,县科技局、县科协开展"科创先锋在行动·服务企业专家行"活动,对全县高新技术企业、高企培育库内企业、拟申报企业、拟培育企业的技术负责人、财务负责人及相关中介机构服务人员近500人进行培训。3月22日至25日，县领导带领科技局、工商联、掘港街道(高新区)等单位负责人员，赴北京开展“半导体产业链”招商推介活动。3月29日，县科技局、县科协、县图书馆、南通斯派特激光科技有限公司等联合开展“科技筑梦 创新成长”主题科普活动启动仪式。3月30日至4月1日，中科院微电子所一行到如对接“加成法生成5G线路板投产项目”。4月15日，县委、县政府召开全县制造业创新发展暨优化营商环境大会，研究部署全县制造业创新发展及优化营商环境重点工作任务。4月17日，县科技局组织召开省重点研发计划验收会，江东金具设备有限公司承担的“特高压用纳米高性能复合绝缘子的关键技术研发”项目通过验收。4月23日，县科技局牵头组织县人才办、如东经济开发区、深圳如东创新中心，借座深圳飞亚达科技大厦召开“深圳·如东半导体产业项目对接会”。5月26日，市科技局组织专家实地核查如东申报省级备案的众创空间。9月13日，由县科技局、县科协牵头，岔河镇人民政府、岔河镇科协等多家单位主办的“科技引领未来，创新放飞梦想”科普进校园活动走进岔河镇岔南小学。10月9日，省科技厅公示2021年度省级企业工程技术研究中心立项名单，中天海洋系统有限公司、江苏诺德新材料股份有限公司、汇鸿(南通)安全用品有限公司项目技术研究中心上榜。至此，如东省级企业工程技术研究中心达46家。10月21日，县科技局组织召开“科银直通、助力科企”百日服务主题活动暨“高企融资服务直通车”推进会。10月25日，县科技局邀请省高新技术创业服务中心主要领导到如开展创新创业载体培训，各镇区分管领导、科技助理及科创载体负责人参加。11月1日，“2021年如东泛半导体产业创业大赛”闭幕，大赛由省高新技术创业服务中心指导，如东县委、县政府主办，县委组织部(人才办)、县科学技术局(科协)、省科技镇长团(如东团)、县半导体产业强链专班承办。大赛主题“黄金半导·创享未来”，参赛项目涉及半导体装备、材料、器件、工艺、封装、测试等领域，为如东半导体产业延链、补链、强链提供优质创项目支撑。10月30日，县科技局(科协)“助力教育双减，科技筑梦课堂加餐”活动在县图书馆举行。11月12日，县科技局举办科技系统工作能力提升班，各镇(区、街道)科技助理及相关科室人员参加。11月19日，县科协在丰利镇石屏小学举办“我为群众办实事·让儿童的心灵充盈阳光·青少年心理健康关爱在行动”活动。

3月28日，县科技局举办“科技筑梦 创新成长”主题科普活动启动仪式

科技管理

【概况】2021年，全县围绕高质量发展要求，大力实施创新驱动战略，充分发挥政府政策引导作用，调动激发企业创新活力。出台制造业创新发展“新政30条”。从支持“双创”载体平台加速发展、聚焦创新企业集群做大做强、激发企业创新发展活力、鼓励企业加大创新发展投入、助力企业关键技术攻关和成果转化、推动创新发展“软实力”快速提升、构建产业人才发展崭新格局等七个方面着力，明确系列支持企业创新发展的奖补政策，切实将政策红利转化为企业高质量发展的动力。2021年，省科技型中小企业评价入库333家；新增省级众创空间2家、省级企业加速器1家，全县省级以上创新平台达到29家；中天宽带引进的外国高端人才获省“友谊奖”，全市唯一；实施产学研合作项目223项，企业实付高校院所合作经费超6000万元，产学研合作项目数和金额均创历史新高。狠抓科技政策扎实落地，对“认定类政策”采用免申既享的形式进行兑付，对“申报类政策”进一步优化流程、精简申报材料，引入第三方评价和专家评审机制，让政策更为可观可感、兑现更加简便快捷。企业享受科技税收减免金额持续位居全市前列，被评为“全省科技税收政策落实成效突出地区”。

科技计划实施

【概况】2021年，如东企业申报上级科技计划项目共争取上级资金和政策性低息贷款1.31亿元。组织开展2020年度县级科技计划项目申报，经项目受理、形式审查、专家评审、立项公示等程序，2类共11个项目获立项。

【知识产权保护】2021年，如东加强知识产权创造，提升知识产权运用效益、管理效能、服务水平和保护力度，为实施“十四五”规划和《知识产权强国战略纲要》开好局、起好步。知识产权创造“提质增量”。依托南通知识产权保护中心快速预审通道，组织全县智能装备制造和高端纺织两个保护领域内的企业开展保护中心备案并进行专利快速预审。2021年，南通保护中心备案企业320家，提交发明专利预审1277件，全县发明专利授权量303件，全县发明专利总数达2427

件，万人发明专利拥有量达27.73件，同比增长24.06%。商标注册量2728件，同比增长33.07%，PCT专利申请量25件。知识产权保护"多措并举"。规范专利申请行为，对国家知识产权局全年通报的338件涉及非正常专利申请行为逐一核查，撤回率达100%。以"双随机、一公开"为抓手，开展专利商标日常检查，抽查企业商标使用行为29家，市场主体、产品专利真实性10家，商标代理机构1家，与县科技局联合检查商标印制单位4家，与县民政局联合检查如东县狼山鸡协会。执法与普法相结合，开展了规范专利标注、商标使用和地理标志专用标识使用知识的宣传，提升了群众知识产权保护意识。2021年，共立案查处商标侵权案件34件，假冒专利案件99件，罚没款入库47.94万元，成功调处知识产权侵权纠纷11起。知识产权管理"全面提升"。全县新增知识产权管理贯标备案企业128家，通过"贯标"国家认证企业15家，截至年末，通过认证企业总数达39家。通过省绩效评价7家，截至年末通过绩效评价总数达30家。中天宽带的"一种光与无线Wi－Fi网络宽带恢复方法及装置"获第二十二届中国专利奖优秀奖，实现如东中国专利奖零的突破。中天科技成功立项省高价值专利培育升级项目，全市唯一。10月底，中天宽带、九九久科技、如东食品协会两个知识产权战略推进项目和地理标志战略保护项目通过省局验收。洋口港经济开发区成功创建省知识产权示范园区。知识产权服务"精准施策"。协同科技局、金融办召集各银行召开知识产权质押融资政银企对接恳谈会，共同商讨、谋划知识产权质押融资工作。全年实现质押融资30笔2.513亿元。引进、推广、应用地理标志产品工业码云平台，地理标志使用企业借力"大数据"实现产品营销和品牌推广的腾飞，狼山鸡工业码和地理标志专用标志投入使用。2021年，提请兑付2020年度市场监管系统资助奖励资金634.31万元。

（崔 艳）

2021年如东县"苏科贷"贷款备案一览表

表30

序号	企业名称	所属镇区	贷款银行—总行	备案金额(万元)
1	南通港石机械有限公司	洋口港	南京银行	350
2	南通经典包装有限公司	曹埠	江苏银行	300
3	南通环宇体育用品有限公司	岔河	江苏银行	300
4	江苏御传新能源科技有限公司	掘港	南京银行	500
5	江苏柏慧康生物科技有限公司	掘港	江苏银行	200
6	江苏华讯电子技术有限公司	经开区	南京银行	100
7	江苏通协机械设备有限公司	经开区	江苏银行	200
8	南通北渔人和水产有限公司	掘港	南京银行	500
9	南通岩艺墙体材料科技有限公司	双甸镇	江苏银行	200
10	南通斯派特激光科技有限公司	掘港	江苏银行	200
11	南通贝源机械制造有限公司	栟茶	江苏银行	200
12	如东县凤阳纺织器材有限公司	苴镇	江苏银行	200
13	南通瑞意嘉纺织科技有限公司	河口	江苏银行	300
14	江苏香地化学有限公司	洋口镇	中国银行	800
15	南通科邦机械有限公司	新店	江苏银行	300
16	南通布诺曼针纺有限公司	双甸镇	江苏银行	200
17	江苏鑫鼎瑞运动用品科技有限公司	双甸镇	江苏银行	300
18	裕利年电子南通有限公司	掘港	中国银行	700
19	南通晟力捷劳保用品有限公司	马塘	华夏银行	300

续表30

序号	企业名称	所属镇区	贷款银行—总行	备案金额(万元)
20	江苏诺德新材料股份有限公司	开发区	华夏银行	290
21	江苏百海环保科技集团有限公司	沿海	中国银行	450
22	如东县五洲健身器材有限公司	新店	江苏银行	200
23	南通东杰运动用品有限公司	新店	江苏银行	200
24	南通泓金贝电子科技有限公司	河口	江苏银行	300
25	南通创亿达新材料股份有限公司	开发区	华夏银行	290
26	江苏如东联丰石油机械有限公司	开发区	江苏银行	200
27	江苏唯创莱精密部件有限公司	掘港街道	中国银行	500
28	江苏美信光电科技有限公司	新店镇	如东农商银行	500
29	光大消防器材(南通)有限公司	大豫镇	南京银行	300
合计				9380

2021年高企直通车活动企业一览表

表31

序号	企业名称	金额(万元)
1	如东日之升劳护用品有限公司	300
2	江苏香地化学有限公司	300
3	如东联亿机电有限公司	500
4	江苏名厨商用厨具制造有限公司	400
5	江苏黄海汽配股份有限公司	800
6	纳拓润滑技术江苏有限公司	50
7	江苏美信光电科技有限公司	142
8	南通尤莱运动用品有限公司	530
9	江苏道蓬科技有限公司	500
合计		3522

其他项目争取上级资金一览表

表32

序号	专项资金计划名称	项目名称	承担单位	争取经费(万元)
1	省国际合作项目	/	爱朋医疗 悉尼大学	80
2	“百城百园行动”后补助项目	弯曲不敏感多模系列光纤	江东科技有限公司	150

(杨慧敏)

科技人才引进培育

【概况】如东围绕主导产业,积极申报各类国家、省级人才项目。组织中天海洋1人申报青年拔尖人才计划,组织宏微特斯1人申报国家创新人才推进计划(创新类),组织中美瑞康团队申报省“双创团队”获认定;组织利田科技、光大消防、金友机械等15家企业申报省“科技副总”项目,被认定12项。受理“扶海英才”计划创新类21项,认定8项。中天宽带引进的外国高端人才获2021年江苏省“友谊奖”,全省仅20人,南通市唯一。

(杨慧敏)

气象测报

【气象测报与预报服务】2021年12月29日,县气象局牵头编制的《如东县“十四五”气象发展规划》由县政府办公室印发。新建洋口镇洋口村、外向型农业经济开发区近海村、河口镇双港村三套自动气象站;修复新店镇、河口镇二套自动气象站;新建H4、H7、H10、H14海上风电平台四套自动气象站。根据新业务规定和重点工作任务重新制定预报服务和测报业务值班工作流程,重新修订如东

2021年9月10日,县气象局邀请专家王尧均(右3)为沿海经济开发区企业举办如东县洋口化学工业园防雷安全知识培训会

县气象局决策气象服务周年方案。修改值守班制度、交接班制度、仪器管理制度、预警发布制度、汛期服务制度。修订地面测报突发事件应急预案。全年,县气象台共发布重要天气报告25期,发布灾害性天气预警90次,发布天气公告7期,发布"一周天气预报""重要天气提醒""中高考气象服务""一周天气趋势"专项天气预报服务120期;发布"春运"气象服务41期;发布"春耕春播""夏收夏种""秋收秋种""专业特色"为农服务材料130期。台风影响期间,累计向县委、县政府,防指及县应急管理局,海事,农业,民政,住建,城管等相关单位发布决策服务材料、台风快讯50期。每天向沿海重大工程施工单位和管理部门文字材料服务两次和短信服务一次;农业保险、为农服务直通车、专业用户短信服务每天一次,重要天气加密服务。全年向单位和个人无偿提供天气情况证明122份。上报气候评价、春运气象服务、春播期气象服务、梅汛期气象服务、汛期气象服务总结5篇。南通市气象局4次发布灾害性天气应急响应命令,如东县气象局第一时间行动,全员到岗,24小时轮流值班,加密观测,跟踪服务,总结上报,完成应急响应命令。微信公众号每天推送天气预报,全年阅读量193300次;官方微博全年更新、转发微博645篇,阅读量2546455次。与县生态环境局合作开展未来48小时环境质量和未来7天空气污染指数预报。继续保持2019—2021年度江苏省"文明单位"称号,荣获2020年度南通市气象部门综合考评优秀、如东县2020年度高质量发展争先进位三等奖、海上风电保障服务团队"战狼奖"先进集体、县级机关先进基层党组织、2020年度南通市防灾减灾能力提升先进集体、南通市应急演练工作先进单位、2020年度安全生产工作专项先进集体、2021年南通市气象部门科普演讲比赛最佳组织奖等荣誉。

【气象科普】2021年,组建两支科普志愿服务队,"锋雨""锋电"气象志愿者进入重点项目现场开展服务调研。其中"锋雨"志愿者随船出海深入风电场建设现场,开展海上气象灾害防御知识讲座,靶向提升气象服务质量。将科普服务与业务服务有机结合总结形成"志愿服务—实地调研—问题反馈—针对解决"具体工作机制。在"3·23"世界气象日、"5·12"全国防灾减灾日活动中,志愿服务队在闹市区"摆摊设点"。联合媒体和公益团体,组织举行留守儿童冬令营、夏令营,开展人工影响天气火箭模拟发射、天气气候知识有奖问答和气候变化影片观影活动。活动全程直播,历次活动观看人次均超过6万人。局志愿者年共接待参观3412人次,累计志愿服务316人次。为海上风电企业、社区老人、农业大户、留守儿童等群体志愿服务事迹多次被《中国气象报》、《南通日报》、"学习强国"江苏学习平台等媒体报道。

【人工影响天气】年初与南通市气象局签订人影安全责任书,修改完善人影安全各项制度,购买人影作业人员保险。重新绘制袁庄镇和双甸镇两个作业点安全射界图。2021年组织人影培训2次,参加省、市培训3次。

【气象防灾减灾】2021年参与全国气象灾害风险普查,对全县区域内气象灾害致灾因子进行校核、补充、上报、汇交,完成气象灾害致灾因子调查表25张,致灾因子调查数据2000余条,工作进度排在全省前列。完成防雷设计验收办结事项19件,不见面审批率100%。完成全县防雷安全重点监管单位现场检查244家,100%全覆盖,出具整改意见书85份并督促完成整改。与县市场监管局、应急管理局开展跨部门"双随机、一公开"抽查任务,联合洋口化工园区聘请省局防雷专家到园区授课,聘请高工对图审进行把关,聘请市防雷专家参加监管现场检查。

(朱思媛 冯芝祥)

文化

综　述

【概况】2021年,如东县文化广电和旅游局(简称县文广旅局)以繁荣文化事业、发展文旅产业为重点,巩固现代公共文化服务体系建设成果,广泛开展群众文化活动,繁荣文艺创作生产,加强文化遗产保护利用,不断提升依法行政能力,各项工作取得明显成效。如东县第五次被文化和旅游部命名为"中国民间文化艺术之乡",南通唯一。洋口镇南渔村获评江苏省乡村旅游重点村,全市仅两家。如东县图书馆第三次蝉联"国家一级馆"并获评江苏省社科普及示范基地。如东县少年杂技团(南通市少年杂技团)被江苏省文旅厅评为"文化和旅游系统先进集体"。如东承林红木雕刻工作室入选"江苏省乡土人才大师示范工作室"。

文化服务设施

【概况】2021年，全县建成镇(区、街道)文化服务中心15个和文化馆、图书馆分馆16个；依托县文化中心，建成并向社会开放了丁杰艺术馆、康平艺术馆、刘季平少年儿童图书馆、汤成沅金石纪念馆等一批城市文化地标。245个村(社区)综合性文化服务中心全面达标，基本实现“7＋5＋N”的服务功能。“7＋5＋N”，即围绕文艺演出、读书看报、广播电视、电影放映、文体活动、展览展示、教育培训等7个方面开展公共文化服务，统筹整合体育服务、党群服务、行政服务、民政服务、治安服务等5个方面的公共服务功能，鼓励有条件的基层综合性文化服务中心开设“四点半学校”等其他惠民服务功能。县图书馆、县非遗展示厅入选“2021年度江苏省‘最美公共文化空间’打造对象名单”。如东县阅读者协会获评“江苏省优秀群众文化团队”。全县人均接受文化场馆服务次数4.8次，人均拥有公共文化设施面积0.48平方米。

【县文化馆】如东县文化馆位于城中街道长江路89号，面积1.38万平方米，设馆长室、办公室、文艺辅导部、美术摄影辅导部和非遗保护中心。全年开展各类群众文化活动100余场次，其中品牌活动“欢乐进万家”“文化惠民沿海沿边行”16场、“滨城之夏”31场。

【县图书馆】如东县图书馆位于城中街道长江路89号，面积1.65万平方米，下设综合借阅区、报刊阅览室、少儿借阅室、绘本馆、3D影院、丁杰捐赠图书室、视障阅览室等对外服务窗口8个。该馆为国家一级馆、江苏省社科普及基地。建有镇(区、街道)分馆16个、特色分馆3个、农家书屋245个。全年接待读者47.8万人次，借阅图书71.82万册，数字图书馆、网站、微信平台访问量92.4万次。全年组织各类读书活动108场，参与活动38.6万余人次。3D影院免费播放影片180场，观影1.5万余人次。举办专题展览12场，观众9.8万人次；公益讲座18场次，听众1.3万人次。

【如东县博物馆】如东县博物馆位于城中街道长江路89号，由展厅、办公室、库房等配套服务区组成，基本陈列展厅497平方米，临展厅600平方米。博物馆以打造独具特色的中小型博物馆为目标，开展征集、收藏、教育、宣传等工作。全年举办各类展览及社会教育活动10余次，累计接待14万余人次。

【刘季平少年儿童图书馆】刘季平，如东双甸人，中国现代教育家、中国图书馆事业的改革先锋。为传承刘季平遗志，如东县依托县图书馆于2021年5月16日成立“刘季平少年儿童图书馆”。图书馆面积5000平方米，下设少儿借阅室、绘本馆、亲子活动室、少儿数字体验区等，馆藏少儿图书8万余册。全年组织举办“七彩夏日”“缤纷冬日”“小蜜蜂志愿者”“悦读起步”“红领巾读书征文”“馆校共建”等各类读书活动32次，接待少年儿童读者8.6万人次，成为全县少年儿童的素质教育主基地之一。

【丁杰艺术馆】丁杰，江苏如东人，1958年出生，国家一级美术师，中国美术家协会理事、中国画学会理事、中国国家画院研究员、中华海外联谊会理事、中国宋庆龄基金会理事，曾在中国美术馆、江苏美术馆、上海美术馆举办个人画展，个人作品入选俄罗斯、法国、泰国、古巴、日本等国家的画作联展，多部作品参加全国大型展览并获奖。丁杰艺术馆1200余平方米，分为“艺术道路”“代表作品”两大展区，分别展陈丁杰几十年艺术历程的图文实物和100幅充满家乡情怀、山水情怀、人文情怀的书画精品。丁杰先后向如东县博物馆捐赠美术作品30幅，向如东图书馆捐赠美术书籍2000余册，回报家乡、助力如东美术事业发展。

【康平艺术馆】康平艺术馆为县博物馆基本陈列，2021年初开始布展，同年5月22日正式向社会开放。展厅面积约500平方米，陈列展览分为六个篇章和尾声，生动反映了康平在各个时期艺术创作和人生经历。展品由康平子女捐赠，主要有康平书画作品、交往信札、生前使用实物等323件(套)。

公共文化

【概况】2021年，县文广旅局组织开展庆祝中国共产党成立100周年系列活动，举办“永远跟党走”全县合唱大赛、文艺晚会等大型文化活动8场；开展“艺心向党 礼赞百年”全县巡演40余场次；开展讲红色故事、红色诵读、红色摄影等活动80余场。组织“长征组歌”等公益性演出、送戏下乡、送杂技下乡1000多场，线上线下参与群众200余万人次。

【丁杰艺术馆开馆】4月17日，丁杰艺术馆在江苏省南通市如东县文化中心开馆。“一带一路”国际科学组织联盟(ANSO)主席、中国科学院原院长、中国科学院院士白春礼，中宣部原副部长、中国文联原党组

2021年4月17日，丁杰艺术馆在县文化中心正式开馆

书记、中国关心下一代工作委员会常务副主任胡振民，民政部原常务副部长、中国拥军促进会会长、中央国家机关书协副主席罗平飞，中国美协原秘书长刘健，江苏省文联党组书记水家跃等国家级、省级领导，刘兰芳、牛群、董浩等艺术大家，以及来自全国各地的书画名家到场祝贺。开馆仪式上，南通市委常委、宣传部部长陆卫东和如东县委书记沈峻峰分别致辞。如东县委副书记、县长陈慧宇向丁杰颁发美术作品收藏证书、图书捐赠证书。南通大学艺术学院将丁杰艺术馆定为南通大学艺术学院艺术实践基地。县委副书记陈雷接牌。如东县委常委、宣传部部长、政法委书记张蓉蓉主持开馆仪式。南通市文化广电和旅游局党组书记、局长葛锦坤，如东县领导张兴国、蔡东、陈晓莉等出席活动。

【"永远跟党走"——庆祝中国共产党成立100周年合唱比赛】6月10日至11日，由中共如东县委员会、如东县人民政府主办，中共如东县委宣传部、如东县总工会、如东发展和改革委员、中共如东县委县级机关委员会、如东县文化广电和旅游局承办的"永远跟党走"——庆祝中国共产党成立100周年合唱比赛在如东县高级中学海韵馆举行。大赛分企业组、镇区组、机关组三个赛区。其中，企业组18支队伍，镇区组16支队伍，机关组21支队伍参赛。各合唱队以歌声为载体，深情讴歌党的光辉历程，为党的百年华诞送上衷心祝愿和真挚祝福。

【"永远跟党走"如东县红色经典歌咏大赛】4月，由中共如东县委宣传部、如东县文化广电和旅游局、如东县文联联合主办的"永远跟党走——红色经典歌咏大赛"正式启动。大赛分为初赛、复赛、决赛三个阶段，历时两个月。来自16个镇(区、街道)的70多位优秀选手经过激烈角逐，最终20位选手进入决赛。大赛通过选手激情演唱《把一切献给党》等红色经典歌曲，重温中国共产党的光辉历程，歌颂党的丰功伟绩，有效激发了社会各界热爱党、热爱祖国、热爱社会主义的巨大热情。决赛产生一等奖1名、二等奖3名、三等奖6名、优秀奖10名。

【文化惠民活动】全年开展各类文化惠民活动120场，其中传统文化品牌活动"滨城之夏"演出31场，"文明实践乡村行 志愿服务树新风"送戏下乡巡演16场，"文化惠民沿海沿边行"16场；"港城之春"举办线上演出10场，点击率达6.79万人次。举办"百岁贺百年 万岁共产党——百名建党同龄人风采摄影展""百张笑脸庆百年"摄影展等展示展览52场。发挥文化馆、图书馆总分馆制度优势，开展文化惠民送展览送讲座进镇区进校园系列活动受众超过2.7万人次。

【送杂技下乡】县杂技团组建三支演出小分队，全年深入全县244个村(居)，完成杂技惠民演出892场。送杂技下乡节目单中增加了《肩上芭蕾》《梅花三弄》等高品质杂技魔术节目和新创排的儿童杂技剧《不莱梅的四个音乐家》，满足了不同年龄段人群需求。

文化艺术

【概况】2021年，如东在省以上展演、参赛、发表文艺作品56件，其中国际奖1个、国家级2个、省级奖4个。魔术《月光白鸽》获美国I.B.M舞台魔术比赛第一名和最受欢迎奖。李建淮摄影作品集获第三届"江苏省文艺大奖·摄影奖"。小戏《英雄和人民》获"2020戏剧中国"优秀剧目奖。魔术《三人行》获"江苏省文艺大奖·杂技奖"金奖；魔术《梅花三弄》获第五届文华奖优秀节目奖；杂技《肩上芭蕾》获省第五届文华奖表演奖；小话剧《纪念碑》获省第三届小戏小品大赛优秀表演奖。新创作歌曲《人心所向》、音乐剧《红色DNA》、杂技《丰碑》等精品节目50余件；5件作品在南通市群众文艺新作品征集活动中获奖，其中2件获一等奖，获奖数量和等次均居全市前列。

【杂技剧】8月，杂技剧《寓言》被中华人民共和国商务部、中共中央宣传部、中华人民共和国财政部、中华人民共和国文化和旅游部、国家广播电视总局联合发文确认为"2021—2022年度国家文化出口重点项目"，是如东继杂技剧《海星花》后又一部列入国家文化出口重点项目的作品。

【魔术(魔幻剧)、杂技】7月，魔术《月光白鸽》参加美国I.B.M.舞台魔术比赛获第一名和最受欢迎奖；10月，入选文旅部"庆祝中国共产党成立100周年舞台艺术精品创作工程重点扶持作品"、江苏省"庆祝中国共产党成立100周年舞台艺术精品创作工程"。10月，魔术《梅花三弄》获第五届江苏省文华奖优秀节目奖；演员陈阳洋凭借在杂技《肩上芭蕾》中的出色表演，获省第五届文华奖表演奖。12月，魔术《三人行》获"江苏省文艺大奖·杂技奖"金奖。

【摄 影】4月，李建淮摄影作品集被江苏

家庭戏剧小品《我和爸爸换角色》参加2021中外家庭戏剧大赛获南通市一等奖、上海市民文化节"优秀表演奖"、"百个戏剧之家"荣誉称号

省文联和江苏省摄影家协会评为第三届“江苏省文艺大奖·摄影奖”。10月，李建淮摄影作品《家住黄海边——见证42年》组照30幅入选中国摄影家协会主办的“第28届全国摄影艺术展览获纪录类——长期关注单元”。

【小品】家庭戏剧小品《我和爸爸换角色》参加2021中外家庭戏剧大赛获南通市一等奖、上海市民文化节“优秀表演奖”、“百个戏剧之家”称号。该剧改编自2003年央视春晚小品《我和爸爸换角色》，重新编排并融入播诵、演唱等特色元素，突出一个充满滑稽又温情的家庭氛围。

【农民画】2月，农民画《其乐融融》入选中宣部、中央文明办、文旅游、中美协共同主办的“新生活·新风尚·新年画——我们的小康生活”主题展。9月，农民画《大丰收》《蒸馒头》《红色传统代代传》《喜从远方来》《南黄海风情》《牧之歌》等作品，参加在湖南长沙举办的“2021全国农民文化艺术展览”。11月，《风力如东》《合家欢》《织女》等农民画作品参加浙江省文化馆主办的“2021长三角现代民间绘画（农民画）交流展”，并入选结集出版画册。

文化产业

【概况】2021年，全县规上文化企业实现主营业务收入82.41亿元，新增规模以上文化企业55家，进入统计规上文化定报企业144家。南通和丰会展工程有限公司、南通雅晟红木家具有限公司获评南通市文化产业示范基地。

【文化产业重点项目】鼎瓯东方温泉康旅城项目、栟茶古镇文旅综合开发项目、海上丝绸之路博物馆、小洋口温泉展示中心等10个重点项目进入南通市文化产业重点项目库，全年完成投资18.5亿元。

【文化产业专项引导资金】7月，县委宣传部、县文广旅局和县财政局共同出台《2021年度〈如东县文化产业发展专项引导资金管理办法〉实施细则》；11月，县委宣传部、县文广旅局组织开展“2021年度全县文化产业发展专项引导资金项目”申报工作。经审核、公示等环节，给予参赛参展、人才奖励、非遗传承、新进规上文化企业、市县新建文化产业项目奖励、市“五个一工程”重点扶持作品和一事一议专项等类别的7个项目资金扶持231.48万元，合并2020年文化产业考核奖励及年度新进规上文化企业奖励、2021年书房书吧建设扶持等，合计下发引导资金349.98万元。

【红色文化旅游及农产品展示展览馆项目】该项目位于曹埠镇上漫社区，S223线东侧、新居北路北侧，占地面积1.10万平方米，建筑面积7200平方米，由如东海洲文化旅游产业发展有限公司投资5800万元建设。主要包括如东第一党支部纪念馆及农产品展示展览馆，2021年底建成并对外开放。

【液晶显示背光模组项目研发中心项目】该项目位于如东经济开发区，占地3.4万平方米，建筑面积5万平方米，南通创亿达新材料股份有限公司总投资1.20亿元建设。主要包括研发中心等设施，新增电视设备生产线13条。2021年底，该项目厂房主体竣工，部分生产线投入生产。

文化市场

【概况】2021年，如东县共有歌舞娱乐场所13家，游艺娱乐场所6家，网吧24家，注册文艺表演团队6家，演出经纪机构2家，艺术品经营单位2家，星级旅游酒店6家，旅行社（含分社）8家。县文广旅局践行执法为民服务理念，全面加强文化旅游系统依法行政工作，组织开展“双随机、一公开”检查。采取文明城市长效常态、新冠疫情防控、安全生产、行业管理“四结合”模式开展常态化执法检查，组织开展文化娱乐场所专项整治、无证无照专项整治、校园周边文化环境整治，打击不合理低价游和未经许可经营旅行社业务，以及网络文化市场、艺术考级监督管理等一系列专项行动16次，全年出动检查人员6400余人次，检查文化旅游市场各门类经营单位1350家次，受理各类举报27起，办理行政案件33起，罚款11万余元，无一例行政复议和行政诉讼。

【执法队伍建设】组织各类法律法规和业务知识培训10次以上。领导班子学法参训率达到100%。公务员法律知识学习每年60小时以上、行政执法人员法

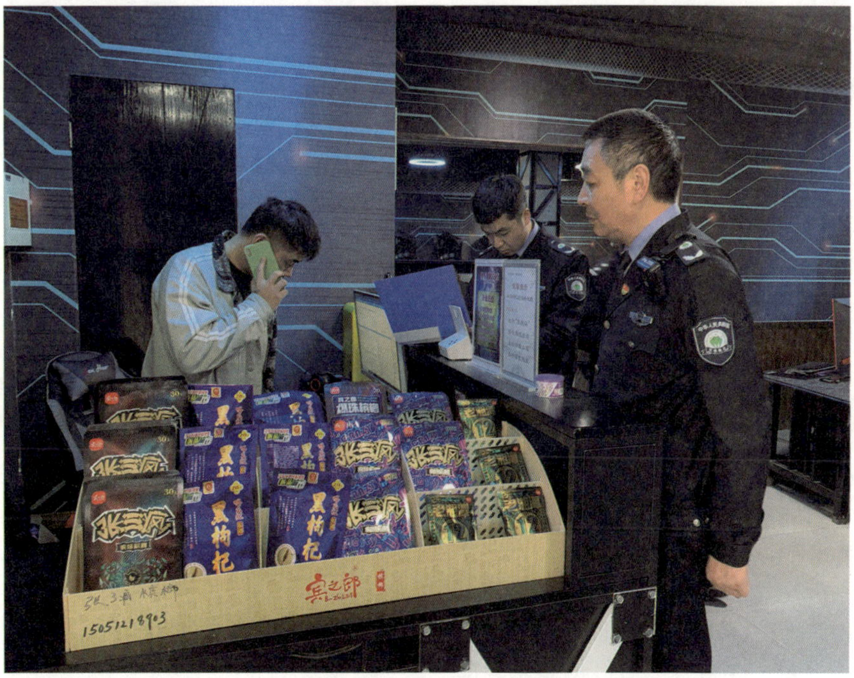

县文化市场综合执法大队督查城区网吧行业整治成果

律知识更新学习培训80学时以上。严格执行行政执法人员持证上岗和资格管理制度。以建设"职业化、专业化、规范化"的法制机构和法制队伍为目标,组织执法人员专业技能培训、轮训2次。1起案件入选2021年度如东县行政执法十大典型案例。

【安全生产】结合重大节日和重要时段组织开展"安全生产月""百团进百万企千万员工"集中宣讲等专项行动。先后组织召开全县文旅行业安全生产管理和消防安全培训工作会议6次,集中组织开展应急逃生消防演练2次。定期组织开展非学科类校外培训机构专项治理行动,排查摸底全县校外艺术类培训机构150余家。会同安全专家开展四轮全覆盖安全检查,检查文旅经营场所620余家,安全隐患全部整改闭环148条,未发生一起安全生产责任事故。

遗产保护

【概况】2021年,全县文物保护单位27处,一般不可移动文物4处,其中省级文物保护单位1处、市级文物保护单位3处。国清寺遗址保护与展示工程项目列入《江苏省大运河国家文化公园建设保护实施方案(2020—2021)》和《江苏省大运河文化遗产保护与传承专项规划》。

【掘港国清寺遗址保护】掘港国清寺遗址位于如东县掘港镇人民北路东侧江海东路北侧,遗址核心区域约4000平方米。2020年12月,《掘港国清寺遗址保护规划》得到省文物局批复;2021年9月,遗址保护方案得到省文物局批复;2021年11月,掘港国清寺遗址回填保护工程开工。遗址保护工程采取覆土回填、复制遗迹的方式保护遗址本体。

【不可移动文物】全县有文物保护单位27处,均落实定位和文物安全公示信息统计并实现挂牌。组织推进如东县烈士陵园、东岳庙、耙齿凌烈士陵园、三号街区等文物保护单位修缮工作。开展考古前置工作,明确文物保护单位看护责任。督促指导全县已出让土地、属于大型基本建设工程范围的项目工地,依法履行考古调查勘探行政许可。

【非物质文化遗产保护传承】深入挖掘非物质文化遗产项目资源,开展第四批如东县非遗项目、非遗代表性传承人申报工作。完成传统技艺《马塘枣儿红酒酿制技艺》《草香制作技艺》、传统美术《绢本佛像绘制技艺》等10个项目和陈云、丛东云、沈世德、张高准等17位代表性传承人的评审、认定工作。利用传统节日和文化遗产日,开展非遗进校园、进企业活动,举办各类非遗展示展演活动140多场。组织传承人创作向中国共产党成立100周年献礼作品,罗彬面塑作品系列、刘承林红木雕刻作品《红船》、刘建锋风筝作品荣登"学习强国"江苏学习平台。罗彬面塑建党系列作品参加江苏省委组织部举办的"百年风华"全省党员教育全媒体作品创作大赛。建有非遗展示馆和11个市级非物质文化遗产传承基地。2021年,非遗展示馆先后接待中国人民解放军原总参谋陈炳德上将、文化和旅游部原副部长项兆伦等人,以及中央文明办、上海闵行文旅、灌南县政府、射阳县委宣传部、安徽省泾县文广旅局等20多个党政团体。

广电管理

【概况】2021年,县文广旅局组织开展安全播出检查、广告播出专项检查6次,"两节""两会"等重要节点安全播出无事故。监管卫星电视接收设施和境外卫星电视节目的落地与接收。开展境外卫星电视接收专项检查和"黑广播"专项整治。完成长沙镇智慧广电乡村工程建设。

【广播电视安全播出】县文广旅局调整健全广播电视安全播出指挥部暨广电设施安全保护领导小组。完善广电行业安全播出和应急救援预案,深化专项整治和防范工作。建立完善广播电视安全播出长效机制,每季度组织开展广电系统安全大检查,全年安全播出无事故。开展"黑广播"专项整治,依法拆除"黑广播"2个。

【境外卫星电视传播秩序整治】制定《如东县开展境外卫星电视传播秩序专项整治工作实施方案》,开展境外卫星电视接收专项检查5次,出动检查人员30余人次,重点整治小商品市场、老旧小区、酒店等区域,依法拆除"小耳朵"11个。与镇(区、街道)文化站、基层广电站建立信息联络制度。

【智慧广电乡村工程建设】依据省广电局创建要求,完成长沙镇广电线路改造、机顶盒置换及门户平台的建设任务,12月上旬通过省广电局验收。

新闻传媒

【概况】2021年,如东县融媒体中心聚力双争、锐意进取,融合改革与成果转化同步推进,对内宣传与对外宣传齐头并进,素质提升与精品生产相互促进。如东县融媒体中心改革创新入选全国新闻出版深度融合发展创新案例,"百年辉煌 如日东升"——如东县融媒体中心庆祝中国共产党成立100周年全媒体新闻行动入围"创新榜·2021年度全国广播影视业最具创新影响力活动"。

【改革创新】2021年,如东县融媒体中心加快推进媒体深度融合,进一步建立健全以内容建设为根本、先进技术为支撑、创新管理为保障的全媒体传播体制机制。组建融合发布创意视频(节目)工作室,加大融合直播和融合报道的力度、广度和深度。在数据化、智能化、集约化融媒体指挥中心建设的基础上,统筹抓好新闻策、采、编、审、制、播、评各个重要环节,在融合度、互动性、黏合度、影响力上高点定位,不断提升融合运行质量。进一步建强用好平台,优化新闻生产的关键环节,统筹优化传播渠道和传播方式,提高频道(频率、版面)质态。广播、电视在频率频道、节目包装、精细制作上下功夫。报纸在打造具有新闻深度报道和文史留存价值的媒介产品上下功夫。新媒体围绕"新闻+

政务+服务+商务”的改革思路，在内容生产、传播方式、用户体验、运行运营上充分体现互联网思维和移动优先战略。申报了《深化如东县融媒体中心建设十四五规划》项目，启动了规划编制工作。

【对内宣传】紧扣县委、县政府中心工作，同心同向，同频共振，在强有力的新闻舆论引导下聚民心、强动力。围绕全面建设社会主义现代化新征程和“十四五”开局、中国共产党成立100周年、党史学习教育、文明城市建设和常态长效管理、实体经济、重特大项目落地落实、政府为民办实事工程、生态文明建设和县第十五次党代会精神的贯彻落实等各项重点重大题材，高点策划、精心组织、强力推进，通过大量精彩报道进一步凝聚全县百万群众跑赢新赛程、争当排头兵，奋力谱写高质量发展如东篇章的共识，壮大主流媒体的声音，为不断开创如东高质量发展新局面营造浓厚的宣传舆论氛围。

【对外宣传】2021年，外宣用稿用片总量达1523条(件)。中央广播电视总台、人民网、新华网、“学习强国”学习平台等中央主流媒体和上海广播电视台等长三角重要媒体用稿取得重大突破。全年中央级媒体用稿172篇(条)，省级媒体用稿363篇(条)，市级媒体用稿1104篇(条)，上海媒体用稿247篇(条)。在“学习强国”全国平台用稿17篇，江苏平台用稿419篇。

【精品创作】2021年精品成果颇丰，市级以上获奖精品68件。其中，国家级奖项8件，作品《爷爷的光荣岁月》《大港之路——洋口港前期研究至获批开工阶段开发纪实》在中国广播电视大奖2019—2020年度广播电视节目奖评选中分获电视纪录片类一等奖和三等奖作品。获省级奖项23件，《听老乡讲述家门口的小康生活》等5件作品获省级一等奖。在全省县市新闻中心系统年度好新闻作品评选中，《如东日报》获奖作品15篇，位居南通市前列。广播电视类奖项33件，《如东垦区创下“海水稻”高产新纪录》等5件作品获南通市一等奖。

（姚银松）

广　播

【概况】如东人民广播电台(简称如东广播电台)是集新闻资讯、服务信息于一体综合频率，拥有调频89.6兆赫波段和农村有线广播，覆盖如东及周边市(县)区。有采编播人员18人，具有播音副高职称1人、中级职称人员7人。2021年，如东人民广播电台致力“办有用的广播、办好听的广播、办听得到看得见的广播”，主要节目有《如东新闻》《如东县政风行风热线》《896司法行政在线》《洋光早晨》《欢乐晚高峰》《你的故事我的歌》《896名医在线》《童心桐语》等。全年央广网、省台用稿近60篇。

【频率建设】2021年，如东广播电台自办节目16档，创历年之最。4月份，全新融媒直播室正式启用，广播告别单一线性传播方式，视听同步，带给用户全新视听感受。建立完善《节目重播重审制度》《导播工作制度》和《广播部节目编审流程》等编播制度，编、审、播工作流程不断优化，节目管理不断加强，节目安全规范播出。

【主持人节目及主持人】“896”主持人“线上线下一体化”意识明显增强，从传统广播转战移动短视频，拍摄制作《美女主播带你打苗苗》《学习雷锋从我做起》等短视频，在微信、抖音、视频号同步推出；借助新媒体平台，推动《“洋”光早晨》等节目视频直播，尝试办看得见的广播。紧扣时代热点，献礼中国共产党成立100周年，精心打造《百年百歌》栏目100期；围绕适合移动收听的车载电台，设计制作了一批优质公益类线性“产品”。主持人积极服务社会，先后参与并主持“共读百年党史，共建书香社区”活动、“四送”服务活动，以及“七一晚会”、“好人见面会”、“金牛奖”等县内重大活动。广播主持文艺作品《我们生来就爱着》获2021年度南通市广播电视播音与主持作品奖一等奖。

【新闻宣传】如东广播电台注重策划，兼顾全面，掌握节奏，发挥传统媒体作用。紧扣中心工作和宣传重点，重点栏目发稿任务超额完成。根据广播新闻特点，注重稿件编排，增加每档新闻发稿条数，扩大信息量；发挥广播特长，注重音响运用，让各种声音元素为广播新闻增加现场感、可信度和生动性。注重原创性，增加广播可听性，每个月广播推出“编后”“短评”不少于10篇，平均每三天就有1篇。2021年，央广网用稿25篇、省台用稿近30篇，《江海政务》用稿超300篇。

【广告创收】2021年受到疫情等大环境的影响，广播广告创收压力重重。广播人努力拓展活动类业务，兼具社会影响力和经济收益。通过举办各类活动共创收70万元。活动规模与媒体影响力，都比往年有所突破。截至12月31日开票额170多万元，到账比例97.98%，圆满完成全年目标任务。

（陈艳）

2021年12月26日，举办南通广播电视台驻如东记者站揭牌仪式

电 视

【概况】2021年,电视部聚焦实体经济和项目建设,聚心中国共产党成立100周年宣传,聚力报道文明城市创建,在凝聚奋进力量上下功夫,在贴近基层上再探索。镜头更多对准普通群众、田间地头、背街小巷,反映百姓创业就业的辛劳,人居环境改善带来的欣慰,增产增收后的欣喜,以及弱势群体的合理诉求等等。特别是在《建设更高水平文明城市》栏目的新闻报道中,百姓视角占据较大比重,基层群众的幸福感、获得感在画面中展现得淋漓尽致。全年制作播出各类自办新闻节目、专题节目749档,全年累计播出总时长12100分钟。通过向新华社、湖南卫视、华夏威扬等优质供应商采购节目,优化了频道播出内容,提高了节目质量,增加了频道特色。特别是围绕中国共产党成立100周年主题宣传采购的一大批红色电影和电视剧,传递给观众积极的人生观、价值观、道德观。

【经济报道亮点纷呈】围绕如东建设绿色能源示范城、建设向海战略先导区的新目标,电视部开设《跑迎新赛程 勇当排头兵》《建设绿色能源示范城》《建设向海战略先导区》等主打栏目,及时关注风电抢装潮和新能源项目,报道海上风电场建设进展、LNG扩能和保供。关注沿海产业带建设,镜头对准金光、桐昆等项目建设现场,让建设热潮提振全县上下的发展自信。

【庆祝中国共产党成立100周年】从3月份起,《如东新闻》先后开设《奋斗百年路 启航新征程——南通(和如东)红色记忆》栏目,报道发生在全县范围内的红色故事,弘扬革命精神,激发全县人民在新时代的奋斗激情,全景展示如东坚持以习近平新时代中国特色社会主义思想为指引,贯彻新发展理念,构建新发展格局,推动经济、社会、文化、生态等领域高质量发展取得的主要成就。

【讲好如东故事】2021年,电视部继续高位、高频次对外讲好如东故事、传递如东声音、展示如东形象。在中央电视台、上海电视台(东方卫视)、江苏新时空等平台和节目用片实现新突破,全年在国家和省市级电视媒体用稿量519条。如东风电产业三次登上央视《新闻联播》,央视二套《经济半小时》多次聚焦如东高质量发展。《紫菜变形记》《饲料养蚕践行记》等4档专题节目在CCTV－7播出。配合上海电视台完成《理想照耀中国》系列联合融媒直播——江苏如东:崛起"海上三峡",近3亿人次观看如东海上风电场建设情况。

【特色节目】中国共产党成立100周年,电视节目推出"百年辉煌历程百人理论宣讲"大型系列云宣讲视频。视频在如东电视台新闻综合和生活服务频道黄金时段专栏播出推广,在如东发布等微信官方平台等推送,收获较好社会反响。打造了短视频党史系列节目《小陆说党史》,充分挖掘本土红色资源,精选"老战士小号手""如东南泥湾精神"等具有独特地域特点的红色党史故事,通过主持人讲解、当事人讲述、文物寻访等形式,以小切口、小故事,开展党史学习教育。节目被江苏省广播电视局评为全省广播电视创新创优节目。其中,《小号手的心愿》获全省"永远跟党走 学党史践初心"社科普及短视频大赛优胜奖(全市唯一获奖作品)、全市新闻技能大比武三等奖。

【政务专题】2021年,电视政务通过一对一工作群及时沟通、交流、反馈问题,提供选题策划,向上级媒体推荐相关作品。电视政务合作镇区新增经济开发区、袁庄、新店、马塘、河口5家,达10家;合作单位新增出入境边检站、自然资源局、发改委、工商联、大数据中心、商务局。

(高峰)

报 纸

【概况】2021年,《如东日报》紧紧围绕县委、县政府工作中心,把握正确舆论导向,牢固确立"高度、深度、温度"办报宗旨,围绕"三贴近"开展新闻宣传,发挥县内纸质主流媒体引领作用,努力做到县委、县政府重大决策、重大举措、重大活动以及重大典型、重大项目宣传报道工作有亮点、有特色、有规模。坚持"民生立报"意识,围绕群众阅读需求,改进新闻报道方式,切实为全县三个文明建设营造浓烈的舆论氛围,扩大《如东日报》在全社会影响力。《如东日报》作为如东县融媒体中心部门,设部门主任1名,副主任2名,编辑、排版人员9人,稿件来源于如东县融媒体中心采访部。

【宣传策划】县融媒体中心从"高度"入手,坚持"三贴近",深化"走转改",优先刊用来自一线"接地气、冒热气"的鲜活新闻,生动讲述企业、农村、社区、田间地头的故事。围绕县委、县政府中心工作,开设了《践行嘱托开新局——争当表率、争做示范、走在前列》《建设向海战略先导区》《双聚双高作风建设在行动》《走进乡村看小康》等多项有关经济、社会方面的栏目。围绕庆祝中国共产党成立100周年,策划推出《奋斗百年路 启航新征程》《南通红色记忆》《走红色路看小康村》《身边的党员风采》《我为群众办实事》等大型宣传报道。同时强化评论的策划与撰写,围绕县第十五次党代会推出《坚定信心向海图强》《激情奔跑 担当作为》《锚定蓝图笃行实干》《从严治党夯实根基》等有深度、有思想的系列评论员文章。与县委宣传部合作,开展"百年辉煌百人讲",邀请县委常委、各镇区党委书记、部分村居党委书记、企业责任人,以及理论名师、百姓名嘴等100人,通过线上课堂形式,将党史学习教育传到千家万户。报纸在刊发讲话的同时,将稿件整理汇编成册,形成《扶海听潮——如东县党史学习教育"百年辉煌百人讲"文集》,由江苏人民出版社正式出版。共发行10000册,受到基层干部群众的欢迎。

【媒体融合】以媒体融合发展、转型发展为契机,推进纸媒与新兴媒体内容、渠道、平台等方面深度融合。对数字报进行升级,实现版面拼图,着力打造可看、可听、可视的平面媒体立体化传播新途径。实施报纸改版,自1月1日起,取消原先每天三版和周六的两个网摘版,增强原创性,将原先的周末副刊改为每天一版副刊，增设“人物周刊”“书香如东”“文化如东”“国学”“文史”等版面，全年共增开版面250期，刊发副刊类稿件1800余篇。从10月1日起，《如东日报》增加一期周日版，由原先的周五报改为周六报，全年新增50期。加强《如东报》微信公众号建设，定期推出重要新闻，粉丝量3000余人。

【外宣创优】2021年，如东对外宣传量质并举，讲好如东故事，在国家、省、市主流纸媒及网站、客户端用稿近200篇。《南通如东学党史解民忧推进减负降费惠民》《如东海上风电场再添“大国重器”》《平均亩产超700公斤！袁隆平团队在如东试种的海水稻再获高产》等被人民网、新华社、《新华日报》、《南通日报》刊用，并被国内主流媒体网站转载。全年《如东日报》刊载的稿件被“学习强国”学习平台采用200多篇，36篇文字稿被全国“学习强国”平台主页推送。组织参加全省县市报新闻中心好新闻评选活动，先后有15篇作品获江苏省县市报好新闻一二三等奖。其中，消息《全省首张自主办理个体工商营业执照在我县诞生》、通讯《“共享车间”让企业互惠互利抱团取暖》、系列报道《听老乡讲述家门口的小康生活》、摄影《淤泥上种出绿化带》、网微《今天，我们一起点亮如东！》5篇报道获一等奖，在全省县级融媒体中名列前茅。

（冯志明）

如东新媒体

【概况】 如东新媒体部运营如东新媒体网站、如东发布手机客户端、如东关注微博和如东发布、如东新媒体微信公众号及如东新媒体抖音号、视频号，其中，如东新媒体网站是如东本土唯一（百度、360等大型搜索网站）地方新闻源网站。如东关注微博用户25万多人；如东新媒体微信公众平台关注用户突破10万。

【“数”说平台】“如东新媒体”微信公众号蝉联全国县级广电微信百强榜，关注用户突破10万，网络平台全年编发各类新闻稿件12000多篇，总阅读量3300多万次，6篇10万+。其中客户端、网站、今日头条和人民号等平台编发近万篇，总阅读量达1000多万次；策划编发微信1300多篇，总阅读量达650万次，超过5000的达到360篇，阅读量过万的达106篇，其中，《1号通告！刚刚发布！》短时间内阅读量突破10万次，第二天近20万次，并有近千人点赞、在看，200余人参与评论，创造全年微信各项数据最高峰；编发各类微博近1300篇，总阅读量1400多万次；阅读量超过1万的有160多篇，最高的达到32万次。“如东新媒体”抖音号发布视频170篇，总访问量170多万次；视频号发布视频180多篇，总访问量130多万次，其中，访问量最高的视频是12月8日发布的《张謇孙女 #张柔武 亲临大豫瞻仰 #张謇 铜像》，总访问量达27万次。

【外宣创优】 如东新媒体部加强与融媒体部的深度对接，围绕两微一端一网融合互动，先后策划《最新通告！事关疫情防控》《非必要不离如！》《1号通告！刚刚发布！》《我县出台鼓励企业外地员工春节期间留如过节政策》《如东县第十七届人民代表大会第五次会议开幕！附一图读懂》《事关防疫！违者通报、整改！》《Surprise！如东人从美国、俄罗斯、法国发来……》《@曾腾辉，这个大年三十，为你点赞！》《这位如东姑娘厉害了！曾在县中就读，毕业于中科大，刚获斯隆研究奖！》《如东这名退伍女兵登上央视！她的故事……》《如东一对双胞胎兄弟竟同时入伍！穿上军装帅呆了！》《权威发布！事关如东高铁、高速……》《刚刚，如东又一家企业挂牌上市！》《如东县新冠病毒疫苗接种倡议书》《全面铺开！县领导带头接种新冠疫苗》《期待！如东再添网红打卡地，国庆正式开街！》《袁老在如东种下的水稻，已经抽出了新芽……》《超燃！红心向党，颂歌嘹亮！如东55支合唱队齐贺建党100周年！》《450亿！全球顶尖！刚刚，这个项目在如东正式投产！》《今天开幕！未来五年，如东定下这些目标！》《致敬！昨天，如东这家企业创造了两个历史……》《王红如，实名点赞！》《刚刚，地震了！如东有明显震感！》《致敬！如东这位老人捐献遗体回报社会》等符合网媒特点的原创新闻，重点打造的原创微信一经发布就被上级媒体和本地公众平台纷纷转载。新媒体全年对外发稿近1200多篇，其中国家、省级媒体（网络）采用700多篇，上海网络媒体采用300多篇（其中澎湃新闻采用250多篇），大大增强如东的对外影响力。

（徐晓波）

医疗卫生

综述

【概况】2021年，如东县有各级各类医疗卫生机构483个，比上年增加4个，其中，纳入三级医院管理1个、三级乙等中医院1个、二级甲等综合医院1个、二级乙等综合医院2个、纳入二级综合医院管理1家，纳入二级精神病专科医院管理1个；卫生技术人员5230人，比上年增加71人；执业（助理）医师2373人，拥有床位数4133张，每千常住人口拥有执业（助理）医师2.70人、医疗卫生机构床位4.70张。全县总诊疗563.85万人次，出院患者10.19万人次。全年业务总收入25.62亿元；业务总支出24.93亿元。全县医疗卫生机构总资产29.39亿元，其中固定资产19.44亿元。如东县卫生健康委员会（简称县卫健委）获评如东县“海子牛”先进集体。

【新冠肺炎疫情防控】如东充分发挥“大数据+网格化+铁脚板”作用，全面排查国内中高风险来如返如人员，落实集中健康管理措施。强化重点领域、重点场所、重点环节疫情风险监测，规范开展全人群新冠疫苗接种工作，常住人口全程接种率90%以上。选派医护人员70人驰援南京、扬州，开展核酸采样和检测，均获南京、扬州“荣誉市民”称号。强化医疗机构院感防控，加强预检分诊发热门诊（诊室）规范化建设。落实核酸检测“应检尽检”，医务人员新冠疫苗“应种尽种”。加快应急处置能力达标建设，建成1个拥有22台（套）设备检测能力的核酸检测基地，采购负压救护车8台。

2021年8月13日,40名驰援南京核酸检测采样医护人员完成任务平安返如东

【医药卫生体制改革】 谋划"十四五"全县卫生健康事业高质量发展,召开全县卫生健康大会,县委、县政府出台《关于深化医改促进如东卫生健康事业高质量发展的意见》和《关于进一步加强卫生健康人才队伍建设工作的意见》。加快紧密型医共体建设,两家龙头医院常态化组织结对帮扶工作,推动优质医疗资源向基层下沉。县人民医院成为江苏省人民医院医联体协作单位。推进一期信息化项目升级改造,三家二级医院实现聚合支付、自助挂号、自助缴费、自助查询、自助打印等功能,完成医疗电子票据改革一期项目,实现县人民医院、中医院、栟茶镇中心卫生院多场景电子票据运用。

【医疗卫生服务体系】 县人民医院外科大楼、双甸镇中心卫生院门诊楼、洋口镇中心卫生院门诊楼建成投入使用。县公共卫生临床应急中心建设主体结构封顶。推进"一镇一公立医院"建设,曹埠卫生院主体结构已封顶;新店镇卫生院建设外部框架搭建完工,进入室内装修阶段;河口镇卫生院绿建项目已审批;袁庄卫生院完成土地报征、杆线迁移工作。

【医政管理】 对115家医疗机构开展依法执业监督,下发停业整顿通知3份。调整如东县医疗质量管理与控制委员会及如东县医疗质量管理与控制中心,增设中医药药事、骨科及血液透析质控中心。2021年县域内26家医院成功备案一、二级病原微生物实验室。县人民医院、县中医院上线"互联网+护理服务"信息平台。实行抗菌药物分级管理,规范管理使用麻醉药品和精神药品,开展病历质量检查。全年调处医疗纠纷52起,及时化解医患矛盾。组织继续医学教育项目72期,邀请省市专家授课70余场次,全县在岗卫技人员继续医学教育信息化管理参与率100%。发挥中医院陈幼清、张金明等名老中医药专家优势,推广应用中医药适宜技术,共建成"中医阁"144个。成功举办江苏省肛肠年会,成功举办全县卫健系统首届急救技能竞赛,承办基层中医药适宜技术培训班5期。县政府评选如东县首届优秀医师(护士),10人获评"优秀医师",10人获评"优秀护士"。

【健康促进】 以"文明健康 绿色环保"为主题开展健康宣传。开展镇村、社区、企业环境整洁行动,加强病媒生物防治的规范管理。持续深入开展市场环境卫生专项整治,以集贸市场、农贸市场为重点,全面清理市场所有摊位及周边环境卫生。巩固卫生县城创建成果,丰利镇创成国家卫生镇,曹埠镇、袁庄镇创成江苏省卫生镇,全县省级卫生镇实现全覆盖。推动健康村镇、健康单位、健康家庭等健康细胞的建设工作,全县创成15家省级健康村(社区)。加强水质卫生监测,监测应急水源水、生活饮用水、学生饮用水水样共计367份。

【政风行风建设】 扎实开展党史学习教育,推进"我为群众办实事"实践活动,举办"党员医学专家走基层"活动。发挥"两台一报"、微信公众号等主流媒体作用,宣传推广"十佳医师""十佳护士"典型。开展"双聚双高"作风效能提升专项行动,举办"双聚双高"医疗机构专场大讨论。成立县集中医学观察点临时攻坚党总支、县全民健身中心新冠疫苗集中接种点临时攻坚党支部,在疫情防控一线发挥党组织战斗堡垒作用。组建4支青年攻坚突击队,分赴4个交通卡口展开测温、查码等工作。严格落实"两个责任",形成一级抓一级、层层抓落实的党风廉政建设责任机制。围绕巡察反馈问题"大起底大整改大督查",配合县巡察办对卫健系统专项督查。开展以"弘扬新风正气,共建廉洁社会""5·10"专题教育活动,组织观看《迷途》《贪欲结恶果》等警示教育片。

农村卫生

【概况】 2021年,如东县落实基本公共卫生服务人均项目经费90元标准。实行预拨和绩效考核结合原则,规范项目补助资金发放与使用。基本公共卫生服务项目配套专项资金被列入县财政年度预算,建立专户,各镇设立专账,资金封闭运行、专款专用。

【农村卫生服务体系】 2021年,全县有村卫生室234家,新增省级示范村卫生室2家,累计建成省级示范村卫生室173家;强势推进家庭医生工作室建设,年内建成家庭医生工作室12个。丰利镇中心卫生院、马塘镇中心卫生院被省确认为农村区域性医疗卫生中心基本建成单位,至此,全县4家乡镇二级医院为省农村区域性医疗卫生中心基本建成单位。

【老年人健康管理】 完成65岁以上老年人免费健康体检181975人,健康管理率达69.24%。中国人寿如东支公司为每位参检老人赠送一份老年人体检"一日险"。县人民医院、县中医院等12家医疗机构被江苏省卫健委确认为"老年友善型医疗机构"。完成国家级"老年人心理关爱项目"试点工作,对掘港街道古池

2021年12月11日，全县卫生健康大会召开

社区和青园社区、城中街道范堤社区、双甸镇星光社区和宗奎村共1000名老人开展了心理健康评估，组织第四人民医院专家对其中25名高危人群进行了复诊和必要的心理干预。

【老龄工作】 推进“安康关爱行动”，全县老年人意外伤害保险参保17.03万人，承保覆盖率54.3%，同比上升12个百分点。县卫健委、中国人寿股份有限公司如东支公司被评为2021年度省“安康关爱行动”先进单位，刘乔明被评为2021年度省“安康关爱行动”先进个人。开展老年人运用智能技术专项普及培训，全县共培训6457人次。岔河、大豫、长沙、栟茶、丰利五个镇社区教育中心被评为2021年度全省“智慧助老、赋能银龄”社区教育专项行动先进集体。岔河镇社区教育中心的《激发老党员学以“智”用带动整体推进》被评为2021年度全省“智慧助老、赋能银龄”社区教育专项行动优秀案例。

【基层服务能力提升】 开展优质服务基层行活动，组织乡镇（中心）卫生院对照标准展开自评与整改提高，丰利镇中心卫生院被国家通报表扬为“活动中表现突出、服务优质机构”。栟茶镇中心卫生院消化内科、双甸镇中心卫生院内分泌科建成省级基层特色科室，新增市级基层医疗机构特色科室6个。推进村卫生室服务能力建设，41家村卫生室能力建设达省基本标准，创成6家江苏省甲级村卫生室。推进首诊式签约服务，首诊签约覆盖全县所有基层机构，建立重点人群“点单式”个性化签约服务项目库；积极探索家庭医生签约服务创新工作，2021年，“引入商业保险支撑计划生育特服人群签约服务”试点工作通过省验收确认。组建60个家庭医生团队，对服务不便签约居民实行上门服务。2021年底，全县常住居民签约总数41.6万人，常住人口签约率42.58%；建档立卡低收入、65岁以上老年人、0～6岁儿童、孕产妇、糖尿病、高血压、严重精神障碍患者、肺结核、残疾人、计划生育特殊人群等重点人群签约55.15万人次，重点人群签约率74.4%。

疾病预防控制

【概况】 2021年县疾病预防控制中心（简称“县疾控中心”）有效处置了多起疑似突发公共卫生事件，8月份报告一起百日咳病例，经专家研判，为未分级突发公共卫生事件，经及时采取流行病学调查、病例采样、病人隔离治疗、密切接触者集中隔离医学观察、宣传教育等控制措施后，疫情得到有效控制。2021年全县报告乙丙类法定传染病12种1389例，总发病率157.84/10万，与上年同期（1179例）相比上升了17.81%，上升的主要病种为百日咳（1/0 +100%）、淋病（54/34 +58.82%）、手足口病（351/232 +51.29%），其中乙类传染病报告995例，发病率为113.07/10万，较上年同期（893例）上升11.42%。2021年县疾控中心被南通市委、市政府表彰为“全市抗击新冠肺炎疫情先进集体”，被南通市人民政府表彰为“2019—2020南通市文明单位”，被南通市卫健委表彰为“‘十三五’期间南通市免疫规划先进集体”，被如东县精神文明建设指导委员会表彰为“2019—2020年度文明单位”，被如东县总工会表彰为“如东县工人先锋号”。

【艾滋病防治】 艾滋病病毒抗体采检监管场所被监管人员检测280份血标本；2021年全县医疗机构艾滋病检测数130046例，医疗机构住院病例HIV检测率为90.96%（34335/37747）；免费自愿咨询检测705人次；在全县范围内公共娱乐场所开展艾滋病高危行为干预工作，全县共干预服务小姐1700余人次，发放安全套17000余只、宣传材料700余份。老年人艾滋病哨点共监测816人。

【免疫规划】 全年累计报告接种免疫规划疫苗和非免疫规划疫苗167784（不含新冠疫苗）剂次，各苗合格接种率均98%以上，乙肝疫苗首针、麻风、麻风腮疫苗及时接种率分别为95.42%、93.89%、93.25%。2021年3月20日，新冠疫苗由紧急接种转为大规模人群接种，全年接种新冠疫苗1839088剂次；常住人口累计首剂接种率96.54%、全程接种率90.27%，3～11岁人群首剂接种率93.48%，18岁以上人群加强接种完成率75.68%。2021年6月启动1～2周岁儿童水痘疫苗免费接种工作，2510份免费水痘疫苗接种任务如期完成。全年共报告AEFI 141例，其中一般反应128例，过敏性皮疹等异常反应11例，偶合反应3例。全县共报告AFP 1例、疑似麻疹23例；经检测，AFP病例脊灰病毒培养结果阴性，23例疑似麻疹均排除麻疹风疹病毒感染。

【血地寄防制】 在7个重点流行镇的22个村开展查螺工作，用工3133个，调查面积210.1567万平方米，未发现螺情。血吸虫病人群监测1433人，动物监测202头，未发现阳性。全县血检“三热病人”576人次，未有疟疾病例报告。按东西南北中五个方位，抽取长沙、双甸、曹埠、洋口、丰利5个镇开展人群碘营养监测工作，每镇抽样40名8～10周岁学生，进行身高体重测量、儿童甲状腺触诊检查200人,发现甲状腺肿大2人,儿童触诊甲肿率1.0%。检测儿童尿碘200份,尿碘范围42.0~805.7微克/升,尿碘中位数204.5微克/升,尿碘小于100微克/升23人,占11.5%。检测孕妇尿碘100份,尿碘范围27.6~498.1微克/升,尿碘中位数136.25微克/升,尿碘小于150微克/升55人,占55.0%;尿碘小于100微克/升23人,占23%;儿童、孕妇碘营养不良仍占有一定的比例。根据《国家线虫病监测方案》要求,抽取掘港街道虹桥村、河口烈士陵村、曹埠甜水村、苴镇刘埠村、岔河金桥村5个镇,每村整群抽取3周岁以上常住居民200人,采用改良加藤厚涂片法,5个镇共监测1032人,未发现土源性线虫阳性检出。掘港、曹埠、苴镇各抽查1所幼儿园和1所小学低年级学生,采用透明胶纸肛拭法检测儿童蛲虫感染情况,合计调查600人,发现阳性3人,阳性率0.5%,已通知3名阳性孩子及家长进行驱虫治疗,并注意做好个人卫生。

【结核病防治】举办结核病防治培训班4期。肺结核定点门诊初诊登记789人。发现结核患者204例。193例肺结核患者中,病原学阳性114例,病理学阳性2例,病原学阳性率59.07%(114/193)。登记治疗的204例活动性肺结核患者健康管理率100%。全年患者5例,均按规定转南通市第六人民医院诊治,出院后的随访由基层医疗机构负责随访管理。网报肺结核病人追踪到位率99.77%;县人民医院2020年登记肺结核患者治疗成功率94%。下基层督导64次,访视患者204人次。

【慢性病防治】建立慢性病报告制度。累计登记高血压患者133143例、糖尿病患者39065例、心肌梗死发病676人次、脑卒中7156人次、恶性肿瘤52660例,全县网络直报10226例死亡病例。全县累计建立电子居民档案794882人。开展3000人糖尿病高危人群筛查项目、553人(其中100岁以上老年人110人)老年健康生物标志物队列研究调查,开展2000人社区居民结直肠癌高危人群筛查,2000人肺癌、食管癌、胃癌、结直肠癌高危人群综合筛查,筛查出5例确诊肺癌、1例胃癌及3例大肠癌。真正建立慢性病综合防控示范区长效机制,从日常工作、各联席单位及台账资料收集等方面,均以示范区工作要求组织开展。开展世界无烟日、肿瘤宣传周、全民健康生活方式月“三减三健”、全国高血压日、联合国糖尿病日等宣传义诊活动,普及慢病防治知识,引导群众主动改变不良生活方式。

【公共卫生监测】收检各类样品54631份,计69448项次,理化样品1306份,计12625项次,微生物53325份,计56823项次。监测公共场所卫生合格率75.68%(28/37)。未发生传染病疫情相关的突发公共卫生事件。对8家省级优质园、1家市级优质园的教室空气、物体表面、教职人员手卫生、紫外线灯及餐饮具消毒情况开展监测,共监测样品273份,合格253份,合格率92.67%。对易引起院内感染的重点部门、重点环节加强监测,共监测17家医疗机构,采集10类样品296份,经检测,合格278份,合格率93.92%。开展登革热媒介伊蚊专项监测,对居民区及居民区外环境开展监测,城乡共调查560户,布雷图指数2.25%。做好鼠、蚊、蟑螂、蝇密度控制水平监测。

【精防工作】2021年,如东县在管严重精神障碍患者6569人,新增129人,在管率100%,规范管理率99%,在管患者服药率70%。县卫健委联合各镇政府、公安局、民政局、残联等部门开展肇事肇祸患者排查及危险性评估200人次。免费体检在管患者817人次。

【食源性疾病监测】开展食品安全风险监测,其中食品中污染物及有害因素监测,共采集样品164份,检测1063项次,合格1050项次,合格率98.78%。全县49家哨点医院按规定要求进行食源性疾病病例信息上报,共报告食源性疾病病例信息794例,无零报告现象发生。调查处置1起因误食亚硝酸盐引起的食物中毒事件,中毒人数6人,死亡0人。以全民营养宣传周为契机,进行人群合理膳食指导。在申丞养老院建设“老年人营养新型食堂”示范点,推广健康烹饪模式,倡导科学合理配餐,适应老年人群安全、营养、健康需求。

【健康教育与健康促进】发挥全县健康教育指导中心的作用,面向全人群开展宣传资料发放。内容主要包括急、慢性病防治、计划免疫、结核病防治、妇幼保健、健康生活方式等12大类防控知识。全年播放健康教育音像资料89821次,设置宣传栏261处,更新宣传画3132次,举办健康教育讲座1619次,举办健康教育咨询活动158次。与如东县电视台合作完成《卫健之窗》专题栏目12期、与县广播电台合作完成专题栏目24期、与县报社合作完成《如东日报》专刊12期,不定期与县电视台《直通民生》《如东新闻》栏目合作,在媒体宣传各类宣传日活动、全民健康生活方式和慢性病防控知识。围绕健教工作向中国健康教育网、省健康教育网、江海健康教育网投稿,共上稿31篇。栟茶镇茗海社区、大窑村,大豫镇兵房居委会、南坎村,丰利镇周桥村、双灰山村,苴镇肖桥村、刘埠村,双甸镇星光居委会、锡伍村,新店镇汤园居委会、孙桥村,岔河镇新港村、岔河镇古北村,城中街道六总村、八总村,共8个镇、16个村(居)作为监测点参与健康素养入户调查,共计960人。

卫生监督执法

【卫生行政许可】2021年,县卫生监督所共受理各类行政许可申请941件,其中办理公共场所卫生许可事项284件,新证和延续266件,变更18件;办理医疗服务许可事项524件;办理放射诊疗许可事项71件;办理再生育审批62件;参加联合预审单位33家。对符合法定条件的承诺事项均在承诺期内办结,按期办结率100%。即办件做到当场办理,即收即办。

【卫生行政执法】通过日常督查、监督抽检、专项整治、群众举报等途径,发现违法案由并实施处罚，全年行政处罚共74起，罚款金额94.74万元，没收违法所得0.77万元。其中，公共场所29件，传染病14件，消毒5件，医疗17件，放射1件，职业8件。接处举报58件，及时处置并办结58件，及时率和处理率均为100%，受理陈述申辩8件，涉嫌犯罪移送1件，配合法院强制执行违法案件4件，参与5次诉讼应诉。继续推进执法全过程记录工作，完善执法全过程记录工作制度37项，对6个重点行业的重点部位继续进行远程全程监控录像。参加2021年度南通市卫生行政执法优秀案例评选获得二等奖、三等奖。

【专项整治与监督抽检】全年有序开展传染病监督、职业卫生、医疗服务、学校卫生、公共场所、计划生育、生活饮用水等专业的专项整治和专项检查工作。2021年，县卫生监督所对2570家被监管单位开展日常卫生监督，总覆盖率100%，其中公共场所1012家。

【“双随机”检查】 落实“双随机”工作，对系统抽取的257家单位进行了监督检查。2021年，国家平台“双随机”共209件，其中公共场所116件、职业卫生1件、放射卫生12件、学校卫生17件、医疗卫生15件、消毒产品5件、传染病防治18件、妇幼健康25件；省平台“双随机”共48件，其中公共场所31件、医疗卫生9件、传染病防治8件。任务总完成率100%。

【疫情防控督查】县卫生监督所严格依法履职，抓好常态化疫情防控，采取“拉网排查、强化督导、加强值守、加大宣传”等措施，对全县医疗机构、辖区内设置的集中医学观察点、20家新冠肺炎疫苗接种点、公共场所、辖区内75所学校、45所幼儿园等场所开展新冠肺炎疫情防控卫生监督工作。

【日常监管与宣传】 开展执法普法、食品安全标准宣传活动；通过与电视台合作制作专题宣传片、进企业举办职业健康管理讲座和专家现场指导服务等形式，积极开展职业病防治法宣传周专题宣传活动；对企业开展职业卫生知识培训，共培训16班次4000人次。利用如东卫健委微信公众号进行法律知识、卫生知识、文明创建等宣传。全面完成卫生监督信息报送工作，年内向省市县有关媒体和网络报送信息稿件78篇，在中国网、省市卫生监督网、《如东日报》等网站和刊物录用稿件20余篇，收到了较好的宣传效果。

妇幼保健

【概况】全县妇幼健康工作以孕产妇和儿童健康管理、妇幼“五免”筛查项目为重点，认真做好叶酸增补、婚前孕前健康检查、避孕药具发放、免费计划生育手术服务，积极开展药具不良反应监测、艾滋病、梅毒和乙肝母婴传播预防等国家级试点项目，加强母婴保健技术服务管理和爱婴医院长效管理，推进基层妇幼健康服务门诊规范化、示范化建设。加强专项业务培训和督导考核，加大妇幼健康知识宣教，高效优质完成各项目标工作任务。如东县妇幼保健计划生育服务中心被评为2021年度全国避孕药具不良反应监测工作先进单位。

【孕产妇健康管理】完善生育全程管理服务网络，抓好孕情摸底、孕情推送、早孕建卡动员，推动妇幼家庭医生签约。各产科门诊规范开展孕期检查、评估、健康指导，加强高危孕产妇管理，畅通转诊绿色通道，随访、转诊到位。举办全县孕产妇危急重症救治培训，邀请市级专家现场点评全县危重孕产妇病例及联合演练视频。扎口妇幼健康服务质量管理，定期开展督查指导。2021年度，全县辖区活产数3030例，产妇数3000例，孕13周之前建册人数2820例，早孕建册率93.07%；产后28天内接受过产后访视的人数2988例，产后访视率98.61%；系统管理人数2795例，系统管理率92.24%。全县助产机构分娩围产儿2504例，双胎17例，死胎死产4例，0～6天死亡3例。出生缺陷儿18例，出生缺陷率7.18‰。全年无孕产妇死亡。

【儿童健康管理】开展儿童保健知识宣教，加强高危儿管理，各类高危儿随访次数人均大于5次，建立健全县新生儿高胆红素血症筛查制度。为全县6月龄内儿童提供1次免费髋关节B超检查，高危儿门诊对所有12月龄的高危儿进行全面发育评估，定期开设高危儿家长课堂，进行科学育儿指导，对特殊儿童一对一综合评估，制定个性化育儿方案。开展0～6岁儿童心理行为发育筛查和管理，免费为18月龄、30月龄儿童进行DDST筛查，认真筛出异常儿童并及时干预和追踪管理。2021年，5岁以下死亡人14人，死亡率4.62‰；婴儿死亡8人，死亡率2.64‰；新生儿死亡7人，死亡率2.31‰；新生儿访视人数3015人，新生儿访视率99.50%。0～6岁儿童数29920人，保健覆盖人数29651人，健康管理率99.10%。

【妇幼“五免”筛查】实施政府为民办实事项目妇幼“五免”筛查，即适龄妇女“两癌”筛查、孕产妇产前筛查、新生儿疾病筛查、先天性心脏病筛查和耳聋基因筛查等五个项目。县人民医院是全县先心病筛查诊断机构，为阳性患儿提供绿色通道，在原有免费项目的基础上，对全县先心病筛查阳性患儿免费B超诊断，所有新生儿筛查项目的复筛、随访均列入免费项目实施。2021年度，全县完成宫颈癌检查30945人，任务完成率100.98%；乳腺癌检查31164人，任务完成率101.69%。产前筛查2695例，产前筛查率97.15%。全年助产机构活产数2500人，新生儿遗传代谢病筛查人数2496人，筛查率99.84%。新生儿先心病筛查人数2499人，筛查率99.96%，筛查阳性人数70人，确诊先心病人数18人，除1例新生儿死亡外，其余均得到进一步诊治。新生儿听力筛查人数2496人，筛查率99.84%，确诊17例听力下降；2021年6—12月活产1478人，6月1日起开展的新生儿遗传性耳聋基因筛查1474人（死亡2例，拒筛2例），筛查率99.73%，发现45例耳聋基因阳性，其中1例为确诊患者。

【妇幼健康教育】印发《如东县关于〈江苏省出生缺陷防治办法〉宣传活动的实

施方案》(东卫基妇〔2021〕5号)。制作“护佑母婴健康 孕育健康宝宝”出生缺陷防治短视频、“两癌防治科普知识”宣传视频和宣传海报,全方位、多渠道加强妇幼健康宣传。结合“5·20”、母乳喂养周、“9·26”世界避孕日等节日组织妇幼健康科普宣传、免费发放计生药具,开展妇幼健康知识进社区、进企业活动。在民政局婚姻登记大厅常态化开展优生优育宣教;利用微信公众号、电台、电视台等线上宣传,在全县形成“普及优生健康知识,提升公众健康素养”的浓厚氛围。

人口监测和家庭发展

【概况】2021年,如东完善生育登记服务制度,进一步简政便民,实施网上办事,实施生育登记、再生育审批网上申请办理。围绕实施全面两孩政策开展主题宣传活动,大力倡导科学、健康、依法、负责任的婚育观念,引导适龄夫妻按政策再生育。全县全年共出生人口3010人,其中二孩及以上1204人,二孩及以上占比40.1%。

【优生优育服务】县卫健委建立应生未生夫妇花名册,掌握叶酸发放目标人群。组织全县专项业务培训,规范叶酸的存储和发放,建成婚孕检服务中心,实现婚姻登记—婚检—孕检“一站式”服务,极大方便了群众。全年孕前优生健康检查1381对,任务完成率106.23%;早孕随访10580人次,早孕随访率786.61%,高风险人群随访1201人次,高风险人群随访率100%,妊娠结局随访921人次,妊娠结局率68.47%。

【惠民政策】县卫健委继续抓好以村居干部兜底和包干负责的计生惠民政策落实考核机制,全面落实享受对象资格年审、退出审核和送达告知制度。2021年,共发放计生惠民政策资金1.98亿元。其中,农村奖扶12.43万人,发放资金1.17亿元;特别扶助6515人,发放资金6020.592万元;计生手术并发症特扶873人,发放资金211.74万元;企退职工一次性奖励5805人,发放资金1856万元;城镇老年居民一次性奖励55人,发放资金17.6万元。

【0～3岁婴幼儿照护服务】推进建立全县婴幼儿照护服务发展工作机制,加强托育机构监督管理,督促指导符合托育机构设置标准和管理规范的机构备案登记。按照属地管理和分工负责的原则,落实分级管理责任,健全安全风险防范机制。实施面向社会大众的普惠托育服务项目,为婴幼儿家庭提供质量有保障、价格可承受、方便可及的托育服务。截至12月底,全县共有普惠托育机构2家,备案机构5家。

【家庭服务能力建设】开展“暖心行动”,全面落实各项计划生育特殊家庭扶助政策,实施双岗联系人、就医绿色通道、家庭医生签约“三个全覆盖”,为全县计生特殊家庭提供生活、精神等多方面的精准服务。全县共有计生特殊家庭联系人5559人;计生特殊家庭成员家庭医生签约率达100%;全县13家公立医院均为计生特殊家庭成员开通就医绿色通道;在各传统节日组织慰问计生特殊家庭1076户,慰问总金额达32万余元。

卫生健康系统医疗单位选介

【如东县人民医院】 如东县人民医院是县域医疗中心,是县内规模最大、技术最强、服务最优的一所三级综合性医院,是江苏省人民医院医联体成员单位、同济大学附属上海第十人民医院医疗集团单位、江苏健康职业学院教学医院、南通大学附属医院医教研联盟单位、国家级爱婴医院、红十字医院、胸痛中心,江苏省母婴友好医院。先后荣获“江苏省文明单位”“江苏省文明医院”“江苏省卫计行业党员示范岗”“南通市卫生工作先进集体”“南通市医德医风建设先进集体”“南通市廉政文化建设示范点”等称号。医院占地面积8.06万平方米,建筑面积13.33万平方米,固定资产总值6.16亿元。在职职工1153人,其中高级职称263人,中级职称317人,医学硕士70人,省“333高层次人才培养工程”第三层次培养对象1人,市“226高层次人才培养工程”第二层次培养对象1人,第三层次培养对象4人。医院设39个临床科室、25个病区、12个医技科室、30多个专科(专病)门诊。拥有17个市级临床重点(建设)专科。建有“120”急救中心、胸痛中心、卒中中心、孕产妇危急重症救治中心、新生儿危急重症救治中心、腔镜诊治中心、介入诊治中心、远程医疗会诊中心等。医院拥有1.5T磁共振、64排螺旋CT、数字胃肠机、数字乳腺钼靶机、彩色多普勒、血液透析系统、急危重症抢救仪等高精尖仪器设备。医院与南京、上海、南通等地建立紧密协作关系,邀请知名专家教授来院成立名医工作室,正常开展多学科联合诊治(MDT),加快推进远程会诊、远程教育,同时与县内第四人民医院和四所中心卫生院结成如东县人民医院医联体,全面助推医疗卫生改革和发展。

(江亚芳)

2021年9月,如东县人民医院正式成为江苏省人民医院医联体成员单位

【如东县中医院】如东县中医院是三级乙等中医医院,先后被评爱婴医院、江苏省高校实习基地、南京中医药大学教学医院、扬州大学医学院如东临床学院。医院占地面积10.47万平方米,总建筑面积11.42平方米,床位800张,总投资7.1亿元。在职职工718人,其中卫技人员691人。高级职称175人,中级职称165人,省名中医1人,市名中医5人,市基层名中医2人,硕士研究生33人,博士1人,硕士生导师1人,全国名老中医学术继承工作继承人1人,全国中医临床特色技术骨干人才1名,江苏省农村优秀中医临床人才3名,江苏省第五期“333工程”第三层次培养对象1名,南通“226高层次人才培养工程”培养对象3名。医院有临床及医技科室39个,其中江苏省中医重点专科1个、江苏省基层医疗机构中医特色专科建设项目1个、南通市中医重点专科7个,南通市中医重点建设专科2个,全国基层名老中医药专家(陈幼清)传承工作室建设项目1个,周仲瑛国医大师传承工作室(如东县中医院工作站)1个。医院硬件设施投入总额1.2亿元,有1.5T磁共振、DSA、全身螺旋CT、准分子激光治疗仪、医用数字X射线摄影系统(DR)、腔镜及前列腺汽化设备等大中型医疗仪器设备456台(套),中医舌象采集仪、脉象采集仪、多功能艾灸仪、肛肠综合治疗仪等中医诊疗设备135台(套)。有“治未病”“冬病夏治”“内病外治”“膏方节”等中医药特色品牌。医院已成立上海瑞金医院周建桥教授超声名医工作室、上海德达医院心血管病如东分中心,复旦大学附属肿瘤医院头颈外科专家王玉龙名医工作室、南京医科大学第二附属医院脾胃病科专家缪林名医工作室、邓学东超声专家团队工作室、上海冬雷脑科名医工作室、如东县病理诊断中心、钱俊波消化内镜专家工作室、茅国新肿瘤专科专家工作室、刘庆淮眼科专家工作室、范静平专家工作室、介入血管科丁文彬专家工作室、冯波专家工作室、周仲瑛国医大师传承工作室、钱成胸外科专家工作室、康然教授工作室等一批“专家智库”。2021年10月20日,成功举办如东县首届中医药文化节。2021年11月19日,与扬州大学签约成为扬州大学医学院如东临床学院。医院始终秉承“厚德笃行、传承创新”院训,保持和发挥中医药特色优势,全面提高综合服务能力,努力把医院建设成为中医特色浓、医疗质量优、教研水平高、医德医风好、综合实力强的现代化三级乙等中医医院。

(高洁)

【如东县第四人民医院】如东县第四人民医院是二级精神病专科医院、县人民医院医共体成员单位,精神科、皮肤性病科是政府唯一认定的权威性县级专科,东南大学附属中大医院心理精神科临床科研基地,是中南大学湘雅医院医疗联合体全国玫瑰痤疮与面部过敏专病联盟单位、东南大学附属中大医院“东方心身医学联盟”会员单位。医院总占地面积1.56万平方米,医疗及医疗辅助用房建筑面积5200平方米。医院总资产2434万元,万元以上医疗设备87台(套),总值1561万余元。其中胶囊内镜填补县内空白。医院在岗职工177人,其中卫生技术人员128人,其他技术人员11人,专技人员占全院职工总数79%,卫生高级技术人员24人(其中正高6人),中级卫技人员42人。医院开设有精神科、皮肤科、男性科、女性科、心理咨询科和皮肤美容等职能科室,其中精神科是南通市临床重点建设专科、东南大学附属中大医院协作科室、南通市精神科专家工作室。医院设一级临床科室7个、专病门诊2个、病区4个,实际开放床位160张。2021年,门急诊8. 88万人次,收治住院病人1228人次,出院病人1226人,病床使用率100 %,总收入6027万元。医院先后获评江苏省残疾人之家、江苏省巾帼文明服务示范岗、省级诚信计量示范单位、南通市文明单位、南通市治安保卫工作先进集体、南通市药品医疗器械化妆品不良反应(不良事件)监测工作先进单位,职工先后获“中国好人”“全国麻风院村先进工作者”“国家项目先进奖”“省道德模范标兵”“南通市医德标兵”“南通市三八红旗手”“南通市抗疫先进个人”等荣誉。

(徐境)

【如东县岔河镇中心卫生院】如东县岔河镇中心卫生院(如东县第二人民医院)始建于1959年,是一所集医疗、预防、康复、教研为一体的综合性二级乙等公立医院。医院业务用房面积16000平方米,拥有飞利浦16排CT、核磁共振、DR、C臂机、全自动生化仪、PCR成套设施等先进诊疗设备,实际开放床位100张。医院在职职工170人,其中141名卫技人员中有高级职称60余人。医院内科能够开展心脏除颤、无痛胃肠镜、颅内血肿微创清除术、胸部疾病微创术等手术。有江苏省基层医疗卫生机构特色科室1个(心血管内科),南通市临床特色专科1个(呼吸内科),南通市基层医疗卫生机构特色科室2个(普外科、骨科)。妇产科是江苏省示范基层医疗卫生机构妇幼健康规范化门诊,有孕产妇保健及高危孕产妇的管理资质。耳鼻咽喉科正常开展听力测试、电子鼻咽喉镜检查、无创眼压仪检查、电脑验光等,能开展耳鼻咽喉常见手术及微创手术及耳鼻喉良恶性肿瘤的诊断及治疗。2021年,医院优化预检分诊、发热门诊、核酸采集点、PCR实验室的建筑布局,使得重点部门工作流程更加符合相关要求,降低医院感染发生风险,保障医疗安全。2021年,医院与南京医科大学第二附属医院心胸外科、南通市第三人民医院形成技术协作关系,在如东县中医院医联体指导内,定期邀请专家到院坐诊和手术。医院先后获评“江苏省示范乡镇卫生院”,“江苏省首批农村区域性医疗卫生中心”,“国家级群众满意乡镇卫生院”,“江苏省老年友善医疗机构”,市、县“文明单位”“文明单位标兵”。

(孙海燕)

【如东县栟茶镇中心卫生院】如东县栟茶镇中心卫生院始建于1956年,坐落于栟茶镇,与海安、如皋、东台3县(市)毗邻。占地面积1.9万平方米,建筑面积2.15万平方米,固定资产1亿元,是一所集医疗、预防、保健、康复于一体的二级甲等综合性医院。在岗职工221人,其中高级职称82人、中级职称85人、初级职称61人。医院医疗设备齐全,设病区6个,实际开放床位200张,设有职能科室10个、临床科室15个、医技辅助科室

5个。配备40排联影CT、16排东芝螺旋CT、DR、数字胃肠、日本乳腺钼靶、全自动生化仪、奥林巴斯电子胃镜、肠镜、彩色多勒普B超、妇科利普刀、史塞克腹腔镜、膀胱镜等先进诊疗设备。与上海同济医院生殖医学科建立诊治联盟,开设纪亚忠教授不孕不育专家门诊;与上海交通大学附属瑞金医院开展协作,成立缪飞教授工作室。2021年,门诊诊疗18万余人次,收治病人4600余人,业务收入7786万元。新建方舱接种点,稳步推进新冠疫苗接种;抽调医务人员支援保障河口、袁庄两针接种;派出业务骨干赴陕西开展对口协作帮扶。院消化内科获评省级基层医疗卫生机构特色科室,麻醉科、放射科获评市级基层医疗卫生机构特色科室。2021年医院被评为江苏省健康促进医院,江苏老年友善医疗机构。

(缪丽霞)

【如东县丰利镇中心卫生院】 如东县丰利镇中心卫生院创建于1956年,2006年整体迁建,占地面积2.33万平方米,医疗用房1.50万平方米,附属用房1500平方米,是一所现代化综合性二级乙等公立医院。承担丰利地区预防、保健、健康教育、计划生育、医疗、康复、职业健康检查等工作。2021年,在职人员183人,卫生技术人员161人,高级职称41人,中级职称40人。享受国务院政府特殊津贴专家1人。医院设临床一、二级科室14个,医技科室6个,配备有40排进口螺旋CT、DR、彩超、呼吸机、血透机、除颤仪、电子支气管镜、阴道镜等高精医疗诊断治疗设备。2021年,门急诊98499人次,年出院2651人次。年总收入7089万元,其中医疗收入4149万元。1997年12月,医院创建爱婴医院。2006年,与南通大学附属二院建立协作关系。2007年,丰利医院被确定为如东县职业病应急救治中心。2012年10月29日通过江苏省职业健康体检资质认定。2015年创建成立省示范中医科。2019年通过二级乙等医院复审,被评为江苏省健康促进医院,消化内科被评为南通市临床特色专科。2020年骨科、消化内科被评为市级基层特色科室,中医馆被评为四星级中医馆。2021年建成PCR实验室并投入使用,完成了优质服务基层行活动推荐标准的创建及省级农村区域医疗服务中心的创建,老年友善医院顺利通过省级评审,妇科被评为市级特色科室,建成刘庆淮眼科工作室分站。

(秦霞)

【如东县马塘镇中心卫生院】 如东县马塘镇中心卫生院始建于1951年,是一级甲等综合性中心医院,承担近20万人口的医疗保健服务。医院占地面积1.28万平方米,建筑面积9000平方米。在职职工133人,其中卫技人员121人。医院拥有16排上海联影CT、彩超等大型设备,拥有电子胃肠镜、全自动生化分析仪、TCD诊断仪、高档麻醉机等诊疗设备;在腔镜专科、中医康复科、无痛专科、骨科、消化内科、心血管内科、眼科等特色专科建设方面形成技术特色与优势。获评省诚信计量示范医院,通过江苏省示范乡镇卫生院、国家群众满意乡镇卫生院验收。2018年,县内首批获授"江苏省示范基层医疗卫生机构妇幼健康规范化门诊"。2019年,获评江苏省疼痛医学特色孵化基地、江苏省康复医学专科联盟、南通市18/19学年度农村医学专业"优秀实习点"。2020年,通过国家"优质服务基层行"活动评审,并正式纳入二级乙等医院管理。2021年,被确认为农村医疗卫生中心基本建成单位。全年住院近2000人次,门急诊人次9万次,各类健康体检人次近1万次,公共卫生服务人次1.69万次,全年总收入6219万元。发热门诊正式投入使用。受疫情及老百姓需求的影响,医院公共卫生、疫情防控等方面工作量明显增大,院年门诊诊疗人次、手术例次逐年增长,其中三、四级手术病例增长趋势明显。

(付卫卫)

【如东县双甸镇中心卫生院】 如东县双甸镇中心卫生院位于双甸镇江海路170号,为一级甲等中心卫生院、无红包医院和江苏省示范乡镇卫生院,2017年被命名为"国家级群众满意的乡镇卫生院"。医院占地面积1.6万平方米,建筑面积1.39万平方米,核定编制95个,在编专业技术人员92人,总卫生技术人员96人,其中高级职称23人,中级职称28人,正在规培医生8人。医院拥有一批优秀年轻医疗护理医技等业务骨干。医院各临床医技科室齐全,内分泌科为省基层特色科室,基层疼痛科、康复医学科纳入省基层孵化特色专科。骨科、内分泌科、妇科为南通市基层特色科室。普外科、消化内科、口腔科、糖尿病并发症筛查工作站、妇幼健康门诊、急诊科、中医馆是医院重点加强建设科室。医院拥有GE16排CT、平板DR、全进口GE－LOGIQ E8彩超、西门子C臂机等一批最新行业领先的设备。医院积极参与如东县人民医院医共体建设,建成国家胸痛应急救治单元,消化内科、影像科、心内科、内分泌科、骨科等医联体专家定期来院讲学、查房、诊治疑难患者,2021年新开展腹腔镜普外科手术、胃肠镜检查、超声引导下可视化治疗等诊疗项目。双甸镇中心卫生院整体改扩建工程于2018年9月开工建设,总投资7228万元,建筑面积13326平方米,一期住院楼项目于2020年投入运行,二期门急诊楼于2021年9月建成并投入运行。2021年,省示范妇幼健康门诊、四星级中医馆、省基层特色科室(内分泌科)、家庭医生签约服务创新工作和老年友善医院创建通过了省级验收。

(徐海兰)

【如东县大豫镇中心卫生院】 如东县大豫镇中心卫生院是一所集基本医疗和预防保健服务为一体的一级甲等中心卫生院,是南通市第一人民医院、南通瑞慈医院、南通康复医院的技术协作医院。占地面积8643平方米,建筑面积6248平方米,开放病床50张,服务半径15公里,服务人口10万人。医院有在职职工103人,卫生专业技术人员74人,其中高级技术职称20余人。医院坚持"全心全意为患者服务"的办院宗旨和"恪守医德、精益求精"的服务理念,重视人才引进培养,努力提高医疗质量,强化服务意识,优化诊疗环境,逐步扩大医疗服务领域。2021年总收入4595万元,同比增长29.59%,其中医疗收入2331万元;总支出4408万元;总资产2630万元,其中固定资产总值2284万元。医院配备联影

UCT510 CT机、富士DR－ID600医用X线光机、全自动生化分析仪、全自动血液细胞分析仪、血球计数仪(五分类)、血流变分析仪、电解质分析仪、血凝仪、彩色B超及阴超机、心电图工作站、经颅多普勒(TCD)、电子阴道镜、奥林巴斯V170电子胃镜系统、视力测试仪,医用创口冲洗机美国HILL－ROM抢救床、口腔科综合治疗仪、耳鼻喉科综合治疗仪、全自动非接触眼压仪、电脑验光仪、隔音室、电脑中频治疗仪、特定电磁波治疗器、牵引床、佳能眼底照相机、足底筛查一体机、24小时动态心电仪、多功能麻醉机、心电监护仪、中心供氧。2021年,引进盆底肌生物反馈仪及生物刺激反馈仪。

(赵云)

【如东县苴镇中心卫生院】 如东县苴镇中心卫生院始建于1952年,是一所集医疗、保健于一体的一级甲等中心卫生院,2013年获评省示范乡镇卫生院,2016年获评全国群众满意乡镇卫生院,多次被评为市县"文明单位"。医院占地面积8193平方米,建筑面积5592平方米,总资产1.47亿元,固定资产632万元,核定病床50张。在职在编员工61人,其中卫生技术人员55人,高级职称15人,中级职称16人。医院配备16排螺旋CT、数字X线机、数字胃肠机、进口彩超、电子胃肠镜、电子鼻咽喉镜、腹腔镜、C臂机、全自动生化分析仪、心电工作站、彩色经颅多普勒、五分类血球计数仪等先进仪器设备。2021年,医院收入2898万元,其中,医疗收入1133万元,财政补助收入1683万元,其他收入82万元;总支出2800万元,其中业务活动费用2592万元,单位管理费用208万元,收支相抵结余97万元。年门诊4.98万人次,比上年同期上浮18%,业务收入同比上升327万元;业务支出同比上升678万元。先后投入近200万元,完成消化内镜中心建设,奠定省级特色科室、消化内科专家工作室的创建基础和消化内镜体检中心的建立基础;投入70万元完成发热诊室的建设;引进腹腔镜设备1套,开展腹腔镜手术,填补院医疗技术空白。争取上级资金100万元,完成门诊楼、住院楼改造。医院整体搬迁工程开始启动。

(李霞)

【如东县掘港镇中心卫生院】 如东县掘港镇中心卫生院是一所一级甲等医院,位于掘港镇江海中路50号。2021年,医院在职职工65人,卫生专业技术人员62人,其中高级职称8人、中级职称21人,医院核定床位100张。医院设内科、外科、妇科、中医科、儿科、全科门诊、动物咬伤门诊、耳鼻咽喉科、检验科、药剂科、功能科、影像科、手术室、儿童保健门诊、妇女保健门诊、预防保健科等科室;拥有全自动生化分析仪、麦迪逊彩超、全自动尿液分析仪、DR、12导联心电图机、简易呼吸机、心电监护仪等设备。下辖5个城区社区卫生服务站,承担着全镇预防、保健、医疗、康复、健康教育及计划生育技术指导等"六位一体"工作任务和基本公共卫生服务,提供常见病、多发病的门急诊服务和住院服务。2021年,财政补助收入1954.87万元。医院医疗收入804.65万元,比上年下浮1%。动物咬伤门诊收入289万,比上年同期下浮11%。医院开展从业人员健康体检及上门体检、学生体检等服务,收入86万元,同比上浮48%。不含动物咬伤门诊及二类有价疫苗收入,医疗收入107万元,同期下浮42%。年度总支出3243.40万元,其中人员经费2290.31万元。

(瞿敏敏)

【如东县洋口镇中心卫生院】 如东县洋口镇中心卫生院由洋口镇人民政府投资1.2亿元兴建并于2017年8月正式运行的综合性公立医院,担负着全镇近10万人口的医疗保健任务。是全县唯一的院所融合、县镇两级财政全兜底及收支两条线管理的医院。医院按照二级综合性医院规划建设,占地面积5.33万平方米,建筑面积1.80万平方米,设计住院病区4个、床位180张,已开放床位99张。医院配备西门子SOMATOM Scope 32层螺旋CT、飞利浦A70型彩超、日本富士胃镜、多功能麻醉机、呼吸机、除颤仪、层流手术室等先进设备设施;设有内、外、妇、眼耳鼻喉、口腔及中医等18个业务科室,与医务科、预防保健科等9个职能科室,下辖村卫生室21个。医院有职工95人,其中卫生专业技术人员72人,高级职称26人。2021年,门急诊3.66万人次,住院935人次,健康体检3.28万人次,医疗总收入854.90万元;病床使用率40.76%,年手术142台次。县财政补助552.2万元,镇财政补助3355.9万元,总支出2985.13万元,总资产6528.21万元,其中固定资产1659.54万元。医院获评"江苏省健康单位""南通市健康扶贫先进单位""南通市医疗器械不良事件监测工作先进单位"。

(张志兵)

【如东县新店镇卫生院】 新店镇卫生院始建于1958年10月,坐落于新店镇通洋路110号,占地面积6600平方米,建筑面积2287平方米,主要由门诊楼、住院楼和医技楼组成,是一所综合性一级甲等公立医院,为全镇提供基本医疗、预防、保健、康复、健康教育等卫生服务。院下设内科、外科、妇科、全科医疗和放射等业务科室,配备DR机、彩色B超机、全自动生化分析仪、五分类血球计数仪等诊疗设备。全院在岗职工39人,其中专业技术人员37人,正、副高级技术职称4人,中级3人。实际开放床位20张,日门诊80人次左右。2021年,年门急诊2.12万人次,年出院87人次,年总收入1029万元。认真实施国家基本公共卫生服务政策,为群众提供优质均等的服务。全镇共管理原发性高血压患者4311人,2型糖尿病患者1291人,为7059名65岁以上老人实施免费健康体检。家庭医生健康服务团队定期开展业务指导、健康随访和群众义诊等活动,签约服务1.27万人。

(曹森焱)

体育

体育健身

【概况】 2021年,如东县举办各级各类群众性体育活动和比赛近150场次,成功举办如东县第十三届运动会暨2021年全民健身运动会。新建全民健身路径36处

(套),新建社会五人制足球场1个、篮球场地18个,建成双甸镇体育公园,新建健身步道35公里,人均体育场地面积达4.4平方米。组队参加各级各类体育比赛取得优异成绩。丁倚亮、袁吕雯、傅颖、石雅楠、张高泉等5名如东培养输送的运动员在第十四届全国运动会射击、沙排、击剑和摔跤比赛中取得1金1银3铜。组队参加省县组田径比赛获2金3铜,连续20余年位列第一赛区。首次组队参加省青少年举重县组锦标赛,共摘得334分,位列全市首位,苏中第一。首次参加省少儿体适能县组比赛,获全省第8名。参加南通市第十二届运动会,取得团体总分二等奖,获体育道德风尚奖。全年向市体校输送后备人才17人,两名运动员参加省优秀运动队集训。参加或者举办社会体育指导员培训班13期,参加培训人员达130余人次,全县70余家体育社团完成年检,县棋类协会、县轮滑协会完成换届工作。举办2021"省长杯"卡尔美江苏省青少年校园足球联赛暨全国青少年校园足球夏令营选拔赛、江苏省小篮球联赛比赛(如东赛区)、2021年江苏省青少年击剑冠军赛、南通市第十二届运动会暨第三届全民健身运动会中小学生部排球比赛、2021年"小洋口杯"南通市第五届青少年滩涂足球邀请赛等有影响赛事。承办动境2021"如意东方"第二届体育新空间全球设计大赛。完成全年体育彩票销售6686.51万元。南通宝鹏健身器材科技有限公司—体育产业项目获省体育局100万元体育产业发展专项资金。县体育中心游泳馆获省体育场馆免费或低收费补助50万元。

(徐本如)

群众体育

【概况】 2021年,围绕元旦、春节、国庆、"全民健身日"等重大节日,先后组织开展内容丰富、贯穿全年的全民健身系列活动,各机关团体先后共举办各类体育比赛及活动近150场。成功举办如东县第十三届运动会暨2021年全民健身运动会等群众体育比赛。完成全民健身路径的拆除及更新工作,新建社会五人制足球场1个、篮球场地18个,建成双甸镇体育公园,新建健身步道35公里,人均体育场地面积达4.4平方米,居南通首位。参加或者举办社会体育指导员培训班共13期,130余人次参培。全县70余家体育社团完成年检工作,县棋类协会、县轮滑协会完成换届工作。在全国群众体育先进单位和先进个人表彰大会上,如东县教育体育局获评"2017—2020年全国群众体育先进单位",如东县少体校田径教练唐兵权获评"2017—2020年全国群众体育先进个人"。

【如东县第十三届运动会暨2021年全民健身运动会】 9月29日上午,如东县第十三届运动会暨2021年全民健身运动会开幕式在如东县体育中心体育馆举行,县委书记陈慧宇出席并宣布运动会开幕。本届运动会共设6个部别,包含25个比赛项目。16个镇(区、街道)、8个机关口子的4300多名运动员参加各项竞赛。比赛时间从5月持续到12月,历时近8个月。岔河镇、河口镇获团体总分一等奖,岔河镇、大豫镇、掘港街道分获中小学生部人才输送奖前三名,掘港街道、岔河镇、河口镇分获中小学生部金牌奖前三名,岔河镇、河口镇、掘港街道分获中小学生部团体总分奖前三名,如东经济开发区,马塘镇,城中街道、长沙镇分获职工部团体总分奖前三名,马塘镇、掘港街道、岔河镇分获老年部团体总分奖前三名。宣统口、建口、办公室口分获县级机关部团体总分奖前三名,长沙镇、岔河镇、河口镇分获农民部团体总分奖前三名,双甸镇、城中街道、如东经济开发区分获社体部团体总分奖前三名。丰利镇、新店镇、曹埠镇、城中街道、如东经济开发区获体育道德风尚奖,如东县老年大学、如东县空竹运动协会、如东精武跆拳道俱乐部、江苏省如东中等专科学校、如东县实验小学、如东县掘港小学、河口镇直夫初级中学、河口镇河口小学获组织表演奖。

【参加南通市第十二届运动会获佳绩】 10月17日,南通市第十二届运动会开幕式在南通市体育运动学校举行,如东县50多名运动健儿参加开幕式入场仪式,送演的魔术与杂技《腾飞南通》受到好评,获开幕式文体展演优秀组织奖和开幕式文体展演优秀表演奖。在本届市运会上,如东代表团获代表团团体总分二等奖、体育道德风尚奖、开幕式文体展演优秀组织奖。

【南通市人大调研如东一法一条例贯彻实施情况】 4月7日上午,南通市人大常委会副主任葛玉琴带领相关委室、部门

12月5日,如东县第十三届运动会暨2021年全民健身运动会社体部迷你马拉松比赛在东湖旅游度假区举行

负责人员，调研如东《中华人民共和国体育法》《江苏省全民健身条例》贯彻实施情况。县人大常委会主任陈昌龙、县人大常委会副主任赵尊兵陪同调研。副县长陈晓莉汇报全县体育事业发展情况。葛玉琴充分肯定了如东在健身产业、体教融合、人才输送等方面的投入和做法。

【如东县“实业大豫杯”围棋级位赛暨精英赛】 1月1日，如东县“实业大豫杯”围棋级位赛暨精英赛在如东县全民健身中心举行，来自全县的162名小棋手参加角逐。此次比赛按棋力和级位分成7—10级组、2—6级组、儿童组、少年组四个组别。经过积分循环比赛，最终肖衣诺、刘梦洁、符鑫浩、冯子涵分获4个组别冠军，有4名女棋手进入两组前八名。

【如东县“喜迎牛年新春”中国象棋围棋网络联谊赛】 2月12—17日（正月初一至初六），如东县“喜迎牛年新春”中国象棋、围棋网络联谊赛在天天象棋网、弈客围棋两个网络平台成功举行。比赛由如东县教育体育局主办、如东县棋类协会承办，吸引了600多人次参加角逐。

【南通市第九届企业家（棋协）中国象棋联谊赛】 6月6日上午，历时两天的南通市第九届企业家（棋协）中国象棋联谊赛在如东大饭店落下帷幕。如东县代表队一队勇夺冠军，通州区代表队获亚军，南通市棋协、南通志贤红木队、如东县二队、如皋市如城队4支代表队分获3—6名。此届比赛首次采用团体赛模式，并第一次邀请市外赞助商江苏梦苏名酒企业组队参赛。如东籍中国象棋名宿、国家特级裁判季本涵参加开幕式并为优胜队伍颁奖。

【如东县全民健身志愿服务项目发布】 1月29日上午，在如东县教体局一楼会议室，如东县新时代文明实践全民健身基地发布了2021年如东县全民健身志愿服务项目，项目分为县、镇、村三级。县教体局分管领导、局机关体育科全体人员、16个镇（区、街道）文化站负责人、县级单项体育协会相关人员等参加活动。

【如东县木兰拳项目三级社会体育指导员培训】 4月17日，由县教体局主办的2021年如东县木兰拳项目三级社会体育指导员培训班在如东县掘港街道文体中心举行，来自全县各镇（区）的40多名健身骨干参加培训。培训邀请国家级社会体育指导员、国际木兰拳高级教练吴宪元，以及南通市木兰运动协会教练部的三名一级社会体育指导员担任教学任务，培训的主要内容是木兰报春拳。

【如东县空竹项目三级社会体育指导员培训】 9月23日，由县教体局、县体育总会主办，如东县空竹协会承办的2021年如东县空竹项目三级社会体育指导员培训班在县体育中心体育馆顺利举行，来自全县各镇（区）、行业的30余名空竹爱好者参加培训活动。该期培训班主要进行初级动作及简单套路的培训，由国家级社会体育指导员、如东县空竹协会秘书长陈吴斌带领县空竹协会的几位老师担任教练。

【清理规范全民健身设施】 3月至6月，根据省市部署，县教体局在全县开展全民健身设施现状调查和室外全民健身设施专项清理规范工作，全县拆除过期全民健身路径195处（套）和篮球架5个，顺利通过省市体育部门的实地抽查。

【加大全民健身设施建设】 全年新建全民健身路径36处（套），新建社会五人制足球场1片、篮球场地18片，建成双甸镇体育公园，全县新建健身步道35公里。人均体育场地面积达4.4平方米，居南通首位。

（徐本如）

竞技体育

【概况】 2021年，如东先后承办2021“省长杯”卡尔美江苏省青少年校园足球联赛暨全国青少年校园足球夏令营选拔赛、江苏省小篮球联赛比赛（如东赛区）、2021年江苏省青少年击剑冠军赛、南通市第十二届运动会暨第三届全民健身运动会中小学生部排球比赛、2021年“小洋口杯”南通市第五届青少年滩涂足球邀请赛。如东运动健儿在全国、省、市各类体育比赛取得优异成绩。5名运动员在第十四届全国运动会上射击、沙排、击剑和摔跤比赛中取得1金1银3铜。组队参加省县组田径比赛获2金3铜，连续20余年位列第一赛区。首次组队参加省青少年举重县组锦标赛，获334分，位列全市首位，苏中第一。首次参加省少儿体适能县组比赛，获全省第8名。组队参加南通市第十二届运动会中小学生部比赛，获27金38银27铜。承办南通市“一校一品”“一生一运动项目”现场推进会；相继举办2021年如东县体教融合工作会议、2021年如东县体教融合工作培训班、如东县首届小学体育教练员基本功比赛。全年向市体校输送后备人才17人，两名运动员参加省优秀运动队集训。

【2021年江苏省青少年击剑冠军赛（第二站）】 5月7—9日，由江苏省体育局、江苏省教育厅等单位主办，如东县人民政府承办的2021年江苏省青少年击剑冠军赛（第二站）在县体育中心体育馆举行，全省10个大市、3家俱乐部的13支代表队共600余人参与活动。本次比赛包括重剑、佩剑、花剑男、女个人和团体项目，每个项目分10～11岁组、12～13岁组、14～15岁组、16～17岁组四个年龄组别，共48个小项均录取前八名。

【2021“省长杯”江苏省青少年校园足球联赛（小学女子北赛区）】 5月29—31日，2021“省长杯”卡尔美江苏省青少年校园足球联赛暨全国青少年校园足球夏令营选拔赛（小学女子北赛区）在县体育中心足球场举行。共有来自苏中、苏北7个大市的15支代表队参加比赛。此次比赛组别为女子9～11岁组，竞赛分为A、B、C、D四个小组进行小组单循环比赛，各组前两名晋级总决赛（精英训练营）。最终，淮安市浦东实验小学、徐州市黄山中心小学、徐州市奎园小学、淮安市淮阴实验小学、盐城市新河实验小学、淮安市袁集中心小学、响水县大有中心小学、宿迁宿豫大兴中心小学等8支代表队晋级决赛。

【江苏省小篮球联赛（如东赛区）】 5月

5日上午,庆祝中国共产党成立100周年系列活动“党的光辉照耀我成长”江苏省小篮球联赛比赛(如东赛区)在如东县青锋篮球公园开赛。县委常委、宣传部部长、政法委书记张蓉蓉出席并宣布联赛开幕。本届联赛由省篮球运动协会主办,县体育总会以及县篮球运动协会承办,比赛分为U8、U10、U12三个组别。来自宾山小学、实验小学、掘港小学等学校的20支队伍、160多名少儿篮球队员参加了比赛。

【南通市第十二届运动会中小学生部排球比赛】 7月20—21日,南通市第十二届运动会暨第三届全民健身运动会中小学生部排球比赛在县体育中心体育馆举行。比赛设置甲(14~15岁)、乙(12~13岁)、丙(11岁以下)三个组别,每个组别又分男队、女队。来自全市6个县(市)区的15所中小学的代表队参加比赛。光荣小学、德耀小学代表如东参加乙、丙两组的比赛。

【“小洋口杯”南通市第五届青少年滩涂足球邀请赛】 9月25—26日,2021年“小洋口杯”南通市第五届青少年滩涂足球邀请赛在小洋口旅游度假区举行,来自南通崇川区、如皋市、海安市、如东县的4支代表队参加了比赛。最终,崇川区北城小学代表队夺得冠军,海安市代表队获得亚军,如皋开发区实验小学代表队获得季军。

【如东多校获评江苏省体育特色学校】 2月2日,江苏省教育厅、江苏省体育局公布“2017—2019年体育特色学校”名单,全省共有195所幼儿园、495所中小学以及30所高校被评为“2017—2019年度体育特色学校”。如东县多所学校光荣上榜,岔河幼儿园、锦绣幼儿园被评为江苏省体育(快乐体操)特色幼儿园,石屏小学、潮桥小学、德耀小学、利群小学、宾山小学、靖海小学、光荣小学、直夫初中被评为江苏省体育特色(中小学)学校。

【如东籍击剑运动员傅颖获全国击剑冠军赛(蓬莱站)女子佩剑冠军】 4月27日,2020—2021赛季全国击剑冠军赛

2021年5月8日,2021年江苏省青少年击剑冠军赛(第二站)在如东县体育中心体育馆举行

(分站赛)暨全运会预赛第一站在山东蓬莱体育馆展开角逐,代表江苏队出战的如东籍击剑运动员傅颖发挥出色,斩获女子佩剑个人冠军。

【如东籍摔跤运动员张高泉获全国国际式摔跤锦标赛古典式摔跤冠军】 5月8—16日,2021年全国国际式摔跤锦标赛暨第十四届全国运动会摔跤项目预赛在浙江温州奥体中心体育馆举行,如东籍运动员张高泉获得男子古典式摔跤冠军。

【如东举重小将参加省青少年举重锦标赛获佳绩】 5月24—28日,江苏省青少年举重县组锦标赛在常州市武进区星河实验小学分校体育馆举行,共有来自全省64个县市区的362名运动员参加了比赛。如东少体校8名举重小将代表如东参加比赛,共摘得334分,位列64个县市区第12名,总分名列南通第一、苏中第一,获得体育道德风尚奖。

【南通市体育局到栟茶小学调研学校体育工作】 6月8日,南通市体育局局长江华一行到如东县栟茶小学调研特色体育课程发展情况。调研组与栟茶镇党委政府、栟茶小学相关人士举行了座谈,围绕学校体育特色项目的选择展开了充分的讨论。江华强调了当前开展学校体育特色创建工作的紧迫性和必要性,从站位、定位、品位三个方面对做好小学体育特色工作提出了明确的要求。南通市体育局分管负责人、相关职能处室负责人,栟茶镇党委书记、镇长,如东县教体局分管负责人一同参加调研座谈活动。

【南通市“一校一品”“一生一运动项目”现场推进会】 9月24日,南通市“一校一品”“一生一运动项目”现场推进会在如东县马塘小学召开。南通市教育局职能处室负责人员、市教育科学研究院体育教研员、市直学校校长,市体育局职能处室负责人员以及各县(市)、区教育体育部门主要领导、分管领导、职能处室负责人,如东县各中小学分管校长近200人一同与会。会议围绕“双减”背景下如何推进“一校一品”“一生一运动项目”进行了交流、部署。

【如东县体教融合工作会议】 3月25日下午,2021年如东县体教融合工作会议在洋口镇光荣小学召开,各镇(区、街道)教育联络组分管负责人、体育教研组长,各县直学校分管负责人、体育教研组长,各县队校办学校分管负责人、主教练,如东少体校主要负责人、分管负责人、所有教练员参加会议。会上,对2020年县队校办项目学校先进单位、2019—2020年度体育业余训练工作先进集体和先进个人进行了表彰。

【如东县体教融合工作培训班】 3月25日上午,2021年如东县体教融合工作培训班在洋口镇光荣小学举行。培训班特邀扬州大学体育学院二级教授潘绍伟作题为《加强与改进并举,全面提高学校体

育的育人质量》的讲座。县教体局相关科室人员，各镇(区、街道)教育联络组分管负责人、体育教研组长，各县直学校分管负责人、体育教研组长，各县队校办学校分管负责人、主教练，如东少体校主要负责人、分管负责人、所有教练员共100余人参加培训。

【如东县篮球教练员、裁判员培训班】4月10日，2021年如东县篮球教练员裁判员培训班成功举办，来自各镇教育联络组，各县直学校，各镇(区、街道)篮球分会、俱乐部的篮球爱好者近50人参加培训。培训邀请篮球一级裁判员、江苏省年度优秀裁判员、上海CUBA二级联赛裁判员王刘宇，篮球一级裁判员、2019中国男篮3V3泰州赛区、全国青少年男子业余联赛南京站裁判员冯旺杰两位老师做理论知识培训，讲授最新《篮球规则》《篮球裁判规则解释》、3人制篮球裁判法、记录台工作规范等。

【如东"一校一品"体教融合工作受省媒关注】12月3日下午，《新华日报》、《扬子体育报》、江苏广播电视总台等多家省级新闻媒体到如东就"一校一品"体教融合工作进行采风，记者组分别对岔河小学、马塘小学开展的足球、篮球特色体育活动进行了深度采访。

（徐本如）

学校体育

【概况】2021年，教育系统执行国家课程标准，开齐开足体育课程。按小学1—2年级每周4课时，小学3—6年级和初中每周3课时，高中每周2课时安排体育与健康课时开展教学，全县各中小学体育课程开齐开足率均达100%。将"大课间"和阳光体育运动1小时活动开展情况列入学校的年度综合目标考核。建立《国家学生体质健康标准》通报制度，定期向社会和家长通报实施情况和测试结果，实现了测试和上报率均达到两个100%的工作目标，2020年全县《国家学生体质健康标准》合格率95.38%。规范做好如东六所市级监测点校的样本测试，认真做好学生体质监测、视力提升工作；举办全县中小学生阳光体育运动会，承办南通市"一校一品""一生一运动"现场会。栟茶高中、实验小学组队参加市"校园足球"总决赛荣获一等奖，马塘小学男子、女子篮球队均获南通市一等奖，于港小学组队参加中国啦啦操俱乐部联赛获三个冠军。如东中学、河口小学荣获南通市足球后备人才示范学校。实施季节性传染病预警机制，确保学校疫情常态化防控工作的有序推进，为学生创设健康安全的校园环境。成功举办全县体育工作现场推进会。

（宋卫东）

2021年6月，如东卓越乒乓球俱乐部挂牌成立，这是如东首家青少年乒乓球培训基地

体育产业

【概况】如东全面贯彻落实《国务院关于加快发展体育产业促进体育消费的若干意见》中激发市民体育消费需求的相关精神，扩大体育消费。以推进重大项目建设和产品提质为核心，提高体育健身器材产业核心竞争力。承办动境2021"如意东方"第二届体育新空间全球设计大赛。完成全年体育彩票销售6686.51万元。对全县体育场馆开展高危险性体育项目监督检查和疫情防控检查，县全民健身中心用作新冠肺炎疫苗接种点。南通宝鹏健身器材科技有限公司的"防滑、吸汗、抗震型哑铃杠铃的研发及产业化"项目获2021年度江苏体育产业发展专项资金"体育装备制造创新"类奖励100万元。

【承办动境2021"如意东方"第二届体育新空间全球设计大赛】县人民政府与省体育局省体育装备中心等单位联合承办动境2021"如意东方"第二届体育新空间全球设计大赛，特别邀请如东籍国家级运动健将、中国国家队女子花剑队队员石雅楠为大赛形象代言人。11月12日，终评工作在南京凤凰国际书城完成。最终评选出金奖3项、银奖3项、铜奖6项，以及数个单项奖。

【体育彩票销售】国家财政部分别于2020年12月31日和2021年2月10日取消体彩高频彩票e球彩、11选5两种高玩法的销售(占据2020年体彩销售总量的53.06%)，2021年全县销售额明显下滑，全年销售6686.51万元，县彩票市场份额占比64%。截至年末，全县有体彩销售站点86家，全年新增15家、退站13家、净增2家。

【体育彩票工作会议】3月30日，2021年如东县体育彩票工作会议在中天黄海大酒店召开。县教育体育局、县体彩中心工作人员及全县各体彩站点业主共100多人参加会议。会议对上年工作做总结回顾，对2021年工作作安排部署，提出新目标和新要求。

【全民健身中心用作新冠肺炎疫苗接种点】根据县政府安排，县全民健身中心二楼乒乓球馆和羽毛球馆经改造后，自4月1日起用作县新冠肺炎疫苗接种点，全年累计接种新冠肺炎疫苗36.18万人次。

【加强体育场馆运行管理】如东对全县

体育场馆开展高危险性体育项目监督检查和疫情防控检查，通过“双随机、一公开”，会同县市管、卫健等部门开展联合检查和专项检查，做好因防疫需求停业后的复工复产服务工作，确保体育场馆健康有序运转。积极推进大型体育场馆免费或低收费开放工作，县体育中心游泳馆获省体育场馆免费或低收费补助50万元。

【市体育局调研如东体育产业和学校体育工作】 9月13日，南通市体育局局长江华一行5人到如东，调研体育企业地区生产总值统一核算和学校体育“一校一品”“一生一运动项目”工作。调研组在听取如东县相关工作汇报后，针对如东6家体育服务业企业实际情况，“一企一策”式提出具体工作方向和目标；对如东学校体育工作给予充分肯定，决定当月24日在如东召开全市“一校一品”“一生一运动项目”现场推进会。县教体局，栟茶、新店镇党委、政府的相关人员，以及鑫华园、尤莱等企业的负责人参加座谈。

（马正国）

2021年如东县县城主要健身活动场馆一览表

表33

企业名称	地址	主要项目
如东县体育中心	城中街道五总村(长江路北、解决路两侧)	游泳、篮球、乒乓球、羽毛球、足球、桌球
如东县老干部活动中心	城中街道陵园路59号	乒乓球、门球、舞蹈
如东磐之石健身馆	城中街道江海中路48号	健身房、游泳
如东县宾果健身服务有限公司长江路分公司	城中街道长江路301号西边栋2楼	健身房
如东县宾果健身服务有限公司青园路分公司	城中街道青园北路9号19幢718室	健身房
如东阳光乒乓球体育俱乐部	掘港街道人民路(好时光KTV东50米)	乒乓球
如东县宾果健身服务有限公司海花路分公司	掘港街道海花路188号B幢第三层B306、307	健身房

民生保障

劳动就业

【就业创业】2021年,县人社局出台援企稳岗举措,完善就业创业政策,新增就业9340人,完成全年任务117%,城镇登记失业率控制在1.76%以内。城镇失业人员再就业0.61万人,新增农村劳动力转移1150人。开发公益性岗位124个,新增创业1606人,其中,新增大学生创业287人,扶持农民自主创业813人。创业担保贷款累计发放220万元。组织镇、区、街道及114家企业、5689个就业岗位到陕西省汉中市南郑区现场招聘。组织企业到山西省运城市参加"春风行动"江苏南通专场招聘会。举办线上线下招聘会66场,累计采集发布就业岗位6.36万个。开展"点对点"订单式招聘服务,落实"点对点、一站式"直达服务,组织包车接送南郑到如东务工人员16人。5月25—29日,县人社局推进"党建+就业服务"新尝试,在县昌河时代广场连续5天举办"人才招聘夜市",124家企业参与,3000多人进场求职。开展线上技能培训1205人次,组织"新型学徒制"培训290人,组织城乡劳动力就业技能培训15786人,其中,新生代农民工7666人,补贴性技能培训14387人,发放补贴1287.71万元。打造高、精、尖高技能人才队伍,助推产业升级和人才集聚。

5月25—29日,县人社局推进"党建+就业服务"新尝试,在县昌河时代广场连续5天举办"人才招聘夜市",124家企业参与,3000多人进场求职

社会保险

【概况】2021年,如东县推进"综合柜员制"改革,省人社一体化信息平台如东切换上线,精简各类证明材料78份,95%以上事项即来即办。推进"人社服务快办行动",近30个人社业务事项实现跨省通办。电子社保卡新签发18.7万人次,12333咨询服务满意度93.6%,位居全市人社系统第一。6月,县政府出台《县政府关于做好社会保险覆盖工作提升社会保障水平的实施意见》。全年新增参保2.23万人,全县企业职工基本养老保险参保17.80万人(其中,单位参保12.30万人,灵活就业参保5.50万人),征缴率99.5%;城乡居民基本养老保险新增参保1006人,累计参保16.38万人,当年缴费14.32万人,续保率87.42%;工伤保险参保13.87万人,支付工伤保险6413笔共5894万元;失业保险参保11.29万人,征收失业保险费6328.75万元;2021年核定领取失业金2522人,发放失业保险金2380.22万元;机关事业养老保险在职参保缴费人员1.84万人,全县退休人员1.50万人。省系统全年税务征收养老保险基金收入4.04亿元,县财政补贴收入6.6亿元。税务代征职业年金收入1.69亿元,职业年金虚账记实4.07亿元。征缴率100%。发放退休人员养老金10.92亿元。当年领取机关事业养老保险退休待遇377人,发放1950万元。调整9.09万名企业退休人员养老待遇,人均调资额122.59元,增幅5.62%。全县享受基本养老保险待遇共9.93万人,领取直系亲属定期救济费人员3034人,退休人员社区管理率100%。全年共发放养老保险待遇125.04万人次、26.22亿元,按时足额社会化发放率100%。退休人员体检标准由100元/人提高至180元/人。全年共发放困难职工生活补助1765人次、125.46万元;为全县27.6万名城乡居民养老保险待遇享受人员,调增基础养老金每人每月20元,增加配套资金6624万元,全年发放养老金待遇9.28亿元,其中中央、省、县三级政府配套7.21亿元。16周岁以上被征地农民1800人被纳入社会保障。健全以"政策、经办、信息、监督"四位一体基金监督管理体系,强化社会保险基金监督,举办社保基金风险防控专题讲座,召开全县社保基金风险排查电视电话会议。完成基金违规发放整改工作和市人社局对如东社保基金安全评估检查工作,守护好老百姓的"养老钱""保命钱"。

(罗国平)

社会救助

【城乡低保】2021年,县民政局落实自然增长机制,全县城乡低保平均保障标准提高到750元/月,同比增长5.63%。年末,全县城乡低保4548户6073人,其中城镇低保216户267人,农村低保4332户5806人,全年发放低保补助金4402.50万元。

(王健)

【农村五保、城镇"三无"老人、孤儿供养】2021年,如东县城镇特困人员供养标准每人每月1795元,与上年持平。年末,供养城镇特困人员62人,全年发放供养经费133.50万元;农村特困人员供养标准提高至每人每月975元，同比增长10.80%，年末，供养农村特困人员4832人，全年发放供养经费5458.10万元；散居孤儿养育标准增长至每人每月2070元，全县有孤儿23人；监护人监护缺失、监护无力的事实无人抚养困境儿童参照孤儿补助标准80%比例发放，困难家庭中的事实无人抚养儿童参照孤儿补助标准100%比例发放；重残重病等其他困境儿童参照孤儿补助标准60%比例发放，困境儿童基本生活保障对象578人，共发放困境儿童生活补助资金826.60万元。

（王健）

【流浪人员救助】2021年，如东县救助管理站开展"大爱寻亲·温暖回家""寒冬送温暖""夏季送清凉"专项救助行动，全年救助流浪乞讨人员64人次，其中，站内救助24人次，站外救助40人次。救助智力障碍、疑似精神病患者22人次，行动困难、危重病人1人，帮助寻亲12人次，护送返乡17人次，帮助购票自行返乡1人，4人家属到站接领。

（张军）

医疗保障

【概况】2021年，如东县医疗保障局（简称县医保局）打造"惠民医保、阳光医保、智慧医保、公平医保"，高质量考核位居全市第一。全县职工基本医疗保险参保24.17万人，其中在职15.92万人，退休8.25万人；居民基本医疗保险参保65.33万人。

【疫情防控】2021年，县医保局对全县5800多家企业阶段性减半征收职工医保单位缴费部分1.24亿元，支持企业复工复产。兜底疫情防控，累计支付新冠疫苗费用、接种费用等1.07亿元。

【待遇保障】2021年，县医保局提高医保报销比例，职工医疗保险、居民医疗保险住院费用政策范围内报销比例分别是92.12%、80.47%；提升特殊病、罕见病和

县人社局开展"共享民法典、共筑奋斗路"主的宣传活动，向居民宣传劳动就业、社会保险、工伤认定、社保卡应用和人才引进等方面的政策和法律法规

慢性病用药保障水平，新增105种特殊病、罕见病用药；将高血压、糖尿病门诊用药纳入居民医保门诊支付范围，提高相应待遇，享受居民两病保障待遇3万余人。

【医保改革】2021年，县医保局指导医疗机构开展各级药品带量采购7轮、医用耗材带量采购6轮，共涉及217种药品，15种耗材，减轻如东参保群众医疗医药负担9000余万元，减少医保基金支出7000余万元。推进按病种付费方式改革，全县10家定点医疗机构（二级以上定点医疗机构5家、民营医疗机构5家）开展按病种收付费工作，涉及246个病种，统筹基金支付1.22亿元，占住院统筹基金支付45%。启动疾病诊断相关分组（DRG）付费改革工作。全面完成定点医药机构15项医保编码贯标工作。采集试点医疗机构近3年病案首页数据和医保结算数据，数据质控和数据接口改造工作全市领先。

【长期照护保险】2021年，县医保局对失独家庭、困境儿童、90周岁以上老人等10类人群，开展受理、评定、照护"一次不用跑"上门服务，共受理265人次。每季度组织护理员培训考核，择优备案上岗。优化护理员年龄和专业结构，推进养老护理员职业资格培训全覆盖，劳动年龄段养老护理员持证上岗率100%。通过实施激励派单、潮汐派单、限量派单等派单制度，发挥调控激励作用。提升照护制度人文化水平，护理员张冬云当选"如东好人""南通好人""江苏好人"，扩大照护行业社会影响力。

【医保扶贫】2021年，如东县落实困难人员参保资助、大病保险倾斜支付、医疗救助政策，县域内定点医疗机构住院个人自付费用控制指标。2021年，如东县财政资助贫困参保人员2.18万人，补助参保金额915.43万元，困难群众全部由财政资助参保，参保率100%；实施医疗救助31.41万人次，救助金额2829.41万元；享受因病支出型贫困家庭救助3人，救助金额7.64万元；享受建档立卡低收入人口医疗保障项目1594人次，补偿金额90.1万元。

【公共服务】2021年，如东县落实医保政务服务清单制度，提升医保经办服务水平。完成县医保中心服务窗口的功能整合和升级改造；建成县人民医院、县中医院、栟茶医院医保服务站，洋口镇"15分钟医保服务圈"省级示范点，新店镇、河口镇、大豫镇"15分钟医保服务圈"市级示范点，下沉到镇（区、街道）为民服务中心服务事项7项、省级示范点19项、医保服务站14项，方便群众就近办理医疗保障业务。

【医保基金监管】县医保局完善监管组织架构，对定点医疗机构、照护机构和定

点零售药店多方位监管。全年共稽核定点医药机构301家次,追回违规费用1214.52万元,处违约金172.37万元,处理医保医师11名,暂停定点单位医保服务13家,曝光典型案例31例。落实行政执法公示、执法全过程记录、重大执法决定法制审核制度,完成全市首例基金监管行政执法工作。在全市率先实现定点零售药店视频监控、人脸识别系统全覆盖。

(凌晨)

民政事务

【概况】2021年,县民政局紧紧围绕中心工作,牢固树立和积极践行"民政为民、民政爱民"理念,攻坚克难,尽责履职,健全全县民生保障体系,完善养老服务功能,提升基层治理水平,提高专项服务水平,健全儿童关爱保护网络。

【社区建设】 2021年,在全县245个社区开展"一村一品"试点建设。选择曹埠镇上漫社区、掘港街道虹桥村、洋口镇洋口村3个村居为县级试点,推进新型农村社区治理工作。曹埠镇上漫社区运用"红黄蓝紫绿"工作法打造"五色共治"品牌,获全市"一村一品"十大社区治理品牌第一名。推进社区综合服务设施提档升级。2021年,全县完成大豫镇香台村党群服务中心、栟茶镇大窑村党群服务中心、岔河镇迎春社区党群服务中心3个省级"为民办实事"项目。1月15—18日,县民政局开展全县第十二届村委会暨第七届居委会选举,共选出村(居)民委员会成员1142名。

【婚姻、收养登记】2021年,县民政局共办理婚姻登记6034对,其中,结婚登记3809对,补发证件1432对。落实离婚冷静期政策,共受理离婚申请1472对,冷静期撤回679对,离婚登记793对。办理收养登记26例。

【殡葬改革】2021年,如东县共发放居民丧葬补贴经费126.5万元。推进全县公益性公墓(骨灰堂)"八有"标准化升级改造(有一条硬质化的道路,有一个庄重的门面,有一个标识清楚的指示牌,有一处公示宣传栏,有一套监控防护设施,有一套文明的祭奠程序,有一个维护良好的绿化环境,有一个定期维护管理的专人),倡导节地生态葬,形成文明殡葬氛围。3月29日,县民政局在西郊公墓举办"文明祭扫、平安清明"祭扫仪式。从2021年清明节起,西郊公墓内全年实行禁止燃放烟花鞭炮,禁止焚烧纸扎等祭祀用品,只能携带鲜花和供品入内祭扫,焚烧纸扎、燃放烟花鞭炮一律在西郊公墓大门外指定区域。4月4日,"学习强国"学习平台登载江苏如东《绿色清明融于情 红色精神润于心》新闻报道,介绍如东清明祭扫的做法。

(张军)

2021年如东县结婚登记实现跨省通办

社会福利

【老年福利】2021年,如东县向6.39万名80周岁以上高龄老人发放尊老金4956万元。

(陈小飞)

【残疾人福利】2021年,如东县向1.38万人发放困难残疾人生活补贴,向1.22万人发放重度残疾人护理补贴,两项补贴共1.12亿元。县民政局出台《关于进一步明确困难残疾人生活补贴和重度残疾人护理补贴工作有关事项的通知》,自1月1日起,城镇、农村重度残疾人护理补贴标准分别按照130元、90元/月·人的标准发放。为实现精准发放,从4月起实行残疾人两项补贴按月发放。7月、10月,省民政厅工作组两次督查如东残疾人两项补贴发放情况,实地走访8户,督查结果均为合格。

(张军)

优抚安置

【概况】2021年,如东县有优抚对象1.1万人,如东县退役军人事务局践行"为退役军人服务"理念,获评年度确认优抚对象部级试点工作先进单位,在南通市退役军人事务高质量发展考核中位列第一方阵。

【优抚褒扬】2021年,如东县退役军人事务局发放抚恤补助资金1.41亿元。在全市范围内率先完成享受国家抚恤补助优抚对象年度确认部级试点工作。发放义务兵家庭优待金和大学生入伍奖励金。完成全县残疾军人"残疾人证"换发工作。开展"关爱烈属活动",全年走访慰问烈属1126人,发放慰问金、慰问品,配发康复器具130件。组织240名在乡

2021年9月16日，如东县人武部、退役军人事务局联合举办2021年秋季新兵"未入伍先入职"就业协议签订仪式

重点优抚对象医疗巡诊和210名优抚对象中短期疗养。县烈士陵园接待党政机关、社会各界祭扫英烈活动60余批次，参与祭扫活动4万多人次。2021年，县财政安排300万元、中央和省财政补助资金1585万元用于镇区慰烈园和散葬烈士墓的修缮保护，建成乡镇慰烈园12座、在建乡镇慰烈园5座。县财政安排3000万元用于县烈士陵园升级改造，新建3400平方米纪念馆。

【拥军优属】2021年，如东县制定2021年军地互办实事双清单，其中，拥军优属办实事清单21件，拥政爱民办实事清单16件。年内，完成占地2.6万平方米双拥公园和拥有1100多家商户的双拥街建设，对公众开放。布展面积380平方米双拥主题馆，被评为江苏省双拥示范基地。完成双拥模范县创建标准中197个得分点的资料收集整理和完善、装订工作。全面发放"通通优"拥军卡，2021年采集信息、集中办理拥军卡激活，分5批次送立功喜报并发放立功奖励金。

【移交安置】2021年，如东县共接收安置转业军官及符合政府安排工作条件退役士兵。在转业军官安置中开展以"考试考核，积分选岗"为主、"直通车"安置为辅安置方式，兼顾安置对象专业特长，将专业人才安置到相匹配岗位。为2021年符合政府安排工作条件退役士兵缴纳保额50万元意外伤害和保额1万元意外医疗保险，发放待安置期生活费。按安置人数100%提供县级安置岗位，其中事业岗位占比40%，高于前两年事业岗位占比平均值。

【就业创业】10月21—22日，在南通召开的全国就业创业工作现场会，如东县作为全市退役军人就业创业基础台账标准化建设以及信息化平台建设试点单位进行工作展示，作为唯一一家县级单位，介绍退役军人就业创业特色工作经验。采取"未入伍先入职"和"政企联姻"办法，开设"中天班""金光班"，春、秋两季入伍新兵均与中天公司和金光集团等企业签订意向性就业劳动协议。专项安排53名下岗失业转业志愿兵(士官)和立功伤残人员在专门岗位上岗就业。退役军人周士辉的创业项目在创业创新大赛中获全省比赛二等奖。2021年召开企业家联盟常务理事会议3次，赴陕西汉中南郑区交流退役军人事务工作1次。组织2020年冬季和2021年秋季自主就业退役士兵进行适应性培训2次，自主就业退役士兵、复员干部参加适应性培训率100%。在全市首先完成自主择业军队转业干部年度审核和住房补贴发放工作。

(王小苏)

脱贫攻坚

【概况】2021年，全县扶贫工作围绕巩固拓展脱贫攻坚成果同乡村振兴有效衔接总体思路，开展富民强村帮促行动，巩固提升"两不愁三保障"成果，通过省"脱贫致富奔小康工程任务完成情况"第三方评估，获评"江苏省脱贫攻坚先进集体"。根据民政部门低收入人口新的认定标准，全县原建档立卡户1.41万人，其中低保户4423人，特困户2775人，纳入低保边缘户257人，6388人未符合低收入人口的认定标准。

【健康帮促行动】2021年，如东县落实"先诊疗后付费"政策，原建档立卡户家庭医生签约率99.89%。原建档立卡户全部纳入基本医疗保险范围，个人缴费部分由财政全额补助。为原建档立卡户购买意外伤害、重大疾病等商业补充保险。2021年，享受如东县建档立卡等低收入人口医疗保障项目的对象达1443人，补偿1895人次，补偿金额109.6万元。建档立卡人员因患重大疾病及意外伤害住院实际补偿比从实施前的80.6%提高到了87.3%。如东县共资助原建档立卡低收入户学生1237人，资助金额145万元。

【贫困劳动力就业创业】2021年，如东县人社局共举办招聘会66场，参加企业累计1754家，提供岗位数63623个，网络招聘会18场，企业364家，提供岗位数13373个。开发公益性岗位托底安置就业困难人员，全年开发岗位124个，共安置101名就业困难人员兜底就业。对城乡登记失业人员和毕业前两年在校大学生开展SYB创业培训14班次、GYB创业意识3班次，培训人数741人，发放补贴培训51.26万元。

【救助政策兜底保障】如东县落实基本生活救助标准动态调整机制，每年定期调整保障标准，2021年，全县城乡居民最低生活保障标准提高至780元/人·

月,农村特困人员供养标准为1040元/人·月。每季度开展建档立卡低收入人口和社会救助对象的信息比对"回头看"。全年县财政下拨临时救助资金487万元,累计给4590人次发放临时救助资金357.27万元。9月,由县民政局牵头制定《如东县低收入人口认定和动态监测工作推进方案》,开展摸底式排查,将原建档立卡户作为排查的重点,逐人逐户开展信息比对、入户核查。至2021年底,全县原建档立卡户中有7455人纳入低收入人口。

【精准扶贫档案整理】 2021年,县扶贫办会同县档案局开展精准扶贫档案整理工作,将记录和反映本地区精准扶贫工作的各种门类文件材料和有关电子、照片、录音、录像等各种载体的材料收集齐全完整,全县形成扶贫档案11055件(含镇区资料),影像资料264张。收集如东在打赢脱贫攻坚战、实现全面建成小康社会道路上的相关资料,录入"纪录小康工程数据库"。

(陈 燕)

"两会"开发

【概况】 2021年,县老区开发促进会、扶贫开发协会(以下简称"两会")在产业扶贫、老区宣传、助学帮困、队伍建设等方面谋求新突破,创出新业绩。各分会开展学习党史、产业扶贫、助学帮困等宣传活动100多次,组织征文演讲会、心得体会座谈会、事迹演讲会30多场次。各分会撰写稿件170多篇,其中,50多篇被县以上各类刊物录用,3篇在省、市组织的"老区人民心向党"活动中获省、市嘉奖。开展"老少同庆党生日""烈士墓前宣誓跟党走"活动,各分会负责人在学校、老干部支部主讲1次革命传统教育课。开展清理"一枝黄花"活动,保护治理农村生态环境。

【产业扶贫】 2021年,县老促会围绕市级乡村振兴示范村、先进村分布式光伏电站建设全覆盖目标,调研全县市级乡村振兴8个示范村和8个先进村村部屋顶资源、变压器容量等建站条件。10月,实施光伏电站的前期基础性工作,完成镇村从业人员培训、收集整理审报资料、参与组织项目公开招标、签订乡镇村投资协议、能源管理协议、立项备案清单等。全年新建11座电站,总投资530万元,总装机容量1320千瓦,村均装机容量82.5千瓦,总发电量160万千瓦时,年总收入75万～80万元,各村居平均收入4.5万～5万元。如东县累计建设16座光伏电站,总装机容量超2兆瓦,每年发电249万千瓦时,年总收入110多万元,收益周期为20～25年。项目总体规模、村均规模在全市均居首位。

【助学帮困】 县老促会遴选助学对象、捐资助学帮困方面实行对象审核程序化、资助发放公开化、助后跟踪制度化"三化"管理模式。2021年,如东县、镇"老促会"共安排发放助学款104.54万元,受助学生924人,其中,大学生10人、高中(中专)生88人、初中以下826人。各镇区(街道)分会组织社会力量安排助学款35.25万元,受助学生462人;省农商行系统的"滴水筑梦"助学活动助学款6万元,受助学生20人;碧桂园集团"一帮一助学万里行"助学款22.5万元,受助学生43人;如东职业中学"润苗筑梦"助学款4万元,受助学生20人。掘港街道"爱朋医疗"冠名基金助学款5万元,受助学生10人。马塘"夕阳红"助学基金助学款14.34万元,受助学生109人。91人被列入跟踪连助帮困对象。抓好国华招生组织工作,完成了市"三会"下达送考任务,录取率达市平均水平。扶助职中贫困生,双楼职中录取12人。配合市"三会"开展"润苗筑梦"等助学活动。

【老区精神宣传】 2021年,县老促会学习宣传《如东县革命老区发展史》(以下简称《发展史》),与"四史"学习相融合。参加省老促会"老区人民心向党"征文活动,3篇获省、市老促会嘉奖。《如东县革命老区发展史》列入党校、政校教材,成为党史宣讲团宣讲内容和团支部、党支部活动学习内容。各分会开展专题红色教育活动,组织"五老"人员、机关干部、共青团员学习《发展史》心得交流会、讲老区传统故事,宣讲报告如东革命发展史30多场,受听人数6000多人。在《如东日报》开辟《老区之窗》专版、《如东老区》开设《老区人民心向党》系列宣传专栏刊登老区革命史、发展建设资料50多篇;镇分会协同编撰《洋口人民革命斗争史料》,相关镇分会参与建设如东"第一个红色党支部"、吴亚鲁吴亚苏革命纪念馆、洋口革命纪念馆等红色基地。

【红色资源调研】 2021年,县老促会完成红色资源普查登记工作,梳理汇总各类红色资源档案类132卷,均为永久卷,包含各个时期党的组织、国家机关、主要领导人的记录。涉及爱国主义教育基地类4件,涉及重大历史事件、遗址遗迹、革命领导人故居3件,革命历史非物质文化资料、文物和红色旅游景区景点类10件,县级烈士陵园1件,15个镇、街道现有乡镇陵园(慰烈园)12件,村集中安葬地2件,散葬烈士墓等烈士纪念设施近600件,以烈士命名的镇、村8件。

(俞雪峰)

住房保障

【概况】 2021年,如东县保障性安居工程新开工建设安置房4771套,新开工建设人才公寓120套,其中,销售型人才公寓锦绣福邸三期20套,租赁型人才公寓洋口港人才公寓二期100套,超额完成省政府下达如东县保障性安居工程新开工4000套的任务。全年新增公租房保障城镇住房困难家庭8户,在保241户,其中,租赁补贴保障19户、发放补贴7.08万元;全年新增公租房保障新就业人员86人,在保555人;全年新增人才公寓保障7户,在保28户;政府指定特殊对象在保公租房115套;全年新增经济适用住房保障6户,累计配售42套。如东县住房保障达到应保尽保。全年争取上级资金2609万元,拨付至项目实施主体。如东县加大公共租赁住房保障对象的动态管理和年度联审力度,对不再符合住房保障条件的家庭,停发租赁补贴

改造后的安康小区

或者收回配租的住房。2021年，通过动态监管和多部门联动年度审核共有10户因收入提高、拥有汽车、购买不动产等原因退出住房保障；有8户因家庭收入变化调整保障家庭类别，同步对应调整相应的房租。

（钱华）

【老旧小区改造】2021年，如东县实施改造老旧小区工程项目6个，包括紫城花苑、安康小区、农行宿舍楼等，总建筑面积约3.37万平方米，涉及376户居民。改造内容包括实施雨污分流，整治、新建停车场，增设区内路灯、燃气管网，更换自来水管网，路面硬化修复，小区楼道和外立面重新粉刷，屋顶修复，新配分类垃圾桶，进行绿化补植、清杂，增设道闸、高清摄像头等，总投资约2400万元。

（刘洁）

住房公积金

【概况】2021年，如东县公积金实缴存额17.57亿元，完成全年目标122.41%；单位欠缴率0.85%，控制在5%以下；个贷逾期率持续保持零逾期。

【公积金归集】2021年，如东县新建住房公积金单位234个，同比增长5.32%，累建单位2812个。新建15230人，同比增长12.28%，实缴人数85005人；归集余额35.09亿元，与上年相比净增6.42亿元，同比增长38.07%。归集劳动竞赛获得全市第一。

【公积金提取】2021年，县住房公积金管理中心审批公积金业务支取13124笔，6.02亿元，其中，购房支取3844笔，2.98亿元，还贷支取3682笔，1.1亿元。办理逐月提取还贷户数达11025户，占总贷款户数11480户的96.04%。

【公积金贷款】2021年，县住房公积金管理中心共办理楼盘准入13个项目，29个批次；完成贷款审批1408笔，放贷1558笔，放贷6.11亿元；个人公积金贷款发放率36.48%，实现零逾期。贷款余额33.63亿元，个贷比率94.63%。通过诉讼收回贷款1笔，金额14.83万元；办理期房转现房抵押手续1110笔。

【公积金基数调整】2021年，如东县共有1198个单位、4.50万名职工调整公积金基数，月缴额增加1083.18万元，公积金月缴额为7928.68万元，增长16.15%，全市排名第一。

【风险防控】2021年，县住房公积金管理中心从风控角度审核合作楼盘提交资料的合规性、齐全性，开发企业公积金制度的建立情况。定期到楼盘现场勘察拟准入楼幢实际建造进度，主体封顶后，开启“双预告”登记工作（预购商品房预告登记、预购商品房抵押权预告登记），对有条件的单位将可办理预抵押登记作为楼盘准入的前提条件。1月，筛选出应办“期房转现房”抵押工作的25个开发项目、1464户，每月与项目经办人对接办理进度等情况，督促其联系客户，及时办理“期转现”手续。召集开发商、银行、律师开专题会商讨对策，实施提前收回贷款、电话、上门催、与开发企业联合发催办函、发提前收回贷款函等各种方式。11月，将“期转现”任务分工到人，由4人各负责几个项目。全年清盘7个项目，待办理“期转现”抵押手续户降至354个。

（刘小军）

人民生活

【城镇居民生活】2021年，城镇住户百户抽样调查，城镇居民实现人均可支配收入5.41万元，同比增长9.1%，两年平均增长6.8%。其中，工资性收入3.40万元，同比增长7.2%；经营净收入7288元，同比增长9.0%；财产净收入5467元，同比增长15.4%；转移净收入7289元，同比增长14.2%。2021年城镇居民生活消费支出3.01万元，同比增长17.6%，两年平均增长8.4%。其中，食品类消费8469元，同比增长12.9%；衣着类消费2680元，同比增长13.4%；居住类消费3452元，同比上涨35.6%；生活用品及服务消费1998元，同比增长18.8%；交通和通信消费5806元，同比增长16.8%；文教娱乐类消费4787元，同比增长15.2%；医疗保健类消费1745元，同比增长24.7%；其他用品及服务消费1109元，同比增长19.1%。城镇居民每百户拥有耐用消费品：家用汽车82辆、助力车143台、洗衣机105台、电冰箱122台、微波炉92台、彩色电视机227台、空调269台、热水器113台、移动电话263部、家用计算机64台、吸尘器42台。

(周俊杉)

【农村居民生活】2021年,农村住户百户抽样调查,农村居民实现人均可支配收入2.64万元,同比增加2662元,增长11.2%。其中,工资性收入1.49万元,增长10.7%;家庭经营收入8405元,增长10.6%;财产性收入917元,增长11.8%;转移性收入2183元,增长17.2%。2021年,如东县农民人均生活消费支出2.01万元,同比增长4019元,增幅达25%。其中,食品烟酒类消费5948元,同比增长24.3%;衣着类消费1321元,同比增长37.3%;居住类消费2985元,同比上涨25.3%;生活用品及服务消费1405元,同比增长15.1%;交通通信消费2887元,同比增长38.6%;教育文化娱乐消费3050元,同比增长14.4%;医疗保健类消费1600元,同比增长34.6%;其他用品和服务消费898元,同比增长14%。农村居民每百户拥有耐用消费品:空调247台、热水器111台、电冰箱144台、彩色电视机216台、移动电话277部、洗衣机110台、家用计算机39台、家用小汽车57辆、空气净化器7台、吸尘器22台。

(周琳琳)

【养老服务】2021年,如东优化养老服务供给,提升养老服务能力,加快构建居家社区机构相协调、医养康养相结合的养老服务体系,满足多层次、多样化、品质化养老需求。完善养老服务政策体系,编制《如东县养老服务设施布局专项规划(2021—2035)》和《如东县"十四五"养老服务发展规划》。规范基本养老服务,发布《如东县基本养老服务指导性目录》。加大医养结合型机构建设补助、等级机构运行补贴、养老人才奖补等财政扶持力度,出台《关于加快推进养老服务高质量发展的实施意见》。推进社区居家养老服务设施社会化运营,新店镇、马塘镇居家养老服务设施实现社会化运营。实施居家养老服务体系提升工程,扩大居家养老上门对象覆盖面,将80周岁及以上户籍老年人,特困人员中的中度、重度失能老年人,低保对象中的中度、重度失能老年人纳入服务范围,服务人数增至6.6万人。加快补齐农村敬老院基础设施短板,县社会福利中心改扩建工程完工,开辟了失能失智专区,护理床位增加320张;县老年护理中心改造成为重度失能(失智)特困人员照护供养服务机构。区域性养老服务中心建设进一步深入,掘港敬老院改建全面完工并投入使用,长沙镇敬老院社会化运营完成签约并开始实施,马塘镇敬老院社会化运营进入谈判阶段。全县适老化改造完成907户。

(陈小飞)

园区经济

综 述

【概况】2021年，如东五大园区实现一般公共预算收入29.26亿元，占全县42.72%；实现规模工业产值1079.70亿元，占全县65.82%；实现规模工业应税销售1057.04亿元，占全县70.49%；实现工业入库税金39.01亿元，占全县71.60%；实现服务业应税销售1255.74亿元，占全县81.95%；实现服务业税收17.66亿元，占全县50.46%；实现外资到账32690万美元，占全县86.16%。

南通外向型农业综合开发区2021年完成固定资产投资6亿元，实现工业应税销售14.53亿元，服务业应税销售6.54亿元，新增规模企业3家和线上服务业企业1家。洋口港经济开发区着力打造“能源岛”和“产业港”，2021年中石油接收站接卸718.3万吨LNG，创下历史新高。金光、桐昆两个如东最大百亿级项目顺利试生产；项目服务专班荣获县“战狼奖”；省级园区综合排名上升11位。如东经济开发区形成了风电装备制造、安全防护、智能通信及电网装备等较为完整的产业链，2021年荣获县综合考核小康杯“金杯”、工业经济一等奖，在全省省级开发区科学发展综合考核评价中再进3位。洋口镇(沿海经济开发区)已形成风电装备制造、新型植保等较为完整的主导产业链，其中，世界500强(德国巴斯夫集团、中国中化集团有限公司等)、上市公司及其控股企业24家。掘港街道建有生命健康产业园、泛半导体产业园、智能机电产业园三个专业园区。2021年，掘港街道(如东高新技术产业开发区)在整体目标责任考核结果中，党建、财政工作、科技创新、乡村振兴、污染防治攻坚、文明城市长效管理、民生事业均获一等奖。

2021年11月24日，如东经济开发区企业江苏海力风电设备科技股份有限公司在深交所创业板成功上市

江苏如东洋口港经济开发区

【概况】洋口港经济开发区成立于2005年，位于如东县东北部，濒临南黄海，依托黄金岸线，建设有10万～30万吨深水码头泊位。2009年与长沙镇实施区镇一体化管理。2014年8月，洋口港获得国家一类口岸开放批文。2016年5月，被省政府批准筹建省级开发区。2018年9月，洋口港正式获批省级经济开发区。2019年，全区总规划面积260平方公里(其中陆域面积135平方公里)，全区分海上作业区、临港工业区、综合物流园区、港口新城区4大功能区。2020年初，洋口港开发区与长沙镇实行“区镇分设”，调整后的洋口港经济开发区规划总面积108平方公里，核心区为临港工业区一二三期、长沙镇四个村、阳光岛和东湖片区。2021年，实现地区生产总值90亿元；一般公共预算收入8.8亿元；规上工业产值、规上工业应税销售迈上百亿新台阶；服务业应税销售近600亿元；中石油接收站接卸718.3万吨LNG；创下历史新高；全年成功招引亿元以上项目22个，总投资600亿元；金光、桐昆两个如东最大百亿级项目顺利试生产；项目综合考核连续4年位居全市开发园区第一方阵，项目服务专班荣获县“战狼奖”；省级园区综合排名上升11位；实现了“十四五”良好开局。

(徐明犬)

【基础配套建设】2021年，洋口港进一步推进以港口为龙头的基础设施建设，完善基础功能配套，推动港产城协同发展。2021年先后实施的34个配套工程按序时交付使用，人才公寓二期、桐昆生活区等项目均处于收尾阶段，印澜湾地块地价创历史新高。成立港口工程和新城开发建设两大指挥部，加快推进港口和新城区各类建设项目，黄海二桥加速建设，金牛码头区进港航道、防波堤及起步码头相关前期工作有序推进，建成投用金光绿庭房地产项目，在建房地产项目5个，总建筑面积约35万平方米；城区市政路网不断完善，跃进路、泽港路、太港路、横一路及学海路拓宽建设；科学谋划商业综合体和星级酒店合作开发、安置房和人才公寓配建等拟建项目。合力推进洋吕铁路、洋通高速二期、东南片区、海堤河南侧地块、纵五路征收工作，征收面积达18万平方米，为洋口港历史之最，有力保障了开发区开发建设。

(徐明犬)

【港口发展】2021年，洋口港重件码头接卸海轮59艘次，完成吞吐量约51.04万吨；液化码头靠泊102船次，吞吐量约27.5万吨；其中外贸船只26条，吞吐量约5.03万吨；中石油LNG接收站接卸87船，接卸量718.3万吨；截至2021年底，累计接卸25个国家和地区共506艘LNG船舶约4200万吨液化天然气，累计外输天然气超600亿立方米，为全国清洁能源供应发挥了重要的保障作用。2021年2月，南通港洋口港区西太阳沙南侧码头区液体化工码头二期(G4、G5泊位)工程开工；5月，《南通港总体规划(2018—2035年)》环评报告通过生态环境部环评司和交通运输部综合规划司审查；6月，洋口港阳光岛东南角岛壁外侧抢修续建工程交工验收；8月，《南通港总体规划(2018—2035年)》获生态环境部批复，如东洋口港经济开发区洋口港临港工业区大重件接卸点工程初步设计获批；11月，南通港洋口港区西太阳沙南侧码头区液体化工码头二期工程（G2、G3泊位）完成消防验收；12月，南通港洋口港区西太阳沙码头区通用码头扩建工程完工，等待交工验收；12月24日，洋口港临港工业区大重件接卸点工程接卸了首批桐昆大件。

（徐明犬）

【项目建设】 2021年，洋口港经济开发区继续紧紧围绕“产业港、能源岛”的发展定位以及“十四五”末期实现“固定资产投资超千亿、工业应税销售超千亿、服务业应税销售超千亿和全口径税收超百亿”的“三千一百亿”奋斗目标，坚持把招商引资和项目建设贯穿全年经济工作主线，聚焦特色产业，紧盯重大项目，经济社会高质量发展动能进一步释放。2021年，新签约亿元以上项目22个，总投资600亿元，其中百亿级项目2个，50亿元级项目2个，签约的数量和规模在洋口港历史上位居前列；全年新开工亿元以上工业项目9个、服务业项目1个；向上争取到省、市专供土地征转指标合计约1380亩，为开发区发展节省巨额土地成本；累计争取上级各类资金补助3亿元，其中，省交通发展专项资金7552万元、集团公司专项债2.3亿元；金光、桐昆两个如东最大百亿级项目顺利试生产；同时永丞汉邦、同方新材料等一批项目快速推进，项目综合考核连续4年位居全市开发园区第一方阵，项目服务专班荣获县“战狼奖”。

（徐明犬）

【工业经济】 主要经济指标持续向好，再创新高。2021年全年完成地区生产总值88亿元，同比增幅10.58%；完成规上工业产值115.44亿元，同比增长25.83%；完成规上工业应税销售110.91亿元，同比增长31.24%；完成制造业投资92.8亿元；完成服务业应税销售596.55亿元，同比增长35.54%；完成服务业税收3.78亿元，同比增长46.72%，完成服务业投资额34.4亿元；实现利用外资1.38亿美元；完成进出口总额306.6亿元，同比增幅52.76%；完成出口额6.08亿元。园区科技创新不断突破，再赋新动能。全年高新技术产业产值占规上工业产值比重达到14.36%；技术合同成交额达2.2亿元；高新技术企业新增2家；科技型中小企业入库评价18家，研发投入金额2.31亿元，有效发明专利新增授权13件，新兴战略产业产值占规模工业总产值的比重达15.5%；中天科技集团海洋工程有限公司成功认定南通市（中天）海上风电建设工程技术研究中心；中天海洋系统有限公司成功认定江苏省（中天）海洋系统工程技术研究中心，获评国家级专精特新“小巨人”；企业引进产学研合作项目15个；外国高端人才和专业来华工作人数净增2人；注册商标清零企业新增50家；1家企业成功入围省创新创业大赛；1人成功入选县级扶海英才计划；1人入选江苏省“双创计划”人才；1人入选省333工程培养计划；省级开发区高质量发展综合排名第61位，较上一年上升11位。

（王敬慈）

2021年10月28日，举办江苏省液化天然气储运调峰工程项目主体工程首罐混凝土浇筑仪式

【能源岛建设】 2021年，洋口港能源岛建设工作有条不紊、稳中有升地进行。

LNG接收站情况。2021年中石油江苏LNG接收站全年接卸LNG运输船共计87船，总接卸量718.3万吨，年总外输96.9亿标准立方米，其中气化外输92.6亿标准立方米，装车外运15042车，计30.75万吨、4.3亿标方；同时，项目四期扩建工程（1座20万立方米LNG储罐及配套设施）已报中石油集团总部，正在研究投资计划。2021年，江苏国信液化天然气储运调峰项目主体工程全面开工建设，先期建设3个20万立方米的储罐，配合二期码头项目的实施，在项目建成后可在天然气进口贸易中起到供应稳定、发挥现货资源市场调节的作用，并保障江苏省日均3天需求量的储气能力。6月15日，协鑫汇东LNG接收站项目取得交通运输部配套码头工程的意见；8月6日，协鑫汇东LNG接收站项目获得江苏省发改委核准批复，项目环评、能评、安评等专项评价均已完成编制并报行业主管部门组织审查；9月23日，华润燃气有限公司与洋口港开发区正式签约，建设6个20万立方米的储罐及配套10万吨LNG码头，成为岛上落户的第四家LNG接收站。随着中石油、国信天然气、协鑫汇东、华润燃气的相继启动，洋口港阳光岛未来将打造成具备2000万～3000万吨/年LNG接卸、仓储、气化、保税、转运能力的国内最大LNG能源岛。

LNG外输通道建设情况。管道方面。洋口港已建DN1016西气东输和DN610如东—海门—崇明两条天然气外输管道；正在建设DN1219江苏省沿海管道；正在规划实施另一DN1219管道。水运方面。洋口港规划建设3个LNG装船泊位和2个LNG罐箱泊位，通过LNG船舶转运和LNG罐箱运输，将

LNG直运内陆或返装出口。铁路方面。洋口港依托已经建成的海洋铁路，正在规划建设LNG罐箱物流基地，通过铁路运输，为全国提供丰富气源。公路运输方面。LNG可以通过槽车和罐箱，依托公路网络辐射延伸。

天然气平台建设情况。省发改委已同意洋口港筹建江苏省天然气市场(交易)中心，目前洋口港已初步建成具备LNG市场贸易和调度功能的市场中心，通过LNG槽车物流管理系统，对所有LNG槽车进行统一交易、调度和监督。下一阶段，洋口港将重点推动在市场中心进行管道天然气市场化交易，促进天然气基础设施公平开放，形成价格指数，充分发挥天然气供应链上中下游的“桥梁”和“纽带”作用，建成江苏省天然气市场中心。

LNG相关产业。冷能利用方面。洋口港已在阳光岛上建成1个冷能空分项目；拟在阳光岛中心位置新建一座冷能发电厂，将4个LNG接收站的冷能集中收集利用；并计划利用冷媒将冷能输送到岸，建设超低温冷库等项目。天然气发电方面。洋口港计划利用丰富的LNG资源，在临港工业区一期南侧建设1座燃气电厂。BOG利用方面。洋口港拟建设1条DN600管径的BOG管道，将LNG接收站内产生的全部BOG、零散气，优先满足园区企业用气需求，并服务居民需求，同时建设天然气分布式供热项目，为园区项目提供蒸汽保障。LNG装备产业方面。依托洋口港丰富的LNG资源，计划打造与之配套的LNG装备产业园，一期规划占地约1000亩，主要建设国产化LNG研发基地和生产基地，打造以LNG为核心的高端装备制造业，实现LNG产业大部分核心装备的国产化。

(王晓成)

【生态环境】2021年，洋口港科学应对疫情防控严峻形势，直面生态环境督察压力，严守法律底线和“三线一单”制度，坚持高质量发展道路，坚持绿色环保的发展理念，始终以人居环境权益中心，以园区环境质量达标为目标，创建绿色生态园区。进一步强化环境监管效能，全年持续对辖区化工、印染、家具、石材建材等重点行业企业开展环保监管，积极宣传生态环保理念，严肃纠正、查处企业的环境违法问题、行为，全年巡查企业170家次，其中网格化监管130家次；全年妥善处理信访40起，主要包括畜禽养殖污染、工业废气异味污染、生产噪声污染等方面。依法对1家污染防治设施不正常运行的塑料粒子企业实施行政处罚，限期整改到位；对1家废气扰民的包装印刷企业推动其搬迁，杜绝扰民现象；配合县生态环境部门对有关企业开展“双随机”检查工作，督促企业限期整改达标；进一步完善环境基础设施，完成污水处理厂扩容工程，增加园区污水收集管网5公里，城镇污水管网2.5公里，为桐昆、App项目顺利投产创造了必要条件；继续完善污染物排放监控好环境质量监控系统，充分利用“智慧洋口港”全面监控辖区环境质量状况和企业环境行为，做好环境事件应急准备；进一步深化化工园区整治，顺利通过省化治办检查，为后续重特大项目落户奠定坚实基础；精心组织备战，及时提交相关数据资料，及时跟进省级环保督察交办事项和调阅材料清单，顺利配合上级通过省级生态环境督察。深入指导服务金光、桐昆等重点项目按照环保要求落实试生产前环保事项，确保“三同时”制度执行到位，保障项目顺利投产。大力推动污染防治攻坚有序开展，完成8台燃气锅炉、2台生物质锅炉改造后督察，推动完成危废整治、挥发性有机物整治、老镇区环境改善，农村养殖污染治理，餐具洗涤行业、园区外企业污水纳管整治等重点整治工程项目。2021年赢得全县生态杯银杯考核。全年没有发生环境污染事故，环境信访和谐稳定，企业环境行为持续规范，辖区环境质量持续改善，人居环境满意度持续提升，在打造天蓝水清、宜居宜业的港口新城道路上继续大步前进。

(张宇峰)

江苏省如东经济开发区

【概况】江苏省如东经济开发区位于县城北翼，成立于1992年，1993年经江苏省政府批准为省级开发区。行政管辖面积26.7平方公里，北至洋口大道，东至掘苴河，西至西环路，南至南康河，下辖1个社区，总户数3317户，总人口8868人。2021年出生54人，死亡55人，人口自然增长率-0.13‰。实现地区生产总值78.18亿元，同比增长12.4%，其中第二产业增加值47.73亿元，同比增长15.3%，第三产业增加值30.45亿元，同比增长8.1%；实现财政总收入131649.82万元，同比增长24.7%，其中，

2021年9月24日，如东洋口港LNG接收站项目签约活动在南通举行

公共财政预算收入73955.61万元,同比增长13.2%;实现全部工业投入41.67亿元,同比增长36.6%;规上工业应税销售345.62亿元,同比增长44.8%;规上工业总产值346.47亿元,同比增长51%;外资到账8532万美元,同比增长4%。在2021年全县综合考核中开发区荣获小康杯"金杯"、工业经济一等奖以及服务业经济、财政工作、科技创新、招商引资等8个专项工作二等奖,在全省省级开发区科学发展综合考核评价中再进3位。

【项目建设】 瞄准重特大项目和科创类项目"两条主线",聚焦智能通信和电网装备、安全防护、半导体三大优势产业链,深耕北京、上海、深圳、苏南等发达地区,精准招引固链补链强链项目,全年捕获有效项目信息210余条,总投资20亿元的金轮蓝海高档不锈钢表面装饰板生产基地等9个10亿元以上重特大项目签约注册,汇盛通半导体设备研发制造、迈铂瑞半导体过滤膜等5个科创类项目先后落户。开辟项目建设"绿色通道",通过全链条跟踪、全过程代办、全天候服务,推动在手项目快开工建设、快竣工投产、快转化达产,全年实现新开工10亿元以上工业项目3个,新认定重大服务业项目2个,新竣工10亿元以上工业项目2个,转化达产10亿元以上工业项目2个,在全县项目建设考核中位列第一。注重集约节约发展,有效盘活低效工业用地711亩;重点推进重通成飞北侧、开发区实验小学周边等地块房屋征收,以及深安光电二期等地块征收扫尾工作,腾出发展空间近1000亩。

2021年如东经济开发区主要经济社会指标一览表

表34

项 目	单 位	数 量	比2020年增减(%)
行政管辖面积	平方公里	26.7	–
总人口	人	8868	27.3
地区生产总值	亿元	78.78	12.4
第一产业增加值	亿元	0	–
第二产业增加值	亿元	47.73	15.3
第三产业增加值	亿元	30.45	8.1
财政总收入	万元	131649.82	24.7
公共财政预算收入	万元	73955.61	13.2
企业总数	家	1283	26
其中:规模工业企业	家	111	13.3
规上工业总产值	亿元	346.47	51
规上工业应税销售	亿元	345.62	44.8
当年实际利用外资	万美元	8532	4
全社会固定资产投资	亿元	68.13	33.6
工业投入	亿元	41.67	36.6
农业总产值	亿元	0	/
粮食总产量	万吨	0	/
棉花总产量	吨	0	/
油料总产量	吨	0	/
水产品产量	吨	0	/
中小学校	所	2	50
医院、卫生院	所	1	–
城乡居民基本养老保险参保人数	人	15	-31.8
城乡居民基本医疗保险参保人数	人	701	0.1
享受尊老金人数	人	437	6.6

【工业经济】 建立26℃温馨服务网格化体系,以更优的营商环境推动实体经济提质增效。恒辉安防、海力风电创业板上市,实现"十四五"开局上市工作"双喜临门";海力风电、江东合金等2家企业应税销售突破50亿元,全年新增应税销售超20亿元企业1家、超10亿元企业1家、超亿元企业5家;新增规上工业企业12家、规上服务业企业7家、限上批发零售和住宿餐饮业企业16家。创新活力不断释放,全年新增授权发明专利50个、产学研项目39个,技术合同成交额达9.97亿元;新增科创项目12个,有效申报高新技术企业14家,成功认定市级以上研发中心10家;新增省"双创人才"1人、县"扶海英才"2人。开放水平大幅提高,全年完成外贸进出口总额43.81亿元,其中出口额33.09亿元;总投资5000万美元的德徽航空航天5G连接器等3个重大外资项目相继注册。

【园区建设】 坚持建管并重,全面优化发展环境。功能配套日臻完善,开发区获批江苏省新型工业化风电产业示范基地,长三角(如东)安全产业园申报国家级安全产业示范基地顺利通过工信部答辩,区电子商务产业园再次获评省级电子商务示范基地,双逸创业园获评省级众创空间;表面处理中心完成封闭化、智能化管理,飞鸽物流标准厂房全面竣工,海河路(黄河路－太行山路段)建成通车。污染防治攻坚扎实推进,加快绿色云平台、三级应急防范体系等环保能力建设,大力整治企业清污不分、重点行业气味、危废仓库、非法码头等,污染防治攻坚成效显著。聚焦文明城市常态长效管理要求,统筹推进违建拆除、老小区改造、市容整治等工作,管理水平不断提高。

【社会民生】民生保障全面加强,在全县率先完成93%疫苗接种率的任务,核酸检测应急演练任务如期完成;投入1.58亿元财政资金的开发区实验小学全面投入使用;四期安置房小区北区正式开工建设;全年用于民生领域支出超3亿元。安全生产常抓不懈,常态化开展安全生产网格化检查,有序推进工业企业安全风险报告、危化品使用安全、安全发展示范城市创建、安全生产专项整治等重点工作,关闭拆除"小化工"企业1家,省市县督导反馈问题基本实现闭环整改销号。健全网格化管理服务体系,深入开展防范电信网络诈骗、禁毒知识宣传等专项工作,推动扫黑除恶专项斗争长效常态化,加速推进雪亮工程建设,社会大局持续和谐稳定。聚力将党史学习教育成效转化为惠民成果、发展实效,"我为群众办实事"34项民生实事全部办结。

(丁 荣)

江苏省南通外向型农业综合开发区(苴镇街道)

【概况】江苏省南通外向型农业综合开发区于1995年经省政府批准建立,是南通地区唯一的省级农业综合开发区,于2012年正式组建启动,辖区面积101平方公里,下辖3个村1个社区,常住人口3100多人。苴镇街道辖区面积91.6平方公里,下辖9个村1个社区,一体化管理后总面积192.6平方公里,总人口43100多人(流动人口约3200人)。2021年实现一般公共预算收入3588.7万元,完成固定资产投资6亿元,实现工业应税销售14.53亿元,服务业应税销售6.54亿元,规模工业产值8.41亿元,外贸进出口8653万元。新增规模企业3家和线上服务业企业1家。

【招商引资】编制完成区(街)产业发展规划,明确目标方向,开展精准招商。全年新落户亿元以上工业项目5个、千万元以上服务业项目2个。总投资10亿元的标龙·绿色慧谷高标准厂房项目实现拿地即开工。华润、华能、中广核投资的60万千瓦光伏复合项目正在申请接入指标。与香港新华集团达成渔港合作开发协议,计划投资45亿元建设"长三角最大、全国一流"的现代综合农海产品交易服务基地。与南通五建集团合作开发中国刘埠·农渔小镇,一期田园康养社区、现代农业项目已实质性启动。与海力风电达成战略合作,已签约现代服务业项目1个,预计年纳税超2000万元。

【项目建设】2021年,完成滨海农渔小镇规划编制以及核心三角区测绘,基本建成堤顶路、驿站,完成景观闸改造工

2021年江苏省南通外向型农业综合开发区(苴镇街道)主要经济社会指标一览表

表35

项 目	单 位	数 量	比2020年增减%
总面积	平方公里	192.6	—
总人口	万人	4.31	-3.36
地区生产总值	亿元	—	—
第一产业增加值	亿元	—	—
第二产业增加值	亿元	—	—
第三产业增加值	亿元	—	—
财政总收入	亿元	3.32	476.56
一般公共预算收入	万元	3588.7	-8.45
企业总数	家	268	162.75
其中:规模工业企业	家	12	140
规模工业总产值	亿元	8.41	20.14
应税销售收入	亿元	14.53	-16.54
当年实际利用外资	万美元	0	—
全社会固定资产投资	亿元	6	13.21
工业投入	亿元	3	—
农业总产值	亿元	21.78	50.31
粮食总产量	万吨	6.47	-0.46
棉花总产量	吨	67	55.81
油料总产量	吨	1718	3.37
水产品产量	吨	27018	-33.01
中小学校	所	3	—
医院、卫生院	所	2	—
参加社会养老保险人数	人	17923	-0.17
参加合作医疗人数	人	30244	-3.26
享受尊老金人数	人	3130	5.99

2021年江苏省南通外向型农业综合开发区(苴镇街道)各村(居)基本情况表

表36

村(居)名	党组织书记	主任	村民小组(个)	人口(人)	耕地面积(公顷)	村营收入(万元)
何丫村	秦志辉	秦志辉	18	1424	221.95	55.12
近海村	何恒华	何恒华	3	576	43.84	160.91
环东村	陈 静	陈 静	1	240	7.22	366.84
东海社区	缪纯芳	缪纯芳	12	860	463	—
蔡桥村	陈建军	陈建军	64	6181	800.56	68.95
凤阳村	张育铭	张育铭	43	4710	717	108.6
金凤村	王月星	王月星	53	5025	682.02	85.12
王潭村	秦亚东	秦亚东	55	5473	733.13	108.37
九阳村	周爱军	周爱军	45	3775	586.78	55.92
刘埠村	符海燕	符海燕	40	3777	481.27	83.97
晓桥社区	姚海东	姚海东	—	1366	—	—
虹元村	张亚军	张亚军	49	4346	475.68	119.89
肖桥村	朱明飞	朱明飞	31	2329	330.73	56.53
江庄村	王晖蓉	王晖蓉	28	3161	465.87	61.61

程,启动渔港中心路、商务配套中心、农渔冷链物流中心、渔港进水闸建设,高标准通过市沿海生态景观带建设验收。编制“有色田园”微度假生态区规划,稳步实施掘苴垦区北侧818亩、东部4500亩盐碱地改良项目,垦区内温泉地热开采获省自然资源厅批准。加快推进食品科技产业园污水处理设施、天然气、消防池、供热中心等配套工程建设,基本完成一期征拆。启动国土空间规划编制,全力争取过渡期用地规模,办理项目用地征(转)用523亩。有序做好农村不动产确权登记,深挖潜力、全力攻坚土地复垦项目,171亩占补平衡项目、138亩增减挂钩项目通过上级验收,212亩增减挂钩项目已入库上图。

【乡村振兴】近海、环东、何丫、东海圆满完成示范村、先进村创建项目,顺利通过验收。近海村乡村振兴创建成果、乡村治理实践经验得到省高级人民法院充分肯定。何丫村被农业农村部评为“2021年全国乡村特色产业亿元村”。完成江庄、肖桥片1.05万亩高标准农田建设终验,加快推进王潭、金凤和蔡桥片2.17万亩高标准农田建设,精心打造千亩核心示范区2个。扎实开展“百企联百村、共走振兴路”行动,稳妥推进环东滩涂改制,近海、环东、东海村(居)集体经营收入超过150万元。完成重大农业项目6个,总投资8.9亿元。创建省级园艺作物标准园1家、省级出口农产品示范基地1家。新申报绿色优质农产品1.08万亩,绿色占比达58%以上。东海“金沙翠”梨获中国绿色食品发展中心绿色食品A级产品认定。王潭等村有望获批省级绿色稻米生产基地。

【安全稳定】以安全生产三年专项整治行动为抓手,扎实做好省、市、县安全生产巡视巡察问题反馈意见整改,深入开展海洋渔业、海上风电、危化品等领域专项整治,共整改隐患147处,查处违规渔船16条,关闭不符合安全生产要求的企业4家。组织开展刘埠渔港安全生产专项整治和突发事件应急演练、浒苔联防联控安全专项整治。巩固平安外农建设成果,全面开展12345平台信件和矛盾纠纷大排查大调解工作,全年受理12345信件835件,办结率100%,区(街)指挥中心建设工作经验全县推广。严格落实领导干部包案化解责任制,全面做好庆祝中国共产党成立100周年及市、县、乡换届期间安保维稳工作。全年未发生亡人生产安全事故,未发生群众集访和极端案件。

【生态治理】深入开展“清水绿岸”提质行动,完成12条(段)14公里黑臭水体治理、332条148.6公里沟塘整治;开展18条36.1公里护岸生态河建设,2021年已完工5条。苴镇老街污水管网建成投运,新光老街正在收尾。完成近海村、王潭村农污设施建设试点。依法拆除养殖过渡区新、改、扩建虾棚300余亩,非法码头16家,规范提升码头(堆场)3家。实行畜禽养殖总量控制,精准有效开展动物防疫,做好秸秆“三禁一利用”工作。在近海村开展农村公共空间清理试点。完善“五位一体”管护机制,落实文明城市长效管理措施,加大违法用地、违章建筑整治力度。区(街)空气质量保持全县领先,国考环东闸口断面水质逐步改善,Ⅲ类水质月度占比超70%,彻底消除劣Ⅴ类。

【社会民生】全年民生支出占比达33%。通过紧密对接、全力争取,苴镇街道社区卫生服务中心、苴镇街道中心幼儿园迁建2个专项债项目成功入库。完成3所义务教育学校雨污分流、2所幼儿园技防改造等工程,升级更新部分教学设施,完成新光初中校门改造、德耀小学校外危房拆除。疫苗接种累计超3.5万人,圆满完成全员核酸检测演练任务。累计落实城乡低保对象、特困供养对象等各类困难群体1658人,发放各类补助近2000万元。加强优抚安置,完善养老服务。颐养福利中心顺利移交,东屏敬老院"双提升双改造"工程按期完工。全年办结"我为群众办实事"项目68项,完成率100%。

(王天伦)

如东县洋口镇(沿海经济开发区)小洋口旅游度假区

【概况】如东县洋口镇(沿海经济开发区)、小洋口旅游度假区位于如东县北部,濒临南黄海,西与栟茶镇、南与丰利镇、东与长沙镇为邻。2021年,全镇总规划面积207.5平方公里,洋口镇下辖行政村19个、场2个,总人口6.83万人,耕地面积9415.8公顷。2021年全镇实现地区生产总值150.64亿元,同比增长13.38%;实现一般公共财政预算收入11.23亿元。完成工业固定资产投资24.54亿,规上工业应税销售453亿元,同比增长24.11%。实现服务业应税销售177亿元,同比增长117.98%。2019年洋口镇被江苏省委、省政府明确为江苏省第二批经济发达镇。先后荣获"江苏省创新型试点镇""江苏省卫生镇""江苏省特色景观名镇""江苏省信息化与工业化融合试验区""江苏省特色产业集群""江苏省乡村振兴先进集体""2020中国化工园区30强""中国智慧化工园区试点示范单位"等诸多荣誉。

【项目建设】2021年新注册项目3个,其中10亿元1个,20亿元1个,50亿元1个。完成工业固定资产投资24.54亿,完成10亿元以上项目2个,分别为万洋风电配套项目、林克斯温泉度假项目;新开工超10亿元重特大项目2个;新开工10亿元以下项目7个;新竣工项目5个;新转化项目3个,土地盘活共计1350亩。风电产业傍海而起,风电母港核心功能区建成投运,上海电气落地运营。12个风电场投入运行,总装机容量370万千瓦并网发电。静脉产业园"七纵一横"交通路网基本建成,中交小洋口仓储物流园、节能环保孵化器稳定运营,中交小洋口智慧物流园稳步推进。

【科技人才】2021年,先后引进两院院士7人,享受国务院政府特殊津贴对象3人。建成国家级科技创新载体平台1

2021年如东县洋口镇(沿海经济开发区)主要经济社会指标一览表

表37

项目	单位	数量	比2020年增减%
总面积	平方公里	125	0
总人口	万人	6.83	-1.2
地区生产总值	亿元	150.64	13.38
第一产业增加值	亿元	7.87	5.67
第二产业增加值	亿元	109.13	16.06
第三产业增加值	亿元	33.65	7.19
财政总收入	亿元	20.02	-2.7
公共财政预算收入	亿元	11.23	-0.05
农民人均纯收入	元	/	/
工业企业	家	265	5.2
工业总产值	亿元	460.4	25
产品销售收入	亿元	464	12.6
工业利税总额	亿元	64.5	17.3
当年实际利用外资	万美元	3000	-71.4
全社会固定资产投资	亿元	95	-0.01
工业投入	亿元	66.78	-6.7
农业总产值	亿元	15.83	0.2
粮食总产量	万吨	81533	-3.4
棉花总产量	吨	0	0
油料总产量	吨	1529	3.1
水产品总产量	万吨	5.25	4.3
中小学校	所	5	0
医院、卫生院	所	5	0
参加社会养老保险	人	11431	-4.29
参加合作医疗	人	46852	-0.76
享受尊老金	人	4911	5.4

2021年如东县洋口镇各村(居)基本情况表

表38

村(居)名称	书记(主任)	村民小组(个)	户数(户)	人口(人)	耕地面积(公顷)	村营收入(万元)
楼窑	许葛华	12	1075	3281	415	58.1
王鸭	陆海生	10	657	1925	283	63.9
杨棣园	于绍银	19	1259	3590	502	93.6
油坊口	石捍东	12	704	2163	291	56.2
六份头	刘建	19	1132	3365	511	74.5
周新庄	陈建军	20	1879	4623	513	75.9
香橼树	王陈卫	11	809	2257	289	94.4
三江口	张慧剑	13	1338	3745	401	92.2
张埭	尤海建	16	862	2454	292	74.8
浒路	黄卫东	26	1319	3758	515	69.1
甜港	王彬	17	1593	4100	482	111.9
古坳	顾爱民	12	1037	2753	404	85.3
耿庄	孙志军	27	1155	3285	394	112.3
池塘头	缪小娟	9	1181	3471	321	111.3
新坝	缪林	20	1774	4697	421	91.1
同文	於海峰	19	808	2305	220	56.1
闸西	陈小亮	17	1507	4395	382	117.5
洋口	傅国华	39	1856	5718	666.67	660.6
南渔	许信荣	13	2283	6437	568	309.8

个，省级以上各类研发平台25个，引进国家级工程技术研究中心2家、省级工程技术研究中心或研发机构13家，省级企业技术中心5家，企业院士工作站5个，省(部)级重点实验室1个，博士后流动站2个，研究生工作站10个。引进和培育各类科技型企业110家，专利申请量达1450件，已成功申报国家高新技术企业62家。高新技术产业产值占规模工业比重保持在85%以上，万人发明专利拥有量达到40.4件。五年累计引进省“双创人才”“扶海英才”23名，高新技术企业达到60家，5万元以上产学研合作项目182个，研发费用占比3.2%。

【社会管理】以党建为引领，镇村治理一张网、政务服务一窗口、综合执法一队伍、指挥调度一中心的“1+4+N”基层治理新模式全面推行。镇域治理现代化指挥中心承办了南通市基层整合审批服务执法力量暨县乡治理现代化指挥中心建设现场推进会。严格落实社会稳定风险评估工作机制，镇村综治中心规范建设，“雪亮工程”优化推进，扎实推进“访调对接”“公调对接”“诉调对接”机制，各类信访事项受理处置率达100%。

【城乡环境】全面启动新一轮国土空间规划编制，整合修编，多规合一。累计引进PPP项目2个，新镇区亮化和道路绿化实现全覆盖，累计安装路灯2451盏。刘环渔民社区348套安置房建成入住，四海之家商业街、化配市场已投入运营。新洋花苑一期和洋口中心幼儿园已完成主体和公共区域装饰装修工程，万洋众创城、渔港大道综合整治、数据港、新洋花苑二期、听海轩、海泉印象、科技城等项目正有序推进，新城雏形已经初显。全面实施农村污水处理PPP项目，建成污水处理设施55座，配套管网156公里，纳管5800户。农路、农桥建设累计投入1.36亿元，新建、提档升级农路71.4公里、公路桥梁26座，创建标准化“四好农村路”180公里，实施组组通工程，新建水泥路115公里。全面实施农村主干道亮化工程，累计投入270万元。

【民生实事】财政支出用于民生比重持续增加。成功创建2个国家级、1个省级、4个市级、1个县级特色学校。新建公立洋口镇中心卫生院，设立全县首家疾病控制中心职业健康检查分中心，新建、改建村级卫生室9座；疫情防控稳定有序，疫苗接种应接尽接。村居三星级农家书屋全覆盖，其中7家荣升市级四星级农家书屋。敬老院基础设施全面升级，社会保险覆盖不断扩面，高水平建成江苏省“15分钟医保服务圈”示范点。两季秸秆三禁工作扎实推进。累计改造危房104户，自来水入户实现全覆盖，全镇1414人的建档立卡贫困户全部脱贫。累计新增绿化面积4061.51亩，创建绿美村庄5个，张埭村、三江口村获评省级绿化示范村，池塘头村通过江苏省绿美村庄申报，洋口村获“全国文明村”“国家森林乡村”称号。《洋口镇志》编纂发行。

【化工整治】高标准完成省政府组织的化工园区认定、区域风险等级评估工作，化工园区规划环评顺利获批。坚决淘汰落后产能，先后关闭企业29家，在全省率先完成企业风险分级辨识管控，化工生产企业二级标准化评估通过率100%。智慧安全管控平台系统全面升级,企业安全管控“人、机、物、法、环”五要素纳入管控系统,实现了对企业安全档案、企业风险源档案、园区高危工艺、重大危险源、危险化学品等的集中监测。空气质量持续改善,废气投诉大幅度降低。园区卡口硬件全面提升,抓拍、识别、道闸等配套设施陆续完成并运行,实现了化工园区封闭化管理。

掘港街道(如东高新技术产业开发区)

【街道概况】掘港街道成立于2015年,由原如东县掘港镇撤镇设街而来,与如东高新技术产业开发区实行一体化管理。2020年,与城中街道分设并实体化运行,下辖青园、古池、灯塔、盐垣、日晖、港南6个社区和陈高、掘西、虹桥、十里墩、晓河、芳泉、银杏、野营角、周店、三河、沙南、晒盐场、天星、新丰、洋岸、丁字岸宾东、余荡、港南、三桥20个村,总面积137.30平方公里,总人口11.0856万人,街道办事处驻掘港街道日晖东路3号。2021年,掘港街道(如东高新技术产业开发区)完成地区生产总值137.62亿元,比去年增长8.8%,实现一般公共预算收入5.637亿元,三次产业比优化为7:34:59。全体居民人均可支配收入比上年增长10.1%,城镇、农村居民人均可支配收入分别增长9.1%、11.2%。2021年,在全县整体目标责任制考核中,掘港街道党建、财政工作、科技创新、乡村振兴、污染防治攻坚、文明城市长效管理、民生事业均获一等奖。

【项目建设】2021年,掘港街道(如东高新区)实现签约落户高质量科创类前沿项目30多个,实现外资到账3200万美元。生命健康产业有领康医药、赛默罗生物等生产基地型项目落户,标志着生命健康产业以研发为主向产研并重的重要转型;声芯滤波器、智凌芯微电子等项目的落户,标志着该区向模拟芯片和汽车电子这个巨大市场的迈进取得了重要突破。光惠激光风冷激光器、超显科技背光显示模组、御传新能源动力总成等项目均为国际领先水平,两年内即可实现超10亿元的销售额并进入上市轨道。

【园区提升】2021年,掘港街道(如东高新区)园区连片化、规模化建设水平和园区承载力显著提升,生命健康产业园、半导体产业园、智能机电产业园的基础配套更加完善、管理更加规范,入驻率均超过85%。11万平方米的半导体二期项目、7万平方米的华睿智能产业园项目即将竣工。263套人才公寓和108套职工公寓全面启用。2021年,中美瑞康成功申报省“双创团队”项目,李龙承、姜武林等4人获评省“双创人才”,臻亿医疗闻靖获得省创新创业大赛三等奖,全年各类人才项目获得各级资助1000多万元。

【经济运行】2021年,掘港街道(如东高新区)新增规上工业企业12家,新增规上服务业企业4家,工业应税销售、规上工业产值均同比增长20%以上。扎实开展能耗“双控”工作,能效水平显著提升。加大企业技改力度,完成制造业固定投入30亿元。爱朋医疗、宏微特斯等企业荣获“金牛奖”。大力推进创新发展,制定出台经济高质量发展扶持政策,当年新增高新技术企业6家,高新技术产值占规上工业比重达37.7%,较上年提高3.2%,全社会研发投入占比达到2.43%。全年认定市科创考核项目7个,其中道博智能设备公司获批省级加速器,爱众医疗众创空间成功通过专家评审。

2021年度掘港街道(如东高新技术产业开发区)主要经济指标一览表

表39

项目	单位	数量
总面积	平方公里	137.3
总人口	万人	11.1
地区生产总值	亿元	137.62
第一产业增加值	亿元	10
第二产业增加值	亿元	45.96
第三产业增加值	亿元	81.66
财政总收入	亿元	9.5217
公共财政收入	亿元	5.6373
工业企业	家	570
其中:规模工业企业	家	104
工业总产值	亿元	148.9
企业应税销售收入	亿元	162.6
工业利税总额	亿元	30.33
当年实际利用外资	万美元	3182
农业总产值	亿元	10
粮食总产量	万吨	5.9918
棉花总产量	吨	12
油料总产量	吨	3158
水产品产量	吨	500
中小学校	所	6
医院、卫生院	所	49
参加社会养老保险人数	人	13426
参加合作医疗人数	人	53242
享受尊老金人数	人	6335

2021年度掘港街道(如东高新技术产业开发区)各村(居)基本情况表

表40

序号	村(居)名	党总支书记	村民小组(个)	网格数(个)	户籍人口(人)	常住人口(人)	耕地面积(公顷)	村营收入(万元)
1	野营角村	王宏建	32	5	3666	3748	245.8	84.17
2	余荡村	王爱云	48	7	5552	6148	350.3	137.92
3	三桥村	秦　梅	30	5	3612	3461	345.5	55.28
4	港南村	王卫东	17	4	2165	3175	92.2	177.9
5	宾东村	顾政权	13	4	1881	1820	83.6	58.41
6	丁字岸村	曹雪兵	42	7	4832	3386	466.9	59.53
7	新丰村	陶玲丽	41	6	4153	3183	509.5	56.28
8	天星村	顾建忠	32	8	4657	3351	431.6	69.95
9	沙南村	施江海	28	4	2903	2744	278	57.22
10	晒盐场村	花　展	19	3	2221	2362	214.8	56.8
11	芳泉村	王友丹	18	4	2764	3770	170.3	78.44
12	三河村	张晓梅	37	5	3155	3091	326.4	66.68
13	洋岸村	曹瑞华	61	9	6370	5648	537.5	65.7
14	银杏村	朱振岗	45	6	4635	4920	370	63.44
15	周店村	季鹏飞	52	9	6208	5070	432.4	97.29
16	晓河村	陈　超	28	4	3227	3449	359.9	66.26
17	十里墩村	缪　剑	26	6	3994	3210	301.3	83.11
18	虹桥村	付新梅	27	5	3773	4349	106.7	176.13
19	陈高村	顾晓栋	36	8	3900	5500	227.7	155.51
20	掘西村	顾小林	16	4	3608	3200	318.7	164.61
21	古池社区	刘　昕	—	9	9000	8206	—	129.42
22	青园社区	顾明伟	—	6	3083	3722	—	109.52
23	灯塔社区	秦志鹏	—	9	7608	9166	—	—
24	港南社区	薛　苏	—	3	2310	3000	—	—
25	日晖社区	马小燕	—	6	5985	4892	—	—
26	盐垣社区	陈桂霞	—	6	5594	6575	—	—

【农业农村】2021年，掘港街道（如东高新区）加快打造乡村振兴特色样板群，当年累计投入3600多万元，虹桥、掘西、丁字岸等村创建成效明显，虹桥村成功创建国家级乡村治理示范村，蝉联江苏省文明村。全力推进国家农村产业融合发展示范园高质量建设，启动高水平产业规划和核心区空间规划，省级农村产业融合发展示范工程如东示范基地项目累计投资2.5亿元。现代农业加快发展，引进和实施现代农业项目12个，发展规模化种养基地35个，创建省级绿色优质水稻基地2.4万亩。周店村6000亩高标准农田全面竣工，建成新型合作农场2个。

【城乡建设】2021年，掘港街道（如东高新区）城乡开发配套不断加快。实施民营工业园区房屋征收，当年实现签约征收房屋面积3万平方米。完成新中心市场南侧和晟宝红木西侧等土地征收。老旧小区“微改造”“微整治”有序推进，新建成农行宿舍楼、宾东小区等10个无物业小区自治组织。率先启动农村公共空间治理，公共空间治理、土地整治、人居环境治理等系列工程实施有效整合，初步形成以点带面的经验做法。重大交通工程服务保障到位，全面完成海启高速三改工程、洋通高速二期房屋征收工程。高度重视“两违”日常监管，全年拆除违建44户5900平方米，拆除复垦违法用地约1.4万平方米。农村基础设施建设持续加大投入，全年用于农路、桥梁等农村基础设施投入8000余万元。扎实推进“四好农村路”建设，3.2公里的环虹西路、芳泉西路和虹桥西路获评市级“美丽农村路”，掘港街道获评市“四好农村路”示范镇。

【生态环境】2021年，掘港街道（如东高新区）扎实推进“清水绿岸”提质行动，全面推进农村水环境综合整治和老集镇专项整治百日攻行动，整治黑臭水体1600多条、600多公里，建成生态河道11条，完成三河、洋岸等6个村29公里农村生活污水主管网建设，完成接户1102户，建设污水处理站点12个，完成童北站、华丰街等老集镇整治。强化大气管控措施，$PM_{2.5}$浓度同比下降9.8%。加大土壤安全整治，开展危险废物储存设施专项整治，有效提升企业危险废物全生命周期管理体系。

【民生保障】2021年，掘港街道（如东高新区）认真贯彻落实各项惠民政策和各类涉保政策，“一折通”打卡发放涉农补贴8873万元，发放城乡低保、特困人员供养等费用2180余万元。大力推进农村危房改造，不断巩固精准化扶贫成果。为民服务中心实现全部事项“网上办”，30余个民生事项“一证通办”“一窗通办”。社保扩面力度持续加大，“民善康”处于全县前列。童店、华丰、银杏三所民办园分步实施回购。投入750万元完成童店初中、华丰小学等5所中小学校暑假改造，投入450多万元完成群力、华丰等4所幼儿园消防设施改造。全力以赴做好新冠肺炎疫情防控工作，推进疫苗接种，圆满完成全员核酸检测实战演练和核酸预登记工作。积极有序实施三孩生育政策，推动婴幼儿照顾服务健康发展，全面落实各项计划生育家庭惠民政策，完成年度“奖特扶”目标。全年组织各类文化惠民活动60余场，文化产业各类指标保持全县领先，建成两个市级五星级城市书吧。数字化村建设加快推进，广电事业得到新提升。

（叶天舒）

街道·镇

城中街道

【概况】城中街道是如东县委、县政府所在地,东临长沙镇、大豫镇,南接掘港街道,西至通洋路,北濒如东经济开发区。辖区面积72.73平方公里,耕地面积3087.21公顷,总人口8.97万人,2021年出生466人,死亡572人,人口自然增长率-1.18‰。辖行政村7个、社区10个,共382个村(居)民小组。辖区内拥有事业单位100多家、企业上千家,大中小型商超、店铺及各类商业网点遍布辖区,居民可以充分享受"15分钟生活圈"便捷生活服务。2021年,城中街道全年实现地区生产总值117.13亿元,实现一般预算收入5.05亿元。在全县2021年度乡镇(街道)整体目标责任制考核中获得第一等次、高质量发展银杯,服务业经济、财政工作、招商引资、城建交通、自然资源保障、文明城市长效管理、民生事业专项考核中,均获一等奖,法治专项考核二等奖、党建专项考核三等奖、乡村振兴专项考核三等奖等。城中街道县城房屋征收现场指挥部获如东县2021年度作风效能建设"战狼奖"。

【经济发展】2021年,城中街道编制发布《城中街道国民经济和社会发展第十四个五年规划和二〇三五年远景目标纲要》,着力推动街道经济高质量发展。

全年引进优质食味水稻品种3个,规模化集中育秧290亩,推广水稻侧深施肥技术4249亩,新建县级绿色蔬菜产业基地1个。粮食种植面积7.44万亩,总产达3.48万吨。拥有家庭农场50家,其中省级示范家庭农场3家、市级示范家庭农场1家、县级示范家庭农场7家,各类农业机械总动力达2.47万千瓦。2021年完成工业投资额6203万元,全部工业应税销售4.14亿元,研发投入达3500万元。2021年服务业应税销售119.87亿元,税收9.97亿元,营利性服务业营业收入增幅48.2%。实现亿元以上项目落户3个,外资到账2550万美元,完成外贸进出口总额3.05亿元。辖区拥有各类服务业企业1700多家,其中规模以上服务业企业31家,限上服务业企业37家。

【镇村建设】2021年,城中街道致力于城市格局优化,淬炼主城内在品质。完成五总村两批房屋征收项目268户,用地面积1530亩,房屋建筑面积约10.14万平方米。完成建设项目规划初审、评审意见拟定,全年审批建房132户。新建、改扩建、硬化各类农村道路31.7公里、渠道14.7公里、机耕桥3座、涵洞10座,公共河二车口桥和九总南中心河忠武桥建成通车。加强农田生态建设,共平整土地4400亩,填埋废沟塘420亩,拆旧拆废1260平方米,新溢出土地502亩。推进村、社区服务场所标准化建设,

2021年城中街道主要经济社会指标一览表

表41

指标项目	单位	数值	同比增幅(%)
总面积	平方公里	72.73	0
总人口	万人	8.9666	-1.03
地区生产总值	亿元	117.3	6.84
第一产业增加值	亿元	4.91	5.79
第二产业增加值	亿元	17.35	4.8
第三产业增加值	亿元	94.91	7.28
财政总收入	亿元	5.0533	20.32
公共财政预算收入	万元	4.667	29.64
企业总数	家	1600	12.76
其中:规模工业企业	家	6	0
工业总产值	亿元	4.14	21.05
工业应税销售收入	亿元	4.14	21.05
服务业税收总额	亿元	9.97	44.986
当年实际利用外资	万美元	2550	2450
全社会固定资产投资	亿元	25.6	-9.41
工业投入	亿元	0.62	19.2
农业总产值	亿元	5.11	-6.921
粮食总产量	万吨	3.4756	7.85
棉花总产量	吨	3.26	
油料总产量	吨	1185	-20.94
水产品总产量	吨	507.98	-97.29
中小学校	所	5	0
医院、卫生院	所	2	0
城乡居民基本养老保险	人	5138	-6.84
城乡居民基本医疗保险	人	28985	-8.46
享受尊老金人数	人	3946	9.6

2021年城中街道各村(居)基本情况表

表42

村(居)名	党组织书记	主任	村民小组(个)	人口(人)	耕地面积(公顷)	村营收入(万元)
如华村	蔡冬	蔡冬	42	4559	546.59	97.16
八总村	张巧华/朱银银	张巧华	29	2994	390.32	57.86
六总村	袁亚芹	袁亚芹	58	5600	595.72	170.02
五总村	夏金源	夏金源	39	5958	252.22	92.91
北场村	王剑栋	柳晶晶	21	2651	243.13	92.76
丁杨村	孙成浩	何冰	39	3874	499.50	56.90
潮墩村	周翠松	周翠松	51	5371	549.23	60.76
新光社区	顾彬	顾彬	8	6152	–	103.06
浅水湾社区	陈晨	陈晨	5	3696	–	–
通海社区	张佳伟	张佳伟	28	6064	–	–
朝阳社区	蒋小玉	蒋小玉	21	4809	–	–
碧霞社区	薛素红	薛素红	7	5404	–	–
锦绣社区	吴冯骏	吴冯骏	6	6229	–	–
范堤社区	顾瑞生	顾瑞生	5	2554	10.50	57.45
民主社区	葛琳	葛琳	8	8112	–	–
三元社区	张晓卫	张晓卫	8	7752	–	–
友好社区	薛啸	薛啸	7	7887	–	–

注:2021年11月,八总村党总支书记张巧华调职,书记岗空缺,暂由副书记朱银银主持村党总支工作

2021年城中街道主要建设项目一览表

表43

项目名称	性质	投资主体	地段	计划总投资(元)	建筑面积(平方米)	占地面积(平方米)
复地·上河印巷	商业文化街区	南通星豫实业发展有限公司	原3号街区地块	10亿	147017	89428
瑞晶商业中心	高档商业综合体	南通东瑞房地产开发有限公司	泰山路西侧、湘江路南侧	3.8亿	39721	20058
“文峰·荟”商业综合体	综合性城市高端商业综合体	上海文峰荟置业集团有限公司	嘉陵江路南侧、解放路西侧	20亿	294451	99326
恒辉总部大楼	总部基地	南通恒辉投资发展有限公司	长江路南侧、武夷山路西侧	3.6亿	40390	12407

打造1200平方米通海社区党群服务中心,新建300平方米北场村党群服务中心多功能会议室,完成友好社区、三元社区、浅水湾社区新改扩建、内部环境和便民设施提档升级。

【社会事业】2021年,城中街道完成九总幼儿园政府回购及扩建工程,九总小学食堂灶具改造,新苗幼儿园购置舞台电子屏。辖区人均公共体育、文化设施面积分别为4.26平方米和0.46平方米。文化产业迅速发展,全年文化主营业务收入7.9亿元,净增规上文化服贸业企业4个,市级重点文化产业项目4个。成功创建五星级城市书吧2家,三星级城市书吧8家,实现城区城市书吧建设全覆盖。深入开展颂红色经典故事大赛、歌咏大赛、庆祝中国共产党成立100周年文艺晚会等活动16场次,送戏下乡17场次。全年对7451名65岁及以上老年人开展健康体检。为5231名原发性高血压患者和1468名二型糖尿病患者实施健康管理,规范管理率达60%以上。建成居家养老服务站22所,7所儿童关爱之家陆续挂牌,"9·5"慈善一日捐活动募集善款79.3万元,"民善康"慈善医疗互助项目募集款205万元,募捐率列居全县首位。

【民生保障】2021年,城中街道新增职工养老保险1603人、职工医疗保险890人、工伤保险1106人、失业保险1265人,城乡居民养老保险参保5138人,城乡居民医疗保险参保率达99%,城镇新增就业850人。完成"我为群众办实事"项目259件。

【生态环境】2021年,城中街道打造生态河21条,治理黑臭水体88条,清理农村河道6条。完成五总村整村推进河道治理81条共45公里,掘坎河南岸和大寨河南段两侧河段绿化造林104.3亩。设立垃圾分类宣传亭62座,清理各类生活垃圾9700吨。建设农村小型污水处理设施7座,完成居民区污水管网主管网工程1600米,支管网工程2000米。

【城中街道商会成立】2021年10月18日,城中街道商会成立大会暨第一次会员大会在如东雷迪森大酒店三楼梅鹤厅隆重举行。城中街道商会由城中街道从事生产经营企业代表自愿组成,现有工业、服务业、建筑业等多个行业会员单位96家。会议选举王亚平为如东县城中街道商会第一届理事会会长,许之情为执行会长。首届城中街道商会成立后,将进一步整合发挥各类企业资源优势,团结汇聚企业家力量,充分发挥商会桥梁纽带作用,为城中街道产业兴旺汇聚强大动能。

2021年10月18日成立城中街道商会

【城中精神发布】2021年7月1日,城中街道发布"包容联动,笃行致远"城中精神。海纳百川,兼容并蓄,是城中人的胸怀。承上启下,联动发展,是城中人的定位。求真务实,知行合一,是城中人的担当。一往无前,志存高远,是城中人的抱负。城中人以"能当第一决不做第二"的必胜信心,以"只想怎么办、不说不好办"的责任担当,依靠"把不可能变为可能"的过硬本领,脚踏实地,抓铁有痕,瞄准"十四五"目标,昂首阔步走在高质量发展征程上。

【六总村】六总村位于城中街道城郊接合部,东与八总村接壤,南接公共河,西接城区,北岸掘坎河,村域面积11.05平方公里。村内公路交通四通八达,水泥路宽敞平整,基础设施质量大幅度提升,全村硬质化道路59条共83.2公里,农灌泵站9座。村内二级河掘坎河、公共河分别南北相傍,三级河大寨河、团结河、掘九河和九总南中心河,为六总村农业发展提供优质便利的水利条件。2021年完成高标准农田建设8500亩。主导产业以农业种植业为主,域内"钓鱼岛"、大寨河休闲观光带、生态梨园等,每年吸引千余游客来观光游玩。2021年,村书记袁亚芹获得南通市"三八红旗手"称号。

(石涌泉)

栟茶镇

【概况】栟茶镇位于如东西北部,东临如东沿海经济开发区(洋口镇),南依河口镇,西连海安市角斜镇,北接海安市滨海新区。2021年,镇域面积95.70平方公里,耕地面积4876公顷,沿海滩涂4333公顷。年末总户数1.95万户,总人口5.42万人。出生210人,死亡578人,人口自然增长率-0.74‰。辖14个行政村,1个行政社区(茗海社区),351个村民小组。镇核心区规划面积6.60平方公里,建成区面积5.86平方公里,建成区常住人口2.61万人。主要产业有美妆日化、石油机械、纺织服装、玻纤织造、食品加工、高端家居、水产饲料等。2021年,全镇地区生产总值56.29亿元,财政总收入2.14亿元。在全县整体目标中,栟茶镇获乡村振兴一等奖、城建交通一等奖、党建三等奖,位列乡镇综合考核第二等次。

2021年如东县栟茶镇主要经济社会指标一览表

表44

项目	单位	数量	比2020年增减(%)
总面积	平方公里	95.7	0
总人口	万人	5.42	-0.85
地区生产总值	亿元	56.29	7.45
第一产业增加值	亿元	4.42	5.90
第二产业增加值	亿元	15.21	13.29
第三产业增加值	亿元	36.66	5.39
财政总收入	亿元	2.14	55.24
公共财政预算收入	万元	6678	-6.55
企业总数	家	256	2.81
其中:规模工业企业	家	17	21
工业总产值	亿元	66.30	2.23
应税销售收入	亿元	39.59	3.01
工业税收总额	亿元	1.25	-4.80
当年实际利用外资	万美元	250	64.47
全社会固定资产投资	亿元	13.45	0.11
工业投入	亿元	7.29	0.07
农业总产值	亿元	11.16	4.68
粮食总产量	万吨	4.41	-2.24
棉花总产量	吨	0	0
油料总产量	吨	1449	-3.84
水产品产量	吨	11539	10.20
中小学校	所	5	0
医院、卫生院	所	3	0
参加社会养老保险人数	人	6789	-9.31
参加城乡居民基本医疗保险人数	人	30766	-9.16
享受尊老金人数	人	3612	4.18

【经济发展】农业。2021年栟茶镇围绕“乡村振兴示范镇”五年目标,培育市级乡村振兴示范(先进)村3个:茗海社区农文旅融合发展村、兴灶村村企联建产业融合发展村、三星村党建引领乡风文明村。三个示范村所有项目均已全面竣工,已通过县级专家组验收。全年投入3000万元,实施乡村振兴项目19个。全年粮食种植面积9.82万亩,产量4.41万吨。培育绿色农产品品牌3个,创建高标准农田、绿色生产基地1.8万亩。南通汇泰农业发展有限公司创办的绿色蔬菜生产基地通过市级认定。继续承担“耐盐水稻”示范项目,协助袁隆平专家团队在栟北方凌垦区示范种植新品种“创丰优絲苗”,平均亩产732公斤。全面完成15个行政村集体产权制度改革,15个村集体经济收入1484.18万元。平均每个村近百万元,3个村超过150万元。

工业。2021年栟茶镇全社会固定资产总投入13.95亿元。其中工业投入7.29亿元。全年利用外资250万美元。隆力奇工业4.0旅游项目初具雏形,二、三产业融合发展成效明显。梦百合家居、正大水产饲料等亿元项目均已运营达产。通能钢索、金牛膨润土、泰博麻纺项目土建工程基本竣工。正大水产南通分公司通过省级智能车间认定。泰博麻纺加工项目被列为2021年度全省农业农村重大示范项目。克劳丽美妆项目被认定为市级重特大新兴生产性服务业项目。

商贸服务业。2021年栟茶镇第三产业增加值36.66亿元,比上年增加5.39%。税收总额0.55亿元。营利性服务业营业收入增幅50.92%,限上贸易企业销售额增幅36.32%,限上住餐企业营业额收入增幅62.52%。新进服务业规上企业5家,新进限上企业8家,完成“个转企”10家。克劳丽300人新兴生产性服务业项目,已得到市内认定。老镇区中市街“微改造”完成后,统一实施免交一年店铺租金,吸纳全国各地50余户商户入驻,于9月30日举行开街仪式,至年底各商户运营态势良好。此外,好润多、万购广场等各大型超市营业额和邮政、快速日处理量均比上年有较大幅度上升。各农贸市场资源充足,保障供给。家政、医护、保洁、“互联网+”等新兴业态悄然兴起。

房地产业。江苏东和集团古镇“微改造”项目。2021年改建中市街、东大街(部分)临街商铺、游客服务中心、温泉民宿等共3万余平方米,大部分已竣工。四号地块迎宾路安置房项目已于2021年11月由东和集团动工开建,项目总投资3亿元,9.42万平方米,安置拆迁户540户,预计2022年底竣工交付使用。

【镇村建设】2021年栟茶镇上位规划逐步完善,先后委托江苏省城市规划设计研究院和江苏苏地源土地整理规划设计

2021年如东县栟茶镇各村(居)基本情况表

表45

村(居)名	党组织书记	主任	村民小组(个)	人口(人)	耕地面积(公顷)	村营收入(万元)
陈湾	丁 群	丁 群	18	2257	320	85.53
大窑	蔡向东	蔡向东	20	2571	380	57.12
新庄	康红梅	康红梅	33	4408	486	72.95
杨堡	缪亚军	缪亚军	20	3279	346	61.65
浒澪	钱爱琴	钱爱琴	21	3454	260	67.27
兴凌	顾国才	顾国才	26	2784	530	140.86
兴镇	姜 天	姜 天	29	3860	300	105.2
双港	缪建明	缪建明	32	3182	340	78.4
竹园	冯小利	冯小利	26	2704	306	78.25
江安	顾建华	顾建华	27	2673	375	98.11
兴灶	罗周洲	罗周洲	26	2097	360	156.37
茗海社区	缪 斌	缪 斌	8	9010	60	154.83
栟南	徐长胜	徐长胜	19	2733	220	154.87
港头	顾理政	顾理政	24	3655	273	79.11
三星	徐宏军	徐宏军	22	5515	320	93.66

有限公司，做好《栟茶镇国土空间规划(2020—2035年)》调整。完成栟茶古镇城市设计、“微改造”总体方案设计、消防专项规划等。江苏东和集团、栟茶镇、青旅国际(北京)、酷雅设计以“双推共管”“四方合作”“镇民共建”模式开启古镇更新改造，这一开发模式在全国范围内尚属首例。2021年5月完成“一街两岸三巷”基础施工建设、景观打造、业态规划、招商洽谈、运营等工作。9月29日晚，栟茶古镇中市街开街，并视频连线南通市“江海旅游节”、县四套班子领导出席。县委副书记、代县长陈雷致辞，县委书记陈慧宇宣布开街。国庆期间，吸引游客日均约2万人次。大东旅社、禅茶一宿等成为网红打卡新地标。为推进古镇开发建设，近三年来征收拆迁1022户，征收面积21.43万平方米。同步完成被征收户异地安置工作。各村(居)面上完成单庄桥、来福桥等3座桥梁的拓宽重建。投入35万元，修补道路病害1000余平方米，消除安全隐患91处。投入30万元拆除危旧桥梁8座。同时完成兴教路东延、如石北路市政配套、道路基础、桥梁面板浇筑及镇区8条主干道路路灯设计标底编制等工作。

【社会事业】 教育。拥有高级中学1所、初级中学1所、小学3所、幼儿园3所、社区成人教育学校1所。在册教师797人(其中栟茶高级中学382人，茗海中学145人，小学、幼儿园、成人校、教办270人)，每千人拥有教师14.9人。新建栟茶幼儿园，总投入6000万元，于八月底投入使用。9月28日全县校园文化建设现场推进会在栟茶举行，近300名校长老师到栟茶各中小学幼儿园观摩。

医疗卫生。全镇拥有医院3所(公立医院一所，私立医院2所)，村(居)卫生服务站14个，医生护理人员325人，床位250张，每千人拥有医护人员6.1个，每千人拥有床位4.7张。建立健全常态化新冠疫情防控体系，全力推进疫苗接种工作，首针接种率103.7%。镇村联动开展全员核酸检测演练，检测样本3.72万份。投入400多万元建设集中隔离点，全县新冠肺炎疫情应急处置演练活动在栟茶镇成功开展。

文化体育。2021年全镇文化工作，在东和集团栟茶文旅精心策划推动下，取得突破性进展。投资近亿元建设高品位文化设施。如汪刃锋版画艺术馆、茗海戏楼、酒文化博物馆、东莱阁文化广场、大东旅社红色文化展示馆、栟河两岸及中市街灯光秀、两座牌楼、七座牌坊。牌楼、牌坊楹联面向全国近20个省、市、区征集，经专家评选，由国内知名人士、国家级书法名家题写。深入挖掘古镇文化特质，把静态历史和书面文字，转化为精彩创意鲜活画面。五一、国庆假期先后在茗海戏楼、东莱阁文化广场上演数十场文艺节目，7月1日晚举办“红船领航 栟腾南沙”文艺演出。年内与县作家协会联合出版反映栟茶改革与建设和人文历史的诗歌、散文和报告文学集《南沙屐痕》。浒澪、杨堡、三星等村均投入经费，兴建文化场地、场馆，以精神赋能增强人民群众文化自信。全镇人均公共体育设施面积为2.24平方米，人均文化设施面积0.65平方米。

【民生保障】2021年全镇民生投入占财政支出比重达69.19%，总投入达14757.44万元。其中，教育投入1153.06万元，文化投入578.4万元，社会保障投入2624.53万元，医疗卫生投入1451.18万元，环保投入1962.71万元，环境维护整治投入2171.44万元，支农惠农投入4816.12万元。年内完成栟茶幼儿园异地迁建，靖海、浒澪幼儿园消防系统改造。村级标准化公墓全覆盖。建成慰烈园、人文公园革命史展厅。新增壁葬设施40座，64座散葬烈士墓进园。投入900万元建成栟茶换乘中心，兴建三星老钢材市场和仓廒口两处停车场。完成文化广场和五灶港河环境提升工程，栟角线公路重建并通车。2021年“民善康”工程累计发放补助资金107万元，受益人群1036人。融合联动“网格+警格”，实施“平安前哨”“雪亮工程”，织密基层治理安全网，提升基层治理效能。成立镇级临时消防站，组织30人应急救援队伍。司法为民，走近中国法庭之栟茶古镇的《船头法官》节目，在中央广播电视总台专题直播。

【生态环境】2021年，栟茶镇大气、水环境进一步改善，土壤风险得到管控，生态环境稳中向好。水、气、土壤2190次数据监测记录，大气环境优良天数为323天，比例为91.2%。$PM_{2.5}$平均含量为32微克每立方米。地表水每升高锰酸盐5.99毫克，化学需氧量19.9毫克，总磷0.19毫克，指标顺利通过国检，实现年度水质增Ⅲ。镇污水处理厂于2021年6月底试运行，进水量1700吨/天。投资778万元对5个重点区域铺设支管网7.6公里，投入使用4.53公里。“10+3”单位426家，已接管342家，占80.3%。建成农污污水处理设施38座，覆盖3641户，覆盖率26%。整治黑臭水体，36条河道13.06公里，清淤4.75万立方米，消除黑臭水面13.86万平方米。兴凌、兴灶两村建成生态河12条，拆坝建涵5处。全镇拆除吊机码头4座，乱占乱建建筑物6处，规范砂石、煤场4家。对65户南美白对虾养殖户、416户畜禽养殖户实行包干制监管。对8170亩农田犁耕深翻秸秆还田试点。推进农药、农膜废弃物回收治理，降低土壤面源污染，回收地膜11.89吨。加强工业锅炉、餐饮油烟“三场”扬尘治理。全年完成整坡播种草坪18.16万平方米，植树2.71万株，全镇建成区绿化覆盖率30.8%。

【茗海社区】 茗海社区位于栟茶镇南部，为栟茶老镇区。东邻洋口镇三江口村，南至南堡河，西与栟南村接壤，北到栟茶运河。卫海路、省225线贯穿南北，境内中市街、东街、西街为江苏东和集团重点打造的文旅项目。东莱阁、七座牌坊、两座牌楼（南沙坊、范公坊、尚书坊、二贤坊、孝女坊、寂然坊、状元坊、栟茶古镇牌楼、游客中心牌楼）为栟茶最高标志性建筑；茗海戏楼、栟河、中市街、灯光秀是古镇中一道靓丽风景；唐风和韵温泉民宿进入装修阶段，共24幢单体建筑1.32万平方米，温泉泉井深达2500米，出水温度72度，为疗愈性矿物质温泉，属稀有碱性硫酸钠泉。游客中心设茶水间、土特产销售区、休息区、多功能厅、餐厅、厨房等，南侧为停车场，500余个停车位。中市街、东大街沿街店铺，既有本地风味、风物、特色产品，又集全国各地名品名典。2021年，茗海社区党委又投入1600多万元，将原三园村作为南通市乡村振兴、农文旅融合发展示范村进行重点打造。目前全村所有河道混凝土钢筋浇铸驳岸，道路实现硬化、绿化、亮化。还建成铁索荡桥、凤凰亭台、姜柳钓台等。所有农户房屋墙壁粉刷一新，绘制、书写精美图画、名言警句。另还兴建青少年农耕文化研习基地，一处茗海法治文化园和60余亩洋山水蜜桃园及200余亩高端蔬菜种植园，形成极具品味“农耕生态文化园”。

东莱阁灯光秀

（孙睿）

丰利镇

【概况】丰利镇位于如东县中部偏北，东与南通外向型农业综合开发区（苴镇街道）接壤，南与马塘镇相邻，西与沿海经济开发区（洋口镇）、岔河镇相连，北依南黄海。全镇总面积140.76平方公里，耕

2021年如东县丰利镇主要经济社会指标一览表

表46

项目	单位	数量	比2020年(±%)
总面积	平方公里	140.76	—
总人口	万人	7.44	-1.50
地区生产总值	亿元	60.6	10.18
第一产业增加值	亿元	6.88	5.77
第二产业增加值	亿元	27.81	13.48
第三产业增加值	亿元	26.14	8.96
财政总收入	亿元	1.90	0.53
公共财政预算收入	万元	10064.72	10.21
企业总数	家	499	13.4
其中:规模工业企业	家	34	70
工业总产值	亿元	33.26	13.71
应税销售收入	亿元	30.43	15.31
粮食总产量	万吨	9.42	-2.18
油料总产量	吨	1982	-40.6
水产品产量	吨	25631	-28.41
中小学校	所	4	—
医院、卫生院	所	6	—

2021年如东县丰利镇各村(社区)基本情况表

表47

村(社区)	党组织书记	主 任	村民小组(个)	人口(人)	耕地面积(亩)	村营收入(万元)
古丰社区	许 华	—	6	8084	86	73.01
周 桥	张爱兵	—	29	4666	7290	62.72
花园桥	於永东	—	23	2810	4500	91.47
家庙桥	丛卫东	—	36	3520	5701	87.61
凹 桥	马本泉	—	41	3879	6363	74.52
陈萬庄	李鹤林	—	32	3399	5149	68.24
华 严	曹 烨	—	24	2874	5452.5	82.47
玉 窑	邢春燕	周新华	24	2930	5000	49.33
双沟门	韦 军	—	23	2476	4925	37.64
龙 口	陈明权	—	44	4549	8350	64.47
月 河	桑乃兵	—	41	4201	10590	62.37
九 和	徐海军	—	33	3165	7575	105.67
双灰山	钱 军	—	29	2706	6617	38.24
包 场	何长斌	—	10	2646	4856	41.84
南 宁	张肖飞	何长贵	19	3075	5315	63.6
兴 南	萬翠华	—	38	3546	6100	62.47
光 荣	刘 勇	陆修宏	13	2518	9913.7	150.76
环 渔	陈昌泉	—	13	2604	5362	111.08
环 农	蔡文龙	—	26	2988	7164	103.9
环 堤	李根泉	—	17	4260	6700	85.73
张家园	徐 军	—	24	3470	7386	43.61

地面积8693.01公顷,辖行政村20个、社区1个、村民小组517个。2021年,总户数2.76万户,总人口7.44万人,出生226人,死亡859人,人口自然增长率-0.85%。地区生产总值60.6亿元,完成综合预算收入1.90亿元,公共财政预算收入1.01亿元。在全县整体目标考核中,夺得综合考核“高质量发展杯‘铜杯’”,自然资源二等奖、财政工作三等奖、社会事业三等奖、服务业三等奖、招商引资三等奖。

【经济发展】2021年,丰利镇实现地区生产总值60.6亿元,一般公共预算收入1.01亿元,社会消费品零售总额48.6亿元;实现工业应税销售22.6亿元,规模以上工业总产值25亿元,规模以上工业企业累计34家。实现服务业应税销售16.4亿元,实现第三产业税收2050万元。

【镇村建设】2021年,丰利镇投资1115万元,全面提档升级镇区配套设施,启动西环路新建工程,开工新建四座桥梁,对新建东路、登丰路、新建西路实施升级改造。加大巡查监管力度,拆除违章建筑1900余平方米。新建日处理量2500吨污水处理厂投入运营,新建污水主管网19.5公里、支管网15公里,新纳管2450户。

【社会事业】2021年,丰利镇对三所幼儿园投入近千万元,完成消防工程改造。文化体育领域投入上百万元,建设文体主题公园。敬老院项目完成前置流程,已开工建设。有序推进省卫生村建设,全镇已实现省卫生村全覆盖。深入开展爱国卫生运动,无害化户厕普及率96.7%。

【民生保障】2021年,丰利镇常态化开展疫情防控工作,全力以赴组织新冠疫苗接种工作。民生福祉持续增进,城乡

2021年9月4日，全县新开工重大产业项目观摩会岩彩新材料科技(江苏)有限公司建设现场

居民养老保险、医疗保险参保率99.7%；设置退役军人专门岗位，发放优抚经费；关注弱势群体，为低保、五保、重病、重残等困难人士发放经费。

【生态环境】 2021年，丰利镇扎实推进水环境治理工作。完成14条生态河道建设，成功整治黑臭水体122处，加快实现“河流断点”到“河疏畅通”。高标准整治南美白对虾养殖，尾水处理有序推进。大气环境明显改善，空气监测质量均位于全县前列。完成光荣村历史遗留固废清理处置，土壤环境安全得到有效保障。

【陈葛庄村】 陈葛庄村位于丰利镇西南方向，与岔河镇启秀村接壤，西临岔洋线，响彻全国的如东农民画在这里诞生。如东农民画不仅充分展现南黄海人文风情，也画出新时代这方土地的日新月异，甚至远渡重洋、出口欧洲。近年来，陈葛庄村以徐海如鑫丰艺术厂为首的小微企业在市场培育、产业开发和培养壮大创作队伍等方面开拓进取，开发生产现代民间绘画衍生品，形成产、供、销一条龙产业链，年出口欧洲700多万元。2021年，如东以农民画第五次蝉联国家级荣誉“中国民间文化艺术之乡”，这是文化和旅游部设立的重要公共文化品牌项目。此次入选，也再次提升了如东民间文化艺术在全国的影响力，扩大了如东文化在全国的知名度。

(顾琳倩)

马塘镇

【概况】 马塘镇位于如东县中部，东邻高新技术开发区，北与丰利镇接壤，西与岔河镇、南与新店镇和曹埠镇相邻。2021年，全镇总面积140.83平方公里，耕地总面积7276公顷。常住人口7.15万人，辖行政村17个、社区1个、村民小组474个。总户数2.77万户，总人口7.39万人。全年出生242人，死亡871人，人口自然增长率为－8.45‰。地区生产总值74.35亿元，财政总收入2.19亿元，其中公共财政预算收入8321.95万元。全镇有各类企业1146家，其中规模以上企业59家，年销售收入超亿元企业6家，建成机械制造、现代物流、现代农业3大产业集中区。2021年，在全县整体目标责任制考核中，马塘镇总体考核为第二等次，获得“2019—2021年度江苏省文明镇”“南通市安全生产目标管理责任制考核先进乡镇”“南通市平安法治示范镇”“南通市安全生产信访举报工作先进单位”“南通市抗击新冠肺炎疫情先进集体”等荣誉。

【经济发展】 2021年，马塘镇新增千万元以上项目7个，亿元项目2个。全镇农村实有从业人员3.21万人，其中农林牧渔业从业4838人，工业劳动力1.46万人，建筑业劳动力5080人，从事第三产业7599人。农机总动力10.50万千瓦，农业机械化水平和农业产出效率大幅提高。粮食总产量11.07万吨，油料总产量1349吨，水产品产量1944.2吨，水果产量1964吨。工业总产值42.9亿元，同比增长7.68%；工业应税销售42.5亿元，同比增长－35.26%。全年固定资产投资13.5亿元，全镇规模以上服务业固定资产投资4.2亿元，工业固定资产投资9.3亿元。服务业应税销售8.3亿元。新增规上服务业企业4家，新增限上贸易企业10家，完成个转企16个。申报高新技术企业8家，实现产学研合作9家。亿元项目为华医疗器械耗材组件生产项目、帮宝来环保型分类垃圾桶生产项目顺利开工建设。全年盘活存量用地162亩。先后赴北京、无锡、苏州、深圳、上海、杭州等地开展招商活动8次，完成亿元新签约项目8个，注册5个。完成外贸进出口4.3亿元，外资到账10.9万美元。

【现代农业】 2021年，马塘镇完成许楼村乡村振兴乡风文明类、沙庄村乡村振兴生活富裕类两个县级先进村培育。芊依园艺、美银农机2个千万元项目顺利完工并投产运行。新增2家县级以上龙头企业，创建1家年网上销售超百万经营主体。强化新型农业经营主体建设，新增2家省级示范家庭农场、5家市县级示范家庭农场，新增8家新型合作农场。工农桥建成通车。完成提档升级、一事一议奖补路建设15公里。实施高标准农田建设项目2个。王渡、马西2020年项目及马丰灌区改造工程顺利完工。开展农村生活垃圾分类试点，在沙庄、许楼两村试行垃圾入户分类收集，做到垃圾不落地，日清不过夜。加快培育新型职业农民，利用农民实训基地培训190人次。推进粮食生产全程机械化，全年实现粮食产量近10万吨。发展村级集体经济，流转土地4140亩，实现村营收入1764.94万元。

【镇村建设】 2021年，马塘镇新镇区仁和家园项目一期工程4万平方米顺利竣工。新建路灯15座，新改建公厕2座。收缴暂扣违规占道经营59起，清理店外经营堆放163起,拆除违规广告、标识67处。建设完成老马小地块临时停车场。开展镇区主要道路"飞线"整治工作,实施凌民街25户和民兵桥段21户违法建筑整治工作。完成建房审批44户。加大违建查处力度,处置违法行为57次。规范废品收购行业秩序,累计关停14家,整改5家。完成占补平衡134亩,增减挂钩485亩。梳理宗地2.50万宗,完成制证1.55万本。

【社会事业】2021年,马塘镇强化"暖心家园"项目品牌建设,扎实推进社会救助,全年共发放各类救助金2060多万元。不断提升民善康项目覆盖率,共为1139名群众发放民善康慈善医疗互助补助121.4万元。扎实做好新冠疫情防控工作,全年累计隔离管控人员186人次,新冠疫苗接种已超12万针次,其中加强针接种率已超75%。开展免费孕前优生健康检查100对。多渠道开发就业岗位,引进286名外来务工人员。成功创建省健康村2个(沙庄村、潮南村)、省甲级卫生室1家(长路村)、中医阁2家(凌南村卫生室、徐庄村卫生室)、家庭医生工作室1家(吴维羽家庭医生工作室)。教育事业蓬勃发展,邱陞中学学业水平稳居全市第一方阵。潮桥幼儿园、凌民幼儿园顺利回购。实施镇属学校基础设施提档升级工程,办学条件不断改善。开展全民阅读、全民健身及各类文化活动40多次。

【民生保障】2021年,马塘镇新增企业职工基本养老保险975人,城乡居民医疗保险参保缴费4.21万人。完成城乡居民养老保险征收8291人,参保率达99.9%以上。城乡居民基本养老保险基础养老金上调至193元/月,城镇职工医保和居民医保政策范围内的住院费用报销比例稳定在92.12%和80.47%左右。全面核查低保信息,建档立卡低收入户772户、1091人,其中低保449户、581人;五保295户、305人;一般贫困户26户、29人。全面落实计生惠民政策,实施马东村"暖心家园"项目,为失独老人提供更多关爱。强化镇村慈善组织建设,全年募集善款65万元,镇红十字会获评"2021年如东县红十字工作先进集体"。全力保障五保、低保、残疾、孤儿等对象生活,及时足额发放各项民政经费1970万元。

【生态环境】2021年,马塘镇完成11台锅炉整治和7个重点污染源排查整治。完成42家涉水企业排污整治,确保废水排放规范。认真做好环境信访调处工作,有效处置环境信访217件。查处环境违法行为7起。强化"清水绿岸"提质,完成生态河整治26条、87.9公里,清洁河整治62条、62.93公里,整治黑臭水体36处,全面完成许楼、沙庄河道整治整村推进任务。开展如泰运河、九圩港马塘段及支流沿线环境整治,及时清理沿河垃圾杂物,拆除"两违三乱"8处。全力做好码头、堆场整治工作,完成码头整治提升15家、关闭取缔6家,取缔浮吊船4艘,拆除堆场1处。环保设施建设稳步推进。完成污水主管网建设23公里,

2021年如东县马塘镇主要经济社会指标一览表

表48

项目	单位	数量	比2020年增减(%)
总面积	平方公里	140.83	—
总人口	万人	7.4	-1.33
地区生产总值	亿元	74.35	9.53
第一产业总量	亿元	6.42	5.77
第二产业总值	亿元	39.80	10.04
第三产业总值	亿元	28.13	9.71
财政总收入	亿元	2.19	-17.98
公共财政预算收入	亿元	8321.95	3.19
工业企业	家	512	4.49
工业总产值	亿元	42.9	7.68
应税销售收入	亿元	42.5	-35.26
工业投入	亿元	9.3	43.08
粮食总产量	万吨	9.17	20.72
棉花总产量	吨	—	—
油料总产量	吨	1349	-16.16
水产品产量	吨	1944	-71.12
中小学校	所	4	—
医院、卫生院	所	3	—
参加社会养老保险人数	人	8291	-0.11
参加城乡居民基本医疗保险人数	万人	4.2	-10.64
享受尊老金人数	人	4989	11.01

2021年如东县马塘镇各村(社区)基本情况表

表49

村(社区)	党组织书记	主 任	村民小组(个)	人 口(人)	耕地面积(亩)	村营收入(万元)
徐 庄	杨扣群	杨扣群	23	3070	5486.43	84.21
许 楼	袁新华	袁新华	26	5146	11270.97	131.01
亚 苏	陈新建	陈新建	40	3085	6476.61	77.68
尊 三	刘学军	刘学军	32	3632	6712.79	110.9
马 丰	花丽娟	花丽娟	36	4036	7517.8	96.11
蔡 渡	张新明	张新明	34	3860	7060.27	153.29
长 路	朱炳华	朱炳华	39	3721	6709.37	97.7
潮 北	葛雪松	葛雪松	13	2385	4665.35	82
潮 南	严海兵	严海兵	12	2551	4641.8	67.9
马 北	沈 华	沈 华	40	3852	6376.71	95.98
马 东	陈如军	陈如军	21	2748	3782	139.91
马 南	张林峰	张林峰	29	3592	4702.8	68.75
马 西	赵 越	赵 越	28	4245	7482.36	109.81
七里镇	高亚军	高亚军	9	2234	3368.67	76.64
沙 庄	顾建飞	顾建飞	40	3557	6665.2	160.25
市河社区	陆金元	陆金元	8	812	169	56.44
桃 园	严善明	严善明	12	3114	6416.38	70.22
王 渡	曹永忠	曹永忠	32	4555	9646	86.14

2021年如东县马塘镇2000万元以上新开工、竣工项目一览表

表50

序号	企业名称	项目名称	主要产品	投资金额(万元)	开工时间	竣工时间
1	南通为华创新材料科技有限公司	超声手术刀系统及医疗器械耗材组件生产项目	超声手术刀	10600	2021.07	建设中
2	帮宝来(江苏)环保科技有限公司	环保型垃圾分类桶生产项目	垃圾桶	10500	2021.11	建设中
3	如东中喜纺织品有限公司	高档棉坯布生产项目	坯布	4650	2021.06	2021.09
4	南通神一纺织有限公司	年产6000吨涡流纺化纤纱线技改生产项目	纱线	4310	2021.02	2021.10

续表50

序号	企业名称	项目名称	主要产品	投资金额（万元）	开工时间	竣工时间
5	如东隆星达纺织有限公司	服装面料生产项目	服装面料	3728	2021.01	2021.04
6	南通倍特尔特种纤维新材料有限公司	特种包覆纱线生产项目	包覆纱	3198	2021.02	2021.06
7	南通梓仁纺织有限公司	包覆纱及橡筋线生产项目	包覆纱	2836	2021.03	2021.07
8	南通君与晴纺织有限公司	高端服装面料生产项目	服装面料	4000	2021.08	2021.11
9	如东益隆浆纱有限公司	浆纱生产项目	浆纱	2000	2021.01	2021.06

2021年7月1日，举行马塘镇庆祝中国共产党成立100周年座谈会暨“七一”表彰会议

支管网建设11公里，完成“10+3”必接单位287家纳管。完成15个村小型农村污水处理设施建设，共计纳管2831户。马西村污水处理整村推进示范村建设全部完成，工业园区内企业全部完成纳管。

（宋彦儒）

曹埠镇

【概况】 曹埠镇位于如东县中南部，南与南通市通州区十总镇、石港镇接壤，西接新店镇，东边、北边与掘港街道、马塘镇相连。镇东南边界紧邻启扬高速、洋通高速交通枢纽，228国道过境镇内。全镇总面积92.50平方公里，辖行政村6个、社区3个、村民小组203个。总户数1.62万户，户籍人口4.34万人，2021年出生143人，死亡494人，人口自然增长率－8.9‰。年末农村实有从业人员2.62万人，第一产业从业人员4560人，第二产业从业人员1.59万人，第三产业从业人员6023人。实现地区生产总值53.82亿元，实现财政总收入1.94亿元。2021年曹埠镇实施“党建引领、‘四轮’驱动、乡村振兴、建设如东‘南大门’”发展战略，经济社会长足发展。“四轮”为镇工业园区、省级现代农业示范园区、安防物流园区和新镇区。

【工业服务业经济】 到2021年末，全镇工业企业845个，规模以上工业企业数50个。工业应税销售28亿元，规模工业产值48亿元，单位工业应税占销售增值税比值达4.2%。服务业应税销售13.5亿元。2021年新开工投资超10亿元项目江苏乐贝帝科技睡眠项目及其他10亿元以下工业项目8个。通过司法拍卖、股权转让盘活镇工业园区内两个“僵尸企业”，成功招引优质项目入驻。依托区位和如东安防产业特色，打造安防物流交易中心，规划通过县级评审。

【城乡建设】 2021年，曹埠镇投资1100万元的兴埠路建成通车，镇政府前房地产开发44亩地块成功挂牌，完成房屋征收拆迁。提档升级6公里农路，完成环宇路0.8公里和青墩中路0.9公里路域环境整治，对30处农村道路安全隐患点增设安全设施。对全镇201座桥梁进行安全隐患排查，限行9座，拆除4座。完成2021年度移民桥1座任务。实施交通要道亮化工程8.8公里，安装路灯184盏。拆除违章建筑1.6万平方米。

【环境整治】 2021年，曹埠镇投资70万元实施九圩港孙窑大桥段综合整治提升工程，开展九圩港及其支流支浜周边农田退水、排涝泵站、雨污水排口溯源及整治工作，全年平均水质达到Ⅲ类水质标准。污水处理厂投入运营，进入污水处理细菌培养驯化阶段，配套主管网已完成10公里，配套支管网完成7公里。全年完成黑臭水体整治275条、全长107.98公里，打造生态河9条、全长31.1公里。整治沿河码头，拆除码头7处，规范提升2处。管控大气污染，对38家企业严格落实重污染天气应急管控措施。

【社会治理】 推进"网格+群防群治"工程，全镇招聘网格员276名，网格化管理做法和经验在全市推广。开展电信反诈宣传，反诈工作做法被《新华日报》《南通日报》作为典型经验宣传报道。落实"一地一档"制度。化解信访积案疑案5件。法律顾问、法律明白人参加村级民主事务管理，全年累计参与42场次。

2021年如东县曹埠镇主要经济社会指标一览表

表51

项目	单位	数量	比2020年增减(%)
总面积	平方公里	92.50	0
总人口	万人	4.3444	-1.95
地区生产总值	亿元	53.82	9.5
第一产业增加值	亿元	4.23	6.5
第二产业增加值	亿元	29.97	11.27
第三产业增加值	亿元	19.62	7.64
财政总收入	亿元	1.93	30.4
一般公共财政预算收入	亿元	0.96	11
企业总数	家	1185	14.49
其中：规模工业企业	家	50	35.4
建筑业企业	家	8	
住宿餐饮业企业	家	5	
商品交易市场	个	3	
限上社会消费品零售总额	亿元	15.9	8.41
耕地面积	公顷	5269.3	-0.17
高标准农田面积	公顷	2000	
农业保险面积	公顷	3028	8.42
农业机械总动力	千瓦	72902	-7.28
农业技术服务机构个数	个	1	-66.67
农业技术服务机构从业人员数	人	5	-80
有实际经营活动的农民专业合作社业个数	个	8	-65.22
有实际经营活动的农民专业合作社成员	人	561	-89.3
农业企业数	个	22	
家庭农场数	个	121	68.06
农作物播种面积	公顷	8794	0.69

续表51

项目	单位	数量	比2020年增减(%)
粮食总产量	万吨	6.6	14.24
肉类总产量	吨	7977	124.77
蔬菜总产量	吨	23430	50.31
水产品产量	吨	868	-77.79
中小学校	所	4	0
在校生总数	人	1187	-6.31
教师总数	人	168	-4
医疗卫生机构数	个	16	
医疗卫生机构床位	张	85	
执业(助理)医师	人	29	
社会福利收养性单位数	个	1	
参加社会养老保险人数	人	8803	-17.37
参加城乡居民基本医疗保险人数	人	27727	-27.65
城乡居民最低生活保障人数	人	214	-37.06

2021年如东县曹埠镇各村(居)基本情况表

表52

村(居)名	党组织书记	主任	村民小组(个)	人口(人)	耕地面积(亩)	村营收入(万元)
下漫村	顾杰	顾杰	17	3519	5778	52
应泉村	李晶晶	李晶晶	9	3552	6551	70.3
甜水村	薛磊磊	薛磊磊	25	4639	8696.8	124
跨岸村	沈炜	沈炜	40	6993	14386	341.8
冯桥村	王慧银	王慧银	14	3454	6998	70.4
直港村	张小梅	张小梅	11	2377	5789	132
上漫社区	朱广明	朱广明	31	6730	6640	164
孙窑社区	路忠贤	徐益楠	26	5770	10562	132
堤南社区	徐锋	徐锋	30	6343	10172	89

【社会事业】2021年，曹埠镇通过省卫生镇创建测评。镇公立医院建设主体工程封顶。疫情防控疫苗接种全镇居民第一、二针疫苗接种累计6.1万人次。投入300万元，对私立金韵幼儿园进行回购，改造扩建为曹埠镇惕安幼儿园，饮泉幼儿园异地新建工程纳入县"十四五"重大工程项目。挖掘曹埠历史文化资源，打造27处文化景点，融合中共如东第一支部纪念馆、农业园区果蔬采摘、花卉观光、虹驰家居网红现场直播、农产品直播基地，形成镇域"农旅一日游"线路，实现旅游、文化、生态、城乡建设融合发展。7月1日，县"永远跟党走"夏夜千场主题文化活动启动仪式暨曹埠镇庆祝中国共产党成立100周年文艺晚会在如东第一支部纪念馆广场举办。

2021年10月，建成投入使用的如东县现代农业产业示范园公共服务中心

【中共如东第一支部纪念馆】曹埠镇投资2350万元建成中共如东第一支部纪念馆。纪念馆位于上漫社区南郊新村西南侧，228国道旁。2021年初征地拆迁，7月1日落成并对外开放。纪念馆占地面积7200平方米，建筑面积2600平方米，纪念馆展厅布展区域分为序厅、第一展区、第二展区、第三展区、尾厅5个部分。在展陈内容上，重点呈现如东第一党支部成立背景和创建、发展及壮大全过程，同时串联起曹埠历史沿革、当代发展建设成果以及未来发展规划。整个布展采用革命文物、图片、影像、雕塑、绘画、电子沙盘、声光电场景还原多种展示形式。纪念馆被确定为南通市爱国主义教育基地、如东县中小学生德育教育基地。2021年接待70批次4000人次到馆参观。

【江苏省如东县现代农业产业示范园】江苏省如东县现代农业产业示范园是于2018年11月获省农业农村厅、财政厅批复创建的省级现代农业产业示范园。示范园核心区主要位于曹埠镇，面积约3.14万亩，主导产业为优质稻麦(元麦)、绿色果蔬，大力发展种苗种业。建设期为2019—2021年共3年，总投资2亿元，2021年末建成并通过省级园区创建中期验收。园区已建成公共服务中心、种苗中心、特色果蔬机械化生产展示基地、特色农产品生产展示基地4个重点项目，12家农旅、农产品加工企业落户园区。园区"九遥香""九遥丰韵"两个优质稻米品牌在第二届"中国好米榜"评选活动上分别荣获金奖、银奖，园区获得"最优稻米生态基地"荣誉称号；园区与江苏沿江地区农业科学研究所合作制定优质稻麦生产技术规程，全方位把控园区优质稻米、元麦品质，技术展示成果被"学习强国"学习平台、《新华日报》、《现代快报》多篇次报道，成果应用与转化获南通市政府农技推广成果奖；投资3000万元的园区公共服务中心于2021年10月建成并投入使用，中心占地5700平方米，建筑面积3500平方米。服务中心集大数据指挥中心、专家工作站、农业技术研发中心、培训中心、农产品质量检测中心、信息服务中心、溯源管理中心、电子商务、展览功能于一体，是园区农业科技成果综合型孵化器。

2021年7月1日，落成、开馆的"中共如东第一支部纪念馆"外景

【上漫社区】上漫社区为曹埠镇政府所在地，是如东第一个党支部诞生之地，由原上漫、墩北、金桥三个自然村合并而成，通洋高速、G228线贯村而过，地理位置优越。社区下辖31个村民小组，总人口7115人，272名党员。区域总面积7.1平方公里，耕地面积6759亩，2021年村营收入164万元。社区被评为国家级绿色社区、国家级防灾减灾示范社区、江苏省美丽乡村、江苏省卫生村、江苏省首批生态文明示范村、江苏省三星级康居示范村、江苏省新农村建设示范社区、江苏省水美乡村，社区党委被评为南通市五星级党组织、南通市优秀基层党组织、如

东县创建全国文明城市嘉奖集体等殊荣。2021年社区通过“五色”共治,经济文化社会事业蒸蒸日上。红是中国红,坚持党建引领,打造社区“红色文化”,建立如东中共第一支部纪念馆。黄是土地的颜色,扶持“赵家剧院”发展,坚持为群众免费送戏,剧院创始人赵亚华荣获“全国2021年度公益先锋人物”荣誉称号。蓝是天空的颜色,持续做好“福村宝”,为重病群众进行帮助,撑起一片希望的蓝天。紫代表尊贵,开展“有事好商量”,尊重民意,让百姓参与社区决策,成为社区治理“主角”。绿代表环保,大力发展绿色产业,实现低碳排放,降低原材料和能源消耗,做到少投入、高产出、低污染,实现社区经济可持续发展。

(张亚华)

岔河镇

【概况】岔河镇位于如东县中西部,东邻马塘镇,西接双甸镇,南与新店镇,北与河口镇、洋口镇相连。全镇总面积141平方公里,镇区规划面积12.9平方公里,建成区面积5.75平方公里,辖行政村22个、社区3个、村民小组365个。2021年末户籍总数2.65万户,户籍人口7.70万人,常住户数2.70万户,常住人口6.93万人,全年出生294人,死亡919人,自然增长率-8.19‰。在2021年度全县整体目标责任制考核中,荣获银杯(第一等次),并再次荣获“全国综合实力千强镇”称号。

【经济发展】农业 2021年,岔河镇粮食总产量10.49万吨,蔬菜总产2.47万吨,肉类总产1.00万吨,其中猪肉产量7574吨,禽蛋总产8200吨,水产品总产2669.5吨。种植水稻11万亩,其中绿色优质水稻基地6万亩,种植水稻农户2.01万户,年生产稻谷7万吨。全镇流转土地2.8万亩,流转面积2216亩。稻谷加工企业5家(其中市级龙头企业1家),年加工稻谷18万吨。全镇村营收入总计1892万元,新增总投资超千万元农业加工项目3个,分别是:1000万元银河管网工程,2000万元金桥水土保持项目,1.37亿元污水处理项目。新增家庭农场25家,全镇累计已注册家庭农场150家,县级示范农场申报4家,市级家庭农场申报2家,省级家庭农场1家。2021年创建水稻绿色高产高效与增产模式示范基地35个,面积6600亩,商品化育秧点88个,育秧面积3.46万亩,机插秧面积95%以上,栽培新技术平均覆盖率90%以上。完成新坝、振河两个项目区高标准农田建设9900亩,新增高速插秧机15台、大中型拖拉机及配套10台(套),高效植保机6台。全面完成“政经分离”改革,农村产权交易72项620万元,推动村级渠闸维修项目全面纳入公共资源交易管理,对村级工程项目遗留问题集中进行清理,涉及107个项目410万元。完成银河村县级产业兴旺先进村创建工作,建成电商平台1个,完成垂钓中心提档升级及村域环境美化提升工程。

【工业】2021年,全镇实现地区生产总值100.88亿元,年增长9.9%,增速持续稳居全县第一方阵,一般预算收入1.16亿元,实现规模以上工业应税销售收入82亿元,完成规模以上工业总产值115亿元,税收超千万元企业3家。工业增加值28.6亿元。小升规、个转企数40家。成功签约亿元产业项目4个,完成

2021年如东县岔河镇(区)主要经济社会指标一览表

表53

项目	单位	数量	比2020年(±%)
总面积	平方公里	141	—
总人口	万人	7.7	-1.2
地区生产总值	亿元	100.88	9.9
第一产业	亿元	5.76	5.9
第二产业	亿元	53.98	11.5
第三产业	亿元	41.14	8.4
财政总收入	亿元	2.03	2.0
公共财政预算收入	万元	11630	2.0
法人企业总数	家	3756	-2.0
其中:规模工业企业	家	75	7.1
工业总产值	亿元	115	1.4
限上社会消费品零售总额	亿元	1.19	2.0
农业总产值	亿元	13.49	0.7
耕地面积	公顷	8815	—
粮食总产量	吨	104921	0.02
蔬菜总产量	吨	24705	0.04
肉类总产量	吨	10030	16.3
水产品产量	吨	2669.5	-26.9
中小学校	所	6	—
医院、卫生院	所	4	—
城乡居民基本养老保险数	人	2409	0.3
城乡居民基本医疗保险数	人	70254	0.01
城乡居民最低生活保障数	人	759	0.26

2021年如东县岔河镇各村(居)基本情况表

表54

村(居)名	党支部书记	主任	村民小组(个)	人口(人)	耕地面积(公顷)	村营收入(万元)
振兴	许金元	许金元	14	3344	479.1	60.44
汤桥	徐永红	徐永红	10	2470	335.46	76.20
南桥	丁悦	丁悦	16	3573	315.92	38.91
金河	徐国美	徐国美	24	4161	641.44	32.97
金桥	黄飞	黄飞	27	3944	466.05	51.83
兴发	凌国祥	凌国祥	10	3066	366.76	43.27
金发	万明	万明	15	3420	486.55	63.58
龙发	崔秀凤	崔秀凤	10	2600	262.91	44.16
兴河	曹小栋	曹小栋	11	1338	81.77	42.84
银河	吴兴华	吴兴华	14	2947	260.65	84.20
新坝	赵旭东	赵旭东	24	3705	447.14	28.30
新桥	丛爱琴	丛爱琴	19	3624	433.12	103.74
振河	王春锋	王春锋	19	4121	429	51.13
新港	叶德军	叶德军	15	3508	400.78	62.46
兴北	赵晶晶	陈金泉	14	2532	339.88	24.64
古北	张海燕	张海燕	15	3553	417.39	69.01
玉林	钱德田	钱德田	12	2341	310.63	67.37
陆港	朱小军	朱小军	15	2864	336.66	77.85
启秀	桑林华	桑林华	14	3126	391.12	72.95
坝东	秦丽	秦丽	13	2464	342.55	60.75
三联	张利建	张利建	16	2889	407.19	54.15
龙凤	桑德晨	桑德晨	19	2628	396.74	48.88
古坝社区	丛兵	丛兵	15	2561	137.54	92.38
迎春社区	朱亚兵	朱亚兵	4	386	16.87	334.61
燕川社区	陈进	陈进		5833	1.96	

项目注册3个,实现亿元以上新开工项目2个;亿元以下新开工项目12个,竣工项目7个,项目转化率40%;全年完成土地盘活150.76亩,实现外资到账200万美元,在全县"百日攻坚"考核中荣获二等奖,被评为"科创类项目建设"先进单位。科技创新方面,全年实现高新技术产业产值10亿元,占全部规上工业产值的9.3%,完成技术合同成交额2.5亿元,完成高新企业申请10家,科技型中小企业20家,发明专利净增8个。

【商贸服务业】2021年,岔河镇第三产业生产总值41.14亿元,增长8.4%,实现服务业应税销售21.96亿元,实现税收2800万元,营利性服务业营业收入增幅171%,完成服务业投资额3.6亿元,实现社会消费品零售总额21.9亿元,其中限上社会消费品零售总额1.19亿元,外贸进出口总额6.25亿元,限上批发零售业销售额增幅99%,限上住宿餐饮业营业额增幅76%,限上零售额增幅65%,批零住餐业增值税增幅46%。商品交易市场7个,营业面积50平方米以上商店或超市98家,限额以上批发零售和住宿餐饮业10家,小升规、个转企13家。

园区建设。岔河镇银河工业集中区目前规划建设新标准厂房、附属用房60万平方米,拟引进纺织机械等项目。2021年围绕新材料、智能制造等板块,正推进东圣通物流检测中心、金博通低碳产业园等项目建设。

【镇村建设】2021年岔河镇建设生态河道15条,其中镇级河道7条,总长度24.31公里。镇级污水处理厂扩建工程完成土建工程和设备安装,进入试运营,垃圾中转站改造并投入运行,镇畜禽粪污处置中心新增废气除臭装置。全年完成污水主管网2.35公里扫尾工程,完成支管网6.1公里建设,古坝老集镇临九洋河建设1200米污水管网完成建设,完成银河村农村生活污水治理整村推进建设。全年共组织视频巡查和日常巡查1200多次,有效遏制土地违法行为。做好市政基础设施建设和维护,完成春风河燕川段道路修复和路灯亮化工程,对影剧院南侧居民道路实施硬质化。积极推进既有建筑安全隐患排查整治,全镇共完成2.31万栋建筑排查,发现农村隐患建筑36栋,城镇隐患建筑2栋,经鉴定确认C级危房14栋,D级危房10栋,均制定三年整改方案,已完成整改7栋。申请省补危房改造4户,均通过县级验收,即将拨付危改资金。并将既有建筑安全隐患纳入常态化排查和管理。全年发放整改通知书72份,停工通知书3份,发现和整改安全隐患188个。

【社会事业】教育事业。2021年,岔河镇在校中小学生总数2982人,其中小学2112人,中学870人。教师总数330人,

2021年岔河镇开工、竣工项目情况一览表

表55

项目名称	主要产品	投资金额	开工时间(当年)	竣工时间(当年)
关节机器人、机械手和数控机床生产项目	生产机器人、机械手、数控机床及自动化设备	10395万元	2021.06	2022.06
电子器件、电子元器件系列产品、灯具系列产品制造生产项目	生产箱式低压电源变压器、脉冲点火器、点火变压器、灯具、二氧化碳发生器、线路板、快速接头	6466万元	2021.06	2022.03
薄荷系列产品生产项目	生产清凉油、风油精、薄荷脑、薄荷油	6974万元	2021.05	2022.03
针纺制品技改扩产项目	生产帽子、手套、围巾等针纺制品	4957万元	2021.02	2022.02

其中小学176人，中学154人，每千人拥有教师6.2名。2021年完成两所民办幼儿园回购工作，回购总价900多万元，并对三所幼儿园完成消防改造建设工程。在全县教育教学综合评估中，全镇十一所学校，有十所学校获金奖、银奖、进步奖，获奖面达91%。大力推进科研活动，全年教师累计发表论文106篇，获奖论文216篇；目前在研课题省级3个，市级3个，县级5个；县课题结题1个，县微型课题结题28个。47名教师申报名优人才。全县第27届小学“黄海潮”教研活动暨课堂教学改革现场会在岔河镇举办，开创了以镇为单位承办“黄海潮”教研活动的先例。

文化广电。文化产业主营业务收入4.5亿元，人均公共体育、文化设施面积分别为1.73平方米、0.49平方米。新进规上文化企业4家。在全县“永远跟党走”合唱比赛中获二等奖；在县市“永远跟党走，幸福舞起来”广场舞比赛中均获一等奖。举办岔河镇第七届“让阅读走进生活”全民阅读活动，全镇共有25家农家书屋，其中三星书屋22家，四星书屋3家(迎春、启秀、南桥)。每3160人拥有1个农家书屋。

医疗卫生。全镇共有医疗卫生机构42个，床位182个，执业医生300个，每千人拥有医生3.6名，每千人拥有床位2.2张，建立电子居民健康档案6.72万人，重点加强电子档案动态管理，结合死亡系统信息，不断核实更新居民健康档案；完成全镇65岁以上1.59万老年人的免费体检，体检率80.19%。

计划生育。2021年共新增奖扶444人，特扶30人。全年特扶发放对象1081人，共计445.1万元。企退职工一次性申报系统录入459人，发放金额146.88万元。发放14周岁以内独子父母奖励金2513人次，计9.65万元。发放并发症病人医补、生活补助、扶助金18人次，合计金额8.33万元。计生特殊家庭共319户532人，其中建档立卡家庭58户92人，2021年市县镇慰问特困计生家庭3万余元，市危房改造一户补助3万元。镇计生协在重大节日开展活动7次。

民政事业。稳步扩大居家上门服务覆盖面，对112户高龄、失能、重残老年人实施居家适老化改造民生实事项目。加快推进敬老院和镇居家养老服务中心改造工程，大力发展社会寄养和拓展性需求服务。推行链式养老服务模式。燕川、金桥、古北规划完成村居家养老服务站标准化建设。2021年全镇申请殡葬补贴63人，共计4.56万元。农村留守儿童、困境儿童关爱升级，探索新建镇级一所和南桥、振河、坝东等九所村级儿童关爱

2021年6月26日，岔河镇举行庆祝中国共产党成立100周年“传百年薪火，展燕川风华”主题活动

之家并由社会化儿童服务组织提供心理辅导、精神关怀、监护培育等专业服务。

慈善事业。岔河镇慈善救助事业蓬勃发展，“9 · 5”慈善一日捐募集善款11.67万元，企业慈善募捐共募集善款18万元。情暖如东春节慰问活动为203户困难群众发放慰问金8.3万元，“4 · 30”风灾为21户受灾群众发放救助金2.1万元，商行爱心助医基金为8户因病致贫家庭发放医疗救助4.7万元。临时救助实现“一门受理、协同办理”提质增效，救助困难群众123户，发放救助资金31万元。全面开展“民善康”慈善医疗互助项目。捐助资金74万元，镇财政配套资金28.2万元。全年共为1004名因病致贫群众发放补助114万元。

【民生保障】 2021年全镇参加城乡居民医疗保险4.25万人，参保率99.9%，城乡居民养老保险9916人，新参加职工养老保险1152人，城乡最低生活保障759人，城镇居民人均可支配收入4.96万元，农民人均纯收入2.38万元。全镇新增创业人数70人，创业带动就业327人，全镇1014名就业困难人员再就业，开发公益性岗位6人。全镇认定并享受社保补贴人员1103人。在县铁链公司开办2期职工技能培训班。新增低保32户57人，五保1人，困境未成年人4人，新申请重残生活补贴95人，重残护理补贴66人，办理尊老金502人。全年共发放低保资金300万元，特困供养资金314万元，发放残疾人两项补贴911万元，发放尊老金407万元。在册原建档立卡户748户，纳入“两兜底”保障547户，对未纳入兜底保障困难人群逐户排查，实现精准救助。

【生态环境】 2021年，岔河镇建成区绿化面积覆盖率16.84%，污水处理率80%，垃圾无害化处理率100%，环境整治达标村占比100%。完成黑臭水体整治27条段，疏浚河道4条，土方量2.92万立方米。全镇涉水工业企业共44家，其中，日排污量20吨以上的铁链、瑶华、金太阳和镇污水处理厂4家企业均配套建设污水处理设施，安装自动检测监控设施并与生态环境部门联网。全面完成锅炉整治任务。全年共检查企业168家，配合县生态环境局立案查处13家单位（含个体），处罚金额137.9万元，查封扣押1起。

2021年12月12日，岔河镇举行人居环境专项整治现场考评会

【“连心家园”建设项目】 11月16日，省级“思源工程——生育关怀行动”连心家园揭牌仪式在南通市如东县岔河镇振河村举行。省政协副主席、民建江苏省委主委、省计生协会会长洪慧民，省卫生健康委二级巡视员、省计生协常务副会长祁爱平出席仪式并共同为“连心家园”揭牌。省思源工程生育关怀行动连心家园项目点设在振河村，项目期限三年（2021年5月至2024年4月），首次投入资金10万元，用于连心家园系列活动。

【振河村】 振河村位于岔河镇西北部，交通便捷，其中S225省道，苴东省道穿其而过。全村辖区面积8.9平方公里，现有耕地面积338公顷，水面103公顷。全村有1个居委会，19个村民小组、农户1131户，人口4416人，其中农业人口3589，城镇人口827人，全村劳动力1617人。振河村党委下辖三个支部（瑶华支部、亿兰支部、农业支部），共有158名党员。农业上该村以种植水稻、药材为主，2021年积极协调农业开发项目，推进实施土地流转、秸秆还田、畜禽粪污综合利用，一年来村居为民办实事工程合计投入超过150万元，新增硬质化道路共计1800米。全村有各类企业78家。其中有限责任公司23家，私营企业26家，个体户129家。全年新增广场舞音响设备一套，组建振河村广场舞队伍，发挥“有事好商量平台”作用，将古宫南河打造生态河。先后被评为被中共南通市委组织部评为“五星级村（社区）党组织”“创全国文明城市先进集体”“军事训练先进单位”，2021年被县委、县政府评为基层先进党组织，在2021年镇对村综合考核中振河村夺得金杯。

（康传禄）

新店镇

【概况】 新店镇位于如东县西南部，东与曹埠镇、马塘镇为邻，南与通州区石港镇接壤，北与岔河镇、双甸镇，西与如皋市白蒲镇相依。总面积80.74平方公里。辖行政村10个、社区2个、村民小组158个。全镇总户数1.28万户，总人口3.51万人，出生133人，死亡365人。地区生产总值48.6亿元，同比增长10.45%。财政总收入1073.79万元，同比减少2%，其中一般公共财政预算收入1.01亿万元，同比减少0.2%；财政总支出1.78亿元。全年实现工业应税销售61.99亿元，规模以上工业企业总产值可达43亿元，实现服务业应税销售11亿元。工业固定资产投资8亿元，服务业固定资产投资4亿元。

【经济发展】 农业。农作物播种面积7345公顷，农业总产值2.93亿元。粮食总产量5万吨。蔬菜总产量1.23万

2021年如东县新店镇主要经济社会指标一览表

表56

项 目	单 位	数 量	比2020年增减(%)
总面积	平方公里	80.74	—
总人口	万人	3.51	-1.13%
地区生产总值	亿元	48.6	10.61%
第一产业增加值	亿元	2.93	6.16%
第二产业增加值	亿元	27.1	12.45%
第三产业增加值	亿元	18.6	8.77%
财政总收入	万元	10737.79	-28.28%
公共财政预算收入	万元	10087.68	0.25%
企业总数	家	892	4.21%
其中规模工业企业	家	52	4.00%
工业总产值	亿元	27.12	12.77%
应税销售收入	亿元	61.99	15.67%
工业利税总额	亿元	4.8	34.83%
当年实际利用外资	万美元	510	27.50%
全社会固定资产投资	亿元	12	1.27%
工业投入	亿元	8.4	13.51%
农业总产值	亿元	2.93	5.78%
粮食总产量	万吨	5	-1.96%
棉花总产量	吨	—	—
油料总产量	吨	1180	-15.65%
水产品产量	吨	5781	-21.95%
中、小学校	所	3	0.00%
医院、卫生院	所	2	0.00%
参加社会养老保险人数	人	5497	12.76%
城乡居民基本医疗保险人数	人	22262	0.78%
享受尊老金人数	人	2696	4.58%

吨。肉类总产量2937吨，其中猪肉产量2176吨，禽蛋产量1123吨。共有家庭农场44家。

工业。新店镇共有企业892家，其中工业企业435家，规模以上工业企业52家，全年新增规上工业企业2家。全年实现工业应税销售61.99亿元，从业人员1.62万人，工业固定资产投资8亿元。利用外资取得新成效，南通慧熙五金机械有限公司注册资金1000万美元，鑫锐健身、裕宝机械等完成外资到账400万美元。新开工亿元项目2个，千万元技改项目5个，完成全年目标任务。泽鑫运动、裕宝机械、松柏汽车内饰等3家工业企业竣工达产。速冰洋、海岳健身、裕宝机械等3个亿元产业项目加速推进。

服务业。实现服务业固定资产投资4亿元，应税销售11亿元。新开工千万元服务业项目2个，立足招引外资项目、总部经济和全产业链先进制造业项目，完成亿元项目签约7个，注册项目6个，提前完成全年目标任务。

【镇村建设】2021年，新店镇投资80万元建设农桥一座。投资356万元建设农路2.15公里。农民建房85户。建设农村污水处理站点6处，新建污水处理厂一座。“三纵两横”16.5公里主管网全部完成，两年共10公里污水支管网任务已于2021年完成6.38公里建设，实现“10+3”必接单位纳管率80%以上目标。依托总投资25亿元、总占地1200亩的蓝城桃李春风田园综合体项目，把休闲农业、乡村旅游作为发展重点，扶持发展一批标准高、带动强、服务设施完善配套的农家乐、民俗游等乡村旅游项目。

【社会事业】2021年，新店镇大力推广“民善康”慈善医疗互助项目，全年临时救助130户20.99万元，“民善康”慈善医疗互助共救助690人次74万元。严格贯彻落实“双减”要求，中小学生自愿参加课后服务率100%。先后投入100多万元改善学校教育教学条件。总投资2.79亿元的新店镇医养商住综合体项目主体工程已封顶，室内装修正挂网招标。完善《新店镇全员核酸检测方案》，建立健全疫情防控应急机制。

【平安建设】2021年全镇共接待群众来访600余人次，受理、办理“12345”政务平台转交事项863项，通过“阳光信访”系统平台办理信访案件32件，简易程序化解矛盾纠纷158件化解县交办事项5件，化解重点信访问题4个。完成镇“平安综合体”项目规划建设，一期工程投资30余万元。祝套村村域治理现代化中心

2021年如东县新店镇各村(居)基本情况表

表57

村(居)名	党支部书记	村民小组(个)	人口(人)	耕地面积(公顷)	村营收入(万元)
顾高桥	戴宾青	14	2007	3396.85	57.56
曹庵	周宏伟	12	3247	4446.7	75.41
胡港	花俊俊	12	2949	4217.0	70.69
祝套	周良	20	3403	5281.3	157.32
月池	殷花	8	1885	3130.0	109.99
新联	朱陈霞	5	1709	2424.5	67.71
深河	朱志飞	9	2620	4683.3	63.87
孙桥	钱一兵	15	2831	6200.1	55.9
三角渡	钱艳梅	10	1915	3657.8	56.87
双虹桥	邵峰	14	2575	3508.4	153.66
新店居委会	朱建飞	14	2784	2915.19	86.07
汤园居委会	沈海洋	25	4744	8395.47	95.51

建成,新增技防监控点位41处。积极开展使用危险化学品专项治理及违法违规"小化工"专项整治工作。印发《新店镇工业企业安全生产风险报告实施方案》,明确企业安全生产风险报告工作责任体系,推动安全生产工作总体水平可持续提升。

【民生保障】2021年,新店镇农村居民最低生活保障225人,城镇低保2人。农村特困供养219人,城镇特困供养1人,其中,敬老院集中供养55人。城乡居民养老保险4591人,企业职工养老保险906人,参加城乡居民基本医疗保险人数2.18万人,参加职工医疗保险468人,享受尊老金2696人。

【生态环境】新店社区、祝套村全面完成整村推进生态河道整治任务,新联、双虹桥两村生态河整治项目、3.53公里长东中心河生态河工程年底全部完成。二季度全县河道断面水质考核第一,9家内河非法码头拆除复垦到位,1条浮吊船拆除注销到位,3家保留码头规范整治到位,承办全县内河非法码头整治观摩会。

(曹初初)

2021年9月22日,"庆丰收 感党恩"江苏南通第四届农民丰收节庆祝活动在如东县新店镇祝套村举行

双甸镇

【概况】双甸镇地处如东县西部,东以任港河与岔河镇分界,南与新店镇毗邻,西以丁石河与如皋市丁堰镇隔河相望,北与袁庄镇、河口镇接壤,2021年,全镇总面积112.33平方公里,户籍人口7.03万人。全镇辖3个社区、13个行政村;有工业企业188个,规模以上企业28个,营业面积超50平方米的综合商店或超市有94个。2021年全镇生产总值达62.51亿元,年增长12.8%。创成省级工程技术研究中心1个,市级8个,县级11个;省级院士工作站1个,市级公共服务平台1个。宇迪公司杨磊博士入选江苏省"博士后科研资助计划A类资助";农技专家冯志芳、雕刻大师吴海兵2人入选江苏省乡土人才第二批"三带"能手,占当年全县入选数一半。入选省第一批"三带"新人1人、省双创(博士、博士后)类1人、省科技副总2人、市级科技企业家1人,入选市级"226工程"1人,入选县"扶海英才"2人。

【经济发展】工业与服务业。2021年,双甸镇完成工业应税销售64亿元,年增长3.4%。规模企业累计66家,其中超亿元企业达14家,一般纳税人企业350家。宇迪光学、世纪天虹、亚升安全等骨干重点企业发展规模不断扩大,新型材料、机械制造等先进产业逐步打造。服务业发展稳步提升,先后开发6个大型超市,累计实现商品零售额9500万元;建成中高端商品住宅楼盘4处;改扩新建粮食仓储仓库1.5万平方米,总仓储量达6.5万吨;三产服务业在社会经济总量中比例超过10%。

现代农业。全面培育发展特色农业项目,全镇新培育家庭农场75家,其中省级5家、市级2家;省市县示范农场15家。全镇土地流转面积2.85万亩,其中,如东县希望农地股份专业合作社集体经营面积3100亩,是全市集体经营面积最大的新型合作农场。新增农业产业化龙头企业8家,其中省级2家、市级2家。成功创建省级示范社4家、省级农业产业化联合体2家、省级绿化示范村3个、绿美村庄2个。2021年高前村创成乡村振兴市级示范村,石甸社区创成产业兴旺县级先进村。

2021年如东县双甸镇主要经济社会指标一览表

表58

项目	单位	数量	比2020年(±%)
总面积	平方公里	112.33	0.00
总人口	万人	6.89	-1.01
地区生产总值	亿元	64.82	10.46
第一产业增加值	亿元	4.88	6.09
第二产业增加值	亿元	29.89	13.69
第三产业增加值	亿元	30.05	8.17
财政总收入	亿元	2.37	38.60
公共财政预算收入	亿元	0.95	-3.06
工业企业	家	526	0.57
其中:一般纳税人企业	家	365	3.99
规模工业企业	家	63	5.00
工业总产值	亿元	102.31	6.77
规模工业总产值	亿元	58.02	22.92
应税销售收入	亿元	66	30.20
工业利税总收入	亿元	7.82	8.46
当年实际利用外资	万美元	0	0
全社会固定资产投资	亿元	11.61	29.43
工业投入	亿元	9	38.46
粮食总产量	万吨	8.86	0.68
棉花总产量	吨	0	0.00
油料总产量	吨	1555	91.27
水产品产量	吨	1345.3	-22.86
中小学校	所	4	0.00
医院、卫生院	所	29	3.57
参加社会养老保险人数	万人	1.15	-5.74
参加城乡居民基本医疗保险人数	万人	4.27	-0.70
享受尊老金人数	人	4668	7.63

【项目建设】 截至2021年,全镇累计引进民资项目资金15.26亿元,招引落户亿元项目13个,并全部建成投产,创造近500个就业岗位。完成技改项目80多个,总投资近10亿元,完成亚升安全全自动织造生产线项目、光阳针业织针扩产项目、世纪天虹纱线生产智能化改造项目、嘉得利浸胶手套生产线改造项目等重点技改项目。定期培训项目服务人员。高标准推进镇工业园区建设,建成7米宽标准硬质化道路4公里,新建日处理能力5000吨污水处理厂并投入运行。截至2021年底,共有82家企业落户园区,其中规模以上企业35家,2021年工业应税销售达38.2亿元,提供3000余个就业岗位。完成镇南工业园区产业规划编制。

【镇村建设】 截至2021年底,双甸镇投入经费1.32亿元,新建财政奖补路及高标田项目道路422.75公里、桥梁47座;投入经费0.15亿元,成功创建市"四好农村路"示范镇,石张线顺利通过市级"优美示范路"工程验收;投入经费650万元,在江海灌区项目中拆建泵站6座、渡槽1座;投入经费1.913亿元,建成覆盖13个村居高标准农田项目6.26万亩,极大改善农村基础设施面貌。

【民生工程】 2021年,双甸镇加大对卫生、教育、文化事业投资,相继完成鹤井双南幼儿园维修加固,中小学教学、生活设施升级改造,推进幼儿园消防改造工程和幼儿园新建项目。投入7228万元,升级改造双甸镇中心卫生院;投入20万元,升级改造公益性公墓基础设施;投入150余万元,新建集办公、住宿、岗楼值班、简易训练为一体的镇消防站;投入300万元完成镇敬老院升级改造,投入420万元用于村居居家养老服务中心建设;投入500余万元对镇村两级公共文化服务中心提档升级,全面通过升级验收。各村加大投入对“健身广场”“乡村大舞台”进行升级改造,全面提升群众生活幸福感。

【社会治理】2021年,双甸镇构建“援法议事”“网格之家”“社区家事调解工作站”等社会治理服务平台;完善智能治理基础建设,推进“雪亮技防工程”建设,全面推进“智慧小区”、法治文化阵地和援法议事工作示范点建设,全面夯实法治社会基础建设。16个村居均已配备法律顾问,协助处理村居日常法律事务,主动调节群众矛盾、制定村规民约、援助议事活动。2021年度累计化解信访积案20余件,受理并答复阳光信访82件,群众满意度达100%。

【城乡管理】2021年,双甸镇完成中侨花苑、阳光花苑一期开发,共用地70多亩。全镇12个村居形成集聚点,高前村集聚点成为乡村旅游示范点。强化“双违”监管,有效净化建房秩序;规范完善农村建房管理制度,自2021年1月1日以来,全镇累计报备农村建房备案材料58份。全面推进交易资源管理标准化建设,严格规范招标行为,全年成交价较预算价下浮11.38个百分点,稳步提升项目资金利用率。

【生态环境】持续推进落实“清水绿岸”提质三年行动,环境整治提升力度再加强。深入实施“流域长”制,近年来累计投入经费532.3万元,疏浚河道169条段,疏浚长度106.2公里;投入经费670万元,建成生态河道32条,总长度79.9公里;投入经费242.7万元,整治所有三、四级河道109条,总长度达201.9公里,全力抓好水环境治理,提升全流域水环境质量。全面完成厕改及码头整治工作,助推10家码头完成标准化提升整改。完成全长19公里主管网和24公里支管网建设,有序推动“10+3”必接工程、25个小型农污泵站和5个小型农污提升泵站建设。累计投资380万元,构建镇智慧水务系统,初步建成全镇排水设施养护监督管理体系,初步实现全镇雨污管网统一可视化管理、实时监控、智慧化养护目的。推动市政工程建设,完成镇区亮化工程和重点路段停车场建设。2021年,建成日处理能力200吨镇畜禽粪污处置中心,有效化解广大畜禽养殖户粪污处置难题。

(刘清霞)

2021年如东县双甸镇各村(居)基本情况表

表59

村(居)民	党支部书记	主任	村民小组(个)	人口(人)	耕地面积(公顷)	村营收入(万元)
高前	薛建明、宋萌	薛建明	34	4252	412.2	154.62
石甸居委会	吴曙春	吴曙春	41	6129	607.93	97.52
曙光	苏祥林	苏祥林	48	5961	666.07	68.82
伯元	张军	张军	34	3517	472.4	96.82
丛家坝	周泽敏	周泽敏	35	3911	476.27	110.49
鹤井	钱银华	钱银华	30	3677	372.4	56.56
德银	丛勇志	丛勇志	33	3816	478.73	58.63
镇南	张爱兵	张爱兵	29	3681	387.47	75.26
中心	金勇	金勇	37	4138	486.13	68.97
星光居委会	王建明	王建明	17	6242	178.4	126.73
镇东	苏明宏	苏明宏	22	2787	354.47	86.68
石南	吴琼	薛海山	27	3733	372.4	59.64
双南居委会	江李兵	江李兵	49	6252	639.4	101.15
田季	冯素林	冯素林	30	3728	470.4	58.48
锡伍	孙正兵	孙正兵	29	4034	423.33	102.65
宗奎	许春荣	许春荣	36	3781	468.8	61.03

注:宋萌同志为高前村驻村第一书记

2021年6月23日,双甸镇在双甸小学大礼堂举行"辉煌百年路,逐梦新征程"庆祝中国共产党成立100周年暨"扶海书香·红阅读"接力活动

河口镇

【概况】河口镇位于如东县西部,东临洋口镇,南与双甸镇及岔河镇毗邻,西接袁庄镇,北依栟茶镇。2021年,全镇总面积116.1平方公里,下辖行政村11个、社区2个,土地确权面积5761公顷。年末总户数2.05万户,总人口6.05万人,非农业人口2.2万人,出生156人,死亡682人,人口自然增长率－7.1‰。镇区规划区面积8.8平方公里,镇区建成面积4.6平方公里,建成区常住人口1.29万人。地区生产总值74.01亿元,同比增长3.4%;公共财政预算收入2.61亿元。2021年,河口镇在全县整体目标考核中,获县党建考核一等奖、法治考核一等奖、科技创新考核二等奖。

【经济发展】农业。2021年,河口镇粮食综合产能保持稳定,农业产业结构提质升级,全年完成规模农业项目6个,新增新型主体12家、大型机械26台,拖拉机23台、喷杆喷雾机5台、高速插秧机22台、收割机12台、烘干机11台,合计73台。农村改革步伐加快,农村产权交易平台全年完成交易134个,实现交易额1717.42万元。实施高标准农田建设1.5万亩。

工业。河口镇2021年累计实现工业总产值178亿元,规模工业总产值166.16亿元,同比增长1.26%;规模以上工业增加值同比增长6.8%。全镇工业应税销售165.17亿元,同比下降4.99%,其中中天集团实现工业应税销售146.7亿元,占全镇经济总量的88.82%;规模工业应税销售145.5亿元;高新产值占比84.29%,同比增长3.39%;战新产值占比83.68%,同比增长3.24%。实现外贸进出口总额7.48亿元。全年高新技术企业认定4家;科创项目认定2个;科技型中小企业新入库20家;新增发明专利授权52个。2021年成功申报省双创人才1名,扶海英才1名,组织申报"333工程"10人,"226工程"2人。制定出台《河口镇"十

2021年如东县河口镇主要经济社会指标一览表

表60

项目	单位	数量	比2020年增减(%)
总面积	平方公里	116.1	—
总人口	万人	6.05	—
财政总收入	亿元	5.6	25.84
公共财政预算收入	亿元	2.78	20.87
规模以上企业	家	39	14.7
规模工业总产值	亿元	170.8	4.02
规模工业产品销售收入	亿元	151.15	-6.9
规模工业利税总额	亿元	14.89	30.61
全社会固定资产投资	亿元	16.2	-22.16
工业投入	亿元	10.7	3.2
规模以上服务业企业	家	17	40
限额以上贸易企业	家	19	58
农业总产值	亿元	5.9	-3
粮食总产量	万吨	7.12	3.1
棉花总产量	吨	—	—
油料总产量	吨	1411	23
水产品产量	吨	3902	135
中小学校	所	6	—
医院、卫生院	所	4	—
参加城乡居民基本医疗保险人数	人	38000	-0.5
参加城乡居民基本养老保险人数	人	9800	-1.4
享受尊老金人数	人	4100	1.56

2021年如东县河口镇各村(社区)基本情况表

表61

村(社区)名	党支部书记	主任	村民小组(个)	人口(人)	土地确权面积(亩)	村营收入(万元)
烈士陵	戴晓斌	戴晓斌	30	3821	5371.82	58.92
太阳庙	王拥军	王拥军	36	4082	6242.91	83.6
锦成	赵亚华	赵亚华	51	6548	10627.54	65.63
双港	徐相华	徐相华	29	3756	5480.13	89.12
立新桥	孙春飞	孙春飞	31	6292	7900	78.54
荷园	缪亚林	缪亚林	14	2438	4465	70
关口	石跃军	石跃军	17	6619	8972.76	58.5
小滘	戴浩	戴浩	17	3168	4795.68	99.611
滘河	吴小建	冒军	七	3047	6013.47	53
龙坝	顾页	顾页	18	3593	6192.53	64.38
中天	周磊	周磊	49	5838	8614.59	108.92
十里桥	钱永建	钱永建	20	6507	9091.99	60
花园头	刘海军	刘海军	25	3707	3686.96	64.04

四五"期间人才集聚激励政策》。中天宽带引进高端人才获评2021年省"友谊奖",全市唯一。全年完成亿元以上工业项目6个。当年新开工工业项目8个,完成投资额1.36万元,项目竣工率75%,转化率71.4%;土地盘活101.6亩;完成总部经济2个,项目建设考核位于全县前列。

商贸服务业。2021年河口镇服务业实现应税销售36.45亿元,同比增长69%,完成税收8868万元,其中:中天海缆如东分公司应税销售超20.20亿元,南通江东物流有限公司应税销售超3.15亿元,南通象恒纤维有限公司应税销售超2.28亿元,南通中天后勤服务有限公司应税销售超0.76亿元。规上服务业企业新增4家。限上贸易企业新增5家。实现固定资产投资5.6亿元。万颐广场已竣工,影院、酒店、超市已运营,部分小业态也在施工中,为周边居民提供餐饮、健身、休闲娱乐等多种服务。

【镇村建设】2021年,河口镇邀请上海瀚创设计有限公司对新镇区进行规划和设计,已启动1500亩成片开发建设计划。恒昱地产项目规划建设用地3.26万平方米,已进行外配套建设及外墙面粉刷工作。天池路改造工程、云胜路,中天东路东延项目全面启动建设,其中天池路改造工程投入1000万元已交付使用;云胜路及中天东路东延正在进行电力及雨污水管网布置。扩建的河口镇污水处理厂已正式投入使用,并于河口镇区,于港,景安片区建设污水支管网共15.3公里,全年完成建筑业产值13.15亿元。河口镇正在向产业特色小镇稳步迈进,全力保障中天"十四五"发展。

【社会事业】2021年,河口镇共有医院3所,卫生所1所,个体诊所5所,执业(助理)医师40人,三家改制医院核定床位数一共74张。河口卫生院项目年底通过项目预审,总建筑面积1.16万平方米,投资额约9800万元。总造价约5000万元的河口中心幼儿园工程主体工程已完成。耙齿凌战役纪念馆工程规划总用地约21亩,总建筑面积约3585平方米,2021年部分主体建筑已完工。全年镇在册教师328人,每千人拥有教师数5人;办学规模居全县镇区之最。教育教学质量持续高位走强,2021年中考,3所初中中考主要指标位全县乡镇之首,全市领先。全镇338人参考,普高升学率达67.45%,其中,录取县中、一中、栟中、马中180人,占参考数53.25%。小学办学水平处于全县上游。在2021年全县中小学幼儿园办学水平评估中,全镇9所学校共获得"四金一银一优"优异成绩,镇教育联络组被评为优秀管理奖。

【民生保障】2021年,河口镇投入1.65亿元用于民生事业,占财政预算支出65.66%,政府为民办实事项目基本完成。新增城镇就业934人,城镇登记失业率控制在1.7%以内,累计脱贫率100%。全年发放临时救助金40余万元。截至年底,全镇共有低保户577户,散养五保户177户。全镇有13个村居完成居家养老服务站建设,13个村居均建成公益性公墓。积极关心关爱困难退役军人,积极落实各项优抚政策,各项优抚资金足额发放到位,残疾人事业得到高质量发展。

2021年,河口镇为民服务中心一角

【生态环境】2021年河口镇共整治黑臭水体15条，先后实施6个村水环境整治整村推进，合计整治疏浚农村河道沟塘69条，打造生态河道9条，深化“两违三乱”整治，全面清理河道管理范围内违章建筑8处。全年支管网累计建成13.5公里，三个标段竣工完成，扎实推进“十个必接”工程，完成既定必接对象，对排查出六小行业制定纳管计划，实现153家单位应接必接，加快污水处理厂运行质态提升，做好新污水处理厂进水水量增长和水质改善工作，同时做好老污水处理厂产权证办理及运行规范化管理，建立污水管网巡查维护保养制度。巡查老旧管网10公里，巡查发现问题6处，采取应急疏通和抢修8处，确保了污水正常达标排放。

（陈飞飞）

袁庄镇

【概况】袁庄镇地处如东西部，西与如皋市东陈镇接壤，南邻双甸镇，东依河口镇，北连海安市李堡镇。海洋铁路穿境而过。2021年，全镇总面积99.19平方公里，辖行政村11个、村民小组366个。年末总户数1.74万户，总人口5.55万人。出生104人，死亡629人，自然增长率－9.46‰。年末实有耕地5883公顷。地区生产总值40.7亿元，同比增长1.88%；公共财政预算收入6760.97万元，完成工业投入4.05亿元，实现应税销售收入11.17亿元。2021年度获评“江苏省耕地保护激励单位”，是如东县唯一获此荣誉的乡镇。

【经济发展】2021年袁庄镇完成应税销售11亿元，同比增幅17%。完成规模工业产值12.8亿元，同比增幅25%。全年新进规模以上工业企业7家，新增规上服务业企业7家，新增限额以上批发零售和住宿餐饮业企业9家。制造业固定资产投资完成4.17亿元，高技术产业投资完成2.43亿元。技术开发合同成交额完成1.2亿元。江苏奥吉科技、南通宇联诚机械、南通惠旭包装3个项目已竣工；通能新材料、唐氏建筑、圣安瑞服饰、阿特密特科技项目已完成主体施工；新开工南通兴田电子、巨顺包装2个亿元以上项目；大铭纺织、杰欧冷链、云盛油脂项目，正在办理报建手续。全年完成土地盘活任务，完成科创项目1个。全年实现外资到账310万美元，进出口贸易额超3000万元，提前完成全年任务。累计签约项目7个，注册项目5个，服务业签约乐普医疗，乐普子公司完成3家新进限上规模企业入库，应税销售总额超1亿元。

2021年如东县袁庄镇主要经济社会指标一览表

表62

项目	单位	数量	比2020年(±%)
总面积	平方公里	99.19	—
总人口	万人	5.55	-0.89
地区生产总值	亿元	40.7	1.88
第一产业增加值	亿元	5.86	5.78
第二产业增加值	亿元	21.94	14.99
第三产业增加值	亿元	16.65	8.68
财政总收入	亿元	1.08	74.2
公共财政预算收入	万元	5700	34.47
企业总数	家	178	85.42
其中规模工业企业	家	33	65
工业总产值	亿元	12.86	59.55
应税销售收入	亿元	11.17	-27.84
工业利税总额	亿元	0.18	－10
当年实际利用外资	万美元	310	310
全社会固定资产投资	亿元	8	45.99
工业投入	亿元	4.05	29.39
农业总产值	亿元	8.287	2.37
粮食总产量	万吨	6.8	-4.49
棉花总产量	吨	0	—
油料总产量	吨	989.64	-16.76
水产品产量	吨	3258.13	-25.95
中小学校	所	4	—
医院、卫生院	所	3	—
参加社会养老保险人数	人	8951	-3.84
参加城乡居民基本医疗保险人数	人	35376	-5.97
享受尊老金人数	人	3637	6.10

2021年如东县袁庄镇各村(居)基本情况表

表63

村(居)名	党支部书记	主任	村民小组(个)	人口(人)	耕地面积(公顷)	村营收入(万元)
铁果门	李勇		28	4514	551.86	71.89
大袁庄	蔡晓卫		27	4457	467.45	88.64
时桥	袁志明		37	5481	621.63	58.61
海河滩	缪亚军		29	4120	292	124.08
小康	张俊鹏	周志文	33	5463	519.34	90.89
濮桥	王晓艳	陈小平	42	6297	676.62	138.6
孙庄	田林林		28	3936	507.06	106.9
戴南	顾善斌		39	5428	645.08	79.32
竹园	李玉		28	4355	431.4	66.34
朱庄	刘雷	王建红	28	4197	400.244	77.94
赵港	冯建军		47	7197	770.63	81.85

【镇村建设】2021年，袁庄镇投入864万元新建及改造农路共计4.9公里，新建农桥1座。投入50万元落实交通路口安全隐患整改工作，消除交通路口安全隐患151处，修复破损路面1200平方米，建成1.6公里袁蔡线西段绿化景观带。投资45万元新建公共厕所3座，投资33万元安装LED显示屏及路灯设施，有力提升镇区形象。“袁蔡线”获评市级美丽农村路。标准地址地名库工作走在全市前列，在全市作代表发言。持续开展城镇“微治理”，进一步加强镇区干道、老沿南等重点区域综合保洁。扎实开展违章搭建、乱停乱放等突出问题整治，处理违建问题30余起，交办违建27起，拆除13处。加大双违巡查力度，完善以村组干部、村党组织书记、镇分片人员为一、二、三线监管员的三级巡查立体监管体系，2021年袁庄镇被评为“江苏省耕地保护激励单位”。协助盘活圣安瑞等3宗共120亩闲置土地，完成县政府下达镇年度任务的120%，占补平衡完成县政府下达镇年度任务的284.59%。2021年完成县政府下达1.08万户农户审核、登记、缮证任务，不动产权颁证工作进度排名位居全县前列。

【社会事业】2021年袁庄镇投入近300万元改造校园环境。投入60余万元，完成沿南幼儿园改建，春晖幼儿园顺利回购，新建五轨制幼儿园完成方案评审、施工设计、土地报征，积极申报专项债项目。稳步推进基本公共卫生服务，公立医院选址报征，建成4家古色古香中医阁，成功创建江苏省省级卫生镇、省级示范村卫生室2家，完成市政府为民办实事65岁以上老人健康体检1万余人。全年组织156场文化体育活动。贯彻落实殡葬各项政策，村级公益性公墓先后进行了完善和管护。

【社会治理】2021年，袁庄镇加大事前执法力度，全年事前立案处罚18家企业。狠抓食品安全工作，完成7家生产企业检查28次、48家餐饮单位检查65次，学校食堂、养老机构食堂、企业食堂共检查18次，共下发责令整改通知书21份，立案查处8家。推进民主法治示范村及法治文化阵地创建。深化“大数据+网格化+铁脚板”工作机制，推动社会治理大联动深度融合。推动行政执法“三项制度”常态长效。继续实施“雪亮工程”，加快高水平智慧技防建设。做实阳光信访工作，全年调处矛盾纠纷1022件，处理“12345”来电1016件，来信来访52次，化解累访积访9件，群众满意度不断提升。濮桥村办报育人，打造一份接地气的草根“村报”，变“他治”为“自治”，以有效乡村治理助力乡村振兴再上新台阶。

【民生保障】2021年，袁庄镇累计新申请低保58户81人，特困救助对象17人，困境儿童6人，大病救助18人，临时救助325户，发放资金25.75万元，入户核查建档立卡户656户。完成154位残疾人两项补贴申请，为515名新到龄80周岁老人办理尊老金，建设6家村级儿童关爱之家和1家镇级儿童关爱之家。2021

袁庄镇镇区风光俯瞰图

"小游园"项目是孙庄村改善人居环境的重要举措,已成为老百姓休息娱乐的好去处

年全镇慈善募捐资金新增83.79万元,其中在"9·5"慈善一日捐工作中,全镇线上募捐达13万元,位居全县第一。完成居民医保工作序时任务,积极开展被征地农民养老居保转职保的衔接工作,努力构建和谐劳动关系,全力做好就业创业工作。

【生态环境】2021年,袁庄镇大力开展河道疏浚整治、黑臭水体治理,共排查各类黑臭水体近300条;打造镇级生态河2条12公里,村级生态河12条15公里;拆除坝头坝埂25处,新建涵洞箱涵33处。提标改造镇污水处理厂,投入270万元对污水管网铺进行升级改造,新增管网156.8公里,建成栟茶运河沿线排水闸10座,栟茶运河断面水质达到Ⅲ类。成立秸秆打捆合作社,探索完善农田退水管控模式。开展人大代表问河长活动2次。落实农村生活垃圾治理,年投入468万元用于市场化保洁管护服务,对全镇"五位一体"保洁项目进行提档升级,试点村实行垃圾入户分类收集,垃圾收集转运实现日产日清。省考断面水质监测数据长期稳定,水质全面达标。有效控制建筑工地、码头堆场等扬尘及露天焚烧秸秆现象,空气质量总体稳定,全年空气优良天数达92.3%。严格处置危险废弃物,全年未发现土壤污染风险地块。

【孙庄村】袁庄镇孙庄村地处如东西北部,交通优势明显,启扬高速横贯全境,西有角林线、北有苴沿线,可以直达南通、上海等城市,红星河、南凌河为二级航道,水路亦为通畅。孙庄村积极发挥党员干部"领头雁"作用,冬训期间,在村建立"草木乡村""百岁老党员"等4个党员理论宣讲点,其中"百岁老党员"宣讲点由孙庄村105岁中华人民共和国成立前老党员徐明带头宣讲,获得上级领导和广大党员极高评价。组建党员学习联络微信群,加强流动党员学习教育,党员冬训参与率达到99%以上。同时,建立健全志愿服务"四库",开展各类志愿服务活动81场次。2021年以来,各类活动在"袁庄圆梦"公众号上报道27篇、"学习强国"学习平台4篇、南通电视台2次。孙庄村积极盘活各方资源,建成1593平方米的新时代文明实践站,建有草木乡村城乡书吧、村史馆、志愿服务中心、道德讲堂(文化大礼堂)等。深入推进乡风文明建设,与村民王玉辉联合开办"易俗堂",引导群众养成积极向上的民风。在小游园文昌园内建设家风家训亭、好人长廊,展示孙庄村家风家训及孙庄好人。实施"一品三提五治"行动,即打造村居品味;提升村容村貌、提升管护水平、提升自治能力;治理生活垃圾、治理厕所粪污、治理生活污水、治理水环境、治理农业废弃物。孙庄村建有全县第一座小型污水处理设施和易腐垃圾处置中心。2021年,整治破落建筑52座,疏浚河道2.49公里,打造生态河5.7公里,消除黑臭水体53处。孙庄村作为全县唯一一家省级循环农业试点村,投入160万元打造农业生态循环系统。荣获"国家级绿色村庄""江苏省美丽乡村""江苏省文明村""南通市特色田园乡村"等称号。

(王晓真)

大豫镇

【概况】大豫镇位于江苏省南通市如东县东南沿海地段,因清末状元、著名民族实业家张謇在此创办大豫垦殖公司而得名。总面积195.47平方公里,耕地面积1.19万公顷,辖行政村14个,社区4个,总人口8.73万人。2021年,大豫镇出生282人,死亡1040人,人口自然增长率-8.68‰。地区生产总值91.78亿元,其中,第一产业增加值13.06亿元,第二产业增加值44.07亿元,第三产业增加值34.65亿元。实现公共财政收入2.22亿元。工业应税销售40.3亿元,同比增长11.63%。实现服务业应税销售21.65亿元,同比增长41.97%。全镇村营收入2203.83万元。在2021年度全县镇(区、街道)整体目标责任制考核中荣获第一等次、"高质量发展杯"金杯,污染防治攻坚、文明城市长效管理专项工作均获一等奖,党建、法治、财政、城镇交通专项工作均获二等奖,工业经济、服务业经济、自然资源保障、乡村振兴专项工作均三等奖。2021年度大豫镇入选国家级农业产业强镇,获评省蔬菜产业特色镇、省文明镇,连续四年获得市"平安法治示范镇"称号,位列"年度全国综合实力千强镇"第348位。

【经济发展】2021年,大豫镇完成规上工业总产值32.5亿元,规上工业应税销售29亿元,新增规上工业企业数完成月度2家、年度4家。全镇累计实现服务业企业应税销售21.65亿元,服务业税收1726万元,限上批发业商品销售额增幅55.02%、营利性服务业营业收入增幅50.21%、限上住餐营业额增幅83.09%。

2021年大豫镇主要经济社会指标一览表

表64

项目	单位	数量	比2020年(±%)
总面积	平方公里	195.47	—
总人口	万人	8.7316	-1.79
地区生产总值	亿元	91.78	9.47
第一产业增加值	亿元	13.06	5.58
第二产业增加值	亿元	44.07	11.77
第三产业增加值	亿元	34.65	8.15
财政总收入	亿元	5.13	—
公共财政预算收入	亿元	2.22	-0.84
企业总数	家	234	1.74
其中规模工业企业	家	25	8.7
应税销售收入	亿元	61.95	16.67
当年实际利用外资	万美元	200	200
农业总产值	亿元	13.06	5.58
粮食总产量	万吨	6.11	20.75
棉花总产量	吨	38	-94.39
油料总产量	吨	6744	16.28
水产品产量	吨	37400	3.01
中小学校	所	4	—
医院、卫生院	所	4	—
参加社会养老保险人数	人	17910	0.067
参加城乡居民基本医疗保险人数	人	62568	-0.02
享受尊老金人数	人	6553	1.07

新增规模以上服务业企业5家，限额以上贸易企业13家。2021年共报送签约项目17个、注册企业13个、招商活动15次，先后招得亿元项目10个，包括左成新材料、学霖电缆、云天新材料、诺阳家居等。完成外资到账200万美元。一季度“开门红”全县排名第三、二季度“双过半”考核全县第二、发展速度争先获全县第一、月度考核评估保持在第一方阵、“秋季攻势”获得全县二等奖，项目考核全县第一。农业产业布局不断优化，粮食种植总面积17.2万亩，其中水稻2.1万亩，麦4.6万亩，玉米4.2万亩，大豆2.1万亩，蚕豌豆4.2万亩，总产15.67万吨。蔬菜种植面积13.6万亩，申报市级绿色蔬菜基地面积3.40万亩、申报两个省级标准园均通过上级验收。农业新型经营主体不断壮大，已有农业龙头企业5家，专业合作社62家，家庭农场160家，成功申报省级家庭农场7家，市级家庭农场2家，县级家庭农场25家，省级合作社2家，逐步形成以一门闸村、徐征村为核心的皇菊种植、生产、销售基地，以大同村、丁家店村为核心的特色果园，以农场社区、强民村、巩王村、香台村为核心的西兰花种植基地。

【镇村建设】2021年，大豫镇建设便民桥、通港二桥、通港三桥、村部桥4座农桥，完成兵十线6.7公里提档升级。全镇实现道路硬质化率92%，总计1016.1公里。率先完成洋通高速二期征收工作，征收房屋86户，土地222户，土地附属物14户；推进洋吕铁路征收工作，征收房屋193户、征收土地320户、进保197人、附属物征收94户。加强三个老集镇管理，集中整治违章搭建、违停乱停等现象，采用执法车固定时段巡逻执法与镇村专干“铁脚板”管理相结合模式，加大“马路市场”占道经营整治力度。

【社会事业】2021年，大豫镇疫情防控指挥部下设“一办十一组”有序运转，投入100多万元用于疫苗接种工作，完成镇级疫苗接种点改造。投入近60万元组织全镇核酸检测演练，完成采集检测近6万人。桂芝小学被评为“南通市新优质学校”。研究出台全镇中考绩效奖励方案，奖励初三教师11.38万元。海滨幼儿园、新星幼儿园新园、教师人才公寓、社区教育中心顺利启用。投入200多万元升级改造大豫初级中学食堂等项目。完成1个文化产业重点项目，新增3个规上文化企业，规上文化企业主营业务收入3亿元。成功举办“建党百年阅享大豫”豫人读书节启动仪式暨如东县“护苗2021”绿书签行动示范观摩活动。建成五星级书吧1家，创建四星级农家书屋1家。

【民生保障】2021年，大豫镇累计向全镇6400多名80岁以上老人发放尊老金515万余元；为1200多名重度残疾人发放生活、护理补贴1023万余元；为326户455名城乡低保发放生活保障金、水价补贴等各项资金348万余元；为293名农村五保、城镇三无发放生活保障经费、水价等各项补贴共计280万余元；为50名困境儿童发放生活供养经费78万余元；临时救助703人次，救助金额62万余元；红会、慈善分会救助困难群众948户，发放救助金37.85万元；“民善康”慈善医疗互助累计报销1891人次，补助金额184.4万元。镇退役军人服务站被评为国家示范性服务站，累计发放优待抚恤补助金共1698万元，医疗救助148人次，11.87万元。

【生态环境】2021年，大豫镇全面完成“保Ⅲ增Ⅲ”任务，国考断面年平均水质达Ⅲ类目标。镇污水处理厂正常运行，规划区内主管网22公里已全部建设完成，支管网建成25.52公里，镇区基本实现管网全覆盖。建成集中式农污管网205.25公里，60个终端，终端37个正常运维、23个埋设调试，惠及7716户。分散式农污621户已全部投入使用。沿如泰运河东西10公里、南北两岸各1.6公里，总面积32平方公里范围内农户污水实现应纳尽纳。辖区内骨干河道全部疏浚清理结束后，投入1647.74万元，疏浚河道658条，584.99公里。

【社会治理】2021年，大豫镇镇村两级共调处矛盾纠纷1691件，涉案金额332万余元，调处成功率100%，未造成社会影响重大矛盾纠纷。共接收“12345”热线1435件，县长信箱10件，“阳光信访”信件79件。投入资金约105万元在辖区内4所学校、兵房镇区、老大豫镇区、丁店镇区、新334沿线、三龙舍入海卡口处设置监控系统设备，进一步提升群众安全感和满意度。深入开展专项整治三年行动，先后组织3次《中华人民共和国安全生产法》大型专题学习培训。完成安全生产风险报告申报。

【农业产业强镇】成立大豫镇西兰花产业联合体，成功推动西兰花产业发展不断集聚化和规模化，促进周边群众共同增收致富。作为南通市唯一获国家级农业产业强镇项目的乡镇，项目总投资4210万元，共申请中央财政资金1000万元补助，一产建设标准化西兰花种植示范基地3万亩，推广新技术；二产新建冷库2万立方米、包装车间500平方米及配套流水线等，提升产业加工能力；三产新建西兰花集散中心交易场地2万平方米，打造冷链物流交易中心。

【一门闸村】一门闸村地处大豫镇政府西侧，南邻如泰运河，紧靠省道334线，

2021年如东县大豫镇各村(社区)基本情况表

表65

村(居)名	党支部书记	主任	村民小组(个)	人口(人)	耕地面积(公顷)	村营收入(万元)
大同	冯金辉	冯金辉	48	5477	980	59.73
巩王	吴 曦	曾红兵	43	5882	741	105.24
丁家店	龚 燕	龚 燕	44	7048	741.66	57.41
伯安	宋红兵	宋红兵	25	3393	406	69.36
东安闸	何爱玲	何爱玲	46	6192	739.05	189.07
马家店	李玉华	李玉华	44	6111	780.21	86.4
徐征	查晓飞	查晓飞	28	4059	544.15	171.93
强民	印雪峰	印雪峰	49	6044	836.07	102.97
一门闸	黄浩新	黄浩新	39	4950	691	112.61
兵房居委会	施雪丰	施雪丰	13	4192	105	86.47
止马洼	郭拥军	郭拥军	32	4581	474.3	57.73
南坎社区	季钱勇	季钱勇	34	4670	516.44	85.87
香台	仇小华	仇小华	46	6325	834.49	133.35
周墩	桑新华	桑新华	20	4149	500	144.1
豫东	陈 剑	陈 剑	35	4437	517.2	70.75
大豫社区	施春华	施春华	34	5752	582.3	113.88
九龙	张海林	张海林	22	2600	773.53	242.29
农场社区	徐永军	徐永军	6	1454	338	314.67

2021年9月29日，大豫镇强民村，强民村52烈士历史简介展开幕式现场

距县城仅8公里，辖39个村民小组，总人口4950人，社会面积8.5平方公里，耕地面积1.21万亩，承包地面积1.04万亩。现有定编干部8人，党员181人。先后获得“如东县绿美村庄”“如东县先进基层党组织”“如东县文明村”“南通市文明村”“南通市美丽宜居乡村”“江苏省统计局千佳单位”“江苏省规范化农业科技服务站”“江苏省废弃物综合整治示范村”等荣誉称号。辖区内共有企业24家，其中500万元以上定报企业16家。2021年全村工农业总产值，农民收入等经济指标同比增幅17%以上，村营收入113.2万；矛盾纠纷调解成功率、清洁能源率、新型合作医疗参保率99.8%。全村共有省市级农业龙头企业2家，规模种植大户22家，土地股份合作社2家，家庭农场10家，农业机械化综合水平95%以上。以南通琳丰食品有限公司生产的果蔬深加工项目、卫东生态葡萄采摘园、晓冲枇杷采摘园、惠民果蔬专业合作社采摘园打造为抓手，积极引导和培育当地农民将生态种植业、深加工业相结合，推进农业与旅游、教育、文化等产业深度融合，促进农民就业增收。

2021年11月，大豫镇强民村农业核心区景观

（张 玮）

长沙镇

【概况】长沙镇位于如东县东北部，濒临南黄海，建设有黄海沿岸重要深水港口洋口港，南与大豫镇相邻，西与城中街道、苴镇街道接壤，东北两面临海。全镇总面积72平方公里，其中耕地面积4973公顷，下辖行政村6个，分别是北坎村、陆河村、四桥村、长堤村、富盐村、卫海村，代管港城社区、滨海村、黄海村、三民村。2021年末辖区户籍总数（含代管区域）1.28万户，总人口3.67万人。全年出生131人，死亡392人，人口自然增长率－7.032‰。在2021年度全县综合考核中，荣获高质量发展杯铜杯，自然资源、乡村振兴、民生事业获专项工作均奖一等奖，文明城市长效管理获专项工作奖二等奖、法治获专项工作奖三等奖。

【港口保障】2021年，长沙镇全力支持洋口港“3100”发展目标实现，围绕“大项目全面开工、大配套全面推进”做强要素支撑和服务保障，全年完成如东至太仓输气管线工程、如东产业园热电联产110千伏线路送出工程、南通兆群开关站至嘉通能源220千伏线路工程、进港航道工程、工业原水工程、洋吕铁路工程，洋通高速二期、海堤河南侧地块、港口新城东南片区等11个征拆项目，落实农户安置663户，非住宅拆迁77家，征拆总面积达18.5万平方米。在全县首次推行被征地农民自愿放弃土地承包经营权置换社会保障工作办法，鼓励农民退出土地，向港口新城集聚。全力解决企业“招工难”“稳工难”问题，对全镇失滩、失业人员进行排查、登记，促进160余名农村富余劳动力就近就地就业。对新投产有用工需求企业，通过各类渠道帮助企业做好服务。为保障港口货运通畅，确保大型船舶顺利进靠，长沙镇严肃查处拆解涉渔“三无”船舶，遏制非法捕捞，全年缴获“三无”船舶8艘、浮子筏7艘、快艇1艘，排查整改安全隐患44个，举办下海作业人员安全生产技能培训21班次，培训人员2694人。对下海拖拉机、滩涂作业拖拉机完成安全检测。

【经济发展】农业。2021年，长沙镇注重提升粮食综合生产能力，促进粮食丰产增收。全年生产粮食2.73万吨。全年新增现代化农业项目5个，建设投入0.83亿元，新增农民就业岗位300个，促进农民增收超1500万元。“政经分离”改革成果深化。10个村（社区）村级集体经济总收入2329.44万元，村域综合实力持续领跑全县。

海洋渔业。2021年，长沙镇渔业生产稳定增长，全镇共有滩涂面积31万亩，海岸线24公里，中大型下海拖拉机210辆，用滩企业6家，渔船121艘，从业人员2694名，全年累计出海30余万人次。截至2021年末，全镇南美白对虾养殖面积2.13万亩（温棚1.09万亩，池塘1.04万亩）、紫菜养殖面积0.55万亩，水产品总产量7.2万吨。水产养殖规范化和渔业生产机械化程度不断提高。

商贸服务业。2021年，长沙镇第三产业生产总值16.82亿元，相关产业从业人员9584人，大型商品交易市场2家。随着外来人口大量流入，长沙镇坚持稳健发展策略，老集镇餐饮行业兴旺，新城商圈天瑞海港城人气渐旺。商

2021年如东县长沙镇主要经济社会指标一览表

表66

项目	单位	数量	比2020年增减(%)
总面积	平方公里	95	—
户籍人口	万人	3.67	-0.9
地区生产总值	亿元	88.91	11.72
第一产业	亿元	6.66	5.71
第二产业	亿元	6.54	13.31
第三产业	亿元	16.82	8.25
财政总收入	亿元	9.30	-21.68
公共财政收入	亿元	7.79	25.88
农业总产值	亿元	6.66	5.71
粮食总产量	万吨	2.73	12.70
水产品产量	吨	72032	26.91
中小学校	所	3	—
医院、卫生院	所	4	—
参加社会养老保险人数	万人	0.65	27.75
参加城乡居民基本医疗保险人数	万人	2.57	—
享受尊老金人数	人	2326	11.40

贸服务业以海鲜商贸城为中心,结合本地渔业生产,带动海鲜产业上下游运销、经营、中介等行业发展,商贸流通业发展更加完善。

园区建设。2021年3月,北坎村高标准农田建设项目0.63万亩通过省级验收,建成2个千亩以上核心示范区,项目土地流转率超七成,均通过公共资源交易平台规范发包。全镇拥有农民专业合作社35个,家庭农场55家,全年新增家庭农场6家,培育创建市级示范家庭农场1家、县级示范家庭农场5家,申报市级农业龙头企业1家、县级龙头企业1家。

【镇村建设】拆违治乱 2021年,长沙镇综合行政执法局内设2个中队,补充执法力量,强化"双违"监管专项整治工作。全年累计完成整治违建行为21件次,拆除面积1526.2平方米。同时,结合文明城市长效管理工作,进一步加强对长沙老镇区、学校周边、金光、桐昆企业生活区周边道路流动摊贩的集中整治。

基础交通。2021年,长沙镇按照"分级管理、分层考核、分段负责"原则建设公路管理架构,实现五级公路路长制全覆盖。全年新建农路2.3公里,完成全镇农路、农桥普查,全镇有农路468.95公里,桥梁201座。补充设置安全限载标志,完善桥梁信息公示牌。卫海桥改造工程被如东县政府列入2021年为民办实事项目,当年6月完成竣工通车。

公共服务。2021年,长沙镇致力构建高水平公共服务体系。长沙镇慈善分会被授予"如东县最具影响力慈善组织"荣誉称号。截至2021年底,长沙镇共有学校3所,在校中小学生1497人,幼儿园在校561名孩童,全镇学生中有外来务工人学子女353人,占比17.2%,数量逐年增加;医疗卫生机构13个,床位数92个,执业(助理)医师35人,兽医(防疫)技术人员13人;电影院1家,体育场馆2个。

环卫建设。2021年,长沙镇垃圾设施升级换代工作全面完成;继续巩固全域垃圾分类工作,投资260万元新建易腐垃圾处理站2座,增加易腐垃圾处理设备2台、垃圾收集车共18辆、一线收集员18名。日处理易腐垃圾2.5吨;投资269万元,建成现代化设备用房,投入先进压缩设备,全年垃圾清运量1.62万吨。

绿化建设。2021年,长沙镇完成绿化造林300亩、森林抚育822亩,在四桥村完成3000亩农田林网建设,继续保持全县领先水平。强化对海洋铁路、港城中通道等交通干线及洋口运河、长沙中心河两侧骨干河道绿化养护工作,重点对560亩沿海防护林加强管理,进一步改善沿海地区生态环境,确保绿色发展理念引领沿海生态风光带打造。全镇已建成省级绿化示范村4个。

【社会事业】教育事业。2021年,长沙镇顺利完成洋口港实验学校中、小学独立运营。全年累计投入178万元用于基础设施维护、水电气补助。实施教育绩效考核奖励办法,首次发放奖励资金57.93万元。港城幼儿园获南通市"依法治园合格园",如东县"三八红旗集体"等荣誉称号,洋口港实验小学获如东县办学水平评估金奖。长沙镇成人教育学校自主办班15个,完成劳动技能培训1684人次。洋口港实验学校获"如东县先进基层党组织""教育系统书香校园""校园艺术节优秀组织奖"等多个奖项。

文化广电。2021年,长沙镇成功举办大型杂技剧《海星花》长沙专场,庆祝中国共产党成立100周年举办"凝百年奋斗伟力 铸今朝腾飞梦想"主题党课。长沙镇图书馆(港城书吧)被评为"最美阅读空间""五星级书吧",并入选江苏省"最美公共文化空间"试点打造,完成港城社区、富盐村居农家书屋提档升级工作,实现辖区内四星级以上农家书屋全覆盖,为如东县唯一。在港城社区建设休闲文化广场,在滨海村乡村文化长廊。"送电影下乡"109场次。长沙镇安澜舞蹈队获得县广场舞比赛第二名,长堤村舞蹈队获邀2022年如东县老年春晚表演。长沙镇人民政府获评2021年度智慧广电乡镇建设先进集体。长沙镇获如东县第十三届运动会暨2021年全

2021年如东县长沙镇各村(社区)基本情况表

表67

村(居)名	党支部书记	村民小组(个)	户数(户)	人口(人)	耕地面积(公顷)	村营收入(万元)
港 城	刘泽辉	66	2976	8172	9258.07	304.13
北 坎	陆 军	64	2380	6597	10747.75	182.89
陆 河	刘 健	61	1833	4345	7976.46	138.12
四 桥	许雪峰	51	1574	5624	10829.71	242.94
长 堤	张小锋	24	962	2832	6784.10	118.26
富 盐	夏红军	30	946	2856	8678.93	89.39
卫 海	陈 兵	20	899	2717	8343.63	137.39
滨 海	马步松	1	454	1197	151.74	380.76
黄 海	孙磊磊	2	434	1447	391.85	410.56
三 民	佘海波	1	442	1329	1466.54	325

民健身运动会团体总分三等奖,农民部团体总分第一名的历史好成绩。

卫生健康。2021年,长沙镇卫生所牵头成立长沙镇新冠肺炎流行病学调查队、环境消杀队、核酸检测队等疫情处置队伍。创建1家甲级村卫生室(北坎卫生室)、2家家庭医生工作室(港城社区、滨海村)。农村社区医疗服务体系建设进一步完善,全镇10家村卫生室诊疗均次费用34.91元,全年诊疗6.92万人次,完成65岁以上老年人体检0.71万人次,免费家庭医生签约1.46万人次。建成运行港城幼儿园托育中心,为全县首家公办普惠示范性托育服务机构。

计划生育。2021年,全镇完成奖特扶年审,及时退出及变更60人,发放一次性奖励资金137人43.84万元;特别扶助补贴221人88.15万元;申报计划生育手术并发症人员(三级以上)特别扶助31人7.56万元。有效实现"三个全覆盖",为每个特扶家庭签约家庭医生,开通就医绿色通道;定期开展"暖心行动""冬日暖阳行动"等志愿服务。

民政事业。2021年,长沙敬老院与上海九如城养老集团达成战略合作协议,公建民营取得实质性成效,为下一步打造区域性养老服务中心提供有力支撑。全面推广"安康行动",确保老年人意外伤害保险全覆盖,政府出资为696名特殊困难老人补贴意外伤害保险费用。免费为残疾人辅助器具32件,残疾人家庭无障碍改造5户,免费为2名贫困白内障患者实施手术。进一步落实殡葬惠民制度、树立殡葬文明新风,全年发放补贴191人共13.48万元。

【民生保障】2021年,长沙镇认真落实民政和优抚政策,累计发放各类补助资金3.47万人次、1540.98万元。全镇共1.98万人参与"民善康"项目,发放补助资金1488人次、163.68万元,人均减轻医疗负担23.8%。进一步做好优抚工作,在全镇上下营造关爱退役军人、尊崇军人职业、敬重英雄、关心国防良好氛围。全年新增职工养老保险1814人,职工医疗保险收缴完成2.57万人次,连续三年征缴进度全县第一。持续优化退管工作程序,推广电子化审核服务,全镇退休托管人员2348人。

【生态环境】2021年,长沙镇扎实推进农村人居环境综合整治工作,人居环境整治综合考核位列全县第一,全市前十。全年完成镇级巡河352次,村级巡河3631次,实现全镇37.9公里黑臭水体动态清零,建设生态河23.14公里,新建小型农污站点5座。对北坎老集镇六小行业未纳管商户实施污水管控收集。新增四桥村试点分散式农污纳管537户。全镇已建成11座农污站点和31.1公里管网,纳管农户1021户。畜禽养殖治理暨生猪控减、南美白对虾规范养殖整治、秸秆"四禁"和综合利用等重点工作落地落实。高标准完成"两违三乱"拆除任务9处,拆解浮吊船3艘。

【社会管理】2021年,长沙镇社会治理现代化工作取得全面进步。辖区社会治安状况良好,社会平安稳定,未发生重大安全责任事故和有影响涉稳事件,积极开展反电诈宣传教育活动。"八五"普法全面启动,"援法议事"进一步健全完善,建成村(社区)农村"法律明白人"和"法治带头人"实现全覆盖,全年化解矛盾纠

2021年,滨海村乡村振兴"有事好商量"协商议事

纷925件,常态开展“法治体检”服务援企活动12次。深化推进长沙镇安全生产专项整治三年行动方案,聚焦海洋渔业、消防、农业农机、村镇建设、农村道路交通、医疗卫生、学校、养老机构等镇重点行业领域,开展安全生产隐患排查整改,组织开展“三年专项整治行动”“既有建筑安全隐患排查”“农村桥梁安全风险排查”等各类专项整治行动。

长沙镇乡村振兴电商展销

【滨海村】长沙镇滨海村,位于洋口港经济开发区东侧,北倚海堤河,南至长坎河,水陆交通优势明显,地理位置优越,是一个专业渔村,共有农户447户,总人口1230人,分2个村民小组,耕地面积239亩。村总面积1.73平方公里,滩涂面积14万亩,主要以文蛤、花蛤、紫菜养殖为主。村党总支党员69人,下设两个党支部,有定编村干6人,村综合服务中心总面积2740平方米,集体经济总资产1900万元。辖区内民营企业9家,工业产值2780万元。村通过合作社实现股改,全民参股。2021年,村营集体收入达380万元,农民人均纯收入21600元。2021年,滨海村先后完成综治中心、污水处理站、健康广场、党群服务中心、村史馆、文化大礼堂等项目建设。率先完成有线电视高清村改造,路面硬质化,路域环境绿化亮化全覆盖,村民养老医疗保险全覆盖。2021年,滨海村入选南通市首批乡村振兴示范村培育名单,并于年底荣获江苏省第八批次“省级特色田园乡村”命名。

(刘张豪)

人物·荣誉

新任县领导

许金标，男，1976年6月出生，如东县人，研究生学历，1999年8月入党。

1996年11月如东县地税局丰利分局经管员；1997年4月如东县地税局栟茶分局稽查员；1999年11月如东县地税局栟茶分局税务员；2002年9月如东县地税局科员；2005年6月如东县地税局稽查局检查二股股长(其间，2007年9月至2008年9月挂职任洋口港经济开发区管委会主任助理)；2009年1月如东县掘港镇副镇长；2010年10月如东县掘港镇副镇长，掘港工业园区党工委副书记、管委会副主任；2011年1月如东县丰利镇党委副书记、镇长；2012年1月如东县河口镇党委书记；2015年7月如东县人民政府副县长、党组成员，河口镇党委书记；2015年8月如东县人民政府副县长、党组成员；2016年11月，县人民政府副县长、党组成员，县行政审批局党组书记、政务服务中心党工委书记；2017年11月中共如东县委常委，县行政审批局党组书记、政务服务中心党工委书记；2017年12月中共如东县委常委，沿海经济开发区党工委书记、小洋口旅游度假区党工委书记，行政审批局党组书记、政务服务中心党工委书记；2018年3月中共如东县委常委，沿海经济开发区党工委书记、小洋口旅游度假区党工委书记；2019年5月中共如东县委常委，沿海经济开发区党工委书记；2020年1月中共南通市通州区委常委，南通高新技术产业开发区党工委副书记、管委会常务副主任(正处职)；2021年4月中共如东县委常委，县人民政府副县长、党组成员(正处职)；2021年7月至现在中共如东县委常委，县人民政府常务副县长、党组副书记(正处职)。

朱正俊，男，1980年12月出生，建湖县人，大学本科学历，硕士学位，2002年3月入党。

2002年8月南通市崇川区任港街道办事处工作(其间，2002年8月至2003年6月挂职任南通市崇川区城港经济实业公司经理助理)；2003年12月南通市崇川区任港街道团委副书记，街道办事处招商办、创建办工作(其间，2005年1月至2006年6月借调中共南通市委先进性教育活动办公室工作)；2006年7月中共南通市委组织部组织处工作；2007年8月中共南通市委组织部组织处副主任科员；2009年1月中共南通市委组织部县区干部处(青年干部处)副主任科员；2011年1月中共南通市委组织部县区干部处(青年干部处)主任科员；2012年2月中共南通市委组织部县区干部处主任科员；2012年12月中共南通市委组织部青年干部处副处长、主任科员；2016年6月中共南通市委组织部综合干部处副处长、青年干部处处长；2017年11月南通市机构编制委员会办公室副主任，中共南通市委组织部综合干部处副处长、青年干部处处长；2018年1月南通市机构编制委员会办公室副主任；2019年1月中共南通市委机构编制委员会办公室副主任；2021年7月至现在，中共如东县委常委、纪委书记，县监察委员会代主任。

姜红波，男，1982年7月出生，海安市人，大学本科学历，2004年10月入党。

2005年8月海安县海安镇海北小学教师(其间：2007年8月至2009年8月借海安县教育局办公室工作)；2009年8月如皋软件园党政办公室工作人员；2010年8月如皋软件园党政办公室副主任；2011年8月中共如皋市委办公室信息科科员；2012年4月中共如皋市委办公室信息科副科长；2012年11月南通市民政局办公室科员；2014年4月南通市民政局办公室副主任；2016年4月南通市民政局办公室主任；2019年5月南通市民政局副局长、党组成员；2019年9月南通市民政局副局长、党组成员，团市委副书记(挂职)；2020年9月南通市民政局副局长、党组成员，团市委副书记(挂职)，中共启东市委常委(挂职)；2021年5月至现在，如东县人民政府副县长、党组成员；(其间，2021年6月挂任陕西省汉中市南郑区委常委、副区长)。

刘莉，女，1981年1月出生，如皋市人，研究生学历，1999年6月入党。

1999年9月如皋市(城西乡)如城镇计生办办事员；2001年12月如皋市如城镇计划生育服务站副站长；2005年8月如皋经济开发区办事员；2006年8月如皋市妇联办公室主任；2009年9月如皋市纪委、监察局派驻乡镇纪检监察室副主任；2010年12月如皋市纪委、监察局宣传教育室主任；2011年12月如皋市纪委、监察局宣传教育室主任，高明镇党委副书记(挂职)、胜利社区党总支第一书记；2013年3月如皋市纪委、监察局宣传教育室主任，江安镇党委副书记(挂职)、胜利社区党总支第一书记；2014年5月如皋市纪委常委，市纪委、监察局宣传教育室主任，江安镇党委副书记(挂职)、胜利社区党总支第一书记；2014年12月如皋市纪委常委，市纪委、监察局宣传教育室主任；2015年9月如皋市纪委常委；2016年1月如皋市搬经镇党委副书记、镇长，市纪委常委；2016年5月如皋市搬经镇党委副书记、镇长；2019年8月如皋市搬经镇党委书记、镇长；2020年1月如皋市搬经镇党委书记；2021年5月如皋高新技术产业开发区党工委副书记、管委会副主任；2021年6月如东县人民政府党组成员；2021年7月至现在如东县人民政府副县长、党组成员。

周洪，男，1975年5月出生，如东县人，大学本科学历，民盟盟员。

1995年7月南通五建二公司施工员；1998年10月南通五建四公司技术负责人；2001年7月如东县潮桥国家直属粮食储备库工作人员；2002年8月如东县潮桥国家直属粮食储备库办公室副主任、安全员；2005年8月如东县住房制度改革办公室办事员；2010年11月如东县住房改革发展保障办公室副主任；2011年1月如东县大豫镇副镇长；2012年3月南通滨海园区办公室；2013年7月南通滨海园区经济发展局项目审批服务处；2014年1月南通滨海园区经济发展局局长助理(正科级)；2015年8月通州湾示范区经济发展局局长助理(正科级)；2016年6月通州湾示范区经济发展局副局长(正科级)；2016年10月通州湾示范区招商中心副主任(主持工作)(正科级)；2018年12

月通州湾示范区招商中心主任（正科职）；2019年5月通州湾示范区行政审批局局长、公共资源交易中心主任（兼）；2020年9月通州湾示范区行政审批局局长、公共资源交易中心主任（兼），南通市行政审批局总工程师（挂职）；2021年12月如东县政协副主席候选人。

杨德华，男，1972年2月出生，海安市人，大学本科学历，硕士学位，1994年7月入党。

1990年3月海军高射炮兵第六团战士；1992年8月沈阳炮兵学院地炮分队指挥专业中专学习毕业；1994年7月海军岸舰导弹第十二团岸炮一营炮兵连排长；1996年8月海军岸舰导弹第十二团岸炮一营炮兵连副政治指导员；1997年12月海军岸舰导弹第十二团岸炮一营炮兵连副连长；1998年11月海军岸舰导弹第十二团岸炮一营炮兵连连长；1999年2月海军岸舰导弹第十二团司令部指挥连连长；2001年3月海军岸舰导弹第十二团司令部军务装备股股长；2003年3月海军岸舰导弹第十二团岸炮一营政治教导员（正营）；2004年3月海军旅顺保障基地政治部宣传保卫处正营职干事；2006年6月海军旅顺保障基地政治部宣传保卫处副团职干事；2008年1月南通市中级人民法院审监庭工作人员；2008年10月南通市中级人民法院审监庭副主任科员；2010年10月南通市中级人民法院助理审判员；2012年2月南通市中级人民法院办公室副主任、助理审判员（其间，2012年5月至2013年8月挂职担任南通市港闸区人民法院副院长、党组成员、审判委员会委员、审判员）；2015年7月南通市中级人民法院办公室副主任、审判员；2016年4月南通市中级人民法院办公室主任、审判员；2016年11月南通市中级人民法院审判委员会委员、行政庭庭长；2017年11月南通市中级人民法院审判委员会委员、行政庭庭长，一级法官；2019年12月南通市中级人民法院审判委员会委员、行政庭庭长，四级高级法官；2021年6月如东县人民法院党组书记，四级高级法官；2021年7月至现在如东县人民法院代院长、党组书记，审判委员会委员、审判员，四级高级法官。

方海军，男，1974年4月出生，启东市人，大学本科学历，硕士学位，2009年8月入党。

1994年8月启东市人民检察院见习书记员；1995年10月启东市人民检察院书记员；1999年12月启东市人民检察院审查起诉科助检员；2001年9月启东市人民检察院审查起诉科副科长；2002年8月启东市人民检察院审查起诉科副科长、检察员；2002年9月启东市人民检察院检察长助理、公诉科副科长；2003年7月启东市人民检察院检察长助理，兼驻监所检察室主任；2003年12月启东市人民检察院副检察长；2006年12月启东市人民检察院副检察长（正科级）；2008年11月启东市人民检察院副检察长（正科职）；2011年3月启东市人民检察院副检察长、党组成员；2016年9月启东市人民检察院副检察长、党组成员，四级高级检察官；2017年5月启东市人民检察院党组副书记、副检察长，四级高级检察官；2021年6月如东县人民检察院党组书记，四级高级检察官；2021年7月至现在如东县人民检察院代检察长、党组书记，检察委员会委员、检察员，四级高级检察官。

先进人物

沈亚秋

沈亚秋，女，汉族，1974年3月生，中共党员，江苏省如东县城中街道综合服务中心主任。

20多年来，沈亚秋悉心照顾身边的3对“父母”：丈夫已故女友的父母、公公婆婆、丈夫的伯父伯母。她和丈夫已故女友的父母组成一个特殊而幸福的家庭，她尽心侍奉全身瘫痪的婆婆和身患癌症的公公，她用细致入微的照顾陪伴无儿无女且重病卧床的丈夫的伯父伯母。

她是心怀大爱的好“女儿”。1997年，在童店乡文化站工作的沈亚秋与在公安系统工作的张恒俊相识，两人互生好感。张恒俊告诉沈亚秋，已故女友莫某当年确诊白血病临终前，自己答应过要把她的父母当成自己父母一样孝顺。沈亚秋被眼前这个有情有义的男人深深地感动了，表示愿意和他一起照顾两位老人！沈亚秋不仅将自己女儿名字中间加上了莫姓，更在莫母生病的7年中如同女儿般悉心照顾。莫母去世后，沈亚秋又以女儿的身份料理后事，并将莫父接到县城，跟他们一起生活。

她是弘扬孝道的好儿媳。沈亚秋尽心侍奉公公、婆婆。婆婆由于患脑梗，一次中风摔倒，引发股骨破裂，致使全身瘫痪，长年卧床，同时还患有严重的阿尔茨海默病，护理难度非常大。公公又被查出肺癌晚期，沈亚秋带着老人四处寻医，在2013年沈亚秋被查出患上了乳腺癌，她对老人的悉心照顾也丝毫未减，直至为两位老人养老送终。

她是倾情陪伴的好侄媳。丈夫的伯父、伯母无儿无女，沈亚秋也给予了精心的照顾。二老相继中风落下偏瘫的后遗症。生活中，买米买油、买药看病、大事小情，都由沈亚秋操心。2018年，伯母病情恶化，沈亚秋侍奉在老人床前，喂饭送水，递汤送药。伯母去世后，伯父的身体也转差，沈亚秋几乎每天都守候在老人身边，侍奉左右，直到8个月后伯父离世。

沈亚秋荣获江苏省道德模范、江苏省三八红旗手标兵、第八届全国道德模范提名奖等称号，荣登“中国好人榜”，其家庭被评为首届全国文明家庭、全国最美家庭。

国网如东县供电公司退役军人共产党员服务队

国网如东县供电公司退役军人共产党员服务队自发成立于2001年7月,这支以退役军人为骨干力量的志愿服务队不忘军人本色、践行党员承诺,扶贫济困、为民爱民,用小善写就大爱。全体成员坚定永远跟党走的理想信念,把“人民电业为人民”作为矢志追求,认真做事做对事,用心做事做好事,努力为群众办实事,形成了“为民服务甘当孺子牛、爱岗敬业甘当践行者、奉献社会甘当暖心人”的服务队精神。20年来,他们累计受理各类求助电话7.8万多个,现场服务5万多次,受益人群达25万多人次,累计为500余名困难群众捐赠近百万元。该服务队先后荣获全国学雷锋活动示范点、中国好人、全国最美退役军人、全国用户满意服务明星班组、国家电网有限公司金牌共产党员服务队、“国网楷模”、江苏“时代楷模”等28项地市级以上荣誉称号。

国网如东县供电公司退役军人共产党员服务队获江苏“时代楷模”

已故人物

邱荣林,中国共产党党员,政协如东县第六、七届委员会副主席,红军时期参加革命工作,享受省(部)长级医疗待遇,离休干部邱荣林(阙荣林)同志,于2021年11月17日22时30分因病医治无效,不幸逝世,享年99岁。

邱荣林出生于贫苦家庭,从小就向往革命,追求光明。1936年,13岁的邱荣林找到红军部队,成为闽西红军二师四团二营年龄最小的战士,他机敏灵活、办事利索,主动承担了传送情报和到山下运盐的任务,一次又一次通过敌人哨卡,是名副其实的“红小鬼”。在烽火连天的抗日战争年代,邱荣林同志所在的游击队奔赴抗日前线,被整编为新四军第二支队四团。1939年底,邱荣林同志随新四军苏皖支队北渡长江,先后在扬州、仪征、六合、天长、半塔、津浦铁路沿线、皖东等地区战斗过。在江北抗日战场,邱荣林先后参加月塘保卫战、夜袭甘泉山、救援半塔、驰援郭村、黄桥战役、二窎战斗、斜桥伏击战、三仓保卫战等重大战役战斗。邱荣林历任班长、副排长、排长、连长等职务,他英勇顽强、舍生忘死,冲锋陷阵、不怕牺牲,曾多次负伤,所在的班、排、连多次担任最关键、最危险的突击和攻坚任务,屡次化险为夷、克敌制胜,重创敌军。因作战勇敢,敢打硬仗,邱荣林多次立功受奖。在艰苦卓绝的解放战争时期,邱荣林参加了“苏中七战七捷”中的皋南战斗,与国民党王铁汉部展开激战。此战,邱荣林任代理营长的一营记大功,个人荣立二等功。

邱荣林

身经百战的邱荣林,累累伤痕,记载了他的光荣革命历史,他经受了炮火、苦难的洗礼,经受了战争环境的锻炼和考验。

解放后,邱荣林转业第二故乡如东,历任区长、乡长、厂长、民政科科长、公社党委副书记、书记,县委委员和县政协副主席等职务,在不同的工作岗位上均作出了重要贡献。面对繁重复杂的工作任务,邱荣林以对党忠诚、对工作负责的精神,努力学习,钻研业务,他始终牢记党的宗旨,关心群众疾苦,真诚地关心和帮助同志;他处处严格要求自己,艰苦奋斗,两袖清风,无私奉献;他严于律己,淡泊名利,严格要求亲属子女,始终坚守共产党人的政治本色。

邱荣林离休后,坚持看书学习,继续发挥余热,关心党和国家事业发展,关注国际国内形势变化,密切关心如东改革、经济建设和社会进步,积极参加县内有关重要活动,开展革命教育百余场,宣讲革命优良传统,毕生为党旗增光辉,充分展现了一名共产党员的赤胆忠心。病重期间,邱荣林以顽强的意志同疾病作斗争,直至生命最后一刻。

附录

年度荣誉

2021年如东县获得国家级荣誉一览表

表68

荣誉名称	授予单位
全国文明城市	中央精神文明建设指导委员会
2020年度江苏省自然资源节约集约利用模范县	江苏省自然资源厅
中国民间文化艺术之乡	文化和旅游部
全国县域经济百强县市第33位	—
全国投资潜力百强县市第40位	—
县域经济竞争力百强县市第41位	—
全国综合实力百强县市第40位	—
中国工业百强县第27位	—
全国科技创新百强县市第26位	—
全国绿色发展百强县市第37位	—
全国新型城镇化质量百强县市第57位	—

2021年如东县机关部门、企事业单位获得省部级表彰的部分荣誉一览表

表69

荣誉名称	获得单位	授予单位
全国民主法治示范村	如东县马塘镇马东村村民委员会	司法部、民政部
全国学雷锋活动示范点	国网江苏省电力有限公司如东县供电分公司	中共中央宣传部
第十一届“中华慈善奖”	国网如东县供电公司退役军人共产党员服务队	中华人民共和国民政部
江苏省先进基层党组织	国网江苏省电力有限公司如东县供电分公司共产党员服务队党支部	中共江苏省委
全国“七五”普法工作先进单位	如东县法治宣传领导小组	中宣部、司法部、全国普法办
全国文明接待室	如东县人民检察院	最高人民检察院
第二届“新时代、新检察、新影像”全国检查视频大赛“最受网友喜爱作品奖”	如东县人民检察院	检察日报社
2020年生态环境保护执法大练兵表现突出集体	南通市如东生态环境局	生态环境部
宣传工作优秀奖	老促会新店分会	全国老区宣传工作会议组委会
国家级卫生镇	丰利镇	全国爱卫办

续表69

荣誉名称	获得单位	授予单位
2021年农业产业强镇	大豫镇	农业农村部、财政部
2021年度全国民主法治示范村(社区)	丁家店村	司法部、民政部
2018—2020年全国计划生育优质服务先进单位	如东县	国家卫生健康委员会
2021年度全国避孕药具不良反应监测工作先进单位	如东县妇幼保健计划生育服务中心	国家卫生健康委员会计划生育药具不良反应监测中心
2021年"优质服务基层行"活动中表现突出、服务优质机构	如东县丰利镇中心卫生院	国家卫健委、国家中医药管理局
第五届博鳌国际金汤奖——十佳温泉旅游目的地	江苏省如东小洋口旅游度假区管理委员会	博鳌国际金汤奖组委会
江苏省乡村振兴先进集体	洋口镇党委	中共江苏省委、江苏省人民政府
省文明村	曹埠镇跨岸村	中共江苏省委、江苏省人民政府

2021年如东县机关部门、企事业单位获得省直单位表彰的部分荣誉一览表

表70

荣誉名称	获得单位	授予单位
全省综合行政执法改革暨指挥中心建设先进单位	如东县委编办	江苏省委编办
江苏省文明镇	如东县马塘镇人民政府	江苏省委宣传部、江苏省文明办
江苏省文明村	江苏省南通市如东县马塘镇马西村村民委员会	江苏省委宣传部、江苏省文明办
江苏省文明村	如东县马塘镇许楼村村民委员会	江苏省委宣传部、江苏省文明办
江苏省教育系统先进集体	如东县马塘镇邱陞中学	江苏省教育厅
江苏省计划生育协会工作成绩突出单位	如东县马塘镇计划生育协会	江苏省卫生健康委员会、江苏省计划生育生协会
江苏省五四红旗团委(团工委)	国家税务总局如东县税务局机关党委	共青团江苏省委
江苏省五四红旗团支部(团总支)	国家税务总局如东县税务局第一税务分局团支部	共青团江苏省委
南京海关集体嘉奖	如东海关监管一科	南京海关
2019—2021年度江苏省文明单位	如东海关	江苏省精神文明建设指导委员会
江苏"时代楷模"	国家电网江苏电力(如东)共产党员服务队先进群体	中共江苏省委党史学习教育领导小组办公室、中共江苏省委宣传部
国网楷模	国家电网江苏电力(如东退役军人)共产党员服务队	中共国家电网有限公司党组

续表70

荣誉名称	获得单位	授予单位
金牌共产党员服务队	国家电网江苏电力(如东公司退役军人)共产党员服务队	中共国家电网有限公司党组
2021年全国工会职工书屋示范点	国网江苏省电力有限公司如东县供电分公司工会委员会	全国工会职工书屋建设领导小组办公室
江苏省优秀“戎耀之家”	国网江苏省电力有限公司如东县供电分公司	江苏省退役军人事务厅、江苏省总工会
2019—2021年度江苏省文明单位	国网江苏省电力有限公司如东县供电分公司	江苏省文明办
2021年度先进基层党组织	如东农商银行机关第一党支部	江苏省农村信用社联合社
G20俱乐部B类会员单位	中国人寿如东支公司	中国人寿江苏省分公司
“安康关爱行动”先进单位奖	中国人寿如东支公司	中国人寿江苏省分公司
江苏省档案期刊宣传工作先进集体	如东县档案馆	江苏省档案馆
省住建系统先进基层党组织	如东县城市管理局机关党委	江苏省住建厅
2021年度巩固深化“强基础 转作风 树形象”专项行动表现突出单位	如东县城市管理局	江苏省住建厅
全省行政应诉工作先进集体	如东县司法局	省司法厅
全省信息工作先进集体	如东县司法局	省司法厅
依法治省工作成绩突出单位	中共如东县委全面依法治县委员会办公室	中共江苏省委全面依法治省委员会办公室
江苏省优秀司法所	如东县司法局大豫司法所	省司法厅
全省社区矫正和安置帮教工作先进集体	如东县司法局社区矫正执法大队	省司法厅
2021全国检察宣传先进单位	如东县人民检察院	最高人民检察院 检察日报社
第五届检察新媒体创作大赛“最佳叙事奖”	如东县人民检察院	最高人民检察院新闻办 检查日报社
“金融检察微课堂”三等奖	如东县人民检察院	最高人民检察院第四检察厅 最高人民检察院新闻办 检察日报社
江苏省三八红旗集体	如东县人民检察院	江苏省妇女联合会
2020全省检察机关信息工作先进单位	如东县人民检察院	江苏省人民检察院
优秀亲职教育案例	如东县人民检察院	江苏省人民检察院
2021江苏省公共机构节能示范单位	如东县人民检察院	江苏省机关事务局
2021年服务贸易统计先进单位	如东县商务局	江苏省商务厅

续表70

荣誉名称	获得单位	授予单位
全省市场监管系统先进集体	如东县市场监督管理局	江苏省人力资源和社会保障厅、江苏省市场监督管理局
2019—2021年度江苏省文明单位	如东县市场监督管理局	江苏省文明委
江苏省文明镇	丰利镇	江苏省文明委
江苏省文明村	丰利镇凹桥村	
江苏省文明单位	江苏海上龙源风力发电有限公司	
江苏省红十字示范学校	丰利小学	江苏省红十字会、江苏省教育厅
全省开发区信息工作先进单位	如东经济开发区	江苏省开发区协会
2019—2021年度江苏省文明镇	大豫镇	省文明委
江苏省绿色蔬菜产业特色镇	大豫镇	省农业技术推广总站
省优秀司法所	大豫司法所	省司法厅
江苏省第二批"红石榴家园"	大同村	省民族宗教事务委员会
江苏省传统村落	南坎社区	省住房和城乡建设厅
2019—2020年度江苏省"四好"商会	大豫镇商会	省工商联
2021年江苏省"全国科普日"优秀组织单位	如东县科学技术协会	江苏省科学技术协会
全省"苏科贷"合作地区绩效评估优秀地区	如东县	江苏省生产力促进中心
全省科技征收政策落实成效突出地区	如东县	江苏省科学技术厅 江苏省税务局
2021长三角健康峰会(溧水)暨第二届中医药博览会"优秀参展医院"	如东县中医院	长三角健康峰会组委会
全省安康关爱行动先进单位	如东县卫生健康委员会	江苏省老龄办
巾帼文明岗	如东县人民医院急诊科	江苏省城镇妇女"巾帼建功"活动领导小组、江苏省妇女"双学双比"竞赛活动领导小组、江苏省妇女联合会
获2020年度江苏省医学计量工作先进单位	如东县人民医院	江苏省计量测试学会医学计量专业委员会
江苏省2020—2021年度全省基层党员冬训工作示范乡镇	如东县长沙镇党委	
全省红十字会基层组织工作先进集体	如东县洋口镇红十字会	江苏省红十字会
江苏省乡村旅游重点村	如东县洋口镇南渔村	江苏省文化和旅游厅、江苏省发展和改革委员会
江苏省卫生镇	曹埠镇	江苏省爱国卫生运动委员会
2019—2021年度江苏省文明单位	城中街道办事处	江苏省文明办
扫黄打非优秀集体、进基层示范点	城中街道办事处	江苏省扫黄打非领导小组办公室
江苏省第七次全国人口普查先进集体	城中街道办事处	江苏省统计局
2019—2021年度江苏省文明社区	三元社区	江苏省文明办
2019—2021年度江苏省文明社区	新光社区	江苏省文明办
江苏省耕地保护激励单位	袁庄镇	江苏省自然资源厅

2021年如东县机关部门、企事业单位获得市级表彰的部分荣誉一览表

表71

荣誉名称	获得单位	授予单位
南通市抗击新冠肺炎疫情先进集体	如东县马塘镇人民政府	中共南通市委、南通市人民政府
南通市平安法治示范镇	如东县马塘镇人民政府	中共南通市委政法委员会
南通市安全生产目标管理责任制考核先进乡镇	如东县马塘镇人民政府	南通市人民政府
南通市农业科学技术推广奖	如东县岔河镇综合服务中心(岔河农技站)	南通市人民政府
南通市全国双拥模范城“七连冠”创建工作“拥军优属模范单位”	国家税务总局如东县税务局	中共南通市委、南通市人民政府、南通军分区
2019—2020年度南通市文明单位	国家税务总局如东县税务局第一税务分局	中共南通市委、南通市人民政府
2019—2020年度南通市文明单位	国家税务总局如东县税务局第二税务分局	中共南通市委、南通市人民政府
2019—2020年度南通市文明单位	国家税务总局如东县税务局城中税务分局	中共南通市委、南通市人民政府
2019—2020年度南通市文明单位	国家税务总局如东县税务局苴镇税务分局	中共南通市委、南通市人民政府
2019—2020年度南通市文明单位	国家税务总局如东县税务局马塘税务分局	中共南通市委、南通市人民政府
2019—2020年度南通市文明单位	国家税务总局如东县税务局岔河税务分局	中共南通市委、南通市人民政府
2019—2020年度南通市文明单位	国家税务总局如东县税务局栟茶税务分局	中共南通市委、南通市人民政府
2019—2020年度南通市文明单位	国家税务总局如东县税务局洋口税务分局	中共南通市委、南通市人民政府
2019—2020年度南通市文明单位	国家税务总局如东县税务局长沙税务分局	中共南通市委、南通市人民政府
2019—2020年度南通市文明单位	如东海关	中共南通市委、南通市人民政府
2019—2020年度南通市文明单位	如东县住房和城乡建设局	中共南通市委 南通市人民政府
南通慈善奖——最具爱心捐赠企业	如东农商银行	南通市人民政府
2019—2020年度南通市文明单位	如东县民政局	中共南通市委、南通市人民政府
最具影响力慈善项目(“民善康”慈善医疗互助项目)	如东县慈善总会	南通市人民政府
全市先进基层党组织	如东县市场监督管理局机关党委	中共南通市委
2020年度南通全面建成小康社会暨决战“过万亿”先进集体	新店镇祝套村	中共南通市委、南通市人民政府
全市关心下一代工作先进集体	新店镇关工委	中共南通市委、南通市人民政府
南通市先进基层党组织	大豫社区党委	市委
南通市农业科学技术推广三等奖	大豫镇综合服务中心	市政府
2020年度南通全面建成小康社会暨决战“过万亿”先进集体	如东县卫生健康委员会	中共南通市委、南通市人民政府
全市抗击新冠疫情先进集体	如东县疾病预防控制中心	中共南通市委、南通市人民政府
全市抗击新冠疫情先进集体	如东县丰利镇中心卫生院	中共南通市委、南通市人民政府

续表71

荣誉名称	获得单位	授予单位
南通市农业科学技术推广奖三等奖（稻秸秆粉碎全量还田与小麦高产栽培技术集成推广）	如东县洋口镇综合服务中心	南通市人民政府
南通市农业科学技术推广奖三等奖（优质西兰花生产病虫害绿色防控技术集成与推广）	如东县洋口镇综合服务中心	南通市人民政府
南通市文明乡镇	曹埠镇	中共南通市委、南通市人民政府
南通市文明村	曹埠镇甜水村	中共南通市委、南通市人民政府
南通市文明社区	曹埠镇上漫社区	中共南通市委、南通市人民政府
南通市勇当"争当表率,争做示范,走在前列"排头兵先进集体	曹埠镇上漫社区	中共南通市委、南通市人民政府
南通市农业科学技术推广奖	曹埠镇农业农村和社会事业局	南通市人民政府
	曹埠镇应泉村股份经济合作社	
	曹埠镇直港村股份经济合作社	

2021年如东县获得省部级表彰的部分先进个人一览表

表72

姓名	单位职务	荣誉名称	授予单位
顾海鹏	如东县司法局马塘司法所所长	全国司法所模范个人	司法部
喻　建	国网如东县供电公司五级职员	2021年度全国经济科技档案资源开发利用案例一等	国家档案局
李　飞	国网如东县供电公司办公室副主任		
张昊敏	国网如东县供电公司档案管理人员		
周建勇	国网如东县供电公司原总经理(已调任)	首届全国职工微电影节暨第四届"能源中国"微电影节优秀作品微电影二等奖	中国能源化学地质工会全国委员会
杨晓春	国网如东县供电公司党委书记		
张昕萌	国网如东县供电公司副总经理		
郭鹏	国网如东县供电公司副主任		
周建勇	国网如东县供电公司原总经理(已调任)	江苏省劳动模范	中共江苏省委、江苏省人民政府
邵亚洲	县水务局一级主任科员	2020年全省防汛抗洪工作先进个人	中共江苏省委、江苏省人民政府
汪　燕	如东县妇幼保健计划生育服务中心副主任医师	2021年度全国避孕药具不良反应监测工作先进个人	国家卫生健康委员会计划生育药具不良反应监测中心
吴　昊	如东县中医院妇产科副主任	全省脱贫攻坚暨对口帮扶支援合作先进个人	中共江苏省委、江苏省人民政府
赵　娟	如东县洋口镇新林小学教师	江苏省特级教师	江苏省人民政府

续表72

姓名	单位职务	荣誉名称	授予单位
沈亚秋	城中街道农业农村和社会事业局副局长、工会主席	第八届全国道德模范提名奖	中央文明办
郭振华	如东县马塘镇党委副书记	江苏省第七次全国人口普查先进个人	江苏省第七次全国人口普查领导小组办公室、江苏省统计局
张　建	如东县马塘镇潮北村现金会计	江苏省第七次全国人口普查先进个人	江苏省第七次全国人口普查领导小组办公室、江苏省统计局
张小燕	如东县马塘镇市河社区党总支委员、居委会委员、经管员	江苏省第七次全国人口普查先进个人	江苏省第七次全国人口普查领导小组办公室、江苏省统计局
施洪亮	如东县马塘镇马西村经管员	江苏省第七次全国人口普查先进个人	江苏省第七次全国人口普查领导小组办公室、江苏省统计局
严君君	如东县马塘镇马东村党委纪委书记	江苏省第七次全国人口普查先进个人	江苏省第七次全国人口普查领导小组办公室、江苏省统计局
孔新明	如东县马塘镇马丰村党总支委员、经管员	江苏省第七次全国人口普查先进个人	江苏省第七次全国人口普查领导小组办公室、江苏省统计局
顾建飞	如东县马塘镇沙庄村党总支书记、村委会主任	江苏省第七次全国人口普查先进个人	江苏省第七次全国人口普查领导小组办公室、江苏省统计局
施晓建	如东县马塘镇徐庄村党总支副书记、经管员	江苏省第七次全国人口普查先进个人	江苏省第七次全国人口普查领导小组办公室、江苏省统计局
莫晓露	曹埠镇应泉村	江苏省第七次全国人口普查先进个人	江苏省第七次全国人口普查领导小组办公室、江苏省统计局
朱秀平	如东县马塘镇卫生所副所长	江苏省优秀基层骨干人才	江苏省卫生健康委员会
严海俊	如东县马塘镇广电站站长	江苏有线省公司先进工作者	江苏省广电有线信息网络股份有限公司

2021年如东县获得省直单位表彰的部分先进个人(含省军区)一览表

表73

姓名	单位职务	荣誉名称	授予单位
郭振华	如东县马塘镇党委副书记	江苏省第七次全国人口普查先进个人	江苏省第七次全国人口普查领导小组办公室、江苏省统计局
张　建	如东县马塘镇潮北村现金会计	江苏省第七次全国人口普查先进个人	江苏省第七次全国人口普查领导小组办公室、江苏省统计局
张小燕	如东县马塘镇市河社区党总支委员、居委会委员、经管员	江苏省第七次全国人口普查先进个人	江苏省第七次全国人口普查领导小组办公室、江苏省统计局
施洪亮	如东县马塘镇马西村经管员	江苏省第七次全国人口普查先进个人	江苏省第七次全国人口普查领导小组办公室、江苏省统计局
严君君	如东县马塘镇马东村党委纪委书记	江苏省第七次全国人口普查先进个人	江苏省第七次全国人口普查领导小组办公室、江苏省统计局

续表73

姓名	单位职务	荣誉名称	授予单位
孔新明	如东县马塘镇马丰村党总支委员、经管员	江苏省第七次全国人口普查先进个人	江苏省第七次全国人口普查领导小组办公室、江苏省统计局
顾建飞	如东县马塘镇沙庄村党总支书记、村委会主任	江苏省第七次全国人口普查先进个人	江苏省第七次全国人口普查领导小组办公室、江苏省统计局
施晓建	如东县马塘镇徐庄村党总支副书记、经管员	江苏省第七次全国人口普查先进个人	江苏省第七次全国人口普查领导小组办公室、江苏省统计局
莫晓露	曹埠镇应泉村	江苏省第七次全国人口普查先进个人	江苏省第七次全国人口普查领导小组办公室、江苏省统计局
朱秀平	如东县马塘镇卫生所副所长	江苏省优秀基层骨干人才	江苏省卫生健康委员会
严海俊	如东县马塘镇广电站站长	江苏有线省公司先进工作者	江苏省广电有线信息网络股份有限公司
宋小红	如东县马塘镇马东村党委委员、村委会委员、经管员	江苏省计划生育协会工作成绩突出个人	江苏省计划生育协会
万　青	岔河镇统计员	先进个人	江苏省第七次全国人口普查领导小组办公室、江苏省统计局
伊纪霖	如东海关试用期干部	2021年海关新录用公务员初任培训优秀学员	南京海关
严　辉	如东海关监管一科科长	南京海关集体嘉奖(成员之一)	南京海关
任　军	如东海关监管二科科长	商检领域“万人争先”线上练兵百强	总署政工办、商检司、教培中心
郭　鹏	国网如东县供电公司副主任	第五届“青年岗位能手”	国家电网有限公司
杨新天	国网如东县供电公司设备管理部输电运检一班班长	江苏省五一劳动奖章	江苏省总工会
郭　鹏	国网如东县供电公司副主任	国网江苏省电力有限公司优秀共产党员	中共国网江苏省电力有限公司委员会
缪连根	国网如东县供电公司副主任	国网江苏省电力有限公司2019—2020年度特高压工程及重点输变电工程建设先进个人	国网江苏省电力有限公司
张小辉	国网如东县供电公司主任	充电及智慧能源业务劳动竞赛先进个人	国网江苏省电力有限公司 国网江苏省电力有限公司工会
陈旭东	国网如东县供电公司专职	调度自动化劳动竞赛先进个人	国网江苏省电力有限公司 国网江苏省电力有限公司工会
秦　勇	国网如东县供电公司副总经理	2021年度安全生产先进个人	国网江苏省电力有限公司安全生产委员会
孙其然	国网如东县供电公司供电服务中心营配运维四班综合配电工	2019—2020年度“优秀共青员”	国网江苏省电力有限公司团委
顾炜钰	国网如东县供电公司办公室行政秘书	2021江苏省首届保密技能竞赛三等奖	江苏省保密局、江苏省总工会
张　炎	防灾减灾科副主任	2021年江苏省气象科普讲解比赛三等级、优秀奖	江苏省气象学会

续表73

姓名	单位职务	荣誉名称	授予单位
姜　均	如东农商银行董事长秘书	2021年度优秀党务工作者	江苏省农村信用社联合社
翁小培	如东农商银行人力资源部总经理	2021年度优秀共产党员	江苏省农村信用社联合社
李　欢	如东县司法局副局长	全省公共法律服务工作成绩突出个人	江苏省司法厅
王志彬	如东县司法局社区矫正科副科长	全省社区矫正和安置帮教工作先进个人	江苏省司法厅
金　峰	如东县委依法治县办秘书科科长	全省信息工作成绩突出先进个人	江苏省司法厅
吴高飞	第六检察部副主任	“指导性案例应用”二等奖	最高人民检察院司法案例研究院
		全省检察理论研究二等奖	湖北省人民检察院
张蓝予	办公室副主任	2020全省检察机关信息工作先进个人	江苏省人民检察院
石仁杰	科员	全省控告申诉检察业务标兵	江苏省人民检察院
王晶晶	第四检察部主任	守正有为检察人	江苏省人民检察院
马银霞	第五检察部副主任	全省行政检察业务能手	江苏省人民检察院
潘　倩	政治部副主任	网信工作先进个人	江苏省人民检察院
黄　辉	如东县商务局外资科科长	2021年度全省外资统计及外商投资信息报告工作先进个人	江苏省商务厅
李　清	如东县市场监督管理局大豫分局副局长	第二届江苏省市场监管系统法律知识竞赛三等奖	江苏省市场监督管理局
姜旭东	如东县市场监督管理局法规科科员	第二届江苏省市场监管系统法律知识竞赛优胜奖	江苏省市场监督管理局
董志勇	如东生态环境局退休干部	全省离退休干部庆祝建党10周年主题征文评选二等奖	中共江苏省委老干部局 中共江苏省委离退休干部工作委员会
姚丽华	南通市如东生态环境局法宣科科长	江苏省生态环境系统巾帼建功标兵	江苏省生态环境厅
王俊峰	新店镇副镇长	江苏省第七次全国人口普查先进个人	江苏省第七次全国人口普查领导小组办公室、江苏省统计局
曹继红	新店镇经济发展局局长		
蔡天琪	新店镇经济发展局科员		
杨玉捷	新店镇经济发展局科员		
尤建华	新店镇党群局副局长		
沈海洋	新店镇汤园社区党组织书记		
赵志刚	新店镇汤园社区村干		
应舒舒	丰利镇人武部长		
戴　超	丰利镇四级主任科员		
徐光辉	丰利镇人大秘书		
吴舒婷	丰利镇龙口村经管员		
陆爱琴	丰利镇凹桥村经管员		

续表73

姓名	单位职务	荣誉名称	授予单位
蔡新红	丰利镇古丰社区副书记	江苏省第七次全国人口普查先进个人	江苏省第七次全国人口普查领导小组办公室、江苏省统计局
王妮妮	丰利镇兴南村综治专干		
沈刘国	丰利镇家庙桥村经管员		
刘秋洁	丰利镇九和村经管员		
王　祥	丰利镇农业农村和社会事业局办事员	江苏省水产技术推广系统先进个人	江苏省渔业技术推广中心
陈昌萍	丰利小学教师	江苏省第二十五届珠算式心算能力比赛第一赛程指导老师一等奖	江苏省珠算协会、江苏省中小学教育研究室
缪丹娟	丰利小学教师		
王长红	丰利小学教师		
王晓琴	丰利小学教师		
黄艳秋	丰利小学教师		
吴瑞海	如东经济开发区统计办副主任	江苏省第七次全国人口普查先进个人	江苏省第七次全国人口普查领导小组办公室、江苏省统计局
吴　琳	如东经济开发区统计办工业科科长		
戴文华	如东经济开发区统计办工作人员		
高　峰	如东经济开发区党政办秘书科科长	全省开发区信息工作先进个人	江苏省开发区协会
刘乔明	如东县人民医院副院长、如东县卫生健康委员会副主任(挂职)	全省安康关爱行动先进个人	江苏省老龄办
李可沁	县疾病预防控制中心科员	江苏省艾滋病防治岗位能手	江苏省卫生健康委员会
陈仕兵	如东县洋口镇中心卫生院	2021年省级基层骨干人才	江苏省卫生健康委员会
顾湖湖	如东县卫生健康委员会副主任	全省计划生育协会工作成绩突出个人	江苏省计划生育协会
张靓芸	县疾病预防控制中心科长助理	2021年度卫生科普工作先进个人	江苏省健康教育协会
冒明建	县疾病预防控制中心科长	江苏省重点职业病监测先进个人	江苏省疾病预防控制中心
徐郭晔	如东县中医院中药房药师	药健康进万家三星入库药师	江苏省药学会
邵爱徐	杨棣园村党总支副书记、副主任	2021年度农民教育培训"百优保供先锋"资助项目人选	中华人民共和国农业农村部办公厅
沈亚秋	城中街道农业农村和社会事业局副局长、工会主席	优秀职工领读员	江苏省总工会
缪建周	城中街道党工委副书记	江苏省第七次全国人口普查先进个人	江苏省统计局
高玲玲	城中街道经济发展局副局长、四级主任科员	江苏省第七次全国人口普查先进个人	江苏省统计局
钱陈	城中街道经济发展局工作人员	江苏省第七次全国人口普查先进个人	江苏省统计局

2021年如东县获得市级表彰部分先进个人一览表

表74

姓名	单位职务	荣誉名称	授予单位
缪管建	如东县马塘镇卫生所所长	南通市抗击新冠肺炎疫情先进个人	中共南通市委员会、南通市人民政府
缪管建	如东县马塘镇卫生所所长	南通市优秀共产党员	中共南通市委员会
龚校钢	如东县马塘镇农业农村和社会事业局副局长	南通市农业科学技术推广奖二等奖	南通市人民政府
林亚琴	如东县马塘镇农业农村和社会事业局助理农艺师	南通市农业科学技术推广奖三等奖	南通市人民政府
张驰	如东县马塘镇农业农村和社会事业局职员	南通市农业科学技术推广奖三等奖	南通市人民政府
朱春芳	如东县岔河镇农业农村和社会事业局办事员	南通市农业科学技术推广奖	南通市人民政府
季文彬	国家税务总局如东县税务局收入核算股股长	2020年南通全面建成小康社会暨决战“过万亿”先进个人	中共南通市委、南通市人民政府
季海春	如东县统计局局长	2020年南通全面建成小康社会暨决战“过万亿”先进个人	中共南通市委、南通市人民政府
王卉	国家税务总局如东县税务局苴镇税务分局分局长	优秀党务工作者	中共南通市委
李博云	县水务局河长制工作科科员	2020年度全面建成小康社会暨决战“过万亿”先进个人	中共南通市委、南通市人民政府
丛建红	新店镇为民中心	优良食味水稻绿色高质高效技术集成与推广一等奖	南通市人民政府
殷花	新店镇月池村党支部书记	“争当表率、争做示范、走在前列”排头兵先进个人	南通市人民政府
陈永强	大豫镇党委书记	南通市勇当全省“争当表率、争做示范、走在前列”排头兵先进个人	中共南通市委
丁保	香台村村民	南通市优秀共产党员	中共南通市委
顾海军	如东县中医院党委书记	全市抗击新冠肺炎疫情先进个人	中共南通市委、南通市人民政府
周俊成	如东县第四人民医院院长	全市抗击新冠肺炎疫情先进个人	中共南通市委、南通市人民政府
於建	县疾病预防控制中心主任	全市抗击新冠肺炎疫情先进个人	中共南通市委、南通市人民政府
陈玉晨	如东县丰利镇中心卫生院护师	全市抗击新冠肺炎疫情先进个人	中共南通市委、南通市人民政府
缪小东	洋口卫生所	全市抗击新冠肺炎疫情先进个人	中共南通市委、南通市人民政府

续表74

姓名	单位职务	荣誉名称	授予单位
姚海琴	如东县掘港镇中心卫生院护理部副主任	全市抗击新冠肺炎疫情先进个人	中共南通市委、南通市人民政府
缪建国	如东县岔河镇中心卫生院	全市抗击新冠肺炎疫情先进个人	中共南通市委、南通市人民政府
袁伟伟	如东县马塘镇中心卫生院	全市抗击新冠肺炎疫情先进个人	中共南通市委、南通市人民政府
缪兆林	如东县栟茶镇中心卫生院	全市抗击新冠肺炎疫情先进个人	中共南通市委、南通市人民政府
冯迎春	如东县苴镇中心卫生院护士长	全市抗击新冠肺炎疫情先进个人	中共南通市委、南通市人民政府
季　丹	如东县大豫镇中心卫生院副院长	全市抗击新冠肺炎疫情先进个人	中共南通市委、南通市人民政府
柳阳阳	如东县双甸镇中心卫生院护理部主任	全市抗击新冠肺炎疫情先进个人	中共南通市委、南通市人民政府
马作全	洋口镇农技站科员	南通市农业科学技术推广奖	南通市人民政府
于海东	城中街道党工委书记、四级调研员	2021年度南通市勇当全省“争当表率、争做示范、走在前列”排头兵先进个人	中共南通市委员会、南通市人民政府
沈亚秋	城中街道农业农村和社会事业局副局长、工会主席	优秀共产党员	中共南通市委员会
袁亚芹	城中街道六总村党总支书记、村委会主任	优秀党务工作者	中共南通市委员会
袁新兰	城中街道政法委员、二级主任科员	“十佳平安卫士”提名奖	中共南通市委员会、南通市人民政府

组织机构和负责人员名录(2021)

中共如东县委员会

书　记:沈峻峰(7月免)
　　陈慧宇(7月任)
副书记:陈慧宇(7月免)
　　陈　雷
　　张兴国(7月任)
常　委:沈峻峰(7月免)
　　陈慧宇　陈　雷
　　杨小军(3月免)
　　张蓉蓉(女)
　　张兴国
　　许金标(4月任)
　　刘　峰(挂职)
　　黄　涛　徐东俊
　　杨　忠　邵　锋
　　蔡　东(7月任)
　　朱正俊(7月任)
　　吴海军(挂职,6月免)
　　杨晶晶(女,7月免)

如东县人大常委会

主　任:陈昌龙
副主任:徐鸿斌　刘旭峰
　　罗晓东
　　赵尊兵(1月任)
党组书记:陈昌龙
党组副书记:徐鸿斌

如东县人民政府

县　长:陈慧宇(7月免)
　　陈　雷(7月,任代县长)
副县长:张兴国(常务,7月免)
　　许金标(4月任,7月明确常务)
　　徐东俊(7月任)
　　张建中(4月免)
　　蔡　东(7月免)
　　陆　翔
　　陈晓莉(女)
　　姜红波(5月任)
　　曹贯中(挂职,12月免)
　　陈威涛
　　刘　莉(女,6月任)
党组书记:陈慧宇(兼,7月免)
　　陈　雷(兼,7月任)
党组副书记:张兴国(兼,7月免)
　　许金标(兼,7月任)

政协如东县委员会

主　席:陈建华(1月免)
　　蒋树建(1月任)
副主席:丛　俊　桑　健
　　桑圣权
　　陆　茵(女)
　　江新泉(1月任)
秘书长:张　恺
党组书记:陈建华(2月免)
　　蒋树建(兼,2月任)
党组副书记:丛　俊
　　杨晶晶(女,兼,2月任,7月免)
　　杨　忠(兼,7月任)

中共如东县纪律检查委员会[如东县监察委员会与其合署]

书　记:邵　锋(兼,7月免)
　　朱正俊(兼,7月任)
副书记:肖　斌(7月免)
　　周晓兵(7月免)
　　耿卫东(7月任)
　　戴新国(7月任)

如东县监察委员会[与中共如东县纪律检查委员会合署]

主　任:邵　锋(兼,7月免)
　　朱正俊(兼,7月任)
副主任:肖　斌(7月免)
　　周晓兵(7月免)
　　耿卫东(7月任)
　　戴新国(7月任)
委　员:李迪胜　陆春峰
　　方永逸(7月免)
　　张玲霞(女,7月任)
　　王建兵(7月任)

县委工作部门及直属机构

县委办公室[县委改革办、县委研究室(挂牌)、县委机要局〈国家保密局、县国家密码管理局〉(挂牌)、县档案局(挂牌)、县委督查室]

主　任:施正泉
副主任:陈小勇(兼)
　　张玉平(女,9月免)
　　高单峰
　　成晓祥(挂职,1月免)
　　肖卫华(挂职,1月任)
　　时孝容(11月任)
　　朱栋强(11月任)
　　姚玉华(挂职,12月任)

县委改革办

主　任:施正泉(兼)
专职副主任:时孝容(11月免)
　　杨　帅(11月任)

县委研究室

主　任:施正泉(兼)
专职副主任:朱栋强(11月免)
　　韩张慧(11月任)

县委机要局(县国家密码管理局)

局　长:蔡宇红(1月免)
　　施正泉(兼,1月任)
专职副局长:姚玉华

国家保密局局长

局　长:蔡宇红(兼,1月免)
　　施正泉(兼,1月任)
专职副局长:姚玉华

县委保密委员会

专职副主任:高单峰(12月任)

接待办公室

主　任:陈小勇
副主任:张小山(1月免)
　　黄　艾(3月任)

档案局

局　长:施正泉(兼)
专职副局长:姚玉华

县委督查室

主　任:桑蓝翔

信访局[县委信访局(合署)]

局　长:成晓祥(1月免)

肖卫华(1月任)
副局长:冯 军 吴迎春
毕 挺(1月任)
党组书记:成晓祥(1月免)
肖卫华(1月任)
信访督办专员:毕 挺(1月免)
陈巧云(女,2月任)
刘 洋(11月任)

县委信访局

局 长:成晓祥(兼,1月免)
肖卫华(兼,1月任)

组织部[县委县级机关工委(挂牌)、县委"两新"工委(挂牌)、县委党建办(挂牌)、县公务员局(挂牌)、县考核工作委员会办公室、人才工作办公室]

部 长:杨 忠(兼)
副部长:丁 越(女,常务)
陈苏华(1月免)
张海城
黄永祥(3月任)
部务委员:陈建军 朱爱梅(女)

县级机关党工委

书 记:陈苏华(兼,1月免)
陈建军(4月任)
专职副书记:蔡晓美(女,4月免)
施亚龙(11月任)

县级机关纪工委

书 记:施亚龙(11月免)
施慧文(女,11月任)

县委"两新"工委

书 记:陈苏华(兼,1月免)
虞新兵(4月任)
专职副书记:韩晓峰(11月免)
管宏图(11月任)

县委党建办

主 任:黄永祥(兼,4月任)
专职副主任:韩晓峰(11月任)

公务员局

局 长:虞新兵

县考核委员会办公室

专职副主任:桑蓝翔

人才工作办公室

主 任:张海城(兼)
副主任:朱爱梅(女)
沈拥建(1月免)

党员干部现代远程教育办公室

主 任:马施喻(1月免)
邓伟炜(11月任)

干部档案管理中心

主 任:程慧娟(女)

高级人才管理中心

主 任:李 涛(11月免)
朱爱梅(女,11月任)
专职副书记:李 涛(11月任)

老干部局[县委离退休干部工作委员会(挂牌)]

局 长:张海城(兼)
副局长:顾卫国
马银梅(女,1月免)
朱君池(女,2月任)

县委离退休干部工作委员会

书 记:张海城(兼)
专职副书记:朱君池(女,2月免)
顾新剑(女,2月任)

县委机构编制委员会办公室[事业单位登记管理局(挂牌)]

主 任:张 浩
副主任:周 霞(女)
蔡小军(1月任)

事业单位登记管理局

局 长:张 浩
专职副局长:蔡小军

机构编制研究评估中心(中文域名注册管理中心)

主 任:徐 娟(女,11月任)

宣传部[精神文明建设指导委员会办公室(挂牌)、县新闻出版局(县版权局)(挂牌)、县互联网信息办办公室(挂牌)、县委网络安全和信息化委员会办公室]

部 长:张蓉蓉(女,兼,7月免)
蔡 东(兼,7月任)
副部长:沈宝泉(常务)
陈建宗
于海霞(女)
周志勇(挂职)

精神文明建设指导委员会办公室

主 任:陈建宗
专职副主任:李奕涵(女,11月免)
顾 菁(女,12月任)

新闻出版局(版权局)

局 长:于海霞(兼,女)
专职副局长:顾 菁(女,1月任,12月免)
徐炜翔(12月任)

互联网信息办办公室

主 任:沈宝泉(兼)
专职副主任:易向东(1月免)
肖如银(4月任)

县委网络安全和信息化委员会办公室

主 任:沈宝泉(兼)
专职副主任:顾 菁(女,1月免)
易向东(1月任)

互联网新闻中心

主 任:沈宝泉(兼)

哲学社会科学界联合会

主 席:孙陈建
专职副主席:王 军
兼职副主席:吴金明 郭 勇
周建国 高单峰
潘 亮 姜 进
王伟东 黄永祥
顾亚军 葛锡兵
陈慧荣 曹爱明
季晓勤(女)
杨 帅 单国锋
袁 建

统战部[县委台湾工作办公室(挂牌)、县政府台湾事务办公室(挂牌)、县民族宗教事务局(挂牌)、县政府侨务办公室(挂牌)]

部 长:杨晶晶(女,兼,7月免)
杨 忠(兼,7月任)
副部长:康 徐(常务,5月免)
赵 杰(常务,9月任)
张宏卫(1月免)
缪 华 袁欣荣(1月任)
张玉平(女,9月任)

县委台湾工作办公室[县政府台湾工作办公室]

主 任:缪 华(兼)
副主任:朱 伟 贾小勇

民族宗教事务局

局 长:康 徐(兼,5月免)
张玉平(女,兼,9月任)
副局长:袁国军 张红兵

县政府侨务办公室

主　任:康　徐(兼,5月免)
　　　赵　杰(兼,9月任)
专职副主任:周春华(4月免)
　　　　　袁　建(4月任)

政法委员会[县委国家安全办公室(合署)]

书　记:杨小军(兼,4月免)
　　　张蓉蓉(女,兼,4月任)
副书记:杨涟冬(常务,11月免)
　　　许亚军(常务,11月任)
　　　陈　军(1月免)
　　　陈慧荣
　　　孙建全(兼)
　　　殷海燕(女,1月任,11月免)
　　　陈艳飞(11月任)
政治处主任:邱宗鹏

县委国家安全办公室

主　任:陈　军(兼,1月免)
　　　殷海燕(女,兼,1月任,11月免)
　　　陈艳飞(11月任)
副主任:章冬垒　顾新华
　　　陈　新

党　校[行政干部学校(挂牌)]

校　长:杨　忠(兼)
常务副校长:吴金明(11月免)
　　　　　缪　华(11月任)
副校长:余　飞(11月免)
　　　王　华

行政干部学校

副校长:潘友兵(兼,11月免)
　　　朱海忠(兼,11月任)
　　　缪　华(11月任)

党史工作办公室[地方志编纂委员会办公室(合署)]

主　任:金　棱
副主任:刘书华
　　　蒋　华(1月免)
　　　陈晓琴(女,11月任)

档案馆

馆　长:曹晓丽(女)
副馆长:韦志华
　　　缪海燕
　　　顾小兰(女,3月任)

人大工作部门

人大党委会办公室

主　任:卜其银(11月免)
　　　王亚军(11月任)
副主任:潘　亮(11月免)
　　　高　山

监察和司法工作委员会

主　任:张卫东(1月免)
　　　薛　峰(1月任)
副主任:顾昕华(1月任)

人事代表工作委员会

主　任:陆金标
副主任:夏金荣

环境资源、城乡建设工作委员会

主　任:查剑宁
副主任:石佑舟

教科文卫工作委员会

主　任:龚维国(11月免)
　　　韩亚莉(女,11月任)
副主任:郑寒冰(女)

财政经济工作委员会

主　任:奚金岩(11月免)
　　　曹爱明(11月任)
副主任:肖　娟(女,1月免)
　　　黄　建(4月任,11月免)
　　　邵　彬(11月任)

人大研究室

主　任:韩亚莉(女,11月免)
　　　潘　亮(11月任)

人大信访督办室

主　任:徐　健

农业和农村工作委员会

主　任:翟以圣(11月免)
　　　朱德军(11月任)
副主任:唐李红(女)

政府工作部门及直属机构

县政府办公室[县政府研究室(挂牌)、县政府外事办(挂牌)、县委外事工作委员会办公室]

主　任:张　炯
副主任:朱小建(2月免)
　　　管怀虎(11月免)
　　　孙建全(1月,任职改挂职)
　　　李海燕(11月,挂职改任职)
　　　邵文明　姜　进
　　　王　锋(1月任,11月免)
　　　桑爱梅(女,1月任)
　　　陈劲松(挂职,4月任)
　　　胡　佳(11月任)
党组书记:张　炯

外事办公室

主　任:张　炯(兼)

县委外事工作委员会办公室

主　任:张　炯(兼)
专职副主任:李海燕(11月免)
　　　　　曹树佳(11月任)

研究室

主　任:张　炯(兼)
专职副主任:张伟男

县域治理现代化指挥中心[大数据中心(挂牌)、网格化服务管理中心(挂牌)、12345政府公共服务中心)(挂牌)]

主　任:孙建全
副主任:陈晓云(女,6月免)
　　　刘建宇　董晓峰
　　　季苏吉(女,6月任)
党组书记:俞雪峰(女,5月免)
　　　　孙建全(兼,6月任)

大数据中心

主　任:孙建全
副主任:陈晓云(女,6月免)
　　　刘建宇
　　　季苏吉(女)
　　　陈　璐(女,挂职)

机关事务服务中心

主　任:陈小勇
副主任:阮根群　陈董烽
　　　缪照明
　　　张小山(1月任)
　　　刘　春(4月任)
党组书记:陈小勇
党组副书记:阮根群

地方志编纂委员会办公室[与党史工作办公室合署]

主　任:金　棱
副主任:刘书华
　　　蒋　华(1月免)
　　　陈晓琴(女,11月任)

文化广电和旅游局
局　长:张　杰
副局长:顾亚军(1月免)
　　缪晓斌　杨　胜
　　马银梅(女,1月任)
党组书记:张　杰
总工程师:孙　陈(1月任)
文化市场综合执法大队
大队长:刘　兵
教导员:宗丹枫(女)

融媒体中心
主　任:周志勇
总　编:白银东
副主任:沙德斌　徐　泉
广播电视台
台　长:白银东(兼)
副台长:刘敬华　姚银松
《如东日报》编辑部
主　任:沙德斌(兼)
副主任:陈东晓(女)
　　朱晓进

教育体育局[县政府教育督导室]
局　长:姜宁兵
副局长:于建华(11月免)
　　冯小临
　　王淑娟(女)
　　黄卫华(7月任)
党组书记:姜宁兵
党工委书记:姜宁兵
专职副书记:徐冬冬(7月任)
县政府教育督导室
主　任:于建华(兼,11月免)
　　姜宁兵(兼,11月任)
专职副主任:于建锋(2月任)
体育局
副局长:张晓明　崔　鹏
教师发展中心
主　任:王　兵

卫生健康委员会
主　任:缪卫宏
副主任:顾溯溯(女)
　　缪文龙(3月免)
　　彭小丽(女)
　　刘乔明(挂职)
　　缪海兵(1月任)
党组书记:张旭初(1月免)
　　丛尤兵(1月任)
党工委书记:张旭初(1月免)
　　丛尤兵(1月任)

市场监督管理局[知识产权局(挂牌)]
局　长:沈卫华
副局长:蔡拥军
　　赵爱平(女,9月免)
　　鲁志明
　　蒋洪生(7月免)
　　杨　旭(1月任)
　　鲍向阳(4月任)
　　施亚辉(11月任)
食品安全总监:郁翠梅(女)
党组书记:沈卫华
党组副书记:蔡拥军
总工程师:杨晓程(1月任)
知识产权局
局　长:沈卫华(兼)

丰利分局
局　长:邓卫军
洋口分局
局　长:缪德鑫
马塘分局
局　长:胡艳平(女)
栟茶分局
局　长:周　建
河口分局
局　长:朱曙平(3月免)
　　秦　晨(女,3月任)
双甸分局
局　长:夏海峰
掘港分局
局　长:曹周明
大豫分局
局　长:杨晓程(3月免)
　　朱曙平(3月任)
开发区分局
局　长:施仲斐
长沙分局
局　长:张晓斐
岔河分局
局　长:袁　泉
曹埠分局
局　长:陈晓斌(3月免)
　　曹　钰(3月任)
袁庄分局
局　长:曹　钰(3月免)
　　陆　辉(3月任)
新店分局
局　长:朱宏亮(3月免)
　　陈晓斌(3月任)
综合检验检测中心
主　任:李　华(女)
综合指挥中心
主　任:施亚辉(兼)

公安局
局　长:陆　翔(兼)
副局长:缪晓建　缪　云
　　徐希红　唐艳山(12月免)
　　范　焰(2月任)
　　王书林(2月任)
政　委:徐新华
党委书记:陆　翔(兼)
党委副书记:徐新华　缪晓建
督 察 长:陆　翔(兼)
办公室
主　任:范　焰(3月免)
　　潘陆源(3月任)
政治处
主　任:洪　亮
警务保障室
主　任:薛广明(9月免)
　　陈　强(12月任)
指挥中心
主　任:刘　军
教导员:顾建峰
法制大队
大队长:高卫华(12月免)
　　徐晓青(女,12月任)
教导员:徐晓青(女,12月免)
　　康小龙(12月任)
警务督察大队[3月,挂“维护公安民警正当执法权益办公室”牌子]
大队长:周　军(12月免)
　　唐国华(12月任)
教导员:施正国
科技情报大队
大队长:黄海滨
教导员:李晓猛
国内安全保卫大队[3月,名称变更为“政治安全保卫大队”]
大队长:戴　辉

教导员:肖学俊(12月免)
朱海峰(12月任)
单位内部安全保卫大队
大队长:张建国(4月免)
高卫华(12月任)
教导员:卞国云(4月免)
潘建华(12月任)
治安管理大队[3月,名称变更为“治安警察大队”]
大队长:吴晓明
教导员:徐启铭(女)
刑事侦查大队[3月,名称变更为“刑事警察大队”]
大队长:吴国张
教导员:于　杰
经济犯罪侦查大队
大队长:康传兵
教导员:张海峰
交通警察大队
大队长:朱亚昌(9月免)
周　军(12月任)
教导员:周　楠
巡特警大队
大队长:曹　鹏
教导员:王　伟(3月任)
禁毒大队[3月,名称变更为“禁毒警察大队”]
大队长:徐善军(3月免)
徐元国(3月任)
教导员:桑华晶
网络安全保卫大队
大队长:高小林
教导员:刘辉军(5月免)
肖学俊(12月任)
出入境管理大队
大队长:王　勇
教导员:徐功兵(3月任)
技术侦查大队
教导员:王　鑫
食品药品和环境犯罪侦查大队
大队长:梁　锋
教导员:陈　强(12月免)
袁雪峰(12月任)
看守所
所　长:徐元国(3月免)
刘　勇(3月任)
教导员:缪　建(12月免)
徐善军(12月任)
掘港派出所
所　长:王书林(3月免)
何卫林(3月任)
教导员:潘建华(12月免)
张高杰(12月任)
城中派出所
所　长:张　伟(3月任)
教导员:于振华(3月任,12月免)
缪　建(12月任)
城南派出所
所　长:叶红军(3月免)
杨晓峰(3月任)
教导员:郭彦鑫
马塘派出所
所　长:方　凡
教导员:鲁伟蟒(3月免)
陈雁翎(女,3月任)
曹埠派出所
所　长:徐功兵(3月免)
花飞飞(3月任)
教导员:张冬冬
岔河派出所
所　长:何卫林(3月免)
鲁伟蟒(3月任)
教导员:于振华(3月免)
吴　俊(3月任)
新店派出所
所　长:杨卫海
教导员:胡　泉
双甸派出所
所　长:花飞飞(3月免)
祁亮亮(3月任)
教导员:吴　俊(3月免)
徐善军(3月任,12月免)
陈沛文(12月任)
袁庄派出所
所　长:刘　勇(3月免)
卢　军(3月任)
教导员:冒东升(3月免)
孙文书(3月任)
栟茶派出所
所　长:丛爱民
教导员:沈新峰(3月免)
康　宁(3月任)
河口派出所
所　长:王　伟(3月免)
沈新峰(3月任)
教导员:朱海峰(12月免)
杨　辑(12月任)
丰利派出所
所　长:袁雪峰(12月免)
于振华(12月任)
教导员:黄永刚
洋口派出所
所　长:杨晓峰(3月免)
林冬云(3月任)
教导员:林冬云(3月免)
陈　鹏(3月任)
开发区派出所
所　长:赵雪峰
教导员:白向东
长沙派出所
所　长:张　伟(3月免)
叶红军(3月任)
教导员:杨海涛(12月免)
顾国栋(12月任)
大豫派出所
所　长:唐国华(12月免)
杨海涛(12月任)
教导员:金　锋

司法局[县委依法治县办]
局　长:许亚军(11月免)
殷海燕(女,11月任)
副局长:李　欢　蔡正建
王春荣　陈　影
党组书记:许亚军(11月免)
殷海燕(女,11月任)
县委依法治县办
专职副主任:钱　锋
社会矛盾纠纷调处中心
主　任:杨小军(兼,4月免)
张蓉蓉(女,兼,4月任)
常务副主任:许亚军(兼,11月免)
殷海燕(女,兼,11月任)
副主任:陆亚云(女,2月任)

民政局
局　长:王亚军(11月免)
王　锋(11月任)
副局长:汤杰栋　肖长卿
桑爱梅(女,1月免)
孙海鹏(1月任)
党组书记:王亚军(11月免)
王　锋(11月任)

退役军人事务局

局　长：朱海忠（11月免）
陈红芳（女，11月任）
副局长：顾拥军　童仁平
汪华伟（4月任）
党组书记：朱海忠（11月免）
陈红芳（女，11月任）

残疾人联合会

理事长：冯爱琴（女）
副理事长：李智斌
郑志凡（女）
姚　军
党组书记：冯爱琴（女）
兼职副理事长：许金华

发展和改革委员会[工业和信息化局（挂牌）、粮食和物资储备局（挂牌）]

主　任：于海杰
副主任：张　俊　许　松
陆　茵（女，兼，11月免）
曹爱明（11月免）
张理钧　姚旭峰（1月任）
蔡宇红（11月任）
总工程师：周　华
党组书记：于海杰
党组副书记：张　俊
蔡宇红（11月任）

工业和信息化局

局　长：于海杰（兼）
专职副局长：袁卫华

粮食和物资储备局

局　长：于海杰（兼）

应急管理局

局　长：王海斌（1月免）
胡　俊（1月任）
副局长：刘继林（11月免）
尤卫东　王德新
左　卉（女，11月任）
总工程师：左　卉（女，11月免）
刘　涛（11月任）
党委书记：王海斌（1月免）
胡　俊（1月任）

安委会办公室

专职副主任：纪亚兵（4月免）
俞叶美（女，4月任）

安全生产执法监察大队

大队长：沈　宏

行政审批局[政务服务管理办公室（挂牌）]

局　长：袁欣荣（1月免）
郁宏伟（1月任）
副局长：顾庆强　秦友兵
顾　瑛（女）
王　娟（女，1月任）
党组书记：袁欣荣（1月免）
郁宏伟（1月任）
党组副书记：顾庆强
总工程师：周超凡（1月任）
首席审批员：曹轶峰
王　娟（女，1月免）
周超凡（1月免）

政务服务管理办公室

主　任：袁欣荣（兼，1月免）
郁宏伟（兼，1月任）
副主任：顾　瑛（女，兼）

公共资源交易中心

主　任：顾庆强（兼）
副主任：王明华　陈　刚
缪　旭（2月任）

商务局[口岸办公室（挂牌）]

局　长：冯　健
副局长：邵亚红（女，1月免）
王　军（1月免）
江令飞（女，1月免）
张铁军
蔡宇红（1月任，11月免）
蒋　华（1月任）
赵一锋（1月任）
党组书记：冯　健
党组副书记：邵亚红（女，1月免）
蔡宇红（1月任，11月免）

口岸办公室

主　任：冯　健（兼）
专职副主任：江令飞（女，兼，1月免）
秦新建（1月任）

投资服务中心

主　任：邵亚红（女，1月免）
蔡宇红（1月任，11月免）
唐炳华（11月任）
副主任：陈志鳌　刘成军
顾新林（挂职，1月免）
钱卫平（女，1月任）
沈　城（挂职，4月免）
曹　曲（1月任）

人力资源和社会保障局

局　长：潘友兵（11月免）
朱海忠（11月任）
副局长：杨勇建
戴　华（女）
钱晶晶（女，1月任）
党组书记：潘友兵（11月免）
朱海忠（11月任）

社会保险管理中心

主　任：缪晓华（女）

劳动和社会保障综合执法大队[劳动保障监察大队（挂牌）、社会保险稽查大队（挂牌）]

大队长：钱晶晶（女，3月免）
卞　鹏（3月任）
教导员：卞　鹏（3月免）
刘谢莹（女，3月任）

劳动人事争议仲裁院

院　长：单晓滨（3月免）
管艳红（女，3月任）

劳动就业管理中心

主　任：秦　雄

城乡居民社会养老保险管理中心

主　任：徐忠淑（女）

社会养老保险管理中心

主　任：顾炜玮（女）

人才服务中心

主　任：戴　华（女，3月免）
王玉峰（3月任）

9月份，县农业农村局挂如东县乡村振兴局牌子，不再保留如东县政府扶贫工作办公室牌子。

农业农村局[县乡村振兴局（挂牌）、县委农村工作领导小组办公室]

局　长：李　健（1月免）
秦　刚（1月任）
副局长：周建斌　钱引斌
李海兵
季晓勤（女）
石海兵
徐长青（4月免）
朱爱华　张宏宗
党组书记：李　健（1月免）
秦　刚（1月任）

县政府扶贫工作办公室
主　任:李　健(兼,1月免)
　　　秦　刚(兼,1月任,9月免)
专职副主任:钱引斌(兼,9月免)
县乡村振兴局
主　任:秦　刚(兼,9月任)
专职副主任:钱引斌(兼,9月任)
县委农村工作领导小组办公室
主　任:李　健(1月免)
　　　秦　刚(1月任)
专职副主任:徐长青(兼,4月免)
　　　张海梅(女,11月任)
农技推广中心
主　任:邵　云(女)
农林综合执法大队
大队长:管信山(11月免)
教导员:陈建建(3月任)
渔政监督大队
大队长:吴　锋

交通运输局
局　长:缪　锐(5月免)
　　　康　徐(5月任)
副局长:徐　敏　陈纳新
　　　陶　健(11月免)
　　　顾新泉(2月免)　娄家建
　　　刘乃群(挂职,12月免)
　　　陈　炜(挂职,12月任)
党组书记:缪　锐(5月免)
　　　康　徐(5月任)
党组副书记:徐　敏
总工程师:周海兵
交通运输综合执法大队
大队长:吴宇峰(4月免)
教导员:施德新

科学技术局
局　长:胡连华
副局长:虞文君　徐管均
　　　沈拥建(1月任)
党组书记:胡连华
党组副书记:崔红霞(女)

统计局
局　长:季海春
副局长:张向华
　　　徐　伟(1月免)
　　　蔡　红(女)
　　　王银红(女,1月任)
总统计师:刘少良(11月免)
　　　张书林(11月任)
党组书记:季海春
党组副书记:张向华
省统计局如东调查局
局　长:陈屹峰

医疗保障局
局　长:陈宏兵
副局长:范　蓓(女)
　　　张　俊
党组书记:陈宏兵
医疗保险基金管理中心
主　任:沈小骏

水务局
局　长:汤　杰
副局长:章新建(1月免)
　　　许志刚(8月免)
　　　王小锋
　　　丛爱杨(9月任)
　　　端海燕(女,11月任)
党组书记:汤　杰
党组副书记:章新建(1月免)
总工程师:许志刚(兼,8月免)
　　　方　徐(11月任)

住房和城乡建设局[人民防空办公室(挂牌)、地震局(挂牌)]
局　长:沈瑜新
副局长:赵徐祥　陈　曦
　　　吴小娟(女,1月任)
　　　尤智勇(1月任)
党组书记:沈瑜新(11月免)
　　　杨雪松(11月任)
总工程师:尤智勇(1月免)
　　　俞力彦(1月任)
　　　方　徐(挂职,12月任)
人民防空办公室
主　任:沈瑜新(兼)
副主任:周东明
地震局
局　长:沈瑜新(兼)
副局长:钱　勇
住房保障服务中心
主　任:钱　华
住房建设服务中心
主　任:陈艳飞(11月免)
　　　袁小建(11月任)
副主任:沈亚夫
　　　葛海军(11月任)
党组书记:陈艳飞(11月免)
　　　袁小建(11月任)

城市管理局[综合行政执法局(挂牌)]
局　长:陈　斌
副局长:左建国　孙晓禹
　　　张芙蓉(女,1月任)
党组书记:陈　斌

综合行政执法局
局　长:陈　斌(兼)
城市建设管理综合执法大队
大队长:傅春明
教导员:葛海军(11月免)
　　　顾亚香(女,11月任)

生态环境局
局　长:张必如(2月免)
　　　邵向峰(2月任)
副局长:季根林　何爱明
　　　程　伟　穆雨兵
　　　许志华(4月免)
党组书记:张必如(2月免)
　　　季根林(2月任)
总工程师:马贤芳(女,8月免)
　　　唐宝清(11月任)
生态环境综合行政执法一局
局　长:
生态环境综合行政执法二局
局　长:陈劲松
生态环境综合行政执法三局
局　长:
生态环境综合行政执法四局
局　长:李建军
生态环境综合行政执法五局
局　长:
生态环境综合行政执法六局
局　长:

自然资源局[县林业局(挂牌)、县海洋局(挂牌)]
局　长:倪劲松

副局长：缪　贵　沈寿涛
葛鹏洲　徐　彬
总规划师：金海燕（女）
党组书记：倪劲松
党组副书记：缪　贵

林业局

局　长：倪劲松

海洋局

局　长：倪劲松

自然资源局掘港分局

局　长：

自然资源局洋口港分局

局　长：应小华

自然资源局沿海分局

局　长：何　玮（10月任）

自然资源局开发区分局

局　长：徐　吉

自然资源局南通外向型农业综合开发区分局

局　长：陈　艳（女，10月免）
杨小建（10月任）

土地资产储备开发中心

主　任：沈郭军

不动产登记中心

主　任：许翠芳（女）

财政局

局　长：江新泉（1月免）
杨海军（1月任）
副局长：周建国（7月免）
何宁伶（女）
陈　兵　季　柳
丛晶晶（9月任）
党组书记：江新泉（1月免）
杨海军（1月任）
总会计师：朱建红（女，5月免）

会计中心

主　任：王明珍（女，12月免）

投资管理办公室

主　任：叶　勇

财政监督检查大队

大队长：周爱华
教导员：郭维娟（女）

农村财务服务中心

主　任：许金华（11月免）

县政府投资项目工程建设中心

主　任：何宁伶（女，兼，9月任）
副主任：周　荣
杨胜男（女，9月任）
总工程师：陈　静（挂职，9月任）

县政府国有资产监督管理办公室

主　任：缪雪明
副主任：刘旭东（2月免）
卢科宁（1月任）
郑光蔚（11月任）
党组书记：缪雪明

地方金融监督管理局[金融工作办公室（挂牌）]

局　长：吴　昊
副局长：张建虹（女）
陈　轼
党组书记：吴　昊

金融工作办公室

主　任：吴　昊
副主任：张建虹（女）

江苏东和投资集团有限公司

董事长：朱亚洲
总经理：朱亚洲（兼，12月免）
张立新（12月任）
副总经理：张立新（12月免）
骆舒洪
葛小艳（女）
严厚兵（1月任）
宗隽青（12月任）
监事会主席：刘亚林（12月免）
施　乐（12月任）
党委书记：朱亚洲
党委副书记：张立新（12月任）
纪委书记：刘亚林（12月免）
施　乐（12月任）
总会计师：宗隽青（12月免）
总工程师：严厚兵（挂职，1月免）
张建兵（4月任）

如东锦恒城市投资集团有限公司

董事长：王必东
总经理：王必东（兼，12月免）
张东锋（12月任）
副总经理：张东锋（12月免）
于小明
潘　瑜（1月任）
蔡丽君（女，12月任）
监事会主席：刘歆荃
总工程师：李同顺
总经济师：奚秀兵（12月任）
党委书记：王必东
党委副书记：张东锋（12月任）
刘歆荃（12月任）
纪委书记：刘歆荃

如东水务集团有限公司

董事长：朱小建（2月任）
总经理：朱小建（2月任）
副总经理：许志华（2月任）
刘旭东（2月任）
付宝华（2月任）
陈晓冬（2月任）
监事会主席：葛卫华（2月任）
党委书记：朱小建（2月任）
党委副书记：刘小军（2月任）
纪委书记：葛卫华（2月任）

供销合作总社

主　任：薛　峰（1月免）
邵亚红（女，1月任）
副主任：李建国
高桂明（1月免）
曹　晖（11月免）
王旭初（1月免）
范春霞（女，1月任）
赵　华（4月任）
范晓丽（女，11月任）
党组书记：薛　峰（1月免）
邵亚红（女，1月任）

审计局[县委审计委员会]

局　长：耿卫东（8月免）
顾　锐（8月任）
副局长：陶国军　周明浩
韦建明
党组书记：耿卫东（4月免）
顾　锐（4月任）
总审计师：顾艳飞（女）

县委审计委员会办公室

专职副主任：顾　林（女）

政协工作部门

政协办公室

主　任：缪兴波
副主任：司婷宜（女）

王淼龙(11月任)

环境资源和城乡建设委员会

主　任:刘　宏(11月免)

陶　健(11月任)

副主任:张晓嵘(女,1月任,11月免)

汤成达(11月任)

经济科技和农业农村委员会

主　任:黄　兵

副主任:杨建霞(女)

教文卫体和文史委员会

主　任:王伟东(1月任)

副主任:王伟东(1月免)

提案委员会

主　任:唐锦霞(女,11月免)

张晓嵘(女,11月任)

副主任:张晓嵘(女,1月免)

薛功林(1月任)

社法民宗和港澳台侨委员会

主　任:徐善华

副主任:薛功林(1月免)

周春华(4月任)

委员工作委员会

主　任:石小刚

副主任:葛冰冰(女)

纪委工作部门

纪委监委办公室

主　任:周小普(女)

纪委监委纪检监察干部管理监督室

主　任:张松徐

纪委监委宣传教育室

主　任:徐天红(女)

纪委监委信访室

主　任:吴春花(女)

纪委监委党风政风监督室

主　任:张　军

纪委监委案件监督管理室

主　任:康建国(2月免)

陈建华(2月任)

纪委监委案件审理室

主　任:刘海燕(女)

党风廉政建设教育中心

主　任:张　洋(11月任)

纪委监委第一纪检监察室

主　任:汪　武

纪委监委第二纪检监察室

主　任:王建兵(11月免)

王泽林(11月任)

纪委监委第三纪检监察室

主　任:何飞宇

纪委监委第四纪检监察室

主　任:陈建国

纪委监委第五纪检监察室

主　任:陈伟杰

纪委监委第六纪检监察室

主　任:顾洪波

纪委监委第七纪检监察室

主　任:陆　昊(2月免)

袁　野(2月任)

纪委监委第八纪检监察室

主　任:耿　建(1月免)

康建国(2月任,11月免)

副主任:杨　勇　李　飞

纪委监委第九纪检监察室

主　任:蒋　霞(女,11月免)

缪四海(11月任)

副主任:高红霞(女)

万锦辉

纪委监委第十纪检监察室

主　任:徐小兵

副主任:缪海山

马发俊(2月免)

葛新勇(2月任)

纪委监委第十一纪检监察室

主　任:袁孝军

副主任:杨冠华(女)

周忠华

纪委监委第十二纪检监察室

主　任:陈　波

副主任:葛新勇(2月免)

施笑峰(11月免)

谢　杰(3月任)

奚岭林(11月任)

纪委监委第十三纪检监察室

主　任:张玲霞(女,11月免)

康建国(11月任)

副主任:陈小明

奚岭林(11月免)

施笑峰(11月任)

监委第一监察员办公室

主　任:徐小兵(兼)

监委第二监察员办公室

主　任:袁孝军

监委第三监察员办公室

主　任:陈　波(兼)

监委第四监察员办公室

主　任:张玲霞(女,兼,11月免)

康建国(兼,11月任)

监委第五监察员办公室

主　任:陆　昊(兼,2月免)

袁　野(兼,2月任)

县委巡察工作办公室

主　任:戴新国(兼,7月免)

倪晓丽(女,兼,7月任)

专职副主任:胡一舟

县委第一巡察组

专职组长:陈　康

专职副组长:曹瑜庆　曲海利

县委第二巡察组

专职组长:丛小泉

专职副组长:陆铁军(10月免)

葛卫华(2月免)

马发俊(2月任)

李奕涵(女,11月任)

县委第三巡察组

专职组长:缪　华(11月免)

蒋　霞(女,11月任)

专职副组长:符颖碧(女)

曹慧霞(女)

县委第四巡察组

专职组长:顾久伟

专职副组长:韦新华　缪铁军

县纪委监委派驻第一纪检监察组

组　长:袁　野(2月免)

缪　华(2月任)

县纪委监委派驻第二纪检监察组

组　长:徐彬彬

县纪委监委派驻第三纪检监察组

组　长:周建春

县纪委监委派驻第四纪检监察组

组　长:廖旭红(女,11月免)

张　丰(女,11月任)

县纪委监委派驻第五纪检监察组

组　长:丛伯军

县纪委监委派驻第六纪检监察组

组　长:缪　华(2月免)

陆　昊(2月任)

县纪委监委派驻第七纪检监察组

组　长:季炜东

县纪委监委派驻第八纪检监察组

组　长：庄晓煜

县纪委监委派驻第九纪检监察组

组　长：陈亚华(女)

县纪委监委派驻第十纪检监察组

组　长：周　琴(女)

县纪委监委派驻第十一纪检监察组

组　长：浦锦泉(11月免)
唐丹丹(女，11月任)

县纪委监委派驻第十二纪检监察组

组　长：张　均

县纪委监委派驻第十三纪检监察组

组　长：汤爱军

县纪委监委派驻第十四纪检监察组

组　长：俞春泉

县纪委监委派驻第十五纪检监察组

组　长：管小飞

县纪委监委派驻第十六纪检监察组

组　长：吴林新

县纪委监委派驻第十七纪检监察组

组　长：刘桂林

县纪委监委派驻第十八纪检监察组

组　长：李　华

洋口港经济开发区

党工委书记：陈　雷(兼，7月免)
张兴国(兼，7月任)

党工委副书记：周　梁
郁宏伟(1月，任职改挂职)
钱宏彬(挂职，4月免)
许姚军(1月任)
汤亚东(挂职，4月任)
巨安奇(挂职，9月免)

人大工委主任：邵建华(4月免)

主　任：周　梁

副主任：许姚军(1月免)
刘乃群
严　频(女)
范海炜
肖卫东(1月任)
韩建新(挂职，4月任)
马施喻(11月任)

纪工委书记：肖卫东(1月免)
马施喻(1月任，11月免)
刘　晶(女，11月任)

纪工委副书记：徐　巍

党政办公室(党群工作局、区域治理现代化指挥中心、网格化服务管理中心)

主　任(局　长)：刘　晶(女)

安全生产监督管理局(综合行政执法局、综合行政执法管理办公室)

主　任(局　长)：顾建群

规划建设局(生态环境办公室)

主　任(局　长)：张佳佳(女)

投资促进局

局　长：孙炎华(女)
唐明明(挂职，12月任)

经济发展和科技局

局　长：朱海峰(3月任)

政法和社会事务管理局(退役军人服务站)

局　长(站　长)：刘永军(3月任)

行政审批局

局　长：花董蔚(女，3月任)

口岸港口局

局　长：陈国华
陈　炜(挂职，12月任)

财政局

局　长：姜　维

工　会

主　席：徐新华

团工委

书　记：唐　玲(女，1月任)

妇　联

主　席：陈网楠(女，11月任)

人武部

部　长：杨刘磊(11月任)

洋口化学工业园管理办公室

主　任：缪　涛(11月任)

经济开发区

党工委书记：翟建华(7月免)
邵　锋(7月任)

党工委副书记：陈五霞(女)
徐红霞(女，11月免)
倪德智(12月任)

人大工委主任：张小芳(女)

主　任：陈五霞(女)

副主任：倪德智
王　锋(1月免)
张　明
王毅敏(11月免)
冯永军(4月免)
顾新林(1月任)
翁雪峰(11月任)
周群群(11月任)

纪工委书记：翁雪峰(11月免)
廖旭红(女，11月任)

纪工委副书记：丁　荣(女，12月任)

党政办公室(区域治理现代化指挥中心、网格化服务管理中心)

主　任：周群群(兼，11月免)
曹　飞(12月任)

党群工作局(党建工作办公室)

局　长(主　任)：韦育军

财政局

局　长：丛晶晶(9月免)
臧美华(女，9月任)

投资促进局

局　长：张晓峰(12月免)
钱　进(12月任)

经济发展和科技局

局　长：仇海鸥

行政审批局

局　长：季方亮

政法和社会事务管理局(退役军人服务站)

局　长(站　长)：徐海明

规划建设局(生态环境办公室)

局　长(主　任)：曹晛宇(12月免)
陈　铮(12月任)

安全生产监督管理局(综合行政执法局、综合行政执法管理办公室)

局　长(主　任)：钱　进(12月免)
管亚梅(女，12月任)

妇　联

主　席：葛美琴(女，12月任)

工　会

主　席：葛美琴(女，12月免)
张晓峰(12月任)

团工委

书　记：陈思仪(女)

人武部

部　长：曹　飞

如东高新技术产业开发区

党工委书记：赵尊兵

党工委副书记：刘薛峰

主　任：刘薛峰

副主任：朱益峰
唐炳华(11月免)

曹金泽
朱　江(11月免)

江苏省如东现代农业产业园区

党工委书记:徐　伟(11月任)
党工委副书记:邱玲玲(女,1月免)
徐　伟(1月任,11月免)
朱益峰(11月任)
主　任:邱玲玲(女,1月免)
徐　伟(1月任,11月免)
朱益峰(11月任)
副主任:马志坚
许卫星(4月免)
盛小梅(女)
沈春梅(女,4月任)

沿海经济开发区

党工委书记:李　健
党工委副书记:吴劲松
缪　锐(5月任)
陶玲玲(女,挂职)
主　任:吴劲松(5月免)
缪　锐(5月任)
副主任:范于松
丛爱杨(9月免)
缪　涛　朱　伟

小洋口旅游度假区

党工委书记:陶玲玲(女)
党工委副书记:徐鹏飞
主　任:徐鹏飞
副主任:蒋勇刚(4月免)
顾新林(1月免)
江劲舟(2月任)
曲　政(4月任)
陈天恒(4月任)
纪工委书记:曹树佳(1月免)
颜　庆(4月任)

南通外向型农业综合开发区

党工委书记:张光平
党工委副书记:卜新华(挂职,11月免)
汤亚东(挂职,4月免)
刘　拓(5月任)
邢　云(女,挂职,12月任)
主　任:刘　拓(5月任)
副主任:周　林
姚旭峰(1月免)
张鸿飞(4月任)
吴海虹(女,挂职,9月免)
人大工委主任:肖卫华(1月免)
邱玲玲(女,1月任)
纪工委书记:吴一旻(女)
办公室
主　任:邵　梅(女,3月任)
财审局
局　长:袁宏洲(3月免)
佘拥军(9月任)
经济发展局
局　长:周庆生(3月免)
王月星(3月任)
规划建设局
局　长:季　洁(女,1月免)
葛　伟(3月任)
农村工作局
局　长:邵亚飞
安全生产监督管理局
局　长:顾云龙(2月任)
综合执法局
局　长:徐　永(2月任)
棉花原种场
场　长:卜新华(11月免)

如东县人民法院

院　长:黄　卫(7月免)
杨德华(7月任)
副院长:缪战春　江　旭
许海虹(女)
党组书记:黄　卫(6月免)
杨德华(6月任)
党组副书记:缪战春
政治部主任:严　洁(女)
执行局(执行指挥中心)
局　长(主 任):张　崴
栟茶法庭
庭　长:杨　军

如东县人民检察院

检察长:王　骅(女,7月免)
方海军(7月任)
副检察长:石金山　陆　刚
曹建飞
党组书记:王　骅(女,6月免)
方海军(6月任)
党组副书记:石金山
政治部主任:张廷勇

如东县人民武装部

部　长:黄　涛
政　委:蔡超群
副部长:蔡大军
党委第一书记:沈峻峰(兼,9月免)
陈慧宇(兼,9月任)
党委书记:蔡超群

人民团体

县总工会
主　席:顾　锐(1月免)
沈秀梅(1月任)
副主席:邓　华(女)
尹德利　陈继楚
盛晓艳(女)
葛鹏斌(挂职)
党组书记:顾　锐
党组副书记:沈秀梅(1月任)
兼职副主席:张智慧
沈　陈(女,4月免)
黄鑫晨(4月任)

中国共产主义青年团如东县委员会

书　记:吴　晶(女,4月免)
丁林洋(4月任)
副书记:陈　娴(女,11月免)
董　然(1月,挂职改任职)
孙　松(挂职,1月免)
桑程巍(挂职)
沈　慧(挂职,1月任)
周吴伟(挂职,1月任)
徐悦航(11月任)
兼职副书记:胡　娜(女)
沈煜婷(女)
陈　杰(11月任)
姚新玲(女,11月任)
冯清源(女,11月任)

县妇女联合会

主　席：吴晓莉（女）
副主席：邱晓晖（女）
张　敏（女，挂职，1月任）
於琳琳（女，11月任）
党组书记：吴晓莉（女）
兼职副主席：许海虹（女）
秦亚飞（女）
吴春玫（女）
冯志云（女）

县工商业联合会［总商会（挂牌）］

主　席（会　长）：陈晓莉（女，兼，11月免）
王毅敏（11月任）
副主席（副会长）：缪　峰（8月免）
秦新建（1月免）
孙　建
罗晓辉（1月任）
黄继石（不驻会）
施永平（不驻会）
吴迪富（不驻会）
刘志刚（不驻会）
周新基（不驻会）
刘允华（不驻会）
冯克山（不驻会）
高　军（不驻会）
薛如根（不驻会，12月任）
王亚平（不驻会）
严金泉（不驻会）
王咸华（不驻会，12月任）
高　伟（不驻会）
总商会副会长（不驻会）：蔡　杰
徐建泉
冒国平
马　陈
任先军
许世俊
吴孝举
鲍宛伶（女）
黄永春
许波兵
曹卫东（12月任）
张志泉（12月任）
沈煜婷（女，12月任）
张　军（12月任）
张益峰（12月任）
党组书记：赵　杰（1月免）
袁欣荣（1月任）

县科学技术协会

主　席：崔红霞（女）
副主席：施中华　冯　军
副主席（不驻会）：薛　驰　王咸华
王鹤兵　余　飞
朱爱梅（女）
韩益飞

县归侨侨眷联合会

主　席：徐嘉键
副主席：缪　杰
副主席（不驻会）：丁小建　黄　锋
陈　曦　顾海军
张建华
党组书记：缪　杰

县文学艺术界联合会

主　席：陈建宗
副主席（不驻会）：沙德斌　丁必忠
沙雪芬（女）
王学农
党组书记：陈建宗

县红十字会

会　长：杨晶晶（女，兼，3月免）
陈晓莉（女，兼，3月任）
驻会会长：周旭东
副会长：柏秀梅（女，1月免）
王旭初（1月任）
蔡海峰（11月任）
兼职副会长：唐国均
丁　越（女）
余　晶　顾　锐
张泽宾　李建国
周建国　顾　军
崔红霞（女）
赵　杰　刘允华
曹彩红（女）
高　军　施永平
党组书记：周旭东

县关心下一代协会

名誉主任：陈　雷（兼）
主　任：杨　忠（兼）
常务副主任：徐志平（兼）
副主任：陈晓莉（女，兼）
沈更生（驻会）
吴鼎皋（兼）
张　铁（驻会）
窦志进（驻会）
施正泉（兼）
张海城（兼）
陈建宗（兼）
黄永祥（兼）
姜宁兵（兼）

南通市、如东县双重管理单位

新华书店

总经理：杨海军
党支部书记：杨海军

江苏省电力公司如东县供电公司

总经理：周建勇（12月免）
曹　岑（12月任）
副总经理：杨晓春　顾晓明
秦　勇　张昕萌
党委书记：杨晓春
党委副书记：周建勇（12月免）
曹　岑（12月任）
纪委书记：黄鑫晨
工会主席：黄鑫晨

中国电信集团公司如东分公司

总经理：俞冬辉（1月免）
副总经理：
顾小海（1月，明确主持工作）
张　诤
唐耀生（9月免）
郁张辉（9月任）
党委书记：俞冬辉（1月免）
顾小海（1月任）
工会主席：顾小海（兼）
纪委书记：唐耀生（9月免）
郁张辉（9月任）

中国邮政集团江苏省如东县分公司

总经理：明图荣（8月免）
刘剑寒（女，8月任）
副总经理：陈小莉（女，3月免）
管圣国　曹　枫
陶媛媛（女，3月任）
党委书记：明图荣（8月免）
刘剑寒（女，8月任）

纪委书记:陈小莉(女,3月免)
管圣国(3月任)

如东县盐业有限公司

经　理:
党支部书记:蔡金兵(1月免)
副经理:徐同兵(主持工作)
蔡金兵(1月免)
许晓莺(女,1月免)
陈　旭(9月任)

气象局

局　长:周　良
副局长:符云鹏　龚溪峤
党组书记:周　良
纪检组长:龚溪峤

税务局

局　长:储开森(2月免)
徐　军(2月任,11月免)
副局长:汤滨滨　瞿　林
叶青松(5月免)
葛爱民(5月免)
刘宁琳
石　俊(5月任)
党委书记:储开森(2月免)
徐　军(2月任,11月免)
党委副书记:汤滨滨
纪检组长:葛乃毅

中国人民财产保险股份有限公司如东支公司

经　理:陶昕炎
副经理:季忠华
党支部书记:陶昕炎

中国人寿保险股份有限公司如东支公司

总经理:屠建明
副总经理:倪一明　孙建东

中国人民银行如东县支行(国家外汇管理局如东县支局)

行　长(局　长):刘长进
副行长(副局长):朱蔚然(女)
卢小玲(女,8月免)
黄亚丽(女,12月任)
党组书记:刘长进

中国银行股份有限公司如东县支行

行　长:张金国(8月免)
张晨成(8月任)
副行长:李陈亚(11月免)
周　林　朱海兵
罗　敏(女)
朱　彤(11月任)
党总支部书记:张金国(8月免)
张晨成(8月任)

中国工商银行股份有限公司如东支行

行　长:张　林
副行长:江晓明(10月免)
邢　燕(女)
姜晓泉(9月任)
党委书记:张　林
党委副书记:江晓明(10月免)
纪委书记:沈金梅(女)

中国建设银行股份有限公司如东支行

行　长:黄　毅
副行长:刘　筱　周宝华
党委书记:黄　毅
纪委书记:章锦虎
工会主席:周宝华(兼)

中国农业银行如东县支行

行　长:方　健
副行长:刘　彬　黄建光
陈海涛　卞立魁
陆毛矛
党委书记:方　健
纪委书记:陆毛矛(兼)

江苏如东农村商业银行股份有限公司

董事长:杨恩荣(12月免)
方锦圣(12月任)
行　长:郑　杰(5月免)
印良钰(5月任)
副行长:张　锋
季丛荣(12月免)
王秋生
王晓军(12月免)
袁永金
洪月华(12月任)
监事长:刘海山(12月免)
王晓军(12月任)
党委书记:杨恩荣(12月免)
方锦圣(12月任)
党委副书记:郑　杰(5月免)
印良钰(5月任)
纪委书记:刘海山(12月免)
王晓军(12月任)

中国农业发展银行如东县支行

行　长:刘海霞(女)
副行长:窦婧逸(女,9月免)
曹　阳
党支部书记:刘海霞(女)

江苏银行如东支行

行　长:黄　斌
副行长:施宏九
行长助理:罗　玮
曹莹莹(女,6月任)
党支部书记:黄　斌

中国邮政储蓄银行股份有限公司如东县支行

行　长:蔡林冲
副行长:郭红磊　钱　晨
党总支书记:蔡林冲

如东县烟草专卖局(分公司)

局　长(经　理):曹　文(4月免)
徐　珀(4月任)
党组书记:曹　文(4月免)
徐　珀(4月任)
副经理:刘　兵
副局长:姜雪峰

南通市住房公积金管理中心如东管理部

主　任:黄正祥(2月免)
党支部书记:刘小军(2月,明确主持工作)

镇党委、人大、政府、纪委

栟茶镇

书　记:蔡向阳
副书记:唐于磊
骆宏丽(女,1月免)
蔡建军(1月任)
刘　晖(挂职,11月任)
组织委员:邢　云(女,1月免)
缪慧敏(女,1月任)

宣传委员：张书林（1月免）
张慧杰（1月任）
统战委员：李　勤（4月免）
许晟娟（女，4月任）
政法委员：李　鹏（11月免）
殷培培（女，11月任）
人武部长：孙　杨（4月免）
邬金乐（4月任）
人大主席：周海军
人大副主席：李小军（4月免）
镇　长：唐于磊
副镇长：蔡建军（1月免）
周旭东（4月免）
田志栋（4月免）
耿　俊
丁建伟（1月任）
孙　杨（4月任）
李　勤（4月任）
纪委书记：唐丹丹（女，11月免）
李　鹏（11月任）

洋口镇

书　记：李　健
副书记：吴劲松（5月免）
范于松
陶玲玲（女，挂职）
蔡晓美（女，4月任）
缪　锐（5月任）
齐随涛（女，挂职，9月免）
组织委员：徐唐浩（11月免）
周　培（女，11月任）
宣传委员：彭海惠（女，11月免）
陈　巍（11月任）
统战委员：潘香香（女，1月免）
刘清江（2月任）
政法委员：马小强（4月免）
陈　巍（4月任，11月免）
许　鑫（11月任）
人武部长：辛伟峰
人大主席：王金泉
人大副主席：张秀斌（4月免）
马小强（4月任）
镇　长：吴劲松（5月免）
缪　锐（5月任）
副镇长：缪　涛　张建军
朱　伟
丛爱杨（9月免）
张爱明（4月任）
彭海惠（女，11月任）
徐唐浩（11月任）
纪委书记：季建华

丰利镇

书　记：秦　刚（1月免）
於　锋（1月任）
副书记：於　锋（1月免）
汪华伟（4月免）
骆宏丽（女，1月任）
曹　烨（4月任，11月免）
耿　建（11月任）
组织委员：陈　粲（2月免）
李海建（2月任，11月免）
李泓柏（11月任）
宣传委员：丁建伟（1月免）
邵　彬（1月任，11月免）
冯亦琦（女，11月任）
统战委员：沈　城（4月免）
刑春燕（女，4月任）
政法委员：刘　勇（2月免）
陈　粲（2月任）
人武部长：应舒舒
人大主席：朱德军（11月免）
曹　烨（11月任）
镇　长：於　锋（1月免）
骆宏丽（女，1月任）
副镇长：戴建军（1月免）
罗晓辉（1月免）
曹　烨（4月免）
朱建生
刘　勇（2月任）
潘香香（女，1月任）
沈　城（4月任）
纪委书记：徐明光（1月免）
耿　建（1月任，11月免）
徐琦雯（女，11月任）

苴镇街道

党工委书记：张光平（兼，1月免）
汤亚东（1月任，4月免）
刘　拓（兼，5月任）
党工委副书记：汤亚东（1月免）
陈　勇
张鸿飞（4月免）
邢　云（女，1月任）
陈炳慧（女，4月任）
组织委员：王　榕（女，4月免）
张飞飞（女，4月任）
宣传委员：邓为康（4月免）
徐　俨（4月任）
统战委员：陈　薇（女，11月免）
严娟娟（女，11月任）
政法委员：王　田（3月任）
人武部长：钱艳旭
人大工委主任：肖卫华（1月免）
邱玲玲（1月任）
主　任：汤亚东（1月免）
邢　云（女，1月任）
副主任：陆海山（2月免）
陈炳慧（女，4月免）
王小波
周庆生
王　榕（女，4月任）
邓为康（4月任）
纪工委书记：乔海波

长沙镇

书　记：郁宏伟（兼，4月免）
汤亚东（4月任）
副书记：吴亚云（女）
曹　凯（4月任）
季小东（4月任）
组织委员：陈　炜（4月免）
吴琪玲（女，4月任）
宣传委员：张桂霞（女，4月免）
袁晓娜（女，4月任）
统战委员：郑光蔚（2月免）
吕　强（2月任）
政法委员：王晓晨（4月免）
胡　鑫（4月任）
人武部长：陈　伟（11月免）
刘　杰（11月任）
人大主席：邵建华（4月免）
张建华（4月任）
人大副主席：李　翔（1月免）
许佳佳（11月任）
镇　长：吴亚云（女）
副镇长：何素红（女，4月免）
吴　健（4月免）
季小东（4月免）
陈　炜（4月任）
金　琪
唐明明（4月任）
王晓晨（4月任）
陈　伟（11月任）
陈　薇（女，11月任）
纪委书记：王红梅（女）

大豫镇

书　记:杨海军(1月免)
　　陈永强(1月任)
副书记:陈永强(1月免)
　　张建华(4月免)
　　黄　建(4月免)
　　吴　晶(女,4月任)
　　沈　伟(4月任)
　　陈　静(女,4月任)
组织委员:袁季童(4月免)
　　袁琴琴(女,4月任)
宣传委员:陈　剑
统战委员:汤成达(1月免)
　　彭　振(1月任)
政法委员:孙　丹(11月免)
　　阚建斌(11月任)
人武部长:管永庆(2月免)
　　吴振华(2月任,11月免)
　　朱海军(11月任)
人大主席:秦海健
人大副主席:王爱民(4月免)
　　吴振华(11月任)
镇　长:陈永强(兼,4月免)
　　吴　晶(女,4月任)
副镇长:范春霞(女,1月免)
　　俞叶美(女,4月免)
　　王　鹏(4月任)
　　刘文军
　　沈　伟(4月免)
　　陈　静(女,4月免)
　　管永庆(1月任)
　　於海明(挂职,9月任)
　　孙　丹(11月任)
　　朱　江(11月任)
　　刘少良(11月任)
纪委书记:刘　臻(4月免)
　　朱　慧(女,4月任)

城中街道

党工委书记:于海东
党工委副书记:丁晓飞　缪建周
　　顾　炜(11月免)
组织委员:陈　燕(女)
宣传委员:胡　佳(2月免)
　　冯建伟(4月任)
统战委员:施沈娟(女,4月任)
政法委员:袁新兰(女)
人武部长:戴　建
人大工委主任:陈红芳(女,11月免)
　　顾　炜(11月任)
主　任:丁晓飞
副主任:张　伟
　　徐建华(4月免)
　　张正银　周旭东(4月任)
纪工委书记:邓丽娟(女)

掘港街道

党工委书记:赵尊兵
党工委副书记:刘薛峰
　　邱玲玲(女,1月免)
　　徐　伟(1月任)
　　王书昶(挂职,9月免)
组织委员:周　丹(1月免)
　　骆英英(女,1月任)
宣传委员:赵海建(11月免)
　　吴　琼(女,11月任)
统战委员:田　慧(女,4月免)
　　单蔡微蓉(女,11月任)
政法委员:吴亚锋
人武部长:朱　江(11月免)
　　罗钰鹏(11月任)
人大工委主任:赵　旭
人大工委副主任:徐　勇(4月免)
主　任:刘薛峰
副主任:朱益峰
　　唐炳华(11月免)
　　曹金泽
　　温鸿亮(挂职,9月任)
　　周　丹(1月任)
　　赵海建(11月任)
纪工委书记:阚　美(女,4月免)
　　刘　臻(4月任)

马塘镇

书　记:顾　锐(4月免)
　　陈　琳(4月任)
副书记:陈　琳(4月免)
　　彭　威(1月免)
　　田志栋(4月任)
　　郭振华(4月任)
组织委员:陆亚云(女,2月免)
　　赵子睿(女,2月任,4月免)
　　吴媛媛(女,4月任)
宣传委员:郝少鼎(11月免)
　　江尤飞(11月任)
统战委员:赵子睿(女,2月免)
　　张　珂(女,2月任)
政法委员:徐爱兵(4月免)
　　翟燕飞(4月任)
人武部长:张　峰(2月免)
　　季建军(2月任)
人大主席:缪四海(11月免)
　　陈　娴(女,11月任)
人大副主席:张　峰(2月任,4月免)
镇　长:陈　琳(4月免)
　　田志栋(4月任)
副镇长:俞力彦(1月免)
　　王　鹏(4月免)
　　朱映燃(女)
　　袁　建(4月免)
　　赵子睿(女,4月任)
　　缪徐飞(4月任)
　　徐爱兵(4月任)
纪委书记:郭振华(4月免)
　　张　峰(4月任)

曹埠镇

书　记:钱宏彬
副书记:程剑锋(11月免)
　　王　萍(女,4月免,11月任)
　　马德均(4月任)
组织委员:李小维(4月免)
　　刘佳炜(4月任)
宣传委员:路忠贤(4月免)
　　赵　鉴(4月任)
统战委员:周红兵(4月免)
　　俞　茜(女,4月任)
政法委员:张　昆(11月免)
　　邵银银(女,11月任)
人武部长:张冬冬(4月免)
　　梁建松(4月任)
人大主席:管　建(4月免)
　　王　萍(女,4月任,11月免)
　　黄　建(11月任)
镇　长:程剑锋(11月免)
　　王　萍(女,11月任)
副镇长:陶红兵(4月免)
　　刘小军(2月免)
　　曹　凯(4月免)
　　马德均(4月免)
　　李小维(4月任)
　　路忠贤(4月任)
　　张小峰(4月任)

　　张　昆(11月任)
纪委书记:陈海云(女)

岔河镇
书　记:沈秀梅(女,1月免)
　　於维涛(1月任)
副书记:於维涛(1月免)
　　丁林洋(4月免)
　　冯永军(4月任)
　　许宏彬(4月任)
组织委员:李慧敏(女,1月免)
　　丁月彤(女,1月任)
宣传委员:缪徐飞(4月免)
　　孙雨潇(4月任)
统战委员:石　磊(女,4月免)
　　张宝霞(女,4月任)
政法委员:孙朝阳(1月免)
　　应晓亮(1月任)
人武部长:赵晶晶(4月免)
　　王　浩(4月任)
人大主席:陈春建(1月免)
　　李　刚(1月任)
人大副主席:鲍向阳(4月免)
镇　长:於维涛(兼,4月免)
　　冯永军(4月任)
副镇长:李　刚(1月免)
　　许　兵　梅爱建(4月免)
　　卢科宁(1月免)
　　孙朝阳(1月任,4月免)
　　陈竹香(女,1月任)
　　石　磊(女,4月任)
　　赵晶晶(4月任)
纪委书记:马德军

新店镇
书　记:杨雪松(11月免)
　　程剑锋(11月任)
副书记:曹　薇(女,1月免)
　　彭　威(1月任)
　　许宏彬(1月任,4月免)
　　孙朝阳(4月任)
组织委员:顾海伟(4月免)
　　何婷婷(女,4月任)
宣传委员:葛鹏斌(4月免)
　　张晶晶(女,4月任)
统战委员:王俊峰(2月免)
　　何婷婷(女,2月任,4月免)
　　蔡亚明(4月任)
政法委员:马书超
人武部长:唐明明(2月免)
　　王　星(2月任)
人大主席:陈　勇(4月免)
　　吴建峰(4月任)
镇　长:曹　薇(女,1月免)
　　彭　威(1月任)
副镇长:季　伟(4月免)
　　吴小娟(女,1月免)
　　许宏彬(1月免)
　　陈季春
　　唐明明(1月任,4月免)
　　王俊峰(1月任)
　　张桂霞(女,4月任)
　　葛鹏斌(4月任)
纪委书记:吴建峰(4月免)
　　顾海伟(4月任)

双甸镇
书　记:潘　飞
副书记:傅小春
　　於　鑫(4月免)
　　吴庆飞(4月任)
　　张　姜(挂职,11月任)
组织委员:吴徐兵(1月免)
　　杨舒倩(女,1月任)
宣传委员:张小峰(4月免)
　　陈雨晴(女,4月任)
统战委员:杨　宇(4月免)
　　马海涛(4月任)
政法委员:吴　熙(4月免)
　　吴　琼(女,4月任)
人武部长:丁成龙
人大主席:吴银泉(1月免)
　　董　建(1月任,4月免)
　　於　鑫(4月任)
人大副主席:刘建圣(4月免)
镇　长:傅小春
副镇长:刘　春(4月免)
　　董　建(1月免)
　　袁宗建
　　吴庆飞(4月免)
　　吴徐兵(1月任,4月免)
　　吴　熙(4月任)
　　张冬冬(4月任)
　　章飞剑(11月任)
纪委书记:杨晓娟(女,4月免)
　　吴徐兵(4月任)

河口镇
书　记:丛尤兵(1月免)
　　孙玉来(1月任)
副书记:孙玉来(1月免)
　　冯亚洲
　　陈　凯(4月任)
组织委员:邵　彬(1月免)
　　杨　柳(1月任,11月免)
　　李常亮(11月任)
宣传委员:周　磊(2月免)
　　缪凌浩(2月任)
统战委员:陈巧云(女,2月免)
　　朱晶晶(女,2月任,4月免)
　　蒋管飞(4月任)
政法委员:张　杰(4月免)
　　李　卫(4月任)
人武部长:严建明(4月免)
　　张新新(4月任)
人大主席:李宗泽(4月免)
　　王志国(4月任)
镇　长:孙玉来(兼,4月免)
　　冯亚洲(4月任)
副镇长:周　彦
　　张爱明(4月免)
　　端海燕(女,1月免)
　　陈　凯(4月免)
　　周　磊(1月任)
　　张　杰(4月任)
　　杨　柳(11月任)
纪委书记:王志国(4月免)
　　朱晶晶(女,4月任)

袁庄镇
书　记:胡　俊(1月免)
　　曹　薇(女,1月任)
副书记:殷海燕(女,1月免)
　　章云峰
　　冒　军(1月任)
组织委员:刘　雷
宣传委员:曹晓春(11月免)
　　沈玉玲(女,11月任)
统战委员:朱晶晶(女,2月免)
　　张水剑(2月任,11月免)
　　李卫亮(11月任)
政法委员:黄小兵(2月免)
　　王晓艳(女,4月任,11月免)
　　张俊鹏(11月任)
人武部长:章飞剑(4月免)

黄臣虎(4月任)
人大主席:袁小建(11月免)
钱维斌(11月任)
人大副主席:高爱军(4月免)
镇　长:殷海燕(女,1月免)
章云峰(1月任)
副镇长:关卫东(4月免)
钱爱平(11月免)
冒　军(1月免)
胡礼豹
章飞剑(4月任,11月免)
曹晓春(11月任)
张水剑(11月任)
王晓艳(女,11月任)
纪委书记:钱维斌(11月免)
钱爱平(11月任)

部分事业单位

如东高级中学
校　长:王继兵
副校长:韩　明　管建华
于建生　殷　飞
卜冬旭
党委书记:王继兵
党委副书记:韩　明
纪委书记:管建华

如东开放大学(如东中专)
校　长:佘　飞
副校长:吴金明(11月免)
曹　峰　孙智明
曹卫民　陈　建
党委书记:吴金明(11月免)
佘　飞(11月任)

第一高级中学
校　长:韩　明(兼,7月任)

栟茶高级中学
校　长:丛　杰
党委书记:徐旭东

马塘中学
校　长:葛家梅(女)
党委书记:葛家梅(女)

掘港高级中学
校　长:张远林
党总支书记:张远林

实验中学
校　长:赵东燕
党委书记:吴丛铎(女)

新区初中
校　长:李小彬
党委书记:苏俊华

宾山初中
校　长:赵东燕(兼,7月任)

县人民医院
院　长:张建新
副院长:陈立新　刘乔明
施江峰　周俊成
党委书记:王鹤兵
党委副书记:张建新　陈立新
纪委书记:吉玲玲(女)

县中医院
院　长:沈　巍
副院长:万宏坤　周建华
杨建山　王锦林
党委书记:顾海军
党委副书记:沈　巍
纪委书记:徐平平(女)

县疾病预防控制中心
主　任:於　建
党支部书记:於　建

县卫生监督所
所　长:张建军
党支部书记:张建军

统计资料

国民经济和社会发展主要指标

表75

指标	单位	2020年	2021年	比2019年±%
一、行政区划				
乡镇个数	个	12	12	—
街道个数	个	3	3	—
村(居)民委员会	个	258	258	—
其中:村民委员会	个	207	207	—
居民委员会	个	51	51	—
村民小组	个	5528	5528	—
二、人口、就业、城市化率				
1.人口、城市化率				

续表75

指标	单位	2020年	2021年	比2019年±%
年末户籍人口	人	1002376	992593	-1.0
#男	人	491491	486433	-1.0
女	人	510885	506160	-0.9
年平均户籍人口	万人	100.74	99.75	-1.0
年末常住人口	万人	88.02	87.95	-0.1
年平均常住人口	万人	89.28	87.985	-1.5
城市化率	%	58.2	58.96	提高0.76个百分点
2.就业				
就业人数	万人	56.04	55.1	-1.7
#单位就业人员	万人	14.14	15.19	7.4
城镇失业人数	人	3465	3465	0.0
三、宏观经济				
1.国民经济核算				
地区生产总值	亿元	1155.11	1272.24	8.9
第一产业	亿元	90.81	96.04	4.5
第二产业	亿元	561.06	632.78	9.6
第三产业	亿元	503.24	543.42	8.8
2.财政				
公共财政预算收入	亿元	60.02	68.50	14.1
公共财政预算支出	亿元	134.83	146.37	8.6
3.利用外资				
签订利用外资协议额	万美元	179551	43501	-75.8
实际到账注册外资额	万美元	31755	37940	19.5
四、产业				
1.农业				
农林牧渔业劳动力	万人	7.39	7.36	-0.4
#种植业	万人	5.80	5.81	0.2
农林牧渔业总产值(现价)	亿元	171.50	190.63	11.2
主要农产品产量				
粮食	万吨	98.04	97.75	-0.3
棉花	吨	576	74	-87.2
油料	万吨	2.55	2.54	-0.4
肉类	万吨	8.79	10.33	17.5

续表75

指标	单位	2020年	2021年	比2019年±%
水产品	万吨	30.92	31.72	2.6
2.工业				
#定报企业	亿元	1346.88	1640.35	21.8
3.建筑业				
建筑业企业人数	万人	14.93	15.54	4.1
建筑业总产值	亿元	616.90	674.89	9.4
施工房屋面积	万平方米	6315.02	6758.80	7.0
竣工房屋面积	万平方米	1477.57	1699.1	15.0
4.交通运输				
公路货运量	万吨	932	1036	11.2
公路货运周转量	万吨公里	191729	209261	9.1
公路客运量	万人	432	190	-56.0
公路旅客周转量	万人公里	28089	15627	-44.4
5.邮电通信业				
邮政业务收入	万元	36500	38100	4.4
电信业务收入	万元	97600	100000	2.5
6.国内商业				
社会消费品零售总额	亿元	406.95	477.80	17.4
7.对外贸易				
进出口总额	万美元	570903	785183	37.5
进　口	万美元	343421	514578	49.8
出　口	万美元	227482	270605	19.0
8.金融				
金融机构存款(本外币)	亿元	1593.49	1778.54	11.6
#储蓄存款(本外币)	亿元	893.87	996.86	11.5
金融机构贷款(本外币)	亿元	1004.31	1261.79	25.6
五、教育				
各级各类学校数	个	129	136	5.4
#普通中学	个	26	28	7.7
小学	个	47	49	4.3
中小学在校学生	人	55437	55832	0.7
#普通中学	人	25002	25509	2.0
小学	人	30435	30323	-0.4

续表75

指标	单位	2020年	2021年	比2019年±%
六、家庭、生活、环境				
1.家庭				
家庭总户数	户	363431	362603	-0.2
平均每户家庭人口	人	2.76	2.74	-0.7
2.居住				
农村居民人均住房建筑面积	平方米	65.2	65.5	0.5
城镇居民人均住房建筑面积	平方米	58.5	58.7	0.3
3.生活				
全体居民人均可支配收入	元	37735	41551	10.1
城镇常住居民人均可支配收入	元	49565	54090	9.1
农村常住居民人均可支配收入	元	23773	26435	11.2
城镇非私营单位就业人员平均工资	元	84059	89213	6.1
4.卫生				
卫生机构数	个	479	483	0.8
#医院	个	48	48	0.0
床位数	张	4111	4133	0.5
#医院	张	3425	3447	0.6
卫生技术人员数	人	5159	5230	1.4
#医生	人	2484	2373	-4.5
5.市政建设				
自来水供应量	万吨	3832	3821	-0.3
排水管道长度	公里	780.36	797.69	2.2
年末实有道路长度	公里	272.81	281.64	3.2
6.环境				
工业废水排放量	万吨	1356	1444	6.5
工业废气排放量	亿标准立方米	650	735	13.1
工业固体废物产生量	万吨	67.56	77.07	14.1